ORBIS BIBLICUS ET ORIENTALIS   80

HELLMUT BRUNNER

DAS HÖRENDE HERZ

KLEINE SCHRIFTEN
ZUR RELIGIONS- UND
GEISTESGESCHICHTE ÄGYPTENS

HERAUSGEGEBEN
VON WOLFGANG RÖLLIG

UNIVERSITÄTSVERLAG FREIBURG SCHWEIZ
VANDENHOECK & RUPRECHT GÖTTINGEN
1988

CIP-Titelaufnahme der Deutschen Bibliothek

Brunner, Hellmut:
Das hörende Herz: kleine Schr. zur Religions- u. Geistesgeschichte Ägyptens / Hellmut Brunner. Hrsg. von Wolfgang Röllig. – Freiburg, Schweiz: Univ.-Verl.; Göttingen: Vandenhoeck u. Ruprecht, 1988

(Orbis biblicus et orientalis; 80)
ISBN 3-7278-0567-6 (Univ.-Verl.) Gb.
ISBN 3-525-53709-3 (Vandenhoeck & Ruprecht) Gb.
NE: GT

Veröffentlicht mit Unterstützung des Hochschulrates
der Universität Freiburg Schweiz

Die Druckvorlagen
wurden vom Herausgeber als reprofertige
Dokumente zur Verfügung gestellt

© 1988 by Universitätsverlag Freiburg Schweiz
Vandenhoeck & Ruprecht Göttingen
Paulusdruckerei Freiburg Schweiz

ISBN 3-7278-0567-6 (Universitätsverlag)
ISBN 3-525-53709-3 (Vandenhoeck & Ruprecht)

BRUNNER · DAS HÖRENDE HERZ

ORBIS BIBLICUS ET ORIENTALIS

Im Auftrag des Biblischen Instituts der Universität
Freiburg Schweiz
des Seminars für biblische Zeitgeschichte
der Universität Münster i. W.
und der Schweizerischen Gesellschaft
für orientalische Altertumswissenschaft
herausgegeben von
Othmar Keel
unter Mitarbeit von Erich Zenger und Albert de Pury

Zum Autor:
Professor Dr. D. h. c. Hellmut Brunner ist 1913 in Frankfurt
a. Main/Höchst geboren; dem Studium der Ägyptologie oblag er in
Berlin, London und München, dort wurde er 1936 als Schüler von
Alexander Scharff promoviert. Ab 1950 in Tübingen als wiss. Ass., 1956
zum apl. Prof. ernannt, 1960 zum ao. Prof., 1964 zum o. Prof., seit 1978
emeritiert. Die Theologische Fakultät der Univ. Kiel verlieh ihm 1983
die Ehrendoktorwürde. Veröffentlichungen u. a.: Altägyptische Erziehung 1957, Abriß der Mittelägyptischen Grammatik 1961, Die Geburt
des Gottkönigs 1964, Grundzüge einer Geschichte der altägyptischen
Literatur 1966, Grundzüge der altägyptischen Religion 1983.

Vorwort

«Das hörende Herz» – um zu verstehen, was gut und böse ist, Titel eines Aufsatzes vor 34 Jahren, Titel dieser Sammlung der Kleinen Schriften Hellmut Brunners. Er könnte nicht besser gewählt sein, da er das Spannungsfeld beschreibt, in dem sich seine Arbeiten zur Religions- und Geistesgeschichte Ägyptens immer bewegten. Es ist die Frage nach dem Rechten: Nach dem philologisch rechten Verständnis des überlieferten Textes als Vorarbeit zu seiner Deutung; nach der rechten Lebensführung in Alltag und Kultus. Und dies blieb nicht historische Rekonstruktion, sondern ist Zeugnis der ganz persönlichen Auseinandersetzung des Gelehrten mit ägyptischer Tradition und ihrer Wirkung auf Altes Testament, Antike und Christentum – und damit auch auf die ganz eigene Lebenswelt. Königsideologie und Lebenslehren, die Begriffe von Zeit und Raum, Totenglaube und koptisches Mönchstum – weit gespannt ist der Rahmen dessen, was Hellmut Brunner interessiert, wozu er oft aus Detailuntersuchungen neue, grundlegende Einsichten gewinnt.

Nachdem Freunde und Schüler ihn zum 70. Geburtstag mit zwei Festschriften geehrt haben (Die Welt des Orients, Bd. 14, 1983, 5–230; 15, 1984, 1–88 und Fontes atque Pontes. Eine Festgabe für Hellmut Brunner, ÄAT 5, 1983) soll diese Sammlung die Beiträge zu Religions- und Geistesgeschichte aus ihrer Vereinzelung herausnehmen, für die künftige Forschung leichter greifbar und in ihrer Tragweite besser erkennbar machen. Deshalb wurde die Form eines Reprint für die meisten der Beiträge gewählt. Nachträge und Ergänzungen sind nur in Einzelfällen hinzugesetzt worden.

Zu danken ist dem Ministerium für Wissenschaft und Kunst des Landes Baden-Württemberg für einen namhaften Druckkostenzuschuss, Herrn Prof. O. Keel als Herausgeber von Orbis Biblicus et Orientalis für die Übernahme in diese renommierte Publikationsreihe und Herrn Knut Buroh für die sorgfältige Herstellung eines Teiles der Druckvorlagen. Herr Christoph Uehlinger hat in Zusammenarbeit mit Frau Susanne Ris-Eberle die Register erstellt. Den Verlagen, bei denen die Originalpublikationen erschienen, danke ich für die Reproduktionserlaubnis.

Tübingen im Februar 1988   WOLFGANG RÖLLIG

Inhaltsverzeichnis

8. Zur Wirkung Altägyptens in Bibel und Christentum

1. Das hörende Herz

Das hörende Herz

aus: Theologische Literaturzeitung 79, 1954, Sp. 697–700.

Kürzlich hat SIEGFRIED HERRMANN die Übernahme der ägyptischen Literaturgattung der »Königsnovelle« durch das Davidische Königtum im einzelnen nachgewiesen, nachdem diese schon länger vermutet worden war[1]. Insbesondere zeigt er Zug um Zug die Verwandtschaft zwischen Salomos Traumvision in Gibeon (1.Kg. 3,4–15) und ägyptischen Vorbildern auf. Lediglich in einem Punkt will er eine bezeichnende Modifikation des übernommenen Schemas in Anpassung an die besondere religiöse Lage Israels erkennen: in der Bitte Salomos um ein »hörendes Herz«. »Dieses Besondere am davidischen Herrscher findet seinen sprechendsten Ausdruck in der Bitte um das ›hörende Herz‹, die aus der Mitte israelitischen Wesens kommt und ohne Parallele ist und hinter der die landläufigen Wünsche – langes Leben, Reichtum und Ehre – betont zurücktreten.« (S. 57 links.)

Es ist richtig, daß die prägnante Verbindung »hörendes Herz« sich im Ägyptischen bisher nicht gefunden hat; auch ist der Gedanke, daß es ein wichtiges Erfordernis echten Herrschertums sei, ein für Gottes Weisungen empfängliches Herz zu haben, in den uns erhaltenen ägyptischen Königsnovellen nicht belegt. Doch scheint das Zufall zu sein, denn der Gedanke ist gut ägyptisch; er findet sich besonders einprägsam ausgesprochen in der Weisheitslehre des Ptahhotep, die zwar nicht für einen König, aber für Beamte in den höchsten Stellen, besonders für Wesire, geschrieben ist. Das 2. Kapitel des Epilogs dieser aus dem 3. Jahrtausend stammenden Lehre enthält eine Abhandlung über »hören«, »zuhören« und »gehorchen, aufnehmen«, bei deren Interpretation es an manchen Stellen schwer fällt, sich zwischen verschiedenen grammatischen Möglichkeiten zu entscheiden; die Vokallosigkeit und damit die Vieldeutigkeit ägyptischer Schrift stört gerade bei den Verbalformen und -stämmen erheblich. Jedenfalls heißt es dann – und hier ist der Text eindeutig – (545–552): »Wen Gott liebt, der hört, aber nicht hört der, den Gott haßt. Das Herz ist es, das seinen Herrn zu einem werden läßt, der hört oder der nicht hört. Leben, Heil, Gesundheit (d. h. wahres Leben, auch im religiösen Sinne) eines Mannes bedeutet sein Herz.« Die Weisheitslehren und andere ägyptische Texte, vor allem das 125. Kapitel des Totenbuches, bieten zahlreiche Belege für diese Auffassung, daß das Herz eines Menschen das Organ ist, mit dem er die göttlichen Gebote in sich

---

[1] Wissenschaftliche Zeitschrift der Karl-Marx-Universität Leipzig. Jahrg. 3, S. 51–62.

aufnehmen, sie verstehen kann, ja mit dem er auch persönliche Weisungen empfängt. So wird das Herz geradezu zum Gewissen[2]. Ein »Tor«, ein unvernünftiger, Gott ungehorsamer Mensch ist ein Mann »ohne Herz«, *iwtj ḥȝtj*, und noch im Koptischen gibt dieser Ausdruck atḥêt ein griechisches ἄφρων oder ἀνόητος wieder. – Wenn sich auch diese Vorstellung des hörenden Herzens einstweilen nicht in der ägyptischen Königsnovelle als Bitte des Königs an Gott, sondern nur in der Weisheitsliteratur als Schilderung eines Tatbestandes belegen läßt, so ist doch die Verbindung zum Königtum dadurch gegeben, daß zahlreiche Lehren eigens für die Erziehung von Kronprinzen oder jungen Königen verfaßt sind.

So scheint auch die Bitte Salomos um ein »hörendes Herz« nicht aus der Mitte israelitischen Wesens zu stammen. Sowohl das Herz als Empfangsorgan des Menschen für göttliches Recht als auch der Ausdruck »hören« in diesem Zusammenhang, und zwar im speziellen Sinne von »hören und verstehend aufnehmen, annehmen«, und schließlich auch die Vorstellung von Gott als dem Herrn, der dieses Hören verleiht[3], sind, wie alle übrigen Teile dieser israelitischen »Königsnovelle«, ägyptischer Herkunft.

Ergänzung:

Die 1954 ausgesprochene Vermutung, daß sich die Wendung »hörendes Herz« nur »zufällig« »bisher« nicht in ägyptischen Texten gefunden habe, hat sich bestätigt: Sie ist inzwischen aufgetaucht.

Auf einer der im Karnak-Tempel aufgestellten Statuen des berühmten Zeitgenossen Amenophis' III., der als Baumeister, hoher Militärbeamter, Vermögensverwalter im Königshaus und »Festleiter des Amun« tätig war, bei Amenophis, Sohn des Hapu, findet sich in seiner »Autobiograpie« folgender Passus: »Ich bin ein wahrhaft Hervorragender unter allen

---

[2] Vgl. HANS BONNET, Reallexikon der ägyptischen Religionsgeschichte, S. 297.
[3] Die Stelle bei Ptahhotep darf übrigens nicht als Beleg für den Glauben an eine »absolute Prädestination« gewertet werden (so z. B. DE BUCK in: Nieuw Theologisch Tijdschrift 21, 1932, S. 343). Vielmehr ist es der Zweck des ganzen Abschnittes, den Schüler aus einem bloßen Zuhörer zu einem Mann zu machen, der das Gehörte auch liebt, es annimmt und danach handelt: »Ein Zuhörer hört nur auf den Sprecher, aber einer, der mit Liebe hinhört, führt das Gesagte auch aus« heißt es z. B. 553f. Auf sein Herz hat der Mensch Einfluß – andernfalls wäre jeder ägyptische Erziehungsversuch von vornherein zum Scheitern verurteilt, auch die Bemühungen eben unseres Ptahhotep. Einen Gegensatz zwischen dieser Auffassung und Salomos Bitte um ein hörendes Herz wird man aber gewiß nicht konstruieren dürfen – der Christ, der um Kraft zum Glauben bittet, wird deswegen weder aus seiner Verantwortung gehoben noch zu einem Anhänger »absoluter Prädestination« gestempelt werden können.

Menschen, einer mit hörendem Herzen, wenn er einen Rat sucht bei Fremdartigem wie einer, dessen Herz dabei war.«[4]

Das entscheidende Verständnis der ägyptischen wie wohl aller Hochkulturen erschließt sich dem, der bedenkt, daß »Welt« nur ergriffen werden kann, wenn der Mensch die ihm wesentlichen Züge herausarbeitet und Beiläufiges, Akzidentielles aus dem Auge läßt. Mag eine solche Selektion noch so vieles beiseite lassen, übersehen – wenn die entscheidenden Züge der jeweiligen geistigen und kulturellen Situation erfaßt sind, wird ein tragfähiges Weltbild den Menschen Sicherheit geben. In Ägypten ist es das Herz, das einerseits ein Organ des Menschen ist, andererseits Einflüssen Gottes offensteht[5]. Das Herz ist die zentrale Stelle im Menschen, der alle Sinne ihre Eindrücke »melden« und das dann die Lage erkennt und Entschlüsse faßt. Es hat also auf das, was von außen zum Menschen kommt – sei es durch die Sinne, sei es von Gott – zu hören.

Was nun Amenophis, Sohn des Hapu, den eine spätere Zeit als Weisen und »Heiligen« verehrt[6], als Besonderes hervorhebt, ist, daß sein Herz auch bei Ungewohntem, Fremdartigem, also bei Phänomenen, die das tradierte ägyptische Weltbild noch nicht aufgenommen hat, wie sie aber gerade in dieser nach Asien und Nubien offenen Zeit sich überall aufdrängten, »Rat« gewußt habe, daß er also solche neuen und verwirrenden Erscheinungen einzuordnen verstanden habe, daß er richtig auf sie reagieren konnte – und das eben durch sein »hörendes Herz«.

Auch wenn er Gott in diesem Zusammenhang nicht ausdrücklich nennt, so war doch die Vorstellung, Gott spreche zum Herzen, so geläufig, daß kein Ägypter diesen Unterton überhört haben kann. Und ist es nicht genau dies, was Salomo in Gibeon erbittet und was ihm gewährt wird, so daß er den Ruf des Weisen erhält, dasselbe Prädikat wie Amenophis, Sohn des Hapu?

---

[4] Urkunden der 18. Dynastie , bearb. von WOLFGANG HELCK, Heft 21, Berlin 1958, 1817, 8.
[5] S. in diesem Band den Aufsatz »Das Herz im ägyptischen Glauben« sowie den Artikel »Herz« im Lexikon der Ägyptologie, hrsg. von W. HELCK und W. WESTENDORF, Bd. II, Sp. 1158–1168.
[6] D. WILDUNG, Imhotep und Amenhotep, Münchner Ägyptologische Studien Heft 36, Berlin 1977.

Das Herz als Sitz des Lebensgeheimnisses

aus: Archiv für Orientforschung 17, 1956, 140–141.

Daß das Herz im Alten Orient das Wesen, den Charakter eines Menschen birgt, sein innerstes Wesen und Fühlen, ist bekannt. Hier soll die Aufmerksamkeit auf eine zumindest in Ägypten und Israel bekannte speziellere Vorstellung gelenkt werden, wonach das Herz auch Sitz der schicksalhaften Bestimmung des Menschen ist, des ihm persönlich zugeteilten Loses.

Im Papyrus d'Orbiney aus dem Ende der 19. Dynastie, der die bekannte Geschichte von den Zwei Brüdern enthält, wird erzählt, daß der jüngere Bruder, Bata, da er sich als Entmannter nicht mehr gegen seine Feinde verteidigen kann, sein Herz auf die Blüte einer Pinie (*pinus pinea*) legt: So wird er, solange das Herz dort ruht, unangreifbar[1]. Dies Geheimnis seines Lebens erzählt er dann seiner Frau. Dabei heißt es im ägyptischen Text:»Er offenbarte ihr sein ganzes Herz« (10,3)[2].

Eine ganz ähnliche Situation kennen wir aus dem Alten Testament, Jud. 16, 15, wo Simson ebenfalls ein Geheimnis, an dem sein Leben hängt, einer Frau preisgibt und sich damit durch ihre Untreue, genau wie Bata, indirekt seinen Feinden ausliefert. Delila bedrängt den Simson, nachdem er sie zunächst dreimal irregeführt hat, mit folgenden Worten: איך תאמר אהבתיך ולבך אין אתי »Wie kannst du nur sagen, ›ich liebe dich‹, wenn doch dein Herz nicht bei mir ist.« Daß »Herz« nicht in unserem europäischen Sinne als Sitz der Liebe verstanden werden darf, daß es vielmehr als Sitz des innersten, letzten Geheimnisses gilt, ergibt sich aus den Versen 17 und 18, wo es heißt: ויגד-לה את-כל-לבו »Da machte er ihr sein ganzes Herz bekannt« bzw. »Da sah Delila, daß er ihr sein ganzes Herz bekanntgemacht hatte«.

Noch an einer weiteren Stelle des Alten Testamentes liegt die gleiche Bedeutung von *lêb* vor; doch handelt es sich hier um einen Text mit Doppelbedeutung, wie sie, vielfach noch nicht erkannt, gelegentlich bei Aussprüchen weiser Männer vorkommt, deren Geist eben durch solch amphibolische Redeweise gekennzeichnet wird. 1. Sam. 9, 19 sagt Samuel zu Saul, der ihn auf Rat seines Knechtes in aller Harmlosigkeit aufgesucht hat, um Näheres über die verlorenen Eselinnen zu erfahren:»Steige vor mir auf die

---

[1] Vgl. zu diesem auch anderweitig verbreiteten Motiv z.B. FR. VON DER LEYEN, Die Welt der Märchen I, S. 126/7 und S. 140.

[2] An der späteren Stelle 12,3, wo die Frau des Bata sein Geheimnis dem Pharao verrät, heißt es »Man (d. i. Pharao) sprach mit ihr, um sie zu veranlassen, die Bewandtnis zu sagen, die es mit ihrem Manne habe (*pꜣ šr n pꜣjś hꜣj*)«, statt *hꜣtj* wird hier also *šr* gebraucht.

Höhe hinauf und iß mit mir heute; morgen früh will ich dich dann fort-
schicken וכל אשר בלבבך אגיד לך und alles, was du auf dem Herzen hast,
will ich dir sagen«. So wenigstens sollte und mußte Saul die Rede Samuels
verstehen, die für ihn eine ganze Reihe von schreckhaften Überraschungen
einleitet (er, der unbedeutende Junge, wird von dem berühmten Seher
eingeladen und soll sogar v o r ihm hergehen!). Der Leser aber, der schon
vorher erfahren hat, daß Gott den Saul als *nagîd* über sein Volk erwählt
und diese Wahl dem Samuel mitgeteilt hat, wird einen anderen, ebenfalls
von dem Seher in seine Worte bewußt gelegten Sinn heraushören: »Morgen
früh werde ich dir sagen, was mit dir los ist, d. h. was jetzt schon als Geheimnis in dir schlummert, was Gott mit dir vorhat, das Geheimnis deines
Lebens«. So geschieht es denn auch: Samuel salbt Saul bei Sonnenaufgang
zum *nagîd*.

Die aus den beiden ersten Stellen, der ägyptischen wie der aus der
Simson-Erzählung, gewonnene Bedeutung »Lebensgeheimnis« eines Menschen für das Wort »Herz« erschließt uns hier der Doppelsinn[3].

---

[3] Die nützliche Sammlung von F.H. VON MEYENFELDT, Het Hart (LEB, LEBAB) in het Oude
Testament, Leiden 1950, die die oben angeführten Stellen auf S. 25f.; 29; 157 bringt, arbeitet
diese spezielle Bedeutung nicht heraus.

Das Herz im ägyptischen Glauben

aus: Das Herz im Umkreis des Glaubens, 1, Dr. Karl Thomae GmbH, Biberach 1965, 81–106.

Bei wohl allen Völkern der Erde führen einfache physische Erfahrungen dazu, das Herz als Sitz der Gefühle, ja des Lebens schlechthin zu betrachten. In den folgenden Seiten sei nicht von den medizinischen Kenntnissen der alten Ägypter die Rede, obwohl zu Beginn auch diese Seite ihrer Vorstellungen kurz gestreift werden muß. Vielmehr gilt unsere Frage der Rolle, die das Herz im Glauben der Ägypter gespielt hat, und zwar sowohl in alltäglichen Vorstellungen als auch im religiösen Glauben. Wir werden dabei sehen, wie eng diese beiden Gebiete zusammenhängen, wie jeder Alltagsvorstellung eine auf religiöser Ebene entspricht.

Die zentrale Funktion des Herzens für den menschlichen Organismus war den ägyptischen Ärzten wohlbekannt. Ein medizinisches Lehrbuch erklärt: »Es sind Gefäße im Menschen zu jeder Körperstelle. Wenn ihretwegen ein Arzt seine Finger auf den Kopf, auf den Hinterkopf, auf die Hände, auf die Stelle des Herzens, auf die beiden Arme oder auf die beiden Beine legt, so gilt seine Messung dem Herzen. Denn die Gefäße des Herzens führen zu jeder Körperstelle des Menschen. Es ist so, daß das Herz in den Gefäßen jeder Körperstelle spricht.« Dieses »Sprechen«, der Pulsschlag, kündet das Leben. Wir wollen hier nicht die verschiedenen krankhaften Zustände des Herzens ausbreiten, die die ägyptischen Mediziner zu unterscheiden wußten und mit treffenden Namen belegten: Das Herz ist »umnachtet«, »bitter«, »überschwemmt«, »matt«, »trocken«, es »vergeht« oder »macht Tanzbewegungen«, ja es »flattert«; wichtig aber ist für die Erkenntnis, daß sich jedes Leben eng ans Herz knüpft, daß kein Mensch ohne das Herz und seine Tätigkeit leben kann, also, da die Ägypter keinen grundsätzlichen Unterschied zwischen dem Leben vor und nach dem Tode machten, auch nicht den Tod überleben. Davon wird später noch ausführlich zu sprechen sein. Zunächst gilt es, die Funktionen zu ermitteln, die die Ägypter in der Alltagswelt dem Herzen zuschrieben – von denen sich einige mit unseren eigenen volkstümlichen Vorstellungen decken, während andere uns überraschend kommen.

Wir beginnen gleich mit einer Vorstellung, die wir in unserem Denken nicht kennen: Das Herz ist für die Ägypter Sitz der Vernunft, des Denkens und Überlegens. So ist ein »herzloser« nicht wie in unserer Sprache ein gefühlskalter, sondern ein verstandesarmer Mann, ein Tor, ein Dummkopf, der nicht erkennt, was jeweils zu tun ist, und daher immer das Falsche wählt. Das Fremdartige dieser Vorstellung tritt uns kraß entgegen bei der Mahnung eines Lehrers, der seinen Schüler abbringen will vom abenteuerreichen Leben eines Offiziers bei der ägyptischen Besatzungsmacht in Asien, das den Jungen viel mehr lockt als der biedere bürgerliche Beruf eines Beamten, mit dem noch dazu die Unbequemlichkeit des Lernens verbunden ist: »Wenn du Herz hast, werde Beamter!« ruft er ihm zu, womit er weder an die Tapferkeit noch an das Gefühlsleben des jungen Mannes appelliert, sondern im Gegenteil an seine Vernunft: Der Ägypter überlegt mit seinem Herzen. Ein König kann sich wohl rühmen: »Was mein Herz dachte, das geschah durch meinen Arm« und meint damit, daß er seine Entschlüsse auch tatkräftig ausführte.

Wir müssen hier eine sehr alte, aus dem frühen 3. Jahrtausend stammende Naturlehre einführen, die diese Funktion des Herzens genauer zu erfassen sucht. Dort heißt es: »Es haben das Herz und die Zunge Macht über alle anderen Glieder auf Grund der Erwägung, daß das Herz in jedem Leibe und die Zunge in jedem Munde ist von allen Göttern, allen Menschen, allem Vieh, allem Gewürm und allem, was lebt – indem das Herz denkt, alles, was es will, und die Zunge befiehlt alles, was es (das Herz) will.« Die beiden wichtigsten Organe, die allen Lebewesen zur Verfügung stehen, sind nach dieser Lehre »Herz« und »Zunge«. Die Lebensfunktionen werden dabei so verteilt, daß das Herz der Sitz des Denkens ist, während die Zunge das Gedachte »befiehlt«. Wir brauchen uns nur an die Schöpfungsgeschichte der Bibel zu erinnern, um zu verstehen, was hier gemeint ist: das schöpferische Wort. Das ausgesprochene Wort ruft den »berufenen« Gegenstand in die Existenz. Aber, so erkennt unser Text, diesem gestaltenden Willen geht ein anderer Akt voraus, nämlich der der Erkenntnis, und diese wird, so wie der schaffende Spruch der Zunge, dem Herzen zugeordnet.

Und nun denkt unser Philosoph weiter. Er fragt sich, woher denn das Herz den Rohstoff der Gedanken nimmt, und kommt zu demselben Ergebnis wie mehr als 4000 Jahre später John Locke: Nichts kann im Verstande sein, was nicht vorher die Sinne durchlaufen hat, oder, wie der Ägypter es in seiner anschaulichen Sprache faßt: »Das Sehen der Augen, das Hören der Ohren, das Riechen der Nase: sie erstatten dem Herzen Meldung. Das Herz aber ist es, das jede Erkenntnis entstehen läßt; die Zunge ist es dann, die wiederholt, was vom Herzen erdacht wurde.«

Soweit die Einsichten jenes Ägypters des 3. Jahrtausends in die Vorbedingungen der Erkenntnis, die im Herzen vor sich geht. Aber er fragt auch nach den Folgen. Die Weisung, was zu geschehen hat, wird vom Herzen erdacht (auf Grund der »Meldungen«, die ihm die Sinne über den Zustand der Umwelt zuleiten) und von der Zunge ausgesprochen, d. h. in Wirkung umgesetzt. »So werden alle Arbeiten verrichtet und alles Handwerk, das Tun der Hände, das Gehen der Füße und die Bewegung aller anderen Glieder gemäß diesem Befehl, der vom Herzen gedacht wird und durch die Zunge hervorkommt, der das Mark von allem ausmacht.«

Das also ist der Dreitakt: Die Sinne nehmen wahr, das Herz denkt und erkennt, was not tut, die Zunge befiehlt es den Gliedern, und diese handeln entsprechend. Das Zentrum des Vorgangs aber ist das Herz – die Sinne sind nur Zubringer, Zunge und Glieder nur ausführende Organe. Dieses Stück einer Naturlehre ist uns in einem theologischen Zusammenhang überliefert; ohne daß wir diese großartige Konzeption von der einheitlichen Struktur der Welt hier ausbreiten können, sei nur darauf hingewiesen, daß gerade darin, daß dieser Vorgang mit dem Herzen im Mittelpunkt allen Geschöpfen angeboren ist, daß auch Gott die Welt nach diesem gleichen Dreitakt – Beurteilung der Lage, Entschluß und Befehl –

geschaffen hat, für den Denker der Beweis dafür liegt, daß die ganze Welt bis zum »Wurm« von einem einzigen Schöpfer nach einem einheitlichen Plan geschaffen wurde. Dabei ist »das Herz« das Organ, das, als Zentrum jedes Lebewesens, deren gleiche Struktur gewährleistet.

Stets müssen wir im Auge behalten, daß das Herz als Sinn der Vernunft betrachtet wird. Von hier ist es nur ein kleiner Schritt zum Herzen als dem Sitz des Gedächtnisses. »Gib die Schriften in dein Herz!« ruft der Lehrer dem Schüler zu, aber er meint damit im alten Ägypten nicht, daß dieser etwa die Bücher liebgewinnen solle, sondern er stellt ihm die Aufgabe, sie auswendig zu lernen – das A und O ägyptischer Schulerziehung. Wir erinnern uns an den englischen Ausdruck »to learn by heart«, der nichts anderes besagt, als daß eben das Gedächtnis im Herzen sitze. In anderem Zusammenhang rät der Lehrer: »Dringe ein in die Schriften und lerne sie auswendig« – wieder mit demselben Fachausdruck: »Gib sie in dein Herz«.

»Es war nach dem Abendessen; ich legte mich auf mein Bett, um mir eine Stunde Ruhe zu gönnen. Mein Herz hatte begonnen, dem Schlummer zu folgen« – diese Worte schildern, wie beim Einschlafen die Sinne verschwimmen und das Herz seine Aufgabe, die Sinneseindrücke zu ordnen und zu verarbeiten, nicht mehr wahrnimmt, weil es »dem Schlummer folgt«.

Dies Herz ist bei einem gesunden Menschen »auf seinem Platz« im Leibe. Aber nicht nur beim Tode kann es den Körper verlassen, sondern auch bei Schrecken – wobei offenbar nicht nur Bewußtlosigkeit gemeint ist, sondern auch das, was wir »außer sich sein vor Angst« nennen. Ein solcher Mensch verliert seine Vernunft und handelt unsinnig.

Besonders wird es von den Feinden des Landes ausgesagt, daß »ihr Herz nicht mehr in ihrem Leibe ist«. Wir dürfen nicht daran denken, daß etwa anatomische oder pathologische Vorstellungen sich mit dieser Redensart verbanden – aber der bildhafte Sinn der Ägypter schreckte nicht einmal davor zurück, diese Redewendung hin und wieder bildlich zu gestalten. So sehen wir auf unserem Bild einen vom König als Sphinx niedergetretenen Feind sich auf der Erde krümmen. Sein Herz ist außerhalb des Körpers gezeichnet, der Mann faßt mit der Hand danach.

Nicht nur politische Feinde verlieren vor Schreck ihr Herz, sondern auch der Gegner beim Schachspiel. Ein passionierter und offenbar sehr guter Spieler schildert seinen Sieg über den Gegner. Er sagt, er habe einen so geschickten Zug gemacht, »daß dessen Finger zittern und sein Herz sich

Ein von der Sphinx niedergetretener Feind hält sein Herz in der Hand, das aus seinem Körper herausgetreten ist. (Ägyptische Abteilung der Staatlichen Museen, Berlin)

von seinem Platz entfernt. Er weiß keinen Gegenzug (wörtlich heißt es ›Antwort‹) zu machen«. Entsprechend klagt ein mit Sorgen beladener Mann, dem Unrecht widerfahren ist, vor dem Berufungsrichter: »Mein Leib ist mit Kummer angefüllt, und mein Herz ist beladen; es ist in einem solchen Zustand, daß es aus meinem Leibe heraustritt.« Auch hier wür-

den wir ohne Erwähnung des Herzens sagen, der Mann sei außer sich,
aber eben diese Vorstellung einer Spaltung der Einheit der Person faßt
der Ägypter unter die Doppelheit Mensch – Herz.

Das Herz ist also der alter ego des Menschen und kann auch Gesprächspartner eines Einsamen werden. Nach der Königsideologie des Ägypters
unterscheidet sich Pharao von allen Menschen seinem Wesen nach, indem
er nicht nur Mensch, sondern zugleich wahrer Gott ist. In seiner Einsamkeit hat er Beschlüsse zu fassen, an denen die Menschen nicht teilhaben
können, da ihnen die Lösungen der Probleme ihrer Natur nach verschlossen sind – nur dem König sind sie zugänglich, weil er auch göttlich ist.
Freilich, in der politischen Realität hat er seine Räte, aber die Ideologie,
die sich im Hofstil niederschlägt, hält an seiner Einmaligkeit fest. Erwägt
er also Pläne, so »geht er dabei mit seinem Herzen zu Rate«. Ein altägyptischer Robinson Crusoe, der als einzig Überlebender bei einem Schiffbruch an eine einsame Insel verschlagen wird, erzählt von diesem Abenteuer: »Ich wurde von einer Meereswelle an eine Insel geworfen und verbrachte dort drei Tage allein, nur mit meinem Herzen als meinem Gefährten.« Ein altägyptisches Sprichwort lautet: »Ein tapferes Herz im
Unglück ist ein guter Genosse für seinen Herrn« – hoffen wir, daß das
Herz dem Schiffbrüchigen ein solch guter Genosse war.

Wenn wir das Herz als Sitz des Gefühlslebens betrachten, kommen die
ägyptischen Aussagen wesentlich näher an deutsche Vorstellungen heran.
Freilich ist auch hier die bildhafte Kraft der Sprache überraschend, und
manche der Vorstellungen bleiben uns fremd. Da aber immer nur das
Neue, Andere unsere eigene Phantasie und geistige Beweglichkeit stärkt,
das Bekannte dagegen zu satter Selbstbestätigung führt, wollen wir uns
von dem »Schon die alten Ägypter ...« fernhalten und vor allem das
Andersartige betrachten.

Die Beobachtung, daß Sorgen und Furcht das Herz zusammenziehen, haben die Ägypter so gut wie viele andere Völker gemacht. Aber sie prägen
dazu auch das positive Bild von der »Herzensweite«, die nicht nur Freude,
sondern allgemein »Sorgenfreiheit«, »Sanssouci« meint. Unendlich häu-

fig findet sich dieser Ausdruck, meist als erbetene Gabe der Götter an einen Menschen. Die Grundbedeutung der Wortverbindung war den Ägyptern immer bewußt – ganz selten hören wir sie auch einmal von einem »breiten« Herzen sprechen. Gerne wird diese Aussage auch mit dem Gegenteil konfrontiert: »Möge dein Herz weit sein, das Herz dessen aber, der gegen dich handelt, eng« hören wir als Wunsch für einen Freund. Auch das Totengericht, von dem unten noch die Rede sein wird, nennt man »eine Stätte der Herzensenge« – wir würden sagen »der Herzensbeklemmung«; daß in Herzens»angst« ein »eng« steckt, ist der heutigen Sprache nicht mehr bewußt.

Ein ägyptischer Sonderbevollmächtigter, der in Syrien um die Wende des 2. zum 1. Jahrtausend Zedern einkaufen soll, dem das verarmte Land aber nicht genug Geld für seine Mission mitgeben kann, sitzt trübsinnig in der Fremde am Meer – er sieht keinen Weg heimzukommen. Da schickt ihm der Fürst von Byblos, mit dem er verhandelt hat, eine ägyptische Tänzerin in sein Zelt am Hafen mit der Weisung: »Singe für ihn und sorge, daß sein Herz keine schwarzen Gedanken fängt.« Überhaupt ist das Herz auch der Sitz der Trauer. »Das Herz wird traurig« lesen wir immer wieder, und als nach dem Zusammenbruch des Alten Reiches gegen Ende des 3. Jahrtausends das Land, seiner Führung beraubt, in den trostlosen Zustand des Bürgerkriegs und der Anarchie versinkt, da verzweifelten – wenn wir dem Bericht eines Zeitgenossen trauen dürfen – nicht nur die Menschen, sondern auch die Haustiere: »Wahrlich, alle Tiere, ihre Herzen weinen, und die Herden trauern über den Zustand des Landes.«

Bei Furcht zittert das Herz im Leibe, und das der besiegten Feinde wird »matt« oder »müde«. Freilich ist es dem Ägypter geboten, solcher Mutlosigkeit, also solch flatterndem Herzen zu wehren, und der Ausdruck für diese Anstrengung lautet »das Herz zusammennehmen« – eine uns aus unserer eigenen Sprache wohlbekannte Metapher. Zunächst ist das eine soldatische Tugend, unserer Tapferkeit entsprechend. Am Abend vor einer entscheidenden Schlacht wird als Tagesbefehl an die Soldaten ausgegeben: »Festes Herz, festes Herz! Wachsam, wachsam!« Besonders aber ist es Pharao, der sein Herz fest machen muß, um die ihm anvertraute Ordnung des Landes zu bewahren.

Es mag überraschen, wenn also einerseits ein festes Herz als Tugend gilt, andererseits aber ein ähnliches Bild auch negativ verwendet wird. Wir vernehmen die Stimme eines Lehrers, wie er einem Schüler wegen dessen widersetzlichen Betragens Vorhaltungen macht: »Du junger Bursche, wie bist du doch so stolz! Du hörst nicht, wenn ich rede. Dein Herz ist schwerer als ein großes Monument, das 100 Ellen lang ist und 10 Ellen dick, das fertig daliegt, daß man es auflade. Es hat viele Arbeitertrupps herbeordert, und es hat menschlicher Rede gehorcht!« Schwerer beweglich als ein großer Obelisk im Steinbruch, meint der Lehrer, sei der Geist des Studenten.

Daß das Herz der Sitz der Liebe ist, hat wohl jeder einmal gespürt, zeigt es doch Freude (die Ägypter hätten gesagt »Weite« oder »Breite«) und Beklommenheit (»Enge«) beim Anblick des geliebten Partners unmißverständlich an. Es erübrigt sich, zahlreiche Beispiele zu bringen – die meisten fänden sich in der Liebesliteratur anderer Völker wieder. Für viele, ja wohl unzählbar viele mag hier ein kurzes Liebeslied stehen, in dem das Mädchen zu seinem ungebärdigen Herzen spricht:

> »Mein Herz hüpft eilends davon,
> denk ich an die Liebe zu dir.
> Es läßt mich nicht gehn wie ein Mensch,
> es springt mir auf seiner Stell',
> Es läßt mich mein Hemd nicht anziehn,
> ich kann meinen Fächer nicht nehmen,
> die Schminke dem Auge nicht geben,
> und mich überhaupt nicht salben.
> ›Warte doch nicht, geh heim!‹
> sagt es mir stets, wenn an ihn ich denk.
> Mach mir, mein Herz, keine Dummheit!
> Weshalb bist du nur solch ein Tor?

Sitz stille! Der Freund kommt von selbst zu dir.

Laß von mir die Leute nicht sagen:

›Das ist eine Frau, die in Liebe fiel!‹

Steh fest, so oft du seiner gedenkst,

mein Herz, und hüpf' nicht davon!«

Nicht nur die Liebe zum Mädchen oder zum Manne, auch die zur Heimat hat im Herzen ihre Wohnung. Die bildhafte Sprache der Ägypter gibt auch dieser Erfahrung, daß die Sehnsucht das Herz fortzieht, konkreten Ausdruck. Ein Student aus Memphis, den seine Studien in das Delta führen, schreibt:»Mein Herz ist heimlich fortgegangen und eilt zu dem Ort, den es kennt; es zieht nach Süden, Memphis zu sehen. Ach, wenn ich doch nur ruhig dasitzen könnte und auf mein Herz warten, daß es mir berichtet, wie es in Memphis steht! Aber keine Arbeit gelingt unter meiner Hand, da mein Herz von seiner Stelle gerissen ist.« – Einem Mann in der Fremde ist die Heimat »der Ort, wo mein Herz den ganzen Tag über weilt«, und auch der ältere Bruder, der das verlorene Herz seines jüngeren Bruders suchen muß (wir werden die Geschichte unten noch erzählen), muß seinem Herzen folgen:»Als er das vierte Jahr seines Suchens anfing, wünschte sein Herz nach Ägypten heimzugehen, und er sagte zu sich: ›Morgen gehe ich fort‹.«

Von der Höhe altägyptischer Psychologie zeugt ein Text aus dem 3. Jahrtausend:»Ein Mensch, der Leid zu tragen hat, wünscht mehr, daß sein Herz erleichtert wird, als daß ausgeführt wird, um was er gebeten hat. Von einem, der Bitten abschlägt, sagt man:›Weshalb beachtet er sie denn nicht wenigstens?‹ Es braucht ja nicht alles, um was er gebeten hat, zur Ausführung zu kommen; schon gnädig angehört zu werden, ist eine ›Herzensglättung‹.« Schon wieder ein neues Bild! Ein »glattes« Herz bedeutet seelisches Gleichgewicht, Ruhe. Auch ins Gegenteil wird das Bild gewendet: Ein »unebenes« Herz hat, wer reizbar ist, mißgestimmt, aufgewühlt – aus welchen Ursachen auch immer; besonders wird übrigens Magenkranken eine solche »Herzensunebenheit« zugeschrieben –, während unser deutsches »rauhes Herz« in ganz andere Vorstellungskreise führt. Mir scheint aber, daß auch wir »glatt« und »uneben« als Eigenschaften des Herzens gut nachfühlen können, etwa als »ruhig« und »unruhig«.

Ein weiteres Bild, das uns auch fern steht, ist das von der »Herzens- wäsche«. »Sein Herz waschen« meint einerseits etwas tun, was einem selbst Freude macht; aber auch einem anderen kann man »das Herz waschen«, d. h. ihm Freude bereiten. Häufig freilich ist diese Freude das Kühlen von Rachegelüsten – wobei wir tatsächlich schon bei ähnlichen Vorstellungen angelangt sind, denn das Waschen ist im heißen Ägypten immer ein Kühlen. »Herzwaschen« bedeutet, »das Herz aus großer Auf- regung ins Gleichgewicht bringen«, indem man sich oder einem anderen einen Wunsch erfüllt, ob dieser nun positiv zu werten ist (gut essen und trinken, seinen Vorfahren ein Denkmal errichten), oder negativ als »Rache nehmen«.

Gehen wir einen Schritt zurück und betrachten nochmals das Herz als Sitz der Liebe. Hier haben die Ägypter eine besonders ansprechende Vor- stellung in Worte gefaßt: »Im Herzen sein« bedeutet geliebt sein, das Vertrauen jemandes genießen. Gebraucht wird diese Wendung vor allem von Männern am Hofe, die das Vertrauen Pharaos besitzen. Auch vom König aus wird der Satz gefaßt und lautet dann: »Seine Majestät füllte sein Herz mit dem Wesir User.« Das Herz ist der Sitz des Zutrauens. Und wieder, wie schon bei der Wendung »das Herz entfällt ihm«, wird die Sprachwendung sinnfällig gemacht; diesmal nicht primär als Darstel- lung der bildenden Kunst, sondern als »Orden«. Der König hängt seinen Vertrauten, die »sein Herz füllen«, als Zeichen dieses ihres Standes das Herz Pharaos um den Hals, und zwar, wie die Texte sagen und die Bilder zeigen, ein doppeltes. Ausdrücklich nennt der Text dann einen derart Ausgezeichneten »einen, dem zwei Herzen verliehen sind, eines aus Gold, eines aus Silber; dem sie angesichts des ganzen Landes (d. h. in voller Öffentlichkeit und mit großem Zeremoniell) um den Hals gehängt wurden«. Von einem dieser Beamten, dem Bürgermeister der Haupt- stadt Theben, Sennofer, der um 1400 v. Chr. lebte, kennen wir auch

Bilder, die ihn mit der Dekoration zeigen. Auf dem hier abgebildeten Ausschnitt aus einer Malerei in seinem Grabe schmückt ihn seine Gattin mit dem Doppelorden.

Wie Liebe und Haß, wie Vertrauen und Angst, so wohnt auch das Mitleid im Herzen. Die Vorstellung ist uns ganz geläufig, der ägyptische Ausdruck für »Mitleid mit jemandem haben« lautet: »Sein Herz jemandem neigen.«

Wir sahen schon, daß besonders die Freude im Herzen zu Hause ist, daß sie geradezu »Herzensweite« heißt. Daneben gibt es einen zweiten Ausdruck fast gleicher Bedeutung, der wörtlich heißt: »Das Herz jemandes heilen, heilmachen.« Diese Wendung nun ist völlig erstarrt als Briefformel. Ausgehend von der Fiktion, daß ein Brief an einen Höhergestellten oder Verehrten nur angenehme Nachrichten zu bringen habe, wird die Floskel »Etwas anderes, das Herz meines Herrn zu erfreuen« zum Zeichen, daß im Brief ein neuer Punkt beginnt. Dabei ist dem Ägypter so sehr der Sinn dieser Worte aus dem Blickfeld geraten, daß auch die schlimmsten Nachrichten, etwa vom Tode eines nahen Angehörigen, so eingeleitet werden.

Nur im Vorbeigehen sei erwähnt, daß auch Laster wie Verschlagenheit, Übelwollen ihren Sitz im menschlichen Herzen haben, dessen Sinnen und Trachten eben böse ist von Jugend auf. Rebellen gegen die Ordnung des ägyptischen Staates werden bezeichnet als solche, »deren Herz widersetzlich ist«.

Ebenfalls nur knapp wollen wir darauf hinweisen, daß das Herz auch der Sitz des Wunsches ist – daß ein Herz sich in die Heimat sehnt, haben wir schon erfahren. »Mein Herz steht danach, Gott zu schauen« kann ein Ägypter sagen. In einer hübschen Anekdote wird erzählt, wie der Fürst von Joppe-Jaffa, dem heutigen Haifa, glaubt, sich mit dem ägyptischen General, der die Stadt belagert, verbrüdern zu können. Er kommt zu ihm ins Zelt, schwätzt mit ihm und erklärt dann: »Mein Herz brennt darauf, die Große Keule Seiner Majestät zu sehen«, die der General Thoth, wohl

Die Gattin des Bürgermeisters Sennofer hängt ihm den Doppel-Herz-Orden aus Gold und Silber um, der ihm vom Pharao verliehen ist. (Aufnahme von Prof. Dr. S. Schott, Göttingen)

als Hoheitszeichen, mit sich führt. Mit dieser Keule schlägt dann der
Ägypter dem Feinde den Schädel ein und bugsiert schließlich seine Soldaten in Säcken in die belagerte Stadt, die auf diese Weise fällt. – Dieser
Ausdruck »mein Herz steht danach« führt dann in einer in der ägyptischen Sprache ebenso seltenen Erscheinung wie im Deutschen zu einem
von einem Hauptwort abgeleiteten Verbum: Das Wort ib, das »Herz«
heißt, wird auch als Tätigkeitswort verwendet in der Bedeutung »etwas
wollen«, also in ähnlicher Bildungsweise, aber mit ganz anderer Bedeutung als unser deutsches »herzen« oder »beherzigen«.

Es mag uns erstaunlich vorkommen, daß die Klagen über den zerstreuten
Sinn der Jugend, über mangelnde Konzentrationsfähigkeit schon vor
4000 Jahren aus dem Munde der Lehrer erklangen – aber es mag uns auch
trösten als Zeichen, daß deswegen heute die Welt wahrscheinlich so wenig
untergehen wird wie sie es damals tat. Wir lesen bei einem solchen
Manne, dem sein schweres Amt, ägyptischen Jungen die Kenntnis der
Hieroglyphen beizubringen, Kummer bereitete: »Laß dein Herz nicht
flattern wie lose Blätter im Winde. Hänge dein Herz nicht an Fremdes:
Gut ist ein tatkräftiger Mann. Hänge dein Herz nicht an den eitlen und
unnützen Tanz: Das tut einem Manne keinen Dienst am Tage der
Examensnot!« Ein andermal vergleicht der Lehrer den Eleven vorwurfsvoll mit einem Vogel, wobei es wieder das Herz ist, das eigentlich die
Schuld trägt: »Man sagt mir, du verläßt die Bücher, gehst davon und
fliehst. Dein Herz hüpft und du bist unstet wie ein Vogel!«

Nicht flattern lassen darf man sein Herz, man muß es zusammennehmen.
Der Flüchtling Sinuhe wird in der Wüste von einem Durstanfall, von
einem völligen Zusammenbruch ereilt; er denkt noch »Das ist der Ge-
schmack des Todes« und erwartet sein Ende. Plötzlich aber, fährt die
Geschichte fort, erhob er sein Herz und raffte seine Glieder zusammen:
Er hatte das Gebrüll von Herden gehört, und Beduinen retten ihn dann
tatsächlich. Das schon gesunkene Herz erheben, es festmachen ist also
die Tugend der Tapferkeit, der Ausdauer, der Standfestigkeit. Da dem
Ägypter Selbstbeherrschung als Kardinaltugend galt – wovon die bildende

Kunst ebenso beredtes Zeugnis ablegt wie die zahlreichen Lebenslehren–, rückt auch hier das Herz in die Mitte mancher Überlegung. An dieser Stelle wird im zweiten Teil unserer Untersuchung noch manches beizubringen sein, wenn wir nach der Stellung des Herzens in den religiösen Vorstellungen der Ägypter fragen. Diesen ersten Teil, der den weltlichen Aussagen über das Herz gewidmet war und uns das Herz als Träger der Vernunft und Besinnung, als Sitz mannigfacher Gefühle, aber auch des Willens zeigte, beschließen wir mit einem Zitat aus einer Lebenslehre: »Schneller gehen die Worte, wenn das Herz verletzt ist, als der Sturm vor der Flut.«

Der zweite Teil unseres Aufsatzes soll uns nun mit den Vorstellungen der Ägypter vom Herzen vertraut machen, die wir auf religiösem Gebiet antreffen. Dabei können wir die Einteilung des ersten Abschnittes beibehalten, also wieder zunächst das Herz als Sitz des Lebens, dann der Einsicht, weiter der Gefühle betrachten. Alle diese Eigenschaften des Herzens, die wir in der »profanen« Sphäre trafen, werden auch in der religiösen wirksam. Dazu aber tritt dann noch eine besondere Bedeutung des Herzens als Personkern, als Sitz des Lebensgeheimnisses des Einzelnen, die besonders für das Totengericht wichtig ist, sowie eine eigentümliche Vorstellung von Gott, der dem Menschen einwohnt, und zwar wiederum im Herzen.

Die Trennung, die wir hier vornehmen, indem wir eine profane von einer religiösen Sphäre scheiden, ist durchaus modern und entspricht nicht dem Empfinden der Ägypter, für die die Welt einheitlich war. Lediglich um des leichteren Verständnisses der Leser willen sind hier also Vorstellungen, die dem Wesen nach zusammengehören, getrennt behandelt.

Wir beginnen mit einem Märchen aus der Zeit um 1400, bei dem freilich viel ältere Vorstellungen aufgenommen sind. Wir erzählen es – stark gerafft – mit eigenen Worten nach und bringen nur die entscheidenden Stellen im Wortlaut. – Es lebten einmal zwei Brüder zusammen, von denen der ältere, Anubis mit Namen, verheiratet war, während der jüngere, Bata, eine dienende Rolle im Haushalt spielte. Eines Tages ver-

liebt sich die Frau des Älteren in Bata und macht ihm einen ehebreche-
rischen Antrag. Bata aber lehnt unter Hinweis auf das Treueverhältnis
zwischen ihnen ab. Die Frau verdreht die Geschichte, als ob der Mann ihr
habe Gewalt antun wollen, und verleumdet Bata bei seinem Bruder.
Dieser stellt ihm nach, um ihn zu töten, doch mit Gottes Hilfe entsteht
zwischen dem Flüchtenden und seinem Verfolger plötzlich ein Wassergraben voller Krokodile. Über das Wasser hinweg klärt Bata seinen Bruder
über den wahren Sachverhalt auf. Er entmannt sich und sagt, er werde
jetzt ins Tal der Pinie gehen (wohl ein Ort an der syrischen Küste). »Was
du aber für mich tun sollst, ist: zu kommen und für mich zu sorgen, wenn
du erfährst, daß mir etwas zugestoßen ist. Ich werde mir nämlich das
Herz herausnehmen und es auf die Blüte der Schirmpinie legen. Wenn
die Pinie gefällt wird und mein Herz zu Boden fällt, und du kommst, es zu
suchen, und wenn du sieben Jahre lang suchen mußt, so laß es dein Herz
nicht verdrießen. Wenn du es aber gefunden hast und es in eine Schale
frischen Wassers legst, dann werde ich wieder leben, um dem heimzu-
zahlen, der sich an mir vergriffen hat. Du erfährst aber, daß mir etwas
zugestoßen ist, wenn man dir einen Becher Bier reicht und es über-
schäumt. Warte dann nicht mehr, wenn dir das begegnet.« – So geschieht
es: Bata zieht in die Fremde und legt sein Herz auf die Blüte der Pinie.
(Deren Frucht erinnert in Gestalt, Farbe und Größe an ein menschliches
Herz.) Die Götter schaffen ihm eine Gefährtin. »Er begehrte sie gar sehr.
Sie wohnte in seinem Hause, während er tagsüber Wild der Wüste jagte
und es brachte und ihr vorlegte. Er sagte zu ihr: ›Gehe nicht aus, damit
dich das Meer nicht ergreift. Ich kann dich nicht vor ihm retten, denn ich
bin eine Frau wie du. Mein Herz liegt auf der Blüte der Schirmpinie, und
wenn es einer findet, muß ich mit ihm kämpfen.‹ Und er eröffnete ihr
sein Herz ganz und gar.« Durch die List des Meeres gerät die Frau – nicht
gegen ihren Willen – in die Macht Pharaos, der dann auf Rat der Treu-
losen Soldaten ausschickt, die die Pinie fällen. Bata fällt sofort tot um,
und sein Bruder wird durch das verabredete Zeichen alarmiert: »Er verbrachte drei Jahre damit, das Herz zu suchen, aber er fand es nicht. Als

er das vierte Jahr anfing, wünschte sein Herz nach Ägypten heimzugehen, und er sagte: ›Morgen gehe ich fort.‹« Am nächsten Morgen aber findet er »eine Frucht« und legt sie in eine Schale Wasser. »Als es Nacht geworden war und das Herz das Wasser geschluckt hatte, zitterte Bata (der auf seinem Bett lag wie tot) an seinem ganzen Leibe und richtete seine Blicke auf seinen älteren Bruder, während sein Herz noch in der Schale lag. Dann nahm Anubis die Schale mit frischem Wasser, in der das Herz seines jüngeren Bruders lag, und ließ es ihn trinken. Und als sein Herz an seinem richtigen Platz angelangt war, wurde er wieder, wie er gewesen war.« Nach mannigfachem Hin und Her wird Bata König und nimmt Rache an seiner verräterischen Frau.

Hier wird das Herz als Kern der Person deutlich. Daß es aus dem Körper entfernt und abgelegt werden kann – wohl um den Besitzer vor einem vollen Tode zu bewahren – ist ein märchenhafter Zug, der sich genauso in Ägypten sonst nicht findet (wohl aber in anderen Märchen, etwa im Gläsernen Herz von Hauff). Das Leben hängt am Herzen. Dafür noch ein anderes Zeugnis: Nach ägyptischer Vorstellung bewohnt der Gott seine Kultstatue wie die Seele den Körper. Diese Einwohnung ist freiwillig und temporär. Es ist Aufgabe des Tempelkultes, dem Gott seine Wohnung so angenehm wie möglich zu machen, ihn durch Gesang, Räucherung und Tanz, vor allem durch Opfer zu erfreuen, damit er zum Segen des Landes und seiner Einwohner in seinem Heiligtum und der Statue weile. Als Symbol für den Akt der Besitzergreifung der Kultstatue, die eine Belebung bedeutet, wird ihr jeden Morgen vom Priester das Herz gebracht, und diesen Akt begleiten die Worte: »Ich bringe dir dein Herz in deinen Leib, es setzt sich auf seinen rechten Platz.«

Wir haben oben das menschliche Herz als Sitz des Verstandes, der Vernunft kennengelernt – ein »Herzloser« ist in der ägyptischen Sprache ein Tor, ein Unvernünftiger, Uneinsichtiger. Um die religiöse Seite dieser Vorstellung herauszuarbeiten, müssen wir einen neuen, und zwar zentralen Begriff ägyptischer Weltsicht einführen: Die Ma'at. Ma'at ist die Ordnung der Welt, wie sie Gott bei der Schöpfung eingeführt hat und

wie sie seitdem als Aufgabe vor den Menschen steht. Sie umfaßt die natürliche Ordnung der Dinge, aber auch die gesellschaftlichen Einrichtungen. Das rechte Verhältnis von Eltern und Kindern ist ebenso darin
einbegriffen wie die Paarung der Tiere in der Wüste, das Bewässern des
Landes ebenso wie die rechten Steuern. Vor allem aber ist das rechte Verhalten des Menschen in den verschiedenen ihm begegnenden Situationen
des Lebens ein Gebiet, in dem die rechte Erkenntnis der Ma'at als Aufgabe vor ihm steht. Hier wollen die Lebenslehren helfen, eine Literaturgattung, die im ganzen Alten Orient weit verbreitet ist, ihre höchste
Form aber in Ägypten gefunden hat. Männer, die mit offenen Augen
durchs Leben gegangen sind, fassen in hohem Alter ihre Erkenntnisse in
knappe, funkelnd geschliffene Sätze. Sie haben die Ma'at aus den Ereignissen und aus den bereits vorliegenden, seit Jahrhunderten oder gar
Jahrtausenden tradierten Lehren abgelesen und vermitteln sie nun ihren
Schülern weiter. Das Organ, mit dem diese Lehren aufgenommen werden, ist wiederum das Herz. Angesprochen wird es also durch diese Lehrer,
ebenso aber auch von Gott unmittelbar, der ja auch das Herz dem Menschen gegeben hat, eben damit er die Ma'at erkenne.
Die beiden Voraussetzungen für jede fruchtbare Erziehungsarbeit sind
Verstand und ein williger, fügsamer Charakter, die Neigung also, sich
formen zu lassen. Die Ägypter drücken das so aus: »Gott schenkt ein Kind
und gibt ihm Herz und Charakter mit.« Hören wir noch einige weitere
Stellen, in denen von dieser Funktion des Herzens, die Ma'at aufzunehmen, gesprochen wird: »Sei kein herzloser Mann, der keine Erziehung
genossen hat!« ruft der Lehrer einem widerstrebenden Schüler zu.
»Auch der Esel hat kein Herz im Leibe«, deshalb lasse sich das Grautier
nur mit Schlägen abrichten – und, ist die Meinung, wenn der Schüler
sich ebenso dumm, also »herzlos« anstelle, ergehe es ihm nicht viel anders. Aber auch aus dem Munde des Schülers klingt dem Lehrer eine entsprechende Mahnung entgegen: »Wenn deine Worte gefällig im Herzen
sind, dann ist das Herz geneigt, sie frohen Sinnes zu empfangen.« Hören
kann jeder, aber solch stumpfsinniges Lernen formt den Menschen nicht,

hat also nicht die erwünschte Wirkung. Vielmehr ist bei diesem Erziehungsvorgang das Herz das entscheidende Organ: »Gib deine Ohren her, höre, was gesagt wird; aber gib dein Herz daran, es zu verstehen!«
Auch in diesem Zusammenhang wird das Herz personifiziert: Es selbst kann einen Menschen auf den rechten Weg führen – freilich auch die falsche Straße. »Den sein Herz richtig unterwiesen hat« nennt man einen erfolgreichen, tugendhaften Mann, oder man sagt von ihm: »Den sein Herz anwies zu tun, was die Göttin wünschte.« Der greise Verfasser einer Lebenslehre schreibt schon im 3. Jahrtausend: »Es ist das Herz, das einen Mann zu einem Hörenden werden läßt oder zu einem, der nicht hört. Leben, Heil und Wohlergehen eines Menschen bedeutet sein Herz.« In diesem wichtigen Zusammenhang, den wir hier nicht weiter verfolgen können, der uns aber weit in die Fragen der Prädestination einführt, ist das Herz allerdings nicht selbständig gedacht, vielmehr als die Gabe Gottes an den Menschen, so daß es keine selbständige, unberechenbare Größe darstellt, sondern ein von dem Lenker aller Wege dem Menschen zugeteiltes Los, damit es den Kontakt zu ihm aufrechterhalte, Weisungen entgegennehme; diese dann freilich kann der Mensch übertreten oder in den Wind schlagen. Wenn er das nicht tut, wenn er dem folgt, was ihm das Herz sagt, also den Weisungen Gottes, dann wird er Erfolg auf Erden haben. Davon kündet ein längerer Text, der uns viel über die Funktion des Herzens lehrt. Ein Beamter schildert seine hohe Stellung und erklärt dann in seiner Autobiographie seinen steilen Aufstieg folgendermaßen: »Es war mein Herz, das mich diese Stellung hat ausüben lassen, indem es mich leitete. Es stand mir zur Seite als unbestechlicher Ratgeber, und ich wich nicht ab von dem, was es mir sagte, fürchtete mich vielmehr davor, seine Weisungen zu übertreten. Deshalb ging es mir sehr gut, und ich war erfolgreich, weil mein Herz meine Handlungen veranlaßte. Ich gedieh unter seiner Leitung. Ein Gotteswort ist das Herz, das in jedem Leibe ist. Glücklich ist, wen es auf den rechten Weg des Handelns leitet. So erging es mir.« Mehr als tausend Jahre später noch heißt es: »Wer sein eigenes Herz kennt, den kennt das Glück«, was nicht etwa ein Aufruf

zur Selbsterkenntnis ist, sondern sagt, daß das Glück zu dem kommt, der auf sein Herz als ein »Gotteswort« hört. Denn bei all solchen Tönen müssen wir stets die Überzeugung mithören, daß das Herz eine Gabe Gottes ist, so daß solche Aussagen nicht einen Stolz auf eigene Leistung verraten oder das doch höchstens insofern, als der Sprecher sich eben rühmt, auf sein Herz gehört zu haben, also den Weisungen Gottes gehorsam gewesen zu sein. »Du hast mein Herz gebildet; nicht von mir aus war ich klug.«

Dient also das Herz als Organ, mit dem der Mensch den Willen Gottes erkennt, sowohl die allgemeine Ordnung der Dinge als auch die seines eigenen Lebens im Einzelfall, so muß dies Herz »fest« sein – womit wir zu einer tieferen Gründung des Bildes kommen, das uns schon in der »profanen« Sphäre begegnet ist. Das Herz darf, wenn es den Menschen auf dem rechten Lebensweg leitet, nicht schwanken wie die Nadel eines Kompasses, die sich durch allerlei irritierende Einwirkungen davon abhalten läßt, den geraden Kurs anzuzeigen, vielmehr durch ihr Zittern in die Irre führt. Das besagt eine Inschrift aus dem 4. Jahrhundert v. Chr., in der es heißt: »Selig, wen sein Herz den Lebensweg Gottes führt. Der aber, dessen Herz auf dem Gottesweg schwankt, dessen Lebenszeit schwankt auch auf Erden (d. h. sie ist unsicher).«

Nur gelegentlich einmal wird aus dem Gedanken, daß ja Gott selbst es ist, der das Herz dem Menschen verleiht, die Folgerung gezogen, daß dann ja der Mensch gar nicht verantwortlich gemacht werden könne für sein Handeln, eben für sein Herz – welche Konsequenz zur Lehre von der Unfreiheit des Willens führt. Wir führen hier nur zwei solche Aussagen aus dem Alten Ägypten an: »Gott gibt es in das Herz dessen, den er liebt; er nimmt es aber fort von dem, den er haßt.« Geradezu an griechische Tragik erinnert der andere Satz: »Der Gott ist es, der schlechte Pläne in das Herz dessen gibt, den er haßt, um seine Güter einem anderen zu geben, den er liebt.«

Wenden wir uns nun dem Herzen als dem Sitz der Gefühle zu und sehen wir, welche religiösen Emotionen der Ägypter dort lokalisiert. Daß wir uns mit folgendem Gebetsruf in dieser Sphäre bewegen, unterliegt keinem Zweifel: »Senke Ruhe in mein Herz, du mein heiliger Vater!« Vor allem aber ist es die Liebe des Menschen zu Gott, die dort ihren Sitz hat, ebenso wie das Herz auch die Liebe Gottes empfängt. Die Beispiele sind überaus zahlreich, und wir begnügen uns mit einigen wenigen. Um 600 v. Chr. betet ein Mann zu seinem Gott: »Ptah, mein Herz ist voll von dir, mein Herz ist erfüllt von der Liebe zu dir wie der Teich mit Lotosknospen, und so habe ich mein Haus neben deinem Tempel aufgeschlagen wie ein Diener, der seinen Herrn verehrt.« Etwas nüchterner ausgedrückt, aber nicht minder tief empfunden ist eine ägyptische Anweisung zum richtigen Beten, die entfernt an die Worte Jesu erinnert (Matth. 6,5 ff.): »Der Abscheu des Gotteshauses ist Geschrei; bete für dich mit liebendem Herzen, mit Worten, die ganz verborgen sind. Dann wird er deine Bitte erfüllen, dann wird er erhören, das du gesagt hast, dann wird er deine Opfer annehmen.«

Behalten wir dabei aber immer im Ohr, daß nach ägyptischer Vorstellung das Herz die Erkenntnis Gottes annimmt. Dann werden wir auch folgende Aussage nicht falsch, in diesem Falle süßlich, zu deuten versucht sein: »Ich verehre deinen Geist, Amenophis (ein vergöttlichter König), mein vollkommener Herr. Ich habe dich in mein Herz geschlossen, der du mir Odem und Lebensfreude gegeben hast.« Das Wesen dieses seines Gottes hat also der Beter seinem Geist, man könnte fast sagen, seinem Gedächtnis, tief eingegraben. Unter den zahlreichen Segenszusagen, die Gott dem König gibt, verdient noch eine hier hervorgehoben zu werden – und zwar weil sie sowohl dem bei uns geläufigen Bild eines Pharao entgegensteht als auch, weil unsere Gegenwart von so ganz anderen Vorstellungen vom Verhältnis der Bürger zum »Regierungschef« ausgeht. Im Alten Ägypten verspricht die Gottheit dem Pharao, »die Liebe zu dir den Untertanen ins Herz zu senken«. Aber nicht nur deren Liebe braucht ein König, sondern auch den Beistand der Götter: »Ich gebe die Liebe zu dir ins Herz der Götter, während das Herz deiner Feinde schwach ist.«

Oben haben wir gesehen, daß der Ägypter seines Herzens Weisungen zu folgen hatte in dem Sinne, daß ihm dieses den Willen Gottes in den einzelnen Situationen vermittelte. »Seinem Herzen gehorchen« ist also eine Tugend, die dem Gehorsam gegen Gott nahesteht. Aber daneben gebraucht der Ägypter die feststehende Wendung »seinem Herzen folgen« auch in einem Sinne, der etwa unserem deutschen Satz gleichbedeutend ist – wenn freilich seine Wertung auch im System ägyptischer Ethik anders lautet. Hören wir zunächst Ptahhotep, einen Lehrer aus dem 3. Jahrtausend:

> »Folge deinem Herzen, solange du lebst.
>
> Tue nicht mehr, als dir gesagt wird,
>
> und verringere nicht die Zeit, da du dem Herzen folgst.
>
> Dem Lebensgeist ist es verhaßt, wenn man seine Zeit verkürzt.
>
> Verliere nicht die Zeit des Tages mit Arbeit,
>
> soweit du nicht für das Wohl des Hauses zu sorgen hast.
>
> Wenn Besitz da ist, folge deinem Herzen,
>
> denn Besitz führt zu nichts, wenn das Herz vernachlässigt wird!«

Einige hundert Jahre jünger ist ein Lied, das bei den Totenfestmahlen gesungen wurde. Auch hier erklingt der Ruf, seinem Herzen zu folgen, diesmal aber auf dem düsteren Hintergrund der Erkenntnis, daß wir über das Jenseits nichts Gewisses erfahren können, nichts von dem wissen, »worum unser Herz sich quält«. Wir bringen diese frühe Fassung eines carpe diem oder gaudeamus igitur hier ganz, kann das Lied uns doch zeigen, welch große Bedeutung die Ägypter dem Folgen des Herzens beigemessen haben, abseits jeder theologischen Erwägung.

»Dies ist das Vermächtnis des edlen Fürsten, den das gute Geschick getroffen hat:

> Geschlechter vergehen,
>
> andre bestehen
>
> an ihrer statt.
>
> Das gilt seit den Zeiten
>
> der Ahnen, der Götter,
>
> die nun in Pyramiden ruhn.

Die Edlen, Verklärten,
auch sie sind begraben.
Vergangen ist, was sie geschaffen haben,
und was ihr ist Los?

Ich hörte die Worte
der Weisheit Imhoteps
und Djedefhors aus aller Mund.
Was sind ihre Stätten?
Zerbrochen die Mauern,
verlassen die Orte;
es ist, als hätten sie niemals gelebt.

Keiner kam, der ihr Schicksal erzählt,
und alles, worum unser Herz sich quält,
bis wir auch gelangen,
wohin sie gegangen.

So sorge dich nicht um dein künftiges Ende,
folge dem Herzen, noch schlägt es in dir!
Mit Myrrhe bestreue
dein Haupt und bekleide
mit Linnen den Leib.
Mit Leinen duftend
von köstlichen Salben,
den Göttern geweiht.
Betrübt sich dein Herz,
such größere Freuden,
folge dem Herzen
und dem, was dich freut.

Aus dem Totenbuch-Papyrus des Ani, British Museum, London.

Im ägyptischen Totengericht wird das Herz des Verstorbenen gegen das Symbol der Ma'at gewogen. Links der Tote und seine Gattin, rechts der «Fresser», der Höllenrachen. Wägemeister ist der Gott Anubis, Gerichtsschreiber der Gott Thoth mit Ibiskopf

Sieh, daß auf Erden
das Deine getan wird,
nach Deinem Sinn.
Denn jener Tag der großen Klage
kommt auch zu dir.
Der Herzensmüde ist taub ihren Rufen,
sie rufen vergeblich
den Toten zurück.

Refrain: Genieße den Tag
und werde nicht müde.
Denn niemand nahm mit sich,
woran er gehangen,
und niemand kommt wieder,
der einmal gegangen.«

Daß ein solches Folgen des Herzens nicht immer das ist, was wir oben als Tugend ermittelt haben, sondern auch ganz als Vergnügen aufgefaßt wird, daß das Herz also hier dem Ägypter weder als Organ der Vernunft noch als solches für den Empfang von Gottes Weisung gilt, sondern den eigenen Willen trägt, geht unzweideutig aus den Lebensregeln hervor, die 1000 Jahre später ein Amunspriester aufstellt. Am Ende eines fröhlichen und langen Lebens erklärt er in einer Selbstbiographie: »Ich verbrachte meine Lebenstage in Genuß, ohne Sorge, ohne Krankheit, ich machte meine Tage festlich mit Wein und Fett. Ich gewährte meinem Herzen Aufschub, da ich wußte, daß der Friedhof Dunkelheit bedeutet; so ist es nicht töricht, seinem Herzenswunsch zu folgen. Wie jugendfrisch ist doch, wer seine Lebenszeit damit verbracht hat, seinem Herzen zu folgen unter der Gnade Amuns. Sei nicht geizig mit dem, was du hast, spare nicht mit deinem Besitz! Sitze nicht in der Halle des Grübelns (wörtlich ›des Herzfischens‹), indem du das Morgen vorhersehen willst, ehe es kommt! Schlafe nicht, wenn die Sonnenscheibe schon im Osten

steht, dürste nicht neben Bier! Im Jenseits herrscht Mangel: So laß nur
den gewähren, der seinem Herzen folgt.« Und nun kommt ein kräftiger
Satz, der uns so recht zeigt, daß die Ägypter auch ganz anders sein konnten
als »Herzensfischer«, Grübler und Spintisierer über den Tod: »Das
Herz ist ein Gott, dessen Kapelle der Magen ist; er freut sich, wenn die
Glieder ihr Fest feiern.« Daß das Herz ein Gott sei, der den Menschen
lenkt, haben wir aus dem Munde der Ägypter schon mehrfach gehört;
aber daß der Magen sein Schrein ist – das ist eine Pointierung, die vielleicht nur der Lebenslust dieses gesunden und fröhlichen Priesters der
Zeit um 850 v. Chr. entsprungen ist. Freilich, den göttlichen Ursprung
des Herzens und seiner Bedürfnisse betont auch unser Text: »Unter der
Gnade des Amun«, der allein Kraft, Reichtum, Gesundheit und Alter
verleiht, feiert unser Mann seinem Herzen Feste. Gerade seinen getreuen
Anhängern verleiht der Gott diese Gaben – der Gegensatz zwischen
einem irdischen Jammertal oder einer madigen »Frau Welt« und den
Paradiesesfreuden in der Nähe Gottes ist den Ägyptern fremd.
Wir müssen nunmehr versuchen, die gewichtige Rolle des Herzens beim
Totengericht zu erfassen. Zwar haben wir manche der Voraussetzungen
zu ihrem Verständnis geschaffen, doch ist es unmöglich, den ägyptischen
Jenseitsglauben oder auch nur entscheidende Teile von ihm hier auszu-
breiten. Es mag genügen zu wissen, daß die Ägypter an ein Fortleben nach
dem Tode glaubten. Über die Form dieses Jenseitslebens liefen viele verschiedene Vorstellungen nebeneinander um – ganz abgesehen von der
Skepsis, deren Töne wir soeben vernommen haben. Wie immer aber dies
Leben auch beschaffen sein mochte – Leben an sich galt den Ägyptern
als erstrebenswert gegenüber einem »zweiten Tod«, einem Versinken ins
Nichts. Vor diesem Fortleben aber stand das Totengericht, das es zu bestehen galt. Hier wurden die Taten des Menschen gewogen. Betrachten
wir diesen Wägeakt genauer (Bildtafel 6). Rechts an unseren Ausschnitt
anschließend, nicht mehr mit abgebildet, thront der Richtergott Osiris.
Ihm gegenüber sitzen oben verschiedene Götter als seine Beisitzer. Der
Wägeakt selbst ist um die Waage als das Hauptrequisit gruppiert: Von

links schreiten der Verstorbene und seine Gemahlin in demütiger Haltung herbei, ihnen gegenüber steht der Gerichtsschreiber Thoth mit Ibiskopf und protokolliert das Ergebnis der Prüfung. Hinter ihm lauert ein Untier, Mischgestalt aus Krokodil, Löwe und Nilpferd: Es wird den Toten verschlingen, der nicht besteht im Gericht. Dieser »Fresser« ist funktionsgleich und Vorbild des Höllenrachens mittelalterlicher christlicher Bilder. Die Waage selbst wird bedient von dem Wägemeister Anubis, den die Ägypter als Mensch mit schwarzem Schakalskopf darstellten. Die kleineren Nebenfiguren lassen wir hier unberücksichtigt und wenden uns dem Inhalt der beiden Waagschalen zu; auf der linken sehen wir das Herz des Toten, auf der rechten dagegen eine Feder. Diese ist das Schriftzeichen für »Ma'at«, also für die rechte, von Gott eingesetzte Ordnung der Welt, die wir sowohl mit »Gerechtigkeit« wie mit »Wahrheit« übersetzen können – ohne aber damit den ganzen Umfang der Wortbedeutung zu erfassen.

Der Wägeakt geht nun so vonstatten, daß der Tote in einem festen, unabänderlichen Formular ein Bekenntnis zu dieser Wahrheit in der Form ausspricht, daß er sämtliche Sünden ableugnet: »Ich habe nicht getötet, ich habe nicht zum Töten angestiftet, ich habe nicht weinen gemacht, ich habe nicht gekränkt, ich habe kein falsches Zeugnis geredet« usw. Der Katalog dieser Sünden ist lang; er wird gelegentlich durch Tugenden unterbrochen: »Ich habe dem Hungrigen Brot und dem Durstigen Wasser gereicht« usw. Bei jeder Aussage steht die Ma'at, die Ordnung, gegen das Herz des Toten, das ja über die Taten seines Herrn genau Bescheid weiß. Stimmt die Aussage des Toten, hat er also diese oder jene Sünde nicht begangen, so bleibt die Waage in Ruhe; belastet aber die Sünde doch sein Herz, so sinkt diese Seite der Waage und die leichte Feder steigt empor, »der Waagbalken macht einen Ausschlag«, wie die Ägypter sagen, und Thoth notiert den Fall, damit der Richter am Ende sein Urteil über das gelungene oder verfehlte Leben sprechen kann. Vom Menschen wird also kein Bekenntnis verlangt, sondern seine Taten werden objektiv gewogen, und Zeuge ist das allwissende Herz.

Es muß also unter Umständen gegen seinen Herrn aussagen. Das ist nun die Stelle, an der die Magie, jener Parasit jeder Religion zu ihrem tödlichen Angriff auf die Gastpflanze, die Vorstellung von einem ethischen Totengericht, ansetzen kann. Es ist die Stelle, an der das Gift eindringt, das dann die ganze ägyptische Religion zum Verdorren bringen sollte. Man mußte nur das eigene Herz dazu bringen, nicht gegen seinen Herrn auszusagen. Wir haben gesehen, wie stark für die Ägypter das Herz eine eigene, nur beschränkt der Herrschaft des Menschen unterworfene Person war – das Gelingen eines Versuches der Überredung erschien zweifelhaft, nachdem das Herz sich entfernen konnte, nachdem man mit ihm Zwiesprache halten, es sich aber auch gegen den Mann auflehnen konnte. Zu welchen magischen Mitteln also mußte man greifen, um des Erfolges, nämlich eines gefügigen Herzens, sicher zu sein?

Dazu kam eine ganz andere Sorge. Wir haben oben gesehen, daß das Herz als wichtigster Kern der Person sich keinesfalls von ihm entfernen durfte, erst recht nicht im ohnehin kritischen Moment des Todes. Immer wieder versichern Totentexte, daß das Herz seinem Herrn zur Verfügung stehe, daß es seiner Verfügungsgewalt unterliege, an seiner Stelle sei usw. Um so schlimmer war für die Ägypter, daß sie – wenigstens im 3. Jahrtausend – aus technischen Gründen bei der Einbalsamierung das Herz mit den übrigen Eingeweiden aus der Leibeshöhle entfernen mußten. Zwar wird es zusammen mit allen inneren Teilen dem Toten mitgegeben, aber nur in getrennten Eingeweidekrügen, sogenannten Kanopen, und die Sorge, daß durch irgendeine Macht die Vereinigung des Mannes mit diesem lebenswichtigen Teil unterbunden werden könne, bedrückte die Ägypter dieser älteren Zeit. So besagt ein Spruch aus der Sammlung der sogenannten Pyramidentexte, die in Hieroglyphen im Inneren der Pyramiden der zweiten Hälfte des 3. Jahrtausends aufgeschrieben stehen, daß der verstorbene König, wenn sein Herz sich etwa weigere, ihn im Jenseits zu begleiten, es durch ein anderes ersetzen werde. Hier werden wir wohl den Ursprung der sogenannten Herzskarabäen zu suchen haben, wie sie uns zahlreich aus Ägypten bekannt sind – heute ein begehrtes Sammelobjekt

Herzskarabäus, Oberseite   *Herzskarabäus, Unterseite mit Text*

für Ägyptenfahrer. Zunächst versuchte man, das Herz nach Vollzug der
Mumifizierung wieder in den Körper zurückzulegen, wobei ihm teilweise
kleine steinerne Nachbildungen – vielleicht auch Käfersteine (Skarabäen) – eingefügt waren. Allerdings hat sich in keiner Mumie bisher eine
solche Praktik nachweisen lassen, vielmehr weist die älteste Leiche, die
überhaupt das Herz in der Höhle hatte (um 2000 v. Chr.), einen anderen
und höchst eigentümlichen Befund auf: Das Herz war vorübergehend
herausgenommen, geöffnet, mit Leinwandstreifen ausgestopft und wieder in den Körper zurückgelegt worden. Texte jedoch schreiben vor, man
solle Käfersteine »in das Innere des Herzens eines Verstorbenen« legen.
Im Neuen Reich, also etwa ab 1500 v. Chr., schritt dann die Technik der
Balsamierung soweit voran, daß das Herz in der Leibeshöhle bleiben
konnte, angeschlossen noch an die Gefäße und den Muskel – alle anderen
Eingeweide wurden nach wie vor entfernt. Wir sehen daraus, wie wichtig
es den Ägyptern war, auch im Tode gerade über dieses Organ sicher zu

verfügen, galt es doch, wie oben ausgeführt, als Sitz des Lebens und Kern der Persönlichkeit. War nun also die eine Sorge, daß das Herz nicht zur Verfügung stehe, abgewendet, so blieb doch die zweite, daß es im Totengericht ungünstig aussagen könne. So behielt man die aus der ersten Not geborene Sitte, ein steinernes Herz mitzugeben, bei, versah es mit einer entsprechenden Inschrift und wickelte es über der linken Brustseite in die Binden der Mumifizierung ein. Diese Herzskarabäen, aus einem grünen Stein oder, billiger Ersatz, aus grüner Fayence, haben teils die Form eines Herzens, meist aber die eines Käfers wie die eigentlichen Skarabäen (ateuchus sacer); gelegentlich tragen sie, da das Herz ja eine selbständige Wesensform des Menschen ist, auch einen menschlichen Kopf.

Der ihrer Unterseite aufgeschriebene Spruch lautet: »Mein Herz von meiner Mutter her, mein Herz von meiner Entwicklung her, steh nicht auf gegen mich als Zeuge. Laß dich nicht veranlassen zum Widerspruch

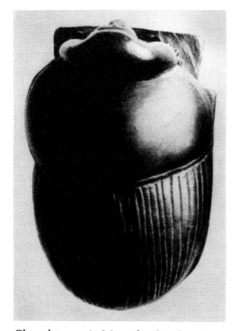

Skarabäus mit Menschenkopf,
Oberseite

Skarabäus mit Menschenkopf, Front

gegen mich im Gericht. Übe keine Feindseligkeit gegen mich vor dem
Wägemeister. Du bist ja doch meine Lebenskraft, die in meinem Leibe
ist. Du sollst doch aus dem Totengericht hervorgehen entsprechend allem
Guten, dessen wir uns beflissen haben. Mach unseren Namen nicht stin-
kend für die Gerichtsräte, die die Menschen in ihre Stellung einordnen,
damit es gut sei für uns, gut sei für die Verhörenden und damit sich freue
das Wort dessen, der über die Aussagen urteilt. Ersinne keine Lügen
gegen mich vor dem großen Gott. Sieh, das ist deine Pflicht, auf daß du
freigesprochen werdest (wörtlich: wahr befunden an Stimme).« Der
Form nach handelt es sich um eine Bitte, der Sache nach um eine magische Beschwörung. Die doppelte Anrede mag interessieren; sie zeigt, daß
die Ägypter zu unterscheiden wußten zwischen den angeborenen Eigenschaften (»Herz von meiner Mutter her«) und den in den frühesten
Jahren erworbenen (»Herz von meiner Entwicklung her«) – eine Differenzierung, für die es mehrfach Beispiele gibt. Der Verstorbene beschwört
also sein Herz, das durch Erbe und durch gemeinsames Schicksal zu ihm
gehört, nicht gegen ihn zu stehen – beide haben ja, wie er sagt, gemeinsame Interessen.

Doch zurück von magischen Vorstellungen zu reineren Gefilden. Das
Herz ist – wir haben das schon mehrfach angedeutet – der innerste Kern
der Person. Hier sitzt das Geheimnis, das ein Mensch mit sich trägt. Eine
Stelle, die das deutlich ausspricht, haben wir schon kennengelernt: Als
Bata im Brüdermärchen seiner Frau das Geheimnis verrät, das ihn um-
wittert, die Stelle, an der er verwundbar ist, heißt es: »Und er eröffnete
ihr sein Herz ganz und gar.« Heißt es nicht in der biblischen Geschichte
von Simson und Dalila ganz entsprechend: »Da machte er ihr sein ganzes
Herz bekannt«, als der Mann sein Geheimnis verrät, nämlich daß seine
Kraft in seinen ungeschorenen Haaren ruhe? Es gibt weitere ägyptische
Belege für diese Vorstellung vom Herzen als dem Träger des Geheimnisses,
und wir, die wir das Herz vorwiegend als Sitz des Gefühls betrachten,
mögen wohl manchmal arg in die Irre gehen, wenn wir ägyptische Texte
lesen. So zum Beispiel in der Erzählung, wie sich der Reichsgott Amun

der Königin naht, um mit ihr den Thronfolger zu zeugen. In der Gestalt
ihres Gatten, des Königs, gelangt er durch die Palastwache, tritt vor sie
hin und entbrennt in Liebe zu ihr. Dann fährt der Text fort:»Er gab sein
Herz zu ihr hin, er ließ sie ihn sehen in seiner Gottesgestalt.« Gemeint ist
nicht etwa eine Liebeserklärung, sondern die Offenbarung seiner wahren Natur, seines Geheimnisses, eben seiner Göttlichkeit: Der Gott be-
trügt die Frau nicht in einer falschen Erscheinungsform, sondern gibt
sich zu erkennen, bevor er ihr naht.

Seine Rolle beim Totengericht zeigt uns die enge Verbindung des Herzens
mit der sittlichen Entscheidung des Menschen. Das Herz als innerster
Wesenskern ist, wie wir gesehen haben, das Organ des Menschen, mit
dem er Gottes Willen erkennt und aufnimmt – oder ablehnt. Hier hat
also die sittliche Entscheidung ihren Sitz, die auch das Schicksal im Totengericht bestimmt. Damit nun trifft sich eine andere Vorstellung, die es
noch zuletzt zu besprechen gilt: die vom Gott im Menschen.

Jeder Mensch wird nach ägyptischem Glauben von einem Gott bestimmt,
dem er zugeordnet ist, der sein Wesen formt. Leider ist diese Vorstellung
nur mangelhaft belegt, doch immerhin gesichert. So gibt es Sethische
Menschen, das sind solche, deren Gott Seth ist, der Gott der Roheit, der
Gewalttat, des Trunkes – ein unsympathischer und verdächtiger Gott,
der auch in der Mythologie eine verabscheuungswürdige, zumindest
suspekte Rolle spielt. Auch diese Kraft des ungesitteten, übrigens rot-
haarigen Kraftburschen gehört einem Gotte zu – es ist ja Wesen und
Stärke des Polytheismus, daß es keinen gottfreien Raum in der Welt gibt.
Andere Menschen gehören zu anderen Göttern. Der Sitz des Gottes im
Menschen ist nun das Herz. Das Göttliche also greift in die ganz persönliche Sphäre eines jeden Menschen ein, und da die Gottheit das Wesen,
den Kern des Menschen besitzt, ist ihr Sitz das Herz. Daß andererseits das
Herz als Gott des Menschen betrachtet werden konnte, haben wir oben
gelesen. So treffen sich die beiden Linien – einerseits die Hochwertung
des Herzens zu einem Gott im Menschen, dem man dient, dessen Bedürfnisse es zu befriedigen gilt, andererseits die Vorstellung von dem ganz

persönlichen Gott, der das Wesen des Menschen bestimmt und der seine
Wohnung in eben diesem Herzen nimmt. Wir werden solche Aussagen
vom Erleben Gottes im Herzen nicht im Sinne der Mystik deuten dürfen –
nicht ein seliges Einswerden von Mensch und Gott ist ein erstrebens-
wertes Ziel der Ägypter. Sehr viel nüchterner vielmehr erleben sie ständig, daß ihr Herz sie andere Wege führt, als sie zunächst vor sich sehen,
erleben sie, daß das Herz eigentümlich auf Handlungen reagiert, daß es
unwillig klopft, daß es eng wird, daß es aber auch weit und froh sein kann,
daß es etwas fordert – kurz, sie erleben das Herz als einen inneren Gesprächspartner, der aber sehr wohl eine distanzierte Meinung haben
kann. In ihm sehen sie nun Gott, der den Menschen seinen Lebensweg
führt – nicht nur auf ethischem, aber doch vorwiegend auf diesem Gebiet.
Dieser Gott ist zugleich ein eigener, ganz persönlicher, und er ist zugleich
ein großer, allgemeiner auf die Welt wirkender; es ist jedenfalls ein
fordernder, leitender. Es wäre zu eng, wenn auch nicht falsch, hier vom
Gewissen des Menschen zu sprechen. Wenn es auch vorwiegend ethische
Entscheidungen sind, die das Herz zu treffen oder zu korrigieren hat,
deren Richtigkeit oder Fehlerhaftigkeit es anzeigt, so wird doch auch etwa
das große Gebiet des Kultus einbezogen. Die Ägypter trennten hier so
wenig wie das Alte Testament.

Immer wieder schwankt die Vorstellung zwischen der Verantwortlichkeit
des Menschen für sein Herz und der anderen von der Allmacht, die eben
auch das Herz geschaffen hat, also für die Taten des ohnmächtigen Menschen steht. »Gott hat mein Herz aufrecht gefunden, nichts Dunkles war
in meinem Herzen: Er selbst hat meinem Herzen gegeben, was in ihm
ist«, oder: »Er leitet dein Herz zu tun, was er liebt; das ist sein Werk für
den, den er liebt« sind eindeutige Aussagen im Sinne einer Bestimmtheit
des Menschen. Dem stehen andere Zeugnisse gegenüber, die davon sprechen, daß Gott die Herzen der Menschen durchschaut, diese also selbst
verantwortlich für ihre Herzen sind. »Heil dir, du mein Gott! Du bist der
oberste Richter, der das Recht ermittelt, der in das Herz sieht, dessen Ab-

scheu die Lüge ist. Du bist ein Gott, dem man vertrauen kann, ein Schutz für den, der ihm dient.«

Unsere Untersuchung über das Herz im Glauben der Ägypter hat uns von den weltlichen, alltäglichen Vorstellungen in das Gebiet der Religion geführt, und hier haben wir flache Stellen gefunden, an denen schließlich das Schiff ägyptischer Kultur gestrandet ist, aber auch tiefe, in deren Wasser wir uns selbst spiegeln können. Mit dem Herzen haben wir eine Zentralvorstellung ägyptischer Geistigkeit kennengelernt und dabei einen Blick tun können in die Seele jenes rätselvollen Volkes am Nil, dessen Bedeutung für die Geistesgeschichte der Menschheit in jüngster Zeit mehr und mehr hervortritt.

LITERATUR

Al. Piankoff · Le »Coeur« dans les Textes égyptiens, Paris, 1930
H. Bonnet · Reallexikon der ägyptischen Religionsgeschichte, Berlin, 1952, Stichworte »Herz« und »Herzskarabäus«
H. Brunner · Das Herz als Sitz des Lebensgeheimnisses; Archiv f. Orientforschung, Bd. 17, 1955, S. 140 f.
A. Hermann · Das steinharte Herz. Zur Geschichte einer Metapher: Jahrbuch für Antike und Christentum 4, 1961, S. 77 ff.
Die Übersetzungen literarischer Texte sind entnommen aus
E. Brunner-Traut, Altägyptische Märchen, Köln-Düsseldorf, 1963

2. Zu den altägyptischen Lebenslehren und zur Erziehung

Eine neue Entlehnung aus der Lehre des Djedefhor

aus: Mitteilungen des Deutschen Archäologischen Instituts, Abteilung Kairo 14, 1957, 17–19.

Nachdem der Jubilar sich mehrfach mit dem Einfluß der Weisheitslehren auf die Grabinschriften beschäftigt hat[1]), mag ihn vielleicht ein kleiner weiterer Beitrag zu dieser Frage erfreuen. Seit vor über 15 Jahren das erste Fragment der damals nur aus späteren Erwähnungen bekannten Lehre des Djedefhor[2]) ans Tageslicht kam[3]), ist unsere Kenntnis von diesem gelehrten Prinzen und seinem Ansehen bei seinen späteren Volksgenossen wesentlich bereichert worden. Zwar ist von seiner Lehre bisher immer erst der Anfang, wenn auch in besseren und etwas weiterführenden Abschriften, bekannt[4]), aber wir kennen sein Grab und dessen Zerstörung und wissen, daß er im Alten Reich bereits göttlich verehrt worden ist[5]). Bezeichnend für den konservativen Geist ägyptischer Bildung und dennoch überraschend ist aber die ungewöhnliche Beliebtheit seiner Lehre bis in die Ramessidenzeit. Von den wenigen uns bekannten Sätzen der Lehre konnte POSENER bei zweien ihre Bedeutung für die spätere Literatur von Ptahhotep bis zur Lehre des Pap. Beatty IV nachweisen.

Besonders die zweite von POSENER als „geflügeltes Wort" erwiesene Maxime scheint geradezu ein Kernsatz ägyptischer Weisheit geworden zu sein, jedem gebildeten Ägypter der nächsten 1500 Jahre bekannt. Heute möchte ich einen neuen Zeugen aus der 18. Dynastie für ihre Verbreitung beibringen, der seine besondere Bedeutung für die Textkritik hat.

Im Gräberberg von Elephantine, der Qubbet el-Haua, hat in der 18. Dynastie ein Sen-mes seine letzte Ruhestätte angelegt[6]). Der Text ist sehr unvollkommen abgeschrieben und veröffentlicht von DE MORGAN[7], doch hat dem Wörterbuch in Berlin eine bessere Kopie vorgelegen[8], nach der auch JUNKER den uns interessierenden Passus zitiert[9]. Er lautet:

---

[1]) Z.B. *Kulturgeschichte*, S. 284; *ZÄS* 74, 83 f.

[2]) Ich behalte einstweilen diese Form des Namens bei, da ich gestehen muß, daß mir RANKES und EDELS grammatische Einwände gegen die Namensform *sdm·f* + Gottesname, so beachtenswert sie sein mögen, nicht aufzukommen scheinen gegen die griechische Überlieferung Χέφρην = *Hʿ·f-Rʿ*, s. RANKE, *PN* II, S. 257 ff.; können wir wirklich so gut ägyptisch, daß wir die Möglichkeit einer Bildung *sdm·f* + Gottesname bei Eigennamen, wo besondere oder altertümliche Formen denkbar sind, mit Sicherheit gegen die Aussage ägyptischer Tradition ausschließen können?

[3]) *ZÄS* 76, 3—9.

[4]) POSENER in *Rev. d'Égyptol.* 9, S. 109—117; auf S. 117 spricht P. von unveröffentlichten Handschriften, die das Erhaltene wesentlich vermehren.

[5]) H. JUNKER, *Ein neuer Nachweis des Weisen Ddfhr*, *Studi in memoria di I. Rosellini*, Vol. II, Pisa 1955, S. 133—140; die Veröffentlichung eines neues Belegs für seine Verehrung im AR steht, wie mir JUNKER mitteilt, bevor.

[6]) PORTER-MOSS V, S. 237; zur Datierung vgl. H. W. MÜLLER, *Die Felsengräber der Fürsten von Elephantine*, S. 14, Anm. 1.

[7]) *Catalogue des Monuments* I, S. 177.

[8]) Vgl. die Belegstellen zu *iikr* oder *h·t-kɜ*; die Abschrift hat wohl ERMAN im Jahre 1899/1900 genommen.

[9]) *Giza* III, S. 118.

„Ich habe trefflich gemacht meinen Sitz im Westen, mein Grab in der Tempelkapelle[1]". Die entsprechende Maxime bei Djedefhor heißt:

(?s.u.)

„Rüste dein Haus der Nekropole her, mache trefflich deinen Sitz des Westens".

Vergleichen wir die beiden Texte, so ist die Entsprechung des ersten Teiles des Satzes der 18. Dynastie mit der zweiten Hälfte des alten Spruches evident. Lediglich zweimal weicht der jüngere Text vom älteren ab, doch lassen sich für beide Änderungen, die an sich geringfügig sind, gute Gründe anführen: Sen-mes ersetzt den Imperativ der Lehre durch die 1. Person der Erzählungsform, da er ja in seiner Autobiographie berichten will, daß er die Lehre befolgt habe. — Die zweite Abweichung gegenüber der Vorlage besteht darin, daß statt des indirekten Genetivs *s·t·k n·t imnt·t* jetzt steht *s·t·j m imnt·t*, also statt „deinen Sitz des Westens" jetzt „mein Sitz im Westen". Der Wechsel der Person versteht sich von selbst. Die Einführung der Präposition dagegen ist zunächst nicht einsichtig. Hier liegt der Grund in anderen Gebräuchen bei Begräbnis und Totendienst. Bei Djedefhor liegt ein strenger Parallelismus der beiden Sätzchen vor, der so weit geht, daß sich beide auf dieselbe Wirklichkeit beziehen, daß also mit *pr·k* (bzw. *h·t·k*, s. u.) und *s·t·k* beide Male dieselbe Grabanlage gemeint ist, eben die Mastaba mit den dazugehörigen Bauten. Sen-mes dagegen spaltet diesen Parallelismus inhaltlich. Formal zwar fügt er die Aussagen enger zusammen, indem er nur noch ein Verbum hat, von dem zwei Objekte abhängen, doch meint er jetzt zwei ganz getrennte Anlagen. Gerade aus Assuan kennen wir jene eigenartigen „Schreine" im Tempelbezirk der Insel Elephantine, räumlich weit getrennt von den eigentlichen Grabanlagen auf dem Westufer. Bereits im Mittleren Reich haben die Gaufürsten für sich selbst und ihre Ahnen im Gebiet des Göttertempels „Ka-Kapellen" errichtet[2]). Eine solche Anlage hat auch Sen-mes vor Augen gehabt; ob freilich sein Schrein so schön ausgestattet war wie die von LABIB HABACHI gefundenen aus dem Mittleren Reich, muß fraglich bleiben. Jedenfalls aber sprach er in seinem zweiten Satzteil von einer Kultstelle, vielleicht nur einer Statue, im Tempelbezirk des Gottes. Um nun diesen Gegensatz zwischen Friedhof und Tempel, an welch beiden Stätten er für seinen Totendienst gesorgt hat, deutlich werden zu lassen, muß er statt der Genetivverbindung des benützten Vorbildes die Präposition *m* „in" verwenden, die in klarer Relation zu dem *m hnw* des zweiten Sätzchens steht.

Der erste Teil des Satzes bei Sen-mes entspricht also fast genau dem zweiten Sätzchen des Djedefhor. Die Frage ist nun, ob auch die erste Hälfte der Mahnung des Prinzen ihren Niederschlag in dem Assuan-Text der 18. Dynastie gefunden hat. Möglich wäre die Annahme, die Entsprechung sei in der Lücke vor *slkr·n·j* verlorengegangen. Doch möchte ich sie lieber in dem zweiten Objekt zu diesem Verbum, also in dem *is·j m hnw h·t-k3·j* erblicken. Dafür sprechen zwei Gründe. Zunächst ist der ägyptischem Stilgefühl entsprechende Parallelismus bereits durch zwei Objekte von *slkr·n·j* gewährleistet; ein weiteres Glied hätte die Symmetrie nur gestört. Außerdem aber hat bereits POSENER[3]) darauf hingewiesen, daß in dem ältesten Zitat unserer Stelle, in der Lehre für Merikare, Z. 127f., *h·t* statt *pr* steht, was besser in den

---

[1]) Zu dieser Übersetzung von *h·t-k3* vgl. JUNKER, *Giza* III, S. 119.
[2]) Vgl. einstweilen LECLANTS kurzen Bericht in *Orientalia* 20, S. 340; das Wort *h·t-k3* „Ka-Kapelle" findet sich wiederholt in den Inschriften.
[3]) *Rev. d'Ég.* 9, S. 113, Anm. 5.

Zusammenhang paßt[1]). Unsere Entlehnung bei Sen-mes aber hat noch eine andere Eigentümlichkeit mit dem ältesten Zitat in der Lehre für Merikare gemeinsam, gegen die ramessidischen Handschriften der Lehre des Djedefhor selbst: Beide stellen die beiden Sätzchen um. Mir scheint das Gewicht dieser beiden Zeugnisse des frühen Mittleren Reiches und der 18. Dynastie gegenüber den späten entstellten Schülerhandschriften eine Textkonjektur zu erlauben, wonach sich der Satz der ursprünglichen Lehre des Djedefhor, zumindest ihrer diesen beiden alten Zeugen vorliegenden Fassung, folgendermaßen wiederherstellen läßt: *ỉḳr š·t·k n·t ỉmnt·t, smnḫ ḥ·t·k n·t ḫr·t-nṭr*. Bei Sen-mes läge dann in dem *ḫt-k3* eine Erinnerung an das *ḥ·t(·k)* der Vorlage vor.

Die beiden Entlehnungen des Djedefhor-Satzes zeigen nicht nur erneut die weite Verbreitung dieser Lehre bis ins Neue Reich, die doch wohl nur auf dem Wege des Unterrichts denkbar ist[2]), sie lehrt uns zugleich, in welch lebendiger Weise die Ägypter mit ihrer Weisheit umgingen; das überkommene Gut war nicht unbeweglich starr, sondern wurde einer veränderten Umwelt angepaßt. In der Königslehre des frühen Mittleren Reiches wird das Sätzchen ethisch interpretiert, indem statt der materiellen Vorsorge für das Weiterleben nach dem Tode „Rechtschaffenheit" und „Maat-Tun" empfohlen werden — eine Unterschiebung, für die Djedefhor gewiß kein Verständnis gehabt hätte; Sen-mes freilich ändert den Text wesentlich weniger geistig; er nimmt auf die Besonderheiten gerade des Totendienstes von Assuan Bezug, indem er das *ḥ·t(·k)* des alten Textes durch das ähnlich klingende *ḫ·t-k3* ersetzt und dann freilich noch andere, dadurch bedingte Änderungen vornimmt. Doch bleibt auch bei seiner Fassung das Urbild kenntlich, nicht nur für uns, sondern vor allem für seine Zeitgenossen und altägyptischen Nachfahren, vor denen er gewiß mit seiner klassischen Bildung glänzen wollte.

---

[1]) Das Münchener Ostrakon bietet nach einer Lücke den femininen Genetiv-Exponenten *n·t*, der vielleicht dies weibliche Wort voraussetzt.

[2]) Vgl. dazu meine demnächst erscheinende Untersuchung über die ägyptische Erziehung.

Ein weiteres Djedefhor-Zitat

aus: Mitteilungen des Deutschen Archäologischen Instituts, Abteilung Kairo 19, 1963, 53

Zwei Stellen der ägyptischen Literatur zitieren — mehr oder weniger abgewandelt — den Satz aus der Lehre des Djedefhor: „Rüste dein Haus der Nekropole her, mache trefflich deinen Sitz des Westens"[1]): Lehre für Merikare, Z. 127f. und, in der 18. Dynastie, Sen-mes von Assuan[2]). Die drei Versionen — denn auch die ramessidischen Handschriften der Lehre selbst bieten wohl keine Urfassung, weichen auch untereinander ab — stimmen nicht in allen Einzelheiten überein; insbesondere legen die beiden Zitate den Verdacht nahe, daß das Wort *pr* der späten Handschriften an die Stelle eines ursprünglichen femininen Wortes, entweder *ḥt* oder *st*, getreten ist[3]). Diese Vermutung wird zu großer Wahrscheinlichkeit erhöht durch ein weiteres Zitat aus sehr früher Zeit, etwa gleichzeitig mit Merikare: Berlin 1197, Stele des *Ḥfnr*[4]). Dort lesen wir in Z. 2—3: „Es ist sein von ihm geliebter Sohn, sein Erbe, der seinen Namen am Leben erhalten, der sein Grab gebaut, der seinen Opferstein aufgestellt und der seinen Sitz der Nekropole trefflich gemacht hat" (𓀀𓈖𓏌𓏤𓊪𓉐𓌳𓏤𓂝𓏤𓈖𓊪𓏤). Dieses Zitat dürfte die Lesung der Varianten M und C bei Merikare, der wohl auch die halb zerstörte Variante M bei Djedefhor entsprochen hat, zur Gewißheit erheben[5]).

Leider ist die Herkunft des Berliner Stückes, das aus der Sammlung Athanasi erworben wurde[6]), nicht bekannt. Nach dem Stil dürfte es aus Theben, jedenfalls aus dem südlichen Herrschaftsbereich, stammen und kurz vor oder kurz nach der Einigung in der 11. Dynastie entstanden sein. Sollte diese Annahme sich bewahrheiten, so hätten wir einen interessanten Beleg dafür, daß auch im Süden ein gewisses Maß von Bildung bekannt war, daß man auch dort schon vor Mentuhotep die Lehre des großen Weisen der 4. Dynastie wenigstens teilweise kannte.

Nur anhangweise sei die unsichere Vermutung ausgesprochen, daß auch Montemhet noch entfernt an diesen bekannten Passus des Djedefhor gedacht hat, der ja geradezu ein geflügeltes Wort bei den Ägyptern gewesen zu sein scheint, als er auf einen seiner Würfelhocker schrieb: „Ich machte trefflich meine Stadt der Ewigkeit."[7]) Freilich bleibt hier von dem ganzen Zitat nur noch ein Wort übrig, während weder *njwt* noch *nḥḥ* in älterer Zeit, also bei Djedefhor oder seinen früheren Benutzern, sich finden — und dennoch läßt die Vertrautheit der Ägypter mit diesem Satz einerseits, der Gesamtsinn und Zusammenhang anderseits eine entfernte Anlehnung an Djedefhor durchaus möglich erscheinen.

---

[1]) G. POSENER, *RdE* 9, S. 111. [2]) H. BRUNNER in *MDIK* 14, S. 17ff.
[3]) Zu allen Einzelheiten vgl. *MDIK* 14, S. 17ff. [4]) *ÄIB* I, S. 162.
[5]) Für die *MDIK* 14, S. 19 behandelte Frage, ob die beiden Sätzchen bei Djedefhor nicht in umgekehrter Reihenfolge zu lesen seien, als sie die Handschriften bieten, gibt der neue Fund leider nichts aus, da er nur eines der beiden bringt.
[6]) *LD* II 144 s; dazu *Text* V, S. 394; *Ausf.-Verz.*[2], 1899, S. 88f.
[7]) Kairo, *CG* 646 = LECLANT, *Montouemhat*, Doc. 10 (S. 65ff.), Inschr. Ca, Z. 9; auf Grund der Verwandtschaft mit der Lehre des Djedefhor erscheint mir diese von LECLANT verworfene Übersetzung wahrscheinlicher als die von ihm vorgeschlagene "sa ville pour l'éternité".

Djedefhor in der römischen Kaiserzeit

aus: Studia aegyptiaca I, Festschrift V. Wessetzky, Budapest 1974, 55-64.

Nachleben und Wirkung äg. Kultur im römischen Imperium ist ein Gebiet, auf dem sich der Jubilar grosse Verdienste erworben hat. So mag ihn vielleicht dieser bescheidene Beitrag zu seiner Festschrift freuen, auch wenn es sich bei den Trägern der zu besprechenden literarischen Reminiszenz nicht um Pannonier oder Römer, sondern um Ägypter selbst handelt.

An höchst unerwarteter Stelle ist ein Satz aus der Lehre des Djedefhor,[1] die gewiss ins AR zu datieren ist, aufgetaucht, ein Satz, der bereits mehrfach in jüngeren Texten als Zitat oder Anspielung nachgewiesen werden konnte (s.u.): Im Balsamierungsritual, dessen beide Handschriften aus dem 1. Jhdt. n. Chr. stammen.[2] Dort spricht der Balsamierungspriester, nachdem er den Kopf der Mumie fertig gesalbt hat, bevor er sich den Händen zuwendet: "Du wirst den Kopf im Westen empfangen, wenn du unter die seligen Geister (3ḥw) eingehen wirst. Dein ꜥḥꜥ-Grab des Westens ist trefflich hergerichtet worden, so dass es deine Pläne der Nekropole wirksam macht".[3] Die Entlehnung dieses Passus aus der Lehre des Djedefhor wird gesichert durch die vier Stichwörter smnḫ, jmntt, sꜣqr und ḥrt-nṯr, sowie durch den Doppelsatz. Der Sinn des Vorbildes freilich ist nur in der ersten Hälfte einigermassen gewahrt (wobei die damals wohl nicht mehr als "Grab" zu verstehende Vokabel pr (bzw. st) durch das eindeutigere (m)ꜥḥꜥ ersetzt ist.[4] Die entscheidende Änderung des Djedefhor-Textes besteht darin, dass im zweiten Satz sḥrwk statt stk eingesetzt wird und das zweite Verbum in einer anderen Verbalform steht als das erste, nämlich in einem auf das Grab bezüglich s̲d̲m̲f̲, so dass an die Stelle strenger Parallelität eine Unterordnung getreten ist. Aber auch so nimmt sich dies "Zitat" fremdartig genug aus in der Umgebung des Balsamierungsrituals.

Nachdem nun mit diesem neuen Fund nicht weniger als 7 sichere Zitate bzw. Anspielungen des Djedefhor-Satzes vorliegen,[5] ist es wohl angebracht, diese Texte hintereinander aufzuführen - gewährt doch die Art, wie die Ägypter mit solchen klassischen Stellen umgingen, guten Einblick in ihr Verhältnis zur literarischen Tradition.

Djedefhor AR	a) b)	
A Merikare 10. Dyn.	c) d)	
B Hfnr 11. Dyn.	e)	
C Paheri 18. Dyn.	f)	
D Sn-ms 18. Dyn.	g)	
E Anii IV, 14 18. Dyn.	h)	
F Onuris-Cha, tGrab 359 20. Dyn.	i)	
G Balsam.-Ritual VII, 3-4	k) sic!	

a) Hier gebe ich nur einen aus den einzelnen Handschriften kontami-
nierten Text. Für Einzelheiten sei auf Posener, in: RdE 9(1952) 111
verwiesen.

b) Vgl. dazu MDIK 14(1956) 19, Anm. 1.

c) n. Volten, Zwei altäg. polit. Schriften, S. 67 f. Auch hier wird auf
eine Wiedergabe der Varianten verzichtet, doch vgl. Anm. d).

d) So die Handschrr. C und M.P vertauscht s̱t und ẖt.

e) Berlin 1197, aus Abydos (?). H. Brunner, Hieroglyphische Chrestomathie, Taf. 6. Vgl. MDIK 19(1963) 53.

f) Tylor, The Tomb of Paheri, 1895, Taf. 16, Z. 51 = Urk. IV 123,9.
Diese Stelle wurde zuerst von M. Lichtheim mit dem Djedefhortext zusammengesehen: JNES 4(1945) 202 Anm. 76.

g) MDIK 14(1956) 17 ff.

h) C.4,11 = P. 127, n. Volten, Studien zum Weisheitsbuch des Anii,
Kopenhagen 1937, 70. Zuerst von E. Brunner-Traut mit dem Djedefhor-
Text zusammengebracht: ZÄS 76(1940) 6.

i) FIFAO 8,3, Taf. 22, Z. 6–7; M. Lichtheim, in: JNES 4(1945) 201.
Vgl. P.-M. I,1^2 S. 423. Posener, in: RdE 9(1952) 117 mit Anm. 2.

k) Sauneron, Le rituel de l'embaumement, S. 23.

Diese sieben Textstellen, die das Wort aus der Lehre des Dje-
defhor zur Grundlage haben, stammen aus einer Zeitspanne von 2200
Jahren und sind noch dazu einigermassen gleichmässig über diesen
Zeitraum verteilt – ein ungewöhnlich langes Leben für ein geflügeltes
Wort. Djedefhor hat offenbar einen Ton angeschlagen, der in Ägypten
einen genau auf ihn abgestimmten Resonanzkörper gefunden hat.

Die sieben Textstellen seien in ihrer chronologischen Reihenfolge kurz besprochen, wobei besonders die Art interessiert, in der die
jüngere Zeit das alte Wort für ihre Zwecke herrichtet und umbiegt.[6]

A. Die Übernahme in der Lehre für Merikare lehnt sich sehr
eng an das Vorbild an.[7] Lediglich werden die beiden Sätze vertauscht
und das schon damals wohl nicht mehr im Sinne von "Grab" verwen-
dete pr wird durch ẖt ersetzt. Dass durch die folgenden Aussage:
"durch Gerechtigkeit, durch Maat-Tun" der Satz eine völlig neue und
Djedefhor gewiss unverständliche Interpretation erhält, ist oft genug
ausgeführt worden.[8] Hier erfolgt die Anpassung an die neue geistige

Situation durch Zufügen eines alles entscheidenden Satzes an das fast wörtlich übernommene Zitat.

B. Bei Ḥfnr ist die Doppelaussage des Djedefhor zu einer einzigen zusammengezogen, die die Stichwort-Elemente aus beiden Sätzen kontaminiert: smnḫ aus dem ersten, st und jmntt aus dem zweiten Satz des Djedefhor. Eingebaut ist diese Anspielung auf das geflügelte Wort in die Weihformel: "Es ist sein geliebter Sohn, sein Erbe, der seinen Namen am Leben erhält, der sein Grab gebaut und seinen Opferstein errichtet hat, der sein Grab des Westens trefflich gemacht hat", wobei dies letzte, eben das von Djedefhor entlehnte Sätzchen gleichsam eine Zusammenfassung der drei vorher im einzelnen genannten Handlungen ist. Der Umgang mit dem tradierten Gut ist frei: Zusammenziehung zu einem einzigen Satz, Verwendung in einer anderen Gattung. Dabei wird, was im alten Text Mahnung zu einer Handlung im eigenen Interesse ist, hier als Leistung für den Vater berichtet.

C. Paheri verwendet das Traditionsgut wieder ganz anders: An den Anruf an die Lebenden, dem Verstorbenen ein Gebet zu sprechen, schliesst sich, wie häufig, ein kurzer Hinweis auf die rechtschaffene Lebensführung des Toten an: "Solange ich im Lande der Lebenden war, gab es keine Beschwerde eines Gottes gegen mich. (Nun) bin ich ein wohlversehener Verklärter geworden, nachdem ich wahrlich meine Stätte in der Nekropole trefflich hergerichtet habe. Mein Bedarf an allen Dingen ist bei mir (Grabausrüstung)". Der Gedankengang wird dann dahin fortgeführt, dass der Verstorbene auf diese Weise imstande ist, Wohltaten durch Lebende zu vergelten, und dass er das bei dener, die ihm das erbetene Gebet sprechen, nicht unterlassen werde.

Der Wortlaut weicht wiederum vom Original des Djedefhor, aber auch von der älteren Übernahme bei Merikare ab, entspricht aber der bei Ḥfnr - nur ist er in die erste Person gesetzt, da er jetzt in einem "autobiographischen" Anhang an einen Anruf an die Lebenden Platz gefunden hat.

D. Sen-mes in Assuan bringt zunächst den zweiten Satz des Djedefhor wörtlich - freilich ebenfalls in die 1. Person umgesetzt, da auch er ihn für seine Autobiographie verwendet. Er fügt ihm einen Parallelsatz an, bleibt also in der poetischen Form seines Vorbildes, gestaltet aber diesen zweiten Satz frei. Die Anlehnung an das Urbild be-

steht in zweierlei: Zunächst in einer Aussage über das "Grab", wobei Sen-mes allerdings ein anderes Wort verwendet, und in der Übernahme der Vokabel ḥt, die allerdings bei ihm in der Verbindung ḥt-kȝ
erscheint. Damit nimmt er wahrscheinlich auf die besonderen Verhältnisse in Assuan Bezug, wo es solche Ka-Kapellen auf Elephantine
gegeben zu haben scheint.[9]

Also wieder eine μετάβασις εἰς ἀλλό γένος, nämlich wieder zur Autobiographie (wie bei Paheri), dazu eine Umstellung der
beiden Sätze und eine sehr weitgehende Umbildung des einen, bei
wörtlicher Übernahme des anderen, aber doch unter Beibehaltung der
entscheidenden Stichwörter, wenn auch in einem Fall mit einem Synonym.

E. Anii hat den Satz in ein Kapitel seiner Lehre aufgenommen,
das eindringlich die Notwendigkeit vor Augen stellt, beizeiten sein
Grab zu bauen, da man den Zeitpunkt des Todes nicht kennt und dieser auch schon das Kind vom Schoss seiner Mutter rauben könne.
Er formt einen Satz aus Bestandteilen der beiden Djedefhor-Sätze
(smnḫ aus Satz 1, stk aus Satz 2), fügt dann aber, bewusst von der
Vorlage abweichend, statt nt jmntt "des Westens" aus eigenem an: ntj
m tȝ jnt "das im Wüstental ist". Man möchte aus dieser Vokabel auf
thebanische Herkunft des Anii schliessen, denn, obwohl das Wort jnt
auch Täler ausserhalb Thebens bezeichnet, so hat es doch dort die
häufige und spezifische Bedeutung "Nekropole". Der von Anii frei ge-
formte zweite Halbsatz enthält ein zweites Objekt zu smnḫ: "und die
Dȝt, die deinen Leib verbringt", wobei Dȝt, wie so oft im NR, die unterirdische Sargkammer bezeichnet. Also sowohl den oberirdischen
wie den unterirdischen Teil des Grabes soll man beizeiten herrichten.

Hier wird das geflügelte Wort wieder in der Gattung verwendet,
für die es geprägt ist: in der Lebenslehre. Es bleibt also auch im Imperativ stehen. Die Umwandlungen sind stilistischer Art: Raffung zu
einem einzigen Satz, der dann durch einen zweiten, neuen, inhaltlich
erweitert wird, sowie vielleicht durch lokalen Bezug, wenn unsere Vermutung, jnt "Wüstental" spiele auf Theben an, richtig ist. Eine besondere Feinheit des Anii besteht noch darin, dass er zwar sein Zitat
(oder wie wir es nennen wollen) nicht ausdrücklich als solches kennzeichnet, aber doch auf "die Alten" verweist, die dasselbe geraten

oder getan hätten: "Stelle es (den Grabbau) dir vor unter den Ge-
schäften, die in deinen Augen zählen (wichtig sind), wie die grossen
Alten, die in ihren Gräbern bestattet (?) ruhen!".[10]

F. In Grab 359 in Theben, Onuris-Cha, aus der Zeit Ramses'
III. singt der Harfner ein Lied, das voller Reminiszenzen an ältere
Texte, vor allem an das Antef-Lied und das aus dem Grab des Neferhotep, steckt, dessen Schluss sogar dem des Sinuhe angeglichen
ist.[11] Eine Entlehnung aus der Lehre des Djedefhor nimmt in diesem
Kontext nicht wunder. Freilich ist auch hier sowohl der Wortlaut "verfremdet" wie auch der Sinn umgekehrt: Der Sänger beruhigt mit seinen
Worten das verstorbene Ehepaar (und mit ihm deren Hinterbliebene),
indem er auf die Vergänglichkeit des Lebens hinweist, das zum Geschick des Menschengeschlechtes gehört, und auf das Los der Ahnen,
die in Pyramiden ruhen - die Formulierungen sind dem Anteflied ab-
gelauscht. "Du hast ein Haus (ḥt) im Friedhof gebaut, und dein Name dauert (nun) in ihm. Vollständig befunden[12] wird deine Arbeit in
der Nekropole, trefflich hergerichtet ist dein Sitz des Westens". Wieder haben wir, wie im Urbild des Djedefhor, zwei Parallelsätzchen,
wieder finden wir die entscheidenden Stichwörter ḥt, ḥrt-nṯr, mnḫ, st
und jmntt - genug, um nicht nur bei uns, sondern vor allem bei jedem
ägyptischen Hörer sofort die Assoziation zum geflügelten Wort des
Djedefhor herzustellen. Ähnlich wie in den Autobiographien des Paheri und des Sen-mes liegt hier nicht, wie bei Djedefhor, bei Merikare
und bei Anii, also wie bei den drei Lehren, eine Ermahnung vor, sondern wird von der Befolgung des alten Rates gesprochen, aber im
Unterschied zu den beiden Übernahmen in die Autobiographie nicht
mit Befriedigung über die eigene Leistung, sondern der Sänger singt
dem Grabherrn zu, er habe in dieser Beziehung die seit unendlich
langer Zeit für jeden Ägypter feststehende Pflicht erfüllt und könne daher über sein Jenseitslos ruhig sein.

Wenn wir von der autobiographischen Aussage des Monthem-
het:[13] jnk ... smnḫ njwtf n nḥḥ "Ich bin einer, ... der seine Stadt der
Ewigkeit trefflich gemacht hat" absehen, weil nur ein einziges Stichwort und
ein Synonym sowie der allgemeine Sinn das Sätzchen mit Djedefhor verbinden, bleibt als vorläufiges letztes Glied der Kette der neue Fund
im Balsamierungsritual der röm. Kaiserzeit. Dazu ist oben schon das

Nötigste gesagt.

Dieser Überblick lehrt uns zweierlei: Zunächst bestätigt er die grosse Popularität der Lehre des Djedefhor durch die ungewöhnlich lange Zeitspanne von der 4. Dyn. bis in die röm. Kaiserzeit. Sie ist auch aus anderen Dokumenten nachzuweisen, so zB. durch die von Posener veröffentlichte Schultafel mit Teilen der Lehre aus der 25./ 26. Dyn.,[14] die in willkommener Weise die in den meisten anderen Fällen in der Spätzeit bestehende Lücke in der literarischen Tradition überbrückt. Wenn wir auch nicht sicher sein können, ob jeder, der unser geflügeltes Wort im Munde geführt hat, über seine Quelle Bescheid gewusst hat,[15] so hat doch jedenfalls kaum eine andere literarische Prägung Ägyptens so breite und so weite Wirkung gehabt - jedenfalls, soweit wir uns ein Urteil erlauben können. Denn: In keinem Fall wird bei unseren sieben Anspielungen und Verarbeitungen der Name des Djedefhor genannt. Es scheint geradezu eine Feinheit ägyptischer Bildung gewesen zu sein, seine eigene Belesenheit durch solche nicht bezeichneten Reminiszenzen zu zeigen und die der Zuhörer herauszufördern. Für uns, deren Kenntnis ägyptischer Literatur weit hinter der der gebildeten Ägypter zurückbleibt, mögen sich noch viele unerkannte Zitate, Anspielungen und Paraphrasen in den erhaltenen Texten verbergen.

Das andere Bemerkenswerte ist der Umgang mit dem Traditionsgut. Dabei fällt zum ersten auf, dass das von Djedefhor geprägte Wort in ganz verschiedenen genera litteraria verwendet wird:[16] Zweimal in einer anderen Lehre, zweimal in einer Autobiographie, einmal in einem Harfnerlied, einmal in einer sonst fast stets wörtlich feststehenden Weihformel und schliesslich in einem Ritual. Dass dabei der Wortlaut verändert werden muss (Personen- und Tempuswechsel) versteht sich von selbst, aber auch die Satzform verändert sich vom Begehrsatz zum Aussagesatz. Sind diese Abwandlungen eine zwangsläufige Folge der Verwendung in anderen literarischen Gattungen, so gehen weitere Änderungen über das Notwendige hinaus: Austausch der beiden Sätze, Austausch von Vokabeln, die bei Djedefhor vorkommen, untereinander (wie schon die Handschriften der Lehre für Merikare hier Unsicherheit verraten) sowie gegen Synonyme, Zusammenziehen der beiden Sätze zu einem, Ersatz des einen dieser beiden durch einen Satz mit anderem Inhalt usw.

Dabei dürfen wir nicht zweifeln, dass der genaue Wortlaut wohl allen Benützern, allen, die Spolien aus den alten Lehren gewonnen haben, wohl bekannt war; die Abwandlungen galten gewiss als geistreiches Spiel, so wie ja auch wir oft genug klassische Zitate so abwandeln, dass sie der jeweils gegenwärtigen Situation angepasst sind. Auf dem Gebiet der Literatur waren die Ägypter homines ludentes.

ANMERKUNGEN

1. Mit aller Entschiedenheit halte ich an der Lesung D̲df-H̲r (nicht H̲r-d̲df) fest und hoffe, dies bald ausführlich begründen zu können.

2. S. Sauneron: Le Rituel de l'Embaumement, Pap. Boulaq III, Pap. Louvre 5158. Kairo 1952; Übersetzung jetzt bei J.-Cl. Goyon: Rituels funéraires de l'ancienne Egypte. Paris 1972. S. 18-84. Ein ergänzendes Papyrusblatt in Châlons-sur-Marne, das Drioton in: Mémoires de la Société d'agriculture, commerce, sciences et arts du département de la Marne, T. 72' = 2^e Série T. 31, 1957, S. 19-23 veröffentlicht hat, berücksichtigt Goyon nicht.

3. 7, 3-4. Der Hieroglyphentext, auch der des Djedefhor, steht u.S. Roeder: Urkunden zur Religion des alten Ägypten, 1923, S. 301 übersetzt: "Dein Grab des Westens ist schön hergerichtet und deine Ausstattung des Friedhofs ist herrlich ausgeführt", ignoriert also das -i (als Fehler?); aber s̲ḫrw kann kaum "Ausstattung" heissen! Unsere Übersetzung lehnt sich an die von Goyon an.

4. Auffallenderweise ist das Wort hier, wie aus dem folgenden Satz hervorgeht, männlich. Vielleicht ist auch, entgegen dem Augenschein des Determinativs, an einen Grabstein gedacht? Diese Vokabel, ^{c}ḫ^c, ist immer männlich. Dass freilich ein Grabstein allein Unsterblichkeit verleihen, also "die Pläne der Nekropole verwirklichen" können sollte, scheint zweifelhaft.

5. dazu kommt eine weniger gewisse Stelle: Leclant: Montouemhat, S. 68, Inschr. Ca, Z. 9, s. MDIK 19(1963) 53.

6. Dabei wird über die beiden Aufsätze in MDIK 9 und 14 ebenfalls wiederholend knapp referiert, damit der Leser nicht dort nachschlagen muss.

7. Dabei ist zu berücksichtigen, dass wir auch den Text des Djedefhor nur aus ramessidischen Abschriften, also nicht authentisch, kennen. Es mag sein, dass eine unserer späteren Varianten dem Urtext in einer oder der anderen Einzelheit näher steht als die Handschriften der Lehre selbst. Vgl. dazu MDIK 14(1956) 18 f.

8. Ich verweise nur auf eine der letzten Behandlungen dieser Stelle bei G. Fecht: Der Vorwurf an Gott in den "Mahnworten des Ipuwer". AHAW 1972, 1. Abh., S. 132 f.

9. Näheres in MDIK 14(1956) 17 f.

10. Der korrupte Text wurde ausführlich behandelt von Volten: Studien zum ... Anii, S. 73 f.

11. s. dazu Lichtheim, in: JNES 4(1945) 201 f. und Posener, in: RdE 9(1952) 117.

12. s. WB I 66,2.

13. J. Leclant: Montouemhat. Bibl. d'Étude 35, Kairo 1961, S. 65 ff. Doc. 10, Inschr. Ca, Z. 9; vgl. MDIK 19(1963) 53.

14. RdE 18(1966) 45 ff.

15. Vgl. pAnast. I 1i,1.

16. Ein besonders bemerkswerter Fall einer solchen Fremdverwendung eines Zitates aus den Lebenslehren findet sich im Tempel Thutmosis' III. in Der el-bahri, wo eine für den Ehemann bestimmte Mahnung unter Veränderung des Suffixes als Gebet an die Gottheit auftritt: Marek Marciniak: Une formule empruntée à la sagesse de Ptahhotep, in: BIFAO 73(1973) 109–112.

Die »Weisen«, ihre »Lehren« und »Prophezeiungen« in altägyptischer Sicht

aus: Zeitschrift für Ägyptische Sprache und Altertumskunde 93, 1966,
29–35.

Es ist nach wie vor eine der wichtigsten Aufgaben der ägyptischen Literaturwissenschaft
möglichst scharf umrissene Gattungen herauszuarbeiten. Noch sind wir, trotz aller Forschungen
der letzten Jahre, noch weit von diesem Ziel entfernt. Es mag nützlich sein, einige der wenigen
Aussagen der Ägypter über ihre eigene literarische Produktion der Vergangenheit nochmals genau
auf ihren Wortlaut hin anzusehen und auf ihren Wert für die Klassifizierung von Literaturwerken
zu befragen. Wir dürfen wohl hoffen, damit auch das Interesse des Jubilars zu erregen, der so entscheidende Beiträge zum Verständnis gerade der Lebenslehren, um die es dabei vorwiegend geht,
geleistet hat.

Die Rückseite des Papyrus Beatty IV[1] enthält eine Sammlung von Schultexten verschiedener
Art und Qualität. Unter ihnen ragen zwei Stücke durch ihren einmaligen Charakter heraus (2,5
bis 3, 11 und 6, 9 bis 8,2); beide erwähnen große „Schreiber" der Vergangenheit, der letzte Passus
allerdings wohl nur Cheti. Dessen Werke scheinen zwar aufgezählt zu werden, doch ist die Stelle
zu zerstört, um uns auf unsere Frage nach altägyptischen Bezeichnungen für Gattungen Aufschluß
zu geben. Die erste Stelle dagegen scheint, obwohl vielfach übersetzt und behandelt, durchaus
noch nicht ganz ausgewertet. Wir geben zunächst nochmals eine Übersetzung der einschlägigen
Sätze, die teilweise gegenüber älteren Wiedergaben etwas abweicht.

„Nur, wenn du dies tust, bist du erfahren in den Schriften[a]. Jene weisen[b] Schreiber seit der Zeit
derer, die nach den Göttern kamen[c], die verkündeten[d], was kommen werde, die sind solche geworden,
deren Namen in Ewigkeit dauern, obwohl sie dahingegangen sind, nachdem sie ihre Lebensspanne
vollendet hatten, und obwohl alle ihre Angehörigen vergessen sind.

Sie haben sich keine Pyramiden aus Erz und keine Grabsteine aus Eisen errichtet. Sie konnten
auch keine Erben hinterlassen in Gestalt von Kindern..., die ihre Namen lebendig erhielten.
Doch haben sie sich Erben geschaffen in Gestalt von Büchern mit Lehren[e], die sie verfaßt haben.
Sie schufen sich die Papyrusrolle als Vorlesepriester, die Schreibtafel als 'liebenden Sohn'. Lehren

---

[1] Alan H. Gardiner, Hieratic Papyri in the British Museum, Third Series, Chester Beatty Gift, I.
S. 37 ff., II, Taf. 18 ff.

sind ihre Pyramiden, das Schreibrohr ihr Kind, die Steinoberfläche ihre Frau. Von den Großen bis zu den Kleinen – (alle) wurden ihm (so!) so als Kinder gegeben . . . Gibt es hier einen wie Djedefhor? Oder einen anderen wie Imhotep? Unter unseren Zeitgenossen ist keiner geworden wie Neferti᷄ oder Cheti, ihrer aller Oberhaupt. Ich nenne dir nur die Namen des Ptah-em-Djehuti oder des Cha-cheper-Re-soneb. Gibt es einen anderen wie Ptahhotep oder wie Kaïrsu᷄? Bei diesen Weisen, die das Kommende[h] vorhersagten, geschah das, was aus ihrem Munde hervorgekommen war: Man fand es als Spruch, aufgeschrieben in ihren Büchern. Die Kinder anderer Leute wurden ihnen zu Erben gegeben wie eigene Kinder. Sie sind zwar verborgen, aber ihre Wirkung (ḥkꜣ) erstreckt sich auf jedermann, der in der Lehre liest[2]. Sie sind dahingegangen und ihre Namen wären vergessen – aber die Schrift wird ihr Gedächtnis erhalten (wörtl.: wird machen, daß man sich ihrer erinnert)."

[a]Der Text beginnt mit einem Rubrum. „Dies" kann sich nicht auf das Vorhergehende beziehen. Offenbar hat der Schreiber die Vorlage nicht von Anfang an abgeschrieben, vielmehr die eigentlichen Ermahnungen ausgelassen bzw. durch andere ersetzt. Wir haben es mit dem Schluß einer bisher unbekannten Lehre zu tun[3]; wir kennen solche Schlußparänesen, die sich auf die gesamte vorhergehende Lehre beziehen, aus Pt. 507 ff.; Merikare 138 ff.; Cheti 11, 2 ff.; Amenemope 27. 13 ff..

[b]Das Attribut zu sš wird eigenartig geschrieben: ⌒◖◖ ◠ ‑. Ähnlich unten 3, 7: ◉ ◠

◖◖ ◠ ‑. Die auch in wilder neuägyptischer Orthographie ungewöhnlichen zwei Buchrollen im selben Wort lassen das Urbild als rḫ-jḫt erkennen. Darauf wird unten zurückzukommen sein(S. 31 ff.).

[c]Höchstwahrscheinlich hat der Verfasser dabei die Königslisten im Auge, meint also die Zeit der ersten menschlichen Könige nach den Götterdynastien. Denkbar wäre immerhin auch, daß mit den „Göttern" die Könige des AR gemeint wären, womit wir dann für die Schriftsteller in die Erste Wirre kämen. Doch ist es wenig wahrscheinlich, daß schon in der Ramessidenzeit die Chronologie so durcheinander geraten sein sollte, daß man Cheops (als Vater des Djedefhor) oder Isesi (als König des Ptahhotep) nicht hätte richtig einordnen können.

[d]Man könnte versucht sein, dies zweite nꜣ n parallel zum ersten zu verstehen und zwei Gruppen von Schreibern nebeneinander zu stellen: die sšw rḫw-jḫt und die šrw jjt. Daß dem nicht so ist, geht aus 3, 7 eindeutig hervor, wo die Verfasser der Werke nꜣ n rḫw-jḫt šrw jj(t) genannt werden.

[e]Grammatisch ließe sich auch die Übersetzung „in Gestalt von Büchern und Lehren" rechtfertigen[4], doch scheint mir jetzt die oben gegebene Übersetzung vorzuziehen, da ein Gegensatz zwischen Büchern und Lehren (bei diesen müßte dann an mündliche Überlieferung gedacht sein, s. Erziehung, S. 65f. mit Anm. 17) hier kaum gemeint sein kann – hebt doch der ganze Text gerade auf die schriftliche Fixierung der Lehren ab!

[f]Zur Lesung s. Gg. Posener in Rev. d'Égyptol. 8, S. 174.

[g]Gg. Posener hat den Namen als erster richtig erklärt und ihn schon, wenn auch noch zweifelnd, mit der Lehre für Kagemni zusammengebracht, weil er erkannt hat, daß unser Papyrus die alten Autoren paarweise zusammenfaßt und dabei solche Weisen zusammenstellt, die etwa gleichzeitig gelebt haben[5]. Diese Vermutung konnte Yoyotte durch eine Inschrift der Ramessidenzeit erhärten, die Kaïrsu als „Wesir", d. h. sicher einen berühmten Memphiten, neben Imhotep abbildet: BSFE No. 11, S. 70f. Der Vater des bekannten Wesirs Kagemni, dessen Grab in der Gräberstraße von Saqqara liegt, ist nicht bekannt[6], doch muß es sich bei Kaïrsu und Kagemni auch nicht um ein leibliches Vater-Sohn-Verhältnis handeln: Sie könnten auch Lehrer und

---

[2] Gardiners Übersetzung: „They concealed their magic from all the world, (but it is) read in a book of instruction" ist grammatisch zwar ebenfalls möglich, doch scheint mir die oben vorgeschlagene dem Sinne nach vorzuziehen.

[3] Posener scheint eher dazu zu neigen, die Lehre als einheitliches Werk zu betrachten, erwägt aber auch die von uns bevorzugte Möglichkeit, vgl. Rev. d'Égyptol. 10, S. 71f., mit Anm. 5 auf S. 72.

[4] So noch H. Brunner, Altäg. Erziehung, S. 177.

[5] Rev. d'Égyptol. 6, S. 32, Anm. 10 und, später, Litt. et Pol., S. 34.

[6] Vgl. dazu E. Edel in MIO 1, 1953, S. 224f.

Schüler sein, so daß der leibliche Vater anders geheißen haben kann. Die Selbstdatierung der Lehre unter Huni/Snofru wird ebenso literarische Fiktion sein wie die der Prophezeiungen des Neferti unter Snofru: Dessen Regierung galt als die klassische Blütezeit; vgl. dazu G. Posener, Littérature et Politique, S. 32 ff.

[h]Das WB übersetzt *jjt* mit „Unheil". Tatsächlich hat es oft diese Bedeutung, von der auch das Determinativ des „schlechten Vogels" stammt (z. B. Pt. 497 und 587; Bauer B 1, 57, vgl. Maspero in RT 40, 12 und Vogelsang, Kommentar zu den Klagen des Bauern, S. 68). Doch wird es daneben oft auch neutral gebraucht, vgl. z. B. die von Eb. Otto, Gott und Mensch, S. 20 gesammelten Stellen. So wird jedesmal zu prüfen sein, welche Bedeutung vorliegt.

Von den vier Paaren, also acht Weisen der Vergangenheit, kennen wir alle außer Ptah-em-Djehuti[7], wobei die Verbindung des Kaïrsu mit der Lehre für Kagemni nicht gesichert, aber doch recht wahrscheinlich ist (s. o. Anm. g). Von all diesen Dichtern der Vergangenheit wird einiges gemeinsam ausgesagt. Vor allem hebt der Verfasser unserer Lehre nachdrücklich hervor, daß ihr Gedächtnis die lange Zeitspanne, in der alle ihre Zeitgenossen vergessen und ihre Gräber und der Totenkult verschwunden oder verfallen sind, dank ihrer Werke überlebt habe – eine Tatsache, deren Richtigkeit eben die Lehre selbst beweist, die ja ihre Namen nennt. Für die Literaturgeschichte ergibt sich daraus, daß die Werke dieser Verfasser ihren Namen enthalten haben müssen. Bei den Lehren wissen wir das ohnehin, aber nicht alle Genannten sind ja Verfasser von Lebenslehren wie Imhotep und Djedefhor, Ptahhotep und Kaïrsu oder Cheti. Tatsächlich aber bieten die beiden erhaltenen Werke, deren Verfasser Cha-cheper-Re-soneb und Neferti sind, deren Namen, beim ersten im Titel des Buches, beim zweiten dagegen interessanterweise erst im Text. Dieser nennt Neferti nicht etwa als Dichter des ganzen Werkes, sondern nur als Autor der Sprüche, die das eigentliche Corpus ausmachen; nicht aber kann Neferti die Rahmenerzählung geschaffen haben. Es scheint, daß der Verfasser des Textes des Pap. Beatty IV kurzerhand Neferti als den – in der Dichtung auftretenden – Urheber der Prophezeiung für das ganze Werk setzt, sei es, daß er tatsächlich auch die Rahmenerzählung ihm zuschreibt, sei es, daß er von dieser und ihrem anonymen Verfasser absieht[8]. Insoweit also hat der Verfasser des Pap. Beatty IV recht: Bei allen sieben bekannten Dichtern der Vergangenheit bewahrt das Werk ihren Namen. Er hat um so mehr recht, auf diese Tatsache nachdrücklich hinzuweisen, als die Namen von Verfassern solcher Dichtungen die einzigen im alten Ägypten überhaupt sind, die – außer Königsnamen – tradiert werden, wenn wir von einer volkstümlichen Überlieferung einiger Namen von Generälen Thutmosis' III. und von vergöttlichten Menschen absehen.

Aber noch mehr wird über die acht „Klassiker" gemeinsam ausgesagt: Zunächst, daß sie „Weise" (*rhw-jht*) sind und daß sich in ihren Büchern „Sprüche" (*tsw*) finden. Dreimal wird das Wort „Lehre" ausdrücklich auf alle angewandt: „Sie haben sich Erben geschaffen in Gestalt von Büchern mit Lehren", „Lehren sind ihre Pyramiden" und „ihre Wirkung (*hk3sn*) erstreckt sich auf jeden, der in einer Lehre liest". Was uns aber am meisten wundert, ist die Aussage, daß sie „das Kommende (*jjt*) vorausgesagt (*sr*)" hätten. Für Neferti möchten wir diese Aussage ohne weiteres gelten lassen, aber schon bei Cha-cheper-Re-soneb finden wir zunächst eine solche Charakterisierung seines Werkes unpassend, und gar bei den Lebenslehren scheint sie uns falsch. Diese Ausdrücke gilt es nun zu untersuchen mit dem Ziel festzustellen, ob ein großzügiger Gebrauch vorliegt, der einen von einem einzelnen Werk oder einer kleineren Gruppe gewonnenen Begriff unpassend auf alle acht Weisen überträgt, oder ob diese gemeinsamen Charakteristika tatsächlich auf alle Dichtungen passen, ob also der Ägypter der Ramessidenzeit die acht Verfasser und ihre Werke mit Grund zusammengestellt hat.

---

[7] Wobei es durchaus nicht unwahrscheinlich ist, daß wir auch von seinem Werk Teile besitzen, die wir nur eben, weil der Anfang fehlt, ihm nicht zuweisen können. Eine recht große Zahl von Fragmenten bleibt für uns aus diesem Grund so anonym wie die Lehre des Pap. Beatty IV selbst. Wegen der Koppelung mit Cha-cheper-Re-soneb ist als sein Werk eine Klage aus der Zeit der 12. Dynastie zu erwarten, vgl. Gg. Posener in Rev. d'Égyptol. 6, S. 38. Ob man an den Pap. Ramesseum II denken darf?

[8] Vgl. zu dieser Frage Posener, Litt. et Pol., S. 34.

Ein *rḫ-jḫt* ist dem Wortlaut nach ein Mann, der etwas weiß. Wissen kann erworben werden, und gerade das ist es ja, worauf die zahlreichen Schultexte unterschiedlichen Niveaus immer wieder hinweisen. Der Vater des Merikare rät seinem Sohn zweimal, er solle sich die Tradition einverleiben, um als *rḫ-jḫt* seinen Räten und der schwierigen politischen Lage gewachsen zu sein (32–36; 115f.). S. Herrmann stellt mit vollem Recht fest, daß *rḫ-jḫt* eine Bezeichnung und Selbstbezeichnung jener Männer ist, die die Prophezeiungen und Klagen schreiben und tradieren[9]. Wenn Neferti seine Rede mit den Worten schließt: „Ein Weiser wird mir Wasser sprengen, wenn er sieht, daß das, was ich gesagt habe, geschehen ist" (70f.), so spricht daraus – abgesehen von der Sicherheit, die Wahrheit gesagt zu haben – eine gute Kenntnis seines Standes; die Worte mögen zwar in erster Linie, entsprechend der Fiktion, daß er unter Snofru gelebt habe, an Leser der 12. Dynastie, also Zeitgenossen des Verfassers gerichtet sein, aber noch fast 1000 Jahre später dürfte seine Hoffnung sich erfüllt haben: Gewiß haben ihm der Autor des Pap. Beatty IV und seine Schüler gespendet[10]. Freilich beschränkt sich der Gebrauch dieses *rḫ-jḫt* keineswegs auf jene Leute, die um die Geschichte und ihre Gesetze wissen (vgl. dazu noch unten zum Stichwort *śr*). Vielmehr bezeichnet es in den Autobiographien einfach den Lebensklugen, der in allen Lagen einen Ausweg weiß[11]; es steht auch für den Zauberer[12] und wird in der Ptolemäerzeit geradezu mit ἱερογραμματεύς übersetzt[13], so wie im Pap. d'Orbiney die „Schreiber und Weisen" des Hofes den Aufenthaltsort der Frau mit dem Wunderduft ermitteln sollen (11, 4). – Es kann also nicht zweifelhaft sein, daß die Bezeichnung aller acht Autoren im Pap. Beatty IV als *rḫw-jḫt* zu vollem Recht besteht – keineswegs ist sie etwa nur auf die „Propheten" anwendbar und von dort illegitim auf die Verfasser von Lebenslehren übertragen; vielmehr hat sie, auch wenn sie einstweilen in den Lehren als Bezeichnung ihrer Verfasser nicht belegt zu sein scheint, doch gerade in der Lebensweisheit ihren Sitz, wie die Autobiographien lehren[14].

„Spruch", *ṯs*[15], ist die Bezeichnung für jede straffe Formulierung eines Gedankens; wir finden die Bezeichnung für ein Zitat aus der Lehre des Djedefhor[16] und andere Zitate, wie sie der Lehrer in der Schule bringt[17], aber auch für die Verse des Neferti[18] und für ein Sprichwort[19]. Immerhin, in der Literatur beschränkt sich die Verwendung solcher „Knoten" auf die Lehren, die Prophezeiungen und die von den Lehren abhängigen Autobiographien. Wenn wir nach einem gemeinsamen Gattungsbegriff für die Werke suchen, die der Papyrus Beatty zusammen nennt, so bietet sich, gerade in Anlehnung an seinen Sprachgebrauch, der Terminus „Spruchliteratur" an[20].

Das Wort *śbȝjt* „Lehre" finden wir in den Lehren des Djedefhor, des Ptahhotep und des Cheti ausdrücklich; wir können nicht zweifeln, daß auch die Lehren des Imhotep und des Kaïrsu diese eindeutige Gattungsbezeichnung in ihrem Titel getragen haben. „Neferti" setzt seiner Dichtung keinerlei Titel voran, während Cha-cheper-Re-soneb den blumigen Titel wählt: „Sammlung von

---

[9] Prophetie in Israel und Ägypten: Suppl. to Vetus Testamentum 9, 1963, S. 58f. Die Übersetzung „Gelehrter", die Herrmann vorschlägt, eignet sich deshalb wenig, weil dem Wort heutzutage etwas von Weltfremdheit anhaftet.

[10] Zu der Sitte vgl. H. Schäfer in ZÄS 36, S. 136f. und A. Gardiner in ZÄS 40, S. 146.

[11] Vgl. J. M. A. Janssen, Autobiografie I, S. 73ff. für eine Fülle von Beispielen.

[12] Hirtengeschichte 167/68.

[13] Kanopus-Dekret, Urk. II 126.

[14] Wichtig zum Begriffsumfang dieses Wortes ist die leider lückenhafte Schilderung der mißachteten Stellung eines *rḫ-jḫt* in einer verkehrten Welt: Pap. Ram. II vso. II, 4 = Barns, Five Ramesseum Papyri, Taf. 9.

[15] S. dazu H. Brunner, Erziehung, S. 130.

[16] An. I, 11, 1.

[17] Lansing 14, 10.

[18] 7 und 13.

[19] Stele Univ. College 14 333, s. JEA 48, Taf. II, Z. 16. Im übrigen vgl. die Belegstellen des WB für die Weite des Gebrauches.

[20] Diesen Ausdruck hat bereits A. Herrmann eingeführt, etwa in seiner sehr fördernden Besprechung von S. Herrmanns Arbeit „Untersuchungen zur Überlieferungsgestalt mittelägyptischer Literaturwerke": OLZ 1959, Sp. 252ff.

Worten, Häufung[21] von Sprüchen, das Suchen von Redewendungen mit strebendem Herzen". Diesen beiden Werken mögen wir den Charakter von „Lehren" nicht recht zugestehen, da zumindest bei Neferti die Absicht der Jugenderziehung fehlt (und von „politischer Erziehungsarbeit" sollte man denn doch im Alten Ägypten nicht sprechen). Tatsächlich aber sind, jedenfalls im NR, beide Werke in der Schule verwendet worden als klassische Lektüre[22]. Ich möchte also annehmen, daß sich der Verfasser des Pap. Beatty IV auf diese Schulverwendung der klassischen Texte bezieht, wenn er sie alle kurz als *śbꜣjt* zusammenfaßt, daß das Wort bei ihm also nicht als Bezeichnung einer Literaturgattung gewertet werden darf.

Weiter führt uns aber eine Untersuchung des Terminus *śr* „voraussagen". Gerade hier hat man zunächst eine Gattung ägyptischer „Prophetien" anknüpfen wollen[23]. Wie wenig aber der Begriff des Propheten, der seinen Inhalt von den großen Gestalten des AT bekommen hat, nach Ägypten paßt, hat S. Herrmann überzeugend nachgewiesen[24].

Das Voraussagen gehört in Ägypten vielmehr zu den Künsten eines jeden „Weisen", und wie weit dieser Begriff des *rḫ-jḫt* gefaßt war, haben wir oben gesehen. Zwar ist wiederum der Begriff des *śr* nicht in den Lebenslehren anzutreffen, aber dennoch gehört er der Sache nach in deren Vorstellungskreis, wie die Autobiographien beweisen, die ja zum großen Teil nur den Erfolg der Lehren im Leben zeigen und deshalb selbst als „Lehren" bezeichnet werden können[25]. Da lesen wir nun etwa: „Ich durchforschte die Zeit und sagte voraus, was kommen würde. Ich war verständig (wörtl. „mit einem (Rätsel) lösenden Herzen") im Blick auf die Zukunft, denn ich hatte das Gestern durchschaut und dachte an das Morgen und verstand umzugehen (wörtl. „kunstfertigen Herzens") mit dem, was kommen würde[26]." Dieselben Männer also, die das Leben durchschauen (*ꜥrḳ*, dasselbe Wort auch in gleichem Sinne schon Kagemni 2, 3), die die Vergangenheit aus Büchern und die Gegenwart aus Erfahrung kennen, sind imstande, auch in die Zukunft zu sehen (*śr*). Ohne das reiche Material ausbreiten zu wollen, sei noch ein bezeichnendes Beispiel dafür angeführt, daß *śr* eine „normale" Tätigkeit des Weisen zu allen Zeiten ist: Ein Mann, der Erzieher des Königs (wohl Amenemhets III.) war, sagt von sich, unmittelbar nachdem er seine Erziehertätigkeit genannt hat: „der vorhersagt, ehe es gekommen ist[27], der sieht, ehe es geworden ist"[28].

Auf die Lehre für Merikare haben wir schon hingewiesen. Der Form nach gehört sie zu den Lebenslehren. Die Ergänzung der Gattungsbezeichnung *śbꜣjt* im zerstörten Anfang ist so gut wie

---

[21] Zu *ḳdf* vgl. Dévaud in Kêmi 2, S. 7, Anm. 5 und vor allem J. Černý in Studies ... Crum, S. 36f.

[22] Inventar der Handschriften des Neferti bei G. Posener, Litt. et Pol., S. 145ff.: 1 Papyrus, 2 Schreibtafeln, 18 Ostraka, sämtlich aus dem Schulbetrieb des NR. Dazu kommt noch das Ostrakon Brit. Mus. 5627 bei Černý und Gardiner, Hier. Ostr. I, Taf. XC vso.

[23] Zur Geschichte dieser Vorstellung in der Forschung vgl. die ausgezeichnete Übersicht bei S. Herrmann, a. a. O. (o. Anm. 9), S. 47ff.

[24] In dem einen genannten Aufsatz. Einen Restbestand der alten Auffassung, den Herrmann noch gelten lassen möchte, können wir ebenfalls leicht ausräumen: Auch von einem inneren Zwang, unter dem die ägyptischen Weisen ihre Zukunftsbilder zeichnen, kann nicht die Rede sein. Neferti sagt zwar: „Die Rede ist auf dem Herzen wie Feuer; keiner erträgt, was aus meinem Munde hervorgeht", meint damit aber nicht sein eigenes Herz, sondern das seiner Hörer, und das zweite Sätzchen sagt im parallelismus membrorum dasselbe wie das erste. Bei Neferti selbst liegt durchaus kein innerer Zwang vor, die Zukunft zu verkünden — hat er doch dem König freigestellt, ob er von der Vergangenheit oder Gegenwart (s. G. Posener, Litt. et Pol., S. 31, Anm. 2) oder aber von der Zukunft sprechen solle, und als Snofru letzteres wählt, muß er erst sein Herz aufrufen, ihm die verlangten Bilder vor Augen zu stellen: „Rege dich, mein Herz, und weine über dies Land ... Werde nicht müde, (das Bild der schrecklichen Zukunft) steht doch vor deinem Gesicht! Erhebe dich gegen das, was vor dir liegt!" Von einem inneren, unwiderstehlichen Zwang zum Reden ist hier so wenig die Rede wie an den anderen von Herrmann angeführten Stellen. Ebenso wenig aber erscheint dem Neferti seine Rede gefährlich, er spricht vielmehr in der völlig sicheren Atmosphäre des Hofes eines wegen seiner Leutseligkeit gerühmten Königs. Z. 48f., die H. hier anführt, gehören zur Schilderung der unsicheren Wirre, in der man keine Argumente hört, sondern gleich zuschlägt. Nicht gegen den unter Snofru Weissagenden fährt die Hand heraus, sondern gegen den, der in der Wirre zu Besonnenheit rät.

[25] Z. B. so in Grab 97 in Theben, Urk. IV, 1408.

[26] Aus Grab 110 in Theben, Griffith Studies Taf. 39, Z. 12f.; zu dieser und weiteren, ganz ähnlichen Stellen vgl. Eb. Otto, Altäg. Zeitvorstellungen und Zeitbegriffe: Die Welt als Geschichte 14, 1954, S. 140f.

[27] Zur Form s. Gardiner, Grammar, § 403.   [28] Leiden V 7 = Beschreibung II, Taf. VII.

sicher, ein Vater spricht zu seinem Sohn, die meisten der Absätze beginnen mit einem Imperativ –
kurz, die Verwandtschaft mit den klassischen Lehren ist offensichtlich. Dennoch finden wir in
diesem Text längere Partien, die ganz anderer Art sind, in denen von Politik die Rede ist, von
Fehlern der Vergangenheit, aber auch von Ausblicken auf die Zukunft. Besonders fällt der Abschnitt 68–123 inhaltlich wie formal aus dem Rahmen der Lebenslehren heraus. Nur selten wird
hier noch die Form der Ermahnung verwendet, meist berichtet der König über Ereignisse seiner
Zeit oder er gibt eine Analyse der Lage, wobei er freilich immer, wie die Lehrer alter Zeiten, allgemeine Regeln zu gewinnen sucht: ,,Es gibt keinen Fluß, der sich verbergen ließe'' (75); 109 zitiert
er einen Satz aus der Lehre des Ahnen Achthoes; 115ff. stehen Kernsätze über das Königstum und,
im Anschluß daran, über das ,,Gesetz'' des Weltlaufs, wonach gemäß der Verschränkung der Taten
ein Schlag mit einem ebensolchen vergolten wird[29]. – Besonders wichtig für unsere Frage ist der
Umstand, daß der Vater des Merikare zweimal ausdrücklich auf Prophezeiungen (*śr*) hinweist:
,,Denn Truppen werden Truppen bedrängen, wie die Vorfahren darüber vorausgesagt haben''
(68f.) und, einige Zeilen später: ,,Stelle dich nicht schlecht mit dem Südland: Du kennst die Prophezeiung der Residenz darüber'' (71)[29a]. Nicht genug also, daß der König selbst immer wieder in
diesem Abschnitt im Futurum spricht (68, 86ff., 110ff.), daß also Teile seiner Lehre der Gattung
des *śr* angehören, so nimmt er auch ausdrücklich Bezug auf ältere derartige Vorhersagen, pflegt
ihre Tradition wie er die der Lebenslehren pflegt (35ff.) – dieser König ist selbst ein *rḫ-jḫt* (vgl.
das Ideal des *rḫ* in Z. 35/34!) und verlangt auch von seinem Sohn, daß er dies Maß erreiche: ,,Er
ist ein Weiser für die beiden Ufer'' (115). An dieser Stelle läßt sich der Inhalt des Gemeinten konkret fassen. Die Rede ist davon, daß der junge König Tempel und Denkmäler errichten solle ohne
Rücksicht darauf, daß vielleicht ,,Feinde'', womit dem Zusammenhang nach spätere Könige, die
vielleicht anderen Dynastien angehören, gemeint sind, sie zerstören könnten. Zwar habe jeder
König, so meint der Vater, seine Feinde, aber als Könige seien sie eben ,,Weise'', insofern sie das
von ihm gleich nachher ausgesprochene Gesetz der Vergeltung kennten, also sich vor einer solchen
Tat fürchten müßten, da sie dann ein Gleiches treffen müsse, so wie auch ihn eine solche Vergeltung
getroffen habe. Wir sehen genau, wie sich der König hier als ein Glied in den großen Traditions-
zusammenhang von uralter Vergangenheit in ferne Zukunft stellt. Ob er nun als erster diese Verschränkung (*mdd*) der Taten erkannt hat, ob er sie schon bei den Vorfahren formuliert gefunden
hat – jedenfalls vertraut er darauf, daß auch seine Schrift später ebenso gelesen und beherzigt
wird, wie er seinerseits die Bücher der Ahnen kennt und lehrt. So kumuliert sich das Wissen um
die Regeln des Weltlaufes.

Die Lehre für Merikare ist als Königslehre besonders geeignet, Sprüche über das individuelle
Leben neben solche über Gegenwart und Zukunft des Staates zu stellen – bei einem Pharao fallen
beide weitgehend zusammen. Aber beide, ,,Prophezeiungen'' und Lebensregeln ruhen auf einer
gemeinsamen Plattform, nämlich der Überzeugung, daß die Welt nach erkennbaren Regeln
abläuft. Es ist nicht nur so, daß mit einem Geschichtsplan gerechnet wird, der von lange her fest-
gelegt und wißbar ist[30], sondern daß Geschichte wie das Leben des Individuums nach Regeln
abläuft, die der aufmerksame Beobachter erkennen, aus den Geschehnissen ablesen kann. Weder
im einen noch im anderen Falle können wir von begnadeter Verkündigung sprechen, von einem
charismatischen Blick in eine grundsätzlich verborgene Zukunft, sondern in beiden Fällen gelingt
einsichtigen, nüchternen Männern die Erkenntnis solcher Regeln wie dem Vater des Merikare die
von der ,,Verschränkung der Taten''. Nur auf solchen Einsichten, die vor allem aus der Kenntnis
der großen Literatur der Vergangenheit, aber auch aus genauer Beobachtung des Lebens selbst
erwachsen, beruhen die ,,Prophezeiungen'', genau auf gleichen Einsichten aber, nun auf das
Einzelleben gerichtet, die Lebenslehren[31].

[29] Siehe dazu Eb. Otto in: Welt als Geschichte 14, 1954, S. 142.
[29a] Ähnlich auch, in zerstörtem Zusammenhang, Admon. 1, 10: ,,Was die Vorfahren vorausgesagt haben,
ist eingetroffen''.
[30] S. Morenz, Äg. Religion, S. 72.
[31] Vgl. dazu H. Brunner, Erziehung, S. 127ff.

Ob also Lebenslehre für einen Einzelnen, ob Klage über einen gegenwärtigen Zustand des Landes[32], oder ob Blick in die Zukunft (der, wie bei Neferti, mit Klagen verbunden sein kann) – in jedem Fall ist der Autor solch „guter Schriften[33]" ein *rḫ-jḫt*, der die Maat, also das der Welt einwohnende Gesetz, erkannt hat und aus diesem Grunde fähig ist, in die Zukunft zu sehen – sei es für das Geschick eines fleißigen und begabten oder eines faulen und dummen Schülers, sei es für das Geschick des Landes (daß er nicht in jedem Werk von dieser grundsätzlich bei ihm vorhandenen Fähigkeit Gebrauch macht, steht auf einem anderen Blatt). Sein Werk wird in jedem Fall zur Belehrung dienen, also *sbꝫjt* heißen können.

In ruhigen Zeiten, in denen das politische Leben weitgehend wie ein Ritual abläuft[34], steht das Einzelleben im Mittelpunkt des Denkens und Lehrens, in Zeiten dagegen, in denen die großen Fragen nach der Stellung Ägyptens in der Welt und der Haltung Gottes zu seinem Land aufbrechen, in denen es sich mit einer beispiellosen, unerhörten Lage auseinanderzusetzen, wendet sich das Denken dieser selben *rḫw-jḫt* den allgemeinen Fragen zu, dann bemühen sie sich, für das Geschehen Deutung und Regel zu finden und es auf diese Weise zu bewältigen, vielleicht auch nur durch literarische Formung der Ereignisse, durch Klagen (Cha-cheper-Re-soneb). Die Frage des Neferti, ob er von Vergangenem (bzw. Gegenwärtigem) oder Zukünftigem sprechen solle, beweist diese Zusammenhänge ebenso wie der Doppelcharakter der Lehre für Merikare.

So hat also der Verfasser des Pap. Beatty IV durchaus Recht, wenn er die acht großen Weisen der Vergangenheit zusammenstellt. Seine Subsumierung von Literaturwerken, die für uns auseinanderfallen, öffnet uns den Blick dafür, daß diese Dichtungen auf gleicher Weltsicht beruhen. Eine andere Frage freilich ist es, ob wir nicht dennoch berechtigt sind, hier verschiedene Gattungen herauszuarbeiten, also feiner zu unterscheiden, als die Ägypter getan haben. Mit Mischformen wie der Lehre des Merikare ist dann zu rechnen. Zu beachten bleibt aber, daß bei aller Mannigfaltigkeit der Literaturwerke als Ganzes doch ein Stilmittel ihnen allen gemeinsam ist: Der zum Spruch „geknotete" Satz. So können wir zweckmäßig alle acht im Pap. Beatty zusammengefaßten Dichtungen und andere, ihnen verwandte wie die Admonitions, die Lehre des Merikare oder die Reden des Chu-en-Anubis gemeinsam als „Spruchliteratur" bezeichnen.

---

[32] Wie im beredten Oasenbewohner oder Teilen des Pap. Ram. II und vor allem im Ipuwer, bei dem es vielleicht ein weiteres Anzeichen für seine Entstehung in der 2. Zwischenzeit ist, daß ihn der Pap. Beatty IV nicht nennt. Für ihn ist offenbar die klassische Periode mit der 12. Dynastie beendet. Dies Fehlen ist um so beachtenswerter, als Ipuwer im NR noch bekannt gewesen zu sein scheint, s. Yoyotte in BSFE no. 11, 1952, S. 69.

[33] Pap. Beatty IV Vso 2, 13.

[34] Siehe E. Hornung, Zur geschichtlichen Rolle des Königs, MDIK 15, S. 120 ff.

Vita brevis, ars longa

aus: Zeitschrift für Ägyptische Sprache und Altertumskunde 107, 1980, 42–45.

Dankenswerter Weise hat Gg. Posener kürzlich den Papyrus Der el-Medine No. 1 mit einem Teil der Lehre des Ani veröffentlicht, dessen Existenz allgemein bekannt, dessen Inhalt aber verborgen war[1]. An manchen Stellen weichen die Lesungen des neuen Papyrus erheblich von denen der länger bekannten Handschriften ab. Zu solchen noch genauer nach der Überlieferungsgeschichte zu befragenden Stellen gehört auch pBoulaq IV 7,9–12 =pDer el-Medine I ro. 5, 2–6. In keiner anderen Handschrift ist dieser Passus enthalten.

Das neue Manuskript bringt einen in der Basishandschrift des pBoulaq nicht enthaltenen Doppelsatz, der sofort an das Vita brevis, ars longa erinnert[2]: „Der Worte sind viele, die Lebenszeit ist gering". Vor einem Vergleich mit dem berühmten Aphorismus des Hippokrates muß zunächst der ägyptische Zusammenhang und das Verhältnis der beiden Handschriften zueinander genauer angesehen werden.

In der lange bekannten Handschrift des pBoulaq lautet die Maxime(B):

> Der Leib des Menschen ist weiter als ein Staatsspeicher,
> er ist voll aller möglichen Antworten.
> Du aber sollst das Gute auswählen und (nur) das Gute aussprechen,
> während das Böse in deinem Leib eingesperrt bleibt.
> 5 Wenn die Antwort kräftig ist,
> fährt der Stock heraus.
> Sage das Angenehme und was man gern hat.
> . . .
> . . .
> 10 Danach wird Gott dem Gerechten Recht sprechen,
> aber sein (Gottes) Verhängnis wird kommen, ihn (den Übeltäter) zu holen[3].

Abgesehen von den zwei nicht-übersetzten Zeilen ist der Zusammenhang klar und logisch aufgebaut. Es gibt viele Möglichkeiten, einem Gesprächspartner zu antworten, von voller Zustimmung bis zu einer „kräftigen" Ablehnung. Der Schüler aber wird ermahnt, nur Angenehmes zu sagen und alle bösen, ebenfalls auf der Zunge liegenden Antworten im Leibe eingesperrt zu halten — sonst kann es Hiebe setzen oder wenigstens, wenn die Schläge als Bild gebraucht sind, Wortgefechte. Das aber gilt den Ägyptern als unerfreulich und unangenehm. Die Entscheidung, wer recht hat, kann ohnedies nur Gott fällen, und er wird es tun.

Dem stellen wir nun den neuveröffentlichten Text gegenüber (D):

> Der Leib, er ist weiter als eine Scheune,
> er ist tiefer als ein Brunnen,
> die Feldhürde eines Mannes, den man nicht kennt (??);

---

[1] Papyrus hiératiques de Deir el-Médineh, Tome I, par Jaroslav Černý, Catalogue complété et édité par Georges Posener. Documents de Fouilles VIII, 1978, Taf. 1–8 und S. 2–4. Erwähnt ist dieser Papyrus in der früheren Literatur wiederholt, z. B. von Posener, in: RdE 6, 1951, 42.

[2] Schon übersetzt von Posener in seiner Ausgabe, S. 3.

[3] Daß die Übersetzung an manchen Stellen unsicher ist, braucht bei der bekannt miserablen Qualität der Handschrift nicht betont zu werden. Bei den beiden hier nur durch Punkte wiedergegebenen Zeilen kommt man wohl bis zum Auftauchen besserer Varianten nicht über Vermutungen hinaus.

es umkreist ihn (den Leib) das Herz, sein Torwächter[4].
5 Du aber nimm alles Erwähnte heraus[5]
und sperre das Böse ein bis zu deinem Tode.
Der Worte sind viele, die Lebenszeit ist gering,
sprich also Angenehmes, und du wirst beliebt sein.

Bei gleichem Gesamtsinn weicht der Wortlaut stark ab. Dabei können wir wohl feststellen, welches der ursprüngliche Text war bzw. welche der beiden Fassungen diesem näher stand (einen Urtext dürfen wir, da es sich ja nicht um eine Volkserzählung sondern um ein – sogar mit Verfassernamen überliefertes – Kunstwerk handelt, wohl annehmen): Während B einen knapp formulierten, folgerichtig aufgebauten Text bietet, zeigt D unpassende, den Gedankengang störende Erweiterungen. Das erste Bild vom Leib als einer Scheune wird breitgetreten: Nicht nur geräumig soll der Leib sein, indem er viele Möglichkeiten einer Antwort birgt, sondern auch tief; daß das Herz ihn „umkreist", seinen Inhalt bewachend, ist ein schlechtes Bild, da ja das Herz (außer bei großer Angst) im Leibe ist. B 4 sagt überzeugend, daß man, während die gute Antwort erteilt wird, das Böse eingesperrt lassen soll: D 6 dagegen will es, übertreibend, gleich „bis zum Tode" verwahrt wissen. Auch bei der uns besonders interessierenden Zeile D 7 hat B den überlegenen Text: „Wenn die Antwort kräftig ist, fährt der Stock heraus" gehört hierhin – er wurde schon oben kurz paraphrasiert. „Sprich lieblich, nicht kräftig!" mahnt der Lehrer. D bietet einen zunächst ganz unpassend scheinenden und offenbar weit abweichenden Wortlaut mit einem ganz anderen Gedanken. Bei näherem Zusehen freilich stimmt die zweite Hälfte des kleinen Doppelsatzes im Ägyptischen in beiden Fassungen doch so weit überein, daß ein Hörfehler vorliegen dürfte: D hat ꜥḥꜥ ḥꜥw, B ꜥḥꜥ ḥꜥtj, wobei die jeweils ersten Wörter nur in der Umschrift übereinstimmen, in ägyptischer Schrift aber durch das Determinativ unterschieden sind, entsprechend ihrer verschiedenen Bedeutung „Lebenszeit" und „aufstehen". Daß beide Texte ein „Wortspiel" beabsichtigen, liegt auf der Hand.

Im Unterschied zu B ist bei D ein logisch fortgeführter Gedankenfaden nur mit Mühe konstruierbar, wobei besonders Z. 7 Schwierigkeiten der Einfügung macht. Freilich, isoliert betrachtet ist diese Zeile nicht nur sinnvoll, sondern geradezu ein Meisterwerk formaler Gestaltung: Vier Wörter bilden ein Satzpaar von je zwei Wörtern, und diese beiden präzisen Sätze stehen in inhaltlicher Opposition: „Worte" gegen „Lebenszeit", „zahlreich" gegen „gering". Dies letzte Wort ist ein seltenes Adjektiv, das von einem Substantiv ḥꜥ „Kind" abgeleitet ist. Gemeint ist also „kurz", „unvollendet", also noch nicht ausgewachsen – tatsächlich bezeichnet ḥꜥ das kleine Kind, das noch eine Amme braucht[6].

Der Spruch bei D stellt also einen Gegensatz auf zwischen der Fülle des Wissensmöglichen und Wissenswerten (mdwt hat sehr oft die Bedeutung „Sache", aber auch „Begriff", und in der griechisch-römischen Zeit hat es schon, wie im Koptischen, die Funktion, Abstrakta zu bilden, MⲚT). Ganz wie der Text D verbindet auch Amenemope die Vorstellung von der Wissensfülle mit dem „Vorratshaus", wo alles gespeichert werden soll: „Du wirst meine Worte als ein Vorratshaus des Lebens finden, und dein Leib wird heil sein auf Erden"[7]. D freilich meint nicht die Worte dieser Lehre, sondern offenbar die Summe aller zur Verfügung stehenden Lehren: Sie alle zu kennen und zu verstehen ist die Lebensspanne zu kurz. Es ist das ein ähnlicher Gedanke, wie ihn schon Ptahhotep ausgesprochen hat: „Die Grenzen der Kunst (hier Weisheit oder Rhetorik) sind noch nicht erreicht worden, können nicht erreicht werden"[8]. Freilich setzt D 7 diese alte Erkenntnis in Kontrast zum kurzen Leben – und damit sind wir ganz in der Nähe des Hippokrates. Doch noch können wir uns nicht einem Vergleich mit ihm und seinem berühmten Wort zuwenden, zunächst gilt es noch, das genauere Verhältnis von B und D zu bestimmen.

---

[4] d. h. es bewacht den Inhalt des Leibes, indem es ihn umkreist wie ein Wächter ein Magazin.
[5] Statt jrt „Auge" ist doch wohl jjr zu lesen, wie pBoulaq IV 7, 10 hat.
[6] Vgl. Louvre C 1, 10.
[7] IV 1–2, mit dem Wortspiel wḏꜣ „Vorratshaus" und wḏꜣ „heil sein".
[8] Pt. 55 bzw. 57.

Wir sahen, daß B den glatteren, verständlicheren Text hat: Wenn im Inneren mehrere (wohl gelernte) Antworten bereit liegen, solle man die milde, freundliche heraussuchen und die scharfen „einsperren". Es komme nicht darauf an, bei einem Disput recht zu behalten – Gott wird die Wahrheit eines Tages offenbaren.

Bei D kann man 7 a, „der Worte sind viele", noch mit dem Gesamttenor, daß eben viele Antworten bereitliegen, vereinbaren. Dagegen bleibt 7 b, „die Lebenszeit ist gering", ohne Bezug auf den Kontext. Gerade dieses Sätzchen aber ist phonetisch mit dem entsprechenden Sätzchen von B verwandt, während die beiden ersten Hälften der Aussage bei D und B phonetisch nicht ähnlich sind. Dieser auffallende Befund läßt sich am besten so erklären, daß D 7 aus B 6 bei einem Diktat verhört worden ist. Diesem Hörfehler aber muß ein dem Schüler (oder Schreiber) wohlbekannter, geläufiger Satz zugrunde gelegen haben, eben D 7, so daß sich der verhörte zweite Satzteil assoziativ die erste Hälfte anschloß, was um so leichter geschehen konnte, als gerade dieser Satz in den Zusammenhang zu passen schien. Wenn dem so ist, dann muß es sich bei der Zeile 7 von D um ein allgemein bekanntes, um ein geflügeltes Wort gehandelt haben, das dem Schreiber (oder dem einer Vorlage von D) so sehr im Kopf steckte, daß er es, oder wenigstens seinen zweiten Teil, in den Satz „dann fährt der Stock heraus" des Ani-Textes hineinhörte.

Über den ursprünglichen Zusammenhang dieses nur in der Variante D des Ani-Textes erhaltenen Aphorismus wissen wir nichts, können aber vermuten, daß er aus einer Lehre stammt. Daß es sich um ein Sprichwort handelt, ist zwar der Form nach möglich, aber wegen des philosophischen Gehaltes wenig wahrscheinlich. Sicherheit wird sich nur durch neue Textfunde gewinnen lassen.

Es bleibt die Frage, wie sich dies geflügelte Wort aus der Ramessidenzeit zu dem ersten Satz des ersten Aphorismus des Hippokrates verhält[9]. Die Ähnlichkeit sei zunächst formal, dann inhaltlich geprüft, bevor wir nach etwaiger Abhängigkeit fragen.

Beide Sentenzen beziehen ihre überzeugende Form aus der Opposition zweier zweigliedriger Sätze, die je aus einem nominalen Subjekt und einem adjektivischen Prädikat bestehen (das zweite Prädikat des ägyptischen Textes könnte auch ein Pseudopartizip sein). Bei Hippokrates folgen dem ersten Kernsatz ὁ βίος βραχύς, ἡ δὲ τέχνη μακρή „Kurz ist das Leben, lang die Kunst" drei weitere zweigliedrige Sätze, denen aber der Oppositionscharakter fehlt. Inhaltlich stehen die beiden Kurzsätze bei Hippokrates in anderer Reihenfolge als im Ägyptischen: Während dort der das kurze Leben feststellende Satz an zweiter Stelle steht, hat Hippokrates ihn vorangestellt. Das mag inhaltliche Gründe haben – der Gedankengang sollte wohl vom ganz allgemeinen (dem Leben aller Menschen) zum spezielleren Erfahrungsgut des Arztes geleitet werden. Formal ist jedenfalls die Übereinstimmung zwischen dem ägyptischen und dem griechischen Text groß.

Was den Inhalt angeht, so hängt der Grad der Übereinstimmung an den beiden Wörtern *mdwt* und τέχνη. Zu *mdwt* ist oben schon das Nötigste gesagt, nämlich daß sich sein Bedeutungsfeld von „Wort" über „Ausspruch" bis „Begriff" und „Sache" erstreckt, bis es schließlich zu einem formans von Abstrakta wird. Ähnlich weit ist auch die Bedeutung von techne. Zweifellos kann das Wort auch die Heilkunst bezeichnen und wird in diesem Zusammenhang auch oft so verstanden worden sein. Aber schon die Griechen und dann die Römer haben diesen „sicherlich zu den am meisten zitierten Worten der Weltliteratur gehörenden Aphorismus"[10] von diesem engeren Bezug gelöst und ihn auf Kunst, Weisheit, Wissenschaft, kurz alle geistigen Güter bezogen – was das Wort techne erlaubte[11]. So wird die Frage erlaubt sein, was Hippokrates gemeint hat – ob nur

---

[9] Den griechischen Text findet am besten bei E. Littré, Œuvres complètes d'Hippocrates, 1839–1861, ND Amsterdam 1962, Bd. 4, 458. Für gräzistische Hilfe bin ich Herrn Konrad Gaiser–Tübingen sehr zu Dank verpflichtet.

[10] Ernst Nachmanson, Zum Nachleben der Aphorismen, in: Quellen und Studien zur Geschichte der Naturwissenschaften und der Medizin 3, 1933, 301.

[11] So sagt Lukian ausdrücklich, das Wort gelte auch für die Philosophie, vgl. Nachmanson, a. a. O. Dort ausführlich zum Fortleben in der Antike. Zur jüngeren Rezeption s. die „Geflügelten Worte", von Gg. Büchmann in der 31. Auflage, Berlin 1964, 480. – Inhaltlich berührt sich techne eng mit *ḥmwt*, das wir oben S. 43 mit Anm. 8 bei Ptahhotep angetroffen haben.

die Kunst des Arztes mit der kurzen Lebensspanne konfrontiert werden sollte oder alle geistigen erwerbbaren Güter wie Wissen und Handfertigkeit. Sollte dies letztere der Fall sein, so taucht die Möglichkeit auf, daß Hippokrates diesen Doppelsatz bereits vorgefunden hat. Dafür könnte man anführen, daß diese beiden Sätzchen nur miteinander verständlich und sinnvoll sind, während die folgenden drei („die Gelegenheit ist flüchtig, die Erfahrung trügerisch, das Urteil schwierig") je für sich bestehen; auch die Möglichkeit, daß techne im weiteren Sinne verwendet ist, spricht für die Annahme, es handle sich hier um ein Element anderer Herkunft als die der drei folgenden Sätzchen.

Wie dem auch sei – und über Vermutungen werden wir zunächst nicht hinauskommen –, eine große formale und inhaltliche Ähnlichkeit zwischen dem neu entdeckten ägyptischen und dem griechischen Ausspruch ist nicht zu verkennen. Bei der ägyptischen Fassung freilich fehlt – wenn unsere Annahme eines geflügelten Wortes richtig ist – jeder Hinweis auf einen Zusammenhang, bei Hippokrates ist es letztlich, wenn auch wohl nicht dem ersten Eindruck nach, auf die ärztliche Kunst gemünzt. In beiden wird eher resignierend als warnend festgestellt, daß das Leben zu kurz ist, um „Fertigkeit" zu erlangen.

Die Frage nach einer älteren Quelle des hippokratischen Wortes hat anscheinend weder die Antike noch die abendländische Forschung gestellt. Um so erhellender ist, wie die Philologen das Wort beurteilen. Da lesen wir: „It has often been said that aphorisms belong to prescientific days; that proverbs, and similar pithy remarks, embody experience collected and generalized, indeed, but not yet reduced to a science. Such a remark is true of most aphorisms and of eastern thought generally" [12]. Im selben Jahr schreibt Richard Koch, ebenfalls im Blick auf diesen Anfang von Hippokrates' Aphorismen: „Wir haben gesagt, daß es für diese Aphorismen charakteristisch sei, daß es sich um überraschende Aussprüche handele, die nichts Selbstverständliches aussagten, und daß sie uns als das Ergebnis des Erlebens eines bestimmten und bedeutenden Menschen entgegentreten" [13]. Zwei Seiten vorher ist von „verbindlicher Lebensweisheit" die Rede. Wer würde bei solchen Worten nicht sofort an Entstehung und Stil ägyptischer Lebenslehren denken? So mag immerhin die Hypothese als solche ihr Lebensrecht haben, Hippokrates habe diesen ersten Satz aus Ägypten.

Dem steht freilich die Tatsache entgegen, daß sich sonst in seinem umfangreichen medizinischen Werk kein Relikt ägyptischer Heilkunst findet, ganz im Gegensatz zu dem seiner Insel fast benachbarten Knidos, dessen Ärzte zu einem hohen Grad von ägyptischer Medizin angeregt worden sind [14]. Grensemann schreibt geradezu: „Der Schritt von der ägyptischen zu knidischen Medizin scheint uns kleiner zu sein als der von der knidischen zur geographisch benachbarten koischen" [15]. Freilich könnte Hippokrates das Wort auch über Mittler aus Ägypten bezogen haben – wir kommen über Vermutungen nicht hinaus, zumal auch noch eine erhebliche zeitliche Lücke zwischen der ägyptischen Bezeugung um 1300–1200 und Hippokrates klafft, der um 460 geboren ist.

Die andere Möglichkeit wäre, daß dieselbe allgemein-menschliche Lebenserfahrung zweimal unabhängig voneinander in ihre aphoristische Form geprägt worden ist. Man wird diese Annahme nicht ausschließen können – mir erscheint sie angesichts der sehr prägnanten Form von zwei in Opposition stehenden knappsten Sätzchen wenig wahrscheinlich. Hoffen wir, daß auch hier der Tag den Tag lehrt.

---

[12] B. Chance, On Hippocrates and the Aphorisms, in: Annals of Medical History, N. S. 2, 1930, 40f.

[13] R. Koch, Auslegung des ersten hippokratischen Aphorismus, in: Hist. Studien und Skizzen zu Natur- und Heilwissenschaft, Festschrift Gg. Stricker, 1930, 5.

[14] R. O. Steuer und J. B. de C. M. Saunders, Ancient Egyptian and Cnidian Medicine. The Relationship of their Aetiological Concepts of Disease. Berkeley/Los Angeles 1959. Dazu ferner H. Grensemann, Knidische Medizin, Berlin 1975, bes. S. 49f.

[15] a. a. O. S. 50.

Der »Gottesvater« als Erzieher des Kronprinzen

aus: Zeitschrift für Ägyptische Sprache und Altertumskunde 86, 1961,
90–100.

Es ist nicht die Absicht der folgenden Zeilen, das schwierige Problem des Titels *jt-nṯr* (*mrj nṯr*) in seiner ganzen Breite neu aufzurollen. Vor allem sei unsere Untersuchung auf die Bedeutung des Titels bei hohen Würdenträgern beschränkt, während der davon in geschichtlicher Zeit offenbar ganz zu trennende Gebrauch bei niederen Priestern — bis auf eine kurze Bemerkung am Schluß — auf sich beruhen bleibt. Sir Alan Gardiner stellt zusammenfassend fest[1]: „It has thus been seen that *it-nṯr* or *it-nṯr mry nṯr* or *it-nṯr mry.f* is applied to royal and non-royal persons alike; the one common factor is that the word *nṯr* always signifies the living king, to whom the holder of the title stands in the relation of father, whether actual or by marriage (father-in-law) or by virtue of high station, advanced age, outstanding wisdom or some such attribute"[2].

So unzweifelhaft diese vorsichtige Feststellung richtig ist, so scheint es doch möglich, die Bedeutung genauer zu fassen. Dabei ist es uns nicht um die „ursprüngliche" Bedeutung zu tun[3], sondern um den Sinn, den die Ägypter in der Zeit, aus der wir ausreichende Quellen besitzen, dem späten AR bis zur frühen 19. Dynastie, mit dem Titel verbanden. So unbestreitbar es ist, daß sowohl leibliche Königsväter als auch Schwiegerväter des Königs gelegentlich diesen Titel führen, so unbefriedigend ist doch die Annahme, der Titel „Gottesvater" bezeichne eben diese Qualität. Wie ließe es sich dann erklären, daß wir ihn nur ein einziges sicheres und ein weiteres wahrscheinliches Mal bei einem König finden[4] und nur in zwei sicheren Fällen bei Schwiegervätern von Königen[5]? Wenn man von der leiblichen oder angeheirateten Verwandtschaft zum König ausgeht und annimmt, eine solche solle der Titel aussagen, so gerät man bald in die Schwierigkeit, daß dann dasselbe Wort nicht nur, entsprechend Gardiners Ergebnis, eine väterliche Beziehung des Titelträgers zum König charakterisierte, sondern auch im Gegenteil seine Stellung als Schwiegersohn, wie beim koptischen Gaufürsten *Šmȝj*[6]. Auch die Erklärung, der Titel sei im späten AR „no more than a standard priestly title of the Vizier"[7], läuft Gardiners Ergebnissen zuwider. Wir müssen vielmehr, da dessen wohlabgewogene Feststellungen nicht zu widerlegen sind, nach einer Deutung suchen, die diese Ergebnisse zwar stehenläßt, aber doch den Gebrauch präzisiert.

Der Ägypter verwendet das Wort „Vater" vom AR bis zum Ende des NR auch für „Erzieher"[8]. Ich möchte im folgenden wahrscheinlich machen, daß die Ägypter, zumindest zeitweise, *jt-nṯr* den „Erzieher des Königs" nannten. Dabei gehen wir von den überzeugenden Fällen aus und lassen dann — ohne Rücksicht auf die zeitliche Reihenfolge — die fraglichen folgen. Der Gottesvater Eje verdient wegen seiner historischen Bedeutung einen eigenen Abschnitt. Zielsetzung und Methodik der Untersuchung machen es unnötig, sämtliche Belegstellen für den Titel bei hohen Persönlichkeiten anzuführen. Soweit die Belege für unsere Frage, ob die Titelträger Erzieher eines Kronprinzen gewesen sein können, nichts ausgeben, d. h. weder dafür noch dagegen sprechen, können sie übergangen werden[9]. In all diesen Fällen und einigen der unten genannten ist die von uns vorgeschlagene Deutung möglich, aber weder beweisbar noch zu widerlegen.

---

[1]) Anc. Eg. Onomastica I, S. 51*.
[2]) Ähnlich auch MDIK 14, S. 46.
[3]) Dazu eine Hypothese W. Helcks: Beamtentitel, S. 94.
[4]) Sethos I.: Inscr. dédic. Z. 59; *Sȝ-Rʿ* Intef: Schatt er-Rigâle, s. u.
[5]) Chui: Urk. I 119; Juja: Th. M. Davis, Tomb of Iouiya and Touiyou, passim.
[6]) Vgl. dazu W. Helck, Beamtentitel, S. 94 und unten S. 97.
[7]) W. C. Hayes in JEA 32, S. 19.
[8]) Vgl. H. Brunner, Altäg. Erziehung, S. 10f.; ders. in JEA 45, S. 3ff.
[9]) So etwa die von W. Helck, Beamtentitel, S. 94f. aufgezählten Würdenträger des AR.

I.

1. Senenmut.

a) Auf der Statue 1513 des Britischen Museums[1] wird Senenmut genannt:
„männliche Amme der Königstochter Nofrure". Diese Statue stammt aus den ersten
beiden Jahren der Regentschaft der Hatschepsut, da diese nur den Titel „Gottesgemahlin", noch
nicht aber die Königstitulatur führt[2].

b) Auf drei späteren Denkmälern Senenmuts wird diesem Titel noch ein vorgesetzt und dem
mn‘ das Adjektiv *wr* zugefügt[3]. Diese drei Inschriften sind nach der Thronbesteigung Hatschepsuts
gefertigt, da sie in ihnen als König von Ober- und Unterägypten erscheint[4].

Diesen Titel *jt mn‘ wr n s3 nśwt* haben die Gelehrten bisher verschieden übersetzt, stets aber, soweit ich sehe, die Worte zusammengezogen (Sethe: „großer Nährvater"[5]; Helck: „Vater-Amme"[6]).
Tatsächlich aber sind die Wörter in zwei Titel zu trennen. Zunächst, als die Prinzessin noch ein
Säugling war, übte Senenmut die Funktion eines Wärters aus, er wurde „männliche Amme"; als
das Kind dann so weit herangewachsen war, daß es geistig ausgebildet werden konnte, wurde er
zusätzlich zum „Vater", d. h. Erzieher, ernannt. (Entweder gleichzeitig oder, wahrscheinlicher,
schon vorher erhöhte die Königin seinen Ammentitel durch ein *wr*.) Von dieser Ernennung berichtet
uns eine Inschrift ausdrücklich und deutet gleichzeitig das im Titel alleinstehende *jt*; dieser Text
berechtigt uns, diesen „Vater"-Titel mit dem in Frage stehenden „Gottesvater" zu verbinden:

„Ich zog
die älteste Königstochter, die Gottesgemahlin Nofru-Re, sie lebe, auf. Dann gab man (der König)
mich ihr als ‚Vater der Göttin' bei, weil meine Nützlichkeit für den König so groß war"[7]. Zum
Aufziehen, *śd*, gehört der Titel *mn‘*[8], zum Erziehen eines Kronprinzen der eines „Vaters (des
Gottes)".

Erwähnt sei noch, daß Senenmuts Bruder Senmen nur „Amme" war, daneben noch „großer
Ammenvorsteher", nicht aber (Gottes-)Vater[9].

In einigen weiteren Fällen erscheint der Titel (Gottes-)Vater in der 18. Dynastie eng verbunden
mit dem einer „männlichen Amme":

2. *J‘ḥmś*, genannt *Ḥmj*, Vater des Bürgermeisters *Sn-nfr* (Grab 96, Zeit Amenophis' II.), führt
im Grabe seines Sohnes den Titel „männliche Amme des Königs"[10], im Grabe eines
zweiten Sohnes, des Wesirs *Jmn-m-Jpt* (Grab 29) heißt er ausführlicher
„männliche Amme des Königs, der den Leib des Gottes aufzieht"[11]. Auf seinen Grabkegeln aber
(sein Grab, Nr. 224, ist unveröffentlicht), die gewiß nach seinem Tode gefertigt wurden, also seine
letzten Titel enthalten, ist er zusätzlich noch „Vater": „Vater und männliche

---

[1]) Hieroglyphic Texts V, Taf. 29.
[2]) Da dennoch Nofru-Re hier und Urk. IV 396, 16 als „Königstochter" bezeichnet wird, kann man als
gesichert annehmen, daß sie ein Kind Thutmosis' II. war.
[3]) Berlin 2296 = Urk. IV 406; Kairo (CGC) 42 114; ASAE 22, S. 263.
[4]) Bei der Statue ASAE 22, S. 263 steht zwar der Name Thutmosis' III. im Ring, aber mit der Feminin-Form
‘nḫtj als Epitheton. Es muß also, trotz Daressys gegenteiliger Feststellung, eine Namensänderung vorliegen.
[5]) Hatschepsut-Problem, S. 16.
[6]) Zur Verwaltung, S. 358; so auch H. Kees in seinem Aufsatz unten S. 115 ff.
[7]) T. G. Allen in AJSL 44, 1927, S. 53; Übersetzung nach K. Sethe, Hatschepsut-Problem, S. 16, der sich
A. H. Gardiner, Onomastica I, S. 53* anschließt.
[8]) Vgl. z. B. Urk. IV 1434, 4—6 und 1439, 15; auch die Titulatur der Teje: *mn‘t ‘t śdt nṯr*: M. Sandman,
Texts from the Time of Akhenaten, S. 97, 13 u. o.
[9]) W. Helck, Zur Verwaltung, S. 478.
[10]) Urk. IV 1432, 14.
[11]) Urk. IV 1439, 15.

Amme"[1]. Die Deutung dieses einfachen „Vater" hat uns die Inschrift der Chicago-Figur des Senenmut geliefert: Jahmes war zunächst „männliche Amme", also Baby-Wärter, eines Kronprinzen, später aber dessen „Vater". d. h. Erzieher.

3. Das gleiche gilt von dem etwa gleichzeitigen Inhaber des Grabes 99, *Sn-nfr*, der die Titel ⟨hieroglyphs⟩ „Vater und männliche Amme des Königssohnes Si-Amun" führt[2]. Wir kennen diesen Prinzen, der offenbar früh gestorben ist, sonst nicht, wissen auch nicht, ob er etwa als Kronprinz galt. Das Fehlen des Wortes „Gott" im „Vater"-Titel mag darauf hindeuten, daß er nicht thronberechtigt war; freilich führt auch Senenmut den „Vater"-Titel ohne „Gott", obwohl die Chicago-Inschrift den Sinn so erläutert, daß das „Gott" mitgehört werden muß. Jedenfalls aber wird auch im Falle des *Sn-nfr* ein Prinzenerzieher „Vater" genannt.

4. Auch Thutmosis I. hatte schon seine Söhne zur Erziehung einem Beamten anvertraut, und zwar dem Bürgermeister von Theben und Wesir Imhotep, der, wenn seine bruchstückhaft erhaltene biographische Inschrift richtig gedeutet ist[3], zunächst nähere Beziehungen (vielleicht als „Amme") zum Prinzen *Wꜣḏ-mś* hatte und dann zum ⟨hieroglyphs⟩ „Vater und Amme der Königskinder König Thutmosis' I." ernannt wurde. Paheri von Elkab hatte es nur zur „Amme" des Prinzen *Wꜣḏ-mś* gebracht[4], einem Amt, das auch schon sein Vater bekleidet hatte[5] und in dem wir noch einen weiteren Mann namens *Snj-mś* treffen[6].

5. Ein weiterer klarer Fall, in dem *jt-nṯr* einen Kronprinzenerzieher bezeichnet, liegt bei *Ḥꜣ-rśw*, dem Vater des *Ḥḳꜣ-r-nḥḥ*, Inhabers des Grabes 64, vor. Dieser Mann, dessen eigenes Grab unbekannt ist, wird zusammen mit sechs Prinzen dargestellt — den vormaligen Kronprinzen, jetzigen König Thutmosis' IV. hält er auf dem Schoß[7]. Auf einer Statue aus dem Muttempel, die einem von ihm erzogenen Prinzen namens Thutmosis gehört, wird er erwähnt mit dem Titel ⟨hieroglyphs⟩ „Amme der Königskinder"[8]. Im Grabe seines Sohnes heißt er dagegen ausführlicher ⟨hieroglyphs⟩ „Gottesvater. Gotteswärter, geliebt vom Herrscher[9], männliche Amme des ältesten leiblichen Königssohnes Thutmosis (IV.)"[10]. An anderer Stelle desselben Grabes wird der Titel *šd-nṯr* leicht abgewandelt zu ⟨hieroglyphs⟩ „der den Leib des Gottes aufzieht"[11]; dieser Form sind wir schon oben bei *Jꜥḥ-mś* begegnet.

Der Sohn *Ḥḳꜣ-r-nḥḥ* dagegen, der als *ḫrdw n kꜣp* offenbar zusammen mit den Prinzen unter der Aufsicht seines Vaters aufwuchs, hat es nur zum ⟨hieroglyphs⟩ „männlichen Amme des (leiblichen geliebten) Königssohnes Amenophis' (III.)", auch zum ⟨hieroglyphs⟩ „männlichen Amme der Königskinder" gebracht[12], war also nur für die Kleinkinder verantwortlich, nicht aber für die eigentliche Erziehung des Kronprinzen. Den Titel „Gottesvater" trägt er nicht.

---

[1]) Urk. IV 1433, 3 = Macadam, Corpus of funerary Cones, Nr. 94.
[2]) S. W. Helck, Zur Verwaltung, S. 467; S. 351 übersetzt Helck: „Erzieher (‚Vater-Amme') des Prinzen *Sꜣ-Jmn*."
[3]) Urk. IV 108.   [4]) Urk. IV 109.
[5]) Urk. IV 110, 13; 120, 8.
[6]) Urk. IV 1066, 12.
[7]) JEA 14, Taf. 12.   [8]) Urk. IV 1575, 14.
[9]) S. zu diesem Epitheton u. S. 96.
[10]) Urk. IV 1572, 14 f., mit der Variante ⟨hieroglyph⟩ 1575, 20 in einem Graffito bei Konosso.
[11]) Urk. IV 1574, 13.
[12]) Urk. IV 1572,11, Var. 1574,20; 1574,1; 1572,9; 1576,3.

So dürfte also für die 18. Dynastie erwiesen sein, daß „Vater" einen Erzieher am Königshof meint[1], und es ist sehr wahrscheinlich, daß *jt-nṯr* den Erzieher des Kronprinzen bzw. des Königs bezeichnet. Wieweit die zahlreichen Wesire und Hohenpriester des Amun aus dem NR, die den Titel *jt-nṯr* führen[2], eine solche Funktion wirklich ausgeübt haben oder wieweit sie den Titel ehrenhalber führen, ist kaum festzustellen — es ist immerhin gut möglich, daß diese höchsten Würdenträger tatsächlich den Kronprinzen (oder auch andere Prinzen) in die Geheimnisse ihrer Ämter eingeführt haben, also, wenn auch nicht zentral, so doch am Rande als Erzieher des Königs gelten konnten. So scheint mir der von Helck[3] richtig beobachtete Unterschied, daß einige den Titel zu Beginn ihrer Titulatur tragen, andere an beliebiger Stelle und nur gelegentlich, sich besser durch den mit der Erziehung verbundenen, jeweilig verschiedenen Grad der Verantwortung zu erklären: Männer, die die gesamte Erziehung verantwortlich zu leiten hatten, nannten den Titel als ihren wichtigsten an der Spitze ihrer Titulatur, andere, die nur gelegentlich und auf schmalem Gebiet den künftigen König unterwiesen, an untergeordneter Stelle.

II.

Mit dieser Deutung des Titels *jt-nṯr* als „Erzieher des Königs (bzw. Kronprinzen)" fällt auch neues Licht auf die Geschichte der Reform von Amarna. Eje führt bekanntlich nicht nur den Titel „Gottesvater", er hält ihn sogar für seinen bedeutendsten. Die Torhüter und Gassenjungen nennen ihn einfach „Eje, den Gottesvater", als sie sich über die Neuigkeit seiner „Vergoldung" unterhalten[4], und nach seiner Thronbesteigung nimmt er — gegen jede Tradition — diesen Titel sogar in seinen Königsring auf. Man gewinnt der Eindruck, daß er damit ein Recht auf den Thron begründen will[5]. Helck möchte nun den Titel bei Eje folgendermaßen erklären: „Es läßt sich feststellen, daß dieser Titel, wenn an der Spitze der Titulatur genannt, seit der 6. Dynastie nichtköniglichen nahen Verwandten eines Königs verliehen wird, wie etwa ‚bürgerlichen' Vätern oder Schwiegersöhnen (H e l c k, Beamtentitel, S. 94/95; ähnlich H. K e e s unten S. 115 ff.). Daher ist es ganz traditionsgemäß, daß auch der Vater der Königin Teje *Jwj3*, „Gottesvater" genannt wird. Bereits *Sn-n-mwt* sagt aber auf der Statue A JSL 44, 49f., daß er „die älteste Königstochter erzog und (somit) ‚Vater der Göttin' wurde". In diesem Falle wird das Verhältnis des *Sn-n-mwt* zur Kronprinzessin *Nfrw-Rˁ*, das ja ägyptisch als „Ammen"-Verhältnis bezeichnet wird, als das der „Gottesvaterschaft" angesprochen. Es ist dann aber nur ein kleiner Schritt, wenn Eje als Gatte der Amme der Königin ebenfalls zum „Gottesvater" ernannt wird und damit in ein verwandtschaftliches Verhältnis zum Königshaus tritt." Soweit Helck. Über die Schwierigkeit, ein Schwiegersohnverhältnis zum König unter dem „Gottesvater"-Titel zu verstehen, ist oben schon gesprochen worden; weiteres dazu wird unten (S. 97) noch zu sagen sein. Daß aber ein Titel, den Eje nur durch seine Ehe mit einer Amme der Königin erworben hätte, eine solche Bedeutung hätte erlangen können, daß er ihn vor allen anderen führt und sogar aus ihm ein Recht auf den Thron ableitet, wird man füglich bezweifeln. Viel näher liegt die Lösung, daß Eje tatsächlich einen Kronprinzen und König erzogen hat, der dann kein anderer gewesen sein kann als Amenophis IV. — Echnaton. Daß Echnaton und Nofretete verwandt waren, ist wahrscheinlich, wenn auch nicht bewiesen[6]. Jedenfalls dürfte Nofretete am Königshof

---

[1] „Vater" als Titel findet sich für Erzieher nichtköniglicher Personen jedenfalls in dieser Zeit nicht.

[2] S. A. H. G a r d i n e r, Onomastica I, S. 51* und H. K e e s unten S. 115 ff.; eine vollständige Aufzählung ist hier nicht möglich.

[3] Beamtentitel, S. 94 f.

[4] N. de G. D a v i e s, Amarna VI, Taf. 30 = Urk. IV 2000 f.

[5] So W. H e l c k, Verwaltung, S. 306 f.

[6] Vgl. zuletzt K. C. S e e l e in JNES 14, S. 170 ff. Seeles übrige Folgerungen fußen auf der Annahme, daß *mnˁt* „wetnurse" bedeute, während das Wort tatsächlich auch die Wärterin des Kindes bezeichnet — es entspricht genau dem englischen einfachen „nurse". Kinder des Paares Eje-Teje sind nirgends dargestellt oder auch nur erwähnt; an der einzigen von Seele angeführten Belegstelle (Amarna VI, Taf. 33 rechte Zeile unten) werden „Kinder deines Hauses" erwähnt, worunter Diener oder famuli, gewiß aber keine leiblichen Kinder zu verstehen sind.

aufgewachsen sein. Eje und Teje, das Höflingspaar, hatten also beide Erzieheraufgaben: Teje war die Amme, d. h. Kindswärterin, der Nofretete, Eje dagegen Erzieher des Kronprinzen Amenophis. So erklärt sich zwanglos sein Haupttitel, seine überaus geachtete Stellung am Hofe in Amarna[1] und auch der Stolz, mit dem er seinen Haupttitel hervorhebt (diesen führt er übrigens nicht am Anfang seiner Titelreihe, sondern an deren Schluß, gleichsam als Bestandteil seines Namens; als solcher wird er dann nach seiner Thronbesteigung in den Ring übernommen) — kann er sich doch als geistigen Vater der Bewegung betrachten, die sein Schüler dann, gestützt auf die königliche Macht, kreierte. Es ist vielleicht mehr als Zufall, daß der große Atonhymnus gerade in seinem Grabe aufgezeichnet ist! Eje dürfte enger mit der Reform Echnatons verbunden sein, als die stereotypen Inschriften erkennen lassen. So erklärt sich auch, daß Haremhab und die spätere Geschichtsschreibung ihn trotz seiner Rückwendung zum alten Glauben, wofür sein thebanisches Grab und schon das Tutanchamuns zeugen, zu den Ketzerkönigen rechnen und seine Regierung annullieren.

Aus dem Amt Ejes als Erzieher des Kronprinzen am Hofe erklärt sich auch leicht die merkwürdige, noch unpublizierte Inschrift auf zwei Architraven aus Karnak, die Tutanchamun und Eje als gleichzeitige Könige nennt und dabei Eje über Tutanchamun stellt; ja es findet sich dort sogar die Aussage, daß Eje diesen Tempel „für seinen Sohn Tutanchamun" errichtet habe[2]. Als nach dem Tode Echnatons der minderjährige, etwa 9 Jahre alte Tutanchaton zur Regierung kam, übernahm Eje die Regentschaft und damit auch die Erziehung des jungen Königs (falls nicht schon Echnaton oder Nofretete ihn früher damit betraut hatten), um so eher, als er ja in diesem Amt bereits Erfahrungen, wenn auch mit sonderbarem Erfolg, hatte. So wurde er wiederum „Gottesvater", und er konnte mit vollem Recht Tutanchamun seinen „Sohn" nennen, nachdem ja die Ägypter ebenso wie „Vater" für den Erzieher auch „Sohn" für den Schüler sagten[3]. Wir brauchen zur Erklärung dieser zunächst befremdlichen Textaussage nicht mit K. C. Seele gewagte und unbeweisbare Genealogien aufzustellen.

Mit dem für Ägypten unglücklichen Ausgang der Erziehung des Kronprinzen Amenophis durch Eje am Hof Amenophis' III. — sei nun der Lehrer mehr oder weniger schuld an der Entwicklung seines Zöglings — mag es zusammenhängen, daß der Titel „Gottesvater" in der Bedeutung der 18. Dynastie sich nach Amarna nicht mehr findet. Die Übung, mit der Erziehung des Kronprinzen auch weitgehend das Geschick des Landes in die Hände eines Höflings zu legen, der damit „Gottesvater" wurde, hatte Eje in Mißkredit gebracht, zumal er nach dem Tode seiner beiden königlichen Schüler auch noch ein Recht auf Thron aus diesem Titel ableitete. Es ist vielleicht kein Zufall, daß Sethos I. so stark betont, wie ihn sein leiblicher Vater erzogen habe, den er auch „Gottesvater" nennt[4]. Wenn entsprechend auch in späterer Zeit gelegentlich die leiblichen Väter von Königen diesen Titel führen[5], so mögen sie damit noch auf ihre persönliche Verantwortung für die Erziehung des Kronprinzen hinweisen, sicher nicht auf die leibliche Vaterschaft. Das Amt als solches wurde nicht mehr vergeben.

III.

Wenn wir nun von dieser sicheren Position aus in die Zeiten vor dem NR zurückgehen, so können wir nur in einem einzigen Fall den Titel „Gottesvater" mit großer Wahrscheinlichkeit als „Kronprinzenerzieher" deuten. Wir stellen daher diesen Beleg voraus und behandeln anschließend die weniger sicheren oder ganz unsicheren Fälle. Es handelt sich um die bedeutendste Erzieherpersön-

---

[1]) Dazu vgl. K. C. Seele in JNES 14, S. 168ff.
[2]) S. einstweilen K. C. Seele in JNES 14, S. 176f. (Die Erwähnung von H. Chevrier in ASAE 52, S. 230 mit Taf. I ist ganz unzulänglich.) Ob der Bau, von dem diese Blöcke stammen, aus einer gemeinsamen Regierungszeit der beiden Könige stammt, wie Seele meint, oder von Eje für Tutanchamun nach dessen Tode errichtet ist, wie Helck vermutet (Zur Verwaltung, S. 307), ist für unsere Frage belanglos.
[3]) H. Brunner, Erziehung, S. 10.
[4]) G. Lefebvre in ASAE 51, S. 178, Z. 4; dazu die Verbesserungen von J. J. Clère in Rev. d'Égyptologie 11, S. 18f.
[5]) S. L. Borchardt, Der äg. Titel „Vater des Gottes", S. 266f.

Wien Nr. 5814. Denkstein des «Ammenvorstehers des vollkommenen Gottes» Merire

lichkeit Ägyptens, um keinen Geringeren als Ptahhotep. Den Titel *jt-nṯr mrj nṯr* führt .der Weise in den beiden jüngeren Handschriften zweimal, nämlich in der Überschrift des Buches wie in der der Maximen (Dévaud Z. 2 und 43). Die älteste und beste Handschrift, der aus dem MR stammende Papyrus Prisse, dagegen bringt unsere Wortverbindung nur an der letzteren Stelle; dort aber fügt er ihm eine weitere Zeile an, die die jüngeren Handschriften fortlassen: *sꝫ nśwt śmśw nj ẖtf* „ältester leiblicher Königssohn", also Kronprinz[1]. Bezeichnenderweise haben, soweit ich sehe, die Kommentatoren diese scheinbar dem Weisen verliehene Kronprinzenwürde noch nicht erläutert. In der Tat wäre es unverständlich, daß Ptahhotep bei seinem hohen Alter den Thron nicht bestiegen und daß er zudem in einem solch betonten Ergebenheitsverhältnis zum König gestanden hätte. Solche Ungereimtheiten (die bestehen bleiben, auch wenn man nicht historische Treue des literarischen Textes annehmen will: andernfalls müßte Ptahhotep der älteste Sohn des Isesi sein) sind dem Verfasser der Lehre nicht zuzutrauen, ja nicht einmal dem Abschreiber, dem wir den Papyrus Prisse verdanken, oder seinem Gewährsmann. Es wird vielmehr zu verbinden sein: „Von Gott geliebter Gottesvater des ältesten leiblichen Königssohnes", d. h. von „Gott" geliebter Erzieher des Kronprinzen. Damit gewinnen wir auch für die ältere Zeit einen Beleg für die Bedeutung des Titels als Erzieher des Kronprinzen; fraglich bleibt dabei, ob er für das MR, also die Zeit der Handschrift, oder das AR, die Zeit der Entstehung des Textes[2], in Anspruch genommen werden kann.

Wir haben soeben das mit *mrj* verbundene *nṯr* als „Gott" übersetzt, ohne es deutlicher zu umschreiben. Es erhebt sich die Frage, wen dieses „Gott" bezeichnet. Zwei Möglichkeiten stehen zur Auswahl: Es kann derselbe „Gott" sein, als dessen „Vater" der Titelträger bezeichnet wird, also der zu erziehende Prinz; es kann aber auch dessen Vater, der König, gemeint sein. Aus stilistischen Gründen möchte man sich zunächst für die zweite Möglichkeit entscheiden, da es uns hart anmutet, bei vier Wörtern zweimal die gleiche Person mit dem gleichen Wort bezeichnet zu sehen. Für das AR und MR kenne ich keine Stelle, die die Frage entscheiden könnte. Und wenn wir gleich einem Text des NR entnehmen werden, daß das Subjekt der Liebe der Zögling des „Vaters" ist, so müssen wir jedenfalls mit einer Umdeutung des Titels rechnen und dürfen diesen Befund nicht auf die älteste Zeit seines Bestehens übertragen.

Solange dieses gelegentlich, aber nicht immer dem „Gottesvater" zugefügte Beiwort in der Formel verschlossen bleibt, läßt sich unsere Frage nicht entscheiden. Im NR aber schlüsselt es der Text einer Stele in Wien auf[3].

Der Name des Besitzers dieses Steines lautet Merire, das Stück stammt gewiß aus Memphis[4].

Dieser Merire, ein „Vorsteher der Ammen des vollkommenen Gottes" ( ),

---

[1] H. Junker hat zwar Giza II, S. 34—37 gezeigt, daß nicht nur der einfache Titel *sꝫ nśwt*, sondern auch *sꝫ nśwt nj ẖtf* ehrenhalber verliehen wurden; selbst der Titel *sꝫ nśwt śmśw nj ẖtf* scheint vereinzelt von Männern getragen worden zu sein, die nicht Kronprinzen waren, sondern nur mittelbar von Königen abstammten. Dennoch können wir eine solche erweiterte Verwendung des Titels in unserem Fall nicht annehmen, da sie auf die 4. Dynastie, ja sogar offenbar auf die Abkömmlinge des Cheops beschränkt war, s. Gg. Reisner, A History of the Giza Necropolis I, S. 32. Sie hat also weder für die Zeit des Isesi — wenn der Anspruch der Lehre echt ist —, noch gar für eine spätere Geltung. Nach der vierten Dynastie bezeichnet *sꝫ nśwt śmśw* (*nj ẖtf*), soweit ich sehe, immer einen Kronprinzen.

[2] Dazu jetzt mit guten Gründen G. Fecht, Der Habgierige und die Maꝫt in der Lehre des Ptahhotep, S. 49f.

[3] Inv. Nr. 5814. Die Texte sind in Rec. Trav. 9, S. 47, No. 8 veröffentlicht. Ich danke dem Direktor der Sammlung, Herrn Egon Komorzynski, herzlich für die Fotografie des Stückes und die Erlaubnis, sie hier abzubilden.

[4] Das lehrt sowohl der eigentümlich feine Stil als auch die mehrfache Erwähnung des Ptah, dessen Blumenstrauß auch der Sohn des Merire dem Prinzen auf dem Schoß seines Vaters darbringt. Davies (Tombs of Menkheperresonb etc., S. 37) schlägt die Gleichsetzung mit dem Inhaber des Grabes 226 in Theben auf Grund der Titel vor, was nach dem Stil der Wiener Stele immerhin möglich ist. Der Mann hätte dann zeitweise in Memphis gelebt, sich aber in Theben ein Grab gebaut. Seine Titel lehren wohl auch den Grund seines memphitischen Aufenthaltes: Er war „Gutsverwalter Seiner Majestät" ( ) und, wenn er mit dem Inhaber des Grabes 226 identisch ist, vielleicht auch „Gutsverwalter des Totentempels Thutmosis' III.". Daß

hält seinen Schützling, den „Königssohn Sa-Atum"[1], auf dem Schoß; mit der Rechten führt er ihm eine Frucht zum Munde oder läßt ihn daran riechen, mit der anderen umfaßt er den Kopf des Kindes liebevoll von hinten. Und diese Liebe wurde, nach dem Text zu schließen, von dem Prinzen erwidert: „der seinen Vater liebt" lesen wir dort, und da von dem leiblichen Vater des Kindes auf der Stele nirgends die Rede ist, wird Davies mit seiner Vermutung gewiß recht haben, daß die Bezeichnung „Vater" auf seinen Erzieher Merire geht[2]. Wenn der Titel „Gottesvater" selbst auf dem Wiener Stein nicht vorkommt, so kann das denselben Grund haben wie sein Fehlen bei Sennofer (Grab 99, s. o. S. 92), nämlich daß der Prinz nicht Erbprinz war: er heißt nur *s3 nśwt*. Aber auch hier wird jedenfalls der Erzieher „Vater" genannt, so daß wir getrost unsere Textstelle zur Deutung des Titels „von Gott geliebter Gottesvater" heranziehen dürfen.

Auch bei *Ḥk3-rśw* (oben S. 92) wird die Formel aufgelöst, diesmal zu *mrrw jtj* „den der Herrscher liebt". Scheint es so, als ob in diesem Fall die Liebe nicht vom Zögling, sondern von dessen Vater, dem regierenden König, ausginge, so stellt sich doch bei näherem Zusehen heraus, daß dasselbe gemeint ist wie auf der Wiener Stele: Zur Zeit, als die Inschrift verfaßt wurde, nämlich bei der Anlage des Grabes für seinen Sohn *Ḥk3-r-nḫḫ*, war der ehemalige Kronprinz längst König geworden, sein Name erscheint im Königsring. So spricht der Text von ihm, vielleicht etwas anachronistisch, als dem „Herrscher", der Thutmosis zwar noch nicht war, als *Ḥk3-rśw* sich seiner Erziehung widmete, aber jetzt, als das Grab seines Sohnes ausgeschmückt und darin des hohen Amtes des Vaters gedacht wurde. — Auch bei Ptahhotep ist es möglich, daß er nicht der Erzieher des Sohnes des Isesi war, sondern dieses Königs selbst, ja man könnte den Gedanken aussprechen, daß der Erzieher des Kronprinzen zunächst nur *jt-nṯr* hieß, welchem Titel das *mrj nṯr* erst nach der Thronbesteigung des Zöglings zugefügt wurde — beweisen läßt sich das wohl einstweilen nicht, wenn auch auffällt, daß in keinem Fall, wo der Prinz-Schüler vor seiner Thronbesteigung gestorben ist oder wo er nicht thronberechtigt war, das Epitheton nachweisbar ist.

„Der von Gott geliebte Gottesvater" heißt also, daß der mit diesem Titel Ausgezeichnete zu einem Kronprinzen im Vertrauensverhältnis eines Erziehers stand und daß er sein Amt so gut versah, daß er sich die Liebe des Prinzen erwarb. Es ist diese Bezeichnung uns willkommen als eines der wenigen Fenster, die uns einen Einblick in das Innere der Ägypter gewähren, die sonst so spröde sind beim Zeigen von Gefühlen und inneren Regungen. Bei dem Verhältnis von Lehrer und Schüler ahnen wir auch nur selten, aber immerhin gelegentlich etwas von herzlichen Beziehungen[3]; immerhin wurde die Liebe des Jungen zu dem Manne als so wesentlich empfunden, daß sie — wiederum echt ägyptisch — zum Beiwort des Titels geronnen ist.

IV.

Borchardts Untersuchung unseres Titels[4] geht aus von dem Schwiegervater Pepis I., Chui von Abydos. In seinem Grabe[5] stellt dieser Chui den Titel ⌐ allen anderen voran[6]. Es ist eine zwar allgemeine, aber dennoch unbewiesene Annahme, daß Chui diesen Titel als Schwiegersohn des Königs erhalten habe, nachdem zwei Töchter von ihm Gemahlinnen Pepis I. wurden. Die Tatsache dieser Verwandtschaft ist unbestreitbar, doch muß sie nicht den Grund für die Titel-

---

das Königshaus bei Memphis Güter besaß, deren Verwaltung einem *mr pr* anvertraut waren, hat W. Helck, Verwaltung, S. 97 ff. gezeigt.

[1]) Dieser Prinz scheint sonst unbekannt zu sein.

[2]) A. a. O., S. 37: „perhaps his foster-father, Meryre".

[3]) S. H. Brunner, Erziehung, S. 21.

[4]) L. Borchardt, Der äg. Titel „Vater des Gottes".

[5]) A. Mariette, Catalogue d'Abydos, Nr. 525 = Kairo 1578.

[6]) Es ist dies aber tatsächlich der einzige Beleg für den Titel „Gottesvater" bei Chui. In der Inschrift im Grabe seines Sohnes, des Wesirs Djau (A. Mariette, Abydos I, Taf. 2 = Urk. I 117 ff. = Kairo 1431 bei L. Borchardt, Denkmäler des AR (CGG) I, Taf. 24, S. 111) steht nur *mrj nṯr* „geliebt von Gott (d. i. dem König)"; H. Stock fügt hier irrig ein ⌐ ein: Die Erste Zwischenzeit Ägyptens, S. 7; richtig W. Helck, Beamtentitel, S. 94.

verleihung bilden. Es läßt sich vielmehr ebensogut denken (wenn auch ebensowenig beweisen), daß die Erziehung des späteren Königs Pepi einem verdienten Adligen aus der Provinz anvertraut war; wenn der Kronprinz dabei die Töchter seines Lehrers kennenlernte, so mag es sich fast von selbst ergeben haben, daß er sie später heiratete. Der umgekehrte Fall, daß ein am Hof erzogener Adliger eine Königstochter zur Frau bekam, die er gewiß in seiner „Schul"-Zeit kennengelernt hatte, ist etwa für die gleiche Epoche belegt[1].

Fälle aus der Ersten Wirre, in denen nichtkönigliche Personen den Titel *jt-nṯr* (mit oder ohne den Zusatz *mrj nṯr*) tragen, behandelt Labib Habachi[2]. Wir referieren sie.

1. Schemaj und sein Sohn, den er von der ältesten Königstochter Nebt hatte, heißen beide *jt-nṯr mrj nṯr*[3]. Beide waren zwar wahrscheinlich mit dem Hofe verwandt (der Sohn Idi war Sohn einer ältesten Königstochter, also Königsenkel, sein Vater Schemaj Schwiegersohn des Königs), aber, soweit wir wissen, nicht Schwiegervater eines Königs. Die Klärung der Frage, in welchem Verhältnis diese beiden Fürsten von Abydos außerdem zum Königshaus standen, mag eine Ausgrabung des von Labib Habachi so glücklich entdeckten Platzes ihrer Gräber bringen — sie muß einstweilen in der Schwebe bleiben. In dem Titel einen allgemeinen Hinweis auf das Verwandtschaftsverhältnis zum Königshaus zu sehen, also anzunehmen, daß auch „Schwiegersohn des Königs" dadurch bezeichnet werden könne, wie neuerdings auch Helck will[4], geht kaum an. Der Wortlaut des Titels sowie alle nachprüfbaren Fälle ergeben, wie Gardiner gesehen hat, ein väterliches Verhältnis zum Kronprinzen oder König.

2. Ein Schatzmeister namens Cheti führt ebenfalls diesen Titel[5]. Labib Habachi nimmt an, daß er der nichtkönigliche Vater eines Dynastiegründers, der 9. oder 10. Dynastie, sei, doch beruht diese Annahme nur auf der Deutung des fraglichen Titels. Die Figuren der Nilgötter auf seiner Opfertafel zeigen, daß er in hohen Ehren stand, da ihm dies königliche Attribut zuerkannt wurde. Sein Name wird nicht im Königsring geschrieben.

3. Die Statue des Mentuhotep-o, die Labib Habachi auf Elephantine im Heiligtum des Heka-ib gefunden hat, schreibt dagegen den Namen dieses Mannes in den Königsring, wenn auch ohne jede königliche Titulatur: Weder der Horusfalke noch das *nśwt-bjtj* steht dem Namen voran, vielmehr nur die einmalige Bezeichnung 𓇋𓏏𓆓𓊹𓊹𓊹 „Vater der Götter" oder „Vater von Göttern".

Offenbar gehört nach Stil und Fundort die Statue des bekannten Horus Wah-anch Intef eng mit dieser zusammen, so eng, daß der Königsring auf ihr geradezu mit einem „sein Sohn" beginnt, das man gerne auf das „Vater von Göttern" beziehen möchte. Aus dem Plural schließt Labib Habachi, daß nicht nur Horus Wah-anch, sondern auch dessen Vorgänger, Horus Seher-taui Intef ein Sohn des Mentuhotep-o gewesen sei, diese beiden ersten „Könige" der 11. Dynastie mithin Brüder. Diese Annahme ist möglich, beruht aber im wesentlichen wiederum auf der Deutung des fraglichen Titels; eine gewisse Wahrscheinlichkeit erhält sie durch die Schreibung des Namens des „Gottesvaters" im Königsring. Sollte Mentuhotep-o nicht der leibliche, sondern der geistige Vater der beiden Könige sein, so handelt es sich nicht um Brüder, sondern um Mitschüler. Freilich ist in diesem Fall die leibliche Vaterschaft wahrscheinlicher, nicht nur wegen des Königsrings um den Namen, sondern da, wie Labib Habachi gezeigt hat, unser Mentuhotep-o vielleicht als „Ahne" auf späteren Denkmälern erwähnt wird.

4. Weniger wahrscheinlich ist die Blutsvaterschaft (um einmal diese Bildung im Gegensatz zur geistigen Vaterschaft zu wagen) bei dem Sesostris, der nur den Titel „Gottesvater" führt und dessen Name von keinem Königsring umgeben ist. Das einzige Denkmal mit seinem Namen ist ein Block aus einem Bau Amenophis' I. in Karnak, der offensichtlich „Ahnen" aufzählt, die am Amonopfer

---

[1]) Urk. I 51; dazu H. Brunner, Erziehung, S. 12.
[2]) ASAE 55, S. 167—190.
[3]) S. W. C. Hayes in JEA 32, S. 19 mit Belegen.
[4]) Beamtentitel, S. 142.
[5]) S. ASAE 38, S. 15ff., Abb. 1 und Taf. 3; ASAE 55, S. 172ff., Abb. 1 und Taf. 1 A.

teilhatten. Hinter den beiden letzten als legitim angesehenen Königen der 11. Dynastie, Nebhepet-Re und Seanch-taui, erscheint dieser nichtkönigliche Mann Sesostris[1]; nachdem nichts davon beweisbar ist, können wir der Annahme, es handele sich um den nichtköniglichen Vater des ersten Königs der 12. Dynastie, Amenemhets I., die freilich ebenso unbewiesene und unbeweisbare Vermutung entgegenstellen, Sesostris sei nicht der leibliche, sondern der geistige Vater dieses Dynastiegründers gewesen, nämlich sein Lehrer und Erzieher. Vielleicht war er beides.

5. Zweifellos um einen König handelt es sich bei dem „Gottesvater" Intef auf dem Relief vom Schatt er-Rigâle[2].

Für die Zeit des frühen MR stellen wir als Ergebnis fest: Im Falle 5. handelt es sich bei dem Titelträger um einen König, wahrscheinlich, wie Sir Alan Gardiner gezeigt hat, um den leiblichen Vater Mentuhoteps. — Im Falle 3. haben wir einen Mann ohne königliche Titel, dessen Namen aber zusammen mit dem Titel „Vater von Göttern" im Königsring geschrieben wird. Mit großer Wahrscheinlichkeit ist Horus Wah-anch einer seiner „Söhne", ob leiblich oder geistig, bleibt unentschieden, wenn auch ersteres wahrscheinlicher ist. — Im Falle 1. können wir die leibliche Vaterschaft zu einem König mit Wahrscheinlichkeit ausschließen, ebenso bei 2. Bei 1. liegt eine andere Verwandtschaft zum Königshaus vor, bei 2. bleibt, ebenso wie bei 4., diese Frage ganz offen — für die Feststellung, ob der Titel „Gottesvater" in dieser Zeit den Erzieher meint, ist eine solche Verwandtschaft auch wenig erheblich, da sie die Erziehereigenschaft weder fordert noch ausschließt. Daß Verwandtschaft als solche, sei es blutmäßige oder durch Heirat erworbene, durch unseren Titel bezeichnet werden solle, scheint ausgeschlossen.

Einen Beweis für die Bedeutung „Erzieher des Kronprinzen (bzw. Königs)" liefern diese frühen Beispiele nicht. Dennoch bleibt diese Erklärung die wahrscheinlichste, nachdem sowohl leibliche Väter von Königen ihn tragen, und zwar königliche wie nichtkönigliche, wie auch Männer, die sicher nicht der Vater des Königs, ja nicht einmal mit ihm verwandt waren.

V.

In der 13. Dynastie wird der Titel „Gottesvater" zweifellos von nichtköniglichen Vätern von Königen getragen. So führt diesen Titel Anch-haf, dessen zwei Söhne Cha-sechem-Re Neferhotep und Cha-nefer-Re Sebekhotep Könige wurden. Von beiden finden sich Inschriften, in denen nach der üblichen Genealogie dem Namen des königlichen Sohnes der des nichtköniglichen Vaters folgt, eingeführt durch das eindeutige jrjn „gezeugt von"[3]. Ebenso eindeutig wird der Gottesvater Mentuhotep als leiblicher Vater des Königs Sechem-Re-sewadj-taui Sebekhotep[4] und noch eines weiteren Sohnes bezeichnet, des „Königssohnes Sobek"[5], der nicht König geworden ist.

Wir wissen noch wenig über das Wesen des Königtums in dieser merkwürdigen und aus dem Rahmen ägyptischer Vorstellungen fallenden Zeit. Im Gegensatz zum Wesiramt scheint das Königtum damals nicht oder nur beschränkt erblich gewesen zu sein[6]. Jedenfalls sahen sich die Ägypter vor die Notwendigkeit gestellt, sprachliche Ausdrücke zu finden für Verhältnisse, die in älterer Zeit als illegal angesehen worden waren. Daß sie dabei nicht an Neuschöpfungen dachten, sondern möglichst überkommene Prägungen verwandten, auch wenn sie umgedeutet und mit neuem Gehalt gefüllt werden mußten, gründet tief in ägyptischem Wesen. Für den nichtköniglichen Vater eines Königs fehlte zunächst der rechte Ausdruck, war doch der Vater bis dahin nach dem Mythos (Osiris-Horus) und der Staatspraxis selbst ein König (Ausnahmen wurden verschleiert und

[1] S. Labib Habachi in ASAE 55, S. 186ff.; G. Posener, Littérature et politique, S. 50f., 60.

[2] S. dazu zuletzt Sir Alan Gardiner in MDIK 14, S. 45—46.

[3] Cha-Sechem-Re: Berlin 10839 = Äg. Inschr. Berlin I, S. 140; Chanefer-Re: W. C. Hayes, Scepter of Egypt I, Abb. 226, S. 343, zweite Reihe, zweiter Skarabäus von links; vgl. dazu H. Stock, Studien zur Geschichte und Archäologie, S. 39 („Genealogietyp" der Skarabäen).

[4] W. C. Hayes, Scepter I, a. a. O., oberste Reihe, zweiter Skarabäus von rechts.

[5] JEA 37, S. 21.

[6] W. C. Hayes, A Papyrus of the Late Middle Kingdom, S. 147ff.

bedurften keiner sprachlichen Anerkennung). Dem *mwt nśwt* jetzt ein nichtüberliefertes **jt nśwt* an die Seite zu stellen, scheute man sich. Vielmehr griff man zu einem bekannten Ausdruck, eben dem „Gottesvater" — sei es, daß er zur Bezeichnung des leiblichen, aber unköniglichen Vaters schon von der Ersten Wirre her bekannt war, sei es, daß man ihn jetzt erstmals vom geistigen auf den leiblichen Vater des Königs übertrug. Da die Erziehereigenschaft auch dem leiblichen Vater zukam, sagt dieser Titel keine Unwahrheit aus. Im Grunde handelte es sich um eine Rückübertragung des Wortes *jt*, dessen Bedeutung zunächst in unserer Verbindung vom leiblichen auf den geistigen Vater erweitert und in dieser Bedeutung in unsere Wortverbindung geronnen ist, dann aber durch eine zweite Übertragung seine Grundbedeutung wiedergewonnen hat — allerdings nur für die kurze Zeit dieser eigentümlichen Königsverfassung. In späterer Zeit finden wir es nur ausnahmsweise auf leibliche Königsväter angewandt und nur dann, wenn deren Erziehertätigkeit betont werden soll.

VI.

Eine weitere, indirekte Bezeugung des Titels bietet das Alte Testament. Dort wird (Gen. 45,8) Joseph der Ehrentitel „Vater des Pharao" verliehen; das ist, wie Vergote[1] richtig bemerkt, eine die Anstößigkeit des Wortes „Gott" in diesem Zusammenhang beseitigende, aber sachlich durchaus richtige Übertragung des ägyptischen Titels ins Hebräische. Gardiners Deutung des *nṯr* auf den König bestätigt sich damit erneut. Bei Joseph scheint es sich aber nicht um die Erziehung des Kronprinzen zu handeln — von einer solchen Aufgabe ist nicht die Rede, und doch wäre sie gewiß vom Erzähler erwähnt worden, hätte er sie im Auge gehabt. Gesenius[2] übersetzt richtig „Lehrer" und verweist dazu auf mancherlei Parallelen, wo im Orient ein weiser Mann als Lehrer eines Königs fungiert.

Berufenere mögen entscheiden, ob diese Verschiebung unseres Titels von „Kronprinzenerzieher" zu einem „Lehrer" im Sinne eines Beraters des erwachsenen Königs, der wir nicht in Ägypten selbst, nur im ägyptischen Kolorit der Josephs-Erzählungen begegnen, unter dem Einfluß außerägyptischer, vorderasiatischer Bräuche und Sprachwendungen stattfand. An zwei Stellen des Alten Testaments nennen Könige ihre Berater „Vater" (II Kg 6,21; 13,14)[3]. Zu vergleichen wäre noch eine phönikische Inschrift aus Karatepe: „Ich stellte Frieden mit jedem König her, und sogar als Vater erkannte mich jeder König an wegen meiner Gerechtigkeit und meiner Weisheit und der Güte meines Herzens"[4].

VII.

So sicher die Deutung des Titels *jt* (*-nṯr*) als Erzieher des (künftigen) Königs in einigen der oben angeführten Titel ist, so wahrscheinlich sie in anderen dünkt, so bleiben doch weitere ohne ausreichende Erklärung. Vor allem paßt unsere Auffassung — sowenig wie die bisher vorgebrachten — nicht auf die große Zahl der Fälle, in denen niedere Priester den Titel tragen. Die Diskrepanz zwischen den beiden Verwendungsbereichen des Titels ist oft beobachtet worden: Einerseits höchste und angesehenste Würdenträger des Staates, andererseits niedere Priester tragen denselben Titel. Zur Erklärung sind wir auf Vermutungen angewiesen, und da scheint die folgende, die von unserer neuen Deutung ausgeht, mindestens so gut wie jede andere: Der junge Kronprinz mußte für sein kommendes Amt beizeiten nicht nur in den Staatsgeschäften und dem Hofzeremoniell unterwiesen werden, sondern auch die Vorgänge des Tempels kennenlernen; diese Aufgabe, die Feinheiten des Tempelrituals, vielleicht auch seinen Sinn und die Grundzüge ägyptischer Theologie den künftigen König zu lehren, wurde zweifellos von Priestern übernommen, die damit zu Lehrern, also zu „Vätern" des Kronprinzen wurden. Daß nicht jeder, der im NR diesen Titel trug, in einem solchen Verhältnis zum König stand, liegt auf der Hand — der Titel mag an einer

---

[1]) Joseph en Égypte, S. 114 f.
[2]) Hebräisches Handwörterbuch, S. 1.
[3]) Siehe dazu K. Galling in Zeitschr. für Theol. und Kirche 53, 1956, S. 130 f.
[4]) A. Alt in Welt des Orients II, S. 178.

Stelle gehaftet haben und auf diese Weise bald sinnentleert worden sein. Immerhin sei daran erinnert, daß „Gottesvater des Amun", wie Sir Alan gezeigt hat, eigentlich bedeutet „Gottesvater, der zum Amontempel gehört" und daß die Träger dieses Priestertitels auch hochgestellte Persönlichkeiten sein konnten, bei denen man durchaus mit einer Lehrtätigkeit für den Kronprinzen rechnen kann[1].

Bei Juja, dem Vater der Königin Teje, der diesen Titel regelmäßig führt[2], könnte man an verschiedene Möglichkeiten denken: Entweder wurde *ntr* umgedeutet auf die Königin Teje, die ihr Vater gewiß erzogen haben wird, oder dem Schwiegervater des Königs wurde — mehr oder weniger fiktiv — die Erziehung des Kronprinzen anvertraut (es wäre dann Amenophis IV. — Echnaton, dessen wirklicher Erzieher Eje war, s. o. S. 93 f.), oder aber mit *ntr* ist der lebende König, also Amenophis III., gemeint, zu dem Juja in ein väterliches Verhältnis getreten war, dem man durch diesen alten Titel Ausdruck geben wollte — womit man für diesen Fall auf einem Umweg wieder bei der alten Deutung „Schwiegervater" angelangt wäre, die Borchardt 1905 vorgeschlagen hat[3], die aber ganz gewiß weder die Grundbedeutung noch den eigentlichen Sinn dieses Titels erschließt, sondern höchstens, fast zufällig, auf einige Sonderfälle zutrifft; dabei bleibt dann immer noch fraglich, ob der Titel wirklich diesen Charakter seines Trägers als Schwiegervater des Königs bezeichnen soll und nicht vielmehr eine andere Eigenschaft, eben die des Erziehers.

*

Zusammenfassend können wir feststellen: Aufschluß über den Sinn, den die Ägypter mit dem Titel „Gottesvater" verbanden, gewähren nur Inschriften der 18. Dynastie. Dort wird — wenigstens in einigen sicheren Fällen — die Bezeichnung „Vater (des Gottes)" für den Erzieher des Kronprinzen angewandt. Von diesen sicheren Fällen ausgehend, fällt Licht auf die Gestalt des Eje: Er ist offenbar Erzieher Echnatons gewesen und kann sich somit als geistigen Vater nicht nur des Königs, sondern auch der von diesem durchgesetzten Reformbewegung betrachten. Aus dieser „Verwandtschaft" leitet er auch sein Recht auf den Thron ab, nachdem er vielleicht auch noch der Erzieher Tut-anch-Amuns gewesen war. Nach seinem Tode finden wir den Titel in der alten Bedeutung nicht mehr bei hohen Beamten — offenbar hatte Eje ihn in Mißkredit gebracht. Es ist bezeichnend, daß der jüngste Beleg des NR im alten Sinne, nämlich als Erzieher des künftigen Königs, sich bei Sethos I. findet: Ramses II. betont, daß ihn sein eigener Vater erzogen habe, nicht irgendein Höfling.

In der älteren Zeit scheint der Befund nicht gegen die Deutung „Erzieher des Kronprinzen" zu sprechen, auch wenn sich kein bündiger Beweis dafür erbringen läßt — es sei denn, man ließe die Lehre des Ptahhotep als solchen gelten. In der 13. Dynastie, in der ein nichterbliches Königtum Regel war, wird der Ausdruck verengt auf den leiblichen Vater des Königs. Ob diese Zeit darin auf die Erste Wirre zurückgriff, in der ähnliche Zustände herrschten, wenn auch damals als illegal betrachtet, bleibt unsicher.

Daß die Ägypter übrigens der Rolle eines Erziehers des (künftigen) Königs eine hohe Bedeutung zugemessen haben, fände eine starke Stütze, wenn sich Kees' Vermutung bestätigte, daß der „Erzieher" des Königs Narmer auf dessen Keule dargestellt ist[4].

---

[1]) Onomastica I, S. 51*f.; hohe Priester der 18. Dynastie mit dem Titel z. B. Anen, der Bruder der Königin Teje: Urk. IV 1894, 9; Huj, viell. der Vizekönig von Nubien: 2079, 17; Neferhotep (Grab 50): 2177ff.
[2]) J. E. Quibell, The Tomb of Yuaa and Thuiu (CGC), passim; Urk. IV 1894f.
[3]) L. Borchardt, Der äg. Titel „Vater des Gottes".
[4]) ZÄS 82, S. 58—62.

3. Zur altägyptischen Religion

Der freie Wille Gottes in der ägyptischen Weisheit

aus: Les sagesses du Proche-Orient ancien, Paris 1963, 103–120.

Dass die ägyptischen Lebenslehren nicht sehr oft das Wort Maat verwenden (es findet sich aber an entscheidenden Stellen auch keineswegs selten), ändert nichts daran, dass es ein zentraler Begriff des ihnen zugrundeliegenden Weltbildes ist. Die Maat ist die von Gott gestiftete Ordnung dieser Welt; sie umfasst Bereiche, die wir heute als Natur bezeichnen, wie die rein menschlichen und auch die Beziehungen des Menschen zur göttlichen Welt, Kult sowohl wie Ethik. Ich denke, es bedarf an diesem Ort keiner näheren Erläuterung der Maat (1). Die Erkenntnis, dass der Begriff der Maat allen ägyptischen Lehren zugrundeliegt, hat es seinerzeit ermöglicht, die abwegige Einschätzung der älteren Lehren als utilitaristische Standesethik zu überwinden : Sie sind, eben in ihrer Voraussetzung der Maat, ebenso religiös wie die jungen (2).

Diese Erkenntnis hat erst ein Verständnis ägyptischer Weisheit ermöglicht; ohne sie erschüttern zu wollen, sei hier die Frage gestellt, ob die Maat in allen Lehren gleichermassen uneingeschränkt als alleiniges Strukturprinzip der Welt vorausgesetzt wird. Hat sich Gott so weit an seine eigene Ordnung gebunden, dass einer maat-widrigen Tat der Fluch und das Unglück mit Notwendigkeit folgt, so dass die Maat ebenso wirkt wie ein Naturgesetz, oder kann es vorkommen — und sei es auch nur

---

(1) Vgl. dazu etwa H. Bonnet, *Reallexikon der äg. Religionsgeschichte* s. v. oder die einschlägigen Stellen bei S. Morenz, *Ägyptische Religion*, besonders Kap. VI.

(2) Als Erster : A. de Buck, Het religieus Karakter der oudste egyptische Wijsheid, *Nieuw Theologisch Tijdschrift*, 21, 1932, S. 322-349 ; danach vor allem H. Frankfort, *Ancient Egyptian Religion*, S. 49 ff. und 62 ff. ; H. Brunner, Die Weisheitsliteratur, *Handbuch der Orientalistik*, I, 2 (1952), S. 90-110 ; H. Gese, *Lehre und Wirklichkeit in der alten Weisheit*, S. 7 ff.

als Ausnahme —, dass Gott die Wirkungen einer Tat auf den Täter nicht nur verzögert, sondern gegen die Maat den verdienten Fluch oder Segen aufhält (1) ?

Nirgends wird die Maat als Automatismus geschildert, bei dem die Vergeltung, sei es Fluch oder Segen, folgt wie im Karma der atheistischen Religionen Indiens. Gewiss kann man von einer unpersönlichen Folge der Tat sprechen, wenn etwa bei schlechten Tischsitten gesellschaftliche Sanktionen in Aussicht gestellt werden, aber selbst in solchen Fällen wird die Strafe noch gelegentlich als « Macht Gottes » (2) bezeichnet, und immer wieder heisst es, dass Gott die und die Tat bestraft oder belohnt, sodass wir gewiss annehmen müssen, auch dort, wo von ihm nicht die Rede ist, sei sich der Lehrer bewusst gewesen, dass letzten Endes er es ist, der der Tat die Vergeltung folgen lässt.

Wir fragen präziser : Haben die ägyptischen Lehren zur Kenntnis genommen, dass einer guten oder bösen Tat ihr Lohn bzw. ihre Strafe nicht auf dem Fusse oder gar überhaupt nicht folgt ? Wenn ja, wie haben sie diese Feststellung, die doch das Gefüge ihrer Lehre bedroht, dem System eingefügt ?

Es ist zunächst festzustellen, dass die Ägypter des AR und MR keinen Zweifel an einer gesetzartigen Verknüpfung einer Handlung mit ihrer Wirkung auf das Ergehen des Handelnden ausgesprochen haben. Die bekannte Stelle aus Ptahhotep : « Niemals erfüllen sich die Pläne des Menschen, sondern was Gott anordnet, das geschieht » (115 f.) ist in ihrem Zusammenhang so zu verstehen, dass nur die üblen Anschläge, die Intrigen der Menschen mit dem Wort « Pläne » an dieser Stelle gemeint sind (3). Keine Stelle dieser ältesten ganz erhaltenen Lehre scheint einen Zweifel an dem engen Zusammenhang zwischen Tun und Ergehen zu äussern (4). In der Lehre für Merikare aus der 10. Dynastie (um 2100) finden wir die schärfste Formulierung des Gesetzes, dass jede Tat notwendig ihre Folgen für den Täter nach sich ziehe, und zwar die gute Handlung eine entsprechend gute, die böse eine böse. Bezeichnenderweise wird

(1) Vgl. dazu A. VOLTEN, Ägyptische Nemesis-Gedanken, *Miscellanea Gregoriana*, 1941, S. 371-379, wo zahlreiche Stellen für eine Vergeltung gesammelt sind, ohne dass mit der Möglichkeit ihres Ausbleibens gerechnet wird.
(2) Z.B. Amenemope, 11, 5.
(3) ḥr ist nach ŽÁBA, *Les Maximes de Ptahhotep*, S. 120 sogar « cabale, complot » zu übersetzen.
(4) Wir beziehen dabei das Ergehen im Jenseits ohne Bedenken mit ein, ist doch für ägyptische Vorstellungen der Einschnitt des Todes nicht von gleichem Gewicht wie für uns. Zu entsprechenden Gerichtsvorstellungen bei Ptahhotep vgl. G. FECHT, *Der Habgierige und die Maat in der Lehre des Ptahhotep*, 1958, *passim*.

das an einem negativen Beispiel dargelegt : Der König berichtet, dass seine Soldaten die Nekropole von This geschändet haben (Merikarê 119-123). « Es geschah gewiss nicht auf meine Veranlassung, ich bekam es vielmehr erst zu wissen, als es geschehen war. Du kennst die Folge (1) aus meiner Tat. Elend ist der, welcher zerstört, und es nützt ihm nichts, wieder herzustellen, was er niedergerissen hat, einzureissen, was er gebaut hat, oder zu verbessern, was er gut gemacht hat. Hüte dich davor ! Ein Schlag wird mit seinesgleichen vergolten, das ist die Fügung aller Taten » — wobei wir « Fügung » nicht nur in seiner gegenwärtigen abgeblassten, sondern in seiner ursprünglichen Bedeutung hören wollen : Es kommt von aneinanderfügen, ohne Fuge aneinanderpassen (2).

Die Lehre des Anii, wohl aus der späten 18. Dynastie, ist die zeitlich nächste, die, wenigstens implicite, zu unserer Frage nach der Gültigkeit der Maat bei Gott Stellung nimmt. In einem Proömium spricht der Lehrer ganz im herkömmlichen Sinn von dem Lohn, der dem gehorsamen Schüler winkt (V, 4-5) : « Siehe, ich sage dir folgende treffliche Regeln, die du in deinem Herzen einsehen sollst (3). Tue das, dann wirst du ein guter Mann werden, und alles Böse wird dir fern sein. » Was hier mit « gut » gemeint ist, zeigt die Antithese : Der unlösbare Zusammenhang zwischen richtigem Verhalten und Wohlergehen wird festgehalten.

Dann aber lesen wir einen Satz in dieser Lehre, der etwas mehr Aufmerksamkeit verdient. Die einfache Anstandsregel « Du darfst nicht das Essen verzehren, während ein anderer dabeisteht und du nicht deinen Arm für ihn nach der Speise streckst », dh. wenn du ihm nichts abgibst, wird folgendermassen begründet (VIII, 3-10) :

Was gibt es, das ewig dauert ?
Der Mensch ist ja ein Nichts.
Der eine ist reich, wo der andere arm ist.
Ist denn Speise etwas Dauerhaftes, kann das nicht einmal vorbei sein ?
Wer reich war zur Zeit des letzten Jahres,
der ist dies Jahr ein Vagabund.
Sei nicht gierig, deinen Bauch zu füllen,

---

(1) Zu dieser Bedeutung von ḏꜥr vgl. A. SCHARFF, *Der politische Abschnitt der Lehre für Merikare*, S. 57, Anm. 3.
(2) Zu dieser exakten Grundbedeutung des bei Merikare stehenden Wortes *mḏd* vgl. Eb. OTTO, *Mundöffnungsritual*, S. 66 ; in seinem Aufsatz « Altägyptische Zeitvorstellungen », *Welt als Geschichte*, 14, 1954, S. 142 übersetzt Otto unsere Stelle : « Das ist die notwendige Verschränkung aller Taten. »
(3) Zu dieser Bedeutung von *jp m jb* vgl. das Substantiv *jpt-jb* « Einsicht, Weisheit », *JEA*, 41, Taf. 10, 5.

Irgendeiner wird dich ebenso kränken können (dh. so wie du jetzt
den, der hungrig neben dir steht) ;
auch du kannst in die Lage kommen,
dass ein anderer dir Brosamen reicht.
Der Strom vom Wasser letzten Jahres hat sich verlagert,
er bildet einen anderen Wasserarm dieses Jahr ;
grosse Meere werden trocken,
und Ufer werden zu Tiefen.
Geht es so nicht auch den Menschen ?
Eines ist ihr Plan,
etwas ganz anderes ist der des Herrn des Lebens.

Die Mahnung zu sozialer Haltung wird also nach dem
Grundsatz der Goldenen Regel begründet : Du kannst nicht
wissen, ob du nicht selbst einmal in Not kommst. Es überrascht
uns etwas, dass der Weise mit dieser Möglichkeit rechnet, ohne
dass er von einem Fehltritt des Sohnes spricht : Muss es nicht
eigentlich jedem, der nach den Regeln lebt, gut gehen ? Haben
das nicht die alten Lehren verheissen ? Woher auf einmal die
Skepsis gegen den engen Zusammenhang von Tun und Ergehen ?
Hier ist ein Gedanke aus einer anderen, flacheren Welt in die
Weisheit eingedrungen und in bezeichnender Weise eingebaut
worden : aus der Sphäre der Popular-Weisheit, des Sprichwortes.
Dass Pläne für die Zukunft, ja schon für den kommenden Tag
scheitern, weil alles ganz anders kommt, als man denkt, gehört
zu den Urerfahrungen des Menschen, wie sie bei allen Völkern
in Sprichwörtern ihren Platz gefunden haben. In Ägypten
begegnen wir diesem Gedanken erstmals bei Ptahhotep (343),
wo ihn aber nicht etwa der Weise ausspricht, wo er ihn vielmehr
als im Munde der Leute umlaufend zitiert (1) ! Wir treffen ihn
wieder in zerstörtem Zusammenhang, aber gleichem Wortlaut,
also als dasselbe Sprichwort, in einer Lehre des MR (2).
Die Erkenntnis, dass der Mensch nicht in die Zukunft sehen
kann, weil das Leben eben nicht vorausberechenbar ist, dass er
also weder verlässliche Pläne schmieden kann, noch sich um den
kommenden Tag sorgen solle, hat zunächst wenig zu tun mit dem
von unseren Lehren vorausgesetzten Zusammenhang von Tun
und Ergehen. An unserer Anii-Stelle aber wird der Gedanke
— freilich in neuer und künstlerischer Formulierung — als

---

(1) Vgl. Z. ŽÁBA, *Les Maximes de Ptahhotep*, S. 147 z.St.
(2) J. BARNS, *Five Ramesseum Papyri*, 1 B, 1, 6 f (S. 5), dazu auch 1 A,
18 (S. 4). Barns führt weitere Parallelen an. Ausserdem ist zu vergleichen :
J. Gw. GRIFFITHS, Wisdom about tomorrow, *Harvard Theol. Review*, 53, 1960,
S. 219 f., wo die Linie bis zum NT ausgezogen ist.

Begründung für die Mahnung zu sozialer Haltung verwendet. Nicht mehr nur « die Leute » rechnen also damit, dass es auch dem Weisen schlecht gehen kann, wie noch bei Ptahhotep, sondern der Lehrer selbst.

Gewiss, es ist nicht die Rede davon, dass eine gute Tat üble Früchte tragen könnte, und man mag eine Aussage wie die des Anii noch erklären als Lehre von der « Unverfügbarkeit » der Maat (1), also von den Grenzen menschlicher Erkenntnisfähigkeit, der die Maat niemals voll zugänglich ist. Doch bekommt die ganze Stelle noch einen anderen Grund, wenn wir das Wort *šḥr* im entscheidenden letzten Satz, das oben mit « Plan » übersetzt wurde, in seiner ganzen Bedeutung erfassen : Es heisst auch « Art, Wesen ». Die Aussage : « Die Menschen sind anderen Wesens als Gott » setzt aber schon eine so tiefe Kluft zwischen die beiden Bereiche, dass die Frage, ob die Maat in beiden gleiche Gültigkeit hat, unausweichlich wird — wenn sie auch noch unbeantwortet bleibt.

Noch eine andere kleine Stelle bei Anii fügt sich nicht recht dem Weisheitsdenken älterer Zeit.

Eile nicht, den, der dich gekränkt hat, wieder zu kränken,
übergib ihn vielmehr Gott.
Wiederhole es täglich dem Gotte, heute wie morgen,
dann wirst du sehen, was Gott tut,
wenn er den schädigt, der dich geschädigt hat (2).

Man wird nicht sagen können, dass solche Gedanken in älterer Zeit unmöglich gewesen wären — immerhin wird hier geraten, nicht auf einen Automatismus zu vertrauen, der den Übeltäter schon ins Unglück bringen werde, sondern das Recht beharrlich von Gott zu erbitten.

Die Stelle, an der *Amenemope* sich zu unserer Frage äussert (das Bild der sich verlagernden Strömung findet sich in etwas anderem Zusammenhang in Kap. 5), ist so bekannt, dass man sich fast scheut, sie zu bringen :

Der Mensch ist Lehm und Stroh,
Gott aber ist sein Baumeister.
Er reisst nieder und baut auf jeden Tag,
er macht tausend geringe Leute nach seinem Belieben,
und tausend andere macht er zu Aufsehern,
wenn er in seiner Stunde des Lebens ist (24, 13-18).

(1) So H. GESE, *Lehre und Wirklichkeit*, S. 17 f.
(2) 8, 14-16 ; vgl. dazu A. VOLTEN, *Ägyptische Nemesis-Gedanken*, S. 373 f.

« Nach seinem Belieben » verteilt Gott die menschlichen Lose — nicht also nach dem Verhalten des Menschen. Die Maat wird hier nicht mehr genannt, und es muss sonderbar mit ihr bestellt sein, wenn Gott « nach seinem Belieben » schaltet. Aber gerade dieser Ausdruck verrät, woher diese ganz andere Wertung menschlichen Loses kommt : Aus der grossen Bewegung der persönlichen Frömmigkeit.

Seit dem Ende der 18. Dynastie treffen wir, zunächst nur gelegentlich, dann in breitem Strome fliessend, Zeugnisse für eine eigentümliche persönliche Verbundenheit des Menschen mit Gott, mit *seinem* Gott. Dabei tritt als Vokabel, die das gegenseitige Verhältnis kennzeichnet, eben das Wort « lieben » hervor. Diese Liebe ist gegenseitig : Der Mensch liebt Gott, Gott liebt den Menschen. Aus der Unzahl von Belegen zitieren wir nur einige wenige, die von dieser reziproken Liebe (1) zwischen Mensch und Gott oder von der Liebe Gottes sprechen — die noch zahlreicheren Aussagen über die Liebe des Menschen zu Gott lassen wir beiseite. « Gott liebt den, der ihn liebt » heisst es da, oder « Ptah liebt alle, die ihn lieben (2). » « Gott macht reich, wen er liebt », « Amon-Rê gibt Luft dem, den er liebt (3). » Auch in Eigennamen (übrigens schon älterer Zeit) spiegelt sich das Erlebnis der Liebe Gottes wider : « Es strahlt die Liebe des Ptah » u.ä. (4). Der religiösen Bewegung der persönlichen Frömmigkeit stellt sich das Verhältnis zwischen Gott und Mensch seinem Wesen nach als ein Liebesverhältnis dar.

Ein solches Verhältnis aber widerspricht dem Weisheitsdenken. Dort ein Automatismus, der unpersönlich bleibt, selbst wenn ein persönlicher Gott über die Einhaltung der Maat auf Erden wacht — hier eine freie Gnadenwahl Gottes (5), unabhängig von jedem Werk des Menschen.

---

(1) Für den Sonderfall der Liebe zwischen König und Gott vgl. die Studie von S. Morenz, Die Erwählung zwischen Gott und König, *Sino-Japonica, Festschrift A. Wedemeyer*, 1956, S. 118-137 ; Morenz vernachlässigt dabei zu sehr die Allgemeingültigkeit dieses reziproken Liebesverhältnisses für *alle* Menschen, möchte in ihm vielmehr ein konstitutives Element des damaligen Königtums erblicken.

(2) Vgl. E. Drioton, *Une nouvelle source d'information sur la religion égyptienne*, Ed. de la Revue du Caire, 1951, S. 11 ff., wieder abgedruckt in *Pages d'Egyptologie*, 1957, S. 111-132 ; ders., in *Kêmi*, 14, S. 21 ff., besonders aber ders., Maximes relatives à l'amour pour les dieux, *Anal. Biblica*, 12 = *Studia biblica et orientalia*, III, 1959, S. 57 ff.

(3) *Archaeol. Survey of Nubia* 1910-1911, Taf. 27 f.

(4) Vgl. H. Ranke, *Personennamen*, II, S. 221 ; doch lässt sich die dortige Liste erheblich erweitern.

(5) Dass und inwiefern dem eine freie Wahl des Menschen entspricht, kann hier weder untersucht noch auch nur angedeutet werden. *Beiderseitige* freie Wahl bildet aber eine unentbehrliche Grundlage für jedes Liebesverhältnis!

Bei der Weisheit haben wir es mit einem Gedankenge-
bäude zu tun, dessen Bausteine einzelne Lebensbeobachtungen
darstellen, die der Weise dann nach einem erkannten, durch-
schauten System zu einem Bau zusammenfügt. Bei der persönlichen Frömmigkeit dagegen handelt es sich um ein ursprüngliches
religiöses Erlebnis, einerseits um die Abhängigkeit von Gott,
um das Ausgeliefertsein an ihn, andererseits um das Wider-
fahrnis unverdienter Gnade und Liebe, die nur mit Liebe
erwidert werden kann — in jedem Fall antwortet der Mensch
mit Hingabe. Aus dieser Erlebniswelt des späteren NR strömen
nun Impulse in die alte Weisheit, dorther stammt die Vokabel,
die wir oben mit « nach seinem Belieben » übersetzt haben
— besser wäre vielleicht « nach seiner Liebe ». Mit einem solchen
Begriff aber ist die volle Souveränität eines Liebenden hergestellt,
der seine Liebe eben nicht nach Regeln und Gesetzen, sondern
unberechenbar verschenkt — das Maat-Denken der älteren
Weisheit ist aufgehoben.

Es gibt mehrere Stellen in der Lehre der Amenemope, an
denen solche Gedanken ihren Niederschlag gefunden haben (1).
Die persönliche Frömmigkeit verbindet sich mit einem
Bewusstsein des Menschen von seiner Sündhaftigkeit und
Niedrigkeit gegenüber Gott, und nur von hier aus ist auch die
bekannte Stelle zu verstehen, dass der Mensch nicht sagen dürfe,
er habe keine Sünde, da die Sünde ja doch Gott gehöre, mit

(1) A. ALT hat solche Stellen als « Eigengut » Amenemopes dem umfang-
mässig weit überwiegenden Rest mit « Traditionsgut » gegenübergestellt und
die Meinung ausgesprochen, Amenemope habe seine wirkliche, von der herkömmlichen Weisheit abweichende, ja ihr widersprechende Ansicht absichtlich
in solch unanstössigen Zusammenhang versteckt, um seinem Werk dadurch
weite Verbreitung zu sichern (Zur literarischen Analyse der Weisheit des
Amenemope, *Supplements to Vetus Testamentum*, III, 1955, S. 16-25). Alt
ist dem richtigen Sachverhalt auf der Spur, wenn er auch die Herkunft dieses
« Sondergutes » und seinen geistigen Ort nicht erkannt hat. Er irrt freilich
in seiner Beurteilung des « Traditionsgutes » als utilitaristischer Standesweisheit
(s. dazu o. S. 103); dass Amenemope sein « neues » Gedankengut hätte
verstecken müssen, ist eine willkürliche Annahme, die umso unwahrschein-
licher wird, als in der ganzen ägyptischen Geistesgeschichte kein solcher Vorgang
bekannt ist. Gedanken und Formulierungen der persönlichen Frömmigkeit
waren so weit verbreitet, dass sie keinen Anstoss erregen konnten, und auch
bei Anii sind, wir wir gesehen haben, schon Einflüsse festzustellen. Auch lässt
sich das « Sondergut » keineswegs so sauber aus dem Textganzen herauspräpa-
rieren, wie es bei Alt scheint. Zudem ist seine Bestimmung etwas anders
vorzunehmen : Der « Schweiger » gehört gewiss nicht hinein, hat vielmehr in
der älteren Weisheit sachlich seine genaue Entsprechung, und auch wenn die
grossartige Formulierung *gr m*;ʿ bei Amenemope zum ersten Mal in der
Weisheitsliteratur auftaucht — in den Autobiographien ist sie älter (s. WB
Belegstellen zu V 180, 11). Es fragt sich, ob sich Amenemope überhaupt
Rechenschaft darüber gegeben hat, wieweit sich das aus der Frömmigkeit
übernommene Gottesbild mit der von ihm gelehrten Weisheit verträgt.

seinem Siegel versehen (Kap. 18). Es ist bisher nicht beachtet worden, dass diese Mahnung ausläuft in eine solche zur Aufrichtigkeit. H. Gese hat als erster erkannt, dass die Verse :

Sei fest in deinem Herzen und stärke dein Herz,
aber steure nicht mit deiner Zunge !
Die Zunge des Menschen mag zwar das Steuerruder des Schiffes sein,
aber der Allherr ist doch sein Pilot (20, 3-6),

vor einer Trennung von Zunge und Herz warnen (1). Das aber ist im ganzen alten Orient eine Metapher für Unaufrichtigkeit (2). Amenemope warnt vor dem Fehler der phrasenhaften Selbstgerechtigkeit, wie sie allzuleicht aus den ägyptischen Idealbiographien, ja selbst aus den eng damit zusammenhängenden Weisheitslehren entsprang ! Gott aber kennt den Menschen wirklich, so dass es der Versicherung der Sündlosigkeit nicht bedarf. Mit der Zunge das Schiff steuern zu wollen durch falsche Unschuldsversicherungen, während doch das Herz es besser weiss, ist vor ihm sinnlos. Auch hier spricht vernehmlich die persönliche Frömmigkeit.

Wir verstehen, wie die Volksweisheit, dass niemand in die Zukunft sehen kann, gerade zu dieser Zeit in die Weisheit eindringen konnte, der sie im Grunde widerspricht : Es geht darum, die völlige Abhängigkeit des Menschen von Gott zu zeigen. Nicht das Lebenslos selbst gestalten, und sei es auch durch tugendhaftes Leben oder gesellschaftliche Geschicklichkeit, wie sie der Maat entspricht, sondern alles Gott anheimstellen, das ist die Maxime dieser Frommen. Jetzt hören wir die vorhin schon zitierte Stelle bei Anii mit anderen Ohren, jetzt vernehmen wir die mitschwingenden Untertöne :

Eile nicht, den, der dich gekränkt hat, wieder zu kränken,
übergib ihn vielmehr Gott.
Wiederhole es täglich dem Gotte, heute wie morgen,
dann wirst du sehen, was Gott tut,
wenn er den schädigt, der dich geschädigt hat.

Amenemope wiederholt den Gedanken ausführlicher :

Wenn du die Pläne (bzw. das Wesen, s.o.) Gottes nicht erkennen kannst (3),

---

(1) *Lehre und Wirklichkeit*, S. 46 f. Den Zusammenhang mit dem vorhergehenden Gedanken desselben Kapitels erwähnt Gese nicht.
(2) S. zuletzt E. Kutsch, « Eure Rede aber sei ja ja, nein nein », *Evang. Theologie*, 1960, S. 206-217, wo das Material übersichtlich zusammengetragen und die Linie bis zur ansprechenden Deutung von Mt. 5, 37 ausgezogen ist.
(3) Vgl. zu dieser Übersetzung Fr. Hintze, *Untersuchungen zur Stilistik*, S. 304.

so kannst du auch den morgigen Tag nicht erkennen.
Wirf dich in die Arme Gottes,
so wird dein Schweigen sie schon fällen (22, 5-8 und 23, 8-21).

Wir behaupten also, dass Amenemope sich bis zu einem
gewissen Grade von der älteren Weisheit unterscheidet. Nur
scheinbar aber treffen wir uns darin mit einer Reihe älterer
Ägyptologen (1). Wenn auch diesem älteren Urteil ein richtiges
Empfinden für die Andersartigkeit der jüngeren Lehre zugrundeliegt, so ist es doch unzulässig, nur diese als religiös begründet,
die älteren aber als utilitaristische Standesethik zu bezeichnen.
Auch die Maat, die das Fundament der älteren Weisheit ausmacht,
gehört einem religiösen Weltbild an (2). Aber bei Amenemope
tritt ein neuer Zug hinzu, der in dem anderen Gotteserlebnis der
Ramessidenzeit wurzelt.

Am deutlichsten wird der Unterschied zwischen der älteren
und der jüngeren Auffassung von der Einwirkung von Gottes
Willen auf das menschliche Leben, wenn wir Amenemope mit
einer vergleichbaren Stelle bei Ptahhotep konfrontieren, in der
ebenfalls von der « Liebe » Gottes zum Menschen die Rede ist :
« Wen Gott liebt, der kann hören ; aber nicht kann hören, wen
Gott hasst (3). » Auch in der älteren Zeit gibt es eine freie Gnadenwahl Gottes ; aber sie wirkt sich, ganz in Übereinstimmung
mit der Lehre von der Maat, so aus, dass ein solcher Erwählter
die Lehren auf- und annimmt, also maat-gemäss handelt und
auf diese Weise glücklich oder selig wird. Bei Amenemope aber
schafft Gott hoch und niedrig « nach seiner Liebe » — von einer
Zwischenschaltung der Maat oder eines maat-gemässen Lebens
ist nicht die Rede, ja es ist geradezu auszuschliessen, dass der
Verfasser daran gedacht hat — gehört doch Amenemope selbst
einfachen Kreisen an ; er ist also trotz seiner Weisheit im Leben
nicht begünstigt worden ! Nicht umsonst erklingt aus seinem
Munde immer wieder die Mahnung zur Bescheidung, ja geradezu
ein (freilich eingeschränktes) Lob der Armut (4).

Bei Amenemope wird also durch Einbruch des Gedankens
von Gottes freier Wahl nach unberechenbarer Liebe der Tun-
Ergehen-Zusammenhang wesentlich aufgelockert. Das aber hat

---

(1) Vgl. die Zusammenstellung solcher Meinungen bei H. Gese, *Lehre und
Wirklichkeit*, S. 27.
(2) Wie es zuerst de Buck in seinem grundlegenden Aufsatz (s. o. S. 103,
Anm. 2) gezeigt hat.
(3) 545 f. Dazu H. Brunner, *Altägyptische Erziehung*, S. 112 ff.
(4) Vgl. dazu H. Brunner, Die religiöse Wertung der Armut im Alten
Ägypten, *Saeculum* 12, 1961, S. 326 ff.

wichtige Folgen : Nicht mehr der Lohn eines irdischen Glückes kann jetzt problemlos vor den folgsamen Schüler hingestellt werden, es muss vielmehr etwas anderes von ihm verlangt werden, nämlich das Gutes-Tun aus keinem anderen Grunde, als weil Gott es so will : Der irdische Lohn mag kommen, kann aber auch ausbleiben. Entsprechend soll eine Sünde unterlassen werden, einfach weil sie Gott ein Abscheu ist, obwohl keineswegs feststeht, dass sie sich nicht auf Erden bezahlt macht! In die Nähe dieses Gutes-Tun *ḥinnâm*, wie es der Satan im Prolog Hiob abspricht, führen die Gedanken Amenemopes.

Die Bewegung der persönlichen Frömmigkeit verflacht bald nach dem Ende des NR. Einerseits werden eindrucksvolle Prägungen, die sie der Sprache zuführte, schablonenhaft weiter-verwendet, andererseits bleibt ein gewisser Pietismus übrig, von dem keine Impulse mehr auf das religiöse Leben des Volkes ausgingen. Freilich, und das ist für unsere Frage wichtig : Das durch die Frömmigkeit gewonnene neue Gottesbild oder, genauer, das Bild des ganz von Gott abhängigen Menschen, dem nur Bitte, Demut und Ergebung geboten sind, ist aus der späteren Religion nicht mehr fortzudenken. In eigentümlicher Weise gehen hier viele Fäden durcheinander und verknüpfen sich zu einem bunten Gewebe (1). Uns geht es in diesem Zusammenhang nur darum zu ermitteln, ob sich in den späteren Weisheitslehren Spuren des Gegensatzes : Maat — freie und unberechenbare Einwirkung Gottes auf das Menschenleben ohne Zusammenhang von Tun-Ergehen auffinden lassen.

Auf Amenemope folgt zeitlich die Lehre des Anch-Scheschonqj, die frühestens aus dem 8., wahrscheinlicher aber aus dem 6. Jahrhundert stammt (2). Der « Verfasser », Anch-Scheschonqj, ist — nach seiner Meinung ungerechterweise — gefangen gesetzt worden. Er ruft aus dem Gefängnis Rê an, den gerechten Richter, den Hüter der Maat, und zwar mit den Worten eines Appellanten : « Unterdrückung und Unrecht ! » Dann erklärt er sein persön-liches Leid als Folge des Zornes Gottes — aber nicht etwa gegen ihn selbst, sondern gegen das ganze Land :

Wenn Rê einem Lande zürnt, vernachlässigt sein Herrscher die Gesetze.
Wenn Rê einem Lande zürnt, lässt er das Recht in ihm aufhören.
Wenn Rê einem Lande zürnt, lässt er die Maat in ihm aufhören.

---

(1) Vgl. etwa Eb. Otto, Zum Gottesbegriff der ägyptischen Spätzeit, *Forschungen und Fortschritte*, 35, 1961, S. 271-280.
(2) S. R. K. Glanville, The Instructions of Onkhsheshonqy = *Catalogue of Demotic Papyri in the Brit. Mus.*, II, 1, London 1955.

Wenn Rê einem Lande zürnt, lässt er die Werte in ihm zugrundegehen.
Wenn Rê einem Lande zürnt, setzt er die Toren über die Weisen.
Wenn Rê einem Lande zürnt, ernennt er die Schreiber zu seinen Herrschern.

Abgesehen von dem hübschen und treffenden Katalog und der eigentümlichen, mit Mesopotamien und Israel verknüpften Geschichtstheologie, zu der es auch in Ägypten Parallelen gibt, interessiert es uns, dass der Weise sein persönliches Unglück nicht etwa als Folge eines eigenen Verstosses gegen die Maat sieht, es aber dennoch als Maat-gemäss versteht, indem ein Zorn Gottes auf dem Land lastet. Über die Ursache dieses Zornes sagt er leider nichts — vielleicht verschweigt er ihn aus politischen Gründen. Es scheint dem heutigen Leser besonders pikant, dass Anch-Scheschonqj nicht einmal so unschuldig ist, wie er sich darstellt : Er hat um einen Hochverratsanschlag gegen das Leben des Königs gewusst, ohne ihn zu melden !

Wie immer nun diese Situation gedeutet werden kann — uns scheint sie besonders fruchtbar für eine Auseinandersetzung mit dem Thema der Ungerechtigkeit in der Welt, und wenn der Gefangene nun beginnt, eine Lehre für seinen Sohn auf die Scherben zerbrochener Krüge zu kritzeln, so erwarten wir, dass er dazu Stellung nimmt. Nichts davon. Er beginnt : « Diene deinem Gott, damit er dich schütze (1) ! » Der folgende Text ist zum grössten Teil unendlich hausbacken ; in uralter Tradition wird gelehrt, dass richtiges Verhalten seine Früchte tragen muss. Der Weise, der die Lehre gelernt hat und sie befolgt, erntet Ansehen bei Gott und Menschen, der Tor muss scheitern. Dabei sind die Sprüche immer wieder gottbezogen : « Sage nicht : 'Jetzt, wo ich reich bin, will ich weder Gott noch Menschen dienen !' Reichtum ist vollkommen nur im Dienste Gottes, der ihn gegeben hat » (18, 16 f.). Ja es findet sich sogar der angesichts des persönlichen Loses des « Verfassers » erstaunliche Satz : « Der Wille Gottes liegt offen vor jedermann, aber der Dummkopf kann ihn nicht sehen » (23, 12). Überraschend zwiespältig ist dann der Schluss (die Rahmenerzählung, die sich runden würde mit einer Entlassung des « Verfassers » durch einen Gnadenakt des Königs, nachdem ihm die Ostraka-Lehre zu Gesicht gekommen ist, wird eigentümlicherweise nicht wieder aufgenommen). Dort heisst es : « Einem Manne geschieht das,

_____

(1) Diese Formulierung erinnert durch das « deine » wie auch den Wunsch nach Schutz an die persönliche Frömmigkeit, bleibt aber doch ausserhalb unserer engeren Frage.

was er getan hat : Gott sieht ins Herz » (26, 5-11), womit wir an derselben Stelle wären, wie bei Merikare (s.o. S. 104). Aber vorher erklingen ganz andere Töne : « Es gibt ein Gefängnis, das das Leben erhält. Es gibt ein Freilassen (aus dem Gefängnis), das den Tod herbeiführt. Es gibt den, der spart und doch nichts erwirbt. Alle sind in der Hand des Schicksals und Gottes » (26, 5-8) (1). Hier werden alle vorher breit vorgetragenen Ermahnungen zur Sparsamkeit und zum braven Bauernleben in ihrem Erfolg in Frage gestellt : Auch wenn du so handelst, wie ich dir rate, kann es dir zustossen, dass du ins Unglück kommst ; entscheidend ist nur das Schicksal und Gott (2).

Hier finden wir in der Tat, was wir suchen : Ein Fortwirken der Erlebniswelt der persönlichen Frömmigkeit, ein Rest jenes Gefühls der völligen Abhängigkeit von Gott, jener in der Ramessidenzeit bestimmenden Erfahrung, nichts für sein Lebenslos tun zu können, sich vielmehr als einzige Rettung ganz in Gottes Gnade bergen zu müssen, « sich in seine Hand zu setzen », wie der ägyptische Ausdruck lautet. Freilich scheint dieses Erlebnis nicht mehr voll lebendig zu sein ; es ist inzwischen im Stile des Weisheitsdenkens reflektiert und wird als Ausnahme von der vorher als gültig formulierten Regel eines Zusammenhanges von Tun und Ergehen eingebaut.

Man könnte einwenden, wir überzögen das Material, wenn wir diesen einen einschränkenden Satz am Ende der langen, ganz vom Tun-Ergehen-Zusammenhang bestimmten Lehre des Anch-Scheschonqj so weit interpretieren. Aber in der einige Jahrhunderte jüngeren Lehre des Pap. Insinger treffen wir genau diesen Gedankengang in dominierender, unübersehbarer Stellung.

Bei diesem Weisheitsbuch, dem jüngsten, das wir bis jetzt aus Ägypten kennen (3), endet jede einzelne Lehre mit dem Refrain : « Das Glück und das Geschick, das kommt, wird von Gott bestimmt », als ob ausdrücklich jeder Vorstellung von einem Automatismus der Maat die Absage erteilt werden sollte. Ja, der Text wird an vielen Stellen noch deutlicher : Die achte Lehre warnt in grosser Breite vor Gier : « Sei nicht gefrässig, damit du nicht ein Genosse der Armut werdest. » Ihr Schlusswort aber lautet : « Es gibt aber auch solche, die von wenigem leben, um zu sparen, und sie werden trotzdem arm. Es gibt andererseits

---

(1) Vgl. dazu A. VOLTEN, in *OLZ*, 1957, Sp. 128.
(2) Glanville hatte « Schicksal von Gott » übersetzt.
(3) Es ist wohl sicher ptolemäisch, wenn nicht älter. Vgl. dazu A. VOLTEN, Das demot. Weisheitsbuch (*Anal. Aegyptiaca*, II), Kopenhagen, 1941, S. 123. Dies Werk ist im folgenden weitgehend benützt.

den, der es nicht versteht, und das Schicksal gibt ihm trotzdem Reichtum. Wer etwas übrig hat, ist nicht deshalb ein kluger und sparsamer Mann, und der, den Armut getroffen hat, ist deshalb noch kein Vergeuder ; denn Gott kann auch Reichtum im Vorrat geben ohne Einnahme, und andererseits schafft er Armut im Beutel auch ohne Vergeudung. Das Glück und das Geschick, das kommt, wird von Gott bestimmt (1). » Zahlreiche Lehren des Papyrus haben einen solchen Schluss, der im Grunde die Lehre selbst aufhebt, zumindest stark aufweicht. Besonders krass scheint uns der Schluss der sechsten Lehre, die vom rechten Verhältnis der Kinder und Eltern spricht. « Wer gut zu seinen Eltern ist, dem gibt Gott Reichtum in seinen Beutel ; wer gut zu seinen Eltern ist, dem vergilt Gott mit Segen » usw. Dann aber heisst es : « Es gibt den, der sein Leben für die Ehre seines Vaters einsetzt, der aber trotzdem kein Erbarmen in seinem Herzen hat ; es gibt auch den, der sich den Abscheu zuzieht, weil er seiner Mutter flucht, und der trotzdem von gutem Charakter ist. Wer seinen Vater, der ihn ernährte, hungern lässt, ist nicht deshalb schlecht. Das Glück und das Schicksal, das kommt, wird von Gott bestimmt » (2, 14-20). Hier wird nicht nur der Zusammenhang von Tun und Ergehen geleugnet, sondern sogar die Möglichkeit eines menschlichen Urteils über solche Taten angezweifelt. — Seine Lehre von der Verborgenheit von Gottes Absichten fasst der Verfasser einmal in den Satz zusammen : « Gott verbirgt, was er mit den Erdbewohnern vorhat, damit sie es nicht wissen » (32, 18). Das geht weit über die schon von Ptahotep erwähnten Grenzen menschlichen Erkenntnisvermögens für die Maat hinaus — hier wird nicht die menschliche Beschränktheit, sondern die Absicht Gottes behauptet, seine Wege vor den Menschen zu verbergen. Wenn dem aber so ist, was soll dann noch die Weisheit ? Gott oder das von ihm gesandte Geschick bestimmen des Menschen Los, und er selbst kann im Grunde nichts dazu tun, als Gott bitten. Der Zusammenhang von Tun und Ergehen ist nicht nur durch die freie Zwischenstellung Gottes als des Vollstreckers der Maat gelockert, es tauchen auch nicht nur gelegentliche Zweifel auf, ob Lohn und Strafe immer folgen, wie bei Anii, — der Zusammenhang ist grundsätzlich aufgesprengt, und zwar schon bei Amenemope. Dass dennoch an der Form der alten Lehren festgehalten wird, ist einer jener bezeichnend konservativen Züge der Ägypter, die auch dann noch versuchen, neuen Geist in

(1) Vgl. dazu A. VOLTEN, *Äg. Nemesis-Gedanken*, S. 376 f.

alte Formen zu giessen, wenn das für unser Empfinden sinnlos und unmöglich ist, weil er sie sprengt.

Es kann nicht mehr unsere Aufgabe sein, ausserhalb der Weisheitslehren nach einem Niederschlag der neuen Gesinnung zu suchen. Immerhin sei darauf hingewiesen, dass sich auch in den eng mit den Lehren zusammenhängenden Autobiographien in der Spätzeit ein Wandel des Tones gegenüber älteren Formulierungen bemerkbar macht, der genau in dieselbe Richtung weist. Eberhard Otto, der diese Inschriften ausgewertet hat, kommt zu folgenden Ergabnissen : « Der Gedanke von der unmittelbaren Wirkung Gottes im Menschen, zu dem man sich hier (scil. in den biographischen Inschriften der Spätzeit) bekennt, wandelt eine andere ägyptische Anschauung in einer für die Spätzeit bezeichnenden Weise ab, die man als eine Grundanschauung der älteren ägyptischen Ethik hinstellen kann : Handle richtig auf Erden, dann kann der Erfolg nicht ausbleiben, und zwar erscheint dabei die Folge von Tat und Erfolg in der älteren Zeit als eine sozusagen naturgesetzliche Erscheinung. Jetzt dagegen wird Gott als Ursache des Handelns wie auch des Erfolges eingeschaltet... Er handelt aber in jedem einzelnen Falle freiwillig von sich aus, und sein Wille kann nicht erzwungen werden... In alter Zeit ist das Dauern auf Erden die natürliche Folge der guten Handlungen ; von Gott ist stillschweigend vorausgesetzt, dass er diesen gesetzmässigen Ablauf der Dinge in Ordnung hält. In der Spätzeit dagegen ist der Glaube an die Gesetzmässigkeit erschüttert : Es liegt im Willen Gottes, der guten Tat die Belohnung folgen zu lassen. Man erwartet und hofft, dass er es tun wird ; aber es ist jedesmal ein besonderer Akt der Gnade (1). »

Wir haben die Einbruchsstelle in das ägyptische Weisheitsdenken genau ermitteln können : Nicht von innen heraus, also nicht durch präzisere Weltbeobachtung wurden die ägyptischen Weisen gezwungen, ihre alte Lehre von dem regel-mässigen Zusammenhang von Tun und Ergehen, von Handlung und Lebenslos zu modifizieren, sondern durch eine Bewegung ganz anderen Ursprungs : Das religiöse Erleben der völligen Abhängigkeit des Menschen von Gott, wie es aus Gründen, denen wir hier nicht nachgehen können, am Ende der 18. Dynastie die Ägypter traf, bestimmte das Gottes- und Weltbild in einem Masse, dass sich ihm die Weisheitslehre nicht entziehen konnte.

(1) Eb. OTTO, *Die biographischen Inschriften der ägyptischen Spätzeit*, Leiden, 1954, S. 22-24.

Erste Spuren der neuen Erkenntnis, dass Gottes freier Wille
sich auch nicht an seine eigene Ordnung bindet, dass er vielmehr
nach seiner Liebeswahl und seiner Gnade oder Ungnade handelt,
dass sich ihm also der Mensch nicht so sehr durch maat-gemässes
Handeln, als vielmehr durch demütiges Bitten nahen kann,
erste Spuren dieses neuen Gottesbildes finden wir in der Lehre
des Anii ; mit kräftigen Farben trägt es dann Amenemope in
das traditionelle und beibehaltene Bild der Weisheit ein. Nach
dem Übergang bei Anch-Scheschonqj, wo eine prachtvolle
Gelegenheit zur Auseinandersetzung ungenutzt bleibt, wird
die neue Weltauffassung in der Lehre des Pap. Insinger in einem
Masse systematisiert, dass im Grunde das Weisheitsdenken
aufgehoben, jedenfalls aber mit einem ganz neuen Vorzeichen
versehen wird.

DISCUSSION DE LA COMMUNICATION DE M. H. BRUNNER

S. Morenz pense que le point de vue de H. Brunner qui souligne le
retrait de Maât en faveur du libre-arbitre du dieu créateur, peut être
encore élargi. Dans l'ensemble de l'histoire de la religion égyptienne,
on note le même changement de pôle avec passage du magique-ritualiste
à la foi en un dieu transcendant. Maât est le concept central au point
de départ, mais de plus en plus, au cours des temps, elle s'est trouvée
soumise à Dieu.

H. Gese pose une question relative à l'existence simultanée de
plusieurs conceptions de sagesses différentes. H. B. a montré comment,
au cours du développement de la sagesse égyptienne, à côté du concept
de Maât, la piété personnelle avait introduit un nouveau principe qui,
dans le papyrus Insinger, tend à se substituer au premier ; de la sorte,
à côté de l'antique idée qui, de façon inéluctable, lie les conséquences
des actes à ceux-ci, s'est développée une nouvelle conception de la
divinité qui accorde son amour aux hommes sans considération de la
nature de leurs actions. H. G. se demande comment ont pu coexister
deux principes si différents. Cette question est d'autant plus délicate
que le sage n'est pas un simple citoyen qui pourrait se rattacher à des
mondes de pensée différents, mais quelqu'un qui transmet la leçon de
sagesse, et doit donc prendre position au sujet de ses données fonda-
mentales.

H. Brunner juge difficile de donner une réponse satisfaisante. Il ne
s'agit peut-être pas à proprement parler de « traditions » dans le maintien
des vieilles idées ; il y a une certaine joie naïve à croire en un monde
juste, ce qui se reflète dans les proverbes de maint peuple, sans qu'il
y ait vraiment survivances de sagesses antérieures. Même chez les
philosophes grecs, ou dans le désordre de notre monde actuel, il y a
suffisamment d'exemples d'une sagesse populaire bien vivante qui ne
tend pas à tirer leçon des expériences de la réalité.

J. Sainte Fare Garnot avait envoyé le texte de ses propres remarques, faites à la lecture du résumé de la communication de H. Brunner préalablement distribué :

« H. Brunner a fort bien compris, me semble-t-il, les difficultés que pose, notamment dans les sagesses égyptiennes, la question des rapports du Créateur avec ses créatures et avec le monde créé, régi par des lois. Ces difficultés résultent en partie du fait que les Égyptiens n'ont pas traité le problème dans son ensemble. Leurs conceptions sur ce sujet, telles qu'elles s'expriment en particulier dans les sagesses, ont pour source, je crois, des préoccupations très diverses, et aucun effort sérieux n'a été fait par les intéressés eux-mêmes pour les harmoniser.

« 1) Une première tendance, à la fois théologique et « piétiste », consiste à subordonner le plus de choses possible à la toute-puissance, à l'intelligence, à la justice et à la bonté suprêmes du Créateur. En conséquence, non seulement on ramène tout à Dieu, mais le rôle et les possibilités d'action de ses créatures sont délibérément minimisés. Cette tendance s'exprime, en dehors des sagesses, dans les fameux textes de piété dite populaire (XIXe-XXe dynasties) étudiés jadis par Erman, puis par Gunn, mais elle est probablement très ancienne. Le fait que, dans les sagesses, elle inspire tous les ouvrages de la « seconde phase », notamment Aménemopé (« l'homme n'est que de l'argile et de la paille et dieu est son architecte ») et surtout les sagesses démotiques, dont elle est un leitmotiv, ne prouve en aucune façon qu'elle soit tardive. A cette tendance se rattachent déjà certains noms propres de l'Ancien Empire, notamment Ankhimahor, Ankhimare, etc., « ma vie est dans la main d'Horus (= dépend d'Horus),... dans la main de Rê », et ainsi de suite.

« 2) Une seconde tendance, non plus spéculative mais très conforme à la psychologie humaine, s'efforce d'assurer aux créatures de Dieu la plus large initiative possible, et de leur donner confiance en leurs propres forces. Ce n'est pas une tendance purement « laïque ». Bien au contraire, car elle implique et favorise la liberté humaine ; et les croyances religieuses, en faisant une grande part au Jugement des Morts, admettent et encouragent cette liberté. N'est responsable, en effet, que celui dont les actes sont libres. A cette tendance s'en rattache une autre, d'origine différente, sans doute, mais opérant dans le même sens. Il ne suffit pas que l'homme soit libre ; il faut encore qu'il puisse exercer une action sur ce qui l'entoure, monde sensible et monde supra-sensible. On est donc conduit à supposer que l'univers est régi par des principes assez stables, que l'on peut découvrir et dont il faut s'inspirer. Il y a un ordre du monde et un ordre de l'homme ; l'un et l'autre sont susceptibles d'être compris, par l'expérience et la méditation. C'est sur cette grande idée, Brunner l'a fort bien vu et montré, que reposent les sagesses égyptiennes de la « première phase ». Assurément cet ordre est précaire ; Seth existe à côté d'Horus, le chaos s'oppose à l'ordre et les Égyptiens ont fait une place à la notion d'irrationnel (le monde à l'envers) ; la création elle-même doit être recommencée tous les jours. Cependant l'impression dominante est que notre entourage est rationnel. Le monde avec tous ses défauts n'en est pas moins intelligible. L'esprit humain, livré à ses seules forces, inspiré, d'ailleurs, par les croyances religieuses, peut le comprendre, l'interpréter, s'en accommoder. La sagesse n'est pas un vain leurre. Elle s'acquiert, se transmet et s'enseigne. Ainsi se trouve justifiée, en Égypte, la forme supérieure du genre didactique, en un mot, pour reprendre les termes d'Aménemopé, l'art de vivre.

« Cela étant, dans quelle mesure ces deux tendances vont-elles entrer en conflit ? On voit bien le risque. Si l'ordre du monde est ainsi rationnel, jusqu'à quel point l'auteur même de cet ordre, qu'on peut supposer contraignant, en serait-il prisonnier ? En bonne logique le Créateur de l'univers ne devrait-il pas se retirer, en quelque sorte, de sa création ? Ne sera-t-il point réduit à la fonction de premier moteur et la perfection même de l'organisation du monde ne doit-elle pas faire admettre que l'organisateur initial en est devenu le simple spectateur et même l'esclave ? Il suffit de lire les Anciens Égyptiens et d'examiner leurs monuments pour comprendre qu'il en allait tout autrement à leurs yeux. Ce point de vue déterministe et mécaniste est représentatif d'une certaine mentalité, occidentale et récente. Les habitants de la vallée du Nil, au temps des Pharaons, ne sont pas allés jusque-là, tenons-le pour assuré.

« Il faut s'entendre d'abord sur le sens des mots. Outre que l'identité de l'ordre du monde avec le terme égyptien $m;'$. t n'est pas aussi complète ni aussi sûre qu'on l'admet habituellement (voir mes remarques sur la communication de Volten), cet ordre est quelque chose de très général ; il comprend quelques données stables, un certain cadre, fondés sur la répartition des éléments (terre, ciel, eau), les notions de temps et d'espace, de bien et de mal, de quantitatif et de qualitatif (il existe aussi un ordre des dieux et un ordre de l'homme, qui s'intègrent dans celui de la nature), la constitution monarchique de toutes les sociétés : divine, humaine, familiale, et surtout les phénomènes que Frankfort appelle, à juste titre, récurrents, par exemple les jours et les nuits, les saisons, la vie et la mort (ou plutôt les deux vies, avant et après la mort).

« Regardons maintenant les documents égyptiens eux-mêmes (dont, sous ce rapport, l'inventaire est à peine commencé) et nous voyons que, dès la haute époque, Dieu s'intéresse constamment à la destinée de l'homme et, bien souvent à sa propre demande, intervient dans le détail de celle-ci. C'est donc qu'elle est modifiable, à la fois par le Tout-Puissant et, dans une mesure moindre, par ses créatures. L'existence est orientée (lors de la naissance) mais non prédéterminée. Ainsi se trouvent justifiées et réintégrées dans l'ordre des valeurs indubitables, d'un côté la liberté de Dieu et celle de l'homme, d'un autre côté la possibilité, pour l'homme, d'apprendre à vivre, quitte à solliciter, le cas échéant, l'aide, miraculeuse ou non, de son Créateur.

« Bref tout est question de mesure. Dieu ne peut pas faire que le bien soit le mal et inversement, ni que l'addition de deux et de trois donne six, et non pas cinq. Il ne touche jamais à ce que j'ai appelé des « constantes » et, s'il peut ressusciter qui lui plaît, le trépas de chacun demeure, en dépit de Dieu, inéluctable. En revanche il influe couramment sur l'existence quotidienne. Non seulement c'est lui qui donne la vie et l'entretient (voir les noms propres de toutes les périodes), mais il accorde les enfants, très souvent parce qu'on les lui demande (voir les noms propres du type *dd.w Sbk*, Moyen Empire, etc.)... Il envoie des songes prémonitoires, interprétables (les onirocritiques remontent, semble-t-il, au Moyen Empire), fait des miracles, soit de lui-même (« prodige de la gazelle », Moyen Empire ; punition de certains coupables, rendus aveugles, et par là même informés de leurs torts, époque Ramesside), soit sur demande (emploi de la magie, comme arme d'origine divine, Moyen Empire ; victoire de Ramsès II à Qadesh). En somme il se mêle du sort de l'homme à tout propos, dans des circonstances particulières, et l'homme juge naturel qu'il en soit ainsi. Dans l'univers des Anciens Égyptiens l'existence d'un certain « ordre » n'est point inhibitrice, bien au contraire ; il y a place pour des dieux libres et pour des hommes libres.

« Reste le problème de la prédestination sur lequel on a, dernièrement, beaucoup écrit. [Je n'ai rien à changer à ce que j'ai dit de la question dans un article réimprimé dans mon livre *Aspects de l'Égypte antique*.] On observera simplement, ici même, que la croyance au destin n'a pas revêtu, en Égypte, autant d'importance qu'ailleurs ; on notera qu'elle ne semble pas avoir été unifiée et qu'elle y est demeurée très générale. Ce sont plutôt les grandes lignes d'une vie (la carrière, l'exercice de la royauté, dans la famille royale), sa durée et aussi les particularités de la mort qui pouvait être fixée (et donc prévue) à l'occasion d'une naissance, jamais les détails. Encore sommes-nous en présence de théories contradictoires, l'homme pouvant avoir le choix entre plusieurs « sorts », comme dans le Prince aux trois destins, conte égyptien du Nouvel Empire (appelé, à tort, selon nous : « Le prince prédestiné »). Dans ce dernier ouvrage la latitude laissée au prince de se battre avec son destin et d'éluder plusieurs genres de mort donnés comme possibles, manifeste un souci assurément remarquable d'affirmer et de respecter la liberté humaine. »

Die religiöse Antwort auf die Korruption in Ägypten

aus: Korruption im Altertum, Hrsg. W. Schuller, München/Wien 1982, 71–77.

Die Gefahr, daß bei diesem Symposion ein zu schwarzes Bild der Vergangenheit, ja des Menschen überhaupt gezeichnet wird, ist gewiß allen Teilnehmern bewußt. Redlichkeit und Unredlichkeit, treuer Gebrauch von Macht und ihr Mißbrauch stehen nebeneinander, wohl immer und überall, nur das Verhältnis zwischen beiden wechselt. Herr Helck hat soeben ein anschauliches Bild von den wechselnden Zuständen in Ägypten entworfen. Er hat auch einige der gegen die Korruption wirksamen Kräfte genannt: Ausbildung einer gruppenspezifischen Selbstbeschränkung, die man „Ehre", aber auch Ethik nennen kann, sowie „idealistische" Vorstellungen für ein ganzes Volk, etwa die Lehre, daß allgemeiner Nutzen höherrangig sei als Nutzen eines Individuums oder einer Schicht. Er ist besonders auf den für Ägypten zentralen Begriff der Maat eingegangen und hat die Folgen der Diskreditierung dieses Begriffes durch die Ketzerei von Amarna gezeigt.

Damit ist das Gebiet der Religion bereits betreten, denn sie war es, die den Begriff der Maat entwickelt und geschützt hat, indem sie lehrte, daß der Mensch nicht Menschen, sondern – vor allem im Gericht nach dem Tode – auch dem Gott werde Rechenschaft ablegen müssen, der über das von ihm den Menschen gegebene Recht wacht. Das Sündenbekenntnis war für alle Ägypter, vom Pharao bis zum Fellachen, verbindlich. In ihm wird auch Korruption, also Amts- oder Machtmißbrauch, vielfach behandelt: „Ich habe nichts ‚Krummes' anstelle von Recht getan" muß der Verstorbene seinem Richter versichern können, ebenso, daß er (als Beamter) die ihm anvertrauten Maße und Gewichte nicht verfälscht habe, aber auch wieder, daß er nicht „taub gegen gerechte Rede" gewesen sei usw. Wir können sicher sein, daß in einem gläubigen Volk eine solche metaphysische Verankerung des Rechtes und der Rechtlichkeit eine weite Wirkung gehabt hat, zumal wenn die ewige Seligkeit, in Ägypten das Fortleben nach dem Tode, an die Erfüllung dieser Normen gebunden war.

So kann ich leider nicht mit Herrn Helck die Lehre des Amenemope als Beispiel dafür verstehen, daß eine Gruppe ihre Macht stärken oder wenigstens erhalten will dadurch, daß sie Ergebung in Gottes Willen lehrt und somit gegen eine Veränderung der – wie immer unzulänglichen – Gesellschaft arbeitet (wobei mir diese Alternative allein schon nicht einleuchtet: Kann man nicht die Verhältnisse bessern unter Berufung auf Gottes Willen?). Diese

Lehre, die aus der Zeit um 1100 bis 1000 v. Chr. stammen dürfte, scheint mir vielmehr gerade ein Beispiel zu sein für eine Selbstbeschränkung des Macht- und Gewinnstrebens einer mittleren Beamtenschicht, jedenfalls was die Korruption angeht. Wir hören einen Abschnitt, der sich ausdrücklich mit Macht- mißbrauch beschäftigt, mit der Bevorzugung des Reichen im Gericht (Juris- diktion und Administration waren in Ägypten – selbstverständlich – nicht ge- trennt). Vorauszuschicken ist, daß diese Lehren sämtlich zunächst und dem Wortlaut nach an den oder die Schüler des Weisen, oft seine Söhne, gerichtet waren, aber immer im Blick auf *alle* jungen Menschen des Landes geschrie- ben sind – von vornherein haben die Verfasser ihren Gebrauch in der Schule im Auge. Hier der Text dieses Passus des Amenemope:

> Verdirb nicht einen Mann im Gericht
> und schiebe den nicht beiseite, der im Recht ist,
> indem sich dein Blick der reichen Kleidung zuwendet
> und du den fortjagst, der ärmlich angezogen ist.
> Nimm keine Bestechung an von einem Reichen
> und unterdrücke nicht in seinem Interesse den Schwachen.
> Gerechtigkeit ist eine große Gabe Gottes,
> er gibt sie dem, den er liebt.
> Die Kraft dessen, der ihm (Gott) darin gleicht,
> befreit den Bedrückten von den Schlägen. (Kap. 20).

Eine solche Mahnung kann gewiß nicht als Bestätigung herrschender Kor- ruption, als Schwächung jeden Versuchs, die Zustände zu bessern, gewertet werden. Hier wird ein Verzicht geboten, Machtmittel des Amtes zur Bereiche- rung anzuwenden, obwohl die Möglichkeiten gegeben waren, ja es wird sogar vor Parteilichkeit nur auf Grund der Kleidung gewarnt, auch ohne materiel- len Vorteil, also vor mehr oder weniger unbewußter Ungerechtigkeit. Begrün- det wird die Warnung auch hier aus dem Willen Gottes, d. h. letztlich aus der Maat – keinesfalls aus Angst vor Entdeckung und Strafe.

Ein solcher ethisch fundierter Verzicht ist also auch noch in der späten Ra- messidenzeit, wenn nicht üblich, so doch jedenfalls möglich und wurde als Ideal dem Beamtennachwuchs gelehrt – man verachte solche Ideale auch dann nicht, wenn die Wirklichkeit, wie meist in der Welt, dahinter zurück- bleibt. Wegweiser sind auch dann wichtig, wenn das darauf genannte Ziel nie erreicht wird.

Unsere Frage sei nun, wie die armen Leute auf ihre Lage reagiert haben. Sie hatten, gerade in der Blütezeit der Korruption, der späteren Ramessiden- zeit, ein unmittelbares, oft ergreifendes Verhältnis zu ihrem Gott, zu einem Gott, den sie in aller Regel selbst für sich als Schützer und Retter erwählt hat- ten. Das war teilweise, ja vorwiegend einer der großen Götter, Amun in The- ben oder Ptah in Memphis, konnte aber auch eine lokale Gottheit sein. An ihn wendet sich der Arme in seiner Not, besonders, wenn das Geschick ihn vor Gericht gebracht hatte. Ein solches Gebet lautet:

„Amun, neige dein Ohr dem, der allein steht im Gericht, der arm ist, nicht reich. Das Gericht zieht ihm Silber und Gold aus der Tasche für die Schreiber der Matte und Kleider für den Gerichtsdiener. Vielleicht aber verwandelt sich Amun dann in den Wesir, um den Armen freizusprechen; vielleicht wird der Arme gerechtfertigt. Ach, daß doch die Armut den Reichtum aus dem Felde schlüge!" (pAnast. II 8,5–9).

Der Wesir ist oberste Aufsichtsbehörde für das Gerichtswesen und Appellationsinstanz; in unserem Text ist wohl die Hoffnung ausgesprochen, daß Amun in Gestalt des Wesirs unverhofft zu einer Inspektion auftaucht wie der Gerichtsrat Walter im Zerbrochenen Krug. Interessant und wohl für Ägypten bezeichnend ist der Umstand, daß dieser Text in einer Schulhandschrift überliefert ist, also in der Schule gelehrt und gelernt wurde! Nicht einen Appell an die Schüler haben wir vor uns, die unguten, ja schlimmen Verhältnisse zu ändern, wie wir ihn für den persönlichen Bereich aus der Lehre des Amenemope als ersten Teil gehört haben (ein solcher Gedanke wäre einem Armen ohnehin absurd erschienen), sondern eine unverblümte Schilderung der Verhältnisse, aus denen nur eine Gebetserhörung helfen kann, eine recht ungewisse Hoffnung allemal. Dennoch würde ich nicht sagen, daß hier eine herrschende Klasse Ergebenheit in die Zustände lehrt, um sie zu ihren Gunsten zu bewahren – das ist viel zu modern gedacht und „hinterfragt". Es scheint mir undenkbar, daß die bestechliche Schreiberschicht, um ihre Möglichkeiten zu erhalten, die Armen auf den Weg des – in ihren Augen nutzlosen – Gebetes verwiesen hätte. Erstens findet sich dies Gebet in einer Schulhandschrift, also gerade der Schicht der Beamten, und dann besitzen wir zuviele innige Gebete von Beamten selbst, etwa einem Studenten vor dem Examen, als daß wir sie solch zynischer Gottlosigkeit verdächtigen dürften.

Auf die Frage nach dem inneren Zusammenhang zwischen der zu dieser Zeit in *allen* Schichten des ägyptischen Volkes dominierenden Persönlichen Frömmigkeit, in deren Kreis das gehörte Gebet seinen Platz hat, und der gerade damals blühenden Korruption soll später eingegangen werden – einstweilen sei sie nur gestellt.

Auch in anderen Texten wird Amun als Helfer im Gericht angerufen, „der allen Armen zum Recht verhilft", so z. B. in einem dem vorigen ähnlichen Gebet: „Amun-Re, der eingreift zugunsten des Armen in der Verzweiflung, könnte er doch bewirken, daß das Gericht einstimmig dem Armen Genugtuung gebe, so daß der Arme den Prozeß gewinnt, und der, der bestochen hat, betrübt wird"[1]. Und noch ein Beispiel aus der Schullektüre: „Amun-Re, der als erster die Königsherrschaft ausgeübt hat (d. h. also der Erstling und das Vorbild des gerechten Herrschers), der Gott der Urzeit, der Wesir des Armen, er nimmt kein Bestechungsgeld des Armen an, er spricht nicht zu dem, der einen (falschen) Zeugen beibringt, er achtet nicht auf den, der Versprechungen macht. Amun erforscht die Erde mit seinen Fingern und äußert sich nach dem Gewissen; er verurteilt den Schuldigen ..."[2].

Das letzte Beispiel für solche Zuflucht des Armen bei der Gottheit, von der er Gerechtigkeit erwartet, sei nochmals ein Gebet an Amun:

> „Jede Stadt ist voll deiner Liebe, Amun, jedes Land erfüllt von deiner Güte. Du bist Amun, der Wesir, der Wesir, der jedem Armen Recht spricht. Amun hat noch niemals zu einem Armen, der keine Bestechung hat, gesprochen: Geh hinaus aus meinem Gerichtshof! Wende dich dem zu, der deinen Namen ruft, Amun, und sprich Gerechtigkeit aus!"[3].

Die Situation, die dem Beter vorschwebt, ist die des Zivilprozesses, wo der Kläger, weil er arm ist, abgewiesen wird.

Bevor wir diesen ersten Teil des Referates abschließen, sei die vorhin schon angeschnittene Frage nochmals gestellt: Die meisten Nachrichten über Korruption fallen in eine Zeit, in der der Einzelne über den seit alters geübten offiziellen Götterkult hinaus das Bedürfnis fühlte, mit der Gottheit, meist mit einer persönlich erwählten, in enge Verbindung zu treten. Ist das Zufall, eine parallele Entwicklung oder hängt das kausal zusammen etwa in dem Sinne, daß die Hinwendung zu Gott, die Ergebenheit in seine Obhut als Ausweg aus einer herrschenden allgemeinen Korruption gesehen wird? So wie zuletzt gefragt ist es gewiß nicht – dazu spielt die Korruption und besonders das Gerichtswesen denn doch eine zu geringe Rolle im Alltag der meisten Menschen. Aber Zufall ist das Zusammentreffen andererseits auch nicht. Beides, Persönliche Frömmigkeit wie Korruption, hat vielmehr seine Wurzel in der Schwäche der Staatsidee. In der der Ramessidenzeit vorhergehenden Periode der 18. Dynastie mit den großen Königen namens Thutmosis und Amenophis hören wir nichts von Korruption, und erst ganz an ihrem Ende vernehmen wir leise Anzeichen der Persönlichen Frömmigkeit. Beides ändert sich in der Ramessidenzeit, wobei es den Anschein hat – aber die Quellenlage kann täuschen –, daß die persönliche Zuwendung zu Gott etwas früher auftritt als die Verwilderung der Sitten in Verwaltung und Gericht.

Herr Helck hat ausgeführt, daß die Korrumpierung der Idee von der Maat die Ursache für den in der Ramessidenzeit einsetzenden Mißbrauch der Amtsgewalt sein kann – dem stimme ich zu. Denselben Grund möchte ich für das Aufkommen der Persönlichen Frömmigkeit annehmen: Der Verlust der Staatsidee (die in Ägypten immer die Idee des Königtums ist) entwertet den von Staats wegen fortdauernd betriebenen Tempelkult. Nicht *gegen* ihn wendet sich der Einzelne, der bisher im Bewußtsein dieser Staatsfürsorge auf religiösem Gebiet keine weiteren Bedürfnisse religiöser Bindung hatte (von besonderen Notfällen abgesehen), aber er genügt nicht mehr, der Ägypter fühlt sich dort nicht mehr geborgen. Also: Nicht Persönliche Frömmigkeit als

---

[2] pBologna 1094, 2,3–7 u. Varr.
[3] POSENER, in: FS Ricke 61 f.

Folge der Korruption, nicht als Reaktion darauf, aber doch, parallel zu ihr entstanden, als Hilfe. Das Bewußtsein von Gott als Helfer und Retter bringt nun einmal Trost – auch wenn das dem Menschen am Ende des 20. Jahrhunderts schwer begreiflich oder lächerlich oder gar verwerflich, weil „herrschaftserhaltend" erscheinen mag.

Damit wenden wir uns dem zweiten Teil meines Kurzreferates zu und beginnen wieder nach Philologenbrauch mit Texten. Die vorhin gehörten Passagen vervollständigen das Bild von der Korruption, das wir aus amtlichen Schriftstücken gewinnen können, in wünschenswerter Weise, jedenfalls was die Gerichte angeht. Sie erwecken geradezu den Anschein, als ob es in der Ramessidenzeit für einen Armen, der kein Bestechungsgeld aufbringen kann, ja vielleicht nur ärmlich gekleidet war, unmöglich gewesen sei, sein Recht zu erhalten. Daß dem nicht so war, bezeugen nun aber die in reichem Maße erhaltenen Dokumente aus der Arbeitersiedlung Der el-Medine, die hier freilich nicht vorgeführt werden können. Bei ihr handelt es sich um die Wüstensiedlung der Arbeiter, die beim Bau des Grabes des jeweils regierenden Königs beschäftigt waren. Dort gewinnt man aus der Fülle erhaltener amtlicher wie privater Schriftsätze durchaus den Eindruck, daß Fehlurteile nicht häufiger waren als in anderen Kulturen auch, daß die Richter das Recht mit den ihnen zur Verfügung stehenden Mitteln sorgfältig gesucht haben. Freilich muß, was Korruption angeht, betont werden, daß es sich hier um eine Art Dorfgericht handelt, bei dem zwischen Kläger und Beklagtem von ihresgleichen entschieden wurde, nicht von Berufsrichtern oder dem Dorf fernen Beamten. Auch die streitenden Parteien gehörten in aller Regel etwa der gleichen sozialen Schicht an, so daß es kaum möglich war, daß ein „Reicher" gegen einen Armen durch Bestechung gewinnen konnte. Andererseits mögen in einer so kleinen und eng beieinander wohnenden Gemeinschaft von wenigen hundert Seelen private Interessen und Verwandtschaften oder Feindschaften eine ungute Rolle auch im Rechtswesen gespielt haben – wir wissen das nicht, können es uns aber gut vorstellen.

Über das Verfahrensrecht bei diesen Gerichtshöfen hat der zu meiner Freude unter uns weilende Kollege Schafik Allam gründlich und abschließend gearbeitet[4]. Seine Ergebnisse werden hier weitgehend verwendet, wenn auch zum Schluß eine hypothetische Schlußfolgerung etwas anders gewendet werden soll.

Es handelt sich darum, daß bei der Rechtsfindung in diesem Ort gelegentlich, keineswegs durchgängig, eine Gottheit eingeschaltet wird. Im weiteren Sinne könnte man von Orakel sprechen, doch empfiehlt sich eine sprachliche Differenzierung: Orakel beziehen sich auf zukünftige Ereignisse oder die Aufdeckung verborgener Verhältnisse, während hier von rechtswirksamen

---

[4] MDIK 24, 1969, 10–15 und Das Verfahrensrecht der Arbeitersiedlung von Deir el-Medineh, 1973, VIII. und IX. Abschnitt.

Urteilen in Prozessen die Rede ist. Auf die Technik dieser Gottesgerichtsbarkeit kann hier nicht eingegangen werden, zumal noch vieles unklar ist. Tatsache ist, daß ein Gott ein Urteil spricht, sei es durch einfache Ja-Nein-Entscheidung, sei es aber auch durch einen längeren Wortlaut. Dabei spielen Priester, wenn sie überhaupt anwesend und beteiligt sind, nur eine untergeordnete Rolle; den Prozeß bereitet ein Schreiber vor (Entgegennahme der Klage, Erheben von Beweisen usw.) und leitet ihn auch. Weitere Mitwirkende sind im übrigen dieselben Bewohner des Ortes, die auch im weltlichen Gericht tagten, meist Honoratioren des Ortes. Wesentlich ist nun die von Allam gewonnene Einsicht, daß der Richtergott an die auch im weltlichen Gericht gültigen Rechtsnormen gebunden ist, also an die Ergebnisse der Beweiserhebung, an königliche Verordnungen (die etwa Gesetzen entsprechen) usw. Es steht, soweit wir sehen, Klägern frei, sich statt an das weltliche Gericht an den Gott zu wenden, wenn auch dessen Zuständigkeitsbereich sich nur auf Zivilprozesse, nicht auf Strafsachen zu erstrecken scheint. Auf die Frage, warum sich Menschen wohl manchmal an den Gott, nicht an das Gerichtskollegium gewendet haben, um ihr Recht zu erhalten, geben die Urkunden keine ausdrückliche Auskunft. Allam versucht eine Antwort dahingehend, daß das Urteil eines Gottes die unterlegene Partei eher zur Erfüllung des Urteils veranlaßt haben könnte – tatsächlich scheint die Vollstreckungsgewalt des weltlichen Gerichts sehr schwach gewesen zu sein. Beweise dafür, daß ein Gottesurteil eher befolgt worden wäre, besitzen wir leider nicht. Ich möchte hier fragen, ob nicht dem Gott eher Unbefangenheit, Objektivität, Unbestechlichkeit zugetraut worden ist, ob also nicht die Wahl des Gottesgerichts anstelle des weltlichen – in Übereinstimmung mit dem Geist der vorhin gehörten Gebete – ein Akt gegen mögliche Korruption gewesen ist.

Der Kreis würde sich schließen: Persönliche Frömmigkeit, also Hinwendung zu einem erwählten Gott und ein hingebungsvolles Vertrauensverhältnis zu ihm als Folge der Krise des Vertrauens in den Staat, Korruption als eine weitere Folge derselben Entwicklung, und so auch, Folge von beidem, Vertrauen in den Gott, daß er, unbeeinflußt von arm oder reich, Recht spreche.

Wenn wir nun abschließend zusammenfassen, daß die Religion als Antwort auf die Korruption der Ramessidenzeit einerseits Gebetszuwendung an den erwählten Gott mit der Bitte, zugunsten des Rechts einzugreifen, bereithielt, andererseits die Gottesgerichtsbarkeit und, außerhalb des Rechtsverfahrens, das Orakel (worauf wir aus Zeitgründen nicht näher eingehen konnten), so möchte ich vor der vorschnellen Folgerung warnen, man habe den Teufel mit dem Beelzebub ausgetrieben, indem man an die Stelle von bestechlichen Richtern nicht weniger bestechliche Priester gebracht habe. Bei den persönlichen Gebeten bleiben die Priester ohnedies aus dem Spiel, und bei dem Gottesgericht haben sie keine oder nur eine untergeordnete Rolle gespielt. Und ob bei Stellenbesetzungen der Wille Gottes zu mehr Fehlbesetzungen geführt hat, wissen wir nicht. Mag sein, daß der von Menschen nicht tadelbare Wille der Gottheit im Gegenteil dazu gedient hat, solche Anwärter auszuschalten, die auf unrechte Weise ihre Macht mißbrauchen wollten.

Jedenfalls hat die ägyptische Religion nicht nur den für Recht und Unrecht in Verwaltung wie im Gericht maßgebenden Begriff der Maat entwickelt und gestützt (wie ihn die Religion Echnatons dann korrumpiert hat), sie hat auch die Ethik bestimmter verantwortlicher Gruppen geformt und sie hat gelehrt, daß der Mensch nicht nur Menschen verantwortlich ist. Sie hat ferner den Benachteiligten eine Zuflucht und eine Hoffnung im Gebet geboten und schließlich im Alltag die Hinwendung an Gott als den Urheber und Schützer des Rechts, der Maat, geübt.

Zum Verständnis der archaisierenden Tendenzen in der ägyptischen Spätzeit

aus: Saeculum 21, 1970, 151–161.

Wer sich mit der Frage nach Gesetz und Handlungsfreiheit in der Geschichte befaßt und zur Lösung dieses zentralen universalhistorischen Problems so Entscheidendes zu sagen gewußt hat[1], der mag vielleicht auch einen Blick zurück zum Alten Ägypten wenden, wo, wie mir scheint, eine Erscheinung erstmals greifbar wird, die sich seitdem in unzähligen, gewichtigen wie unbedeutenden, Variationen in der Geschichte wiederholt hat. Auch wenn mir durchaus der historische Weitblick fehlt, der es *Joseph Vogt* erlaubt hat, bestimmte Erscheinungen weit über die Antike hinaus zu verfolgen, so mag doch die Darstellung des Sachverhaltes im Pharaonenreich und der Versuch einer Erklärung der sonderbaren Erscheinung des Archaismus wenigstens auf ägyptischem Boden einen bescheidenen Platz in den weitgespannten Interessen des Jubilars finden.

Im allgemeinen zeigten die Ägypter wenig Interesse für ihre Vergangenheit[2]. Die offizielle Tradition kannte zwar Annalen, d. h. Listen der Könige mit ihren Regierungsjahren, die auch in Zwischensummen zusammengerechnet wurden; sie kannte wohl auch ausführlichere Chroniken, die über die reinen Namen und Zahlen hinaus gewisse Ereignisse überliefert haben müssen[3]. Doch existierte weder eine Geschichtsschreibung wie bei Hethitern und Israeliten noch lebt im allgemeinen Bewußtsein mehr von der Vergangenheit fort als einige Anekdoten um berühmte Könige; es ist bezeichnend, daß es in den zahllosen ägyptischen Texten nur drei Stellen gibt, an denen genaue Zahlen aus der Geschichte genannt werden[4].

Seit etwa 800 v. Chr.[5] aber, also in der ägyptischen Spätzeit, treffen wir plötzlich eine ganz eigenartige Beschäftigung mit früheren Zeiten, die sogar teilweise das Prädikat

---

[1] *Joseph Vogt*, Gesetz und Handlungsfreiheit in der Geschichte, Studien zur historischen Wiederholung (Stuttgart 1955).

[2] Es sei nur verwiesen auf die ganz knappe Darstellung mit kurzer Literaturangabe bei *Erik Hornung*, Einführung in die Ägyptologie (Darmstadt 1967) § 70.

[3] Solche Chroniken sind uns, im Gegensatz zu Annalen, nicht erhalten, doch beweist allein das Geschichtswerk *Manethos* ihre Existenz, da dies ohne jene Quellen nicht hätte geschrieben werden können; *Herodots* historische Angaben dagegen gehen höchstens indirekt auf solche Chroniken, unmittelbar aber auf trübere Quellen zurück. Prodigienlisten hat er gesehen: II 82, 2.

[4] *Thutmosis IV. erwähnt*, daß er einen unvollendeten Obelisken seines Großvaters *Thutmosis III.* fertiggestellt und aufgerichtet habe, *„nachdem er 35 Jahre auf seiner Seite gelegen hatte"* (Urk. IV 1550, 5); *Ramses IV.* weist *Osiris* in einem Gebet darauf hin, daß er in seinen ersten vier Regierungsjahren mehr für ihn getan habe als sein Ahnherr *Ramses II.* in den 67 Jahren seiner Regierung und erbittet sich also doppelt dessen Lebensdauer (*Breasted*, Anc. Record IV, § 471); und schließlich wurde *Udja-Hor-resnet*, dem berühmten Kollaborateur mit dem persischen Eroberer *Kambyses*, während der erneuerten Perserherrschaft im Jahre 341 eine Statue zur Erinnerung errichtet, wobei die Spanne von seinem Tode bis zu diesem Denkmal mit 177 Jahren angegeben ist (*R. Anthes*, Mit Rahineh [1956] S. 100). Der historische Bezug der 400-Jahr-Stele aus Tanis ist ungewiß und die Zahl als runde ohnehin verdächtig.

[5] Es gibt freilich Vorläufer, ja zu den meisten Zeiten hat man gelegentlich Kunstwerken oder Handschriften altertümliches Aussehen verliehen oder ihnen ein altes Vorbild zugeschrieben, um ihren Wert oder ihre Glaubwürdigkeit zu erhöhen. Unser Phänomen aber setzt sich von diesen ver-

„*Forschung*" verdient. Dieser Archaismus hat mannigfache Erklärungen durch Ägyptologen gefunden[6]. Unsere Aufgabe soll es sein, zunächst einige wenige, aber charakteristische Zeugnisse dieser Geisteshaltung anzuführen, also ihr Bild zu skizzieren, danach bisherige Deutungen zu zitieren und schließlich einen eigenen Vorschlag zum Verständnis dieses Phänomens vorzutragen.

Zunächst also einige Zeugnisse dafür, daß Ägypter im ersten Jahrtausend auf vielen Gebieten der Kultur über eine abgerissene Traditionskette hinweg alte Kulturgüter suchten und nachahmten. *Nes-pa-kaschuti*, Bürgermeister von Theben und Wesir in der 26. Dynastie, wählte sich als Platz für sein Grab eine Grabanlage der 11. Dynastie im Talkessel von Dêr al-bahri. Den alten breiten Aufweg benützte er, wenn er ihn auch der Länge nach halbierte, baute anstelle des alten Ziegelpylons eine neue Toranlage und hieb sich ein neues Grab in den Felsen. So ähnelte seine Gesamtanlage in etwa, aber keineswegs bei genauerem Zusehen, denen der Zeit vor 1400 Jahren; in der ganzen Zwischenzeit ist, soweit wir wissen, niemals ein solches Grab entstanden. Bei der Dekoration hielt er sich bei Themen wie Ausführung noch stärker an die Vergangenheit. Dörflerprozessionen mit Opfergaben gehören ins Alte Reich, sind aber der sozialen Struktur Ägyptens seit dem Mittleren Reich ganz fremd: Hier ziehen sie wieder in den Reliefs zur Opferstelle. Andere Szenen sind dem Repertoire jüngerer Epochen entnommen, aber unter den erhaltenen Resten ist keine, die dem Stil der eigenen Zeit entspricht, wie er sich in anderen Gräbern oft findet[7]. In vielen Grabanlagen der 26. Dynastie treffen wir auf ähnlich altertümelnde Reliefs, also auf Themen und Stile einer seit vielen Jahrhunderten entschwundenen Periode, von der keine Tradition bis ins erste Jahrtausend führt. Sie zeigen allerlei obsolete Technik und Tracht. Männer werden in kurzem Schurz dargestellt, den seit etwa 1400 v. Chr. kein Ägypter mehr getragen hat, Frauen entsprechend im strengen Trägergewand, das anzuziehen sie zweifellos als unzumutbar von sich gewiesen hätten. Das klassische Beispiel dieses Archaismus in der funerären Kunst ist das Grab Nr. 36 in Theben, dessen Inhaber *Ibi* zur Zeit *Psammetichs I.* (663—609) lebte und der das damals etwa 1800 Jahre alte Grab eines Namensvetters in der mittelägyptischen Provinz teilweise so genau kopierte, daß Anordnung von Personen und Gegenständen übereinstimmen, wenn auch immer wieder kleine Anachronismen, wie etwa Schnauzen an Gefäßen, die wahre Zeit der Entstehung verraten[8].

Für die Beurteilung dieses Phänomens ist es wichtig, auf zwei Beobachtungen hinzuweisen: Die Vorbilder für die entlehnten Szenen beschränken sich keineswegs auf eine be-

---

einzelnen und auf eine Täuschung des Betrachters oder Lesers zielenden Versuchen ab. Ein genaues Datum für den Beginn des uns beschäftigenden Phänomens läßt sich nicht geben. *Gg. Steindorff* glaubte, ihn in die 22. Dynastie setzen zu können, in: Journal of Egyptian Archaeology 25 (1939) S. 33; vgl. unten Anm. 12 und 22.

[6] Eine Sammlung aller Zeugnisse dieses Phänomens fehlt, ist aber ein dringendes Desiderat. Gute Charakteristik bei *Eberhard Otto*, Ägypten (Urban-Bücherei, 4. Aufl. Stuttgart 1966) S. 247 ff. Zur Kunst s. vor allem *W. Wolf*, Die Kunst Ägyptens (Stuttgart 1957) S. 602 ff.

[7] *H. E. Winlock*, in: Bull. Metrop. Mus. (Dec. 1923) Eg. Exped. 1922/23, S. 20 f.

[8] Gegenüberstellung der Szenen des alten und des jüngeren *Ibi*-Grabes bei *Norman de Garis Davies*, Deir el Gebrâwi I (London 1902) Taf. XXIV/XXV mit Taf. XIII/XIV und Taf. XXV B mit Taf. XI (Jagdszene). Abweichungen, Modernisierungen und völlig neue Szenen stellt *v. Bissing*, in: Archiv f. Orientforschg. 3 (1926) S. 53 ff. zusammen. Es ergibt sich die wichtige Tatsache, daß keine „Kopie" im Sinne der klassischen Archäologie vorliegt, wohl aber eine Abhängigkeit bis in viele Einzelheiten einschließlich der beigeschriebenen Texte, die sich nur dadurch erklären läßt, daß der Saïte das AR-Grab unmittelbar gekannt hat, nicht aber durch „Musterbücher", wie sie *v. Bissing* annimmt; solche Papyrushandschriften hätten sich auch kaum über fast 2000 Jahre gebrauchsfähig erhalten!

stimmte Periode; es lassen sich auch weder in einem Grab noch in einer bestimmten Zeitspanne Vorlieben für das Alte, Mittlere bzw. Neue Reich feststellen: Wahrscheinlich hatten die Ägypter nicht einmal die Möglichkeit, ein altes Kunstwerk zu datieren, wenn nicht gerade ein bekannter Königsname darin vorkam. Und außerdem verleugnet keines dieser Gräber seine Entstehungszeit, d. h. es liegt nicht etwa die Absicht vor, Besucher über das wahre Alter zu täuschen. Das eben genannte Grab des *Ibi* nennt den Namen des Königs, unter dem sein Erbauer gelebt hat, und zeigt neben den Kopien aus der 6. Dynastie einige Szenen, zu denen es keine alten Vorbilder geben kann, darunter die erst- und wohl auch einmalige Szene der Herstellung von Fayence.

Nur gelegentlich können bei Reliefbruchstücken, die aus ihrem Zusammenhang gerissen sind, Zweifel aufkommen, ob sie einer *„ursprünglichen"* oder einer kopierenden Zeit entstammen; bei plastischen Kunstwerken dürfte sich ein solcher Zweifel wohl bei keinem Ägyptologen einstellen. Kein Bildhauer der archaistischen Periode erreicht die plastische Kraft der älteren, *„klassischen"* Zeit, auch wenn er sie anstrebt. Teils beschränken sich die Künstler darauf, bei den Statuen Äußerlichkeiten wie Tracht oder Haltung zu übernehmen, teils versuchen sie der alten Monumentalität dadurch näherzukommen, daß sie ihren Werken große, glatte Flächen lassen (wozu dann pedantische Details wie ein Fransensaum einen eigentümlich reizvollen Kontrast bilden können). Hier seien als Beispiel für viele nur zwei Statuen des Gouverneurs von Theben aus der Zeit des Wechsels der 25. zur 26. Dynastie, *Monthemhêt*, genannt, von denen die eine ihn in Tracht und Haltung eines vornehmen Beamten des Mittleren Reiches zeigt[9], die andere ihn mit seinem Sohn zu einer der sehr seltenen Gruppen der Spätzeit vereinigt, wobei sich der Künstler deutlich an ein Vorbild des Neuen Reiches anlehnt[10].

Daß die Ägypter dieser Spätzeit regelrechte Ausgrabungen veranstaltet hätten, um dabei alte Denkmäler kennenzulernen, können wir nicht nachweisen. Diese Mühe mußten sie auch kaum auf sich nehmen, da ausreichend viele Figuren in halb oder ganz zerfallenen alten Gräbern unschwer zu finden gewesen sein dürften. Dagegen haben sie uns andere Spuren ihrer Tätigkeit hinterlassen: Alte Kunstwerke wurden mit einem Liniennetz überzogen[11], damit man leichter die uralten Proportionen studieren und die Szenen kopieren konnte.

Aber nicht nur in den leicht zugänglichen Privatgräbern und in etwa noch stehenden Totentempeln studierten die Künstler die „Klassik", sogar in die nur schwer und unter Lebensgefahr betretbaren Räume unter *Djosers* Stufenpyramide sind sie eingedrungen und haben in engsten Verhältnissen in unfertig ausgehauenen Kammern Figuren mit dem Kopierliniennetz überzogen, wobei sie sich auch für beschädigte, nämlich kopflose Gestalten interessierten[12].

---

[9] Berlin 17 271, jetzt in Ostberlin, vgl. *J. Leclant*. Montouemhat (Bibl. d'Étude XXXV [Kairo 1961]) Taf. XII—XV, Bibliographie S. 58.

[10] Ebd. Taf. XXI f., Bibliographie S. 79. Gute Übersichten über archaisierende Tendenzen in Relief und Plastik bei *W. Wolf*, op. cit. (Anm. 6) S. 636—642, und *W. St. Smith*, Art and Architecture of Ancient Egypt (Harmondsworth 1958) S. 245—252.

[11] Das auf einfache Weise dadurch herzustellen war, daß man eine in Farbe getauchte Schnur oben und unten bzw. rechts und links in genau gemessenen Abständen an den Rand des Bildes hielt und dann mit einem Ruck straff spannte, so daß die nasse Schnur auf die Steinoberfläche prallte, so z. B. *C. M. Firth* und *J. E. Quibell*, The Step Pyramid I, S. 33 f.

[12] *Firth* und *Quibell*, op. cit. (Anm. 11) S. 5 und 33 f., Taf. 15 f., und *J. Ph. Lauer*, La pyramide à degrés I, S. 45. Diese Kopistentätigkeit möchte *D. Wildung*, Die Rolle äg. Könige im Bewußtsein ihrer Nachwelt I (Berlin 1969), S. 77 ff. unter *Necho*, dem 2. König der 26. Dynastie, ansetzen. — Ähnlich *L. Borchardt*, Das Grabmal des Sahure I (Leipzig 1910) S. 105 und Abb. 132 = *W. Westendorf*, Das alte Ägypten (Baden-Baden 1968) S. 56 (Farbbild). – Einen sicheren Beleg

Neben solchen traditionellen Kopiermethoden wandten die Künstler der Saïtenzeit auch modernere Verfahren an, um sich alte Vorlagen für ihre Studien im Atelier zu beschaffen: In den Totentempeln des *Sahurê* wie des *Neferirkarê* gossen sie die alten Hieroglyphen und Einzelheiten der Reliefs in Gips aus, um den Schatz auf diese Weise nach Hause tragen zu können[13].

Wir können hier aus dem fast unübersehbar reichen Material aller Lebensgebiete der Spätzeit nur einen verschwindend kleinen Ausschnitt erwähnen; damit das Bild sich dennoch möglichst runde, sei diesen in die Augen springenden Beispielen noch eine Feinheit zugefügt, die selbst Zeitgenossen oft genug nicht bemerkt haben dürften: Die Äthiopenkönige haben eine Vorliebe für Säulen mit offenem Papyruskapitell, und bei dem Schaft dieser Säulen kann der Archäologe an einer Seite einen feinen Grat beobachten, wie er sich an gleichen Schäften in alter Zeit findet, in der Zwischenzeit aber verschwunden war[14].

Eine ähnliche Zuwendung zu längst verschollener Vergangenheit beobachten wir auch auf einem Gebiet, wo wir es zuletzt erwarten würden: dem der Verwaltung. Selbstverständlich erforderte der Staat um 600 eine Organisation, die von der des 3. Jahrtausends völlig verschieden war. Dennoch begegnen wir Titeln, die in den dazwischenliegenden 2 000 Jahren ausgestorben und vergessen waren. Wieweit ihnen Ämter überhaupt entsprachen (bei denen dann noch zu prüfen wäre, ob sie mit denen der Erstverwendung irgend etwas zu tun hatten), bleibt zu untersuchen[15].

Dieselbe Rückwendung zur Vergangenheit läßt sich für die Literatur[16] und für die Sprache nachweisen. Es ist aber bezeichnend, daß vorwiegend Grab- und Tempeltexte altertümliche Formen und Vokabeln aufweisen, während Dokumente des täglichen Lebens von allem Archaisieren frei bleiben. Als Beispiel für eine altertümelnde Orthographie sei nur die *Naukratis*-Stele genannt, in der die im Jahre 377 von *Nektanebôs* für die griechische Siedlung erlassenen Zollbestimmungen veröffentlicht werden[17]. Man hat versucht, die ungewöhnlichen Schreibungen dieses Textes, besonders die Bevorzugung von Einkonsonantenzeichen, als Einfluß der griechischen Alphabet-Schreibung zu erklären; doch ist eine solche Deutung insofern unzulänglich, als sie nur einem kleinen Teil der auffallenden Graphien gerecht wird. Die häufige Verwendung von Wortzeichen ohne phonetische Komplemente beispielsweise widerspricht dem Buchstabierprinzip, läßt sich

---

für ein Studium von Darstellungen in den unterirdischen Räumen der *Djoserpyramide* besitzen wir schon aus der Zeit der 24. (?) Dynastie: Die Serapeum-Stele Nr. 117 *(M. Malinine/G. Posener/J. Vercoutter*, Cat. des Stèles du Sérapéum de Memphis I [1968], S. 93 f. und Taf. 33) benennt eine kniende Figur eines Königs mit einer Königstitulatur *Djosers*, wie sie sich mit genau den gleichen Altertümlichkeiten in einem der unterirdischen Räume fand (heute in Berlin), vgl. dazu *Wildung*, op. cit. S. 76.

[13] *Borchardt*, op. cit. (Anm. 12) S. 104 und Abb. 130 f.; *ders.*, Das Grabdenkmal des Nefer-ir-ka-Re (Leipzig 1909), S. 70; *F. W. von Bissing*, Saitische Kopien nach Reliefs des AR, in: Arch. f. Orientforschg. 9 (1933—34) S. 35—40.

[14] *J. Leclant*, Recherches sur les monuments Thébains de la XXVe dynastie dite éthiopienne (Bibl. d'études XXXVI [Kairo 1965]), S. 206.

[15] Dabei müßten vor allem Papyrustexte aus der Verwaltung mit Grabinschriften verglichen werden. Vgl. einstweilen *W. Helck*, Geschichte des alten Ägypten (Handb. d. Orientalistik I, 1, 3 [Leiden 1968]) S. 248 oder, für Priestertitel, *H. Kees*, Das Priestertum im äg. Staat (Probleme der Ägyptologie I [Leiden 1953]), S. 267 und 275; zur schwierigen Frage der Interpretation der Titel des *Monthemhet* s. *Leclant*, op. cit. (Anm. 9) S. 267 ff. Auf eine Wiederaufnahme von Termini und Normen der Rechtssphäre des Alten Reiches weist *J. Pirenne* hin: Hist. de la Civilisation de l'Égypte anc. III (Neuchâtel und Paris 1963) S. 210 f.

[16] Z. B. *A. Hermann*, Die ägyptische Königsnovelle (Glückstadt 1938) S. 38.

[17] Abb. b. *H. Brunner*, Hierogl. Chrestomathie (1965) Taf. 23 f.

aber zwanglos als Imitation von Schreibgewohnheiten des Alten Reiches, der Ideogramme, erklären, auch wenn im Einzelfall die in der *Naukratis*-Inschrift vorliegende Schreibung so wenig belegbar ist wie eine andere mit Einkonsonantenzeichen. Es handelt sich eben um einen künstlichen Archaismus, der sich in Orthographie, aber auch in Wortwahl und im Stil der Hieroglyphen äußert[18].

Zum Schluß dieses sehr kursorischen Überblicks über die Zeugnisse für eine archaistische Haltung der Ägypter vom 8. Jahrhundert bis zum Beginn der Ptolemäerzeit (danach liegen die Verhältnisse anders, doch kann darauf in diesem Rahmen nicht eingegangen werden) sei noch darauf hingewiesen, daß die Grabtexte der Periode nicht nur die uralten Pyramideninschriften kopierten, die zwar zum Teil bis in die beginnende Spätzeit tradiert, dabei aber stark verändert worden waren, daß sie also nicht nur hier zu den Quellen zurückgegangen sind, sondern neue Texte in der Sprache des Alten Reiches komponierten, d. h. also, daß damals Menschen diese längst ausgestorbene und zunächst allen Lebenden unverständliche Sprache erlernten. Ermöglicht oder wenigstens erleichtert hat diese Studien die ungebrochene Tradition der Hieroglyphenschrift, die sich von allem Wandel in Sprache und Phonetik weitgehend unberührt zeigt.

Sie allein erlaubte auch ein Studium alter Privatinschriften, vor allem der Autobiographien und Gebete des Mittleren Reiches, dessen Niederschlag wir besonders deutlich greifen können: Alte Menschenideale leben in der Spätzeit ebenso wieder auf wie alte Gebetsformen — wenn auch unmittelbar neben altertümelnden Zeugnissen höchst lebendige stehen, die im 3. oder 2. Jahrtausend undenkbar gewesen wären und ganz gewiß auch nicht den Eindruck erwecken wollten, sie stammten aus dieser Zeit[19].

All diese Erscheinungen sind dem Fachmann wohlbekannt. Wir haben sie kurz in einer nicht ganz unüberlegten Auswahl rekapituliert, um eine — wie mir scheint bisher übersehene — Möglichkeit der Erklärung vorzutragen. Mannigfaltig in Grundsatz wie in Nuancen sind die in der Forschung bisher vertretenen Deutungsversuche. Davon seien einige Exkpositionen genannt.

Im Zusammenhang mit der Wiedergewinnung nationaler Unabhängigkeit und eines großen einheitlichen Reiches nach einer Periode der Zersplitterung wertet H. Junker den Archaismus als *„einen glücklichen Fund"* auf der *„Suche nach Ausdrucksmitteln für die neue Zeit und ihre Stimmung. Man griff zurück auf die Formen längst verschwundener größerer Zeiten, in denen sich das Ägyptertum am reinsten verkörpert fand, auf das Alte und Mittlere Reich*[20]. *War nach alledem, was das Land erlebt hatte, diese Einstellung schon eine nationale Tat, so verdient die Art, wie die romantischen Ideen sich verwirklichten, noch größere Beachtung*[21]". Gegen eine solche Verquickung unseres Phänomens mit der politischen Leistung der Saïtendynastie spricht allein der Umstand, daß die Ten-

---

[18] Graecismus nehmen an G. *Maspero* und B. *Gunn* (Journ. of Eg. Archaeol. 29 [1943] S. 55 f.); *Ad. Erman* hat sich dagegen für Archaismus ausgesprochen (Zeitschr. f. äg. Altertumskunde 38 [1900] S. 127 ff.); ihm folgt K. *Piehl* in Sphinx 6 (1902), S. 89 ff. Der Hinweis darauf, daß es mehr als ein Zufall sei, daß der Stein in der Griechenstadt Naukratis aufgestellt war, erledigt sich, weil auch andernorts derart „buchstabierende" Schreibungen zu finden sind, sogar im südlichen Nubien, z. B. M. F. L. *Macadam*, The Temples of Kawa I, Text S. 21, Anm. 49 oder Inschr. VI, 16, Anm. 56, Zeit des Taharqa. Es ist dem interessanten und aufschlußreichen Problem an dieser Stelle nicht weiter nachzugehen, doch glaube ich, daß man die Annahme griechischen Einflusses ausschließen kann.

[19] Vgl. zu diesem weiten Feld die gründliche Untersuchung von *Eb. Otto*, Die biographischen Inschriften der äg. Spätzeit (Leiden 1954), bes. S. 121 f. Außerdem, auch zu Gebeten, M. *Lichtheim*, in: Journ. of Near Eastern Studies 7 (1948) S. 163—179.

[20] Tatsächlich wird das Neue Reich ebenso häufig kopiert; vgl. dazu noch B. V. *Bothmer*, Egyptian Sculpture of the Late Period (1960) S. 18.

[21] H. *Junker*, Die Ägypter, in: Die Völker des antiken Orients (Freiburg 1933) S. 172.

denzen viel früher einsetzen[22] und in der Äthiopenzeit schon voll ausgeprägt zu greifen sind.

Die in der älteren Forschung, besonders in Frankreich (wohl in der Nachfolge *Maspe-ros*) häufig gebrauchte Bezeichnung „*Renaissance*" für unsere Erscheinung trifft das Wesen ganz und gar nicht. Es ist durchaus nicht so, daß die „*Saïtenzeit*", wie wir die Periode des Archaisierens abkürzend, wenn auch nicht ganz sachgemäß (sie setzt weit vor dem Jahre 663 ein) nennen wollen, den Geist der „*klassischen*" Perioden Ägyptens als sich verwandt empfunden und daher wiederbelebt hätte. Es werden vielmehr Einzelheiten mehr oder weniger verändert übernommen und dem im eigenen Zeitstil Geschaffenen eingefügt[23]. *Adolf Erman* sagt dazu: „*Man hat diese geistige Bewegung als ‚renaissance' des ägyptischen Volkes bezeichnet. Das ist ein Ausdruck, der irreführen kann; denn es handelt sich ja nicht um ein Zurückgreifen auf eine höhere Kultur, sondern im Gegenteil um das gewollte Zurückkehren zu einer längst überholten Stufe der Bildung. Es ist das eine traurige Erscheinung, die ja auch bei andern Völkern in Unglückszeiten zuweilen eintritt. Man träumt, daß es einst besser um das Volk gestanden habe, und mancher würde am liebsten die ererbte Zivilisation von sich abstreifen, denkt er die sich doch als etwas fremdes*[24]". „*Es ist, als sehne sich das alte Volk nach der verlorenen Jugend zurück, wo es ungestört von allen fremden Einflüssen sich selbst lebte, jener Zeit, für deren Größe die Pyramiden noch Zeugnis abzulegen schienen. Freilich, wie rührend uns dies Suchen nach dem verlorenen Paradiese erscheint, die Art, wie es sich äußert, hat doch etwas ungesundes...*"[25].

Heute werden wir kaum mehr mit solcher Selbstverständlichkeit den Ägyptern einen Traum nach nationaler Größe unterschieben, wie das noch ein Gelehrter tun konnte, der so ganz im 19. Jahrhundert wurzelte; und ebensowenig können wir uns zu einer Fortschrittsgläubigkeit bekennen, die ohne weiteres die griechische Kultur, auf die Europa in seiner Renaissance zurückblickte, als überlegen, die Kultur des Alten Reiches aber als eine im 1. Jahrtausend *„längst überholte Stufe der Bildung"* bezeichnet. Allzusehr ist *Erman* in seiner Zeit und ihren Anschauungen befangen, als daß sein Schlüssel uns heute noch das Verständnis des fraglichen Phänomens erschließen könnte. Ähnlich lautet das Urteil bei *R. Anthes*. Auch für ihn ist „*der bewußte Rückgriff auf die Vergangenheit, gleichsam als Ersatz für eine eigene Schöpfung, die Form des Nationalismus, die Ägypten in dieser Weltwende (dem 7. Jhdt.) kennzeichnet. Es ist eine Verkapselung und darf auch in seinen Anfängen nicht als Renaissance gewertet werden...*"[26]

Noch schärfer charakterisiert *J. Vandier* den Archaismus der Spätzeit als eine Flucht aus unerfreulicher Gegenwart: „*Le retour au passé, que les Égyptiens de la XXVIᵉ Dynastie s'efforcèrent d'accomplir, répondait à un grand besoin d'idéal, créé par les troubles, les guerres civiles et ces invasions étrangères dont l'Égypte sortait à peine. Il serait vain de souligner l'inutilité de ces efforts. Ce qu'il eût importé de ressusciter, c'était le dynamisme d'une époque en pleine formation. Entreprise évidemment impossible, qui fut remplacée par la création d'un monde factice, d'où la vie était absente.*"[27] Auch hierzu wäre wieder auf die oben belegte Tatsache zu verweisen, daß die rückwärts blickenden Ägypter offenbar durchaus nicht ihre Gegenwart aus den Augen verloren

---

[22] *H. Kees* spricht in seinem Buch „Priestertum im ägypt. Staat" (Leiden 1953) S. 198 von Anfängen in der 23. Dynastie; vgl. auch oben Anm. 5.

[23] Vgl. dazu z. B. *W. Wolf*, Wesen und Wert der Ägyptologie (Glückstadt 1937) S. 28, Anm. 1.

[24] *Ad. Erman*, Die Religion der Ägypter (Berlin und Leipzig 1934) S. 321, Anm.

[25] Ebd. S. 321.

[26] *Rudolf Anthes*, Ägypten, in: Historia mundi II (Bern/München 1953) S. 213.

[27] *E. Drioton* und *J. Vandier*, L'Égypte (Clio II), 4. Aufl. (Paris 1962) S. 588. Dazu auf S. 618 kurz und treffend: „*Le souci d'Archaisme, Généralités: Pas de bibliographie.*"

haben, selbst dort nicht, wo sie sich, wie im Grabe des *Ibi,* sehr eng an alte Vorbilder anlehnten; immer und überall aber stehen daneben ausgesprochen und betont zeitgenössische Äußerungen. Es ist kein geschlossener „*monde factice"*, in dem sich die Saïten bewegen! 1930 zeichnet W. *Wolf* in einem Aufsatz „Zur Auseinandersetzung zwischen der ägyptischen und griechischen Kunst"[28] die Situation der ägyptischen Kunst während dieser Auseinandersetzung folgendermaßen: *„Man hat sich daran gewöhnt, diese Epoche als die ägyptische Renaissance zu bezeichnen. Wenn diese Bezeichnung mehr besagen soll als eine ganz äußerliche Gleichsetzung, so ist sie so falsch wie nur irgend denkbar. Denn in dieser angeblichen ‚Renaissance' ist nichts ‚wiedergeboren' worden, sie ist nichts weiter als eine politische und nicht einmal eine religiöse Restauration"*[29]. S. 269: *„Die Spätzeit hat, das zeigt die beobachtete Tendenz zum Altertümeln, die vergangenen großen Epochen ägyptischer Geschichte, vor allem die Pyramidenzeit, als klassisch empfunden. Nun ist dieser Ausdruck in unserem Sprachgebrauch so schillernd, daß wir näher erläutern müssen, was hier gemeint ist. Die Spätzeit hat die alte Zeit zum Vorbild ihrer Kunstform — wir wissen nicht, in welchem Umfang auch ihrer Lebensform — gemacht, weil sie von ihr annahm, daß sie das geistige Gesetz des Ägyptertums erfüllt hätte. Eine solche zum Dogma gewordene Wertung aber ist allemal Symptom eines erstarrten Zeitalters. Die Rückbesinnung auf eine klassische Epoche zeitigt zwar den Willen, alte Formen neu zu beleben, vermag sie aber nicht mit dem Sinngehalt zu erfüllen, der sie einst geschaffen hatte. So bleiben sie leere, tote Gehäuse. Wenn nun gar diese Rückbesinnung in Eklektizismus ausartet, wie es bei den Ägyptern der Spätzeit der Fall ist, die ihre Vorbilder beliebig dem Alten, Mittleren und Neuen Reich entnehmen, so ist diese Gesinnung vollends ein Symptom chaotischer Zustände."*

Wir stellten oben (S. 153) schon fest, daß die Ägypter der Zeit um 600 wahrscheinlich gar keine Möglichkeit hatten, etwa ein Grab in Mittelägypten, aber auch in den großen Residenznekropolen in eine bestimmte Epoche zu datieren, wenn sich nicht gerade ein Königsname in ihm vorfand. Dasselbe gilt für Statuen und Handschriften. Ganz gewiß haben sie keine kunstgeschichtlichen Stil- und Datierungsstudien getrieben, und es läßt sich nicht von ihnen erwarten, daß sie sich für eine bestimmte Periode als eine vorbildliche entschieden hätten, während sie andere ablehnten. Bei dem Wort *„Eklektizismus"* klingt zu sehr eine Erinnerung an das späte 19. Jahrhundert an — für die ägyptische Spätzeit erschließt es kein Verständnis. Uns scheint die Erklärung für das eigentümliche Phänomen des Archaisierens weder in einem Vergleich mit der europäischen Renaissance noch mit dem 19. Jahrhundert, weder in biologischen Vorstellungen von Jugend und Altern einer Kultur noch durch Heranziehen des Begriffes nationalstaatlichen Selbstbewußtseins möglich. Es gilt, einen Ansatz in ägyptischem Denken selbst zu finden. Leider geben uns zeitgenössische Texte so gut wie keine Hilfe, da sie weitgehend an den retrospektiven Tendenzen der Zeit teilhaben.

Wolf scheint mir mit seiner Aussage, die Spätzeit habe die alte Zeit zum Vorbild ihrer Kunstform gemacht, *„weil sie von ihr annahm, daß sie das geistige Gesetz des Ägyptertums erfüllt hätte"*, in die richtige Richtung zu weisen. Freilich sind die modernen Begriffe weit von altägyptischen Vorstellungen entfernt und es gilt, sie zu transponieren. Wenn wir indes versuchen, die ägyptische Einstellung zur Vergangenheit zum Verständnis heranzuziehen, so ergeben sich für unsere Frage nach den Wurzeln des Archaismus überraschende Perspektiven.

[28] Archiv f. Orientforschg. 6 (1930—31) S. 263—273.

[29] Daß auch der Begriff der politischen Restauration nur sehr eingeschränkt zu verwenden ist, haben neuere historische Untersuchungen gezeigt. Im Grunde stellt der Saïtenstaat etwas ganz Neues, Vorbildloses dar. Vgl. z. B. die einschlägigen Abschnitte bei *Drioton* und *Vandier,* op. cit. (Anm. 27) oder eine beliebige andere Geschichte Ägyptens aus neuerer Zeit.

Wir suchen die Lösung unseres Problems, warum die Ägypter der Spätzeit, also etwa ab 800 v. Chr., Kunst- und Lebensformen der grauen Vergangenheit unter die ihrer eigenen Zeit gemischt haben, in ihrer Auffassung vom Wesen des Zeitablaufs, genauer gesagt, im Zerfall des mythischen Zeitverständnisses und einem ganz bestimmten, dabei zutage tretenden Mißverständnis[30].

Neben dem alltäglichen Zeitbegriff, ohne den ein Leben in der Arbeitswelt nicht möglich ist und bei dem, unreflektiert, sich eine Zeiteinheit an die vorige reiht, jede unwiederbringlich, neben dieser pragmatischen Zeitvorstellung hatten die Ägypter eine mythische.

Wir können hier diesen mythischen Zeitbegriff nicht ausbreiten — es muß genügen, jene Züge herauszustellen, die für unsere Frage wichtig sind. Mythische Ereignisse sind nicht vorbei, sondern können unter bestimmten Bedingungen (kultische Begehung, Fest, auch durch einfache Sprüche) realisiert, d. h. in die Gegenwart geholt und wirksam gemacht werden. Das gilt bis zu einem gewissen Grade auch für das mythische Urereignis, die Schöpfung. Mit ihr beginnt die geschaffene Welt, ja die Zeit selbst, die zu den Kategorien dieser Welt gehört, die also Anfang und Ende hat und die in sich gegliedert ist durch den Sonnenlauf, die Nilschwelle, die Sterne. Ohne Anfang und ohne Ende ist nur die „außerhalb des kosmischen Kreislaufs liegende chaotische Weltsphäre"[31]. Das Ende der Welt, das Eschaton, können wir in unserem Zusammenhang auf sich beruhen lassen[32]; der Anfang der Welt wird sp tpj genannt, das heißt „das erste Mal", nämlich des Aufgangs der Sonne aus der chaotischen Urflut. Mit diesem Aufgang teilte die Sonne die unbegrenzte Zeit ab, schuf sie Tage und Stunden oder auch größere Zeiteinheiten, mit ihm beginnt die geschaffene Welt.

Bei diesem sp tpj (wir gebrauchen diese Umschreibung statt einer Übersetzung für unseren Schlüsselbegriff, um fremde Assoziationen auszuschließen) handelt es sich nun nicht um einen Anfang (initium), der durch eine Kausalkette bis in die jeweilige Gegenwart fortwirkt wie die Wasserwellen eines geworfenen Steines sich bis zu entfernten Punkten fortpflanzen. Der B e g r i f f der Kausalität ist mythischem, ja wohl überhaupt altägyptischem Denken fremd (auch wenn Mythen selbstverständlich Ursache und Wirkung kennen, wie der Alltag sie kennt). Es ist eine andere Verbindung, die den sp tpj späteren Geschlechtern, allen Geschlechtern höchst bedeutsam werden läßt: hier wird eine Norm gesetzt, da hier Gottes Wille, unverfälscht durch Menschenwillen, klar erkenntlich wird[33]. Der sp tpj enthält Information über Bestehendes, etwa das Verhältnis von Schöpfung zur Un-welt vor und außerhalb der Schöpfung, bald auch über das Verhältnis Gottes zu seiner Schöpfung, und er enthält Normen für den Menschen, er hat es also mit Sein und Sollen zu tun.

Nur in einer kurzen Spanne ihrer langen Geschichte haben die Ägypter etwas von der Kontinuität der Zeit gewußt oder sie beachtet[34]. Gewiß schätzen sie Texte oder Einrichtungen, die dem sp tpj näher stehen als die eigene Zeit, hoch, weil sie dichter an der

---

[30] Vgl. hierzu vor allem H. Brunner, Zum Zeitbegriff der Ägypter, in: Studium generale 8 (1955) S. 584—590; außerdem auch Eb. Otto, Altägyptische Zeitvorstellungen und Zeitbegriffe, in: Die Welt als Geschichte 14 (1954) S. 135—148.

[31] Erik Hornung, Chaotische Bereiche in der geordneten Welt, in: Zeitschr. f. äg. Altertumskde. 81 (1956) S. 32.

[32] Vgl. dazu H. Brunner, Die Grenzen von Raum und Zeit bei den Ägyptern, in: Arch. f. Orientforschg. 17 (1955) S. 141—145.

[33] Auf die entsprechende Bedeutung der biblischen Schöpfungsgeschichte vor dem Sündenfall sei nur hingewiesen.

[34] Damit meinen wir nicht die kyklische Zeit, die Periodizität, die bei den Ägyptern wie bei den Griechen eine beachtliche Rolle spielte, sondern die linear-kontinuierliche Zeit. Zum Problem und den altägyptischen Belegen vgl. Otto, op. cit. (Anm. 30) S. 139 ff.

richtigen, von Gott eingesetzten Ordnung sind, die, wie der Mythos sagt, in der Urzeit als Tochter des Sonnengottes auf die Erde herabgestiegen ist. So finden sich immer wieder Zuweisungen von Texten oder Bauwerken in recht frühe Zeiten, in solche alter Könige[35] oder auch der diesen Königen vorangehenden Götter[36].

Zweierlei ist den Ägyptern an dieser mythischen Urzeit, dem *sp tpj*, wichtig: Er liefert ihnen Erklärungen für ihre Welt (Ätiologien) und er enthält normative Weisungen. Kenntnis von dieser Schöpfung erhalten sie ausschließlich durch den Mythos, und gerade Schöpfungsberichte bilden immer einen Brennpunkt religiösen Schrifttums, einen unerschöpflichen Quell, ja einen Lebensquell für das pharaonische Ägypten. Von seiner Bedeutung zeugen Dichte wie Breite der Überlieferung[37].

Ein Fortschritt über diese Urzeit hinaus ist den Ägyptern nicht denkbar, und damit wird jeder Fortschritt überhaupt problematisch. Zwei Aussagen über jene Urzeit — nicht im Sinne unserer Geschichte, sondern religiös zu verstehen — kehren immer wieder: Entweder rühmt sich der König (gelegentlich auch einmal ein nichtköniglicher Ägypter), er habe etwas geleistet, *„was nicht getan worden sei seit der Urzeit"*, oder aber, er habe etwas, vor allem verfallene Tempel, *„wieder eingerichtet, wie sie in der Urzeit gewesen seien"*. Dabei besteht zwischen diesen beiden Aussagen kein Unterschied, da — abgesehen von einer kurzen Periode der 18. Dynastie, die hier beiseite bleiben kann — niemals der Anspruch erhoben wird, etwas grundsätzlich Neues zu schaffen. Auch eine Leistung, die *„niemals getan worden ist seit den Zeiten des Rê"*, meint keine neue Erfindung, die einen grundsätzlichen Fortschritt mit sich bringt. Vielmehr mag dann ein besonders großer, fehlerfreier Block aus einem Steinbruch gewonnen, die Tempel mögen noch etwas schöner und reicher ausgestattet, die Überschwemmung mag etwas höher gestiegen sein, oder es tut sich ein neuer Weg zu einem schon länger bekannten Land auf, aus dem Handelsprodukte geholt werden — aber zumindest der Möglichkeit nach hat es das alles schon seit der Zeit des *Rê*, seit dem *sp tpj* gegeben.

Mit Geschichte, also mit der Abfolge einmaliger Ereignisse, hat all das nichts zu tun. Zur Geschichtsauffassung der klassischen Zeit ist zu Beginn dieser Untersuchung ein knappes Wort gesagt, und wenn auch Einzelforschungen noch die eine oder andere Textstelle zutage fördern werden, die Könige oder Ereignisse der Vergangenheit nennt, so wird sich nichts an der Tatsache ändern, daß das Interesse der Ägypter an dieser ihrer Vergangenheit im 3. und 2. Jahrtausend sich im wesentlichen auf Königslisten beschränkt hat. Der eine oder andere gestorbene König mag als Gebetsmittler angerufen worden sein[38], man mag sich Geschichten erzählt haben, in denen frühere Pharaonen oder weise Männer auftraten — sich irgendwie gründlicher mit den allenthalben im Niltal stehenden Resten zu beschäftigen fühlte man sich höchstens aus religiösen Gründen genötigt, um die Gunst der Götter durch Erneuern eines ausgestorbenen Kultes, durch Wiederaufbau eines Tempels zu gewinnen[39].

Eine historische Forschung also war den Ägyptern aus dem Grunde fremd, weil die sie

---

[35] Das Material jetzt bei *D. Wildung*, Die Rolle äg. Könige im Bewußtsein ihrer Nachwelt I (Berlin 1969).

[36] Oft, einiges z. B. bei *Wildung*, op. cit. S. 28.

[37] Einige der wichtigeren Aussagen über die Schöpfung haben *S. Sauneron* und *J. Yoyotte* zusammengestellt: La naissance du monde selon l'Égypte ancienne, in: Sources orientales I (Paris 1959) S. 18—91. Eine solche Sammlung ließe sich leicht auf einen vielfachen Umfang vermehren.

[38] So jetzt *Wildung*, op. cit. (Anm. 35).

[39] So etwa ist die Revision und Erneuerung memphitischer Toten- und Göttertempel durch den Prinzen *Chaemwêse*, den Sohn *Ramses' II.*, zu verstehen, die offenbar die Phantasie des Volkes so sehr beschäftigt hat, daß sie noch 1000 Jahre nach dem Ereignis den Stoff zu Volkserzählungen bot, s. *E. Brunner-Traut*, Altägyptische Märchen (Düsseldorf—Köln 1963) S. 171 ff.

interessierende Vergangenheit nicht die historische mit irdischen Königen war, die ohnedies, da menschlich, nur ein unvollkommenes Abbild der „eigentlichen" Zeit, der Urzeit, sein konnte, sondern eben die mythische. Solange die mythischen Vorstellungen noch lebendig waren, solange der Mythos noch „ungebrochen" (Paul Tillich) war, kannten die Ägypter den Unterschied zwischen der mythischen und der Arbeitswelt, zwischen der mythischen und der historischen Vergangenheit. Eine Ausgrabung etwa hätte sie nicht der allein wesentlichen Urzeit näherführen können.

Im ersten Jahrtausend v. Chr. beobachten wir nun ein deutliches Schwinden des mythischen Verständnisses in breiten Schichten des ägyptischen Volkes[40]. Der Mythos starb ab. Ob eine allgemeine Säkularisierung einsetzte[41], ob die ratio Anstoß nahm an den Widersprüchen des Mythos, ob ausländische Einflüsse im Spiele waren (aber welche?), ob eine Individualisierung der Gesellschaft, eine stärkere Ausprägung der Persönlichkeit beteiligt war[42] — die ägyptischen Quellen geben uns über die Ursache dieses Verfalls mythischen Verständnisses nicht hinreichend Auskunft.

Die Erzählungs f o r m des Mythos, die die der Vergangenheit war, wird jetzt wörtlich genommen, und die Berichte über die mythische Urzeit sucht man jetzt in der historischen Vergangenheit konkret zu fassen; man forscht nach den — immer unsicherer werdenden, sich verflüchtigenden — Normen für das Leben jetzt nicht mehr in einer mythischen, sondern in einer „wissenschaftlich" faßbaren Vergangenheit. Das in dem sp tpj begründete Heil glaubt man nun in der historischen Vergangenheit fassen zu können — man ahmt Kunststile, Trachten, gesellschaftliche Ränge (Titel) alter Zeiten nach. Es ist aber keineswegs so, daß die Ägypter dieser retrospektiven Periode die Gegenwart verleugnet hätten: Wir haben ausdrücklich betont, daß keine Täuschungen etwa der Grabbesucher beabsichtigt sein konnten, daß vielmehr die eigene Zeit durchaus zu ihrem Rechte kam. Daß diese Anlehnung an die Vergangenheit weite Teile des Alltags erfaßt hätte, ist sehr unwahrscheinlich — sie dürfte sich weitgehend auf das uns durch die einseitige Denkmälererhaltung besonders gut bekannte Gebiet der Totenbräuche und des Tempelkultes beschränkt haben. Keinesfalls etwa haben die Ägypter der Mitte des 1. Jahrtausends die Kleidung des 3. Jahrtausends getragen — zu oft sehen wir sie auf eigenen wie auf ausländischen Denkmälern in langen und modischen Fransengewändern dargestellt. Nicht die Lebensgebiete, in denen es um das W o h l des Menschen geht, sondern jene, die es mit seinem H e i l zu tun haben, beziehen ihre Normen aus dem sp tpj, der in der Saïtenzeit der historisch greifbaren Vergangenheit gleichgesetzt wird.

Das aber hat schwerwiegende Folgen. In der klassischen Zeit waren die Ägypter gewiß ein traditionsbewußtes Volk, aber kein rückschrittliches. Die mythische Urzeit lieferte ihnen Normen, die einen festen Grund für die prächtige Entfaltung der Kultur bildeten, aber in keinem Fall diese Entfaltung hinderten. Lebhafte Wandlungen, lebendigstes Leben pulsierte am Nil, wie die moderne ägyptologische Geschichtsforschung mehr und mehr erkennt — das Bild der Starre, das griechische Reisende erlebten und dem Abendland überlieferten, ist nicht das der klassischen ägyptischen Zeit. Den festen Grund aber verließen die Ägypter so gut wie nie, und nur zweimal in ihrer langen Geschichte sollten Neuerungen auf z e r s t ö r t e n Werten fußen — beide Male, in der Revolutionszeit

---

[40] Die Kluft zu den Priestern, die in ihren Tempelmauern ganz in der mythischen und kultischen Welt lebten und denen wir gerade in dieser Spätzeit wichtigste mythische Texte verdanken, wird zunehmend größer.

[41] Die dann immer noch erklärungsbedürftig wäre; tatsächlich scheint aber im Gegenteil die Frömmigkeit, d. h. die Bindung des Einzelnen an die Gottheit und die Erfüllung frommer Pflichten, zuzunehmen.

[42] In diese Richtung weisen die Ergebnisse der sorgfältigen Untersuchung Ottos, op. cit. (Anm. 19) bes. im 2. Kapitel.

nach dem Alten Reich und in dem Umsturz unter *Echnaton,* mißlang das Experiment und das Volk kehrte zum bewährten Alten zurück. Der feste Grund der begrenzten Zeit, das *principium,* der *sp tpj,* hat die ganze ägyptische Kultur getragen und vor hektischen Exzessen bewahrt, hat ihr ein einheitliches Gepräge gegeben, ihren Menschen eine Sicherheit und hat ihr erlaubt, sich in 2500 von Revolutionen nahezu ungestörten Jahren in all ihren Möglichkeiten voll zu entfalten.

Mit dem Verlust dieses mythischen Grundes im letzten Jahrtausend v. Chr. ändert sich vieles am Nil. Die Wertmaßstäbe werden in Frage gestellt und gehen dann verloren, und die Hinwendung zur eigenen Vergangenheit vermag sie nicht neu zu festigen. Nationale Ohnmacht, die Abneigung gegen Fremdherrscher, die ägyptischem Wesen ohnedies fern stehen, mögen die Hinwendung zur glorreichen Vergangenheit begünstigt haben — die eigentliche Wurzel des Archaismus aber ist die Verwechslung der mythischen Urzeit mit der historischen Vergangenheit; die aus ihr gewonnenen Scheinwerte, die sich noch dazu nur auf Teilgebiete des Lebens erstrecken, die breite Kluft zwischen Bevölkerung und Priestertum (wobei am Archaisieren beide, wenn auch in verschiedenem Ausmaß, teilnehmen) — all das führt zu einer Erstarrung, die Ägypten nicht mehr erlaubt, richtig auf die von außen kommenden Herausforderungen und Gefahren zu reagieren. Wir mögen heute unter ganz anderen Voraussetzungen einen gewissen historischen Sinn der Ägypter dieser Spätzeit als Gewinn buchen[43] — Ägypten war so lange lebendig, als es sich auf seinen mythischen Grund besann. Kraft und Normen der mythischen Urzeit, die sich den Zweiflern mehr und mehr entzogen, konnte eine historische Vergangenheit, die Forschungen zugänglich war, nicht liefern; die Sucher fanden äußere Formen, nicht Geist.

Oft seitdem haben sich Völker archaisierend, d. h. über eine Traditionskette hinaus in graue Vorzeit greifend, um ein dort vermutetes Heil bemüht. Welches in jedem Fall der Grund für diese sonderbare Haltung gewesen ist, muß der Fachhistoriker entscheiden. Die wohl älteste derartige Periode können wir bei den Ägyptern erkennen.

---

[43] In der „*Saïtenzeit*" wurden historische Zusammenhänge genauer erfaßt als früher: Ein Oberbaumeister und Expeditionsleiter zur Zeit *Darius' I.* nennt seinen langen Stammbaum, der mit einem (auch historisch bezeugten) Wesir *Ramses' II.* schließt. Diesen vergleicht er dann mit dem zur Zeit der Inschrift bereits vergöttlichten Baumeister *Imhotep* unter *Djoser* — wobei er seinen Ahnherrn höher einstuft. Ein solches Vergleichen zweier historischer Persönlichkeiten, von denen die ältere noch dazu unter einen König datiert wird, scheint mir in früherer Zeit kaum denkbar. Vgl. dazu *Wildung,* op. cit. (Anm. 35) S. 84 und das dritte in Anm. 4 genannte Denkmal.

Seth und Apophis – Gegengötter im ägyptischen Pantheon?

aus: Saeculum 34, 1983, 226–234.

Zwei Gestalten im ägyptischen Pantheon werden – mit Einschränkungen – negativ bewertet und stehen also zunächst im Verdacht, unter den Begriff „Gegengötter" zu fallen: Seth[1] und Apophis[2]. In der klassischen Zeit der ägyptischen Religion, also im 3. und 2. Jahrtausend, werden sie genau unterschieden, und daß sie nicht dieselben Realitäten der Welt meinen, ist wenigstens den führenden Geistern der ägyptischen Theologie noch in griechisch-römischer Zeit mehr oder weniger bewußt gewesen, auch wenn sie damals im Volksglauben so etwas wie Teufel geworden sind[3].

Die beiden Gestalten sind ikonographisch deutlich geschieden: Seth ist entweder ein Mensch mit dem Kopf eines rätselhaften Tieres oder ganz als dieses „Seth-Tier" vorgestellt, jedenfalls dargestellt, Apophis dagegen immer als Schlange, manchmal mit Menschenkopf. Zuerst sei der Gott Seth betrachtet und die Frage aufgeworfen, ob und wieweit er ein „Gegengott" sein könnte.

Das Tier des Seth läßt sich in unseren Zoologie-Büchern von Brehm bis Grzimek nicht auffinden, so viele Deutungen man in der Vergangenheit auch versucht hat – alle sind gescheitert. Es ist weder ein Elefant noch ein Okapi oder eine Antilope, weder ein Kamel, ein Esel (obwohl Seth später tatsächlich manchmal „Esel" genannt wird), noch ein Windhund, kein Pinselschwein und kein Erdferkel, so wenig wie eine Wüstenspringmaus. Keines der Tiere will zu dem Aussehen passen, und wenn es auch nicht mit Sicherheit auszuschließen ist, daß einst, in grauer Vorzeit, ein wirkliches Tier Modell gestanden hat, das die Ägypter späterer Zeit nicht mehr kannten oder nicht mehr erkannten und daß sie dann seine Gestalt verfremdet haben, so fügt sich doch zu dem Wesen des Seth viel besser, daß sein Tier ein Fabeltier ist, also eines, das es nicht gibt.

Zunächst sei festgestellt, daß Seth ein Gott ist. Er wird immer so genannt, oft „großer Gott", wie viele andere Götter auch. Er besitzt Kultstätten, tritt zusammen mit anderen Göttern auf, hat eine breite Mythologie, von der gleich zu sprechen sein wird, mit ihm verbinden sich positive Beiwörter, vor allem „mit großer Kraft", und Menschen, auch Könige, werden nach ihm genannt, wie Sethos oder Sethnacht. An ihn richten sich Gebete. All dies hat er mit anderen Göttern gemeinsam – und doch zeigt sich bald der Unterschied: Die Zahl der Tempel ist gering, nur selten bildet sein Name das theophore Element in Eigennamen, und die an ihn gerichteten Gebete fallen gegenüber den Abertausenden an andere Götter kaum ins Gewicht.

Aus der Frühzeit des 3. Jahrtausends kennen wir Seth in erster Linie als Königsgott. Nicht, daß er allein dem Königtum zugeordnet gewesen wäre wie sein feindlicher Bruder Horus, aber der König besitzt außer der Macht des Horus auch die des Seth. Wer sind diese beiden Götter? Sie sind, wie die Ägypter immer wieder sagen, „Brüder" oder „die beiden Genossen", was aber nicht zu dem voreiligen Schluß verleiten darf, sie stammten von gleichen Eltern oder wenigstens

[1] Herman te Velde, Seth, God of Confusion (Leiden 1967). – Erik Hornung, Seth. Geschichte und Bedeutung eines ägyptischen Gottes, in: Symbolon N. F. 2 (1975) 49–63.
[2] Eine Monographie über Apophis steht noch aus. Siehe einstweilen Erik Hornung, Tal der Könige (Zürich und München 1982) 165–169.
[3] Im folgenden kann ich mich weitgehend auf die gründlichen Untersuchungen und Ergebnisse von Erik Hornung stützen, die er in den in den Anm. 1, 2 und 10 zitierten Arbeiten niedergelegt hat.

einem gemeinsamen Elternteil ab. Im Ägyptischen werden alle einander Nahestehenden auf gleicher Ebene „Brüder" genannt, also auch Freunde oder Kollegen. Der Mythos berichtet vielmehr, daß das Götterpaar Geb und Nut, das sind Erde und Himmel, vier Kinder hatte. Osiris und Isis, Seth und Nephthys. Horus ist der Sohn von Osiris und Isis, also nach diesem Stammbaum ein Neffe des Seth – doch wird er nie so genannt, vielmehr immer, wenn die zwei miteinander zu tun haben, sein „Bruder". Tatsächlich stehen sich die beiden nahe, besonders in ihrem Verhältnis zum Königtum. Horus verkörpert die Legitimität als Erbe seines Vaters Osiris, Seth dagegen, der „Starke", die Macht, die dem Königtum nicht fehlen darf – wir müssen uns klarmachen, daß „Königtum" in Ägypten für das steht, was wir „Staat" nennen, daß also diese beiden Faktoren, Legitimität und Legalität auf der einen Seite, Macht auf der anderen, durchaus bis heute in ihrer Polarität wirksam sind.

Wir haben hier die weithin bekannte mythische Erzählung um Osiris ins Gedächtnis zu rufen[4]: Osiris ist ein Gründerkönig der Urzeit, der die Ägypter Ackerbau und Gesittung gelehrt hat. Sein Bruder Seth tötet ihn, um die Herrschaft selbst anzutreten, Isis findet die Leiche, beklagt sie rituell und erweckt sie so weit zu neuem Leben, daß sie, Isis, postum von ihrem Bruder und Gemahl den Sohn Horus empfangen kann. Das Kind wächst unter Gefahren vaterlos heran, Isis erzieht ihn dazu, daß er seinem Vater „Recht verschaffe" – Osiris wird Herrscher der Unterwelt, da Ägypten eine Palingenese nicht kennt. Seth okkupiert den Thron, doch stellt sich der herangewachsene Sohn Horus der Aufgabe. Der Mythos fährt zweigleisig fort[5]: Einerseits schildert er die Kämpfe zwischen Horus und Seth in ihren verschiedenen Episoden, wobei jeder seinen Gegner an seinem empfindlichsten Körperteil verletzt: Seth den Falkengott Horus an seinem Auge, Horus den Seth an den Hoden – wir werden auf die sexuellen Potenzen Seths zurückkommen. Andererseits findet die Auseinandersetzung vor einem Göttergericht statt – eine, soweit ich sehe, für das Rechtsvolk der Ägypter typische und in der Weltmythologie sonst unbekannte Form des Machtkampfes.

Soweit sich die Gegner körperlich messen, erweist sich Seth als der Stärkere, Horus aber geht doch als Sieger hervor, und zwar dank der listigen Hilfe seiner Mutter Isis, die ihren Geist immer wieder zu seinen Gunsten einsetzt. Das Gericht spricht, wenn auch nicht ohne Schwanken, die Königswürde dem Sohn des Osiris zu, Horus tritt als Herrscher Ägyptens die Nachfolge seines Vaters an. Aber – der unterlegene Seth wird nicht etwa bestraft, er erhält vielmehr auch seinen Platz, aber innerhalb der Rechtsordnung. Der Mord an Osiris wird nicht honoriert.

Wir kennen bereits einige Wesenszüge des Seth: Er ist ein Gott der rohen Gewalt. Seine Farbe ist rot, er ist „Herr der Kraft". Seine Auseinandersetzung mit Horus ist nichts anderes als die ewige, bis heute schwelende, ja brennende, immer wieder, aber immer nur vorübergehend gelöste Frage des Verhältnisses von Macht und Recht: Das Recht ist auf seiten des Horus, die Macht liegt bei Seth. Recht ohne Macht ist schwach, Macht ohne Recht gefährlich und führt zu unmenschlichen Zuständen. Die ägyptische Lösung der Frage lautet: Die Herrschaft gebührt dem Horus; doch wird dieser Gott schwächlich, unreif gezeichnet, oft noch auf dem Schoß seiner Mutter sitzend, und so bedarf es dazu der Macht des Seth – auch dieser Gott ist unentbehrlich. Aber: Seth wird dem Hüter des Rechts, dem Wahrer der Ordnung unterstellt, nicht seinem „Bruder" Horus, sondern dem Sonnengott, und diesem ist er im täglichen Kampf gegen seine Feinde zu helfen – wir begegnen Seth immer wieder in dieser Funktion.

Zunächst aber noch zu den anderen Wesenszügen des Seth, die zu seiner Eigenschaft als Kraftträger, als brutalem Kämpfer, hinzutreten. Daß er als sexuell tüchtig gilt, versteht sich fast

---

[4] Hellmut Brunner, Grundzüge der altägyptischen Religion (Darmstadt 1983) 55–60.
[5] Wir beziehen uns dabei auf die neuägyptische Erzählung von Horus und Seth (etwa 1300 v. Chr.), die im Papyrus Chester Beatty I niedergeschrieben ist. Übersetzung bei Emma Brunner-Traut, Altägyptische Märchen (Düsseldorf und Köln ⁵1979) 93–107.

von selbst – aber er hat es nicht nur auf Frauen abgesehen, er ist zugleich homosexuell. Bei den Frauen steht er nach dem Versuch letztlich als der betrogene Teufel da, er kommt nicht zum Ziel. Obwohl er oft seiner Schwester Nephthys zugeordnet wird (so wie Osiris der Isis), zeugt er keine Nachkommen – er bleibt unfruchtbar. Er ist, wen wundert's, der Gott der Wüste. Seine Kultorte liegen am Rande der bewohnbaren Welt, an den Grenzen Ägyptens oder in den Oasen. Wenn dem unheimlichen Gott Tiere gesellt werden außer seinem eigentlichen Fabeltier, so sind es wenig beliebte: der Esel, das Schwein, das Krokodil, das plumpe, tölpelhafte und doch gefährliche Nilpferd. Die Liebe der Ägypter gehört dem Horus, nicht dem Seth. Wir verstehen, daß dem unkriegerischen Rechtsvolk Seth suspekt war, auch wenn sie in ihm eine Realität dieser Welt sahen, der Respekt, ja Verehrung gebührt. Es gibt eben auch die rein physische Kraft, die nicht mit Intelligenz gepaart ist. Seth ist der Gott des Sturmes, des Gewitters, das blind zuschlägt, also ohne Gerechtigkeit, ohne hinzusehen, er ist der Gott jener sexuellen Tätigkeiten, die ohne Liebe bleiben, die also zerstören statt zu heilen. Diese Art ist unfruchtbar. Lügen, Schwadronieren, zerstörend-unproduktive Gewalt, Verwirrung stiftende Unruhe, aber auch tölpelhaftes Benehmen, bei dem der Täter dann am Ende als dummer Teufel dasteht – wir erkennen eine Weltstruktur, die immer wieder im Leben begegnet und die der Ägypter mit dem Wort „Seth" belegt und bündig zusammenfaßt.

Noch ein Zug des Mythos sei nachgetragen: Seth sei, so wird berichtet, bei seiner Geburt aus dem Leib seiner Mutter „nicht zur rechten Zeit und nicht am rechten Ort gekommen", er habe vielmehr „mit einem Schlag die Seite seiner Mutter geöffnet". Schon hier zeigt sich das Irreguläre, das Abnorme, die Störung der Ordnung, die das eigentliche Element des Seth ist – auch Regen und Gewitter stellen im sonnigen Ägypten nichts als Störungen des normalen Ablaufs dar, sie bringen keine Fruchtbarkeit, die allein aus dem Nil kommt, sondern Zerstörung. Manche Texte sagen ausdrücklich, daß mit ihm die „Störung" in die Welt gekommen sei. Seth ist ein Gott des Streites, der gewaltsamen, unfruchtbaren Auseinandersetzung, der Leugnung des Rechts. Wir haben gesehen, daß im Kampf beide Partner verletzt werden, aber auch beide wieder geheilt – es gibt keinen wirklich Besiegten bei der Auseinandersetzung – das Recht, sagten wir, bedarf der Macht, die Macht muß dem Recht unterstellt werden. Am Ende des Streites steht die Versöhnung (die übrigens der Gott der Weisheit, der Gott Thoth vornimmt), die jedem seinen Teil zuweist.

Das Königtum steht folgerichtig zu beiden Göttern in Beziehung, es bedarf der Legitimität, aber auch der Macht. Schon Plutarch charakterisiert Seth als den, „der alle Dinge verwirrt und Erde und Meer allenthalben mit Übeln erfüllt"[6]. Man hat ihn mit dem trickster der Indianermärchen verglichen[7]. Darüber hinaus aber steht er für alles Fremdartige und Abnorme, das es in der Welt nun einmal gibt, ob man es will oder nicht.

Die Ägypter hatten keine harmonisierende Weltsicht, wie sie der Realität nicht entsprochen hätte. Sie wußten um die Antinomien, um unlösbare Widersprüche. So sehr Seth ägyptischen Wünschen und Vorstellungen zuwiderläuft – es „gibt ihn", und er soll nicht einfach „vernichtet" werden. Nicht so endet der Kampf zwischen Horus und Seth, keiner von beiden wird zerstört, jeder erhält seinen Platz; doch stehen diese Plätze nicht gleichberechtigt nebeneinander, sondern in einem genau bezeichneten Unterordnungsverhältnis: Das Königtum als Hort der Legalität erhält Horus, und Seth wird dem Sonnengott, dem Wahrer des Rechts, als eine Art Leibwächter zugeteilt; dort kann seine Kraft segensreich wirken, der Willkür eine Grenze setzen. Unentbehrlich sind beide Götter.

Noch ein letztes Wort zu Seth und seiner Rolle, diesmal in historischem Zusammenhang gesehen. Zu Beginn der Geschichte, als die ägyptischen Götter erstmals Gestalt annahmen, und

---

[6] Plutarch, De Iside et Osiride, Kap. 27.
[7] Herman te Velde, in: Journ. of the American Research Center in Egypt 7 (1968) 37–40.

von anonymen Mächten zu nennbaren, also anrufbaren Personen wurden, blieben sie noch lange, größtenteils bis zum Ende des Heidentums 3200 Jahre später, ethisch neutral, konnten also dem Menschen ebenso feindlich wie segensreich entgegentreten. Damals war der König zugleich Seth und Horus – wenn auch damals schon Horus immer an erster Stelle, vor Seth genannt wird. Nur einmal nennt ein König, von dem wir sonst wenig wissen, ausschließlich Seth als seinen Gott. Es gibt Anzeichen, daß er ein Usurpator war, sich also nicht auf eine Erbfolge, sondern nur auf eine Macht stützen konnte – womit seine Berufung ausschließlich auf Seth schlüssig gewesen wäre.

Danach kommt Seth, je sorgfältiger der Rechtsstaat ausgebaut wird, mehr und mehr in ein schiefes Licht. Seine große Zeit ist aber die Epoche des Imperialismus, wo sich der kämpfende König nicht nur mit ihm vergleicht („gegen die Feinde stürmend wie Seth"), sondern wo die Prinzen schon bei der Geburt nach ihm benannt werden (Sethos, Sethnacht u. a.). Tempel werden ihm geweiht, ein Armeekorps trägt seinen Namen.

Er bleibt zwar außerhalb der kriegerischen Sphäre ein unbeliebter Gott, aber er wird anerkannt. Lediglich mit dem von ihm ermordeten Osiris nennt man ihn aus Takt nicht gerne zusammen, und als Sethos I. in Abydos einen großen Osiristempel baut, in dem der Name des Königs oft genannt wird, vermeidet man die Hieroglyphe des Seth, die im Königsnamen vorkommt, und ersetzt sie in einer eigens dazu geschaffenen neuen Orthographie durch ein anderes Zeichen mit dem gleichen Lautwert.

Um die Gestalt des Seth noch etwas plastischer herauszuarbeiten, um diesen Konturen ein wenig Relief zu verleihen, seien einige Passagen aus einer mythischen, nicht ohne satirisches Schmunzeln aufgeschriebenen und zu lesenden Erzählung eingefügt, die aus eben dieser Zeit um 1300 v. Chr. stammen dürfte und die ihren Ernst hinter lockerer Sprache und Form verbirgt[8].

Einst wurde Gericht gehalten über Horus und Seth, die geheim sind an Wesen, die Großen, die mächtigsten Fürsten, die jemals entstanden sind. Es saß ein (Gottes)kind (Horus) vor dem Herrn des Alls (Atum) und klagte auf das Amt seines Vaters Osiris, des schön Gekrönten, des Sohnes des Ptah, der das Totenreich erleuchtet mit seinem Glanze. (Der Gerichtsbote) Thoth brachte das heilige Auge (Krone über Ägypten und hier Streitobjekt) dem Fürsten (und Gerichtsherrn Atum) in Heliopolis.

Schu, der Sohn des Re, sprach vor dem mächtigen Fürsten in Heliopolis: „Gerecht sei der Herr der Macht. Sei es, indem du aussprichst: ‚Gib das Amt dem Horus.'" Und Thoth sprach zum (Kollegium) der Neunheit: „Das ist gerecht, millionenfach gerecht." Da stieß Isis einen lauten Schrei aus und freute sich sehr, trat vor den Herrn des Alls und sprach: „Fahr, Nordwind, zum Westen und beglücke das Herz des Wenenofer (Osiris), Leben, Heil und Gesundheit". Dann sprach Schu, der Sohn des Re: „Das Auge dem Horus zu geben, hält die Neunheit für gerecht."

Da aber sprach der Herr des Alls: „Was soll das heißen, daß ihr einen Entscheid allein trefft?!" Da entgegnete die Neunheit: „Ja, möge er (Thoth) den königlichen Namen dem Horus zuweisen, und möge man die Weiße Krone auf sein Haupt setzen."

Da schwieg der Herr des Alls eine lange Weile und war zornig auf die Neunheit. Darauf sprach Seth, der Sohn der Nut: „Laß ihn zusammen mit mir hinausschicken, damit ich dir zeige, wie meine Hände seine Hände besiegen vor der Neunheit, wenn man schon kein Mittel weiß, mit ihm fertigzuwerden." Aber Thoth antwortete ihm: „Auf diese Weise werden wir nicht erkennen, wer Unrecht hat. Sollte man etwa das Amt des Osiris dem Seth geben, während sein Sohn Horus danebensteht?

In dieser schwierigen Lage handelt das altägyptische Gericht nicht anders als ein heutiges: Es holt Gutachten ein, darunter eines der uralten Göttin Neith.

Neith nun, die Große, die Göttermutter, sandte einen Brief an die Neunheit des Inhalts: „Gebt das Amt des Osiris seinem Sohne Horus! Schafft nicht solche schweren Fälle von Unrecht, die nicht in Ordnung sind,

---

[8] Die Übersetzung ist dem in Anm. 5 genannten Werk von Emma Brunner-Traut entnommen.

oder ich werde zornig und der Himmel wird auf die Erde fallen! Und man sage dem Herrn des Alls, dem Stier, der in Heliopolis ist: ‚Verdopple dem Seth seinen Besitz, gib ihm Anat und Astarte, deine beiden Töchter, und setze Horus an die Stelle seines Vaters Osiris!‘“

Der Brief der Neith, der Großen, der Göttermutter, erreichte die Neunheit, während sie in der Halle ‚Horus vor den Hörnern‘ saß. Man übergab den Brief zu Händen des Thoth, und Thoth verlas ihn vor dem Allherrn und der ganzen Neunheit, und alle sprachen mit einem Munde: „Diese Göttin hat recht.“

Aber der Allherr wurde wütend auf Horus und sprach zu ihm: „Du bist schwach an Gliedern, und dies Amt ist zu schwer für dich, du elender Junge, du Daumenlutscher.“

Nach einem weiteren grotesken Zwischenspiel beginnt die Verhandlung von neuem: „Tragt vor, was ihr zu sagen habt!“, eröffnet der Sonnengott die neue Sitzung.

Nun sprach Seth, groß an Kraft, der Sohn der Nut: „Was mich anlangt, ich bin Seth, der Größte an Kraft im Kreise der Götterneunheit; ich töte den Feind des Re täglich, während ich am Bug der Barke der Millionen stehe, wozu kein anderer Gott imstande ist. Daher sollte ich das Amt des Osiris empfangen.“

Und sie (die Götter) sagten darauf: „Seth, der Sohn der Nut, hat recht.“

Isis versteht diesen Entscheid wieder zu neutralisieren, woraufhin Seth wütend erklärt:

„Ich werde mein Zepter von 4500 Barren nehmen und jeden Tag einen von euch töten!“ Alsdann schwor Seth einen Eid beim Allherrn mit den Worten: „Ich werde nicht weiter vor Gericht verhandeln, solange Isis darin ist!“

Da sprach Re-Harachte zu ihnen (den Göttern der Neunheit): „Fahrt zu der ‚Insel in der Mitte‘ und entscheidet dort zwischen ihnen!“ und er sagte zu Anti, dem Fährmann: „Setze keine Frau über, die der Isis ähnlich sieht!“ Da fuhr die Neunheit zu der ‚Insel in der Mitte‘ hinüber. Sie setzten sich nieder und aßen ihr Brot.

Isis bringt es mit List und Bestechung doch fertig, auf die Insel zu kommen, und zwar in der Gestalt einer alten Frau.

Während sie nun unter den Bäumen dahinging, hielt sie Ausschau und erblickte die Neunheit, wie sie dasaßen und ihr Brot aßen vor dem Allherrn in seiner Laube. Da sah Seth auf und erblickte sie dort, wie von weitem herankam. Sie aber sprach mit ihrer Zauberkraft einen magischen Spruch und verwandelte sich in ein junges Mädchen von schönem Leibe, wie es deren gleiche im ganzen Lande nicht gab. Da wurde er (Seth) ganz krank vor Liebe zu ihr.

Seth stand auf vom Essen mit der großen Neunheit und ging los, um ihr zu begegnen. Niemand aber hatte sie gesehen außer ihm. Er trat hinter eine Sykomore, rief sie an und sagte zu ihr: „Ich möchte hier mit dir zusammen leben, schönes Kind!“ Und sie antwortete ihm: „Ja gern, mein hoher Herr. Was mich anlangt, ich war verheiratet mit einem Hirten, und ich habe ihm einen Sohn geboren. Mein Mann starb, und der Junge zog hinter dem Vieh seines Vaters her. Schon kam ein Fremder, setzte sich in meinen Stall und sprach zu meinem Sohne folgendermaßen: ‚Ich werde dich prügeln, werde das Vieh deines Vaters wegnehmen und dich hinauswerfen.‘ So sagte er zu ihm. Ich möchte dich nun bewegen, für ihn zu streiten.“

Da sprach Seth zu ihr: „Soll man das Vieh dem Fremden geben, während der Sohn des Ehemannes danebensteht?“ Drauf verwandelte sich Isis in eine Weihe, flog auf und rief, während sie sich auf dem Wipfel eines Baumes niederließ, dem Seth zu: „Schäm dich! Dein eigner Mund hat es gesprochen, deine eigene Klugheit hat dich gerichtet. Was willst du mehr?“

Da fühlte er sich beschämt und ging dahin, wo Re-Harachte war, (rot vor) Scham. Re-Harachte fragte ihn: „Was hast du schon wieder?“, und Seth antwortete ihm: „Das schlechte Weibsbild hat mir wieder nachgestellt und hat mir wieder einen bösen Streich gespielt. Sie hatte sich vor mir in ein schönes Mädchen verwandelt und hat zu mir gesagt: ‚Was mich anlangt, so war ich verheiratet mit einem Hirten. Er starb, ich gebar ihm einen Sohn, der jetzt hinter einigem Vieh seines Vaters herzieht. Eines Tages kam zusammen mit meinem Sohn ein Fremder in meinen Stall, und ich gab ihm zu essen. Viele Tage darauf aber sagte der Eindringling zu meinem Sohn: Ich werde dich prügeln, werde das Vieh deines Vaters wegnehmen und es soll mir gehören, so sagte er zu meinem Sohn‘, sagte sie zu mir.“

Re-Harachte fragte ihn darauf: „Und was hast du ihr geantwortet?" Seth sagte zu ihm: „Ich habe ihr geantwortet: ‚Soll man denn das Vieh dem Fremden geben, während der Sohn des Ehemannes danebensteht?' So sagte ich zu ihr. ‚Man soll das Gesicht des Eindringlings mit einem Stock schlagen und ihn hinauswerfen, und man soll deinen Sohn an die Stelle seines Vaters setzen', so sagte ich zu ihr."

Da sprach Re-Harachte zu ihm: „Sieh an, du hast dich selbst gerichtet. Was willst du mehr?"

Es folgen einige Wettkämpfe und eine homosexuelle Episode, bei denen jedesmal, wie bei der folgenden, die List der Isis das für Horus ungünstige Ergebnis in einen Sieg wandelt.

Daraufhin tat Seth einen großen Schwur bei Gott mit den Worten: „Man soll ihm das Amt nicht geben, bevor man ihn nicht hinausgeschickt hat mit mir, auf daß wir uns ein paar Steinschiffe[9] bauen und um die Wette fahren, wir zwei. Der aber, der den anderen schlagen wird, dem soll das Amt des Fürsten gegeben werden."

Horus zimmerte sich nun ein Schiff aus Tannenholz, tünchte es mit Gips und ließ es ins Wasser zur Zeit des Abends, ohne daß irgend jemand im ganzen Lande es bemerkt hätte. Seth erblickte das Boot des Horus und meinte, es sei aus Stein. Er ging auf den Berg hinauf, schnitt eine Felsspitze ab und baute sich ein Schiff aus Stein von 138 Ellen (etwa 70 m). Dann stiegen sie ein in ihre Schiffe vor der Neunheit. Das Schiff des Seth aber versank im Wasser. Seth verwandelte sich in ein Nilpferd und brachte das Schiff des Horus zum Sinken. Da aber ergriff Horus seine Harpune und wollte sie in den Leib des Seth stoßen. Doch die Neunheit sagte zu ihm: „Stoß sie nicht in ihn!"

Nach einigem weiteren Hin und Her wird erneut ein Gutachten eingeholt, und diesmal von Osiris. Es bringt die entscheidende Wende, allerdings erst, als Osiris auf seine Macht als Herrscher der Unterwelt hinweist.

Einige Zeit darauf gelangte der Brief zu dem König (Osiris), dem Sohn des Re, der die große Überflutung spendet, an den Herrn der Nahrung. Er aber stieß einen lauten Schrei aus, als der Brief vor ihm verlesen ward, und er schickte seine Antwort auf dem schnellsten Wege nach dem Orte, wo der Herr des Alls sich zusammen mit der Neunheit befand, folgenden Wortlauts: „Warum spielt man meinem Sohne Horus so übel mit? War ich es doch, der euch stark gemacht hat! Denn ich bin es, der Gerste und Weizen geschaffen hat, um die Götter zu ernähren wie auch das Vieh (Gottes = die Menschen) nach den Göttern. Weder ein anderer Gott noch eine andere Göttin kam auf den Einfall."

Der Brief des Osiris erreichte den Ort, wo Re-Harachte war, der sich inzwischen mit der Neunheit niedergelassen hatte in dem ‚Weißen Felde' in Chois. Man verlas ihn vor ihm und der Neunheit, und Re-Harachte sprach zu Thoth: „Schreib mir zu dem Brief schnell eine Antwort an Osiris und sag ihm bezüglich des Briefes: ‚Wärst du auch nie entstanden, wärst du auch nie geboren, so gäbe es Gerste und Weizen gerade so.'"

Der Brief des Allherrn gelangte zu Osiris, und er wurde vor ihm verlesen. Er schrieb nun wiederum an Re-Harachte, und zwar folgendermaßen: „Vortrefflich ist ja alles, was immer du machst, du Schöpfer der Neunheit, in der Tat. Nur die Gerechtigkeit, die hat man in die Unterwelt versinken lassen. Vergegenwärtige dir die Lage, in der du bist. Das Land, in dem ich mich aufhalte, ist voll von (Todes)boten mit wilden Gesichtern, die nicht Gott noch Göttin fürchten. Wenn ich sie (aus der Unterwelt) hinauslasse, so werden sie mir das Herz eines jeden bringen, der Unrecht tut, und die (Frevler) werden hier bei mir sein. Was bedeutet es (doch für mich), daß ich hier bin, hier ruhe im Westen, indes ihr allesamt draußen seid! Wer unter ihnen ist etwa stärker als ich? Und doch haben sie Unrecht ersonnen, in der Tat!"

Jetzt läßt der Gerichtsvorsitzende den Seth gefesselt „wie einen Sträfling" vorführen, und dieser Macht beugt sich auch der wilde Gott sofort:

---

[9] „Steinschiffe" versteht Horus als „Schiffe für den Transport von Steinen", während Seth es wörtlich meint: „Schiffe aus Stein."

Da sprach Atum zu ihm: „Warum sträubst du dich dagegen, daß man rechtlich zwischen euch entscheide, und versuchst, das Amt des Horus mit Gewalt an dich zu reißen?" Doch Seth antwortete ihm nun: „Keineswegs, mein gütiger Herr! Laß Horus, den Sohn der Isis, rufen: Das Amt seines Vaters Osiris werde ihm verliehen!"

So holte man Horus, den Sohn der Isis, setzte die Weiße Krone auf sein Haupt und stellte ihn an die Stelle seines Vaters Osiris. Man sprach zu ihm: „Du bist der vollkommene König von Ägypten! Du bist der vollkommene Herr eines jeden Landes bis zum Ende der Zeiten, bis in alle Ewigkeit!" Dann sprach Isis mit laut erhobener Stimme zu ihrem Sohne Horus: „Du bist der vollkommene König! Mein Herz ist in Freude, da du die Erde erhellst mit deinem Glanze."

Ptah, der Große, südlich von seiner Mauer, der Herr des Lebens der beiden Länder, sprach darauf: „Was aber soll man jetzt mit Seth machen? Denn siehe, Horus ist auf die Stelle seines Vaters Osiris gesetzt." Re-Harachte antwortete: „Man übergebe ihn mir, den Seth, den Sohn der Nut, auf daß er bei mir weile und bei mir sei wie ein Sohn. Er soll im Himmel donnern, und man soll sich vor ihm fürchten."

Im 7. Jht. v. Chr. setzt eine regelrechte Verfemung des Seth ein. Lediglich in Randgebieten hält sich noch ein kümmerlicher Kult, dagegen werden in allen übrigen Tempeln Rituale zu seiner Vernichtung zelebriert. Die Gründe sind nicht immer klar – eine Verbindung mit Apophis mag mitschwingen, vor allem aber legt sich der Gedanke nahe, daß die ständig steigende Hochschätzung des Osiris in dieser Zeit den Mörder des Gottes von jeder Verehrung ausschloß. Es mag auch eine Ethisierung der Religion mit eine Ursache sein, denn als „böse" galt Seth auch früher. Jedenfalls wird er zu einem Teufel, den man nicht verehren durfte, der „zu vernichten" war, der aber in der schwarzen Magie, also dem Schadenzauber, sein Leben fristete.

Nur in einer Funktion scheint er noch einen Platz zu haben: bei der Bekämpfung des Apophis. Damit kommen wir zu der zweiten Macht in der ägyptischen Religion, die man als „Gegengott" zu bezeichnen versucht ist, zu Apophis. Inwieweit bei beiden Gestalten diese Kategorisierung zu Recht besteht, sei am Schluß untersucht.

Apophis erscheint – wir sagten es schon – als Riesenschlange von großer Stärke. Ohne auf das komplexe Problem der Wertung von Schlangen in Ägypten einzugehen, sei hier nur am Rande bemerkt, um falschen Schlüssen vorzubeugen, daß es im ägyptischen Glauben sowohl hilfreiche und heilende wie drohend-gefährliche Schlangen gibt, daß also Schlangen zunächst ambivalent sind. Zahlreiche Nuancen ergeben sich bei näherer Betrachtung.

Apophis ist der Urfeind schlechthin. Er wird nie als „Gott" bezeichnet, er ist weit entfernt davon, einen Kult zu genießen. Er haust nicht im Himmel, sondern in unendlicher Tiefe, der „Tiefe, die unten ist", wie Thomas Mann sagt. Die ägyptische Welt ist nicht aus einem „Nichts" erschaffen, sondern aus einer Urmaterie. Aus diesem Meer, einem freilich potentiell fruchtbaren Meer, das aber selbst nicht schöpferisch ist, hat der Schöpfergott den Lebensraum für die Menschen ausgegrenzt, hat das Trockene, den Himmel und den Luftraum dazwischen geschaffen, dazu das Licht, die Fruchtbarkeit, die Pflanzen, Tiere und Menschen. Für alle hat er die jeweils passende Nahrung bestimmt. Aber – diese geschaffene Welt ist nicht nur vergänglich, sie altert auch und ist erneuerungsbedürftig [10] – und diese ständig nötige Kraft bezieht sie aus der Tiefe der Urwelt, die ja auch nach der Schöpfung diese Menschenwelt allseits umgibt: Wüste und Wasser, Nacht und Finsternis sind Elemente dieser Urwelt, die die geschaffene Menschenwelt allseitig bedroht. Diese chaotischen Mächte gehören dem Apophis, der mit Mephisto sagen könnte: „Ich bin der Geist, der stets verneint! / Und das mit Recht; denn alles, was entsteht, / ist wert, daß es zugrunde geht; drum besser wär's, daß nichts entstünde." Freilich stehen Apophis andere Mittel zur Verfügung als Mephistopheles – er ist eine gewaltige Kraft. Sein Hauptgegner ist der Sonnengott, den er ständig bekämpft, abends, morgens, vor allem aber während seiner Nachtfahrt, während der der Gott besonders verwundbar ist, da er abends gealtert in die

---

[10] Erik Hornung, Verfall und Regeneration der Schöpfung, in: Eranos 1977, Jahrbuch Vol. 46 (1979) 411–449.

Unterwelt hinabsteigt und sich einem Verjüngungsprozeß aussetzt. Auch dort fährt er mit einem Schiff auf einem Wasserlauf, und Apophis säuft in einer Phase des Kampfes das Wasser aus, um den Lauf zu hemmen. Sein Element ist die Sandbank, das gefürchtete Hindernis der Nilschiffahrt[11].

Immer wieder erhebt Apophis sein Haupt, versperrt am Tage als Wolke der Sonne den Weg, zwingt den Gott zu Umwegen, bringt das Schiff gar zum Halten. So oft auch die Helfer des Sonnengottes ihn besiegen, ja zerstückeln, er ersteht immer neu, um die Schöpfung zu bedrohen, und zwar in ihrer Existenz zu bedrohen.

Wir merken, daß hier eine andere Dimension der Welt erfaßt wird als mit dem Kraftprotz Seth, der anomal, unbequem, störend, aber nicht letztlich bedrohend sich einmischt in den Lauf der Welt – hier, bei Apophis, geht es um die Existenz. Die Ägypter empfanden die geschaffene Welt, die sie so liebten und für die sie dem Schöpfergott nicht müde wurden zu danken, stets als gefährdet. Sie wußten, daß den Mächten der Bewahrung andere Kräfte gegenüberstanden, die auf Vernichtung aus waren. Auch hier nochmals: Die ägyptische Kultur verzichtet auf jede billige Harmonisierung, sie erlebt und artikuliert die in der Struktur der Welt selbst angelegten Spannungen.

Apophis also hat das Ziel, den Lauf der Sonne zum Stillstand zu bringen und damit die Schöpfung zu vernichten – denn nur der Lauf der Sonne, die dadurch gegebene Ordnung, das Licht des Tages, die Rekreation verbrauchter Kräfte durch Nacht und Schlaf, dem erneutes Erwachen zur Tätigkeit folgt, nur dieser Wechsel ermöglicht Leben. Dazuhin ist der Sonnengott der Wahrer des Rechts, das ebenfalls einen Grundpfeiler der Ordnung darstellt. Ständig, täglich neu, hat sich der Schöpfergott mit dieser Bedrohung seines Werkes auseinanderzusetzen. Durch sie wird nicht Unruhe in die Schöpfung gebracht, hier wird sie total verneint und bedroht.

Im Osten, wo die Sonne gleich nach ihrer Neugeburt am Morgen noch nicht ihre vollen Kräfte hat, liegt ein Berg, von dem es heißt (Spr. 108 des Totenbuchs):[12]

> „Auf dem Gipfel jenes Berges ist eine Schlange,
> 30 Ellen ist sie lang;
> ,die voller Feuersglut' ist ihr Name.   ·
> Dann aber, zur Zeit des Abends
> (also wenn die Sonne wieder alt und schwach geworden ist)
> wird sie ihre Augen gegen Re wenden –
> Dann tritt ein Stillstand der Barke ein
> und große Verwirrung unter der Rudermannschaft."

Die Schlange hat, so wird berichtet, eine Elle und drei Handbreit, also etwa 75 cm Wasser fortgesoffen, so daß kein Rudern mehr möglich ist. Nun aber tritt der gewaltige Seth in Erscheinung, der an der Spitze des Sonnenschiffes steht – dorthin hat Re ihn zu sich genommen, nachdem sein Anspruch auf die Herrschaft abgewiesen worden ist. Hier ist sein Platz, die Macht hat ihre Legitimität bei der Verteidigung des Rechts, nicht gegen das Recht oder auch nur an seiner Stelle! Und Seth stößt mit einer gewaltigen Lanze dem Apophis in den Schlangenleib und zwingt ihn, das eingesogene Wasser wieder auszuspeien. Aber immer wieder, in den verschiedensten Situationen, in allen Lagen, in denen die Fahrt des Sonnengottes ohnedies schwierig wird, taucht der Feind vor dem Bug des Schiffes auf und bedroht die Fahrt, und immer erneut muß er besiegt werden, ohne daß aber seine Existenz vernichtet werden kann. Der Kampf mit

---

[11] Erik Hornung (wie Anm. 2).
[12] Übersetzung des ägyptischen Totenbuches von Erik Hornung, Das Totenbuch des Ägypter (Zürich und München 1979). Der zitierte Text auf S. 207.

dem Urfeind der Welt ist nicht ein für allemal zu gewinnen, nur stets erneut – das Bedrohtsein gehört zum Wesen der Welt. In den Höhlen der Unterwelt spielt sich der Kampf auch im Finsteren ab, weil der Sonnengott sein lichtspendendes Auge zu seiner Sicherheit verhüllt hat; dann hört man zunächst nur das unartikulierte Gebrüll des Feindes, mit dem er den Gott und sein Gefolge einzuschüchtern sucht. Außer Seth helfen auch andere Geleitgötter, vor allem Isis mit ihrem Zauber.

Die Bücher schildern diesen Kampf in vielen Szenen, und zwar im Wort nicht nur, sondern auch im Bild – wir können dem hier nicht nachgehen[13]. Apophis ist die Kraft der Welt vor der Schöpfung, jene ebenso bedrohliche wie für die Erneuerung des Lebens unentbehrliche Realität. Apophis stellt deren eine Seite dar, eben die gefährliche, die jedoch, will man die positiven Kräfte für die Lebenserneuerung nicht verscherzen, zwar bekämpft, aber hingenommen werden muß.

Bei Seth geht es um die Antinomie, allenfalls um das Böse, das im Kampf gegen das Gute steht, gegen Recht und Ordnung in der Welt. Dieser Gott gehört in die Schöpfung, er ist – trotz aller Antipathie, die man ihm entgegenbringen kann – ein Teil der geschaffenen Welt. Das Reich des Apophis aber ist das Nichts. Seth also ist ein Gott, allenfalls „Gegengott" des Horus; Apophis ist ein Gottesfeind, dem das Prädikat „Gott" versagt bleibt.

---

[13] Beste Übersetzung des Textes: Erik Hornung, Ägyptische Unterweltsbücher (Zürich und München 1972). – Zum Verhältnis von Text und Bild: Hellmut Brunner, Illustrierte Bücher im alten Ägypten, in: Wort und Bild, hrsg. von dems., Richard Kannicht und Klaus Schwager (München 1979) 201–218.

Name, Namen, Namenlosigkeit Gottes im Alten Ägypten[1]

aus: Der Name Gottes, hrsg. von H. v. Stietencron, Düsseldorf 1975, 33–49.

Wesen der Gottheit und Namengebung

Ist der Name unverbindlich-flüchtig wie Schall und Rauch? Wer dies sagt, ist Faust, und zwar in der Katechisationsszene, wo Gretchen exakt nach seinem Christentum fragt, und die Antwort ist eine windelweiche Ausflucht, eine Flucht ins Allgemeine von dem, der durch seinen Pakt mit Mephisto jedenfalls, vielleicht schon durch sein Studium in Sachen Religion keiner Bindung und entsprechend auch keiner klaren Auskunft mehr fähig ist. Es gab und gibt sehr andere Auffassungen von der Bedeutung des Namens, wie bereits dargelegt worden ist und wie wir jetzt an einer ersten Einzelreligion exemplifizieren wollen. Dabei werden sich manche der im ersten Beitrage gezeigten Phänomene nicht nachweisen lassen, andere werden sich – wie könnte es anders sein? – in kulturtypischem Zusammenhang anders darstellen. Im ganzen aber können wir auf den Ausführungen von Burkhard Gladigow fußen und brauchen nicht zu wiederholen, was er von Namenlosigkeit als Zeichen mangelnder Individualisierung, aber auch als Zeichen der Unverfügbarkeit, was er von Geheimnamen, Namengebrauch, was er auch von Götterspaltungen und -vereinigungen mit großer Vollständigkeit gebracht hat.

Die ägyptische Religion freilich, die ihre Form um 3000 v. Chr. erhalten hat, ist lange erloschen – im 3. und 4. Jahrhundert hat das Christentum sie besiegt. Daß aber auch in der Gegenwart der lautstarke Rationalismus noch nicht jedes Gespür dafür übertönt hat, daß der Name mehr als ein beliebiges Erkennungs- und Unterscheidungszeichen ist, das ebensogut oder noch zweckmäßiger durch eine Ziffer ersetzt werden könnte, sehen wir an dem Unwillen, mit dem jeder Na-

---

1 Literatur: *Hendrik Willem Obbink*, De magische betekenis van de naam inzonderheid in het oude Egypte, Paris 1925; *Hans Bonnet*, Reallexikon der ägyptischen Religionsgeschichte, Berlin 1952. s. v.; *Erik Hornung*, Der Eine und die Vielen, Darmstadt 1971, Register s. v.; *Gerardus van der Leeuw*, Phänomenologie der Religion, ²1956.

mensträger eine Entstellung, ja eine falsche Schreibung seines Namens
aufnimmt. Es ist, als ob hier ein Stück seines Wesens getroffen sei,
ganz zu schweigen von der Abneigung, ‚nur eine Nummer‘, also namenlos zu sein.

Jedes religiöse Erlebnis ist zunächst Begegnung mit einer Macht, doch
bleiben dabei Begegnung wie Gegenüber ohne feste Struktur, bleiben
ungreifbar, bis der Mensch der erlebten Mächtigkeit einen Namen
gibt. „Er (der Name) ist die erste Form, in der die Gestalt undeutlich
zu erscheinen beginnt. Er ist eine Handhabe, mit der man die Macht
in den Griff bekommt, das Zauberwort, mit dem man sie ruft. Der Name, ursprünglich nichts anderes als eine Erscheinung dessen, was man
erlebt, ist dasjenige, wodurch sich der eine vom anderen unterscheidet.
Er ist das Wesen des Gottes."[2] Hier haben wir die wesentlichen Elemente sowohl einer Genese als auch eines Verständnisses beisammen.
Es braucht uns heute nicht zu beschäftigen, daß sich oft in einer bestimmten religionsgeschichtlichen Entwicklung der Name der Gottheit wieder auflöst, aus dem theos ein theion wird – dann nämlich,
wenn die überall vorhandenen pantheistischen Tendenzen überhand
gewinnen. In Ägypten behalten die Götter immer ihr Profil, und wenn
sie ‚namenlos‘ genannt werden, so hat das, wie wir noch sehen werden,
andere Gründe. Mit ägyptischen Göttern verbindet sich nicht nur für
uns fest der Begriff der Götternamen – wer kennt nicht Amun, Osiris,
Isis, Seth, Horus und viele andere wenigstens dem Namen nach? –,
sondern er tat das auch für Herodot, der um 450 v. Chr. Ägypten be-
reiste und berichtet: „Überhaupt stammen fast alle hellenischen Götternamen aus Ägypten."[3] Moderne Sprachwissenschaft lehrt, daß kein
einziger Name griechischer Götter ägyptischen Ursprungs ist. Was also meint Herodot mit seiner befremdenden Feststellung? Er trifft sie im
Anschluß an seine Erkenntnis, daß ein bestimmtes ägyptisches Fest in
seinen Formen und seinem Gehalt einem griechischen Dionysos-Fest
gleiche, und stellt als äußerst wahrscheinlich hin, daß diese Phallopho-
rien aus Ägypten stammen und von dort durch Melampous nach Griechenland verpflanzt worden seien. Herodot weiß natürlich sehr genau,
daß der Gott, dem die Ägypter dieses Fest feiern, Osiris heißt, der griechische dagegen Dionysos. Er meint mit seiner Aussage also offenbar
nicht das, was wir heute Namen nennen, sondern das Wesen, die Ge-

2 *G. van der Leeuw*, Einführung in die Phänomenologie der Religion,
31973, 20.
3 Herodot II, 50.

stalt der Götter, die sich zuerst in Ägypten aus dem vagen Erlebnis
der Begegnung mit einer Macht zu dem einer Begegnung mit mehr oder
weniger personhaften Göttern verfestigt hat.

Es gehört zu den Grundlagen des Polytheismus, daß die Welt nicht
monistisch zu erklären ist, vielmehr pluralistisch. Die mannigfaltigen
Erscheinungen lassen sich nicht unter eine einheitliche Größe subsumieren, bestehen vielmehr – wenn auch nicht gleichwertig – nebeneinander, und dem entspricht eine Vielzahl von Göttern. Zwischen ihnen zu unterscheiden gelingt vor allem mit Hilfe der Namen, und diese Unterscheidung, meint Herodot, haben zuerst die Ägypter getroffen, sie haben zuerst die einzelnen und verschiedenartigen Mächte, denen sie begegneten, als verschiedene erkannt und danach benannt.

Daß nun die Göttin der Liebe in Ägypten Hathor, in Griechenland
Aphrodite heißt, steht Herodots Aussagen von einer Übernahme des
‚Namens‘ nicht im Wege. Es handelt sich dennoch um dieselbe Göttin,
und der Unterschied ist kein anderer als der, wenn die Ägypter die
Hand *djeret* nennen, die Griechen zu demselben Objekt aber *cheir*
sagen. Namengebung ist Individualisierung, und selbst wenn die gleiche
Person, der gleiche Gegenstand hier anders heißt als dort, so handelt
es sich doch um den gleichen ‚Namen‘.

Herodot weiß um die wirkliche Bedeutung der Namen und gebraucht
das Wort in einem weiteren und zugleich präziseren Sinn als wir.

Wenn dergestalt der Name die Individualität der Gottheit in sich
schließt, so ist es wichtig, den Namen des Gottes zu kennen, zu wissen, mit wem man es zu tun hat, wer einem gegenübertritt, um den
Gott mit dem erfreuen zu können, was er liebt – sei es ein Hymnus,
ein Gebet, ein Opfer, ein bestimmtes Verhalten oder einfach ein Gespräch über sein Wesen, daß man eben richtig mit ihm umgeht. Das
ändert auf der Ebene der Hochreligion – von der Magie wird nachher noch zu sprechen sein – nichts an der grundsätzlichen Unverfügbarkeit von Gottes Macht; es ändert nicht einmal etwas an der
Unerforschlichkeit Gottes, an seinem – wie der Ägypter sagt – Geheimnis. Auch wenn der Schleier des Bildes zu Sais nicht aufgehoben
wird, so weiß der dem Geheimnisvollen gegenübertretende Mensch
doch um Namen und Wesen, bis zu einem gewissen Grad auch um den
Willen dieser Gottheit – ist es doch gerade der Sinn der religiösen
Tradition, solches Wissen um die rechte Haltung gegen die Gottheit
aus der Erfahrung von vielen Generationen den heranwachsenden
Menschen zu vermitteln, ihnen üble Erfahrungen und Umwege zu er-
sparen. Aber trotz allem vererbtem Wissen: der Kultname und die sich

mit ihm verbindende Haltung des Menschen können nie die Fülle der Gottheit erschöpfen. Hinter ihm stehen andere, unerforschlich bleibende ‚Namen‘, also Eigenschaften oder Funktionen. Mag sein, daß eine besondere Notlage der Menschen ihnen eines Tages den Blick schärft, so daß sie weitere Seiten eines ihnen lange bekannten Gottes erblicken, mag sein, daß Gott, wie die Ägypter sagen würden, einen Teil seines Geheimnisses lüftet – grundsätzlich bleibt immer ein unerkennbarer, mehr oder weniger großer Rest, bleibt der Name ‚geheim‘. Der Gottesname offenbart und verhüllt also gleichermaßen, Gott wird ‚verfügbar‘ und bleibt ‚unverfügbar‘. Der Gottesname spiegelt die ewige Doppelnatur der Gottheit wider: das offenbare Gesicht ebenso wie sein verborgenes, nicht nur menschlichem Zugriff, sondern auch menschlicher Kenntnis entrücktes Wesen.

Auch in Ägypten können wir, soweit wir auch in die Geschichte zurückblicken können, die Entstehung von Götternamen nicht greifen – sie sind schon vorhanden, als die Schrift anfängt, uns zu Beginn des 3. Jahrtausends die Sprache zu erschließen. Freilich werden im Laufe der Geschichte einzelne Götter dem Pantheon zugefügt, wenn die Bewußtseinslage des Volkes den einen oder anderen Gott in Erscheinung treten läßt – so etwa einen Gott Sched in der Zeit einer Auflösung alter Bindungen, als der einzelne in eine ihn in Angst versetzende Isolierung gerät –, und Sched heißt nichts weiter als ‚Retter‘. Schon lange Jahrhunderte vorher kam vielen ägyptischen Göttern unter anderem das Epitheton ‚Retter‘ zu, vor allem Amun, aber auch Ptah und sonstigen Göttern. Dieser Aspekt einiger – beileibe nicht aller – ägyptischer Gottheiten gerinnt in Zeiten allgemeiner Existenzangst zu einer eigenen Gestalt, oder, vom betroffenen Menschen aus formuliert: erst jetzt, in Zeiten solcher Not, offenbart sich die betreffende Rettergottheit in ihrem vollen Wesen – ein neuer Gott wird geboren, eben der Gott Sched.4 Hier wird also eine Göttergestalt nach ihrer Eigenschaft oder ihrer Funktion benannt – und es hat den Anschein, daß viele ägyptische Götter ihre ‚Namen‘ ihrer Eigenschaft verdanken. Wenn dem aber so ist, so mögen grundsätzlich alle Götter neue ‚Namen‘ erhalten, wenn sie neue Seiten ihres Wesens offenbaren bzw. wenn die Menschen neue Seiten ihres Wesens erkennen.

Bevor wir hier weiter sehen, bleiben wir noch einen Augenblick bei den Götternamen, die das Wesen des Gottes bezeichnen, jedenfalls den

---

4 Siehe *H. Brunner*, Eine Dankstele an Upuaut: Mitt. d. Deutschen Archäol. Instituts, Abt. Kairo, 16 (1959) 5–19, bes. 12–17.

zur Zeit der Namengebung den Menschen am wichtigsten erscheinen-
den Zug des Wesens. Oft wird der mit dem Namen verbundene Zug,
wenn der Gott sich nicht entfaltet, die einzige Seite dieser Gottheit
bleibt. Chons heißt übersetzt der ‚Wanderer‘. Es ist der Mondgott,
der den Himmel durchzieht. Es bleibt bemerkenswert, daß die meisten Namen ägyptischer Götter sich nicht etymologisieren lassen –
sie mögen aus einem sprachlichen Substrat stammen, das uns nicht
mehr greifbar ist. In diese Rubrik fallen so bekannte Götternamen wie
Osiris, Isis, Horus, Ptah, Thot, Month.
Beredt ist aber wieder der Name des Amun, jenes Gottes, der seit dem
Beginn des 2. Jahrtausends an die Spitze aller Götter trat, weil er auf
einer neuen Stufe des Selbstbewußtseins des Individuums von jedem
Ägypter immer wieder erlebt wurde, weil er der überall anwesende,
aber unsichtbare Gott war, der Gott, der alles erfüllt, „kein Ding ist
frei von ihm“, der Lufthauch, der Wind, das *pneuma*, der Gott, der
unsichtbar bleibt, aber an seinen Wirkungen erkannt wird – Amun
heißt übersetzt ‚der Verborgene‘. Folgerichtig hören wir in einem
Amun-Hymnus: „Es gibt hier keinen Ort, der frei wäre von seinem
Namen; sein Name ist süß [im Munde der Menschen, angenehm] im
Herzen der Götter.“[5]
Durch ihre Namen also unterscheiden sich die ägyptischen Götter –
wobei wir jetzt bei dem Wort ‚Namen‘ immer ‚Wesen‘ mithören wollen. Wir verstehen, daß jedes Gebet mit dem Namensanruf des Gottes
beginnen muß. Oft aber wird ein solcher Anruf in Gebet oder Hymnus
erweitert, dem Namen werden andere hinzugefügt, auch solche Bezeichnungen, die wir nicht ohne weiteres Namen nennen würden, die
wir lieber unter die Epitheta, die Beiworte einordnen – wir halten
uns bei solchen terminologischen Feinheiten nicht länger auf, wissen
wir doch um die erheblich in Richtung ‚Wesen‘ ausgedehnte Bedeutung des Begriffs ‚Namen‘.
Was hat es nun mit der Vervielfältigung der Namen im Anruf auf sich,
die bis zu einer Reihung von Hunderten von Namen in Litaneien gehen kann? Bei Gebeten verbindet sich ein konkreter Anlaß, in der Regel eine Bitte mit der Namensnennung, eine Bitte, die sogar gelegentlich an den Namen des Gottes anknüpfen kann – das bekannteste
Beispiel stammt nicht von einer Bitte an einen Gott, sondern aus der
Geschichte von der Geburt dreier Könige, deren Namen schon vorher

---

5 *H. Goedicke* und *E. F. Wente, Ostraka Michaelides*, Wiesbaden 1962, Taf.
15, Z. 3.

von göttlicher Seite festgesetzt worden sind. Die – ebenfalls göttlichen – Hebammen besprechen nun bei der Geburt selbst die Kinder in Anspielung an ihre Namen: „Sei nicht stark in ihrem Leibe, sowahr du ‚Sein Ka ist stark‘ heißt.“[6] Ein anderes Beispiel ist ebenfalls negativ gewendet, d. h., es soll eine durch den Namen als Wesensaussage unerwünschte Seite der Gottheit nicht zum Tragen kommen: Die Himmelsgöttin führt u. a. das Beiwort *ḥrt*, ‚die Ferne‘, und in einem Anruf an sie heißt es dann: „Sei nicht ferne gemäß deinem Namen ‚die Ferne‘.“[7] Ein positives Beispiel: „Nut soll dich beschirmen, sowahr sie ‚die Schirmerin‘ heißt“, wörtlich „in diesem ihrem Namen ‚die Schirmerin‘“.[8] Im Götterkult der Tempel fehlt eine Bitte nach dem Namenanruf, oder sie versteht sich von selbst: Die Gottheit, ist die Meinung, möge in ihren Tempel kommen, in ihrem Bilde (Statue oder auch Wandrelief) Platz nehmen und dem Lande ihren Segen spenden, möge in ihrem Heiligtum weilen, um „die Weinenden zu hören“.

Vielnamigkeit der Götter

Aber warum die Häufung der Namen? Ägyptische wie griechische Texte nennen ägyptische Götter häufig ‚vielnamig‘, ‚polyonymus‘, ‚myrionymos‘. Dabei fällt auf, daß nur ‚großen‘ Göttern diese Bezeichnung zukommt, Isis voran, aber auch Amun oder Osiris. Die Erklärung fällt nicht schwer: Neben ‚kleinen‘ Göttern, denen nur ein begrenzter Ausschnitt aus dem Leben zugeordnet ist, die nur in Grenzen wirken (etwa Month als Kriegsgott, Sechmet als Seuchen- und Heilgöttin, Toëris als Göttin der Schwangerschaft und der Geburt), stehen andere, deren Wirkung sehr viel weiter empfunden wird: Amun etwa, der als Lufthauch (wir sprachen schon davon) alles erfüllt, der überall anwesend ist, auch im Menschen, und zwar in allen Menschen, vom König bis zum letzten Fellachen, ist Retter aus jeder Art von Not (Seenot, Gerichtsnot, Krankheit usw.), aber auch Schöpfer, d. h. Ernährer, Spender von Kindersegen, Förderer der Berufslaufbahn, anderseits Erhalter des Staates, siegverleihender Kriegsgott – kurz, er hat eine umfassende Wirkung, eben aufgrund seines Wesens. In den

---

6 Westcar 10,9.; *E. Brunner-Traut*, Altägyptische Märchen, Düsseldorf-Köln 31973, 20.

7 Pyr. 785. Übers. von *R. O. Faulkner*, The Ancient Egyptian Pyramid Texts, Oxford 1969, 143.

8 Pyr. 638. Übers. a. a. O. 121.

an ihn gerichteten Hymnen werden nun diese Eigenschaften ihm zu-
gesungen, werden in kurzen Rufen oder Sätzen systematisch, in weniger reflektierten Dichtungen auch assoziativ, aneinandergereiht.
Berühmt sind Isishymnen aus griechischer Zeit, teils auch in griechischer Sprache und weit über das Nilland hinaus in der Mittelmeer-
welt verbreitet, die in knappen Sätzen der vielnamigen Göttin ihre
Taten und Eigenschaften zusingen – sie gehen in der Wissenschaft
unter der Bezeichnung Aretalogien. Es wird keine Geschichte erzählt,
kein fortlaufender Gedanke gesponnen, sondern die einzelnen Aussagen stehen unvermittelt nebeneinander, es sind ‚Namen‘.

„Isis bin ich, die Herrscherin jedes Landes.
Ich wurde erzogen von Thot.
Ich habe den Menschen Gesetze gegeben und als Gesetz aufge-
    stellt, was kein Mensch umstoßen kann.
Ich bin die Frau und die Schwester des Königs Osiris.
Ich bin die Mutter des Königs Horus . . .
Ich habe die seemännischen Berufe erfunden . . .
Ich habe die Bahn der Sonne und des Mondes geregelt.
Ich habe zum Gesetz erhoben, daß die Eltern von den Kindern
    geliebt werden.
Ich habe denen, die sich lieblos zu den Eltern verhalten, Strafe
    auferlegt . . .“

So folgen sich 55 Aussagen über die Isis polyonymus, die vielnamige.
Wir dürfen nach dem Grund solcher Reihungen fragen. Freilich geben uns ägyptische Texte kaum Aufschluß darüber, doch legen sich
zwei Antworten, die sich nicht ausschließen, nahe: Der Gott freut sich
an Hymnus und Gebet, freut sich, wenn die Menschen ihn nicht nur erkennen, sondern anerkennen, sich seiner ‚Taten‘ bewußt sind. Daß
Gott gebeten und gepriesen sein will, ist eine der Grundlagen jeder
theistischen Religion, Zentrum des Kults. In einem ägyptischen Märchen des 2. Jahrtausends wird ein Schiffbrüchiger auf eine einsame
Insel verschlagen, wo ihn ein Schlangengott rettet und auf einem
Schiff nach Hause bringen läßt. Dankopfer, wie sie der Mensch ihm
anbietet, verschmäht der Gott, aber er bittet den Heimkehrer, ihm einen guten Namen in seiner Stadt zu machen. «Siehe, das ist es, was
ich mir von dir wünsche.“9

9 E. Brunner-Traut, a. a. O. 9.

Aussprechen des Namens als Kraft

Nun kommt hier aber eine neue Dimension des Begriffs Göttername in unsere Überlegung. Es gibt ein weit verbreitetes ägyptisches Sprichwort: „Der Mann lebt, dessen Namen genannt wird." Wir werden ihm nachher in einem Text noch einmal begegnen. Daß hier die Vorstellung von der Wirkungskraft des gesprochenen (nicht des gedachten!) Wortes zugrundeliegt, versteht sich. Im Munde Gottes kann das Wort schöpferisch sein („Gott sprach: ,Es werde Licht!' und es ward Licht"), aber auch bei den Menschen wirkt das ausgesprochene Wort ebenfalls, mehr oder weniger stark, je nachdem, in welcher Vollmacht es gesprochen wird (Im Aberglauben bis heute lebendig im dreimaligen Klopfen an Holz, ,unberufen', wenn jemand ein unheilträchtiges Wort gesprochen hat, dessen Realisierung verhindert werden soll). Wir können hier nicht eine religionsgeschichtliche Theologie des Wortes entfalten, nicht von der Schöpferkraft des Wortes, nicht von Segen und Fluch, Heil- und Schadenzauber sprechen, nicht von dem Wort, das zurückkehrt, nicht von der gewichtigen Bewertung von Zungensünden (auch in Ägypten) – genug, wenn wir mit unseren Stichworten ein kurzes Blendlicht auf die weiten Gebiete haben fallen lassen, die sich bei der Verwendung des Begriffes ,gesprochenes Wort' auftun. Jedenfalls strebt der Ägypter danach, daß sein Name in helfendem Sinn ausgesprochen wird – „der Mann lebt, dessen Name genannt wird". ,Nennen' heißt dabei wörtlich ,wetzen' – ein höchst anschauliches Bild, daß ein Name so wie ein Messer ,gewetzt', d. h. durch häufiges Aussprechen scharf gehalten werden kann oder muß. Das gilt insbesondere für Verstorbene, deren namentlich gedacht werden soll, gilt aber auch für Lebende, deren man wohlwollend, im Guten gedenkt. Grob und in der Sprache der Magie ausgedrückt, würde also die Häufung der Namen bedeuten, daß durch eine solche multiple Anrufung der Gottheit deren Macht gestärkt, ihre Wirkung vervielfacht würde.

Es sind verschiedene und verschiedenartige Zusammenstellungen solcher Anrufungen der bloßen ,Namen' der Gottheit erhalten, so etwa eine Sonnenlitanei, die 75mal beginnt: „Lobpreis dir, Re, oberste Macht...", wobei diesem gemeinsamen Anfang 75 verschiedene Namen, genauer Beiwörter folgen, die, planvoll angeordnet, die Macht der Sonne beschreiben.[10] Keine Frage, diese in vielen Handschriften

---

10 *Alexander Piankoff*, The Litany of Re. Bollingen Series XL 4, New York 1964.

und Inschriften überlieferte Litanei wurde im Kult des Sonnengotts gesungen. Dasselbe gilt von einem nur auf Papyrus überlieferten Text, den der Herausgeber in Anlehnung an mittelalterliche christliche Texte ähnlichen Inhalts ‚Book of Hours‘ genannt hat. Diese Namen wurden im Osiris-Kult verlesen und sind nach den 12 Stunden des Tages eingeteilt. In jeder Stunde sind etwa 80 ‚Namen‘ des Gottes vorzutragen, wobei auch andere verwandte Gottheiten im Sinne des Synkretismus dem Osiris zugerechnet werden, aber auch Kultgeräte und heilige Gegenstände.[11] Dies ist die wohl umfangreichste Namenszusammenstellung aus Ägypten, doch enthält fast jede der unzähligen Hymnen und nahezu jedes Gebet derartige Elemente. Osiris wird im 142. Spruch des Totenbuches unter 100 Namen angerufen – wie Allah im Islam 100 Namen hat.

Nur kurz sei hier der Seitenweg unserer Betrachtungen verfolgt, daß sich aus solchen Benennungen leicht im Volksglauben Götter und Gestalten abspalten, die dann dazu neigen, ein Eigenleben zu führen. Das ist insbesondere dann der Fall, wenn das Beiwort einen bestimmten Verehrungsort nennt: ‚Osiris von Naref‘, ‚Osiris von Hermopolis‘, ‚Osiris von Sam-Behedet‘ usw. Wir kennen ähnliche Erscheinungen bei katholischen Heiligen. Besonders gern knüpfen sich solche Abspaltungen an Kultstätten, die in Ägypten je einen eigenen Namen tragen können, etwa ‚Amenophis vom Vorhof‘. Unter solchen spezielleren Namen werden dann die Gottheiten vom Volk mit Vorliebe angerufen – stehen sie ihm doch näher als die großen, im unzugänglichen Reichstempel oder gar im Himmel thronenden Götter.

Der Sinn litaneiartiger Zusammenstellungen von Gottesnamen – worunter auch Attribute Gottes zu verstehen sind – ist also einmal, den Gott mit solchen Erinnerungen zu erfreuen, zum anderen aber auch, dadurch seine Macht zu aktivieren, die genannten Machtäußerungen, die ihm an sich eignen, ‚hervorzurufen‘, wie der aus gleichem Geist geborene anschauliche deutsche Ausdruck lautet.

Nicht immer weiß der Ägypter, welcher Macht er begegnet, nicht immer gelingt es, den Gott, der ins Leben eingreift, zu benennen. Sinuhe etwa, der in einer langen autobiographischen Erzählung über sein Leben berichtet, wird in einer politisch verworrenen Lage plötzlich getrieben, ins Ausland zu fliehen. Später kann er sich diesen Impuls nicht anders erklären, als daß ein höherer Wille ihn dazu gebracht ha-

---

11 *R. O. Faulkner*, An Ancient Egyptian Book of Hours, Oxford 1958.

be. Von dem Wunsch beseelt, wieder in sein Heimatland zurückzukehren, das ihm aber zunächst versperrt erscheint, betet er in der Fremde: „O Gott, wer du auch seist, der diese Flucht bestimmt hat, sei gnädig und bring mich wieder in die Heimat!"[12] Aus ähnlicher Haltung haben die Athener den Altar eines agnostos theos erbaut, an dem Paulus seine berühmte Areopag-Predigt hält.[13] Dort lautet die Inschrift auch konsequenterweise nicht, wie unsere christlich adaptierten Übersetzungen geben, ‚dem unbekannten Gott', sondern artikellos: ‚einem unbekannten Gott' – wie viele solcher von den Menschen noch nicht erkannten und benannten Götter es gebe, blieb völlig offen – grundsätzlich eine unbegrenzte Zahl.

Namenlosigkeit der Gottheit

a) Geheimhaltung

Scheinbar in krassem Widerspruch zu allem bisher Gesagten steht es, wenn Götter ohne Namen bleiben, wenn sie anonym sind, nicht nur dem betroffenen Menschen im Augenblick oder einer bestimmten Epoche überhaupt unerkannt bleiben, sondern wenn sie gar keinen Namen tragen, wenn er zumindest grundsätzlich unerkennbar bleibt. Um diese merkwürdige Erscheinung, von der im ersten Beitrag schon Wichtiges gesagt worden ist, ganz zu verstehen, müssen wir genauer zusehen, und dabei werden wir entdecken, daß es zwei verschiedene Namenlosigkeiten der Gottheit gibt: eine Geheimhaltung, die entweder die Gottheit selbst schützen oder die Welt vor der Macht des ausgesprochenen Namens bewahren soll, oder aber eine Anonymität, die genauer Ausdruck des Wesens der Gottheit ist.[14]

Zunächst also zur Geheimhaltung des Namens, die entweder vom Gott selbst oder von seinen Verehrern ausgeht oder aber auch von einem Zauberer, der den zaubermächtigen Namen erfahren hat, ihn aber für sich behält, um seine Macht mit niemandem zu teilen. Es gibt einen berühmten Text, in zwei Papyri in Turin und London erhalten, der uns Kunde gibt vom Geheimnis um den letzten Namen des Sonnengottes Re.

„Isis war eine listige Frau.

---

12 Sin. 156 f., übersetzt z. B. von *E. Edel,* in: *Kurt Galling,* Textbuch zur Geschichte Israels, Tübingen ²1968.

13 Apg 17, 22 ff.

14 Vgl. *E. Brunner-Traut,* Art. Anonymität (der Götter), in: Lexikon der Ägyptologie I, Wiesbaden 1973, Sp. 281–291.

Ihr Herz war listiger als das von Millionen Menschen.
Sie überragte Millionen Götter
und hatte tiefere Einsichten als Millionen Geister.
Es gab nichts, was sie nicht gewußt hätte im Himmel und auf
 Erden,
wie Re, der die Erde erhält.
Nun plante die Göttin in ihrem Herzen,
 auch den Namen des ehrwürdigen Gottes in Erfahrung zu bringen."

Zu diesem Zweck formt sie eine Schlange aus Staub und ihrem Spei-
chel und legt dies Kunsttier auf den Weg, den Re täglich nimmt. Das
Untier beißt den großen Gott, und da es nicht von ihm geschaffen ist,
kann er des Giftes nicht Herr werden.

 „Kommt mir zu Hilfe, die ihr aus mir entstanden seid,
ihr Götter, die ihr aus mir hervorgekommen seid,
 damit ich euch wissen lasse, was geschehen ist.
Mein Herz kennt es nicht, meine Augen haben es nicht gesehen.
Meine Hand hat es nicht gemacht,
 und ich kenne es nicht unter allem, was ich geschaffen habe.
Ich habe nie einen Schmerz gekostet wie diesen,
 und es gibt nichts Schmerzhafteres als dies."

Nun nennt der Gott seine ,Namen', um zu versuchen, ob das Gift an-
spricht.

 "Ich bin ein Fürst, Sohn eines Fürsten,
bin Same eines Gottes, der zum Gott wurde.
Ich bin ein Großer, Sohn eines Großen.
Mein Vater hat meinen Namen erdacht.
Ich habe viele Namen und viele Gestalten,
 meine Gestalten sind in jedem Gott.
Ich werde gerufen Atum und Horus-Hekenu.
Mein Vater und meine Mutter haben mir meinen Namen genannt,
 aber ich habe ihn in meinem Leib verborgen seit meiner Geburt,
 um zu verhindern, daß Macht erhielte Zauberer oder Zauberin
 gegen mich."

Also, meint der göttliche Träger des Geheimnamens, kann doch eigentlich niemand ihn bezwingen. Er kann sich den Biß nicht erklären.
Schließlich, als kein Gott helfen kann, kommt mit unschuldiger Miene
auch Isis.

 „Sage mir deinen Namen, mein göttlicher Vater,
denn der Mann lebt, der bei seinem Namen besprochen wird"

(Hier biegt sie das bekannte Sprichwort grausam um!). Re entwirft
daraufhin eine ganze Kosmogonie, indem er seine Schöpfertaten aufzählt – sie alle fallen unter den Begriff ‚Name'. Nur einige Sätze als
Probe:

> „Ich bin es, der die Erde gemacht und die Berge geknüpft hat
> und der erschuf, was darauf ist . . .
> Ich bin es, der seine Augen öffnet, auf daß es Licht werde, und der
> seine Augen schließt, auf daß es Finsternis werde;
> auf dessen Geheiß die Fluten des Nils dahinströmen,
> dessen Namen aber die Götter nicht kennen.
> Ich bin es, der die Stunden schafft, auf daß die Tage werden . . .
> Ich bin Chepre am Morgen und Re am Mittag
> und am Abend Atum." . . .
> „Das Gift aber wurde nicht gehemmt in seinem Fluß,
> und der Große Gott erholte sich nicht.
> Da sprach Isis zu Re:
> ‚Dein wirklicher Name ist nicht unter denen, die du mir
> genannt hast.
> Nenne ihn mir, dann wird das Gift austreten!
> Denn ein Mann lebt, dessen Name ausgesprochen wird!'
> Das Gift nun brannte mit Brennen,
> es war stärker als Flamme und Feuer.
> So sprach die Majestät des Re:
> ‚Leih mir dein Ohr, meine Tochter Isis,
> auf daß mein Name aus meinem Leibe übergehe in deinen Leib.
> Der göttlichste Gott hat ihn verborgen,
> damit mein Platz in der Sonnenbarke mächtig sei . . .'
> Der Große Gott offenbarte seinen Namen
> der Isis, der zauberreichen Göttin."[15]

Genannt freilich wird der Name in diesem Text nicht, er bleibt uns
verborgen. Tatsächlich aber setzt die Geschichte voraus, daß es einen
solchen höchsten verborgenen Namen gibt, dessen Kenntnis ungeheure Machtfülle verleiht, den Gott, wie die moderne Theologie es
ausdrücken würde, ‚verfügbar' macht. Mit dem ‚geheimen Namen'
entweicht ein Stück Kraft aus seinem Träger und gehört einem anderen,
der nun mächtiger wird (wir kennen diese Vorstellung aus unserem
Märchen vom Rumpelstilzchen). Die Kenntnis des Namens ist poten-

---

15 Übersetzung nach *E. Brunner-Traut*, Altägyptische Märchen, Düsseldorf-
Köln ³1973, Nr. 16.

tielle Verfügungsmacht. In solchen Vorstellungen liegt eine der Wurzeln für einen Namen-Tabu, wie er in Ägypten zwar nicht in solcher Konsequenz bekannt ist wie in Israel, wo der Name des Gottes so völlig verschwiegen wurde, daß er tatsächlich in Vergessenheit geriet und daß ihn erst moderne Gelehrsamkeit wieder ans Licht holen mußte; immerhin ist von Pharaos Namen zu gewissen Zeiten ein Verbot, ihn ‚freventlich‘, d. h. zu Zauberzwecken, wohl auch im Fluch, auszusprechen, bekannt, und auf eine weitgehende Tabuierung wird es zurückgehen, wenn die Erzähler vom Aufenthalt der Israeliten in Ägypten zur Zeit des Joseph und des Mose gar keinen Namen des Königs angeben, vielmehr offenbar ‚Pharao‘ für einen Eigennamen gehalten haben, wenn sie diesen Titel, der eigentlich ‚Großes Haus‘ heißt und vom Palast auf seinen Bewohner übertragen wurde, wie seinen Eigennamen verwenden.[16]

Immer wieder begegnen wir in Ägypten Götternamen, die nach Ortsnamen gebildet sind: ‚Die Göttin ‚Bastet‘ heißt ‚die von der Stadt Bast‘ ‚der von Behedet‘ ist ein überaus häufiger Name des Horus von Edfu. Auch hier wird eine verhüllende Bezeichnung verwendet, eindeutig zwar, aber nichts über das Wesen der Gottheit aussagend. Auch hier ist es Zurückhaltung, die die Ägypter zu solchen bergenden Umschreibungen greifen läßt, Scheu vor zu großer Distanzlosigkeit, vor Anbiederung, also Ehrfurcht.

Wir beschließen diesen Abschnitt über den aus Scheu geheimzuhaltenden Namen Gottes mit einem Hinweis auf die Gewalt, die – jedenfalls im Vorstellungskreis der Magie – durch bloßes Nennen des Namens entfesselt werden kann. In einem Zaubertext heißt es: „Wenn man den Namen am Ufer ausspricht, so versiegt der Fluß; spricht man ihn auf dem Lande aus, so wird es Funken sprühen."[17] Auch dieser Text verrät diesen gewaltigen Gottesnamen nicht – vielleicht wurde er flüsternd von Meister zu Schüler tradiert –, oder die Magier schwindeln einfach.

Scheu, dem Gott nahezutreten, religionsgeschichtlich herkommend aus der Scheu, ihm einen Teil seiner Kraft durch Namensnennung zu nehmen, später ehrerbietige Distanz hat in Ägypten nie zu einem vollen

---

16 Vgl. aus der umfangreichen Literatur z. B. *J. Vergote*, Joseph en Égypte (Orientalia et Biblica Lovaniensia III), Löwen 1959, 45–48.
17 pMag. Harris VII 1–2, bei *H. O. Lange*, Der magische Papyrus Harris (Det Kgl. Danske Videnskabernes Selskab, Hist.-Fil. Meddelelser XIV, 2) Kopenhagen 1927, 57 f.

Verbot geführt, den Gottesnamen auszusprechen, aber zu einer Einschränkung, den Namen hemmungslos im Munde zu führen. Daß diese
Scheu und ihre Begründung in Gegensatz steht zu dem Bestreben, den
Namen recht oft zu nennen, ihn zu ‚wetzen‘, da die Nennung dem
Gott Kraft zuführe, läßt sich leicht erklären: Helfend und ehrfürch-
tig soll der Gottesname oft ausgesprochen werden, nicht aber leicht-
fertig oder gar im Bösen. Im Umgang mit dem Namen ist dieselbe be-
hutsame Scheu geboten wie im Umgang mit dem Numen selbst.

b) Geheimes Wesen der Gottheit

Solche Geheimhaltungen stehen zunächst in der Nähe der Magie, sind
häufig noch mit magischen Vorstellungen verknüpft. Daneben gibt
es aber ein anderes, völlig unmagisches Feld, auf dem ebenfalls der
Gottesname vorhanden, aber unaussprechbar ist, und damit kommen
wir nochmals auf die Gleichsetzung von Namen und Wesen zu sprechen. Es war mehrfach die Rede von Amun, auch davon, daß sein Name übersetzt werden muß mit ‚der Verborgene‘. „Der Verborgene ist
sein Name entsprechend dem, wie er geheimnisvoll ist.“[18] Eine der
häufigen theologischen Varianten seines Namens lautet Amun-renef,
was sich übersetzen läßt (und von den Ägyptern verstanden worden
ist) auf dreifache Weise: ‚der seinen Namen verbirgt‘, ‚der, dessen Name verborgen ist‘ und ‚der, dessen Name ’der Verborgene‘ lautet‘.
Hier wird Amun, der Gott der unsichtbaren Luft, als deus abscondi-
tus, als ‚verborgener, ferner‘ Gott erlebt. Er ist der, der „seinen Namen vor seinen Kindern verbirgt in seinem Namen Amun“[19]. Ein
Hymnus beschreibt, immer im Zusammenhang mit seinem Namen,
sein entsprechendes Wesen folgendermaßen: „Der einzigartige Amun,
der sich vor Menschen und Göttern verbirgt. Man kennt sein Wesen
nicht. Er ist höher als der Himmel und tiefer als die Unterwelt. Kein
Gott kennt sein wahres Aussehen. Sein Bild ist nicht in Büchern aufgezeichnet, er ist zu geheimnisvoll, als daß man seine Herrlichkeit enthüllen könnte, er ist zu groß, als daß man ihn erforschen, und zu gewaltig, als daß man ihn erkennen könnte. Sofort fällt wie tot nieder,
wer seinen verborgenen Namen bewußt oder unbewußt ausspricht.“[20]
Wieder korrespondiert der Name mit dem Wesen: Der unerforschliche,

18 Tausend – Strophen-Lied IV 21, s. Anm. 19.
19 pBoulaq 17, 5,4. Übers. z. B. bei *James B. Pritchard*, Ancient Near Eastern
Texts Relating to the Old Testament, Princeton 1950, 366.
20 pLeiden I 350, IV 17–21; siehe *J. Zandee*, De Hymnen aan Amon van
Papyrus Leiden I 350, Leiden 1948.

unbegreifliche Gott, der über alle menschliche Vorstellung geht, kann auch keinen Namen mehr tragen. Er ist ‚der Verborgene' schlechthin. Wenn das aber so ist, dann handelt es sich nicht mehr um ein Specificum des Amun, sondern um eine Seite der Gottheit, die gelegentlich auch bei anderen Göttern hervortreten müßte. In der Tat ist das der Fall, und kaum einer von den großen, mächtigen Göttern erhält nicht je und dann einmal das Epitheton ‚mit geheimem Wesen' oder, gleichbedeutend, ‚mit geheimem Namen'.

Nach dem, was wir zu Beginn über die erweiterte Bedeutung des Namens in Ägypten gehört haben, werden wir es nicht mehr als absurd empfinden, wenn wir lesen: „Chons, der du herrlich ruhst in Theben, dessen Namen man nicht kennt, sowenig wie sein Wesen oder seine Gestalten..."[21], wird doch die Paradoxie, daß von einem soeben mit dem Namen gerufenen Gott sofort danach behauptet wird, niemand kenne seinen Namen, im folgenden aufgelöst: Im Grunde ist der Name so unbekannt wie das (in diesem Namen beschlossene) Wesen und seine Gestalten. Bereits in einem Text der Mitte des 3. Jahrtausends, der in einer Pyramide steht, heißt es: „Ich kenne deinen Namen, ich bin nicht in Unwissenheit über deinen Namen: Dein Name ist ‚der Grenzenlose', der Name deines Vaters ist ‚Sei groß!', der deiner Mutter lautet: ‚Sei zufrieden'." Auch hier Epitheta, deren Inhalt bei beiden Eltern auf den angeredeten Sohn ausgerichtet ist. In diesem Fall können wir dem Kontext entnehmen, daß es sich um Osiris und seine Eltern Geb und Nut handelt, als deren ‚Namen' bestimmte, gerade in diesem Zusammenhang wichtige Eigenschaften genannt sind.

Wenn also ein Gottesname nicht genannt wird, so kann das aus Furcht oder Ehrfurcht geschehen, welch beide Haltungen sich nicht in jedem Fall trennen lassen, oder weil der Name seinem Wesen nach den Menschen unbekannt ist, so unbekannt wie das innerste Wesen der Gottheit. Magier freilich werden vorgeben, auch den geheimsten Namen zu kennen – zu ihrem Geschäft gehört das Prahlen mit Wissen, das angeblich Macht bedeutet.

Namenstilgung

Der Name entspricht dem Wesen eines Gottes wie eines Menschen, ja auch eines Tieres und Dinges. Dieses Wesen erhält erst durch die Namengebung volle Existenz, ja kann durch vollmächtiges Nennen

---

21 *Th. Hopfner*, Griech.-ägyptischer Offenbarungszauber I 99.

des Namens ‚hervorgerufen', d. h. geschaffen werden. Es ist nur logisch, daß es durch Namenstilgung seine Existenz verliert. Einer solchen damnatio memoriae, die freilich mehr ist als Löschung der Erinnerung, die vielmehr Existenzvernichtung bedeutet, unterliegen Verbrecher, mißliebige Menschen, deren Name auf Grabsteinen oder in Inschriften von ihnen böse gesinnten Mitbürgern oder Nachkommen, in Fällen von Hochverrat auch von Amts wegen getilgt wird, ihr unterliegen aber auch Götter. Da ist zunächst der verfemte Gott Seth, der Gegenspieler des Horus, der Mörder des Osiris, der Gott der Unordnung, der Wüste, der rohen Gewalt, die gegen die Gesittung, gegen die Selbstbeherrschung steht. Zunächst ist er eine Verehrung verdienende Macht wie die anderen Götter auch, selbst wenn er einem wenig sympathischen Bereich zugeordnet ist. Aber auch er entspricht einer Realität des Lebens. Seit dem frühen 1. Jahrtausend jedoch wird er – im Zuge einer Moralisierung der Religion – zum Teufel schlechthin, der nicht nur keine Verehrung erhält, sondern sogar verfolgt wird. Mag sein, daß diese Entwicklung mit den Fremdherrschaften zusammenhängt, die damals – und seitdem mit ganz kurzen Unterbrechungen bis 1952! – in Ägypten kamen und gingen – jedenfalls wird Seth als Inkorporation und Urheber alles Bösen im persönlichen wie im politischen Leben angesehen. Lange Rituale dienen dazu, ihn zu vertreiben oder auch zu töten – und neben anderen Mitteln wird dabei auch die Tilgung seines Namens angewandt. Der Fluch in einem dieser Rituale lautet: „Nicht sollst du existieren, nicht soll dein Name existieren, nicht soll dein Griff existieren, nicht soll dein Plan entstehen! usw."[22] Nach dem Mythos besiegt Horus seinen Feind Seth und „kratzt seinen Namen im ganzen Lande aus". Freilich gehört es zum Bösen, daß es wieder aufersteht und erneut sein Wesen treibt. Wir können hier nicht auf diese mythische Fassung letzter Realitäten eingehen, wenden uns vielmehr einem rein irdischen Fall von Tilgung eines Gottesnamens zu: der Häresie des Königs Echnaton um 1350 v. Chr., der vom Thron her den Versuch eines reinen Monotheismus wagte. Nach dem Entwurf seiner Theologie und der Installierung seines Gottes Aton, einer auch schon vorher der Theologie nicht unbekannten Form der Sonne, verfolgt er die alten Götter, die er nicht etwa, wie Jesaja, für ‚Nichtse' erklärt, sondern denen er offenbar Existenz zutraut – weshalb sonst hätte er ihre Namen verfolgen sollen, wären

---

22 S. *Schott*, Urkunden mythologischen Inhalts. Urkunden des ägyptischen Altertums Abt. VI, Leipzig 1929, 28/29, Z. 8 f.

sie nichtexistent gewesen? Denn es handelt sich gewiß nicht nur darum, ihre Namen dem Gedächtnis der Menschen zu entrücken, sonst hätten seine Häscher nicht den Namen besonders des Amun, aber auch – freilich weniger systematisch – den anderer Götter, ja vereinzelt sogar den Plural des Wortes ‚Gott‘, ‚Götter‘, auch an Stellen getilgt, wo kein menschliches Auge ihn erblicken konnte: auf der zum Himmel gewendeten Spitze von 30 m hohen Obelisken, im Dunkel alter Gräber, ja sogar in den abgelegten Akten der Kanzleien. Hier war ein Eiferer am Werk, der seinen Feind auslöschen wollte, und nicht den Priestern der alten Ordnung galt seine Feindschaft, sondern dem Gott selbst. So gewissenhaft sind seine Schergen vorgegangen, daß es heute ein nahezu sicheres Datierungsmerkmal ist: Ein Denkmal, auf dem der Name des Amun in Originalfassung steht, stammt mit allergrößter Wahrscheinlichkeit aus der Zeit nach Echnaton – wir kennen neben vielen tausenden von älteren Denkmälern mit getilgtem – und größtenteils von Echnatons Nachfolgern restauriertem – Namen nur 2 oder 3, bei denen der Amunname stehengeblieben ist.

Wir sind am Ende. Was wir in Ägypten vor allem gefunden haben, ist die Gleichsetzung des Namens eines Gottes mit seinem Wesen, den Namen als Ausdruck, als Inbegriff dieses Wesens. Das hat sich nicht nur in der Epiklese, dem Gebetsanruf geäußert, sondern auch in litaneiartigen Reihungen von Namen, zu denen dann auch Eigenschaften, ja sogar Taten der Gottheit gehörten. Umgekehrt führt diese Gleichsetzung zur Vorstellung von einem letzten, geheimen Namen, den zu wissen den Menschen verboten ist und dessen Kenntnis ungeheure potentielle Machtfülle verleihen würde, wie sie dem Menschen so wenig zukommt wie ewiges Leben. Daß Zauberer damit prahlen, über dieses Wissen zu verfügen, beweist allein schon die Illegitimität dieses mißgeborenen Kindes der Religion. Daß man durch Tilgung des Namens eines mißliebigen Gottes auch in der Schrift – selbstverständlich auch durch ein Verbot der Nennung – diesen selbst treffen kann, ist nur konsequent. Um unsere zu Anfang aufgeworfene Frage, ob der Name Schall und Rauch sei, zu beantworten: Die Ägypter waren nicht dieser Ansicht, und diese ihre Meinung war tief in ihrer Religion verwurzelt.

Magische, kultische und ethische Elemente ägyptischer Religiosität

aus: Antaios 3, 1962, 534–543.

Die drei im Titel genannten Elemente ägyptischer Religion, Magie, Kultus und Ethik, stehen nicht etwa gleichrangig oder auch nur gleichgerichtet nebeneinander. Wir werden vielmehr die Magie als den großen Gegenspieler der Religion kennenlernen, dem diese zuletzt erlegen ist. Daher sei zunächst vom Kultus und dann von der Ethik der Ägypter die Rede. Wenn wir so ein Bild ägyptischer Religiosität aufgebaut haben werden, sei die Magie behandelt, die, aus der Vorgeschichte stammend, in der altägyptischen Hochkultur zuerst unterirdisch, dann offen wirkt und schließlich die Religion von innen heraus unterhöhlt und fällt.

Der Kultus vollzieht sich in der festen Form des Ritus, in Ägypten sowohl der tägliche Tempeldienst wie auch die großen jahreszeitlichen Feste und die heiligen Handlungen am Menschen, vor allem bei dessen Tod. Im Kultus dient der Mensch dem Gott. Der Diener ist ein Priester, wobei es Berufspriester im ältesten Ägypten (d. i. bis etwa 2000 v. Chr.) überhaupt nicht gibt, vielmehr alle Ägypter, soweit sie bestimmte Bedingungen erfüllten, reihum den Ritus zelebrierten — am Nil gehört der Priester, soweit wir sehen, nicht zu den Urberufen!

Träger des Kultus ist die Gemeinschaft, die in Ägypten der König repräsentiert. Er beauftragt einen oder mehrere mit der Durchführung des Kultes. Über den Zweck dieser Veranstaltungen geben Texte den gewünschten Aufschluß. »Der Gott« — so heißt es da etwa — »schwebt vom Himmel herab und zieht in die Kammern seines Heiligtums ein. Er erblickt sein Bild im Tempel, da tritt er ein in seine heilige Gestalt, läßt sich nieder auf sein Bild.« [1] »Sich niederlassen auf das Bild«, »sich vereinigen mit der heiligen Gestalt« — diesen Ausdrücken begegnen wir immer wieder. Also ist die Gottheit nicht identisch mit ihren Kultbildern. Diese werden ihr vielmehr als Wohnung angeboten, ebenso wie der Tempel selbst als Haus — »Gotteshaus« lautet seine ägyptische Bezeichnung. Die Einwohnung ist in den freien Willen der Gottheit gestellt; der

Kult, wörtlich »die Pflege« der Gottheit hat den Sinn, ihm den Aufenthalt in Tempel und Kultbild so angenehm wie möglich zu machen. Das geschieht in anschaulicher Weise durch Opfer und Weihrauch, durch Gesang und — bei Festen — durch Tanz. Es ist geradezu eine Aufgabe der Hymnen, die einen wesentlichen Bestandteil eines jeden Gottesdienstes ausmachen, dem Gott zu gefallen und ihn daher in seinem Tempel zu halten, zugleich ihn zu versöhnen, ihn gnädig zu stimmen. Denn: Weshalb soll der »Herr in seinem Heiligtum« sein? Auch hier antwortet die reiche ägyptische Überlieferung genau: Damit die Gottheit ihren Segen dem Lande, also auch dem einzelnen Beter und Bitter zuteilt. »Gott hat sich einen Schrein geschaffen auf Erden, zum Schutze der Menschen, und wenn sie dort weinen, so hört er«, sagt der Ägypter[2]. Was anders aber wäre der Sinn des Kultes bis heute? Der Ketzerkönig Echnaton, der um 1350 v. Chr. einen geistigen Monotheismus in seinem Lande einführen wollte und daher alle Tempel schließen ließ, dem Kult ein Ende setzte, fügte damit nach ägyptischer Auffassung allen Menschen schweren Schaden zu. Ein Text, kurz nach seinem Tode geschrieben, schildert den Zustand unter seiner Herrschaft wie folgt: »Die Tempel der Götter und Göttinnen von Elephantine bis zu den Marschen des Deltas waren im Verfall begriffen, ihre Kapellen waren in jämmerlichem Zustand, zu Ödland geworden und mit Gestrüpp bewachsen, ihre Hallen waren, als wären sie nie gewesen, ihre Gemächer Fußwege.«[3] Und nun die Folgen: »Das Land war in Leid, die Götter kehrten sich von diesem Lande ab. Wenn man Soldaten nach Syrien schickte, so hatten sie keinen Erfolg. Wenn man einen Gott anflehte, etwas von ihm zu erbitten, so kam er nicht, und wenn man eine Göttin anrief, so hörte sie nicht. Ihre Herzen waren der Leiber (d. s. die Kultbilder) überdrüssig, sie wollten das Geschaffene zerstören.« Wenn der Kult aufhört, wenn die Rituale nicht mehr zelebriert werden, so wenden sich die Götter vom Lande ab, sie versagen sich, und die Folgen sind politisch-militärisch im Scheitern aller Unternehmungen, persönlich im Ausbleiben der Gebetserhörungen greifbar.

Ich denke, ägyptische Texte haben uns den Sinn des kultischen Elementes ägyptischer Religion mit aller nur wünschbaren Klarheit deutlich gemacht.

Kultus ist also religiöse Pflicht der Gemeinschaft, wahrgenommen in deren Auftrag durch Einzelne, zugunsten sowohl und in erster Linie der Gemeinschaft, aber auch zugunsten des Einzelnen, da die Gottheit auch für ihn gnädig gestimmt und so für Gebete empfänglich wird.

Die Ethik dagegen ist eine Aufgabe stets nur für den Einzelnen. Sie regelt das gottwohlgefällige Verhalten des Menschen. Die ägyptische Ethik ist heteronom, nicht innerweltlich begründet, sondern sie leitet sich von Gottes Schöpfungstat her. Hier ist ein ägyptischer Begriff einzuführen, der unübersetzbar ist und daher stehen bleiben muß, die Ma'at. Ma'at ist die von Gott geschaffene rechte Ordnung der Welt, die sowohl das kosmische Geschehen umfaßt, also den Lauf der Gestirne, den Wechsel der Jahreszeiten, die Fruchtbarkeit des Landes, des Viehs, der Menschen, als auch das politisch-gesellschaftliche Leben. Alle Beziehungen zwischen dem Einzelnen und dem Staat, vom Recht bis zu den Steuern, aber auch die zwischen den einzelnen Menschen, zwischen Eheleuten, zwischen Eltern und Kindern, zwischen Kollegen und zu Vorgesetzten oder Untergebenen fallen in die Wirkung der Ma'at. Jede Ordnung ist dem Grunde nach von Gott ein für allemal gesetzt — auch wenn die Menschen immer wieder von dieser Norm abfallen.

Hier gründet die Ethik. Das richtige Verhalten zur Umwelt ist ein Teil dieser Ma'at, entspringt also Gottes Willen. Wir fragen, wieweit und wodurch Einzelzüge dieser Ma'at dem Menschen erkennbar sind, wieweit er also sich vor die Aufgabe gestellt sieht, die Ma'at erst selbst zu ermitteln oder wieweit er »nur« gegebene Gesetze halten muß. Im Unterschied zum Alten Testament mit seinen zahllosen kasuistischen Vorschriften, »dem Gesetz«, ist dem Ägypter die Ma'at nicht in Einzelzügen gegeben, vielmehr nur als Grundsatz geboten, von dem es heißt: »Sage die Ma'at, tue die Ma'at.«[3a] Zwar beruht auf ihr ein allgemein anerkanntes Menschenbild. Es ist das der Typus des ger-maa, der »wahrhaften Schweigers«; das ist der Mann, der zu Gottes Willen in Demut schweigt, der die Ordnung der Welt und ihren Lauf schweigend hin- und annimmt, der nicht wider den Stachel löckt. Vom Ideal der Stoa unterscheidet er sich dadurch, daß er nicht unter allen Umständen zu schweigen hat, daß ihm vielmehr dort, wo die Ma'at selbst gefährdet ist, auch Kampf aufgetragen ist. Er soll wissen, wo er zornig zu sein hat. Dieser selbstbeherrschte, zuchtvolle, sich in Gottes Willen demütig fügende Mensch ist es, der uns auch in den ägyptischen Statuen so eindrucksvoll entgegentritt.

Eine über die Ausbildung dieses Menschentypus hinausgehende Explizierung der Ma'at greifen wir an drei Stellen der ägyptischen Literatur: In den Lebenslehren, in den Selbstbiographien und in den die Szene des Totengerichts begleitenden Texten. Ihnen kommt verschiedener Wert zu. Die *Lehren* sind zur Erziehung der jungen Generation bestimmt. Sie enthalten daher Weisungen zu richtigem Benehmen, aber auch ausgesprochen ethische Gebote. Freilich geben sie sich nirgends etwa als von Gott stammend, vielmehr gründen sie auf den Lebenserfahrungen kluger Männer, die in hohem Alter den gesammelten Schatz der nächsten Generation weiterreichen. Insofern sind sie durchaus mit Autorität ausgestattet, wenn diese auch nicht religiös motiviert ist. Aber die Begründung der einzelnen Regeln ist dann doch durch den Bezug auf die Ma'at religiös; die Sünde wird »Abscheu Gottes« genannt, die empfohlene Handlung etwas, »was Gott liebt«. Die *Biographien* entwerfen ein Idealbild, das diesen Lehren weitgehend entspricht. Wenn der Einzelne dieses Bild auf sich anwendet, so liegt darin ein Bekenntnis eben zur Ma'at, wie die Lehren der Weisen Männer sie darstellen. Die im *Totengericht* gesprochenen Sätze aber sind von letztem Ernst getragen. Wir müssen uns diese Gerichtsvorstellungen etwas näher ansehen, bilden sie doch den Angelpunkt ägyptischer Ethik schlechthin und zugleich weitgehend das Urbild abendländischer Gedanken über das Jüngste Gericht.

Nach dem Tode erscheint jeder Ägypter vor seinem Richter. Dort ist eine Waage aufgebaut, auf deren einer Waagschale die Ma'at liegt, die gegen das Herz des Toten gewogen wird. Der Mensch hat nun ein im Wortlaut festgelegtes Bekenntnis zur Ma'at abzulegen, das die Form einer negativen Konfession hat: »Ich habe die und die Sünde nicht begangen.« Ein kurzer Passus ist positiv gefaßt: »Ich habe Brot dem Hungrigen gegeben und Wasser dem Durstigen« usw. Es ist nicht verhärteter Hochmut, der aus diesen uns befremdenden Formulierungen klingt, sondern eben ein Bekenntnis zur Norm — das Aussprechen etwa des Satzes: »Ich habe gelogen« wäre für den Ägypter an sich schon ein Frevel, da durch ein Wort eine Realität geschaffen wird. Auf dieses Bekenntnis nun reagiert das Herz des Toten, das ja seine Lebensführung genau kennt. Stimmt die Aussage, er habe nicht getötet, mit der Wirklichkeit überein, so bleibt der Waagbalken in Ruhe, hat der Mann aber doch getötet in seinem Leben, so sinkt das Herz gegen die Ma'at hinab, das Zünglein zeigt einen Ausschlag. Dieses Ergebnis wird notiert, und der Richtergott mit seinen Beisitzern fällt dementsprechend sein Urteil. Der Verdammte verfällt dem Höllenrachen, der Freigesprochene wandelt in den Gefilden der Seligen.

Aus dem Bekenntnis, das der Ägypter vor diesem Totengericht ablegt, aus den Weisheitslehren und aus den Idealbiographien gewinnen wir ein reich nuanciertes, zeitlich und sozial differenziertes Bild der ägyptischen Ethik. Wir können es hier nicht entfalten. Begnügen wir uns mit einigen Proben [4]. Hervorstechend sind die Züge der Hilfsbereitschaft gegen Schwache, die im Alten Orient — wie auch im Alten Testament — durch die Gruppen der Witwen und Waisen repräsentiert wird. Den Witwen hat man zur Seite zu stehen wie ein Ehemann, den Waisen wie ein Vater. Die Ägypter beziehen in die Gruppe der hilflosen Wesen auch die Toten ein, die man bestatten und denen man den Totendienst verrichten soll. Immer wieder wird Unparteilichkeit verlangt: Man hat dem zu geben, den man haßt wie dem, den man liebt, ja man soll sogar seine Feinde beherbergen.

Wie tief die Achtung vor dem Nächsten, vor dem Leben eines jeden Menschen angelegt ist und wo diese Achtung gründet, lehrt uns ein Märchen, das noch aus dem dritten Jahrtausend stammen wird, auch wenn es erst im zweiten Jahrtausend aufgeschrieben wurde [5]. An den Hof des Königs — es ist Cheops, der Erbauer der Großen Pyramide von Gise — wird ein Zauberer geholt, dem der Ruf vorauseilt, er könne einen abgeschnittenen Kopf wieder dem Körper anfügen. Auf eine entsprechende Frage des Königs antwortet Djedi, der Weise: »Ja, ich kann es, mein König.« Da sagte seine Majestät: »Man bringe einen Gefangenen, der im Gefängnis sitzt und auf seine Enthauptung wartet!« Doch Djedi antwortete: »Nicht doch an einem Menschen, König, mein Herr! Man befehle nicht, daß so etwas am Menschen, dem heiligen Vieh Gottes getan werde!« Also selbst ein rechtmäßig zum Tode verurteilter Verbrecher, der morgen hingerichtet wird, darf zu einem solchen Experiment, wie wir heute den

Zauberakt nennen würden, nicht herangezogen werden. Wir erfahren
auch, aus welchem Grunde das nicht geht: weil alle Menschen »heiliges
Vieh Gottes« sind. Dies ist nicht so ungewohnt, wie es vielleicht auf den
ersten Blick scheint: Ist es doch nur die Umkehrung des allen Christen
geläufigen Bildes von Gott als dem guten Hirten — das übrigens seinen
Ursprung im alten Ägypten hat[6]. Jeder Mensch, auch der Verbrecher, ist
Gottes gehütetes Eigentum und hat als solches Anspruch auf die Achtung
des Mitmenschen — unbeschadet einer etwa notwendigen Gerichtsproze-
dur einschließlich Hinrichtung; fällt doch diese in die Ma'at, während das
vom König zunächst geforderte Experiment offensichtlich, wenn es an
Menschen ausgeführt werden soll, diese Ma'at überschreitet.
Wenn auch der Rahmen dieser Arbeit eine Differenzierung der ägyptischen Vorstellungen nach den einzelnen Perioden der rund 3000jährigen
Geschichte ägyptischer Religion nicht erlaubt, so müssen wir doch eine
große Bewegung beachten. Das ist die Zeit nach dem Zusammenbruch
des ersten ägyptischen Staates, der Pyramidenzeit, also die Epoche um
2300 v. Chr. Damals wurde die überlieferte Ethik wie die ganze Religion
neu durchdacht und eine Sprosse tiefer verankert. Zwar war auch die
Ethik des Alten Reiches, also des dritten Jahrtausends religiös gebunden.
Auch dort wachte Gott über die Einhaltung seiner Normen. Aber der
Übertreter empfing seine Strafe zunächst und in erster Linie durch ein
Scheitern in dieser Welt, also in seiner beruflichen Laufbahn, in Gesellschaft und Familie, auch durch ein irdisches Gericht. Das Alte Reich
empfand sich als eine Verwirklichung der Ma'at, so daß sich jeder Verstoß
gegen sie, jede Schuld auf Erden rächen mußte. Im Jenseits konnte darüber
hinaus jeder Geschädigte seinen Gegner vor das Gericht der Gottheit
ziehen, dort konnte also jeder Arbeiter, der von einem Auftraggeber um
seinen Lohn geprellt worden war, gegen diesen klagen. Und da treffen
wir unter den möglichen Klägern auch Tiere — Gans und Rind werden
genannt, die also gegen einen Menschen, der sie mißhandelt hat, Klage
erheben konnten! Mir scheint diese Ausweitung der Ethik auf das Tierreich, wie sie erst in der Gegenwart seit nunmehr 4000 Jahren wieder
Albert Schweitzer fordert, höchst beachtlich!
In der Zeit nach dem Zusammenbruch des Alten Reiches vervollkommnet
sich dann auch die Vorstellung vom Totengericht dahin, daß der Ankläger

jetzt nicht mehr der Geschädigte ist, sei es Mensch oder Tier, sondern ein Allwissender Gott — es ist Thoth, der Gott der Weisheit und Schreibkunst. Der eigentlich Geschädigte bei einer Verletzung der Ma'at ist also nunmehr die Gottheit selbst, die sie geschaffen hat. Aus dieser Zeit stammen die folgenden hymnischen Sätze [7]:

> Die Richter, die den Armseligen richten, du weißt, daß sie nicht milde sind an jenem Tage, wo sie den Elenden richten, in der Stunde, da das Gesetz ausgeführt wird. Übel ergeht es, wo der Allwissende als Ankläger auftritt. Vertraue nicht auf die Länge der Jahre; sie sehen die Lebenszeit wie eine Stunde an. Nur der Mensch bleibt nach dem Sterben übrig, und seine Taten werden auf einen Haufen neben ihn gelegt. Eine Ewigkeit aber währt es, daß man dort ist, und ein Tor, wer glaubt, es leicht tragen zu können. Wer aber zu ihnen kommt, ohne daß er gesündigt hat, der wird dort sein wie ein Gott, frei schreitend wie die Herren der Ewigkeit!

Die Ethik, also das ordnungs-, auf ägyptisch ma'at-gemäße Verhalten des Menschen zu einem Nächsten, bestimmt in Ägypten durch Achtung und Liebe, ist insofern eine Wurzel der Religiosität, als sie einem Gebot Gottes entspringt, ein Verstoß gegen sie also das Verhältnis des Einzelnen zu Gott stört, wie jede Sünde es stört. In dem negativen Bekenntnis vor dem Totengericht tauchen ethische Aussagen neben solchen der kultischen Sphäre auf; zwischen ihnen wird so wenig geschieden wie im Alten Testament. Dem Gott die ihm zustehenden Opfer oder Erstlinge oder Gebete vorzuenthalten ist ebenso frevelhaft wie »die Milch aus dem Munde des Säuglings zu rauben«, da beides gegen die Ma'at verstößt. Was *wir* also scheiden als kultische und als ethische Elemente, stellt sich dem Ägypter ungeteilt dar, da beides im Gebot Gottes gründet.

Wir sprachen vom Totengericht. Dessen Anforderungen sind hoch. Wer kann sich freisprechen, wenn schon das »Kränken« oder das »Weinen machen« als Sünde gilt? Selbstverständlich hofften die Ägypter auf Gnade. Es gibt ergreifende Zeugnisse dafür [8]: »Strafe nicht an mir meine vielen Sünden! Ich bin ja einer, der sich selbst nicht kennt, ein törichter Mensch. Tagsüber folge ich meinem Munde wie ein Ochs dem Futter folgt« betet ein einfacher Arbeiter um 1200 v. Chr. zu seinem Gott — sich ihm und seiner Gnade ganz unterwerfend. Oder: »Ist der Diener gewohnt, Sünde zu tun, so ist der Herr gewohnt, gnädig zu sein. Der Herr (der Gott Amun) von Theben ist nicht einen ganzen Tag lang zornig. Wenn er zornig ist, so währt es nur einen Augenblick, und es bleibt nichts zurück.«

Nun steht neben dieser demütigen, religiösen Haltung der Unterwerfung unter Gottes Willen und dem Glauben an seine Gnade in Ägypten wie zu allen anderen Zeiten der Menschheitsgeschichte der Trotz. In Ägypten nahm er die Form der Magie an. Magie nennen wir jede Handlung und jedes Wort, das mit der Notwendigkeit von Naturgesetzen eine Wirkung herbeiführt, wo wir heute einen solchen Kausalzusammenhang nicht sehen. Es ist das die Haltung des autonomen Menschen, der die Welt für machbar hält. Wir wollen die Ähnlichkeit und die Verschiedenheit von Magie und Technik hier nicht näher ausführen — es sei nur darauf hingewiesen, daß sie verwandt, wenn auch nicht gleich, sind, daß sie ähnliche Gefahren für den ihr verfallenen Menschen, für die ihr verfallene Zeit bergen. Die Magie stammt aus dem Zeitalter, da die Menschen noch keine Religion kannten, da sie sich nur anonymen Mächten, nicht Gottheiten gegenüber wußten, da eine unberechenbare Welt voller Verzauberungen und ohne klare Grenzen zwischen den Lebensbereichen von Pflanze, Tier, Mensch und übermenschlicher Macht noch nicht der klaren Schicksalsführung des Mythos einer Hochreligion gewichen war. Die Magie stammt aus der Vorgeschichte, die in Ägypten um 3000 v. Chr. endet. Die Religion mit ihren kultischen und ethischen Grundlagen überwindet sie — aber sie lebt unterirdisch weiter, abgesunken zum Aberglauben unterer Volksschichten, wo sie aber geradezu lauert auf Einbruchstellen in die Religion. Diese findet sie in erster Linie beim Totenglauben. Gerade wo das Sünden-bewußtsein, die Erkenntnis eigener Unvollkommenheit, eigenen Un-genügens sich auftut, also gerade bei einer differenzierten und umfassen-den Ethik, werden immer wieder Zweifel an der Gnade Gottes auf-kommen, an die zu glauben, auf die sich zu verlassen steter Anstrengung bedarf. Hier bietet die Magie eine Hilfe an, die sie als völlig sicher an-preist. Die Totenliteratur der Ägypter, also die Texte, die den Toten ins Grab mitgegeben werden, sind fast durchweg magisch bestimmt.

Sie zeigen Mittel und Wege, Gott zu einem Freispruch zu zwingen, dem Menschen ein ungefährliches Leben in Seligkeit im Jenseits zu verschaffen. »Spruch, einen Menschen von seiner Sünde zu trennen« lesen wir da etwa. Es gibt auch einen Spruch, der das Herz eines Mannes bestimmen soll, nicht gegen ihn auszusagen beim Totengericht, der dann auf einen so-genannten »Herzskarabäus« aufgeschrieben und dem Toten ins Grab

gelegt wird. Wie eine schmarotzende Schlingpflanze legt sich die Magie
um den Baum ägyptischer Religion, zuerst den Ast der Ethik umklam-
mernd, dann aber auch sich des Rituals bemächtigend. Was als Dienst
an der Gottheit gemeint war, als Preis und als Bitte, in sein Heiligtum
zu kommen, das wird degradiert zur magischen Handlung, mit der Gott
herbeigezwungen wird. So bringt der Schmarotzer Magie auch den starken
Baum ägyptischer Religion im Laufe von dreitausend Jahren zu Fall –
um danach sofort auf eine andere Gastpflanze zu klettern: zunächst das
Christentum am Nil, das ihm allerdings nicht eigentlich erlegen ist, aber
doch stark geschwächt wurde, und dann den Islam. Aber das wollen wir
hier nicht mehr verfolgen.

Hören wir vielmehr zum Schluß noch einige Verse aus dem Hymnus auf
die Güte Gottes aus jener vorhin bereits erwähnten Periode besonderer
religiöser Aufgeschlossenheit nach dem Zusammenbruch des Alten Reiches,
also der Zeit um 2200 v. Chr. Gerade damals drängte sich wie in allen
Notzeiten und Krisen die Magie vor und bot sich als bequemen Ausweg
aus allem staatlichen und persönlichen Elend an. Weite Kreise des Volkes
waren ihr verfallen. Der Dichter unseres Hymnus – es ist der König Achthoes der 10. Dynastie – fegt all diesen Wust mit einer Handbewegung beiseite. Er leugnet nicht die Existenz der Magie – kein Ägypter hätte an ihrer
Realität gezweifelt. Aber er annektiert kurzerhand das ganze Gebiet für
seinen gütigen Gott und gibt diesen Praktiken damit ein anderes Vorzeichen. Kultus, Magie und Ethik als Elemente ägyptischer Religion finden wir
in den letzten 10 Zeilen dieses Hymnus in überzeugender Weise nebenein-
andergestellt, wobei der Magie der Giftzahn gezogen ist, indem auch sie als
Teil der wohltätigen Schöpfungstat Gottes verstanden und gedeutet wird[9]:

Gott hat einen Schrein sich errichtet den Menschen zum Schutz,
    und wenn sie dort weinen, so hört er.
Gott hat von Urzeiten Fürsten erschaffen für sie,
    Herrscher, den Rücken des Schwachen zu stützen.
Gott hat den Zauber erschaffen als Waffe für sie,
    dem Unheil zu wehren,
    und Träume der Hellsicht am Tage wie in der Nacht.
Er hat unter ihnen den Frevler geschlagen,
    wie den eigenen Sohn der Vater züchtigt,
    den anderen Kindern zuliebe.
Gott kennt jeden mit Namen.

Wir wollen diesen Worten nicht mehr viel hinzufügen, nur einige Sätze der Erklärung. Die soziale Ordnung Ägyptens, das Königtum, erfährt hier aus dem Munde eines Königs selbst eine Deutung und Rechtfertigung, wie sie einerseits modern klingt, die andererseits durchaus religiös fundiert ist: Die gottgewollte Aufgabe des Herrschers ist es, »den Rücken des Schwachen zu stützen«, also den sozial Schwachen gegen Unterdrückung und Ausbeutung durch den Reichen zu schützen. Und dann die drei Elemente ägyptischer Religion, die wir betrachtet haben: Der Kultus wird in dem Heiligtum geleistet, das sich Gott geschaffen hat, um dort die Menschen »zu schützen«, um dort ihre Gebete zu hören. Die Ethik: Sie gründet in der Liebe Gottes zu seinen Geschöpfen. Es wird in unserem Text gesagt, daß Gott die Frevler unter den Menschen zwar züchtigt, aber in Liebe, so wie ein Vater, der ein unartiges Kind bestraft in Rücksicht auf die anderen Kinder, ohne ihm aber seine Liebe deshalb zu entziehen. Und dann die Magie: Hier wird auch sie auf den gütigen Gott zurückgeführt, der mit ihr den Menschen eine Waffe gegen »das Unheil« in die Hand gibt — gedacht sein mag vor allem an Krankheit und andere Not. So verwendet dient die Magie — und wir können hinzufügen, auch ihre moderne Schwester, die Technik — zum Segen, und wer sie dergestalt vom Schöpfer herleitet, schließt einen autonomen Mißbrauch aus.

Dieser großartige Versuch, die ägyptische Religion auf alle drei Säulen, auf den Kultus, auf die Ethik und auf die Magie zu stellen, hat nur vorübergehenden Erfolg gehabt. Wenn sich auch denkende Kreise weitgehend von der Magie ferngehalten haben, so konnte sie doch bald weiterwuchern. Uns aber sind solche geistige Leistungen auch dann bedeutsam, wenn ihnen historisch ein dauernder Erfolg versagt blieb. Über alle Trümmer der Zeit hinweg senden große Gedanken ihr Licht in andere suchende Epochen.

[1] Vgl. H. Junker, *Die Stundenwachen des Osiris*, S. 6. — [2] *Lehre für König Merikare*, 134/135. — [3] s. H. Kees, »Ägypten«, in A. Bertholet, *Religionsgeschichtliches Lesebuch*, Heft 10, S. 8. — [3a] S. Morenz, *Ägyptische Religion*, S. 123 ff. — [4] Ausführlicher mit Belegen: H. Brunner, *Altägyptische Erziehung*. S. 120 ff. — [5] Vielfach übersetzt. Vgl. z. B. S. Schott, *Altägyptische Liebeslieder*, S. 182 f. — [6] Dazu D. Müller, *Der gute Hirte*, in Zs. f. ägypt. Sprache 86, 1961, S. 126–144. — [7] *Lehre für König Merikare*, S. 53–54. — [8] Ad. Erman, *Denksteine aus der thebanischen Gräberstadt*, Sitzber. der preuß. Akad. d. Wiss. 1911, S. 1086 ff. — [9] *Lehre für König Merikare*, S. 134–138.
Der vorliegende Beitrag wurde, unter demselben Titel, als Vortrag im Sender RIAS gehalten. Der Text wurde ein wenig, vor allem um die Anmerkungen, bereichert.

Verkündigung an Tiere

aus: Fragen an die ägyptische Literatur, Gedenkschrift E. Otto, Wiesbaden
1977, 119-124.

Zu den charakteristischen Zeugnissen persönlicher Frömmigkeit, d.h. der unmittelbaren Verbindung des einzelnen
Ägypters zur Gottheit im Leben, gehört das Danklied. Ihm
vorausgegangen ist das Erlebnis einer Errettung, sei es
auf ein Bittgebet hin, sei es auch ohne Zutun des Gefähr-
deten. Jedenfalls empfindet der Sprecher die Rettung aus
der Gefahr als Machterweis einer Gottheit, und das Lied
ist seine Antwort darauf. Manchmal entspricht es einem
Votiv, d.h. einem Gelübde in der Phase der Gefahr, im Falle
der Rettung wolle der Bedrohte ein Danklied "verfassen"
und öffentlich (d.h. auf einer Stele) aufstellen. Ein besonderes Element solcher Danklieder und solcher Bitten,
die in ihrer Dringlichkeit die Rettung vorwegnehmen oder
ein entsprechendes Votiv enthalten, ist die öffentliche
Verkündigung der Macht des Gottes oder seiner Rettungs-
taten.

Im folgenden sei die Aufmerksamkeit auf eine bestimmte
in diesen Liedern auftretende Phrase gelenkt: Nicht nur
Menschen verkündet der Stifter die Macht Gottes, sondern
auch Tieren. Zunächst die mir bekannten Beispiele für
solche Aussage.

1) Ausgangspunkt mag die Stele des Neb-Re aus Der el-
Medine sein[1]. Der Text lautet:

----

1 Berlin 20 377, veröff.: Adolf Erman, Denksteine aus der thebanischen Gräberstadt, SPAW 49, 1911, 1087-1097; PM I,2 2,683, dazu
  jetzt Emma Brunner-Traut, Die Alten Ägypter, Stuttgart2 1976,Tf.45.
  Zu den Fundumständen s. Anthes, in: MDAIK 12, 1943, 22; Baugruppe A,
  Grabkapellen, auf dem Plan Abb. 1, S.5.

"Den Amun lobpreisen.
Ich mache ihm Hymnen auf seinen Namen,
Ich gebe ihm Lobpreis bis zur Höhe des Himmels
und bis zur Weite der Erde,
ich erzähle von seiner Macht dem, der hinab-
         wie dem, der hinauffährt:
Hütet euch vor ihm!
Wiederholt es dem Sohn und der Tochter,
den Großen und den Kleinen,
erzählt es Geschlecht um Geschlecht,
das noch nicht geboren ("entstanden") ist;
erzählt es den Fischen in der Flut
und den Vögeln im Himmel,
wiederholt es dem, der es noch nicht weiß,
wie dem, der es (schon) weiß:
Hütet euch vor ihm!"

Diesen "Hymnus" ($dw\bar{3}$) hatte Neb-Re, wie er später im Text sagt, auf einem Denkstein dem Amun zu veröffentlichen versprochen, wenn er sein Gebet erhöre und seinen Sohn gesund mache. Der Berliner Stein ist die Einlösung des Gelübdes, der in Übersetzung gegebene Passus der Beginn des gelobten Hymnus.

2) Älter als dieser aus der Ramessidenzeit stammende Text ist der auf der Rückseite des kleinen (nur 15,4 x 9,4 cm großen) grob behauenen Steines, den der Königssohn von Kusch Huj dem Amun und seinem König Tutanchamun geweiht hat[2]. Die Stele stammt aus der Cachette in Karnak, war also von seinem Stifter in diesen Tempel geweiht. Das Gebet lautet:
"Komm in Gnade, < mein > Herr Neb-cheperu-Re!
Ich sehe täglich Finsternis, die du gemacht hast.
Mache mir hell, damit ich dich sehe,
dann will ich deine Macht ($b\bar{3}w$) den Fischen im Fluß
erzählen."

----

2 Rowe, in: ASAE 40, 1940, 47 ff.; Urk. IV, 2075.

Hier liegt eine Bitte mit Gelübde vor, wie es der Stein
des Neb-Re voraussetzt[3].

3) Der dritte Beleg unserer Formel findet sich auf dem
Fragment einer ramessidischen Stele aus Der el-Medine[4].
Dort betet der Arbeiter *Msw* zum Sonnengott *Pꜣ-šw*. Nach etwa
vier zerstörten Zeilen lautet der Text: ". . . du bist
gnädig. Ich aber[5] werde deine Taten (*nḫtw*) erzählen den
Fischen des Flusses und den Vögeln des Himmels." Vorausge-
gangen sein dürfte wieder eine Bitte, vielleicht die um
Licht wie in unserem Beleg 2.

4) Ebenfalls aus Der el-Medine stammt der Denkstein
eines Huj in Turin[6] , auf dem der Stifter bekennt, beim
Monde falsch geschworen zu haben. Danach habe er angesichts
des ganzen Landes die Kraft (*pḥtj*) des Gottes "gesehen".
"Nun erzähle ich deine Macht (*bꜣw*) den Fischen im Fluss und
den Vögeln im Himmel. Sie werden zu den Kindern ihrer Kinder sagen: 'Hütet euch vor dem Mond!' Du Gnädiger, du
kannst dies (das Unheil) wenden." Gemeint sind mit dem vor-
letzten Satz natürlich nicht die Kinder der Tiere, sondern
die der Menschen, die in ähnlichen Texten (z.B. in Dok. 1)
neben den Tieren als Forum der Verkündigung genannt sind.

5) Nur bruchstückhaft erhalten ist der Schluß eines
Liedes des Wäschers Baki[7].
". . . Hymnen. Fische im Fluß . . . "

Wenn auch keineswegs eine wörtliche Übereinstimmung unserer fünf Texte vorliegt - z.B. *rmw ḥr mtj* (Dok. 1), aber

----

3	Zur Frage, ob die "Blindheit" hier metaphorisch oder wörtlich zu
	verstehen ist, s. LÄ I, 831.

4	Stockholm, Medelhavsmuseet MM 18567; Wångstedt, in: Medelhavsmuseet
	Bulletin No. 4, 1964, Stockholm 1965, 8 f. (Text koll. mit Original
	und Foto).

5	Das Ende der Zeile x + 1 lautet *rf*.

6	CG 50 044; Mario Tosi und Alessandro Roccati, Stele e altri epigrafi,
	Turin 1972, 78 und 279. PM I,2 2, 720.

7	Louvre E. 20 159; Alexandre Moret, Cat. du Musée Guimet. Galerie
	ég., stèles, basreliefs, monuments divers. Ann. du Musée Guimet
	Bd. 32, Paris 1909, Tf. 19. PM I, 2 2, 717.

rmw ḥr j(t)rw (Dok. 2 und 4) und *rmw jtrw* (Dok. 3); oder es
werden die Taten (*nḫtw*) erzählt in Dok. 3, dagegen die Macht
(*b3w*) in Dok. 2 und 4, aber einfach "es" in Dok. 1 - , abgesehen also von solchen und ähnlichen Abweichungen ist
dennoch das Gemeinsame nicht zu verkennen. In jedem Fall
handelt es sich um eine Verkündigung der Macht der Gottheit
an Fische und Vögel - ob nun der Stifter andere auffordert,
nach der bereits erfolgten Gebetserhörung die Macht der
Gottheit zu verkünden (Dok. 1), ob er eine solche Verkündigung aus seinem eigenen Mund für den Fall der Erhörung gelobt (Dok. 2 und wohl auch 3), oder ob er, in Zuversicht
der Genesung, bereits in krankem Zustand die Macht den
Fischen und Vögeln bekanntmacht (Dok. 4).

Es soll hier nicht von dem forensischen Element in ägyptischen Hymnen allgemein gesprochen werden, das sich häufig
findet: Verkündigung der Macht Gottes an "Kleine und Große,
solche die stromauf und solche, die stromabfahren, bis zur
Höhe des Himmels" u.ä.[8]. Es liegt, gerade angesichts zahlreicher Wortpaare in diesem Zusammenhang, auf der Hand, daß
Fische und Vögel für die beiden den Menschen unzugänglichen
Bereiche des Wassers und der Luft stehen, die den Lebensraum der Menschen ergänzen, so daß die ganze Schöpfung ins
Auge gefaßt ist. Zugleich aber wird dabei die Tierwelt einbezogen, und zwar nicht nur als Teil der Schöpfung, sondern
als beseelte Gruppe. Wieweit nahmen Tiere am Lobpreis
Gottes, am Kult, kurz am Verhältnis der Menschen zu Gott
teil?

--- --- --- ---

8 Genannt seien nur einige charakteristische Beispiele: Turin CG
   50 058, Neferabu; Turin CG 50 052; Brit.Mus. 589 = Hierogl. Texts 9,
   1970, Tf. 13, Z. 2-5; Sedment II ,Tf. 49,3. Am nüchternsten wird
   der Gedanke ausgesprochen in der Inschrift des Simut - Kiki,
   Theban. Grab Nr. 409, in: ASAE 59, 1966, 159 ff., Z. 16;
   neue Übersetzung bei Hellmut Brunner, in: Religionsgeschichtliches Textbuch zum Alten Testament, hrsg. v. Walter Beyerlin
   (= Grundrisse zum Alten Testament, ATD-Ergänzungsreihe Bd. 1),
   Göttingen 1975, Nr.20: "Ein Diener bezeugt die Wohltaten seines
   Herrn". Dort Parallelen aus dem Alten Testament.

Wir können uns hier zunächst auf Bekanntes stützen[9].
Dreifach ist die Beziehung der Tierwelt zu Gott (abgesehen
von dem großen Komplex der göttlichen Tiere): Gott hat die
Tiere erschaffen, er sorgt für ihre mannigfaltige Ernährung,
und die Tiere danken dem Schöpfer dafür[10]. Oft wird die
Tierwelt systematisch nach ihren drei Lebensbereichen
Himmel, Erde und "Tiefe" = Wasser gegliedert[11]. In anderen
Hymnen bleibt die Erde den Menschen zugeteilt, und nur im
Himmel und im Wasser verehren die Tiere die Gottheit. Diese
beiden Bereiche, die in unserem Topos nebeneinander stehen,
verbindet der Kairener Amonshymnus durch die "Reimwörter"
ḥrt und ḫrt (2,1). Der Dank geschieht meist durch Gesten
und Tanz, aber auch durch "Singen" der Sonnenaffen[12]. Nur
ein einziges Mal tritt, soweit ich sehe, an die Stelle der
Anbetung das Gebet der Gazellen, und zwar schließen sie
sich den Bitten der Ägypter und Ausländer in einem Jahr der
Hungersnot an[13].

Die oben behandelte Phrase erweitert nun die Teilhabe
der Tiere an der religiösen Welt der Menschen nach einer
bemerkenswerten Seite hin: Sie sind Empfänger der Verkündigung von Gottes Macht und seiner Taten[14]. Diese Vorstel-

---

9   Vgl. vor allem die Zusammenstellungen von Hornung, in: StG 20,
    1967, 69-84, bes. 70-72.

10 Zur Teilhabe der Tiere am Lobpreis Gottes s. das Material aus
    Texten und bildlichen Darstellungen bei Assmann, Liturgische
    Lieder I, 324 f.

11 So z.B. im Kairener Amonshymnus 7,4 "der hohe Himmel, die weite
    Erde und die Tiefe"; weitere Belege bei Hornung.

12 Außer den Belegen bei Hornung und Assmann vgl. noch Junker, in:
    ZÄS 43, 1906, 126 mit Übers. S.107: "Es tanzen Dir die Tiere in
    Freude".

13 pAnast. IV, 10,5. Vgl. aber auch pBeatty IV Rs.12,5.

14 Wir brauchen kaum an Franziskus von Assisi zu erinnern, der in
    seine Predigten ebenfalls die Tiere als Hörer einbezog. Genannt
    sei aber noch der portugiesische Jesuit Padre Antonio Vieira, der
    am 13. Juni 1654 eine dem Hl. Antonius in den Mund gelegte Predigt
    an die Fische hielt, diese freilich satirisch-theatralisch, indem
    die eigentlichen Adressaten eben nicht die Fische, sondern die
    Unterdrücker der Indianer in São Luís waren; er benützte also die
    Tiere zu einem Verfremdungseffekt, um seine Hörer zu fesseln und
    besser zu treffen.

lung ist konsequent: Wenn die Tiere, wie die offizielle
Theologie lehrt, am Lobe Gottes teilnehmen, so sollten sie
auch von dessen Gnadentaten hören, die, über die Schöpfung
und Erhaltung hinaus, Anlaß zum Lobpreis sind.

Zum Schluß dieses kleinen Hinweises sei noch die Frage
nach der literarischen Einordnung des uns interessierenden
Passus gestellt. Er begegnet uns, wie wir gesehen haben, in
zweierlei Ausformung: Entweder als Selbstaussage: "Ich verkünde (bzw. will verkünden) die Macht Gottes den Fischen im
Wasser und den Vögeln im Himmel" oder als Aufforderung:
"Verkündet . . .". Keine von beiden Fassungen kann aus einem
Hymnus stammen. Offensichtlich ist sein Platz nirgends anders als dort, wo wir ihn vorfinden: In Dankliedern (bzw.
Bitten, die so dringlich vorgetragen werden, daß sie die
Erhörung vorwegnehmen, also Dankliedern an die Seite zu
stellen sind). Sie dürften sich bei näherer Untersuchung
als eigene literarische Gattung erweisen, auch wenn sie
ihre theologischen Gedanken mit den Kulthymnen und den
daraus hervorgegangenen Privathymnen teilen, ja sie dorther
bezogen haben. Danklieder aber haben neue Elemente wie das
forensische entwickelt. Soweit es sich dabei um Menschen
handelt, konnten sie auf Formulierungen aus der älteren
Gattung des "Anrufs an Lebende" in Grabinschriften zurückgreifen; die Verkündigung an Tiere aber ist, auch wenn sie
gedanklich auf die Sonnenhymnen zurückgeht, der Formulierung
nach originell. Die Fassung unserer Texte 2 und 3, wohl
auch noch 4 dürfte die ältere und geläufigere sein; Neb-Re
steigert sie dadurch poetisch, daß er das "Hütet euch vor
ihm!" zunächst einer Gruppe von Menschen selbst zuruft, die
wiederholte Warnung vor der Macht der Gottheit aber lebenden und zukünftigen Menschen und den Tieren durch andere
zurufen läßt. Es ist sehr ägyptisch, wie vorgeformte Gedanken übernommen, aber möglichst variiert werden, wie in
anderen Gattungen so auch in Dankliedern.

Die theologische Bedeutung der Trunkenheit[1]

aus: Zeitschrift für Ägyptische Sprache und Altertumskunde 79, 1954, 81–83.

Trunkenheit ist nicht gerade die Eigenschaft, die wir an einem König ehrend rühmen möchten. Und doch begegnen wir im Alten Reich, in der 4. und 5. Dynastie, wiederholt unter den Namen, die die Arbeitertrupps beim Pyramidenbau führen, der Bezeichnung „Wie trunken ist Cheops (bzw. Mykerinos oder Sahure)"[2]. Eine Erklärung dieser zunächst anstößig scheinenden Benennung ist, soweit ich sehe, noch nicht versucht worden[3].

Daß es sich nicht etwa um eine persönliche Charakterisierung eines bestimmten Herrschers handeln kann, geht auch für den, der sie dem ägyptischen Wesen zutrauen möchte, daraus hervor, daß die Zusammensetzung mit drei verschiedenen Königsnamen vorkommt. Es muß sich also um eine Eigenschaft handeln, die an jedem ägyptischen König, an dem König schlechthin, hervorgehoben zu werden verdient.

Die Königstheologie nun ist ein schwieriges, aber auch dankbares Forschungsgebiet unserer Wissenschaft; für das Alte Reich fließen die Quellen dazu spärlich; die Pyramidentexte beschäftigen sich vor allem mit der „Verklärung" des Königs, also seiner Vergottung nach dem Tode, geben uns aber keine Auskunft über die theologische Stellung des lebenden Königs, also sein Verhältnis zu den Göttern, zu dem Lande und zu den Untertanen. Gerade hier aber ist der Schlüssel zu unseren Truppnamen zu suchen.

Es wird zwar immer wieder in Werken über Ägypten ausgesprochen, daß der Pharao kraft seines Amtes am göttlichen Wesen teilhat, doch gibt es nur wenige Forscher, die diesem Gedanken nachgegangen sind. Neue Perspektiven hat hier vor allem Frankfort eröffnet; er hat nachdrücklich darauf hingewiesen, daß der König gerade im Alten Reich als „Horus und Seth" auch die Gegensätze der Welt in sich vereinigt und versöhnt[4]. Die göttliche Natur des Königs ist, ebenso wie jede göttliche Macht in älterer Zeit, an sich weder gut noch böse, sondern nur Kraft, die sowohl gefährlich als auch nützlich sein kann und deshalb immer wieder versöhnt, milde gestimmt werden muß.

Dies Doppelgesicht metaphysischer Kraft faßt der Ägypter in der Sphäre des Göttlichen in die religiöse Vokabel „Sachmet — Bastet", und zwar nicht erst in der Spätzeit. Ein besonders bezeichnendes Beispiel dafür, daß auch der König an dieser Doppelnatur teil hat, findet sich in der „Lebenslehre" (*šb3j.t*) des Sehetepibre[5]. Dort werden die verschiedenen göttlichen Seiten, die dem König innewohnen, den „Kindern" lehrhaft in hymnischer Form vor Augen gestellt: Der König ist „Erkenntnis" (Sia)[6], er ist Re, er ist der Nil, er ist Chnum — wobei die theologische Bedeutung dieser Gleichsetzungen jeweils kurz ausgeführt wird. Dann fährt Sehetepibre fort:

---

[1]) Dieser Aufsatz war Hermann Junker zum 29. November 1952 gewidmet.

[2]) Cheops: INES 11 (1952), 117; Mykerinos: Reisner, Mycerinos, S. 275; Plan XI, S. 78; Sahure: Borchardt, Sahure, II, S. 86.

[3]) Wenn Sethe (bei Borchardt a. a. O.) übersetzt: „Wie gesättigt (scil. durch Trinken, s. Register S. 195) ist Sahure", so ist das eine Beschönigung, aber keine Erklärung.

[4]) Kingship and the Gods S. 130.

[5]) Kairo 20 538 II 16ff. (Lange-Schäfer, Grab- und Denksteine, CGC, II. S. 149).

[6]) Nicht etwa „wie Sia"!

„Er ist Bastet, die die Länder schützt.

Wer ihn verehrt, wird einer sein, den sein Arm schirmt.

Er ist Sachmet gegen den, der seinen Befehl übertritt.

Wen er haßt (?), der wird im ‚Elend‘ sein",

wobei ‚Elend‘ in seiner mittelhochdeutschen Grundbedeutung ‚in einem fremden Lande, unglücklich, jammervoll, hilflos‘ zu verstehen ist[1].

So wie nun Sachmet — in anderem Zusammenhang steht dafür Hathor oder Tefnut — befriedet werden muß[2], so auch der König. Diese Befriedung erfolgt in der Erzählung des Sinuhe durch die Darbringung von Sistren und Menits sowie durch ein Lied, dessen Inhalt dieser Aufgabe an Gewicht entspricht[3]. Für diese Art der Beschwichtigung des Grolles beim König konnte ich als weiteren Beleg wenigstens noch die Darstellung der Pianchi-Stele beibringen, während erst die mitteilsamen Texte der griechisch-römischen Tempel in voller Ausführlichkeit über die besänftigende Wirkung von Sistrum und Menit berichten; allerdings, wie nicht anders zu erwarten, bei der Gottheit selbst, von der wir aber mit Fug und Recht auf den König schließen dürfen, wie unter anderem die oben angeführte bezeichnende Stelle des Sehetepibre lehrt; werden doch dort ausdrücklich bestimmte Seiten des Königs mit entsprechenden Göttern gleichgesetzt. — Hier soll nun von einem anderen Mittel die Rede sein, das ebenfalls diese Besänftigung des göttlichen Zornes bewirkt, dem Rausch.

Den Gedanken, daß die gefährlichen Kräfte der Gottheit durch den Rausch gebunden werden können, finden wir in dem Mythus von der Vernichtung des Menschengeschlechtes, wo Re sein „als Sachmet" zur Vernichtung ausgeschicktes Auge dadurch bändigt, daß er ihren Blutrausch in einen Bierrausch umwandelt. Junker hat zwar auf die grundlegenden Unterschiede seiner Hathor-Tefnut-Legende zu diesem Mythos hingewiesen[4], aber wenn in der Hathorerzählung immer wieder das Motiv der Beruhigung durch den Rausch auftritt, so liegt darin jedenfalls, wie sonst auch immer das Verhältnis der beiden Sagenkreise sein mag, diesem Einzelzug eine gleiche Vorstellung zugrunde. Junker schildert den Inhalt der Auszugssage, soweit er uns hier interessiert[5]: „Aber das friedliche Wesen haftet ihr nur äußerlich an, ihre Natur war nicht gewandelt, ihre ungebändigte Kraft hat sie nicht verloren[6]. Das ist zur Auffassung der Doppelnatur in der Göttin von größter Wichtigkeit, und nur so lassen sich die merkwürdigen Gegensätze bei der Schilderung ihres Wesens verstehen. Nie darf man aufhören, die alten betörenden Lieder vor ihr zu singen . . . Der Wein darf nicht ausgehen, sieben _tnf.t_-Krüge sind ihr tägliches Quantum." „Zufrieden ist sie nur im Rausche . . ." (a. a. O. S. 8). In Philae wird Hathor genannt „Herrin von Spiel und Tanz, deren tägliches Bedürfnis der Rausch ist, immerdar" (S. 31). So steht das Epitheton „Herrin der Trunkenheit" (S. 61) in genau gleichem Sinne wie „Herrin des Sistrums, der Freude"[7]. Die Lieder zum Hathorfest der Trunkenheit hat Junker eigens behandelt (s. S. 83, Anm. 1).

---

[1]) Sinuhe ist für uns das Musterbeispiel eines solchen _šm3w_.

[2]) S. dazu Bonnet, Reallexikon bei den betr. Göttern und S. Schott, Wüstental, S. 77 mit Anm. 2.

[3]) S. Brunner, Das Besänftigungslied im Sinuhe (B 269—B 279), in ZÄS 80.

[4]) Auszug der Hathor-Tefnut, S. 16f.   [5]) Auszug, S. 7.

[6]) Diese Ausdrucksweise ist mißverständlich: Die Göttin ist nicht im Grunde grausamen Wesens, sondern besitzt beide Seiten, die milde Gnade wie die vernichtende Wut, gleichermaßen als Möglichkeit, wie gerade Junker selbst im folgenden Satz von „Doppelnatur" spricht.

[7]) Diesem Umstand wird Bonnet, Reallexikon, S. 282 nicht gerecht, wenn er das „Fest der Trunkenheit der Herrin von Dendera" nur aus der „Freude an Spiel und Tanz und rauschenden Festen, die auch der Ausgelassenheit Raum geben", erklärt und mit dem „mütterlich-weiblichen Zug" der Göttin zusammenbringen will. Richtig dagegen schildert er die Rolle des Weines im Kult der Tefnut (S. 774). Vgl. auch die Angabe Herodots (II, 100), daß beim Fest der Bastet „mehr Wein genossen wurde als im ganzen übrigen Jahr". Daß den Festteilnehmern die dem Gotte zugedachte Trunkenheit zuteil wird, erwähnt sehr nüchtern Anii (3, 9).

Um diese Zeugnisse für die Besänftigung der Gottheit durch den Rausch mit unseren Truppnamen zu vereinigen und zu ihrer Deutung heranzuziehen, fehlen zwei Beweisglieder: Wir haben
kein Zeugnis für die besänftigende Rolle der Trunkenheit beim König, und die zeitliche Spanne
zwischen dem Alten Reich und der griechisch-römischen Zeit läßt sich durch keine Textstelle über-
brücken. Lediglich für die Doppelnatur der Macht des Königs und für ihre Gleichheit mit der göttlichen Kraft „Sachmet — Bastet" können wir auf den Sehetepibre-Text hinweisen[2]. Zusammen mit
den bei der Betrachtung des Sinuhe-Liedes (s. o. S. 82 Anm. 3) gewonnenen Ergebnissen will mir nun
aber doch die hier vorgeschlagene Lösung sehr wahrscheinlich dünken: Die Truppnamen sind aus
der gleichen Vorstellung gebildet und enthalten den Gedanken an einen milden (ḥtp oder nfr)
König. Und in welch weitem Ausmaße wir damit rechnen müssen, daß religiöses Gedankengut,
das uns erst aus jüngerer Zeit ausführlich erhalten ist, schon im Alten Reich vorhanden war, daß
es also zu der im Laufe der Zeit nur in ihrer Erscheinungsform gewandelten Grundsubstanz ägyptischen Glaubens gehört, das hat Junker in seiner „Pyramidenzeit" glänzend gezeigt.

Diese Erklärung stimmt denn auch vorzüglich zu den anderen Truppnamen, soweit sie uns über-
haupt näher verständlich werden. Rowe hat unter anderem Belege für die beiden folgenden gesammelt[3]:
„Wie freundlich (šmr) ist NN" und
„Wie lieb (mrw) ist NN".
Der bei Reisner[4] abgebildete, wohl mit dem von Sethe angeführten[5] identische Name
„Wie twt ist Mykerinos"
ist sicher nicht, wie Reisner-Rowe annehmen (Mycerinos S. 275), ein Schreib- oder Lesefehler für
den häufigeren
„Wie trunken (tḫ) ist Mykerinos",
er paßt vielmehr sehr gut in die Reihe, wenn wir für twt die Bedeutung „versöhnt" annehmen,
die das Wort auch Sin. B 277 hat[6].

Daß diese alte Vorstellung von dem in Trunkenheit friedlichen König noch der Amasis-Anekdote
des Herodot (II, 173f.) zugrunde liegt, scheint dagegen wenig wahrscheinlich. Hier hat doch wohl
Kees recht, wenn er in solchen Burlesken griechischen Geist wittert[7] oder Zeugnisse für die respekt-
losen Gefühle des Volkes gegenüber dem entgotteten Typ des Soldatenkönigs erblickt[8].

---

[1]) ZÄS 43, 101ff. Vgl. ferner zu dem religiösen Gedanken noch K e e s, Götterglaube, S. 8f. und ders., Kulturgeschichte, S. 57.
[2]) S. M o r e n z erinnert hierzu an die AR-Szenen, wo Sachmet den König säugt, ihm dergestalt ihr göttliches
Wesen mitteilend; Borchardt, Neuserre, Abb. 21 und 23.
[3]) Bei R e i s n e r, Mycerinos, S. 275; vgl. auch J u n k e r, Giza X, S. 79f.
[4]) Plan XI, Nr. XVII.   [5]) bei B o r c h a r d t, Sahure II, S. 86.
[6]) s. meinen oben Anm. 8 genannten Aufsatz.   [7]) Kulturgeschichte, S. 66.
[8]) Priestertum S. 315.

Das Besänftigungslied im Sinuhe (B 269-279)

aus: Zeitschrift für Ägyptische Sprache und Altertumskunde 80, 1955, 5–11.

Von den bisherigen Bearbeitern der Sinuhegschichte ist ihren „historischen" Teilen große Aufmerksamkeit gewidmet worden, während die eingestreuten Lieder, die meist keine Aufschlüsse über die besonderen Abenteuer des Sinuhe zu geben vermögen, wenig Beachtung fanden, ja teilweise in der Übersetzung ganz ausgelassen wurden. Und doch kommt ihnen gewiß in der Absicht des ägyptischen Erzählers hohe Bedeutung zu, und auch wir müssen in ihnen eine ganz eigene Art der Kunst bewundern: Ihre Aussagen sind zwar vorwiegend religiös, d. h. nicht einmalige historische Tatsachen werden dabei geschildert oder gedeutet, sondern zeitlose Wahrheiten; und doch sind sie kunstvoll auf die jeweilige Situation der Erzählung, in die sie eingewebt sind, bezogen[4].

Der theologische Gehalt ist bei allen Liedern in der Sinuhegeschichte bedeutend; hier soll zunächst nur jenes Lied näher untersucht werden, mit dem die „Königskinder" den Pharao bei der Audienz nach der Rückkehr des Flüchtlings milde zu stimmen trachten[5]. Sinuhe hat durch seine

---

[4]) Siehe jetzt auch Grapow, Untersuchungen zur äg. Stilistik I, S. 101.

[5]) B 269—279. Die bekannten Übersetzungen und Kommentare von Gardiner, Erman, Lefebvre usw. sind im folgenden benützt, ohne daß sie jedesmal angeführt werden. Am Schluß der Einleitung sowie in Zeile 15, 16 und 20 folge ich dem hier überlegenen Text des Ashmolean-Ostrakons, der weitgehend mit OB² übereinstimmt. —

Flucht die Ordnung gestört, zu deren Hüter der König berufen ist. Frankfort[1] hat richtig gesehen, daß der tiefere Sinn der ganzen Erzählung nicht in der Schilderung eines bunten Abenteurerlebens, sondern gerade darin beruht, daß der Held am Ende der Geschichte soweit ist wie am Anfang: im ordentlichen Dienst des Königs[2]. Sein Ausbruch aus der geordneten Welt bedeutet, auch wenn er halb unbewußt erfolgt ist, ein schweres Verbrechen; doch wird es durch die Gnade des Königs gleichsam annulliert, bleibt ohne die erwarteten und verdienten furchtbaren Folgen. Bei dieser Auffassung bedeutet die Audienz den Höhepunkt der Erzählung — soll sich doch hier entscheiden, ob Sinuhe vernichtet wird oder ob der Gott gnädig ist. Die gute Lösung, vorbereitet durch die Botschaften des Königs nach Palästina, aber erneut gefährdet durch Sinuhes unbesonnenes Benehmen in Gegenwart des Königs, wird eingeleitet durch das hier zu behandelnde Lied der „Königskinder". Daß nicht leere Schmeicheleien oder hohle Wünsche, sondern inhaltbeladene religiöse Aussagen den Gehalt eines Liedes an solchem Angelpunkt ausmachen, ist von vornherein zu erwarten.

Ich gebe zunächst eine Übersetzung, die nur in wenigen Punkten von den bekannten abweicht; das neue Ostrakon im Ashmolean-Museum[3] ist, soweit es bessere Lesungen bietet, berücksichtigt; alle neu aufgefaßten Stellen werden unten im Kommentar behandelt. Der Einfachheit halber zähle ich die Zeilen des Liedes von 1—21 durch.

Einleitung: „Sie (die Königskinder) hatten aber ihre Menits, ihre Bügel- und Naos-Sistren mitgebracht; die brachten sie nun Seiner Majestät dar. Sie sangen vor Seiner Majestät:

1 Nimm an das Schöne, langlebender König,
   den Schmuck der Himmelsherrin!
   Die Goldene gibt deiner Nase Leben,
   du bist eins mit der Herrin der Sterne.
5 Die südliche Krone kommt nach Norden,
   die nördliche Krone kommt südwärts,
   sie sind vereint und versöhnt durch den Spruch Deiner Majestät.
   Der Uräus ist (zwar) an deine Stirne gesetzt:
   du aber hast die Hilfsbedürftigen vom Elend ferngehalten.
10 Rê, der Herr der beiden Länder, ist dir gnädig.
   Heil sei dir wie der Herrin des Alls!
   Spanne ab deinen Bogen,
   laß ruhen deinen Pfeil!
   Gib Luft dem, der in Atemnot ist!
15 Gib uns unsere schöne Festgabe an diesem Festtag,
   beschenke uns mit dem Sohne des Nordwinds,
   dem Asiaten, der in Ägypten geboren ist.
   Er hat die Flucht·begangen aus Furcht vor dir,
   er hat das Land verlassen aus Schrecken vor dir.
20 Nicht soll aber erbleichen das Antlitz dessen, der deine Majestät erblickt,
   und nicht soll sich das Auge fürchten, das dich sieht!

Kommentar. Einleitung: Wer ist mit den „Königskindern" gemeint? Gardiner glaubt (Notes S. 100), daß „probably only the young princesses are meant". Diese Einschränkung des Gebrauches

---

Die philologischen Bemerkungen wurden möglichst knapp gehalten, damit die Ergebnisse theologischer Art, um die es mir hier zu tun ist, sich deutlich abheben.

[1]) Ancient Egyptian Religion, An Interpretation, S. 144f.
[2]) A. Hermann, dessen Deutung sich in manchem mit der Frankforts berührt, legt bei seiner Auffassung der Sinuhe-Erzählung als „Schelmenroman" besonderen Wert auf die „Transzendierung" des Helden am Schluß (OLZ 1953, 101—109, bes. 108f.). Doch erklärt sich dies vom Begräbnis berichtende Ende zwanglos aus dem Charakter ägyptischer Grabinschriften, als welche sich auch die Sinuhe-Erzählung gibt (s. Grapow, S. 107).
[3]) John W. B. Barns, The Ashmolean Ostracon of Sinuhe, 1952.

von *mśw* auf das weibliche Geschlecht wäre befremdend, wenn auch nicht unmöglich. Nun müßten aber die leiblichen Kinder des Königspaares, die vielleicht Sinuhe noch aus seiner Zeit bei Hofe gekannt haben, inzwischen ebenso herangewachsen sein wie der in Asien geborene Sohn des Flüchtlings, der bei der Heimkehr des Vaters immerhin imstande ist, die Führung des Stammes zu übernehmen. Wenn man also die Verengung des Begriffes „Kinder" auf die Töchter, wie sie Gardiner vorschlägt, nicht gerne annimmt, so müßte man sich vorstellen, daß auch erwachsene Männer des Sistrum schütteln, was zwar nicht unmöglich, aber doch ungewöhnlich wäre. Oder aber es bleiben zwei weitere Möglichkeiten: entweder handelt es sich um eine spätere Generation von Königsabkömmlingen, oder aber es sind die Pagen gemeint, also jene Kinder der Vornehmen des Landes, die seit alter Zeit am Hofe erzogen wurden. In den AR-Texten wird von solchen „Königszöglingen" berichtet, daß sie zusammen mit den „Königskindern" erzogen wurden (Urk. I, 51), wobei wir aus dem Determinativ 𓀀𓀀 für das Wort *mśw-nśw.t* wohl ableiten dürfen, daß beide Geschlechter, also Prinzen sowohl als Prinzessinnen, darunter verstanden wurden[1]. Es ist möglich, daß die Bezeichnung „Königskinder" dann auf alle Haremszöglinge übertragen wurde[2]. Ob es sich nun um Prinzen und Prinzessinnen einer späteren Generation handelt oder um Pagen, jedenfalls konnten die „Königskinder" den Sinuhe nicht mehr von Augenschein kennen. Doch mag die Geschichte von dem Ausbrecher von der älteren an die jüngere Generation weitergereicht worden sein, so daß sie sagen konnten: „Das ist er doch nicht wirklich, o König, mein Herr!" (B 267).

‚ Mit ihren Sistren und Menits vollführen die Königskinder einen kultischen Akt: die Besänftigung der erzürnten Gottheit. Das Doppelgesicht Gottes, Zorn und Milde; Gerechtigkeit, vor der kein Mensch bestehen kann, und Gnade, kannten die Ägypter gut. Das ihnen geläufige Bild für diese Ambivalenz göttlicher Kraft ist Sachmet — Bastet, Löwin — Katze[3]. Die Vorstellung von dem besänftigten Raubtier ist als Ausdruck dieses religiösen Urerlebnisses auch der älteren ägyptischen Religion ganz geläufig[4]. Die andere Göttin, die diese Doppeleigenschaft der unheimlich drohenden, vernichtenden Kraft und der milden Liebe den Ägyptern deutlich vor Augen stellt, ist Hathor, die Göttin des Rausches, und zwar des Blut- wie des Liebesrausches. „Als Hathor" steigt das Auge des zürnenden Sonnengottes hinab, die Menschen zu vernichten; als Hathor (-Tefnut) grollt es in der Wüste des Südens. Aufgabe des Menschen ist es, den Grimm der Göttin durch den Kult zu besänftigen, und die Mittel dabei sind Gesang, Tanz und vor allem das Sistrum, das nicht zufällig gerade in dem Kult dieser beiden wild-sanften Göttinnen eine hervorragende Rolle spielt[5]. Die Belege für die besänftigende Wirkung des Sistrums sind zwar aus der redseligen Spätzeit am häufigsten[6], doch lassen sich auch zahlreiche Beispiele aus früherer Zeit anführen, z. B. „Du er-

---

[1]) Vgl. weiter Kees, Kulturgeschichte, S. 86; 199.

[2]) So gibt es schon im AR einen „Oberlehrer der leiblichen Königskinder" (Junker, Glza III, S. 142); aus dieser Bezeichnung darf man doch wohl schließen, daß zu den „Königskindern" bereits damals auch Kinder nicht-königlicher Abkunft gerechnet wurden; die Entwicklung der Bedeutung dieses Ausdrucks ist offenbar ähnlich gelaufen wie die des „Königssohnes".

[3]) H. Brunner in ZÄS 79, S. 81 ff.   [4]) H. Kees in ZÄS 67, S. 56 f.

[5]) Freilich ist mit dieser Feststellung der besänftigenden Funktion des Sistrums weder etwas über dessen „ursprünglichen" noch über seinen „eigentlichen" Charakter ausgesagt. — Da es eine der Hauptaufgaben eines jeden Kultes ist, die Gottheit gnädig zu stimmen, konnte leicht das Instrument, das gerade beim Kult deutlich zwiegesichtiger Gottheiten angewandt wurde, zu dieser engeren Rolle kommen. Vgl. auch Bonnet, Reallexikon, S. 718 f. — Zur Trunkenheit als Besänftigungsmittel vgl. meinen in Anm. 3 genannten Aufsatz.

[6]) Eine Hauptaufgabe der Gottesgemahlinnen ist das Sistrumspiel „um den Gott zu versöhnen", s. Sander-Hansen, Das Gottesweib, S. 24. Zu Anm. 2 füge jetzt die Inschrift ASAE 51, S. 457 hinzu. — Belege aus der Spätzeit: „Mit Liedern und Sistrengeklapper sucht man den Grimm der Löwengöttin zu verscheuchen und sie gnädig zu stimmen", Junker, Onurislegende, S. 100; „Hathor ist die Göttin, der die Götter und Göttinnen mit dem Sistrum musizieren, um sie zu besänftigen" a. a. O. S. 111; „Ihr spielen die Götter das Sistrum, ihr tanzen die Göttinnen, um ihren Groll zu vertreiben", Junker, Auszug der Hathor-Tefnut, S. 84; dort weitere Stellen der griech.-röm. Zeit. Vgl. auch Junker, Der sehende und der blinde Gott, S. 43 oder auch Beiworte der Hathor wie „Herrin des Sistrumspiels und Herrin des Menit", Junker, Auszug S. 45; ferner Macadam, Kawa I, Taf. 11/12, Z. 21.

scheinst in deiner Liebe (*mrw.t*) denen, die das Sistrum schütteln"[1]; „Wir bringen unsere Sistren ihrem (scil. der Hathor) lieben (*mr*) Angesicht; Güte (*nfr.w*, s. u.) soll in das Antlitz des Nebamun kommen; er kommt in Frieden (*ḥtp*), mit frohem Herzen"[2].

Wenn, wie es der Fall zu sein scheint, Spiegelberg recht hatte, als er das Beiwort des Ptah *nfr ḥr* als „gnädig" erklären wollte[3], wenn man also *ḥr nfr* etwa mit „gnädig geneigtes Antlitz" wiedergeben kann, dann stellen sich zu diesem Gedanken der Versöhnung der Gottheit durch das Sistrum zwanglos die sehr zahlreichen Belege, die etwa lauten „Die Sistren schütteln für dein gnädiges Antlitz", d. h. damit dein Antlitz gnädig wird[4].

An einer für das Verständnis aufschlußreichen Stelle wird das Sistrum vor dem K ö n i g gebraucht, also ganz wie von den Königskindern im Sinuhe: Der besiegte und um Gnade flehende Nemarot tritt auf der rechten Seite des Halbrunds der großen Stele dem Sieger Pianchi entgegen, sein Pferd am Halfter führend und mit der Linken ein Sistrum schüttelnd[5]. Kein Zweifel, daß er dasselbe erreichen will, worum es den Königskindern im Sinuhe zu tun ist: den Groll des Königs zu vertreiben, ihn gnädig zu stimmen. — Wenn auch vornehmlich Hathor und Sachmet (die in ihrer befriedeten Gestalt als Bastet ein Sistrum in der Hand hält als Zeichen der Milde) die religiösen Vokabeln für diese zu besänftigende Seite der Gottheit darstellen, so gehört doch dieses Doppelgesicht so sehr zu der ägyptischen Erkenntnis des göttlichen Wesens überhaupt, daß es bei allen Göttern vorausgesetzt wird und daß der Kult sich auch dort bemüht, die Milde durch Sistrenklang zu erreichen. Auch der König hat in seinem Amte an göttlichen Eigenschaften teil, auch er trägt, wie zahlreiche Königshymnen nicht müde werden zu betonen, dies Doppelgesicht von Zorn und Gnade, auch ihn gilt es deshalb bei besonderen Gelegenheiten durch Sistren milde zu stimmen.

1/2. Wie vollzieht sich nun die Besänftigung? Wie gibt der Gott zu erkennen, daß er sein Ohr geneigt hat, daß er umgestimmt ist? Wie wird der Umschwung in der theologischen Sprache Ägyptens ausgedrückt?

Wir werden sehen, daß der König die Kultgeräte, Sistrum und Menit[6], berührt, die ihm zu diesem Zwecke hingehalten werden. Unser Lied beginnt mit der Aufforderung: „Lege deine Hand auf das Schöne"[7]; ebenso heißt es im Grabe des Kenamun: „Nimm dir den Menitschmuck, die Bügel- und Naossistren und [fasse sie an]!"[8].

Dieser Auffassung, daß der, vor dem das Sistrum gespielt wird und dem das Menit dargebracht wird, dieses als Zeichen der Huld berührt, scheint eine Szene im Grabe des Neferhotep (Nr. 49) zu widersprechen. Dort hält eine Frau, die mit anderen von der Belohnungsaudienz zurückkehrt, ihr Sistrum einem Diener zur Berührung hin[9]. Doch lösen die folgenden Worte unseres Sinuhetextes den Widerspruch und lassen uns eine weitere Bedeutung des Sistrumaktes verstehen.

---

[1]) D a v i e s , Kenamun I, Taf. 67 E.

[2]) D a v i e s , Two Officials, Taf. 23.

[3]) ZÄS 53, 115; vgl. S a n d m a n - H o l m b e r g , The God Ptah, S. 108: „He with the beautiful (possibly ‚gracious') face"; so auch K e e s , ZÄS 67, 59, dabei den König einbeziehend!

[4]) W i n l o c k , Bas Reliefs from the Temple of Ramses I at Abydos, Taf. VI und sehr oft. Vgl. D a v i e s , Menkheperresonb etc., Taf. 17.

[5]) M a r i e t t e , Mon. div., Taf. 1.

[6]) S. S c h o t t übersetzt *ḥkr.t n.t Ḥ.t-Ḥr* mit „Wedel": Das schöne Fest vom Wüstental, S. 44 f. Doch spricht dagegen das Determinativ bei Davies, Kenamun I, Taf. 65 B.

[7]) Vgl. dazu B a r n s , The Ashmolean Ostracon, S. 32 zu Vs. Z. 55.

[8]) D a v i e s , Kenamun I, Taf. 65 B. Sethe ergänzt „und werde auf sie hin gnädig", s. G a r d i n e r , Notes, S. 102. Entsprechend D a v i e s , Puyemrê II, Taf. 53 f. — Daß die Königskinder den König „eingehalst", d. h. das Menit um seinen Hals gelegt haben, wie es die Göttin Hathor tut (so A. H e r m a n n in OLZ 1953, 106, vgl. auch D a v i e s , Rekhmire Taf. 53, S. 60: „Du (König) umarmst ihre (Hathor) Majestät, während sie um deinen Hals liegt"), möchte man sich ungern vorstellen. Bei unserer Zeremonie dürfte es sich nur um ein Handauflegen handeln, wie auch der Text aussagt; nur so wird der gehörige Abstand zum Pharao gewahrt.

[9]) D a v i e s , Neferhotep I, Taf. 15.

3/4. Durch die Berührung des Kultgegenstandes „vereinigt" sich der Mensch mit der Göttin, **d. h.** ihre Wesenheit geht in ihn über[1]. Das aber war das Ziel der Königskinder: Durch Sistren den König milde zu stimmen, die versöhnte Natur der Hathor vollends in ihn übergehen zu lassen; so wie Sachmet zur Bastet wird, so wie Hathor milde *(ḥtp)* wird beim Kult, so sollte der König seine zornige Natur mit der gnädigen vertauschen[2]. (Und dieses Teilhaben an der göttlichen Kraft ist es, was der Diener des Neferhotep erstrebt und was ihm die Frau gewährt. Um einen Besänftigungsakt freilich handelt es sich dabei nicht — das Sistrenspiel fehlt denn auch —, eher um die Gewährung einer Liebesbitte.)

Wir müssen gewiß annehmen, daß der König tatsächlich der Aufforderung der ersten Zeilen des Liedes nachkommt und Menit und Sistrum berührt, so daß die nächsten Aussagen die Folgen dieses Aktes beschreiben. Über das „Leben", das das Menit dem Berührenden verleiht, hat Gardiner (Notes, S. 101) alles Nötige gesagt. Das Beiwort der Hathor, „die Goldene", bezeichnet jetzt deutlich die versöhnte, milde, liebliche Seite der zwiegesichtigen Göttin. Der genaue Unterton der zweiten Bezeichnung, „Herrin der Sterne", läßt sich einstweilen nicht fixieren, kommt doch das irgendwie mit Hathor als Himmelskönigin zusammenhängende Epitheton nur sehr selten vor. Dem von Gardiner bereits angeführten Beispiel Louvre C 15 kann ich auch kein weiteres hinzufügen.

5/7. Die Zeilen 5—7 enthalten in strenger Form eine neue Aussage, die in unmittelbarem Zusammenhang mit dem vorigen steht. In genauer Parallele stehen die beiden Zeilen 5 und 6, während die siebte den darin geschilderten Ereignissen ihren Sinn verleiht und sie zugleich auf den König bezieht. *twt* heißt „zusammenbringen" mit dem ausgesprochenen Nebensinn „versöhnen", vgl.

etwa ⸢𓏤𓏤⸣ „ich schlichtete die (streitenden) Brüder so, daß ihre Herzen versöhnt waren"[3]. Die „Vereinigung der beiden Länder" gehört zu den wichtigen Krönungszeremonien. Allerdings ist uns nicht bekannt, ob bei der Krönung die Vereinigung durch einen „Spruch" des Königs erfolgte, wie man aus unserer Stelle schließen möchte. Jedenfalls aber zerfällt nach der ägyptischen Königstheologie die Welt in zwei streitende Hälften, Horus und Seth, Ober- und Unterägypten, bis der König sie mit seiner Thronbesteigung zusammenfügt, indem er Horus und Seth in sich vereinigt; man braucht nur an die im Alten und Mittleren Reich so häufigen Seitenverzierungen des Thronsitzes zu denken mit der Verknüpfung der beiden Wappenpflanzen um das *smȝ*-Zeichen[4]. Ausdrücklich erwähnt wird die „Vereinigung der beiden Länder" als Teil der Thronbesteigung vor allem im Palermo-Stein im ersten Jahr eines jeden Königs; aber auch später finden wir Entsprechendes, z. B. Urk. IV, 262 (Hatschepsut)[5]; Frankfort hat ausführlich dargelegt, daß „the duality of kingship represents conflicting powers in equilibrium"[6]. Die Versöhnung ist eine der entscheidenden Aufgaben des Königs überhaupt. Daß es sich dabei, auch wenn immer wieder die beiden Landeshälften Ober- und Unterägypten genannt werden, nicht so sehr um einen politischen Ausgleich handelt als vielmehr um einen solchen auf

---

[1]) Gardiner, Notes, S. 101f. Vgl. auch Davies, Two Officials, Taf. 15: Amenophis-Sise berührt das ihm von einem Mädchen (seiner Tochter?) hingehaltene Menit. Keineswegs läßt sich aus solchen Szenen schließen, daß das Sistrum eigentlich nur in der Hand der Göttin gehört und alle Menschen, die es führen, damit in die Rolle der Hathor eintreten (so Lefebvre, Romans et Contes, S. 22, Anm. 108). Dazu wird es zu oft, ja fast regelmäßig, gerade der Hathor dargebracht, wird vor ihr musiziert! — Die Lesung „sie schützt dich" von Ashm. ist gegenüber dem Text von B farblos. Der Gedanke wäre hier: so wie Hathor dich beschützt, so schirme du den schutzflehenden Sinuhe.

[2]) Auch in der von Gardiner, Notes, S. 101 Anm. 1 zitierten Szene auf einem Sarg geht das Wesen der Hathor durch die Berührung des Menits in den Menschen über, freilich nicht ihre wilde, aber versöhnliche Natur, die sie mit Sachmet-Bastet gemeinsam hat, sondern ihre Unsterblichkeit verleihende Seite, die sie mit Nut gemeinsam hat und auf die B 172 im Sinuhe angespielt wird, s. dazu u. S. 10.

[3]) Petrie, Dendereh, Taf. XI A unten links.

[4]) Vgl. H. Schäfer in MDIAK 12 (1943), 73—95.

[5]) Vgl. dazu J. Vandier, La Religion égyptienne², S. 180 und S. Schott, Festdaten, S. 51; 62.

[6]) Kingship and the Gods, S. 130 und öfter.

kosmisch-religiöser Ebene, wird in letzter Zeit immer deutlicher[1]. Bei dem in unserem Text angewandten Bild von den beiden Kronen, die zueinander fahren, nachdem sie der König miteinander versöhnt hat, denkt man an das, was Ricke über die Funktion der beiden Grabanlagen des Djoser sagt: Dort scheint das unterägyptische Begräbnis im Süden des Bezirks zu liegen (das sog. ,,Grab in der Mauer"), das oberägyptische dagegen nördlich davon; sie haben sich, geographisch gesehen, gekreuzt, ,,thematisch verschränkt", wie Ricke sagt[2].

In der Aussage dieser drei Zeilen 5—7 wird also der König an die mit seinem Amt wesenhaft verbundene Tat der Versöhnung, des Ausgleichs der Gegensätze, erinnert. So soll er, das ist die Meinung, auch jetzt den Zwist überwinden und ein gnädiges, versöhntes Gesicht zeigen.

8/10. Die Macht zur Vernichtung hat er zwar, wie dann in Z. 8 heißt; aber die ihm zum Bösen wie zum Guten gegebenen Kräfte hat er (Z. 9) sonst nur zum Guten gebraucht, ,,zum Schutze des Schwachen" (wie es etwa Merikare 135/6 als Sinn des Herrscheramtes ausgesprochen ist). Die stillschweigende Folgerung aus Z. 9 muß also lauten: So lasse deine Macht auch jetzt zugunsten des als *tw3* vor dir liegenden Sinuhe wirken, denn (Z. 10): Rê ist dir gnädig, also sei auch du gnädig. Es ist bezeichnend für ägyptisches Denken, daß Rê sich hier in die Vorstellung drängt, der Vater der Maat, der Herr der Gerechtigkeit und Ordnung, sitzt doch der König über Sinuhe zu Gericht in seiner Eigenschaft als Hüter der Maat!

11. *nb.t r ḏr* wird seit Gardiner (Notes, S. 62 f.) allgemein an unserer Stelle wie in B 172 als Ausdruck für die Königin aufgefaßt, wozu in der Tat die enge Verbindung mit dem König veranlaßt. Andererseits bezeichnet der Ausdruck sonst überall sicher Hathor, und nachdem unser Lied so voller Beziehungen auf diese Göttin steckt, möchte man ungern in diesem Zusammenhang eine andere Bedeutung des Wortes annehmen. Im Mittleren Reich wird nun offenbar die Königin als eine Verkörperung der Hathor aufgefaßt, wie ihre Haartracht, die sog. Schneckenfrisur, zeigt[3]. Wenn man dazu die auffallende Benennung der Königin im Briefe des Pharao an Sinuhe als ,,dieser dein Himmel, welcher im Palaste ist" nimmt (Sin. B 185), wo offenbar derselbe Aspekt gemeint ist, so legt sich der Gedanke nahe, daß sowohl B 172 als auch bei uns der Ausdruck *nb.t r ḏr* die Göttin Hathor in ihrer Verkörperung als Königin meint, oder, anders gesagt, jene Seite der Königin, die der Göttin entspricht, so wie *nb r ḏr* den König in seinen Eigenschaften als ,,Allherr" meint, also jenen, die er mit Rê gemeinsam hat. Als ,,Hathor" soll (B 172) die Königin ,,die Ewigkeit über Sinuhe verbringen", ihm Unsterblichkeit verleihend, in ihrer Hathor-Eigenschaft soll sie nun auch hier im Besänftigungsakt eingreifen — alle bisherigen Gedanken gelten ja der Huld der Hathor gegen den König als analogem Vorbild seiner Huld gegen Sinuhe, und es mag sein, daß an dieser Stelle sich die Königskinder tatsächlich der irdischen Verkörperung der Göttin zuwenden, sie um Unterstützung bittend, aber mit deutlichem Rückbezug auf die vorhergehenden Hathorverse des Liedes[4]. — Wie es zu dieser Gleichsetzung der Königin mit Hathor kommt, ob sie diese Rolle trägt als Mutter des Thronfolgers, des künftigen Horus, eben als ,,Haus des Horus", ob, wie es die Bezeichnung *nb.t r ḏr* vermuten ließe, die allumfassende Macht des Himmels mit der des Thrones gleich gestellt wird, das mag einstweilen dahinstehen. Für die erste Ansicht[5] könnte man auf

---

[1]) Vgl. außer den schon genannten Werken von Frankfort, Kingship and the Gods und Ancient Egyptian Religion noch Eb. Otto in Studia Aegyptiaca I (= Anal. Or. 17), S. 10—35 und W. Helck, Zur Vorstellung von der Grenze in der äg. Frühzeit, 1951.

[2]) H. Ricke, Bemerkungen AR II, S. 105.

[3]) Z. B. Evers, Staat aus dem Stein I, Taf. 72—76; dazu Scharff, Ägypten, im Handb. d. Archäologie, S. 540. Gelegentlich noch im NR, z. B. eine Königin der 19. Dyn.: Brit. Mus. Nr. 93. Ob freilich die Frisur der Schepenupet-Sphinx in Berlin (7972, Ausf. Verz. 1899, S. 247, Abb. 51) noch in diesem mythischen Sinne ernst zu nehmen ist, wage ich nicht zu entscheiden.

[4]) Ashm. hat schon in Z. 2 ,,Herrin der beiden Länder" statt ,,Himmelsherrin". Auch *nb.t t3wj* ist eine Bezeichnung der Hathor (s. WB II, 232, 8 und Barns, S. 32 b), wird aber daneben für die Königin angewandt, wenn auch erst seit der 18. Dynastie (WB II, 232, 4—5). Diese Lesart spielt, wenn sie ernst zu nehmen ist, schon von vornherein auf die Gleichung Hathor = Königin an.

[5]) Vgl. dazu H. Jacobsohn, Die dogmatische Stellung des Königs, S. 18 f.

Pianchi 158f. hinweisen, wo es von der Königsmutter heißt: „Die im Wüstental sind, geben ihr Lobpreis, der Kuh, die den Stier geboren hat." Doch lassen sich Vorstellungen der 25. Dynastie, auch wenn sie altertümeln, nicht ohne weiteres für das Mittlere Reich heranziehen; dazu hat sich gerade die Königstheologie zu sehr gewandelt, viel stärker noch als die Götterauffassung.

12/23 Im folgenden werden nach dieser Einleitung unmittelbare Töne angeschlagen. — Zu *nft* s. Blackman in JEA 22, S. 40. — Gardiners Vermutung, daß '*b* ein Wort für „Bogen (aus Horn)" ist, wird durch neue Belege gestützt, s. Barns, The Ashmolean-Ostrakon, S. 33a. Auch das Bild „löse dein Horn" (wie der angreifende Stier von seinem Opfer)[1] ist in sich sinnvoll, aber zum folgenden weniger gut passend.

14 Der König gibt kraft seiner Göttlichkeit dem Menschen die Lebensmöglichkeit; die beiden wichtigsten „Lebensmittel" sind Nahrung und Atemluft. Nach ägyptischer Weise sind die Sphären der abstrakten Vorstellung und der konkreten Wahrnehmung nicht geschieden; um den ganzen Komplex zu bezeichnen, bedient sich der Ägypter der konkreten Teile der Gesamtvorstellung. So steht für Ka, „Lebenskraft", oft das Brot, das materielle „Opfer", so hier die zwar nicht sichtbare, aber doch spürbare Luft für die gesamte Lebensmöglichkeit. Die Belegstellen für diese Vorstellung, daß der König Luft gewährt, sind überaus zahlreich. Besonders bezeichnend für das Mittlere Reich sind Stellen aus den Kahun-Hymnen[2]. Dargestellt aber wird die Szene, daß der König einem Menschen ein Lebenszeichen oder ein Segel als Symbol für die Luft an die Nase hält, soweit ich sehe, nie. Im Sinuhe findet sich derselbe Gedanke auch B 234 ausgesprochen, wozu Gardiner, Notes, S. 90 Parallelen beibringt.

15/19 Diese Stelle ist durch die bisherigen Bearbeiter ausreichend erklärt worden. Bemerkenswert ist, daß das Lied hier ganz ausdrücklich auf die einmalige Gegebenheit der Rückkehr Sinuhes Bezug nimmt. Selbst wenn der Text also bis hierher eine oft wiederholte, fest geprägte hymnische Form wiedergeben sollte, die bei solchen Gelegenheiten zur Versöhnung des Königs zu erklingen pflegte, so haben die Königskinder doch zumindest hier das Formular durch eine Improvisation ergänzt und auf die einmalige Situation bezogen. Auch die beiden folgenden Zeilen 18 und 19 sind nur im Falle des Sinuhe sinnvoll, während die beiden abschließenden, 20 und 21, unter Umständen zur unwandelbaren Form gehören könnten, jedenfalls von der konkreten Situation wieder zu allgemeinen Erwägungen führen. Im ganzen scheint es aber für Ägypten eher so zu liegen, daß zwar die theologischen Gedanken der Hymnen und Lieder Allgemeingut gewesen sind, daß aber ihre Einzelausprägung ebenso originell-künstlerisch war, wie wir das bei den Reliefs verfolgen können; auch diese gleichen sich kaum je in Einzelheiten und Gesamtkomposition, so sehr auch ihre inhaltliche Aussage sich gleichbleibt.

20/21 Nachdem die Versöhnung gelungen ist, vielleicht zuletzt durch das nette Wortspiel *s3-nh.t* und *s3-mhj.t*, das den König mag zum Lächeln gebracht haben[3], dürfen die Sänger nochmals wagen, ihn an seine göttliche Kraft zu erinnern, die ihn instand setzt, Leben zu vernichten. Aber, das ist ja der Grundton des Liedes, der zum Schluß nochmals offen ausgesprochen wird, gerade weil diese göttliche Seite der königlichen Macht vorhanden ist, muß sich der Herrscher, wie wir heute sagen würden, seiner „Verantwortung" bewußt sein: er soll, wie die Göttin, Milde walten lassen; Hathor ist auch ihm gegenüber milde. Er soll diese seine gefährliche Seite bändigen und dem „armen Menschen" (*tw3*) keine Furcht mehr einflößen.

---

[1]) So Se the, Erläuterungen zu den Lesestücken, S. 19.

[2]) Sethe, Lesestücke, S. 67, Z. 17f. Vgl. auch die Israelstele Z. 3; 4; 17f.

[3]) Trotz des Widerspruches von Lefebvre, Romans et Contes, S. 23, Anm. 113 möchte ich an dem Gardinerschen Gedanken (Notes, S. 107) eines Wortspieles festhalten (so auch Grapow, Untersuchungen zur äg. Stilistik I, S. 101). Die Pointe mag darin liegen, daß die Sänger im Namen des Sinuhe das eine der beiden Erfrischung bringenden Elemente, die Sykomore, *nh.t*, gegen das andere, den Nordwind, *mhj.t*, austauschen und so eine Anspielung auf die asiatisch-nördliche Herkunft des Flüchtlings gewinnen, den der Nordwind gleichsam nach Ägypten geweht hat. In der nächsten Zeile wird dasselbe Paradoxon des aus Asien kommenden Ägypters noch deutlicher gefaßt.

Eine Dankstele an Upuaut

aus: Mitteilungen des Deutschen Archäologischen Instituts, Abteilung Kairo 16, 1958, 5–19.

Der Denkstein, dessen Erstveröffentlichung dem hochverehrten Jubilar gewidmet sei, bietet in mehrfacher Hinsicht besonderes Interesse. Einmal stellt er ein Zeugnis für das religiöse Leben der Provinz in der Ramessidenzeit dar, zugleich für den Volksglauben einer Epoche, in der die Kluft zwischen Volk und Tempel aufzureißen begann, in der der einzelne Ägypter, nicht mehr befriedigt von dem offiziellen Kult und der Mittlerrolle des Königs, eine unmittelbare Bindung an Gott stärker erstrebte als je zuvor. Und schließlich bildet unser Stück ein gutes Beispiel der Provinzkunst dieser Zeit, für die es nicht sehr viele Zeugnisse gibt.

I.

Die Kalksteinstele 1632 des Britischen Museums[1]) ist 49 cm hoch, 34 cm breit. Über die Herkunft ist nichts bekannt, das Museum hat sie 1926 im Handel erworben. — Parallel zum Rand ist zunächst mit einer eingetieften Linie ein Bildfeld abgegrenzt, das unten einen Sockel von etwa 4 cm freiläßt. Bereits diese Linie zeigt die Flüchtigkeit des Steinmetzen: Links unten hat er vergessen, durch sie das Wasserfeld nach außen zu schließen; der Strich ist nur bis zur zweituntersten Standlinie durchgeführt.

Innerhalb dieses Rahmens wird in drei Registern geschildert: oben eine Prozession des Bildes des Upuaut, in der Mitte ein Opfer vor einem „Caniden"-Gott, unten eine Rettungstat dieses Gottes, der das einen Mann im Wasser verfolgende Krokodil tötet. Es möge hier zunächst die genaue Beschreibung der Szenen folgen, die mancherlei Eigenart bieten.

Im obersten Register sehen wir den Dedikanten, einen Mann ohne Titel namens 𓀭𓁷𓃀𓏏𓏭𓏏 P₃-t₃-wr·t „Der Mann der Toëris"[2]) nach rechts gewandt der Prozession entgegengehen. Hinter seinem Namen steht zwar m₃ꜥ-ḫrw, doch muß das in dieser Zeit keineswegs ein Zeichen dafür sein, daß er gestorben sei. Tatsächlich ist er in allen Szenen als voll im Leben stehend gezeichnet. In unserem Streifen betet er, die Rechte erhoben, mit der Linken einen Stabstrauß darbringend, zu dem Gotte, der in Gestalt seines Prozessionsbildes von Priestern aus dem Heiligtum herausgetragen wird. Der Gott steht in der bekannten Gestalt auf einem Traggestell, ohne Keule und Bogen, aber mit dem šdšd-Wulst[3]) und der Uräusschlange. Die „Standarte", die das Wolfsbild trägt, ruht wie eine Barke auf zwei Tragholmen, während das leichte Gottesbild durchaus an seiner Stange hätte gehalten werden können, wie etwa beim Sed-Fest[4]). Das umständliche, wohl auch feierlichere Verfahren ist gewiß von den Barken-

---

[1]) Ich danke auch an dieser Stelle dem Direktor der ägyptischen Abteilung, Mr. I. E. S. Edwards, herzlich für die Veröffentlichungserlaubnis und Mr. T. G. H. James für mannigfache Auskünfte in unermüdlicher freundschaftlicher Hilfsbereitschaft.

[2]) Der Name kommt in dieser Form in Rankes *Personennamen* (abgekürzt *PN*) nicht vor, doch handelt es sich nur um eine graphische Variante von *P₃-n-t₃-wr·t* I, 111, 17. Zum entsprechenden Wechsel von *Pn-*, *P₃-n-P₃-* + Gottesnamen vgl. *PN* I, 106, 8: *P₃-(n-)Imn*; 107, 10: *P₃-(n-)Bs*; 108, 3: *P₃-(n-)M₃ꜥ·t*; 108, 15: *P₃-(n-)Mbj·t*; 109, 17: *P₃-(n-)Rnn-wt·t* usw.

[3]) Zu dessen Entstehung vgl. Helck in *Archiv Orientální* 18, 1950, S. 130.

[4]) Z.B. *Rꜥ-Heiligtum* II, Bl. 11, 13, 15 u. o. Naville, *Festival Hall*, Taf. 1, 2, 13 u. o.

prozessionen übernommen. Von den Holmen hängt in der Mitte ein rechteckiges Tuch herab. Die Zahl der Priester läßt sich wegen ungenauer Umrißlinien nicht sicher bestimmen; vermutlich tragen 2 × 4 Männer das Bild des Gottes. Dazu kommt in der Mitte ein weiterer mit Seitenlocke, der größer gezeichnet ist und, doch wohl ohne Hand anzulegen, neben dem Götterbild einherschreitet, sowie der noch größer dargestellte [Hieroglyphen] „Wab-Priester Amenmose", der, rückwärts gehend, einen freilich sehr kleinen Schattenwedel über Upuaut hält. Diese Rollenverteilung ist auffallend, da in der Regel der neben dem Bilde Schreitende den Wedel hält, während der rückwärts gewandt vor dem Gott Gehende räuchert oder libiert, um „den Weg zu reinigen vor dem Gotte"[1]). Die Priester sind — ebenfalls für diese Zeit ungewöhnlich — nicht kahlköpfig, sondern tragen eine Perücke. Die Beischrift zum Gott lautet: [Hieroglyphen] „Upuaut, der Leiter der Götter, der Leiter der beiden Länder, der große Gott, der Herr des Himmels". Dabei sind die Hieroglyphen so nachlässig graviert, daß eine Lesung ohne Kenntnis der Parallelen[2]) kaum möglich wäre. Ungeschickt ist auch, daß Name und Titel des Priesters ohne Absatz an den Gottesnamen anschließen, wobei nicht einmal von der naheliegenden Möglichkeit Gebrauch gemacht ist, wenigstens die Hieroglyphen-richtung zu wechseln, nachdem Gott und Priester einander gegenüberstehen.

Hinter dem Beter stehen vier Schakale (?) nach rechts, von denen das zweitunterste und wohl auch das letzte Tier als weiblich gekennzeichnet sind.

Im mittleren Streifen spendet rechts derselbe Pa-Taweret nach links kniend eine Libation auf drei am Boden liegende halbrunde Brote oder Kuchen. Drei weitere solche Gebäcke sind auf einem kleinen einfachen Tischchen aufgebaut. Der Gott, dem dies Opfer gilt, erscheint zunächst hockend mit angezogenen Knien, ohne Arme und mit einem „Caniden"-Kopf, dahinter aber ein zweites Mal als Schakal oder Hund auf einem kapellenartigen Untersatz, in der Form, in der wir den Anubis oft treffen. Welcher Gott gemeint ist, klärt auch die sehr fehlerhafte Inschrift nicht restlos: Die drei linken kurzen senkrechten Zeilen lauten: [Hieroglyphen] sic [Hieroglyphen], die drei rechten beziehen sich auf den Opfernden, sind auch in seiner Richtung geschrieben und lauten: [Hieroglyphen] „Für den Ka des Gelobten des vollkommenen Gottes, Pa-Taweret". Die drei linken Zeilen sind nicht ohne weiteres verständlich. Ich möchte [Hieroglyphe] als Verschreibung für ’Inpw nehmen, kann aber mit dem ersten Epitheton nichts anfangen. Entweder könnte man nfr ibḥ „mit vollkommenen Zähnen" lesen, ein Beiwort, das ich zwar sonst nicht belegen kann, das aber zu dem wehrhaften Schakal doch passend schiene; oder aber der Steinmetz wollte nfr ḫt schreiben, wobei dann ḫt die Keule des Gottes ais Waffe bezeichnen würde[4]). Freilich trägt zwar Upuaut eine solche Holzkeule, aber nicht Anubis, und wenn wir eine Kontamination dieser beiden Götter annehmen wollen, so steht dieser Lesung und Deutung doch noch entgegen, daß der Gott auf unserer Stele im unteren Register zu seiner Rettungstat nicht eine solche Keule, sondern eine lange Lanze verwendet und daß der Knüppel oben bei dem Götterbild sogar entgegen der Tradition fehlt. Dies Epitheton wäre also recht auffallend.

---

[1]) Wolf, *Opet*, S. 61, Inschr. 23 c.
[2]) Z.B. *Urk.* VII, 55, 15; vgl. im übrigen *Wb.* IV, 244, 5 und 11.
[3]) Dies Zeichen sieht so aus: [Zeichen], also entweder [Zeichen] oder [Zeichen].
[4]) Vgl. *Wb.* III, 340, 19, aber nicht von einem Gott belegt.

Aus Flüchtigkeit bleibt die Trennungslinie zum unteren Register zwischen den beiden Göttern durchbrochen. In diesem dritten Streifen sehen wir eine aufregende Szene: Unten läuft im Wasser (vielleicht war dieser unterste Teil mit Wasserlinien bemalt) ein Mann eilig nach links davon, ihm auf den Fersen ein Krokodil mit offenem Rachen. Doch wird die Gefahr gebannt, da ein stehender schakalköpfiger Gott vom Ufer aus das Untier mit einer langen Lanze ersticht. Hinter diesem Gott erscheinen wieder Schakale oder Wölfe wie im obersten Streifen, diesmal drei an der Zahl, von denen das dritte von unten ein Weibchen ist. Der Künstler scheint zunächst auch hier vier Tiere eingraviert zu haben, von denen er dann aber, um nicht mit der erhobenen Hand und der Lanze des Gottes zu kollidieren, das oberste wieder getilgt hat. — Rechts gegenüber steht ein widderköpfiger Gott mit einem $w\sib{3}s$-Szepter, das so schräg aufgestellt ist, das es gerade auf den Kopf des Krokodils zeigt. In der hinteren Hand hält dieser Gott ein $^cn\underline{h}$-Zeichen, auf dem Kopf trägt er eine Doppelfederkrone mit Sonnenscheibe, deren Federn so lang sind, wie es der knappe Raum noch erlaubte. Auf dem Opferständer vor ihm liegen drei runde Brote und andere Gaben, wohl Gemüse, gehäuft.

In den beiden oberen Registern tragen alle Männer den langen und weiten Schurz des späteren Neuen Reiches, der Dedikant darüber noch ein Obergewand. Die Götter im unteren Streifen dagegen sind mit dem kurzen und engen Schurz älterer Mode bekleidet, und der Fliehende scheint nackt zu sein — er war vielleicht gerade beim Baden, als das Krokodil ihn überrascht hat.

Die Inschriften dieses unteren Streifens bereiten nun dem Verständnis leider große Schwierigkeiten. Vor dem lanzenbewehrten Gotte steht: [Hieroglyphen]. Der Anfang ist klar: „Upuaut-Rê, der Herr der Verehrung, der Retter". Zur Verbindung von Upuaut und Rê bringt KEES in *ZÄS* 57, S. 136 Belege aus dem Mittleren Reich und der folgenden Wirre. Zu anderen Erwähnungen des Sonnengottes in Siut vgl. KEES, *Götterglaube*, S. 326. Über das Beiwort „der Retter" sei wegen der religiösen Erheblichkeit unten im Abschnitt IV gesondert gehandelt. — Das folgende würde wörtlich übersetzt etwa lauten: „der rettet (??) Siut vor dem Krokodil (?) und allen Fischen". Die ersten Zeichen dieses Passus sind schwierig, J. S. G. JAMES schreibt mir auf meine Bitte, das Original zu vergleichen: „The marks are clear, but their significance is doubtful. What I can see is [Hieroglyphen]; [Hieroglyphe] is impossible." Ob nicht [Hieroglyphe] gemeint ist? Es folgt klar und unbezweifelbar der Name der Stadt Siut. Unsicher ist leider auch das folgende Wort. Am ehesten ist es doch wohl, falls nicht überhaupt das erste Zeichen anders zu lesen sein sollte, als eine unorthographische Schreibung für $\sib{3}d$ aufzufassen — man erwartet ohnedies eine Anspielung auf die Krokodilszene darunter in irgendeiner Form. Warum dem Wort für „Fische" ein Schilfblatt vorgesetzt wird, weiß ich nicht[1]). Das unterste Zeichen hat zwar rechteckige Form, doch bleibt [Hieroglyphe] wahrscheinlich. Auffallend ist die Nennung von Fischen als gefährlichen Tieren. Oder sollte im Volksmund etwa „Fisch" eine Bezeichnung für alles sein, was im Wasser schwimmt[2]), so wie etwa der Vogel auch als Determinativ für Schmetterlinge oder Heuschrecken dient?

Manches bleibt also fraglich bei den paar Worten; doch ist die Beischrift zu dem widderköpfigen Gott rechts noch unklarer. Schon die Wiedergabe in Typendruck ist schwierig und

---

[1]) Ob man an eine Pluralbildung mit einem Vorschlagsvokal denken kann, wie sie sich gelegentlich im Koptischen findet (ⲃⲱⲕ-ⲉⲃⲓⲁⲓⲕ; ⲭⲟ-ⲉⲭⲏ; ⲭⲟⲓ-ⲉⲭⲏⲩ)? Dazu wäre dann vielleicht bei *rmw* an ἀβραμίς zu denken, s. *JEA* 14, S. 24, wobei freilich das β einer Deutung als Pluralbildung von *rmw* im Wege steht — wenn dieser Buchstabe ernst zu nehmen ist.

[2]) Vgl. „Die Vögel am Himmel und die Fische im Wasser".

bedeutet oft Interpretation. ⌇⌇⌇⌇ (hieroglyphs) ¹⌇
Das Zeichen hinter dem Namen des Amun sieht aus wie ein Hund; das Tier hat einen spitzen Kopf und einen hochgestellten, kurzen Schwanz. Ob etwa das Böckchen hier für *ib* „Zufluchtsstätte" stehen könnte? Dann bleibt freilich das Folgende isoliert. Man möchte *pḥ·tj* in einer unorthographischen Schreibweise lesen, erwartet aber dann ein Wort wie „groß" davor. Die Fortsetzung des Textes hinter der Figur des Gottes ist fast unverständlich. Zunächst scheint dazustehen „die Jugend", wobei freilich das Determinativ zu *dȝmw* fehlt — oder sollte es in dem in falscher Richtung fliegenden Vogel stecken? Es folgt: „mögest du geben". Die letzte Gruppe verstehe ich nicht. Es muß in ihr eine *sḏm·f*-Form als Objekt zu dem *dj·k* stecken, und zwar nach dem letzten *s* eine feminine. Doch sehe ich weder, worauf sich das beziehen könnte, noch kann ich das Verbum erkennen. *wȝḥ* scheint nicht in Frage zu kommen. Bis geschicktere Fachgenossen oder auftauchende Parallelen Klarheit bringen, müssen wir wohl auf eine Deutung dieser sicher interessanten Beischrift verzichten.

II.

Während die beiden oberen Register keine Andeutung des Grundes bieten, aus dem Pa-Taweret diese Stele dem Upuaut geweiht hat, zeigt die Darstellung des unteren Streifens unmißverständlich, daß er seinen Dank für Errettung aus Lebensgefahr abstatten will. Pa-Taweret wurde offenbar im Fluß von einem Krokodil angegriffen, mag in der Not ein Stoßgebet an Upuaut, wohl seinen Stadtgott, gerichtet und dann seine Rettung als ein durch diesen Gott bewirktes Wunder erlebt haben. Ob er schon während seiner Flucht für den Fall der Rettung eine Weihstele gelobt hat oder ob ihm ein solcher Gedanke erst später aus übervollem Herzen gequollen ist, das wissen wir nicht. Gelübde in der Not kannten jedenfalls die Ägypter[2]. Seinen offiziellen Dank stattete er dann anläßlich einer Prozession des Gottesbildes ab, wie wir es im oberen Register dargestellt finden. Es wird nur ein kleines Heiligtum sein, in dem dies Bild wohnt, da der leitende Priester mit dem Schattenwedel keinen höheren Titel führt als den eines einfachen *wˁb*. Außer dem Dankgebet und dem Blumenstrauß spendet der fromme Stifter dem Gott auch noch Brote, Gemüse und Wasser oder ein anderes, wertvolleres Getränk. Es wird kaum angehen, dies mittlere Register inhaltlich ganz von den beiden anderen zu trennen, obwohl hier nicht Upuaut, also nicht der stehende „Canide", sondern Anubis als liegender Schakal oder als hockender Mensch mit Schakalskopf abgebildet und wahrscheinlich auch genannt ist — zahlreiche Zeugnisse des Neuen Reiches belegen dieses Ineinandergehen der beiden ähnlichen und in ihren Kultorten benachbarten Gestalten[3].

Eigenartig und noch nicht geklärt ist die Vielzahl von Tieren, die wiederholt auf solchen Steinen erscheint[4]. Beachtenswert ist in unserem Falle, daß einige Tiere als weiblich gekennzeichnet sind[5].

---

[1]) Dies Zeichen im Original in umgekehrter Richtung.   [2]) ERMAN, *Denksteine*, S. 1095.

[3]) Vgl. z.B. die Stele Kairo 34117, wo die beiden gegengleich in der Lunette liegenden Caniden das einemal als „Anubis-Imi-Ut", das andere Mal als „oberägyptischer Upuaut, Leiter der beiden Länder" bezeichnet werden. Vgl. im übrigen BONNET, *Reallexikon*, S. 844.

[4]) Vgl BONNET, *Reallexikon*, S. 843 und KEES, *Götterglaube*, S. 160f. Ein Hunderudel erscheint auch auf der Stele in Berlin, BONNET, *Bilderatlas*, 50; auch andere Tiere treten gelegentlich in Rudeln auf, so sehr häufig Schlangen in Dêr el-Medine (BRUYÈRE, *Mert Seger*, passim), aber auch Ibisse in Hermopolis (*MDIK* 2, Taf. 34a). Alle Beispiele scheinen aus der Ramessidenzeit zu stammen.

[5]) Bei dem zweitobersten Tier erweckt ein Kratzer im Stein den irrigen Eindruck, als ob es ein Halsband trüge.

Die Datierung ist zwar nicht durch einen Königsnamen oder sonstige sichere inschriftliche Anhalte gesichert, kann aber doch innerhalb eines gewissen Spielraums kaum zweifelhaft sein. Tracht der Männer, Form und Anordnung der Hieroglyphen, die langen, hageren Gliedmaßen und überlangen Hände, die Vernachlässigung der Details — alles spricht für die 19./20. Dynastie. Nur eine Einzelheit bleibt bei einer solchen Ansetzung auffallend: Die Priester unter dem Götterbild tragen Perücken, sind also nicht, wie sonst in dieser Zeit üblich, kahlköpfig[1]). Wir werden hierin einen Provinzialismus zu erblicken haben. Im übrigen finden sich mancherlei Nachlässigkeiten bei der Ausführung der Zeichnung, bei denen es offenbleiben muß, ob wir von einem provinziellen Stil oder von einem Handwerker minderen Könnens reden müssen — soweit eine solche Scheidung überhaupt sinnvoll ist. So sei auf das vordere Hinterbein des zweitobersten Schakals hingewiesen, das ein gut Stück zu kurz geraten ist; auf die untere Kante des von den Tragstangen herabhängenden Tuches, die den Leib des davor schreitenden Mittelpriesters durchschneidet, oder auf die Unklarheit bei den Umrißlinien der Tragepriester, die es verbietet, deren Zahl zu bestimmen. Im Mittelpunkt unseres Interesses steht die Figur des Fliehenden im untersten Streifen, für deren Kanon im Traditionsgut der Bildhauer kaum ein Vorbild existiert haben dürfte. Daß die Uferlinie ein wenig zu weit von rechts in die Figur hineingezogen worden ist und so den hinteren Oberarm durchschneidet, ist eine unschöne Flüchtigkeit; nicht bewältigen konnte der Handwerker das hintere Bein, das nicht nur zu dünn, sondern auch ohne Kniegelenk gezeichnet ist. Die affenartigen, überlang-schlenkernden Arme dagegen sind auch dem Zeitstil, nicht nur mangelndem Können des Künstlers zuzuschreiben, und im ganzen macht die Figur trotz ihrer starken Mängel einen frischen Eindruck, wie wir ihn sonst von ramessidischen Stelen nicht gewohnt sind.

Die Dêr el-Medîne-Stelen, die ja der Zeit und dem Thema nach am ehesten mit unserem Stück zu vergleichen wären (s. u. Abschnitt III), verzichten regelmäßig darauf, den genauen Anlaß der Weihung im Bilde wiederzugeben, nennen ihn vielmehr im Text. Unsere jede Tradition durchbrechende Szene erinnert an die Ergebnisse von KEES' Untersuchungen zur Provinzialkunst der ersten Zwischenzeit, wo sich ebenfalls die Provinzkünstler Themen zugetraut haben, die in gleichzeitigen Residenz-Bildern fehlen, — und die sie ebenfalls nicht voll befriedigend bewältigten.

Über die Herkunft unseres Stückes kann kaum ein Zweifel bestehen: Der Name der Stadt Siut findet sich, wenn auch in nicht ganz klarem Zusammenhang. Upuaut und Anubis sind dort beheimatet. Bild und Schrift, besonders die Orthographie, deuten unwidersprechbar auf einen provinziellen Ursprung. Der Hersteller des Stückes kann sich bei der bildlichen Schilderung der Vorgänge unmißverständlich und anschaulich ausdrücken, während er bei den Texten grobe Fehler macht, die zur Folge haben, daß wir manches vom Inhalt nicht oder nur unvollkommen verstehen.

III.

Glückliche Umstände erlauben es nun aber, die Herkunft des Stückes mit großer Wahrscheinlichkeit noch genauer zu bestimmen. 1922 entdeckte Wainright im sog. Shalkana-Grab am Fuße des Gräberberges von Assiut, hinter dem Schlachthaus (dem das Grab seinen Namen verdankt), eine große Anzahl von Stelen des Neuen Reiches. Bei dem Grabe selbst handelt es sich um die Anlage eines Gaufürsten namens Hapdjefai, der unter Amenemhet II. gelebt hat[2]). In der Pfeilerhalle dieses Grabes[3]) lehnten bei der Entdeckung mehr als 600 Stelen an

---

[1]) Siehe BONNET, Reallexikon, S. 389.
[2]) PM IV, S. 264 und R. Moss in JEA 19, S. 33.　　　　　[3]) S. Plan bei PM IV, S. 260.

den Wänden, aus dem Neuen Reich bis zur Saitenzeit stammend. Der Raum hatte offenbar als Kapelle gedient. Über den Fund ist nur ein kurzer, aber instruktiver Bericht ohne Abbildungen von P. Lacau, dem damaligen Generaldirektor der Altertümerverwaltung erschienen[1]), der mit den ahnungsvollen Worten schließt: „La moisson de cette année est riche. Oserai-je dire qu'elle l'est presque trop. Devant l'abondance des matériaux on ne peut se défendre d'une certaine inquiétude. Trouver est bien, mais il faut publier, et c'est là un devoir difficile à remplir à l'heure actuelle. Nous tâcherons cependant de n'y point manquer." Wainright hat seinerzeit alle Stelen gezeichnet — erschienen sind bisher nur zwei Teile einer einzigen aus der großen Masse[2]) sowie das Oberteil einer zweiten[3]). Obwohl keine dieser Abbildungen Licht wirft auf die Fragen, die unser Londoner Stück stellt, zeigen dennoch die präzisen Angaben Lacaus die enge Verwandtschaft unserer Stele mit dem Fund aus dem Shalkana-Grab, der heute in Kairo liegt: „Ces stèles sont d'un type inconnu jusqu'ici: le dédicant fait une offrande au dieu loup monté sur le perchoir d'honneur qui sert de support aux divinités des nômes. Cet emblème sacré est fiché lui-même sur une sorte de châsse munie de brandards et porté en procession par des prêtres. A côté du dieu une série de petits loups lui font cortège dans le champ même de la stèle." Nach Wainright[4]) sind 247 Stelen von den über 600 (zum Teil allerdings heute unlesbaren) gefundenen dem Upuaut geweiht, außerdem noch einige Upuaut und anderen Göttern gemeinsam, vor allem Amun, der auf 15 Stelen erwähnt wird und dabei in menschlicher, widderköpfiger oder anikonischer Form erscheint. Zu dieser Gruppe stellt sich unser Stück, das neben Upuaut den widderköpfigen Amun zeigt. — Daß es sich bei unserer Stele London 1632 um ein von diesem Fund abgezweigtes Stück handelt, wird sehr wahrscheinlich, wenn wir die Seltenheit solcher Denkmäler beachten und das Jahr der Erwerbung durch das Museum, 1926, also 4 Jahre nach der Entdeckung des Shalkana-Grabes.

An vergleichbaren Votivstelen Privater aus dieser Zeit stehen uns vor allem zwei große Gruppen zur Verfügung: Die Denksteine aus Dêr el-Medîne[5]) und die Gruppe aus dem Delta, die man bisher Horbêt-Stelen nannte[6]), die aber nach dem Fund von Labib Habachi in Qantîr eher von dort stammen dürfte[7]).

Ein Vergleich mit dieser letzten Gruppe zeigt sofort die große Verschiedenheit dieser Residenz-Stücke zu unserem Provinzstein. Auf keiner einzigen der Delta-Stelen wird der Anlaß der Weihung eigens genannt. Die Gebete enthalten allgemeine Bitten um „Gunst" oder „Leben, Heil, Gesundheit, lange Lebenszeit und Heiterkeit in Freude bis der Friedhof in Frieden erreicht wird"[8]). In keinem Fall ist eine aus der konkreten Situation erwachsene Bitte oder der Dank für eine Gebetserhörung ausgesprochen. Das schließt freilich nicht aus, daß die Steine aus einem bestimmten Anlaß geweiht worden sind, zumal wiederholt die Gottheit als eine „die Bitten erhört" gekennzeichnet wird[9]) oder Ohren hinter der Gottheit denselben Gedanken bildlich ausdrücken sollen[10]). Aber die Konvention verbot offenbar in der Residenz, solche Anlässe zu

---

[1]) *CRAIBL* 1922, S. 379f.

[2]) Ch. Kuentz, *L'Oie du Nil*, in *Archives de Muséum d'Histoire naturelle de Lyon* 14, 1926, Abb. 23 und Wainright in *ASAE* 28, 1928, S. 182, Abb. 6.

[3]) Wainright in *ASAE* 28, S. 176, Abb. 1.   [4]) *ASAE* 28, S. 175.

[5]) Erman, *Denksteine aus der Thebanischen Gräberstadt, SAW Berlin* 1911; B. Gunn in *JEA* 3, S. 81—94.

[6]) Roeder in *ZÄS* 61, S. 57—67; Capart in *Bulletin Musées Royaux* 7, S. 29, Nr. 29—31 und 12, S. 61—63, Abb. 2, 3; Säve-Söderbergh, *Einige ägyptische Denkmäler in Schweden*, S. 21 ff., Abb. 3 und 4; Clère in *Kêmi* 11, S. 24 ff. und Tafel III A und B, IV A—C. Ob auch die von Scharff in *ZÄS* 70, S. 47—51 publizierte Stele in München dazugehört, ist fraglich.

[7]) *ASAE* 52, S. 514—559.   [8]) Hildesheim 396.

[9]) Hildesheim 1100, 374, 403 und 1092.   [10]) So eine Stele aus Qantir, *ASAE* 52, Taf. 34 B.

erwähnen. Nur einmal, bei der bekannten Stele des Mose[1]), sehen wir eine große Belohnungs-
szene, von der wir wohl annehmen dürfen, daß sie den Anlaß zur Stelenweihung bildete —
vielleicht, daß Mose um den goldenen Segen gebeten hatte, den Pharao, wie im Bilde zu sehen,
auf ihn und seine Soldaten regnen läßt, und daß er nun seinem Gotte Ptah zum Dank für Gebetserhörung diesen Stein weiht. Doch betet oben links nicht er zu dem Gott, sondern Pharao.

Im Gegensatz zu diesen auf den offiziellen Ton gestimmten Weihgaben aus dem Delta
stehen die der thebanischen Nekropolis, von den Arbeitern von Dêr el-Medîne in einen
großen Reichstempel, sondern in ihr eigenes bescheidenes Heiligtum oder eine der zahlreichen
kleinen Privatkapellen in der Umgebung der Arbeiterstadt gestiftet. Hier finden wir ganz persönliche Töne der Frömmigkeit, und der Anlaß der Weihung wird oft ausgesprochen: Bitte
um Vergebung einer Sünde und Befreiung von der fühlbaren Strafe, aber auch Dank für
Gebetserhörung. Diese Stücke sind so bekannt, daß ihr Inhalt hier nicht wiederholt zu werden
braucht. Ein Teil von ihnen stellt sich also als Dankesgaben für Gebetserhörung in einem bestimmten Fall zu unserem Londoner Stück. Der Unterschied scheint vor allem darin zu bestehen, daß die Darstellungen der Dêr el-Medîne-Stelen konventionell sind, der besondere
Anlaß nur in den Texten erwähnt wird, während dies Verhältnis bei unserem Stück umgekehrt
ist: Der Text mag, soweit wir ihn verstehen, zwar die rettenden Seiten der Gottheit erwähnen
(s. dazu unten Abschnitt IV) — von der eigentlichen Rettungstat des Gottes, wie er das Krokodil
bekämpft hat, ist in ihm gewiß nicht die Rede; diese Szene wird abgebildet. Zusammenhängen
mag dieser Unterschied damit, daß die Dêr el-Medîne-Steine von geübten Bildhauern und Malern
gefertigt sind, eben den Bewohnern dieser Stadt. Diese fühlten sich offenbar so stark an ihre
Schemata gebunden, sie waren so stark mit der Tradition verwachsen, daß sie von den einge-
lernten und beherrschten Formen nicht abwichen. In dieser Beziehung stehen sie den Künstlern
der Delta-Residenz nahe, verbinden sich mit diesen zu einer Gruppe, zu der unser Provinz-
Meister aus Siut in Opposition steht.

Noch eine weitere Stele fordert zu einem Vergleich mit unserem Stück heraus, stammt sie
doch ebenfalls aus der oberägyptischen Provinz, nämlich Abydos, und auch aus etwa derselben
Zeit der 19./20. Dynastie. Auch sie hält ein Gebet vor einem in Prozession getragenen Götterbild fest, entsprechend der Darstellung im ersten Streifen unserer Stele. Es ist das der Gedenk-
stein des Paser[2]). Hier bewegt sich die Barke in der entgegengesetzten Richtung, von links
nach rechts, und der leitende Priester steht nicht rückwärts gewandt vor ihr, vielmehr tritt ihr
nur der Adorant entgegen. Der Anlaß zur Weihung dieses Stückes wird unten beschrieben: Es
ist das Orakel, das der Gott, Amosis, in einem Rechtsstreit zugunsten des Paser erteilt hat.
Um eine Gebetserhörung handelt es sich hier also nicht, und nicht ein Dank ist es, was den
Stifter vor das Götterbild führt, sondern eine Orakelfrage. Dies Stück steht zwar in gewisser
Hinsicht formal an der Seite der Londoner Stele, doch kommt ihm eine ganz andere religiöse
Bedeutung zu. So mag sich der Blumenstrauß erklären, den Pa-Taweret seinem Gotte darbringt,
und das Fehlen einer solchen Gabe in der Hand des Paser.

Was das Verhältnis von Bild und Schrift zum religiösen Anliegen angeht, so wäre eher
noch die Kopenhagener Stele eines durch spinale Kinderlähmung (Poliomyelitis) Verkrüppelten
zu nennen[3]). Hier ist, wenn wir Rankes Interpretation folgen wollen[4]), der eigentliche Anlaß

---

[1]) Hildesheim 374: *ZÄS* 61, S. 65, Abb. 2 = Roeder, *Die Denkmäler des Pelizaeus-Museums*, S. 96, Abb. 33.
[2]) Legrain in *ASAE* 16, S. 161—170 mit Tafel.
[3]) Kopenhagen A 724 = Mogensen, *Ny Carlsberg Glyptothèque*, 1930, Taf. 107 = Koefoed-Petersen,
Recueil des Inscriptions (= *Bibl. Aeg.* VI), S. 59.
[4]) *Studies pres. to F. Ll. Griffith*, S. 414 f.

der Weihung, nämlich die Bitte um Genesung von dem Leiden, nur im Bilde dargestellt, während die Gebete des Textes nur von „Freude, Annehmlichkeit und einem schönen Begräbnis in der westlichen Wüste von Memphis" sprechen. Auch dies Stück entstammt zweifellos der Ramessidenzeit, nach dem Text kommt es aus Memphis, das wir doch in dieser Epoche als Provinz neben Siut stellen dürfen. Auch hier treffen wir also die freiere bildhauerische Gestaltung.

IV.

Da manche Gedanken dieses Abschnittes im Gegensatz zu bisherigen Betrachtungsweisen stehen, sind einige Worte zur Forschungsmethode, genauer zur Methode des Fragens, unerläßlich.

Die bisherige religionsgeschichtliche Forschung auf ägyptischem Boden hat sich im allgemeinen bemüht, Herkunft, Kultort, Erscheinungsform und u. U. noch Eigenschaften der einzelnen Götter und ihres Kultes zu ermitteln; sie war also vorwiegend phänomenologisch-historisch orientiert. Das sich dabei ergebende Bild ist überaus reich und verwirrend. Einerseits gilt es weitgehend als Axiom, daß die einzelnen Kultorte, die Priesterschaften, gegeneinander in einer Art Wettbewerb standen, indem jede das Ansehen ihres Gottes und damit die Zahl der Gläubigen (und damit wieder die Tempeleinkünfte) zu steigern versuchte auf Kosten der anderen Götter; tatsächlich finden sich für solche Polemiken und Fehden keine Beweise, und nur zu häufig finden auswärtige Götter Unterkunft in den Tempeln. Andererseits fanden sich durchaus keine klaren Abgrenzungen der Wirkungsbereiche der einzelnen Götter etwa in dem Sinn, daß jedem ein bestimmter Lebenskreis ausschließlich vorbehalten wäre; in Ägypten ergänzen sich diese Kreise, soweit sie — wenn auch immer mit unscharfen Grenzen — überhaupt für diese oder jene Gottheit feststellbar waren, noch weniger zu einem Gesamtbild des Lebens als in Griechenland. Viele Götter blieben farblos, dann wieder hafteten Epitheta oder, in der Ikonographie, Abzeichen, an mehreren Göttern, wobei sich oft Widersprüche ergaben, die für unsere Logik unauflösbar sind. So etwa heißen viele Götter „der Älteste, der zuerst entstand", „Vater der Götter", „Herr des Himmels" oder gar „Herr aller Götter", und mehrere heißen „der größte Gott", ja „der einzige Gott, außer dem es keinen gibt" usf. FRANKFORT hat gezeigt, wie solche Formulierungen logisch zu verstehen sind und hat für diese Erscheinung das Begriffspaar „multiplicity of approaches — multiplicity of answers" geschaffen.

Er hat auch darauf hingewiesen, daß wir ägyptische Götter nicht in Analogie zu irdischen, einander die Macht streitig machenden Fürsten verstehen können. Es ist methodisch falsch, mit politischen Maßstäben an religiöse Phänomene heranzutreten. Für die Ägypter wie für alle Menschen ist der Glaube an Götter kein Spiel nach politischen Regeln, sondern etwas grundsätzlich anderes. G. MENSCHING antwortet auf die Frage: „Was ist Religion?" mit der Definition: „Religion ist erlebnishafte Begegnung des Menschen mit dem Heiligen und antwortendes Handeln des vom Heiligen bestimmten Menschen"[1]). Um zu einem Verständnis religiöser Phänomene zu gelangen, wird man religiöse Maßstäbe anlegen müssen, und sowenig man ein Kunstwerk mit Sätzen der Geometrie erschließen kann, sowenig kann es gelingen, einer „erlebnishaften Begegnung des Menschen mit dem Heiligen" gerecht zu werden durch Übertragung politischer Regeln auf das Gebiet der Religionsgeschichte[2]). Jeder religiösen Äußerung, soweit

---

[1]) *Wesen und Ursprung der Religion*, in: *Die großen nichtchristlichen Religionen unserer Zeit, Kröners Taschenausgabe Bd.* 228, S. 13. Dort möge man die nähere Begründung dieses Satzes nachlesen.

[2]) Daß freilich gelegentlich politische Vorgänge auch das Werden der Religionsformen tief beeinflussen können, soll nicht in Abrede gestellt sein. Die Erforschung dieser Zusammenhänge gehört in das Gebiet der

[1632]

STELE OF PAUËRE, WHO IS SEEN VENERATING THE IMAGE AND
SACRED ANIMALS OF THE WOLF-GOD UPUAUT (OPHOÏS) OF SIÛT.

sie nicht konventionell und ohne innere Anteilnahme erfolgt, liegt ein Erlebnis zugrunde. Wenn ein Ägypter einen Gott verehrt, so tut er es nicht, weil er der geschickten Propaganda der Priester dieses Gottes erlegen ist, sondern weil er überzeugt ist, ihn erlebt zu haben, oder weil er ein solches Erlebnis bei anderen Menschen oder seinen Ahnen voraussetzt.

In besonderem Maße gilt das für die Zeit der „persönlichen Frömmigkeit"[1]) der 19./20. Dynastie. Es mag wohl sein, daß die Einschränkung dieser Art von Frömmigkeit auf eine bestimmte Klasse[2]) und auf eine bestimmte Zeit, nämlich die der Ramessiden, ja auf einen bestimmten Ort, die thebanische Westseite, einer gründlichen Korrektur bedarf[3]); unsere Stele erweitert den Raum immerhin bis Mittelägypten. Aber wie dem auch sei — daß die Dokumente dieser Frömmigkeit das Erlebnis einer persönlichen Gottesbegegnung voraussetzen, kann nicht bezweifelt werden. Dieses aber muß zur Grundlage jeder Untersuchung dieser Fragen gemacht werden.

Wenn wir in diesem Sinne im folgenden einige Bemerkungen zum Gotte Sched machen, so befinden wir uns vom Ausgangspunkt der Überlegungen an bereits in einer so anderen Stellung als die Gelehrten, die sich bisher zu diesem Gotte geäußert haben[4]), daß eine Auseinandersetzung kaum mehr möglich ist. Die Frage, die wir uns stellen, lautet nicht, ob diese oder jene Einzelheit in der Erscheinung des Gottes, etwa der Gazellenkopf an der Stirn oder das Kreuzband über der Brust, asiatischer Herkunft sein kann, ob also vielleicht der Gott „aus Asien stammen könnte", sondern welche Seite „des Heiligen" den Menschen getroffen hat, der diesen Gott verehrt. So gesehen tritt der Gott Sched aus seiner Isolierung heraus. Er erscheint nicht plötzlich am Ende der 18. Dynastie als ein Novum im ägyptischen Pantheon, sondern die Seite der Gottheit, die er verkörpert, ist den Ägyptern schon sehr viel länger — wie wir sehen werden, seit der 1. Dynastie — bekannt. Während sie aber bis ins Neue Reich gegenüber anderen Selbstäußerungen der Gottheit und entsprechenden Erfahrungen der Menschen zurücktrat, rückt sie plötzlich in der 18. Dynastie an eine zentrale Stelle. Und jetzt genügt es nicht mehr, diesem oder jenem, aus einem anderen Grunde verehrten Gotte das Epitheton šd zukommen zu lassen, sondern jetzt muß diese wichtige Seite der Gottheit, die der Mensch allenthalben erfährt, leibhaftig werden, sie wird „hypostasiert", wie ein wenig glücklicher Ausdruck der Religionsgeschichte lautet. Welche körperliche Gestalt sie dabei leiht, ist eine andere Frage — ebenfalls aufschlußreich und somit untersuchenswert, aber kaum bedeutsam für Wesen oder „Herkunft" des Gottes. Denn diese „Herkunft" ist das religiöse Erleben der Menschen, die ihn verehren. So brauchen wir in unserem Zusammenhang der äußeren Erscheinung des Gottes gar nicht nachzugehen — erscheint er doch auf unserer Stele auch nicht leibhaft. Pa-Taweret hat vielmehr das rettende Eingreifen ins Leben der Menschen, das andere anderen Göttern oder wohl auch einem eigenen Gotte Sched zuschreiben, in seinem Ortsgott Upuaut-Anubis erlebt und gibt ihm deshalb das Beiwort p3 šd „der Retter". Um Gott als „Retter" geht es uns im folgenden.

Religionssoziologie, das seine eigenen Forschungsmethoden entwickelt. Hier aber ist nicht von den Formen der Religion die Rede, sondern von den religiösen Urphänomenen.

[1]) Der treffende Name stammt von BREASTED, *Development of Religion and Thought*, S. 344.

[2]) GUNN: „*The Religion of the Poor*", *JEA* 3, S. 83 ff. Vgl. aber dagegen die gleichen Töne im Leidener Amonshymnus III, 14—22 oder im Gebet Ramses' II. in der Kadesch-Schlacht.

[3]) Vgl. dazu die Bedenken von T. E. PEET, *A comparative Study of the Literatures of Egypt, Palestine, and Mesopotamia*, 1931, S. 92, Anm. 1.

[4]) BRUYÈRE in *FIFAO* 20, 3, S. 138—170. Dort wird ältere Literatur, besonders die Arbeiten von LOUKIANOFF, zitiert. BONNET, *Reallexikon*, s. v. S. SAUNERON in *BIFAO* 53, S. 53—55.

Die Frage, die wir uns vorlegen wollen, lautet: Woraus rettet Gott den Menschen? Aus einer einmaligen zufällig entstandenen Notlage (Krankheit, Bedrohung durch gefährliche Tiere, Gerichtsprozeß usw.)? Oder auch aus einer Notlage, die eigenes Verschulden verursacht hat, die vom Betroffenen als Folge einer Sünde aufgefaßt wird? Oder allgemein aus einer Sündhaftigkeit, die zum Wesen des Menschen gehört? — Im ersten Fall könnten wir von einem „Nothelfer" sprechen, im zweiten von einem „Sündenvergeber", im dritten von einem „Erlöser". Die Frage, welcher Gott jeweils das Attribut *šd* oder auch ein sinnverwandtes wie *nḥm* erhält, tritt bei dieser Fragestellung weitgehend zurück.

Im folgenden werden wir, um unsere Frage beantworten zu können und damit auch zur Deutung unserer Stele beizutragen, einige der wichtigsten Stellen, die uns Aufschluß versprechen, vorführen. Selbstverständlich werden sie historisch geordnet, da es uns auch um die Gewinnung eines geschichtlichen Bildes zu tun ist.

Die Aussagen, daß Gott „rettet" (wobei *šd* und *nḥm*, soweit ich sehe, synonym verwendet werden), sind sehr alt. Sie gehen bis in die erste Dynastie zurück. Freilich stehen uns für diese frühe Zeit als Quelle für die Religion nur Eigennamen zur Verfügung[1]).

Auch die Personennamen des AR und MR sagen gelegentlich, wenn auch selten, etwas über diese Eigenschaft Gottes aus. Der Gott hat den Namensträger bzw. seinen Vater „gerettet"[2]) so Month[3]), Rê[4]), Cheops[5]), Isi[6]), Ptah[7]). Wirklich häufig aber wird dieser Typ von Eigennamen im NR und dann besonders in der Spätzeit. Einige von ihnen nehmen eine geradezu zentrale Stellung ein. Wir treffen z.B. als Götter, von denen ausgesagt wird, daß sie „retten": Horus[8]), Sobek[9]), Seth[10]), Nefertem[11]), Bastet[12]), Thoth[13]). Der Gerettete ist der Namensträger, solche Namen finden sich bei beiden Geschlechtern.

Im AR treten diesen mageren, aber doch wichtigen Zeugnissen der theophoren Personennamen keine weiteren Texte zur Seite, die uns näheren Aufschluß geben könnten, woraus oder wovor die Gottheit gerettet hat oder rettet. Wir können an eine Krankheit der Mutter während der Schwangerschaft denken oder an das Los der Kinderlosigkeit — wir wissen nichts darüber. Im MR hören wir in der Geschichte des Sinuhe, daß der König den Erzähler vom „Tode" bzw. „aus dem Westen" gerettet habe[14]). Über diesen Ausdruck, der in der Erzählung selbst nicht ausreichend klar wird, sei unten (S. 15) noch gesprochen. — In den Kahun-Hymnen auf Sesostris III. lesen wir, daß der König einer Schutzwehr gleiche, die den Zaghaften (*šnd*) vor dem Gewalttätigen rettet[15]), und daß er den Beraubten errette[16]). Zweifellos liegt hier eine Übertragung des aus dem AR stammenden Schemas für das soziale Idealbild in die königliche Sphäre vor[17]), und man könnte geneigt sein, diese Aussagen überhaupt aus den theologisch relevanten auszuklammern, da die menschliche, nicht die göttliche Seite des Königs gemeint sei — fänden wir nicht im NR dieselbe Aussage auch von Göttern gebraucht[18]), ja sogar zu einer

---

[1]) Klasens stellt in *OMRO* 37, 1956, S. 31 ff. eine höchst nützliche Liste von Eigennamen der 1. Dynastie zusammen. In ihr finden wir unter Nr. 122 *šd-nṯr* „den Gott gerettet hat (oder rettet)", und unter Nr. 123 *šd(·t)-kꜣ* „die der Ka rettet (oder gerettet hat)".

[2]) Vgl. Junker, *Pyramidenzeit*, S. 36.

[3]) *PN* I, 330, 18.

[4]) *PN* I, 330, 19.

[5]) *PN* I, 429, 19.

[6]) *PN* I, 330, 20.

[7]) *PN* I, 330, 22 und 331, 17.

[8]) *PN* I, 331, 10 und II, 391.

[9]) *PN* II, 319, 20.

[10]) *PN* II, 319, 21.

[11]) *PN* I, 331, 8 und II, 391.

[12]) *PN* I, 331, 6 und 391; II, 208, 13 und II, 300, 10.

[13]) *PN* II, 391, 2 und I, 331, 13.

[14]) Sin. B 203 und 214.

[15]) 2, 16.   [16]) 3,8   [17]) Vgl. Janssen, *Autobiografie*, II Bh.

[18]) Z.B. Kairener Amonshymnus 4, 4; Petrie, *Koptos*, Taf. 19, Z. 5.

eigenen Göttin verdichtet, der *nḥm·t ʿwȝj* „die den Beraubten rettet", also einer Gestalt, die in enger Parallele zu dem Gotte *šd* entstanden ist[1]). In dieser sozialen Bedeutung wird aber offensichtlich ein zunächst innerweltlicher Begriff von Hilfsbereitschaft (die freilich göttlichem Gebot entspricht) sekundär der Gottheit als Eigenschaft zugeschrieben. Soziale Haltung von Gott zu fordern, wäre einem AR kaum eingefallen, und tatsächlich erscheint die Göttin *nḥm·t-ʿwȝj* auch nicht vor dem NR.

Die Hymnen des NR enthalten neben allgemeinen Aussagen, die Gott schlechthin als „Retter" preisen, auch Angaben, aus welcher Not der Gott den Menschen rettet. Da begegnet uns nun häufig die Aussage, die wir schon vom Sinuhe kennen, daß die Gottheit oder der König den Menschen aus der Dat oder dem Westen rette, selbst „den, der schon darin ist". Zum Sinuhe stellen sich jetzt Sätze wie „Amun errettet, wen er will, und wenn er schon in der Dat wäre"[2]) oder das Prädikat „gerettet aus dem Westen"[3]). Auch in den Hymnen und Gebeten der Stelen aus Dêr el-Medîne begegnet uns wiederholt diese Aussage von Gott als dem Retter, auch aus der Unterwelt: „Rufe ich zu dir, Amun, wenn ich betrübt bin, so kommst du, daß du mich rettest"[4]) oder „Du, Amon-Rê, der Herr von Theben, bist es, der den, der (schon) in der Unterwelt ist, rettet, denn du bist [der Erbarmer] . . ."[5]); die verstorbenen und verehrten Könige Amenophis (I.) oder Thutmosis IV. „retten den, der in der Dat ist, und geben Atem dem, den sie lieben"[6]). Diese Ausdrucksweise gehört zu den stehenden Phrasen der persönlichen Frömmigkeit und findet sich auch in Eigennamen[7]); dennoch sind solche Sätze, auch wenn sie ständig wiederkehren, ganz lebendig empfunden, und was sie besagen, erhellt gelegentlich aus dem Zusammenhang: Not und Krankheit, jeder unglückliche Zustand kann als „Dat" oder „Westen" bezeichnet werden. Das geht eindeutig aus den Texten der Stelen von Dêr el-Medîne hervor. Die oben zuerst angeführten Stellen stehen auf einem Stein, in dem es unter klarem Bezug auf die besondere Situation heißt: „wegen des Malers Nacht-Amun, als er krank lag und im Sterben und der Gewalt des Amun verfallen war wegen seiner Sünde" oder, im Gelübde: „Ich werde diese Stele auf deinen Namen machen und werde diesen Hymnus auf ihr als Aufschrift verewigen, wenn du mir den Schreiber Nacht-Amun rettest"[8]). Unmißverständlich sagt auch eine allgemeiner gehaltene Stelle im Leidener Amonshymnus[9]): „Er rettet vom Todesgeschick (*nḥm m ʿ ȝj·t*)".

Krankheit ist also eine der Nöte, aus denen Gott den Menschen rettet. So finden wir auch einen entsprechenden Passus in einem Brief der 21. Dynastie[10]). Ferner erfahren wir von einem Jahr der Not, in dem der Beter gerettet sein möchte[11]), oder von einer Gerichtsverhandlung, die offenbar für den Frommen Schlechtes erwarten läßt und aus der er „gerettet" sein will[12]).

Eine große Rolle spielen die Gefahren auf dem Wasser: Sturm und Schiffbruch. Freilich können wir nicht sicher sein, wie weit es sich bei diesen Aussagen nicht um ein Bild handelt für allgemeine Lebensgefahren — entnimmt doch der Ägypter sehr gerne seine Bilder und Metaphern der Sphäre der Schiffahrt[13]), und auch wir kennen das Bild vom Schiffbruch, den jemand im Leben erleiden kann. „Dein (Amuns) Name wird ein Schutz sein für den Leib eines jeden Ein-

---

[1]) BOYLAN, *Thot*, S. 208 f.; BONNET, *Reallexikon*, S. 512.

[2]) Leidener Amonshymnus 3, 15; ZANDEE, *De Hymnen aan Amon van Papyrus Leiden* I, 350, S. 56.

[3]) ČERNÝ und GARDINER, *Hieratic Ostraca* I, 37, vso. Z. 7.

[4]) ERMAN, *Denksteine*, S. 1091.   [5]) ERMAN, *Denksteine*, S. 1091 f.

[6]) ERMAN, *Denksteine*, S. 1105.

[7]) *PN* I, 330, 23 und dazu II, 391; ferner *Hier. Ostr.* I, 50, 1.

[8]) ERMAN, *Denksteine*, S. 1095.   [9]) 3, 16.

[10]) SPIEGELBERG in *ZÄS* 53, S. 13, Z. 2, 5 und 9.   [11]) Anastasi IV, 10, 1.

[12]) ČERNÝ und GARDINER, *Hieratic Ostraca* I, 8, 2.   [13]) GRAPOW, *Bildliche Ausdrücke*, S. 151 ff.

samen, Heil und Gesundheit für den, der auf dem Wasser ist, und eine Rettung vor dem Krokodil"[1]). „Der Gott rettet, wen er will, vor dem Sturm"[2]), und von einer Errettung aus Wassersnot scheint auch im magischen Papyrus Harris die Rede zu sein[3]). — Bereits aus älterer Zeit stammt die Wendung *šd bgj* „den Schiffbrüchigen retten". Im NR wird dieses Wort gelegentlich umgedeutet zu *šd bšgj* „den Matten, Schwachen retten"[4]). Wieder steht dahinter die schon oben angetroffene neue Einstellung, daß die Gottheit oder der König nicht nur den in Gefahr, sondern auch den in soziale Not Geratenen rettet, den sozial Schwachen aus der Hand des Starken oder Gewalttätigen[5]).

Wenn wir hier von der sozialen Frage, also der religiösen Bewertung der Armut, absehen[6]), so bleibt es noch offen, ob die Gefahr, die Krankheit, die Gefährdung durch wilde Tiere oder was immer es sei, dem Beter durch einen Lebenszufall beschert wurde oder ob er sie als Folge einer sündigen Handlung empfindet, also als eine von Gott geschickte Strafe. Für unsere Untersuchung über die genaue Bedeutung des Begriffes „retten" aber ist diese Entscheidung wichtig, haben wir doch oben (S. 14) festgestellt, daß wir es im ersten Fall mit der Vorstellung eines „Nothelfers", im zweiten mit einer Sündenvergebung zu tun haben, die dem Beter durch die Rettung angezeigt wird. Nur ganz selten aber erhalten wir von den Texten eine Auskunft darüber: soweit ich sehe, nur in den Denksteinen von Dêr el-Medîne. „Rufe ich zu dir, wenn ich betrübt bin, so kommst du, daß du mich rettest (*šd·k·wj*), daß du dem Schwachen Atem gebest, daß du mich rettest (*šd·k·wj*), der ich in Banden liege."[7]) Die Stelle bezieht sich, wie die Fortsetzung lehrt, auf eine Krankheit: „als er krank lag und im Zustand des Todes und der Gewalt des Amun verfallen war wegen seiner Sünde."[8]) Die Stele Turin 102[9]) enthält zwar kein Wort für „retten", doch wird Gott ebenfalls um Befreiung von einer Krankheit[10]) gebeten, die der Beter als Folge einer Sünde versteht. In höchster Not hatte auch er ein Gelübde getan, nämlich die Macht der Bergspitze allenthalben zu verkünden, woraufhin sie ihn rettete.

So können wir also unsere zu Beginn dieses Abschnittes aufgeworfene Frage nach dem Wesen des rettenden Gottes für das NR dahingehend beantworten, daß im allgemeinen Gott als Nothelfer gilt (so auch in unserer Londoner Stele), der aus einer besonderen Not hilft, nach deren religiöser Ursache nicht gefragt wird; zumindest ist in den Gebeten kaum je von solchen Überlegungen die Rede. Nur in Dêr el-Medîne erscheint er daneben noch als Helfer aus einer Not, in die eine Sünde den Menschen gebracht hat, somit als Sündenvergeber[11]). Die Vorstellung von einer allgemeinen, dem Menschen wesenhaft anhängenden Sünde, von der Gott den Menschen erlösen müsse, ist dagegen den Ägyptern unbekannt.

In der Zeit des späten NR nehmen nicht nur, wie wir schon sahen, die mit *šd* gebildeten Personennamen stark zu[12]), auch eine Stelle aus einem Brief der 21. Dynastie ist für die damals weit verbreitete Sehnsucht nach „Rettung" aufschlußreich: „Ich spreche zu Amon-Re-Harachte bei seinem Aufgang und seinem Untergang: ‚Möge er dich retten!'"[13]). Dabei ist der Empfänger, wie aus dem weiteren Inhalt des Briefes hervorgeht, weder krank noch sonst in einer bestimmten

---

[1]) Pap. Beatty IV, Ro., 8, 3—4.   [2]) SETHE, *Amun und die acht Urgötter*, § 198.
[3]) 8, 1.   [4]) S. dazu ZANDEE, *De Hymnen aan Amon . . .*, S. 6of.
[5]) Vgl. dazu auch Pap. Harris I, 78, 13—79, 1.
[6]) Vgl. meine in Vorbereitung befindliche Arbeit „*Die religiöse Bewertung der Armut im Alten Ägpten*".
[7]) Wohl metaphorisch „in Bedrängnis bin"; das Bild wird in diesen Zeugnissen persönlicher Frömmigkeit wiederholt gebraucht. Vgl. zur Bedeutung noch GARDINER in *JEA* 42, S. 15.
[8]) ERMAN, *Denksteine*, S. 1091.   [9]) ERMAN, *Denksteine*, S. 1098—1100.
[10]) Lähmung infolge Schlangenbisses, s. *CdE* 25, 1950, S. 218f.
[11]) Vgl. vor allem ERMAN, *Denksteine*, S. 1094 und S. 1100.
[12]) Vgl. z.B. *FIFAO* 20, 2, S. 101 und oben S. 14, Anm. 8—13.   [13]) *ZÄS* 53, S. 7.

Not. Der Wunsch wird vielmehr ganz allgemein gesprochen — die Lebensangst nimmt so zu, daß man den Wunsch nach „Rettung" formelhaft verwendet.

Wir haben bisher ausschließlich die Attribute $\check{s}d$ und $n\underline{h}m$ bei Gottheiten betrachtet, des Gottes $\check{s}d$ aber noch mit keinem Worte gedacht. Es lag uns daran, die religiöse Stimmung aufzuzeigen, die allein das Erscheinen dieses Gottes in der 18. Dynastie ermöglichte. Es sei hier nicht die Ikonographie dieses Gottes wiederholt, auch seien nicht alle Belege für ihn aufgezählt — das alles ist in letzter Zeit gründlich erarbeitet worden[1]). Wir fragen nur nach der religiösen Bedeutung dieses Gottes.

Bei dem Gotte Sched handelt es sich um einen ausgesprochenen Nothelfer, der seine Verehrung vor allem in unteren Kreisen der Bevölkerung genoß. Gegen alles Feindliche soll er schützen, aus Gefahren retten, die von feindlichen Tieren, Schlangen und Skorpionen, Löwen und Krokodilen drohen. Ein Bild für diesen Schutz ist der auf einem Wagen dahinjagende, also schnell zu Hilfe eilende Gott, der einen Löwen erstficht[2]). Häufiger aber noch erscheint der Gott mit den von ihm bekämpften Tieren in den Händen oder unter den Füßen. In dieser Form nähert er sich ikonographisch dem jungen Horus, der der Spätzeit ebenfalls als Helfer gegen die giftigen Tiere gilt. Schließlich fallen beide Götter ganz zusammen als Horus-Sched[3]). Der Grund für diesen „Synkretismus" ist ein rein religiöser. Beide Götter haben schließlich die gleiche Funktion bekommen, was ihre Verschmelzung ermöglicht. Dennoch ist ihr Weg dorthin verschieden: Sched stellt die rettende, helfende Seite der Gottheit dar, die, wie wir gesehen haben, seit den frühsten Zeiten, besonders aber dann seit der 18. Dynastie erkannt, verehrt und angerufen wurde. Gott rettet aus Seenot und Sturm, vor allem aus Krankheit, auch aus solcher, die durch den Biß eines gefährlichen Tieres entstanden ist. Diese Eigenschaft kommt grundsätzlich allen Göttern zu, den einen mehr, den anderen, die in erster Linie anderen Seiten des menschlichen Lebens zugeordnet sind, weniger. In derselben Weise, wie überhaupt aus dem Erleben göttlicher Macht Götter eh und je „entstanden" sind, wird auch diese den Menschen des NR so wichtige Seite der Gottheit „personifiziert" in der Gestalt des jugendlichen Gottes Sched. Für die Zeit und die Kreise, in denen sich dieser Vorgang abspielte, ist das Aussehen dieses Gottes vielleicht aufschlußreich — für den religiösen Grund seines Erscheinens bietet es keinen Anhalt. Der Vorgang spielt sich offenbar in den unteren Volksschichten ab, und so nimmt dieser Gott, der wohl nie einen Tempel besessen hat, mehr und mehr magische Züge an; kein Dokument verkündet uns, daß er eine Sünde vergebe, wenn er einen Tierbiß heilt oder vor einer Gefahr schützt. Er wird ein Dämonen- und Bestien-Abwehrer und ein Heilgott bei Tierbissen. In dieser Eigenschaft trifft er sich in der Spätzeit mit Horus, der auf ganz anderem Wege in eine ähnliche Rolle gedrängt worden war: Horus ist das hilfsbedürftige Kind, das vaterlos und damit eines wichtigen Schutzes beraubt im Versteck von Chemmis aufwächst, gerade im Sumpf umlauert von unheimlichen Gefahren, besonders schädlichen Tieren ausgeliefert. Seine Mutter Isis schützt es durch allerlei Zauber und Kräuter; tief prägt sich dem Gemüt einfacher Menschen das Bild des in seiner großen Gefährdung geschützten Kindes ein — es wird das Urbild des Geretteten und Beschützten. So nähern sich die beiden jugendlichen Götter in ihrer Schützerrolle einander an und fallen schließlich völlig zusammen. Das Volk wendet sich an Horus-Sched.

---

[1]) Siehe BRUYÈRE in *FIFAO* 20, 3, S. 138—170 und, in der Zwischenzeit neu veröffentlicht, die Spätzeit-Zeichnung im Month-Tempel von Karnak: S. SAUNERON in *BIFAO* 53, S. 53—55.

[2]) Z.B. Berlin 8920: ERMAN, *Religion d. Ägypter*, 1934, S. 148, Abb. 58; Foto bei G. MÖLLER, *Metallkunst*, Taf. 46a. Stele ČERNÝ: *FIFAO* 20, 3, S. 145, Abb. 21 (hier wird der Wagen des Gottes von Greifen gezogen).

[3]) Z.B. *BIFAO* 53, S. 53—55.

Das religiöse Erlebnis des Gottes als Nothelfer ist aber auch jetzt noch nicht ganz an diese Personifikation gebunden. Auch der spätesten Zeit noch war das Bewußtsein wach, daß Hilfe in der Not nicht nur bei diesen beiden verschmolzenen Helfern zu finden war. Die Statue des Priesters Djed-Hor ist bekannt, die sich dieser in den Tempel seines Gottes stellte und in deren langen Inschriften er allen, die auch nach seinem Tode Hilfe gegen die Bisse gefährlicher Tiere suchen, Rettung verspricht[1]). In dieser Rolle als Nothelfer legt sich der Priester, theologisch einwandfrei, das Epitheton pȝ-šd „der Retter" bei, genau wie es die Götter in dieser Rolle seit je und so auch Upuaut auf unserer Stele tragen. Aber auch bei großen Göttern findet sich dies Beiwort noch in ptolemäischer Zeit, und zwar jetzt in offiziellen Tempelinschriften — so weit war das, was seinerzeit im NR dem Volksglauben angehörte, nun schon wieder offiziell geworden und erstarrt, in Formeln geronnen. Chons-Plänemacher in Theben führt das Epitheton šd ḥm·f m dȝ·t „der seinen Diener aus der Dat rettet", ganz im Stile der Zeugnisse aus dem späteren NR[2]). — Zu erwähnen bleibt noch, daß spät auch ein semitisches Lehnwort für den Retter-Gott in Schwang kommt, ʿdr עוּר „der Helfer"[3]).

Wir haben den Weg verfolgt, den das religiöse Erleben des den Einzelnen rettenden Gottes in Ägypten genommen hat. Da es ein Urerlebnis ist, verleihen bereits die Ägypter der ersten geschichtlichen Zeit ihm — wenn auch vereinzelt — Ausdruck. Erst im NR schwillt die Woge der von diesem Erlebnis getroffenen und bestimmten Menschen und die Zahl der entsprechenden Zeugnisse rasch an — die Rettungsbedürftigkeit wird geradezu zu einem beherrschenden religiösen Erlebnis dieser Zeit. Bald aber wird aus dem Gebet eine magische Formel, aus dem um Rettung aus besonderer Not, oft auch um Vergebung der Sünde angeflehten Gott eine selbständige Gottheit, die zauberhaft eingreifen und den Menschen vor äußerem Übel bewahren soll. Dieser religiöse Abstieg ist bezeichnend für den Verfall der Religiosität weiter Kreise Ägyptens nach dem NR — die Keime zu einer geistigen Auffassung des Verhältnisses Mensch-Gott vertrocknen.

Zum Schluß dieser Untersuchung des Begriffes šd sei noch die Frage gestellt, was wohl den Wandel der Gottesauffassung im NR bewirkt haben mag, wodurch die Rettungsbedürftigkeit des Menschen und die rettende Seite der Gottheit in dieser Zeit so in den Mittelpunkt der Volksfrömmigkeit rücken.

Vom AR bis in die 18. Dynastie war die ägyptische Gesellschaft — von vorübergehenden Krisen abgesehen — intakt, sie war religiös gegründet, was seinen sichtbaren Ausdruck im göttlichen Königtum fand; der einzelne wußte sich eingebettet, er fand dort, in der durch den Gottkönig vertretenen Gemeinschaft, auch sein Heil gesichert. Freilich hat sich dieser Glaube in den vielen Jahrhunderten erheblich gewandelt, aber zerbrochen ist er — auch in der durch ihre Zweifel besonders fruchtbaren ersten Wirre — nicht. Unter den Ramessiden dagegen versagt die traditionelle Institution des Gottkönigtums rasch und bald sehr gründlich, nachdem die Wurzeln zu dieser Auflösung freilich bis in die 18. Dynastie zurückgehen — die Krise von Amarna ist auch nur ein Symptom. Offenbares Unrecht wird im späten Neuen Reich von den Königen gedeckt, und der staatliche Tempelkult genügt, besonders nach Amarna, den Gläubigen nicht mehr. Die Gemeinschaft zerfällt, und mit ihr die dem ganzen Volk gemeinsame Religion. Jetzt wird „der Einzelne zum Subjekt der Religion"[4]). Während er sich bisher ge-

---

[1]) DARESSY in *ASAE* 18, S. 113—158 und 19, S. 66—68; jetzt auch: JELINKOVÁ-REYMOND, *Les Inscriptions de la Statue guérisseuse de Djed-Ḥer-le-Sauveur*, 1956.

[2]) *Urk.* VIII, 63, 5 f.   [3]) S. *Wb.* I, 242, 5—7.

[4]) Siehe MENSCHING, *Zur Geschichte der Religionssoziologie*, in *Archivo di Filosofia* 1955, S. 166; dazu ders. im *Hdb. d. Soziologie* S. 855 f.

borgen gewußt hat in einer Gemeinschaft, für die grundsätzlich das Heil durch den Kult gewährleistet war, findet er sich nunmehr vor „in einem Zustand des Unheils, d. h. der Isolierung vom Numinosen. Zwar ist er noch weiter Glied der Familie und des Volkes, aber diese Gemeinschaften haben durch den Prozeß der Säkularisierung ihren Sakralcharakter verloren."[1]

In diesen religionshistorischen Zusammenhang gehört unsere Upuaut-Stele. Sie ist ein willkommenes Zeugnis für die unmittelbare Verbindung des Menschen zu Gott auch vor dem Tode, ohne Vermittlung des Königs oder des offiziellen Staatskultes (der freilich nicht etwa negiert wird!), und sie zeigt zugleich, wie diese Verbindung wirksam wurde in Augenblicken der Not. Gott erscheint hier als Nothelfer. Nichts in unserem Denkstein deutet auf eine tiefere Auffassung der Gefahr als Sündenfolge hin.

---

[1] Mensching *a. a. O.*

Die religiöse Wertung der Armut im Alten Ägypten

aus: Saeculum 12, 1961, 319–344.

Neben der sozialen Haltung der Alten Ägypter, in der sie auffallend von anderen Völkern des Alten Orients abstechen [1], verdient besonders die r e l i g i ö s e Bewertung der Armut durch die Ägypter eine Untersuchung, werden doch hier allgemein-menschliche Möglichkeiten erstmals und zugleich typisch abgesteckt.

Doch sind zunächst Begriffsbestimmungen unerläßlich. Im Ägyptischen schillern, wie in den meisten Sprachen, die Wörter für „arm" zwischen sozialer Not und Notlagen anderer Art, etwa Krankheit oder — im Alten Orient von besonderer Wichtigkeit — Not vor Gericht, ihrerseits wieder verwandt mit sozialer Not, wenn das für einen günstigen oder auch nur gerechten Entscheid nötige Bestechungsgeld nur der Gegenpartei zur Verfügung steht. Wir meinen im folgenden aber nur die wirtschaftliche Notlage. Diese Einengung des Themas ist notwendig und sinnvoll; bezögen wir die nicht-wirtschaftliche Not mit ein, so müßten wir eine Geschichte der persönlichen Frömmigkeit in Ägypten schreiben — eine zwar ebenso dringende wie zentrale Aufgabe der ägyptischen Religionsgeschichte, die aber den hier geplanten Rahmen weit übersteigt. Die vorgelegte Untersuchung bildet vielmehr einen abgeschlossenen Teil dieser größeren Arbeit.

Was das Adjektiv „religiös" angeht, so entspricht ihm kein ägyptisches Wort; das ist kein Zufall, nachdem grundsätzlich in Ägypten das ganze Leben sub specie aeternitatis erlebt wurde. Dennoch wird uns die Auswahl der für unsere Frage einschlägigen Quellen aus der Menge derer, die von Armen handeln, nicht schwer. Wir haben nur solche zu berücksichtigen und auf ihre Aussage zu befragen, die etwas über Gott als Urheber der Armut, über den Sinn dieses Standes oder über das Verhältnis des Armen zu Gott im Diesseits oder Jenseits aussagen. Sätze über den Reichtum werden wir nur dann heranziehen dürfen, wenn sie offensichtlich zu einer umgekehrten Anwendung auf die Armut herausfordern, d. h., wenn der Verfasser eine solche Umkehr im Blick gehabt hat.

So stellt sich uns zunächst die Frage der Quellen. Wo haben wir uns in der überreichen schriftlichen Hinterlassenschaft des Alten Ägypten umzusehen, wenn wir eine authentische Antwort auf unsere Frage hören wollen?

Wir denken in erster Linie an die zahlreichen Autobiographien. Seit der Mitte des 3. Jahrtausends bis zum Ende ihrer alten Kultur pflegten die Ägypter in Grabinschriften einen Abriß ihres Lebens zu geben, der sich freilich wesentlich von dem unterscheidet, was wir in einem solchen zu lesen gewohnt sind: Nichts steht dort von Zwischenfällen, von

---

[1] Eine neuere Untersuchung fehlt. Vgl. die jetzt veraltete erste Behandlung der Frage von *Jules Baillet*, Le régime pharaonique dans ses rapports avec l'évolution de la morale en Égypte (Paris 1912/13). Ferner einzelne Abschnitte aus *J. H. Breasted*, Die Geburt des Gewissens (engl. The Dawn of Conscience [New York 1933, deutsch Zürich 1950]), sowie die gängigen Kulturgeschichten. Manches auch in den unten zitierten Werken über Autobiographien und Lebenslehren.

Unglück, ja nicht einmal von Heirat oder Kindern ist die Rede, und wenn der Charakter zur Sprache kommt, so ausschließlich in preisendem Sinne und fast ohne Unterschied bei jedermann in gleichem Wortlaut, in festgefügten und tradierten Phrasen. — Es ist nicht Hochmut, der aus dieser eigentümlichen Form spricht, sondern das Bekenntnis zum Ideal, zur Norm, wie sie Gott bei der Schöpfung gesetzt hat. Dazu kommt die Furcht, eine Aussage könne durch bloßes Aussprechen, viel mehr noch durch Aufschreiben Realität werden. In diesem Sinne wollen ägyptische Biographien und Autobiographien gelesen werden, nicht als Zeugnisse für ein einmaliges Leben, sondern als Zeugnisse für ein anerkanntes Ideal. — Aber wenn wir diese Autobiographien, deren es unzählige gibt[2], für unsere Frage durchmustern, so ist das Ergebnis recht mager: Nur die Wohlhabenderen konnten sich eine solche Inschrift leisten, und sie nehmen begreiflicherweise nicht Stellung zum Wesen der Armut. Lediglich bei Erwähnung sozialer Haltung gegenüber Armen finden wir hin und wieder eine Bemerkung dergestalt, daß eine solche Haltung gottwohlgefällig sei, kaum aber eine eingehendere Begründung. Gelegentlich ist in diesen Texten aber vom Reichtum die Rede. Nun könnte man geneigt sein, diese Aussagen — etwa, daß Erfolg und Reichtum als Folge eines gottgefälligen Lebens sich einstellen — auch auf die Armut zu übertragen — etwa in dem Sinne, daß sie dann die Strafe für ein sündiges Leben sei[3]. Doch empfiehlt sich hier große Zurückhaltung. Gewiß werden manche Erfolgreichen mit solchen Gedanken auf weniger glückliche Nachbarn geschaut haben, aber es gibt grundsätzlich noch andere Möglichkeiten für den Frommen, das Unglück zu erklären, etwa als Versuchung Gottes (Hiob)[4], woraus sogar eine besondere Gottesnähe folgen kann. Solange solche Möglichkeiten offenstehen (und wir werden am Schluß dieser Arbeit eine andere aus Ägypten selbst kennenlernen), wird es sich bei der Schweigsamkeit der Texte empfehlen, solche Schlüsse zu vermeiden.

Wichtig sind die wenigen Denksteine, die Arme selbst als Votivgaben in kleine Heiligtümer von Göttern gestiftet haben. Besonders die Bewohner der Arbeiterstadt auf dem thebanischen Westufer haben hier wertvolle Zeugnisse hinterlassen. Diese Leute stammten aus einer sozialen Schicht, die normalerweise keine Denkmäler aufstellen konnte; sie waren „Arme“. Da ihr Beruf sie aber zwang, die Schreibkunst zu erlernen (sie malten die Königsgräber mit Bildern und Schriften aus), nutzten sie diese Kenntnis, sich selbst solche Votivsteine anzufertigen. Die Texte sind unkonventionell und daher besonders aufschlußreich.

Wesentlich ergiebiger aber sind die Lebenslehren, in denen weise Männer in kunstvoller Form ihren Kindern oder Schülern die Quintessenz ihres Lebens, ihre Einsichten in das Wesen der Menschen und der Welt vermitteln[5]. Diese Lehren bringen mehrfach Deutungen des Lebensschicksals im Hinblick auf den Herrn des Lebens und des Schicksals.

---

[2] Die Phraseologie der älteren Texte, aus dem AR und MR, ist bis 1946 sorgfältig gesammelt, aber noch nicht ausgewertet, von *J. Janssen*, De traditioneele egyptische autobiografie vóór het Nieuwe Rijk (Leiden 1946); für die Spätzeit liegt die ausgezeichnete Untersuchung von *E. Otto* vor: Die Biographischen Inschriften der ägyptischen Spätzeit (Probleme der Ägyptologie, Band 2 [Leiden 1954]); eine entsprechende Sichtung des Materials aus dem dazwischenliegenden NR fehlt bislang.

[3] Vgl. *E. Otto*, op. cit. (Anm. 2) S. 24 f.

[4] Vgl. Ps. 94, 12 oder Hebr. 12, 6.

[5] Vgl. dazu *H. Brunner* in: Handbuch der Orientalistik I, 2 (Leiden 1952), S. 90 ff. Der Übersicht halber seien hier die wichtigsten im folgenden herangezogenen Lehren mit Datierung aufgeführt; Literatur gebe ich nur bei solchen Texten, die erst nach 1952 aufgetaucht und daher im Handbuch noch nicht erfaßt sind:

Ergänzt werden die Aussagen dieser Lehren zu unserem Thema durch einige andere literarische Texte.

Von einer dritten Gruppe von Texten können wir uns Aufschlüsse erwarten, nämlich solchen, die vom Leben nach dem Tode handeln. Bei einem Glauben, in dem die Fortexistenz nach dem Tode eine solche Rolle spielt wie bei den Ägyptern, dürfen wir gewiß sein, in „Seligkeit" oder „Verdammnis" ein Zeugnis für die Gottesnähe zu erblicken. Freilich werden unsere Hoffnungen weitgehend enttäuscht, wenn wir vom Jenseits handelnde Texte durchmustern: Die allermeisten sind magischen Charakters und bieten Mittel zur Seligkeit an, die Fragen von Arm und Reich nicht berühren. Und auch bei den Texten, die im Ethischen wurzeln, begegnen uns zwar soziale Handlungen als Gebote, wie überhaupt diese Texte den Autobiographien und Weisheitslehren korrespondieren, aber wir finden kaum eine Bemerkung über die Frage, ob der soziale Status im Diesseits von Bedeutung ist. Erst aus spätester Zeit, einem der letzten Jahrhunderte v. Chr., ist uns dann ein eigenartiger märchenhafter Text überliefert, der ergiebig ist für unsere Frage: Der sog. Zweite Roman des *Cha-em-wase* (Setna II).

Der schwierigen Aufgabe semasiologischer Untersuchungen der einzelnen Vokabeln für „Armut" oder „arm" brauchen wir uns nicht zu unterziehen. Es wäre zwar dringend erwünscht, einmal zu wissen, was *nḏś*, *m'r*, *nmḥ*, *ḫwrw*, *tw'* usw. zu verschiedenen Zeiten bedeutet haben — uns muß es genügen, daß sie in den von uns herangezogenen Stellen gewiß wirtschaftliche Not bezeichnen und dabei in Gegensatz stehen zu *wśr* „reich".

Die Eigenart der Quellen nach Umfang und Inhalt legt folgenden Gang unserer Untersuchung nahe: Zunächst müssen wir chronologisch vorgehen und uns das Verhältnis des Alten und Mittleren Reiches zur Frage von Arm und Reich klarmachen, dabei das Thema der religiösen Wertung nicht zu eng auffassend. Besonders im Alten Reich (AR) gibt uns die ungeteilte Welt dazu ein Recht. Vom Neuen Reich (NR) ab dagegen fließen die Quellen reich, und wir können ihren Strom in mehrere Betten teilen; wir nehmen zunächst die Vorstellung der älteren Zeit auf, daß die Gottheit Reichtum und Armut sendet, und beobachten eine Nuancenverschiebung zugunsten der Armut. Wir fragen mit den Ägyptern nach den Gefahren des Reichtums und hören sie dabei — freilich zaghaft — ein Lob der Armut anstimmen. Dabei geht es uns um die Gründe, aus denen man auch der Armut ihren Wert zuerkennen kann. Wir werden Gott als Nothelfer der Armen kennenlernen.

Besonders klare Antworten aber auf unsere Frage nach der religiösen Bewertung der Armut werden wir von Aussagen erwarten dürfen, die die Ägypter über das Los der Menschen im Jenseits machten. Darf dort der Reiche ein besseres Geschick erwarten als der Arme, spielt der Stand, den der Verstorbene auf Erden innehatte, keinerlei Rolle oder

---

Djedefhor, 4. Dynastie
Ptahhotep, 5. Dynastie (grundlegend die Neuherausgabe und -bearbeitung von Z. Žába, Les Maximes de Ptahhotep [Prag 1956]).
Merikarê, 10. Dynastie
Amenemhet, 12. Dynastie
Anii, 18. Dynastie
Amenemope, 20.—22. Dynastie
Anch-Scheschonqj, 8.—1. Jh. (*S. R. K. Glanville*, The Instructions of Onkhsheshonqy, Catalogue of Demotic Papyri in the Brit. Mus. II, 1 [London 1955]).
Petosiris: Inschriften in seinem Grab, Zeit Alexanders d. Gr. (*G. Lefebvre*, Le Tombeau de Pétosiris [Kairo 1924]).
Pap. Insinger, Ptolemäer-Zeit.

wird gar der Arme für sein irdisches Elend im Jenseits belohnt, gleicht also das Jenseitsgericht irdische Ungerechtigkeit (wenn die ungleiche Verteilung der Güter als solche empfunden wird) in etwa aus? Bei diesen Fragen müssen wir die historische Aufreihung
des Materials verlassen, einmal, um die Grundtendenzen herauszuheben, andererseits
aber auch, um geistesgeschichtliche Wandlungen deutlicher zu machen, indem wir zeitlich
auseinanderliegende Zeugnisse zur gleichen Frage nebeneinanderstellen.

*

Im AR hören wir wenig von der Armut, dagegen mehr von ihrem Gegenstück, dem
Reichtum. Von ihm wird unzweideutig ausgesagt, daß er von Gott stammt. Das Verhältnis zu Arm und Reich ist ungebrochen. Vermögen und hohe Stellung in der Nähe
des Königs galten als Gnade Gottes, ob sie nun ererbt oder vom Träger erworben
waren. Daß für die Armut das Gegenteil gelte, wird zwar, soweit ich sehe, nirgends
ausgesprochen, darf aber als allgemeine Ansicht postuliert werden. Niemand brauchte
sich damals seines Geldes zu schämen, im Gegenteil, die biographischen Inschriften heben
voll Stolz die hohen Titel, die Ämter und die damit verbundenen Besitzungen des Mannes
hervor, und auch die langen Reihen von Stiftungsgütern heben darauf ab, für den so
Ausgezeichneten Sympathien der späteren Generationen zu gewinnen[6]. Die Grundlage
dieses Stolzes ist der Glaube an eine nach Gottes Willen geordnete Welt, an das diese
Welt durchziehende Ordnungsprinzip, die Ma'at, bei der Schöpfung eingesetzt, alles
durchwaltend; wer sich gegen diese Ma'at, auflehnt, wird scheitern, wer sie erkennt und
sich ihr einfügt, den belohnt ein Lebenserfolg. Der Zusammenhang zwischen Tun und
Ergehen ist eng und scheint unproblematisch. Offensichtlich wird auch rückwärts gefolgert,
ein reicher Mann müsse demnach ein Frommer sein — anders ließe sich der Stolz auf
Besitz und die Hoffnung, durch einen Hinweis auf Reichtum Sympathien zu erwerben,
in einer so von Gott bestimmten Welt nicht erklären. In einer Lehre dieser Zeit heißt es:
*„Wenn du gering bist, aber im Gefolge eines angesehenen Mannes, der in hohem An-
sehen beim König steht, so wisse nichts von seinem früheren geringen Stand. Sei nicht
hochmütig gegen ihn wegen dessen, was du von früher von ihm weißt. Habe vielmehr
Ehrfurcht vor ihm angesichts dessen, was ihm zuteil geworden ist: Besitz kommt ja nicht
von selbst, er ist vielmehr eine Zuweisung der Götter für den, den sie lieben. So hat auch
Gott ihm sein Ansehen verschafft und schützt ihn jetzt auch im Schlaf."* [7]
Freilich, der Weise sieht weiter. Gerade auf die Leistung, auf die Tat, hat man nicht
stolz zu sein. Reichtum ist vergänglich und kann schwinden: *„Wenn du groß geworden
bist, nachdem du vorher gering warst, und wenn du Reichtum erworben hast, nachdem
du vorher Mangel gelitten hast, in der Stadt, die du kennst, so verlaß dich nicht auf die
Schätze, die du doch nur als eine Gabe Gottes erworben hast."* [8] Offenbar lehrt das Leben
dem Weisen, der um sich blickt, daß zwischen Handlung und Erfolg noch der Wille
Gottes eingeschaltet ist.
Deutlich spricht das *Ptahhotep* an anderer Stelle aus, wo er seinen Schüler davor
warnen will, sein Lebenslos durch Intrigen gegen Andere aufzubessern. Dieser frühste
Beleg für „Der Mensch denkt, Gott lenkt" lautet: *„Schmiede keine Pläne gegen andere
Menschen; solches bestraft Gott. Ein Mann sagt: ,Davon werde ich leben', aber wegen
dieses Wortes wird er sein (täglich) Brot entbehren. Ein Mann sagt: ,Ich bin reich', aber*

---

[6] s. H. *Junker*, *Gîza* XII (=Denkschr. der österr. Akad. der Wiss. 75, 2 [Wien 1955] S. 95 f.).
[7] Ptahhotep 175—185. [8] Ptahhotep 428—434.

er wird sagen: ‚Ich muß erhaschen . . .‘ Ein Mann sagt: ‚Ich will einen anderen berauben‘,
aber es wird so kommen, daß er einem anderen, den er nicht einmal kennt, etwas gibt.
Niemals erfüllen sich die Pläne der Menschen, sondern was Gott anordnet, das geschieht.“ [9]
Ob die sozialen Pflichten — wie später — hieraus resultieren, wissen wir nicht. Sie
werden nicht im einzelnen begründet, nur immer wieder geboten: Brot dem Hungrigen
geben, Kleider dem Nackten, den Schifflosen übersetzen — diese Kardinalfälle stehen
exemplarisch für Hilfe an alle Hilfsbedürftigen [10]. Allgemein freilich werden solche Handlungen gepriesen als etwas, *„was die Menschen lieben und die Götter loben“* [11]. Mit
diesen beiden Erkenntnissen: daß die Gottheit Armut und Reichtum verleiht und daß
sie eine soziale Haltung, also Hilfe für die Bedürftigen, liebt, wird das Thema der
religiösen Einstellung der Ägypter zur Armut angeschlagen, zu dem nun die folgenden
Zeiten zahlreiche und tief interpretierende Variationen schreiben sollten.

Nach dem Zusammenbruch des AR wird die Frage nach der Wertung der Armut vor-
dringlich. Reichtum hatte sich in einer trotz Lebenserfahrung im AR ungeahnten Weise
als unstabil erwiesen; ganze Bevölkerungsschichten waren enteignet worden, andere,
vorher Habenichtse, zu großem Wohlstand gekommen. Die verschiedenen Texte, die uns
von den Vorgängen dieser sozialen Revolution berichten, sind entweder konservativ
eingestellt, versuchen also keine neue Deutung, auch wenn sie die Frage der Theodizee
kräftig und vorwurfsvoll aufwerfen [12], oder es geht ihnen um die Grundordnung der
Welt, um Recht und Gerechtigkeit, um das Königtum, auch um die Liebe und Fürsorge
Gottes zu seinen Geschöpfen. Immerhin lesen wir einmal einen Satz, wie er im AR kaum
möglich gewesen wäre: Gott zählt vier Wohltaten auf, die er bei der Schaffung der Welt
für die Menschen getan habe. Die zweite dieser Taten ist, daß er *„die große Flut“* geschaffen hat, *„daß der Geringe wie der Große daran Anteil habe“*. Es steht ausdrücklich
nicht da, daß die sozialen Unterschiede auf die Schöpfung zurückgingen — sie werden
als gegeben hingenommen, weder bestätigt noch verworfen. Aber einen Anteil an der
„großen Flut“, d. h. an der Fruchtbarkeit der Erde, haben alle Menschen, auch die Armen
besitzen hier ein Recht [13].

In der religiös tief angelegten Lehre des Königs *Achthoes* für seinen Sohn und Thronfolger *Merikarê* etwa aus derselben Zeit finden wir nur wenige Sätze über die religiöse
Wertung der Armut — begreiflich, da es sich ja um eine Königslehre handelt. Der alte
König rät, keinen Unterschied zu machen zwischen dem Sohn eines angesehenen Mannes
und dem eines Armen, einen Mann vielmehr nur wegen der Arbeit seiner Hände, also
wegen seiner Leistung, zu holen. Wichtiger ist die hymnische Aussage, Gott habe *„die*
Fürsten erschaffen, den Rücken des Schwachen zu stützen“. Diese Aussage ist von großer
Bedeutung für unsere Frage. Hilfsbereitschaft gegenüber dem Armen galt im AR als
ethische Pflicht des Ägypters. Von einer sozialen Seite der Gottheit aber war im 3. Jahrtausend nicht die Rede. Dies ist die älteste Stelle, die von Gottes Sorge für die Armen
kündet. Wir fragen nach der Herkunft dieses neuen Zuges im Gottesbild.

Mehrfach treffen wir in Ägypten eine Entwicklung, bei der Privilegien oder Vorstellungen, die an den König oder obere Stände gebunden sind, absinken und vom einfachen
Volk usurpiert werden. Hier liegt der umgekehrte Fall vor: Eine allgemein soziale Hal-

---

[9] Ptahhotep 99—116, weitgehend nach Žaba, op. cit. (Anm. 5).
[10] Belege bei *E. Edel* in: Mitteilungen des Deutschen Archäol. Inst. Kairo 13 (1944) S. 40 ff.
[11] Rec. de Travaux 11 (1889) Taf. 30.
[12] Die Klagen des Ipuwer. Vgl. *E. Otto*, Der Vorwurf an Gott (Hildesheim 1951).
[13] *E. Otto*, op. cit. (Anm. 12) S. 9 f.

tung, die sich formelhaft niederschlägt in Sätzen wie „den Hungrigen speisen, den Durstigen tränken, den Nackten kleiden", wird von der 6. Dynastie ab vom Ägypter verlangt (s. o. S. 323). Von dort wird diese Pflicht zu einer solchen des Herrschers, in der Wirre zunächst der Gaufürsten, dann, nach Wiederherstellung des Königstums, auch des Königs. Er sorgt, daß niemand hungert und dürstet[14], ja er schläft nicht, solange eine Sache (unerledigt) in seinem Herzen ist, er denkt nachts an die Armen und steht (am Morgen) milde auf[15]. Besonders deutlich wird diese neue soziale Haltung des Königs in der „Lehre eines Mannes an seinen Sohn"[16]. Hier wird lehrhaft ausgesagt, daß der König Arme reich mache, Elende zu Gutsbesitzern, Menschen, die vereinsamt waren, zum Mittelpunkt einer Klientel. Gleichzeitig erkennt man solch soziale Züge auch im Bilde Gottes[17].

Die Frage nach der religiösen Relevanz der Armut bricht also wider Erwarten in der Zeit der Ersten Wirre und des Mittleren Reiches (MR) nicht mit der Gewalt auf wie andere religiöse Fragen, vor allem des Königstums und der Theodizee. Es ist schwer zu sagen, womit dies Schweigen der Texte zusammenhängt, die sonst die Problematik des Lebens in solcher Tiefe sehen. Es fällt jedenfalls auf, wie stark die lokalen Herrscher der Zeit vor dem erneuten Zusammenschluß des Reiches auf ihren Reichtum pochen, wie sie in immer neuen Phrasen versichern, sie seien mächtig gewesen, hätten zahlreiche Herden, viele Untertanen, weite Ländereien besessen. Gleichzeitig wird das soziale Gewissen aufgerufen und der kühne Satz gewagt, Gott habe das Herrscheramt zum Schutze der Schwachen gegen die Ausbeutung durch die Reichen geschaffen. Daß eine solche Auskunft, so großartig sie an sich die Welt sieht, auf die Dauer weder politischen noch religiösen Denkern genügen konnte, liegt auf der Hand. Im NR hören wir denn auch ganz andere Töne.

*

Die 18. Dynastie scheint sich wenig Gedanken über die Armut und ihre religiöse Bewertung gemacht zu haben. Freilich, soziale Haltung gilt nach wie vor als Tugend, doch werden die herkömmlichen Aussagetypen kaum erweitert, lassen jedenfalls nichts spüren von einem gewandelten Geist. Andererseits paßt es zu dem sich herausbildenden Individualismus, daß der homo novus, der Mann, der sich, aus einfachen Verhältnissen stammend, emporgearbeitet hat, also seine Stellung der eigenen Tüchtigkeit verdankt, nunmehr geradezu ein Leitbild wird. Das beginnt schon im frühesten Neuen Reich bei der Königin *Ahmes-Nofretiri*, die ihrem Bruder-Gemahl, dem König *Amosis*, in Gegenwart des ganzen Hofes dankt: *„Er ließ mich reich sein, als ich arm war."*[18] Diese Linie setzt sich bis in das späte NR fort — wir brauchen keine Zeugnisse anzuführen[19]. Die Amarnazeit bedeutet in dieser Reihe insofern einen Einschnitt, als die Höflinge den Akzent ganz auf die Gnade und Macht des Königs verschieben, sich also im wahren Sinne des Wortes als Kreaturen des Königs bekennen. *„Es gibt keine Armut für den, der dich in sein Herz gesetzt hat. Für ihn bleibt kein Wunsch mehr zu äußern, er wandelt*

---

[14] Amenemhet, 2, 11—12.
[15] Semne-Stele Berlin 1157, Z. 5/6 (= Äg. Inschr. a. d. Kgl. Museum zu Berlin I [Leipzig 1901] S. 257 f.).
[16] Vgl. einstweilen: *Gg. Posener*, Littérature et Politique (Paris 1956) S. 124 ff., dazu neue Varianten in: *Černý und Gardiner*, Hieratic Ostraca I (Oxford 1957).
[17] Näheres und ausführliche Belege für diese Entwicklung bei *H. Brunner*, Eine Dankstele an Upuaut, in: Mitteilungen des Deutschen Archäol. Inst. Kairo, 16 (1958) S. 14 ff.
[18] *H. Kees* in: Orientalia 23 (1954), S. 63; *I. Harari* in: Ann. Serv. des Ant. 56 (1959) S. 143.
[19] Vgl. *H. Kees* in: Zeitschr. für äg. Sprache 73 (1937) S. 83 f.

auf einem vollendeten Weg, bis er die Seligkeit erreicht.“ [20] Dabei belegen sie den König mit Beiworten, wie sie bisher nur Gott zustanden: *„Ich war ein Armer von Vater und Mutter her; der König baute mich auf“*, wobei die Vokabel „bauen“ bisher das Schaffen Gottes auf der Töpferscheibe bezeichnet hatte [21]. Ein andermal heißt es, der König sei *„ein Gott, der Fürsten macht und Arme baut“* [22]. Hier wird der König so völlig Gott angeglichen, daß wir diese Aussagen geradezu als Belege für das Verhältnis Gottes zur Armut nehmen dürfen — wenn sich uns diese Auffassung, daß Gott die Lose verteilt, aber besonders den Armen erhebt, bestätigt. Hier sei zunächst darauf hingewiesen, daß auch nach dem Zusammenbruch der Reform *Echnatons* dies Epitheton des Königs beibehalten wird [23], ja es wird sogar noch dadurch verstärkt, daß beide Hälften des Doppelsatzes der Armut gewidmet werden: *„Der die Armen baut und die Elenden knüpft“* heißt es von König *Sethos I.* [24].

Was wir hier — nicht sehr häufig — vom König hören, nämlich, daß er Armut und Reichtum schicksalhaft verteilt, das sagen nun zahlreiche Texte aus allen Zeiten von Gott. Wir wollen eine Reihe von solchen Zeugnissen hören und dabei auf die verschiedene Akzentuierung achten, die die Ägypter dieser elementaren Aussage zu geben wußten.

Aus dem AR haben wir die Stimme *Ptahhoteps* schon gehört, der lehrte, Gott werde üble Anschläge gegen Mitmenschen, die dazu dienen sollten, das eigene Los zu verbessern, zu einem bösen Ende zu bringen wissen. Reichtum, meinte er, sei jedenfalls nichts, worauf man sich verlassen könne. Dieser Gedanke wird zunächst von der Lehre des Anii, die noch aus der 18. Dynastie stammen dürfte, aufgenommen: *„Du darfst nicht das Essen verzehren, während ein anderer dabeisteht und du nicht deinen Arm für ihn nach der Speise streckst.*

Was gibt es, das ewig dauert?
Der Mensch ist ja ein Nichts.
Der eine ist reich,
wo der andere arm ist.
Ist denn die Speise etwas Dauerhaftes,
kann das nicht einmal vorbei sein?
Der Reiche vom vorigen Jahr, der ist dies Jahr ein Vagabund.
Sei nicht gierig, deinen Bauch zu füllen,   [Stehenden).
Irgendeiner wird dich ebenso kränken können (so wie du jetzt den hungrig daneben
Auch du kannst in die Lage kommen,
daß ein anderer dir Brosamen reicht.
Der Strom des Wassers vom vorigen Jahr hat sich verlagert,
er bildet einen anderen Wasserarm dieses Jahr.
Große Meere werden trocken,
und Ufer werden zu Tiefen.
Geht es nicht so auch den Menschen?
Eines ist ihr Plan, etwas ganz anderes ist der des Herrn des Lebens.“ [25]

---

[20] *N. de G. Davies*, Amarna IV, 35 (London 1908) = *Maj Sandman*, Texts from ... Akhenaten, (Bibl. aeg. VIII [Brüssel 1938] S. 55, 15 f.).
[21] *Davies*, op. cit. (Anm. 20) V, 4 = *Sandman*, op. cit. (Anm. 20) S. 61, 12.
[22] *Davies*, op. cit. (Anm. 20) II, 7 = *Sandman*, op. cit. (Anm. 20) S. 24, 6 f.
[23] *H. Gauthier*, La grande Inscr. dédicat. (Bibl. d'Étude 4 [Kairo 1912] Zeile 98).
[24] Grab 106, Paser: *Dümichen*, Hist. Inschr. II (1867) Taf. 41; *Porter und Moss*, Topograph. Bibliogr. I, 1 (2. Aufl. Oxford 1960) S. 221.   [25] Anii VIII, 3–10.

Eine Betrachtung des menschlichen Lebens führt zu einem Vergleich mit dem Nil, dessen Wasser sich jedes Jahr ein anderes Bett suchen — noch heute verändern die Sandbänke ständig ihre Lage. So fließt auch der Strom des Reichtums im nächsten Jahr in andere Kanäle. Erst im Schlußsatz wird der „Herr des Lebens" als der herausgestellt, der alle Pläne des Menschen zunichte machen kann. Im Zusammenhang der Lehre begründet dieser Passus das Gebot der Armenhilfe damit, daß jeder selbst eines Tages in die Lage kommen könne, Almosen zu empfangen.

Denselben Gedanken bringt auch *Amenemope*[26] in der bekannten Stelle:
„Der Mensch ist Lehm und Stroh,
Gott aber ist sein Baumeister.
Er reißt nieder und baut auf jeden Tag,
er macht tausend geringe Leute nach seinem Belieben
und tausend andere macht er zu Aufsehern
wenn er in seiner Stunde des Lebens ist." [27]

Unvermerkt sind wir hier in eine andere Wertung der Armut hinübergeglitten. In den älteren Lehren wird davor gewarnt, sich auf Reichtum zu verlassen, da Gott, der ihn gewährt hat, ihn auch jeden Tag wieder nehmen könne. Hier aber stehen Arm und Reich nebeneinander, geradezu gleich bewertet: Gott schafft eben manche Leute als Reiche, andere als Arme — von einem Zusammenhang mit einer Handlung oder Gesinnung des Menschen ist nicht mehr die Rede. Da Gottes Pläne unerforschlich sind, erscheint es dem Menschen als Zufall, ob der eine reich, der andere arm auf die Welt kommt oder welches Los ihm zuteil wird: Gottes Wille ist unerkennbar und unberechenbar. Dieselbe Auffassung vertritt auch noch der Verfasser der demotischen Lebenslehre des Pap. Insinger in hellenistischer Zeit[28]; „*Denn Gott gibt Reichtum und Armut gemäß dem, was er befiehlt*".

Bevor wir uns dem hier anknüpfenden, freilich in Ägypten immer nur eingeschränkt gepredigten „Lob der Armut" zuwenden, sei zunächst noch auf einen Versuch aufmerksam gemacht, auch diese Erkenntnis von der Willkür Gottes mit dem alten Gedanken des Zusammenhanges von Handeln und Ergehen zu vereinigen. Auch diese Lösung des Theodizee-Problems ist uralt. Schon *Ptahhotep* im 3. Jahrtausend lehrt: „*Wen Gott liebt, der kann hören; aber nicht kann hören, wen Gott haßt.*" Die Folgen dieses „Hörens" auf die Weisungen ist ein erfolgreicher Lebensweg, der zu Wohlstand führt, die Folge des Nichthörens, wie oft genug in der Lehre des *Ptahhotep* dargetan wird, das Scheitern im Leben: „*Der Törichte aber, der nicht hört, der kann sich nichts erwerben ... Man geht an seiner Art vorbei, weil ihm täglich soviel Unglück wiederfährt.*" [29]

Hier wird gelehrt, auf welche Weise Gott seine Gnadenwahl wirksam macht: Indem er seinem Erwählten ein offenes Ohr gibt, dem Verworfenen aber das Herz verstockt gegen die Weisungen, so daß Erfolg bzw. Mißerfolg die notwendigen Folgen sind. Denselben Gedanken finden wir noch bei *Petosiris*, der zur Zeit des Einmarsches *Alexanders*

---

[26] Das Bild des Flusses, der seinen Lauf verändert und plötzlich Untiefen hervortreten läßt, wo man sie nicht erwartet, führt *Amenemope* in ähnlichem Zusammenhang weiter aus: VII, 1—6.
[27] XXIV, 13—18.
[28] Pap. *Insinger* 17, 2. Denselben Gedanken hören wir auch im Alten Testament, z. B. im Gesang der *Hanna* 1 Sam. 2, 6 f.: „Jahweh macht arm und macht reich. Er erniedrigt, und er erhöht." Von da ist die Vorstellung über Marias Lobgesang Luk. 1, 53 f. in zahlreiche christliche Liturgien und Choräle eingedrungen.
[29] 575—587; vgl. zu diesen Gedanken: *H. Brunner*, Altägypt. Erziehung (Wiesbaden 1956) S. 112 ff.; *S. Morenz*, Ägyptische Religion (Stuttgart 1960) S. 69 ff.

d. Gr. lebte: „*Gott gibt es* (d. h. falsche Gedanken) *in das Herz dessen, den er haßt, um seine Güter einem anderen, den er liebt, zu geben.*" [30] Die Auswirkung auf den materiellen Besitz wird hier klar ausgesprochen. Auf die Frage, was der Mensch tun kann, um sich die Liebe Gottes zu erwerben bzw. sie sich zu erhalten, kann in diesem Zusammenhang nicht eingegangen werden.

Aber die Lehre des Pap. Insinger verrät uns, welche Handlung Gott mit Reichtum belohnt: Es ist gerade das soziale Handeln. Denn das Herz Gottes wird zufrieden, wenn der Arme vor ihm gesättigt wird. „*Hast du Besitz, dann gib einen Teil davon Gott: das ist der Teil der Armen.*" [31] Oder: „*Wer dem Armen Essen gibt, den empfängt Gott bei sich in ewiger Gnade. Denn das Herz Gottes freut sich, wenn Essen gegeben wird, mehr als das Herz dessen, der es erhält*" [32], und schließlich: „*Wenn einer freigebig ist, um mit seinem Geld zu bewirten, dann teilt ihm das Schicksal Geld zu. Denn Reichtum kommt zu dem, der damit bewirtet.*" [33] „*Gott gibt demjenigen tausendfach, der es einem anderen bei einem* (religiösen) *Fest gibt. Denn Gott läßt Reichtum entstehen, weil man das Gute tut.*" [34]

Ja, es heißt in dieser Lehre geradezu: „*Gott gibt dem Weisen Reichtum, weil er freigiebig ist; denn größer ist der Reichtum des Freigiebigen als der Reichtum des Geizigen.*" [35] Freilich, die Lebenserfahrung der Jahrtausende hatte gelehrt, daß alle solche Regeln nicht ohne Ausnahme gelten, vor allem aber, daß man sie nicht umkehren kann, also nicht vom Stand eines Mannes auf sein Verhalten oder gar auf sein Verhältnis zu Gott Rückschlüsse ziehen. So warnt ein Kapitel mit der Überschrift „*Sei nicht gefräßig, damit du nicht ein Genosse der Armut wirst*", vor Verschwendung, besonders an Essen und Frauen. „*Wer Aufwand ohne Einnahmen macht, muß Zinseszins bezahlen*" [36] heißt es da, oder „*Gott gibt Reichtum, und ein kluger Mann bewahrt ihn*" [37], oder „*Armut ergreift nicht Besitz von dem, der sich im Einkaufen mäßigt*" [38]. Aber dann wird gewarnt, diese Regel nun auf jeden Bekannten anzuwenden und etwa zu folgern, der Arme habe seine Lage durch Gefräßigkeit selbst verschuldet: „*Es gibt aber auch den, der von Wenigem lebt, um zu sparen, und trotzdem arm wird. Es gibt andererseits auch den, der es* (diese Lehre) *nicht einsieht, das Schicksal aber gibt ihm trotzdem Reichtum. Der, welcher ein Vermögen hat, ist nicht deshalb ein kluger und sparsamer Mann, und der, welcher in Armut lebt, ist deshalb noch kein Vergeuder. Denn Gott verleiht ihm Reichtum in einem Speicher auch ohne Einnahmen, er schafft andererseits Armut in einer Börse auch ohne Aufwand. Das Glück und das Schicksal, das kommt, wird von Gott bestimmt.*" [39] Noch deutlicher in einem anderen Zusammenhang: „*Der Starke und der Schwache sind vor Gott wie Spielzeug.*" [40]

Wir knüpfen nochmals bei dem immer wieder zu allen Zeiten ägyptischer Weisheit ausgesprochenen Satz an, daß auf Reichtum kein Verlaß ist, da Gott — aus meist unerforschlichem Ratschluß — den Strom im neuen Jahr in ein anderes Bett lenken kann. Aus dieser Erkenntnis resultiert ein — in Ägypten freilich niemals bis zum Preis der Askese gesteigertes — Lob der Armut. — Zunächst wird sehr deutlich vor unrecht erworbenem Gut gewarnt und ihm gegenüber der Armut der Vorzug gegeben. Von den zahlreichen Stellen, die diesen Gedanken in eindrücklichen Bildern aussprechen, seien nur wenige aufgeführt. Hören wir zunächst ein ganzes diesem Thema gewidmetes Kapitel aus der Lehre des Amenemope:

---

[30] Petosiris, Inschr. 127, Z. 6; vgl. S. Morenz, op. cit. (Anm. 29) S. 69. [31] 16, 3—4. [32] 16, 13—14. [33] 15, 21—22. [34] 16, 11—12. [35] 15, 10—11. [36] 6, 24. [37] 5, 15. [38] 6, 17. [39] 7, 13—19. [40] 11, 20.

„Kapitel 7.
Laß dein Herz nicht hinter dem Reichtum her sein;
jedermann weiß doch, daß ihm Lebenszeit und Geschick vorherbestimmt sind.
Wirf dein Herz nicht auf Äußerlichkeiten:
jeder Mensch hat die ihm bestimmte Stunde.
Bemühe dich nicht, immer weiteren Gewinn zu suchen,
wenn doch dein Bedarf sichergestellt ist.
Wenn dir Schätze gewaltsam zugeführt werden,
so bleiben sie nicht über Nacht bei dir.
Bei Morgengrauen sind sie nicht mehr in deinem Hause;
man sieht ihre Stelle wohl, aber sie sind nicht mehr da.
Der Boden hat seinen Schlund geöffnet, er hat sie verschlungen
und in die Unterwelt hinabgesogen.
Oder sie haben sich Flügel gemacht wie Gänse
und sind fortgeflogen zum Himmel.
Freue dich nicht über gewaltsamen Reichtum
und seufze nicht über Armut.
Wenn ein Schütze beim Angriff zu weit vorgeht,
so läßt ihn seine Gruppe im Stich.
Das Schiff des Habgierigen sitzt im Schlamm fest,
während das Boot des Bescheidenen mit gutem Wind segelt.
Bete du die Sonne an, wenn sie aufgeht,
und sprich zu ihr: ,Gib mir Heil und Gesundheit!'
Sie wird dir deinen Lebensunterhalt geben,
und du bist bewahrt vor Furcht." [41]

Das ganz ähnliche Gedanken bringende 6. Kapitel enthält die Sätze:
„Besser ist ein Scheffel, den Gott dir gibt,
als 5 000 Scheffel in Unrecht."
und schließt:
„Besser ist Armut in der Hand Gottes
als Reichtum im Speicher;
besser sind Brote mit zufriedenem Herzen
als Reichtum mit Kummer." [42]

Genau das gleiche drückt die demotische Lehre des Pap. Insinger folgendermaßen aus:
„Besser ist ein Tod in Armut als ein Leben ohne Scham." [43]

Aber nicht nur vor u n r e c h t erworbenem Reichtum wird gewarnt, sondern dieser ist immer für den Menschen gefährlich, auch dann, wenn er von Gott verliehen ist. Vor allem birgt jeder Reichtum die Gefahr des Verlustes, er bringt also Sorgen mit sich. Der Arme ist weniger Schicksalsschlägen ausgesetzt als der Reiche. Das klingt schon aus dem oben gebrachten Zitat des *Amenemope*, das sagt deutlicher und plumper die Lehre des *Anch-Scheschonqj*: *„Ruin kommt über den Reichen."* [44] Diese doppelte Einschätzung des Reichtums, einmal als Gefahr, andererseits als Gnade, faßt die Lehre des Pap. Insinger wie folgt: *„Geld ist die Schlinge, die Gott auf Erden dem Gottlosen gestellt hat, damit er*

---

[41] 9, 9—10, 15.   [42] 8, 19—20; 9, 5—8.   [43] 27, 3.   [44] 12, 10.

täglich besorgt sei. Er gibt es seinem Liebling, damit die Sorge in seinem Herzen auf-höre" — ein nachdenkenswerter Satz, den man geradezu zu einer Gebrauchsanweisung umkehren kann[45].

Reichtum gilt also immer auch als Gottesgabe, setzt aber, wie die Spätzeit erkannt hat, den rechten Gebrauch voraus, wenn er Segen bringen soll. Sehr schön faßt das *Anch-Scheschonqj*: *„Sage nicht: ‚Jetzt, wo ich diesen Reichtum besitze, will ich weder Gott noch Menschen mehr dienen.' Reichtum wird erst vollendet durch den Dienst Gottes, der ihn ja hat wachsen lassen."* [46]

Noch haben wir bei dem „Lob der Armut" keinen Hinweis darauf gefunden, daß der Arme Gott näherstehen könnte als der Reiche; bestenfalls enthalten die bisher vorgeführten Texte einen Trost für die Armen, sie seien vor schweren Schicksalsschlägen relativ sicherer als ein Reicher, sie lebten sorgloser, Armut schände nicht (da Gott offenbar willkürlich Arme und Reiche schaffe), und „arm und ehrlich" sei eine rechtschaffene Devise. Zum Schluß unserer Untersuchung der i r d i s c h e n Wertung der Armut, bevor wir ihre Auswirkungen auf das Los nach dem Tode betrachten, seien nun aber noch Zeugnisse auch für diese Auffassung beigebracht. Dabei geht es zunächst um eine leichte Verschiebung des Gleichgewichts in dem häufig nebeneinander genannten Paar „Arm und Reich", dann aber um das Erleben der Gottheit als Nothelfer gerade der Armen.

Die Ägypter lieben es, die Vollständigkeit durch das Nebeneinandersetzen zweier Gegensätze zu bezeichnen: „Ober- und Unter-Ägypten" oder „die beiden Ufer" sagen sie für „ganz Ägypten"; „Himmel und Erde" ist der Kosmos, „die Menschen" heißen „Alt und Jung", „Groß und Klein", „Männer und Frauen". Bei diesen Paaren treffen wir zu allen Zeiten auch „Reich und Arm". Einige Beispiele mögen genügen: In einem Hymnus lesen wir: *„Jedermann sagt: ‚Wir sind dein!', der Tapfere und der Feige zusammen, der Reiche wie der Arme mit einer Stimme. Sagen nicht die Witwen: ‚Du bist unser Gatte' und die Säuglinge ‚Unser Vater und unsere Mutter'? Der Reiche rühmt deine Vollkommenheit, und der Arme verehrt dein Antlitz."* [47] Eine Weihstelle in dem vor allem von Frauen besuchten Hathorheiligtum in Der el-bahri wendet sich an künftige Beterinnen: *„Reiche Damen wie arme Frauen, die ihr kommt, der Goldenen Kuh eure Bitten vorzutragen."* [48] Feine Nuancen verraten, daß die Dichter sich bei diesem Parallelismus ihre Gedanken gemacht und ihn keineswegs schematisch angewandt haben: *„Gott hat gemacht"* heißt es in einem Anruf des Sohnes an seinen verstorbenen Vater, *„daß dir Gunst wächst in den Herzen der Mächtigen, aber Liebe in den Herzen der Niedrigen"* [49]. Das Übergewicht des Armen spüren wir zunächst in einer Umstellung der Glieder, viel-

---

[45] 15, 19—20. Hier sei noch hingewiesen auf eine sehr merkwürdige Stelle in der Lehre des *Anch-Scheschonqj*, die ihresgleichen in der ägyptischen Literatur nicht hat: „Untergang überfällt einen reichen Mann; er wird bestraft für ein großes Verbrechen, das vor seiner Zeit begangen wurde" (12, 10 f.). Wenn man nicht daran denken will, daß irdische Gerechtigkeit in das ihm als Erbe zugefallene Vermögen eingreift, weil es seinerzeit unrechtmäßig zusammengebracht wurde, so wird hier eine Vergeltungslehre über Generationen vorausgesetzt, wie wir sie aus dem älteren Israel kennen (Ex. 20, 5), wo dann aber eine individuelle Vergeltungslehre an ihre Stelle trat (Jer. 31, 29 und Hes. 18, 2). Ein solcher Schicksalsschlag kann nur den Reichen treffen, der Arme ist ihm — wenigstens in dieser Form — nicht ausgesetzt. Freilich wird unsere Stelle, die ohne Zusammenhang mehrdeutig bleibt, weitreichende Folgerungen nicht tragen können, es sollte nur einmal auf sie hingewiesen sein. [46] 18, 16—17.
[47] Pap. *Beatty* IV, Ro. 7, 11 ff. (*A. H. Gardiner*, Hierat. Pap. in the Brit. Mus., 4th Series [London 1933]). [48] *E. Naville*, XIth Dyn. Temple III (London 1913) Taf. IX B.
[49] Petosiris, Inschr. 61, Z. 15.

leicht auch in der Häufung der „Armuts"-Situationen im erweiterten Sinne: *„Wer arm ist,
ruft zu dir, Amun, und wer reich ist, wünscht dich herbei. Wer in Syrien ist, sagt: ‚Bringe
mich nach Ägypten!‘, wer in der Unterwelt ist: ‚Rette mich!‘, wer vor dem König steht:
‚Gib mir Luft, Amun!‘"* [50]
Mit diesen letzten Texten befinden wir uns nun mitten in einem besonderen Gebiet
ägyptischer Religiosität, in einem Gebiet, das in ganz besonderer Beziehung zu unserem
Thema steht, dem der „persönlichen Frömmigkeit". Diese Bezeichnung geht auf
J. H. Breasted zurück [51]. Es mag übertrieben sein, der Ramessidenzeit diesen Stempel auf-
zuprägen, nachdem dort auch ganz andere Strömungen in der Religion greifbar sind,
andererseits auch frühere und spätere Perioden ägyptischer Religionsgeschichte eine unmittelbare Verbindung von Mensch zu Gott kennen — dennoch tritt dieser Zug in der
19. und 20. Dynastie besonders hervor. Wir müssen, um zum richtigen Verständnis der
auf die Armut bezüglichen Texte dieser Zeit zu kommen, die ganze Bewegung kurz
charakterisieren [52]. Der einzelne Ägypter richtet seine Gebete unmittelbar, d. h. nicht
durch die Vermittlung des Königs oder eines Priesters, und zumeist außerhalb des Kultes
an Gott. Soweit es Bittgebete sind, erfleht er die Wiederherstellung der Ordnung, die
durch menschliches Unrecht gestört ist. Das Menschenbild, das all diesen Äußerungen
zugrunde liegt, ist der Fromme, der in den Weisheitslehren der „Schweiger" genannt ist.
Das ist der Mann, der nicht wider den Stachel löckt, der Gottes Ratschluß demütig hinnimmt, der sich in das ihm auferlegte Geschick fügt und Gott dankt. Verbunden ist diese
Haltung mit einem ausgeprägten Sündenbewußtsein, das Schicksalsschläge als auferlegte
Strafe empfindet.
Hier nun spielt die Armut hinein. Hinnehmen von Leid, Bitte, es zu wenden bei Unterwerfung unter Gottes Willen, kurzum Demut wird sich vor allem bei Menschen in Not
finden. Diese Not kann in einer Krankheit bestehen, aber auch in materieller Not, also
Armut. Das Eigenschaftswort „arm" wie das Substantiv „der Arme" tauchen in unseren
Texten, meist Gebeten und Hymnen, so häufig auf, daß man geradezu von einer „Religion
der Armen" gesprochen hat [53]. Doch engt eine solche Sicht das Feld unsachgemäß ein, einmal, weil die Wörter „arm", „Armer" auch übertragen gebraucht werden, und wir
wissen, daß durchaus nicht alle, die sich im Gebet als Arme bezeichnen, unteren sozialen
Schichten angehören [54], ja sogar manche Königsinschriften von gleichem Geist bestimmt sind
(Gebet Ramses' II. in der Kadeschschlacht, Brunneninschriften von Kanais u. a.). Unsere
Texte stehen manchen Gattungen der Psalmen nahe, etwa den Klage-, Buß- und Krank-
heitspsalmen, aber auch Trostpsalmen.
Wir wählen also im folgenden aus dieser großen Gruppe von Texten nur solche aus,
die offenbar Aussagen über die materielle Armut enthalten. Eine Untersuchung über den
ganzen Komplex der Frömmigkeit, mit der gesamten geistigen Situation in den verschiedenen Epochen, auch mit dem Wesen der einzelnen Gottheiten, steht noch aus — ich hoffe,
sie demnächst vorlegen zu können.
Zunächst hören wir Aussagen über Gott als Schützer und Retter des Armen im allgemeinen, um dann zwei in Ägypten exemplarische Situationen, die der Fähre und des

[50] *Gardiner und Černý*, op. cit. (Anm. 16) 5, 1.
[51] Development of Religion and Thought in Ancient Egypt (New York 1912) Kap. 10.
[52] Vgl. dazu *J. Zandee*, De Hymnen aan Amon van Pap. Leiden I 350 (Leiden 1948) S. 50—54
sowie das V. Kapitel bei *S. Morenz*, op. cit. (Anm. 29).
[53] *B. Gunn*, The Religion of the Poor, Journal of Eg. Archaeol. 3 (1916) S. 81 ff.
[54] z. B. ein Amonpriester der 22. Dyn., Kairo, Cat. Gén. 42 208.

Gerichtes, herauszunehmen. Der Gott, der angerufen oder gepriesen wird, ist meist Amun. Das hängt mit seinem Wesen eng zusammen, ist er doch der Gott der alles belebenden, alles erfüllenden Luft, ein Geistgott, ein Pneuma. Er ist der Gott, der sich der kleinsten und hilfebedürftigsten Lebewesen, etwa des Kükens im Ei oder der Würmer und Flöhe, annimmt[55]. *„Mein Herz begehrt, dich zu sehen, du Herr des Schawab-Baumes, wenn deine Kehle den Nordwind bringt. Du gibst Sättigung ohne Speise* (christlich würde das heißen: „Du bist das Lebensbrot"), *du gibst Trunkenheit ohne Trank. Mein Herz möchte dich sehen. Mein Herz ist froh, Amun, du Schützer der Armen. Du bist der Vater der Waisen, der Gatte der Witwe . . ."* [56] Zahlreiche andere Stellen lassen keinen Zweifel am sozialen Charakter der Not: So gibt Amun Brot dem, der keines hat[57]; er erweist sich dabei als der Schöpfergott — wobei Schöpfung in dieser Sicht nicht eine abgeschlossene Tat der Urzeit, sondern ein ständig wiederholter Akt ist: *„Amun-Re, seine große Flut — reich an Fischen, mit vielen Vögeln — überflutet die Höhen, und alle Armen sind gesättigt."* [58] Besonders als Erhörer von Gebeten der Armen wird Amun unzählige Male gepriesen: *„Wohl dem, der schön auf der Hand des Amun sitzt, der den Schweigsamen schützt und den Armen rettet . . . Du bist der, der die Gebete dessen, der ihn anruft, erhört, der den Mann aus den Händen des Gewalttätigen rettet."* [59] *„Amon-Re, der die Bitten erhört, der auf die Stimme des betrübten Armen kommt, der dem, der gebeugt ist, Atem gibt . . . Du, Amun, bist der Herr für den Schweigenden, der da kommt auf die Stimme des Armen. Rufe ich zu dir, wenn ich betrübt bin, so kommst du, daß du mich rettest, daß du dem Gebeugten Atem gebest, daß du mich erlöst, der ich in Banden liege (?)."* [60] Oder einmal die Stimme einer Frau: *„Wie süß ist, wenn du gnädig bist, Chons, einer Armen aus deiner Stadt."* [61] Ein etwas jüngeres Gebet: *„Alle, die sich auf die Seite legen, wenn du dich zum Westen begibst* (d. h. als Sonne untergehst), *sie bitten dich, daß du wieder zu ihnen kommst als dein glänzendes Auge bei Nacht, das wiedergeboren wird* (d. i. der Mond) *als die Lampe des Armen, das die Herzen am Leben erhält."* [62] Bevor wir uns den beiden beispielhaften Fällen der Fähre und des Gerichts zuwenden, sei noch ein leider nur verstümmelt erhaltenes Gebet besonders eindrücklicher Sprache mitgeteilt, das unmittelbarem Erleben entstammen dürfte: *„Amun, möge er sich (schützend) hinter mich stellen in der Stunde des Kampfes, der furchtbaren Waffe. Siehe, die Menschen sind wie Löwensöhne, sie begehen wilde Taten und erkennen ihre Brüder nicht. Ihre Gesichter sind entstellt, und sie beben. Ich bin alleine und habe keine Freunde . . . ihre . . . brennen, um den Armen zu durchbohren, der unter ihnen ist; (Du aber bist) einer, der mich in seine Nähe nimmt, auch ohne daß ich es suche; (Amun) ist nützlicher als ein trefflicher Schutzbau auf der Sandbank des Krokodils. Er packt die Krokodile, auch wenn ihre Rachen schon offenstehen. Wir sind geborgen in ihm, ich fürchte sie nicht . . . sie wie zwei Flügel auf der Flut vor dem Sturm . . . Halte dich an Amun, laß ihn nicht los, ein wahrer Helfer ist er . . . denn er hat errettet aus der Hand des Gewaltigen, nachdem ihm übel mitgespielt wurde . . ."* [63]

---

[55] Vgl. *K. Sethe,* Amun und die Acht Urgötter (Abh. der Preuß. Akad. der Wiss. [1929] 4); *H. Bonnet,* Reallexikon der äg. Religionsgeschichte (Berlin 1952) s. v. Amun. [56] Journal of Eg. Archaeol. 14 (1928) Taf. 5.   [57] Anast. II, 9, 2.   [58] Anast. IV, 10, 7. [59] Äg. Museum Berlin 6910.   [60] Äg. Museum Berlin 20 377. [61] *A. Erman,* Denksteine aus der theban. Gräberstadt (Sitz. Ber. der Preuß. Akad. der Wiss. [1904] S. 1104).   [62] Kairo, Cat. Gén. 42 208, vgl. *E. Otto,* op. cit. (Anm. 2) S. 138. [63] *Černý und Gardiner,* op. cit. (Anm. 16) 38, 2 Ro. Z. 7 ff. und Vo; vgl. *H. Brunner* in: Bibl. Orientalis 15 (1958) S. 197. Weitere Beispiele für die soziale Seite der Gottheit im NR bei

Wir sehen, wie der Arme in die Nähe des Demütigen rückt, des Frommen, der sich demütigt, sich „arm macht" und dadurch Gott näherkommt. Die ägyptische Sprache bringt diese Nähe hübsch zum Ausdruck: *nmḥ* heißt „der Arme", das Kausativ dazu, *snmḥ*, „sich arm machen, sich demütigen", bekommt die Bedeutung „beten".

Arme Leute konnten sich kein eigenes Boot leisten, um damit den Nil zu überqueren. Darauf aber waren sie angewiesen, wenn sie zu den auf dem anderen Ufer liegenden Feldern wollten. Offenbar waren solche Fähren in privatem Besitz, und die Unternehmer forderten dafür einen Fährlohn. Ein eigenes Boot zur Verfügung zu haben rühmen sich reiche Leute, ebenso wie sie betonen, daß sie mit eigenen Ochsen pflügten, daß sie aus eigenen Miteln ihr Grab ausgestattet haben usw. Dieser Besitz verpflichtete dann, die Armen, die den Fährlohn nicht aufbringen konnten, kostenlos überzusetzen[64]. Eine solche soziale Haltung wird nun auch der Gottheit im Bilde beigelegt: *„Du bist Amun, der Fährmann, der auch den Armen übersetzt und nicht zu einem Mittellosen sagt: ‚Geh hinaus aus meiner Fähre!'"*[65]; ein anderes Beispiel: *„Amun, der du schnell kommst mit langen Schritten, wenn zu dem, der keinen Fährlohn hat, gesagt wird: ‚Geh hinaus aus meiner Fähre!'"*[66]

Besonders aber ist es das Gericht, wo sich der Arme im späteren NR unterdrückt fühlte. Die Zeugnisse lassen klar erkennen, wie der Staatsapparat damals korrumpierte, wie das Vertrauen zum Gericht sank, weil alle Beamten vom Pförtner bis zum Richter einer Bestechung zugänglich waren; da mußte der Mittellose alle Hoffnung aufgeben, zu seinem Rechte gegen einen Wohlhabenderen zu gelangen — wenn eben nicht ein Wunder geschah und Gott selbst eingriff, d. h. wohl, einen unbestechlichen Richter schickte. Zum Verständnis der folgenden Texte muß man nur noch wissen, daß der Wesir der oberste Richter des Landes, Kontroll- und Berufungsinstanz war. Im übrigen sprechen diese menschlichen Zeugnisse für sich selbst.

Auch hier knüpfen die Aussagen an das alte soziale Idealbild des Mannes an, der gerecht richtet. Schon im MR soll ein Mann *„wirklich (der Wahrheit gemäß) verhören, ohne zugunsten des Reichen parteiisch zu sein"*[67]. Aber vor dem NR ist sonst nur die Rede von einem unparteiischen Richter oder vom Rechtsprechen *„so, daß beide Parteien zufrieden sind"*. Erst im NR treffen wir dabei die Sorge, der Richter könne sich dem Reichen zuwenden, also den Armen benachteiligen[68]. Zu allen Zeiten Ägyptens warnen die Lehren vor Bestechlichkeit oder auch nur Parteilichkeit im Gericht; hören wir als Probe nur noch Amenemope:

„Kapitel 20.
Verdirb nicht einen Mann im Gericht
und schiebe nicht den beiseite, der im Recht ist,
indem sich dein Blick der reichen Kleidung zuwendet
und du den fortjagst, der ärmlich gekleidet ist.
Nimm keine Bestechung an von dem Reichen
und bedrücke nicht in seinem Interesse den Schwachen.

[H]. *Brunner*, op. cit. (Anm. 17) S. 12 ff., wo allerdings gerade die hier behandelte Frage der Armut weitgehend ausgespart blieb.   [64] Belege bei *J. Janssen*, op. cit. (Anm. 2) II G z.
[65] *J. Wilson* in: Americ Journ. of Semitic Languages 49 (1932) S. 152 f.
[66] Pap. *Beatty* XI, Vo. 2, 4, op. cit. (Anm. 47).
[67] *K. Sethe*, Lesestücke (Leipzig 1928) S. 79, 18, 19.
[68] *K. Sethe*, Urkunden d. 18. Dynastie IV (Leipzig 1906/09) 1077, 17; 1118, 8.

Gerechtigkeit ist eine große Gabe Gottes,
er gibt sie, wem er will.
Die Kraft dessen, der ihm gleicht,
befreit den Bedrückten von den Schlägen." [69]

Und nun die diesen Vorstellungen entsprechenden Prädikationen Gottes. Sie begegnen uns erstmals gegen Ende der 18. Dynastie, noch vor dem monotheistischen Reformversuch Echnatons. *„Der das Gebet dessen erhört, der in Bedrängnis ist, freundlich gegen den, der ihn anruft. Der den Schüchternen rettet aus der Hand des Gewalttätigen* [70], *der zwischen dem Armen und dem Reichen richtet"* singt ein Hymnus dem Amun zu [71]. Deutlicher noch spricht ein Gebet aus, was der Gläubige, enttäuscht von der Menschenwelt, von seinem Gotte erhofft und erfährt: *„Amun, neige dein Ohr dem, der allein steht im Gericht und der arm ist, nicht reich. Das Gericht zieht ihm Silber und Gold aus der Tasche für die Schreiber der Matte und Kleider für die Gerichtsdiener. Vielleicht aber verwandelt sich dann Amun in den Wesir, um den Armen freizusprechen; vielleicht wird der Arme gerechtfertigt. Ach, daß doch die Armut den Reichtum aus dem Felde schlüge!"* [72] Auch ein fragmentarisches kurzes Gebet spielt auf die Situation im Gericht an: *„Komm . . . ich bin allein, sie . . . ihre Helfer, ihre Retter, ihre starken Beisteher. Amun, du Retter dessen, der keinen Mund hat* (d. h. keine rhetorische Ausbildung)" [73]. Eine deutliche Spitze gegen die Reichen, die bisher freilich unausgesprochen immer schon zu spüren war, bringt das Gebet auf einer Kalksteinscherbe in Kairo: *„Du bist ein gerechter Richter, der keine Bestechung annimmt, der den Nichtigen erhebt. (Du richtest) den Armen auf, nicht reichst du deine Hand dem Reichen . . . Wehre dem . . . Mache den Elenden (?) heil, du Wesir . . ."* [74]

Bisher haben wir immer Amun als den Helfer des Armen getroffen, und wir sagten schon, daß das seinen inneren Grund im Wesen des Gottes hat. Dennoch sei mit einem Beispiel zum Schluß belegt, daß — wie immer im Ägyptischen — der Name des Gottes nicht unbedingt an die Sache gebunden ist, um die es geht. Auch andere Götter zeigen im NR diesen sozialen Zug. Für das Gerichtswesen ist es besonders Thoth, der Gott der Schreibkunst und des Gerichtes schlechthin. Im Totenbuch erklärt er selbst: *„Ich bin Thoth, der Herr der Macht, der dem Verletzten zum Recht verhilft, der dem Elenden beisteht."* [75]

Bevor wir uns nun der Frage zuwenden, welche Bedeutung der soziale Stand im Jenseitsgericht hatte, sei noch auf ein sehr merkwürdiges Dokument hingewiesen, das freilich unsere Problemstellung nur am Rande berührt. Ich weiß nicht, ob die Ohren zu sehr gespitzt sind, wenn sie aus den soeben vorgeführten Texten gelegentlich etwas wie ein Pochen auf die Armut heraushören, als ob der niedere Stand allein schon ein Anrecht auf Freispruch gewährleisten solle. Eine entsprechende Formulierung aus den biographischen Texten lautet: *„Ich wurde gefunden mit taubem Gesicht gegen den Reichen, aber*

---

[69] 20, 20—21, 8.
[70] Auch diese Vorstellung entstammt der Idealbiographie, z. B. Urk. IV, 1082, 17; ältere Stellen bei *J. Janssen,* op. cit. (Anm. 2) II, B h.
[71] Kairener Amonshymnus 4, 3 ff., op. cit. (Anm. 52).
[72] Anast. II, 8, 5—9, 1. Hier wären noch zwei weitere unpublizierte Kalksteinscherben zu nennen, die Amun auch „den Wesir, der allen Armen zum Recht verhilft", nennen: Ostr. *Borchardt,* s. R. *Caminos,* Late Eg. Misc. (London 1954) S. 512 (3) und R. *Anthes* in: Journ. of Near Eastern Studies 16 (1957) S. 184.   [73] *Černý und Gardiner,* op. cit. (Anm. 16) 7, 3.
[74] Zeitschr. für äg. Sprache 38 (1900) S. 24.   [75] Spruch 183.

freundlich gegen den Besitzlosen, als einer, der dem Schwachen gegen den Mächtigen hilft. Denn ich wußte, daß Gott mit dem zufrieden ist, der so handelt." [76] Bei der Behandlung des Jenseitsgerichtes werden wir nochmals auf diese Frage stoßen. Hier sei aber auf ein rein innerweltliches Dokument hingewiesen, das soeben zutage gekommen ist [77]. Im Jahre 265 v. Chr. hatte ein Arbeiter am Amontempel einen Unfall erlitten und war infolgedessen erblindet. Er hat nun offenbar Schwierigkeiten mit seinem Anstellungsverhältnis und der finanziellen Entschädigung und wendet sich — wie seine Kollegen vor 1000 Jahren — an Amun: *„O Amun, ich bin ein sehr armer Mann, ich bin dein Diener, laß mich nicht untergehen. Laß nicht zu, daß man sich von mir trennt* (d. h. daß man mich entläßt?). *Ich stehe jetzt schon seit 30 Jahren im Dienste des Amun, ohne daß man mir jemals einen Vorwurf hätte machen können, ohne daß ich jemals aus eigenem Antrieb meinen Arbeitsplatz verlassen hätte . . .*" Hier steht die Angabe, daß der Bittsteller „sehr arm" sei, in solcher Nähe zu den (wie wir heute sagen würden) arbeitsrechtlich belangreichen Fakten, daß man meint, der Mann wolle aus beidem gewisse Rechte ableiten. Der Text ist in sehr sorgfältiger Schrift auf einen gut geglätteten Stein geschrieben und soll gewiß, obwohl als Gebet formuliert, gewisse rechtliche Forderungen vortragen.

*

Zur Einleitung des letzten Abschnittes unserer Untersuchung, die der Bedeutung von Arm und Reich für das Jenseitslos gelten soll, sei eine ganz vom Gesichtswinkel des Reichen aus empfundene Stelle angeführt, die die Machtlosigkeit des Geldes gegen den Tod betont: *„Wenn ein Mann geht, geht auch sein Vermögen. Einer, der es teilen wird, ist dann da, der nun an der Reihe ist, seine Herzenswünsche zu erfüllen. Dann ist die Sonne nicht mehr da für den Reichen; kein Bote des Todes kann ein Geschenk empfangen, damit er unausgeführt lasse, weswegen er ausgeschickt ist*" (d. h. auch der Reiche kann den Todesboten nicht bestechen, Reichtum bewahrt nicht vorm Sterben). [78] Angesichts des Todes also hat der Reichtum seinen Wert verloren. Wie steht es aber damit im Jenseits?

Von der Beantwortung der Frage, ob der soziale Stand, also der Reichtum oder die Armut, eine Wirkung auf das Jenseitslos habe, können wir uns noch besonderen Aufschluß für unser Problem versprechen. Freilich müssen wir auch hier mit mehreren, sich u. U. widersprechenden Auskünften der Texte rechnen, nicht nur wegen ihrer verschiedenen sozialen oder zeitlichen Herkunft, sondern weil eben über solch gewichtige religiöse Fragen stets (soweit nicht ein zentrales Lehramt für Einheit sorgt) verschiedene Ansichten umlaufen werden, die gerade in ihrer Vielfalt allein der Größe der Frage gerecht werden.

Drei verschiedene Stränge, nebeneinander und ineinander verschlungen, bilden die Ansichten zu der Frage nach der Bedeutung von Reich und Arm fürs Jenseits während der langen ägyptischen Geschichte. Betrachten wir sie nacheinander, auch wo sie gleichzeitig hervortreten.

a) Nach ägyptischer — und vielleicht menschlicher — „Urvorstellung" setzt sich im Jenseits das diesseitige Los fort. In diesen Strang des Bündels gehört die etwa in den Pyramidentexten des 3. Jahrtausends stark hervorgehobene Vorstellung vom Sonderlos

---

[76] Iret-Hor-aa, 26. Dyn., n. *E. Otto,* op. cit. (Anm. 2) S. 162.

[77] *M. Malinine,* Texte démotique relatif à un accident de travail, in: Acta Orientalia 25 (1961) S. 250—265.   [78] Petosiris, Inschr. 127, Z 3 ff., n. *E. Otto,* op. cit. (Anm. 2) S. 48 f.

des Königs. Materiellen Ausdruck hat dieser Glaube gefunden in den für Ägypten so charakteristischen Vorkehrungen für eine dem Stande entsprechende Grabausrüstung. Die Ägypter hätten nicht je nach Vermögen verschieden viel, aber immer einen nennenswerten Prozentsatz ihrer Habe in den Grabbau und die Beigaben gesteckt, wenn sie sich nicht davon eine Wirkung auf ihr Los im Jenseits versprochen hätten. Selbst wenn wir ein gewisses „Sozialprestige" bei der Beisetzungsfeierlichkeit berücksichtigen (wie es ja noch heute auch bei uns üblich ist, die wir wohl gewiß nicht mehr an eine Wirkung auf ein Los im Jenseits glauben), selbst wenn wir eine starke Tradition annehmen, die zu durchbrechen nicht leicht war, so läßt sich doch der große Aufwand, den zu allen Zeiten die Reichen für ihr Grab getroffen haben, ohne Hoffnung auf diese Wirkung nicht erklären. Das gilt auch und gerade für die Spätzeit. *E. Otto* hat gezeigt, wie der Glaube an ein Jenseits im ersten Jahrtausend v. Chr. immer blasser und kraftloser wird und einer allgemeinen Skepsis weicht, die den Menschen ganz auf das Diesseits verweist; jede Art von Fortleben wird bezweifelt, es sei denn „im Munde der Nachkommen", also in den Kindern und späteren Bewohnern der Stadt. *„Der Tod erscheint eindeutig als das Ende des Lebens, und die frommen Sagen vom Jenseits, vom Gericht nach dem Tode, vom Leben der verklärten Seelen werden unausgesprochen mehr oder weniger vollständig abgelehnt."* [79] Hier scheinen allerdings an dem „eindeutig" doch einige Einschränkungen anzubringen zu sein, zumal die biographischen Inschriften, die *Otto* die Farben zu seinem Bilde liefern, die Ablehnung nur „unausgesprochen" vollziehen. Dagegen spricht, wie *Otto* selbst hervorhebt, die sehr ausführlich ausgesprochene Überzeugung des Hohenpriesters von Hermopolis zur Zeit *Alexanders d. Gr., Petosiris*, die wir anhand von Proben nachher noch kennenlernen werden, der auch mit seiner Betonung eines ethischen Gerichtes keineswegs alleinsteht[80], dagegen spricht der *Setna*-Roman, der uns noch ausführlich beschäftigen wird und dessen Überzeugungen nicht einfach als „Literatur" abzutun sind, zumal sie erhebliche Wirkungen auf die religiösen Vorstellungen von Nachbarvölkern gehabt haben, und dagegen spricht auch der Aufwand, den die Vornehmen dieser Zeit für ihre Grabbauten getrieben haben, von den sog. „Persergräbern" in Memphis bis zu der Totenstadt von Gebel Tuna in römischer Zeit. Die Särge waren nie so kostbar wie die Steinsarkophage der „saïtischen" Zeit[81], die Mumifizierung blieb im Schwange und überlebte sogar eine Zeitlang die Wende zum Christentum[82]. Und die in der Ptolemäerzeit üblichen „Bestattungsvereine" hätten sich nicht damals erst gebildet, wenn man wirklich so ausschließlich skeptisch über jedes Weiterleben nach dem Tode oder auch nur über die Wirkung einer reichen Bestattung gedacht hätte[83].

---

[79] *E. Otto*, op. cit. (Anm. 2) S. 64.

[80] Vgl. etwa die Inschrift auf dem Wiener Sarkophag des Pa-nehem-Ese: *W. Wreszinski*, Äg. Inschr. Wien (1906) S. 160 = *E. Otto*, op. cit. (Anm. 2) Nr. 58. Szenen des Totengerichtes und des Jenseits kommen noch weit in ptolemäischer und römischer Zeit vor, und zwar keineswegs nur konventionell, vielmehr höchst lebendig weiterentwickelt: *Fr. W. v. Bissing* in: Ann. Serv. des Antiqu. 50 (1950) Taf. I zu S. 547 ff. mit den dort genannten Parallelen; die von *S. Morenz* behandelten Leichentücher römischer Zeit: Das Werden zu Osiris, Forschungen und Berichte der staatl. Museen zu Berlin 1 (1957) S. 52—70. (Ein solches bemaltes Leichentuch in schlechtem Zustand befindet sich übrigens auch im ägyptologischen Institut der Universität Tübingen.)

[81] Vgl. *M. L. Buhl*, The Late Egyptian Anthropoid Stone Sarcophagi (Kopenhagen 1959).

[82] Vgl. *A. L. Schmitz* in: Zeitschr. für äg. Sprache 65 (1930) S. 1 ff.

[83] Solchen Bestattungs- und Kultvereinen verdanken wir eindrucksvolle Anlagen wie die Katakomben von Kom esch-Schugâfa in Alexandrien; auch der Totendienst wird vertraglich geregelt. In der Regel wird er einer Priesterklasse, den „Choachyten", übertragen.

Grundsätzlich hat sich also die Vorstellung von der Fortsetzung des irdischen Wohlstandes im Jenseits in irgendeiner Form durch die ganze Zeit ägyptischen Glaubens erhalten — wenn gewiß zuletzt auch verblaßt und durch andere Vorstellungen überlagert. Wir müssen uns noch einige wenige Zeugnisse dafür anhören, um ganz zu erfassen, wie problematisch sie den Ägyptern selbst, besonders durch ihr Zusammentreffen mit anderen, gegenteiligen Überzeugungen, geworden ist.

Im Alten Reich wird dieser urtümliche, unreflektierte Glaube durch die Konzeption der Ma'at gestützt: Wer ma'atgemäß lebt, sich also in Gottes Ordnung einfügt, wird im Leben Erfolg haben, wird es zu Ehren und damit zu Wohlstand bringen, er wird auch im Jenseits eine entsprechende Stellung in der Nähe des auch dort herrschenden Königs erhalten. Problemlos lehrt ein Sohn des *Cheops* in einer Lebenslehre: *„Mache dein Haus des Friedhofs herrlich und deine Stätte des Westens trefflich . . . Das Haus des Todes dient dem Leben."* [84]

Eine solche naive Gleichsetzung von Rechtschaffenheit, Wohlstand und Seligkeit war spätestens in der Ersten Wirre nach dem Zusammenbruch des AR erschüttert worden. Damals dominierte, vielleicht von unteren sozialen Klassen ausgehend, jedenfalls von ihnen begeistert getragen, der nachher zu verfolgende zweite Strang der Vorstellungen: der von einem gerechten Jenseitsgericht, das die Menschen nur nach ihren ethischen Leistungen und Haltungen beurteilt, unabhängig von jedem sozialen Stand. Damals griff König *Achthoes* in seiner Lehre für seinen Sohn *Merikarê* das alte, von uns soeben zitierte Wort auf und bog es in bezeichnender Weise um; er lehrt: *„Mache dein Haus des Westens schön und deinen Sitz in der Totenstadt herrlich"*, läßt dann aber den letzten Teil *„Das Haus des Todes dient dem Leben"* fort und fügt statt dessen eine adverbiale Bestimmung an, die den Sinn völlig verändert: *„als ein Rechtschaffener, als einer, der Ma'at ausübt"* [85].

Trotz dieser höheren Auffassung lebt aber die naive ursprüngliche im Volke und wohl auch gerade bei den Reichen fort — wie sie sich in den materiellen Aufwendungen für Grab und Totendienst äußert, haben wir oben gesehen [86]. Ein anschauliches Zeugnis für die Selbstverständlichkeit, mit der sie auch noch in hellenistischer Zeit vertreten wird, bietet nun ein Text, der uns noch ausführlich beschäftigen muß und den wir deshalb an dieser Stelle im Wortlaut und ganz einschalten wollen [87]. — Dem Setna wird auf ein Gebet hin von den Göttern ein Kind namens *Si-Osire* geschenkt. Dieser ist ein wiedergeborener Verstorbener, der über das Jenseits genau Bescheid weiß.

„Der Knabe wuchs heran und wurde kräftig. Er wurde zur (Schule) gesandt; (bald übertraf) er den Schreiber, dem er zum Unterricht anvertraut war . . . . (Einst) begab es sich,

---

[84] Lehre des Djedefhor, s. G. *Posener*, Rev. d'Égyptol. 9 (1952) S. 109 ff.
[85] Merikarê 127 f. Zu den geringen Abweichungen im Wortlaut und zur Frage des ursprünglichen Textes vgl. H. *Brunner* in: Mitteilungen des Deutschen Archäol. Inst. Kairo 14 (1956) S. 18 f. G. *Fecht* möchte diese Umwertung bereits in der Lehre des Ptahhotep finden, sie also zwischen den Höhepunkt der vierten und das Ende der fünften Dynastie ansetzen: Der Habgierige und die Ma'at in der Lehre des Ptahhotep (1958) passim, besonders S. 50 f. Für unsere Untersuchung ist diese chronologische Frage ohne Belang.
[86] Vgl. dazu noch E. *Lüddeckens*, Alter und Einheitlichkeit der äg. Vorstellung vom äg. Totengericht (Jahrb. der Akad. der Wiss. [Mainz 1953] S. 185).
[87] Setna II, I 15—II 27. Die Übersetzung folgt der von Gg. *Möller* bei H. *Greßmann*, Vom reichen Mann und armen Lazarus (Abh. der Preuß. Akad. der Wiss. [1918] Nr. 7, S. 63—67]. Lediglich der wichtige Passus über die Beurteilung der Taten des Armen, II, 11, lehnt sich stärker an die ältere Übersetzung von F. Ll. *Griffith* an: Stories of the High Priests of Memphis (London 1900) S. 155, die an dieser Stelle erheblich genauer ist.

daß Setna (laute Toten)*klage hörte.* (Er) *blickte* (vom Balkon) *seines Hauses* (und sah einen reichen Mann), *den man unter* (lautem) *Klagegeschrei zum Gräberfeld hinaustrug, mit vielen Ehren* (und reicher Grabausstattung). *Er schaute* (noch einmal hinab, da erblickte) *er zu seinen Füßen* (einen anderen Zug, und) *er sah* (einen armen Mann aus Memphis zum Gräberfeld hinaustragen), *eingeschlagen in eine Matte . . . ., ohne daß* (irgend jemand ihm) *folgte.* (Da sagte) Setna: ‚Bei (Ptah, dem großen Gott, wieviel glücklicher sind die Reichen), *die man unter* (Klage)*rufen* (und unter großen Ehren bestattet), *als die Armen, die man* (ohne Geleit) *zum Gräberfeld trägt.*‘ (Da sagte Si-Osire: ‚Möge es dir im Totenreich ergehen), *wie es diesem armen Mann im Totenreich ergehen wird,* (und nicht, wie es diesem reichen Mann ergehen wird an) *dem Ort* (des Gerichts. Das) *wirst du* (begreifen, wenn du) *im Totenreich* (sein wirst. Als er diese Worte hörte, die sein Sohn Si-Osire gesprochen hatte, da wurde) *das Herz des Setna darüber sehr* (betrübt. Er sagte: ‚Ist das, was ich höre), *die Stimme* (meines Sohnes?)‘"

Im folgenden führt Si-Osire den Setna ins Totenreich, um ihn von den dortigen Verhältnissen zu überzeugen. Sie durchschreiten sieben Hallen, darunter auch solche, die Oknos-Menschen und Tantalos-Menschen beherbergen, das sind solche, denen ein Esel den von ihnen gedrehten Strick stets wieder auffrißt, und solche, denen die Nahrung zwar sichtbar ist, aber vorenthalten wird. Wir bringen hier nur den Wortlaut der fünften Halle:

„Sie gingen zur fünften Halle, da sah Setna die erhabenen Verklärten an ihren Plätzen stehen und die, gegen welche eine Anklage wegen Freveltaten vorlag, wie sie an der Tür betend standen, während der Angelzapfen des Tores der fünften Halle in das rechte Auge eines Mannes eingelassen war, der betete und laut jammerte."

In der siebten Halle dann thront Osiris:

„Sie traten in die siebente Halle ein, da sah Setna die Erscheinung des Osiris, des großen Gottes, wie er auf seinem Thron aus lauterem Golde saß, geschmückt mit der Atefkrone, mit Anubis, dem großen Gott, zu seiner Linken und dem großen Gott Thoth zu seiner Rechten, während die Götter des Gerichts der Unterweltbewohner links und rechts von ihm standen und die Waage in der Mitte von ihnen aufgestellt war und sie die Sünden gegen die guten Taten abwogen, indessen Thoth, der große Gott, schrieb und Anubis seinem Gefährten Angaben machte. Wessen Sünden zahlreicher befunden werden als seine guten Taten, der wird der Verschlingerin des Herrn des Totenreichs überantwortet, man vernichtet seine Seele und seinen Leib und läßt ihn nicht wieder atmen. Wessen gute Taten zahlreicher befunden werden als seine Sünden, den versetzt man unter die Gerichtsgötter des Herrn des Totenreichs, während seine Seele mit den erhabenen Verklärten zum Himmel geht. Wessen gute Taten den Sünden gleich befunden werden, den versetzt man unter die trefflichen Verklärten, die Sokaris-Osiris dienen.

Da sah Setna einen vornehmen Mann, der mit einem Gewand aus Byssus bekleidet war, nahe dem Orte, wo Osiris sich aufhielt, indem der Rang, den er einnahm, sehr hoch war. Setna wunderte sich gewaltig über das, was er im Totenreich sah. Si-Osire ging hinaus vor ihm und sagte zu ihm: ‚Mein Vater Setna, siehst du nicht diesen vornehmen Mann, der in einem Byssusgewand sich nahe dem Orte aufhält, da Osiris weilt? Das ist der Arme, den du ohne Gefolge, in eine Matte gewickelt, aus Memphis tragen sahst. Er wurde zur Unterwelt gebracht, und seine Sünden wurden gegen seine guten Taten, die er auf Erden getan hatte, abgewogen: Man fand seine guten Taten zahlreicher als seine Sünden im Verhältnis zu seiner Lebenszeit, die Thoth ihm schriftlich zugeteilt hat (auf seinen Geburtsziegeln?) und im Verhältnis zu seinem Glück auf Erden. So wurde vor Osiris* *befohlen, daß diesem besagten Armen die Grabausstattung jenes reichen Mannes zuteil werden solle, den du unter vielen Lobpreisungen aus Memphis heraustragen sahst, und daß er unter die erhabenen Verklärten versetzt werde als Gottesmann, der Sokaris-Osiris dient, nahe dem Aufenthalt des Osiris.*

Dieser reiche Mann, den du sahst, wurde in die Unterwelt gebracht, und seine Sünden wurden gegen seine guten Taten abgewogen; man fand seine Sünden zahlreicher als seine guten Taten, die er auf Erden getan hatte; es wurde befohlen, im Totenreich Vergeltung zu üben. (Er ist der Mann), *von dem du gesehen hast, wie der Angelzapfen des Tores vom Totenreich in sein rechtes Auge eingelassen war und sich auf seinem Auge öffnete und schloß, während sein Mund zu lauter Wehklage geöffnet war. Bei Osiris, dem großen Gott, dem Herrn des Totenreichs, wenn ich dir auf Erden sagte:* (dir soll es ergehen) *wie diesem armen Mann und nicht wie jenem reichen Mann, so wußte ich, wie es ihm ergehen würde. Da sprach Setna: ‚Mein Sohn Si-Osire, viele Wunder habe ich im Totenreich gesehen, hiernach möchte ich ausfindig machen,* (was) *mit diesen Menschen* (vor sich geht), *die Seile drehen, während die Esel* (diese) *hinter ihnen* (fressen), *während andere, deren Lebensunterhalt, Wasser und Brot, über ihnen aufgehängt ist, sich eifrig bemühen, ihn herunterzuholen, und wieder andere unter ihren Füßen Gruben graben, um zu verhindern, jenen zu erreichen.' Da sagte Si-Osire: ‚Wahrhaftig, mein Vater Setna, diese Menschen, die du sahst, die Seile drehen, während die Esel* (sie) *hinter ihnen fressen, gleichen den Menschen auf Erden, die unter dem Gottesfluch stehen, indem sie Tag und Nacht für ihren Lebensunterhalt arbeiten: da ihre Frauen sie hinter ihrem Rücken berauben, so finden sie kein Brot zu essen. Sie sind auch ins Totenreich gekommen, ihre Sünden sind zahlreicher als ihre guten Taten befunden, man fand, daß das, was ihnen auf Erden zuteil geworden, ihnen auch im Totenreich zukomme, ebenso wie den anderen Menschen, die du sahst, deren Lebensunterhalt, Wasser und Brot, über ihnen aufgehängt ist, indes sie sich eifrig bemühen, ihn herunterzuholen, während andere unter ihren Füßen Gruben machen, um sie zu hindern, ihn zu finden. Auch sie kamen ins Totenreich, man ließ ihnen das, was ihnen auf Erden zuteil geworden war, auch* (im Totenreich) *zuteil werden; ihre Seelen wurden in die Unterwelt aufgenommen. Beherzige das, mein Vater Setna: Wer auf Erden gut ist, zu dem ist man auch im Totenreich gut, und wer auf Erden böse ist, zu dem ist man auch* (dort) *böse. Das steht fest,* (daran wird) *ewiglich* (nichts geändert).'"*

Zunächst geht es uns in unserem Zusammenhang nur um das Erschrecken des Vaters, als der Sohn ihm im Jenseits das Los des Armen wünscht. Er, in traditionellen Vorstellungen befangen (die zu zerstören ein Anliegen unserer Erzählung ist), zweifelt sogar, ob ein solcher Wunsch überhaupt von einem leiblichen Sohn kommen könne, so ungeheuerlich mutet er ihn an.

Obwohl dann das Jenseitsbild als völlig anders gezeichnet wird, begegnet uns die alte naive Vorstellung noch einmal, und zwar ausgerechnet im Munde des Sohnes, dessen ganzer Eifer doch war, eben dies Bild zu zerstören. Völlig unorganisch wird zuerst diese Gleichheit von jenseitigem und diesseitigem Los aufgeweicht bei den Oknos- und Tantalus-Menschen: Sie „gleichen" Menschen, die im Diesseits ein ähnliches Schicksal hatten. Bei den Tantalus-Menschen heißt es: „*Man ließ ihnen das, was ihnen auf Erden zuteil geworden war, auch im Totenreich zuteil werden.*" Hier müßte der Sohn Si-Osire eigentlich die Quintessenz ziehen: „*Beherzige das, mein Vater Setna: Wer es auf Erden gut hat, zu dem ist man auch im Totenreich gut, und wer es auf Erden schlecht hat, zu dem ist man auch im Totenreich schlecht. Das steht fest, und daran wird ewiglich nichts geändert.*" Nur dieser Satz wäre konsequent an dieser Stelle als Interpretation des Gesehenen — aber er ist so geändert worden, wie oben gegeben, weil er sonst in zu krassem Widerspruch zu dem stünde, was *Si-Osire* seinem Vater zeigen möchte, ja weil er dann gar das Erschrecken des Vaters zu Beginn der Erzählung über den Wunsch des Sohnes gerechtfertigt hätte. Hier können wir eine Nahtstelle in der Komposition mit Händen greifen: Die Schilderung der Oknos- und Tantalus-Menschen ist sekundär eingefügt, um die Unterweltschilderung zu bereichern[88].

b) Von zwei Seiten wird dieser naive Glaube, der während der ägyptischen Hochkultur zwar in den Gebräuchen noch wirksam ist, aber nur selten durchdacht und ausgesprochen wird, unterhöhlt. Zunächst von der Skepsis gegen alle Zurüstungen für die Zeit nach dem Tode, wie sie aus den bitteren Erfahrungen der Ersten Wirre resultierte[89]. *„Siehe, keiner nimmt seine Habe mit sich"* heißt es in einem Lied, das zum Lebensgenuß mahnt, oder, mit ausdrücklicher Ablehnung einer besseren Versorgung der Reichen auf Grund der Erfahrung, daß jeder Totendienst nach kurzer Zeit einschläft: *„Wenn du an das Begräbnis erinnerst, das ist nur Trauer! Das heißt nur zu Tränen rühren und den Menschen beweinen, das heißt, ihn aus seinem Hause holen und auf die Hügel der Wüste werfen! Nie wirst du nach oben steigen und das Sonnenlicht wiedersehen! Die in rotem Granit bauten und Pyramiden türmten — sehr schöne, in vollkommener Arbeit —, sobald sie zu Göttern erhoben sind, stehn ihre Opfertische leer wie die der Armen, die auf dem Deich umkommen, ohne einen Erben zu hinterlassen . . ."*[90] Die Wertlosigkeit aller Bauten und aller Verträge über einen Totendienst lag von dieser Zeit an immer wieder allzu deutlich vor Augen: Geplünderte und erbrochene Gräber, verlassene Opferstätten, von gierigen Grabräubern zerstückelte Mumien hatte jeder Ägypter im ganzen Lande mehr als einmal gesehen. Die Skepsis führt zur Mahnung des carpe diem, die in Ägypten seit 2200 v. Chr. immer wieder in allen Tonarten erklingt.

Außerdem aber wird die Urkonzeption, daß es den Menschen im Himmel ebenso ergehe wie auf Erden, von der großartigen Vorstellung vom Totengericht hinabgedrängt, das die Menschen nur nach ihren Taten oder Gedanken wägt[91]. Wir können hier nicht auf die Ausprägung eingehen, die diese Gerichtsvorstellung im Laufe der Jahrtausende am Nil gefunden hat[92], doch besagt schon die Bezeichnung „Gericht", daß hier ein Urteil ohne Ansehen des Standes erwartet wird. Zunächst stellte man sich dies Gericht in der Form vor, daß ein Geschädigter als Kläger gegen einen Übeltäter auftreten konnte. Es versteht sich, daß vor dieses Gericht auch ein Armer einen Reichen ziehen konnte — versichern doch, gewiß im Hinblick auf diese Möglichkeit, die Vornehmen der Pyramidenzeit immer wieder, daß sie die von ihnen beschäftigten Arbeiter so entlohnt hätten, daß alle zufrieden gewesen seien und keiner Klage erhoben hätte oder erheben werde. Als mögliche Kläger

---

[88] Zu dieser Tendenz vgl. *Greßmann*, op. cit. (Anm. 87) S. 36 ff.
[89] Vgl. dazu *E. Otto*, Der Vorwurf an Gott (1952) S. 7 f. und *S. Morenz*, Äg. Religion (1960) Register s. v. Skepsis.   [90] Lebensmüder 56—64.
[91] Daß dessen Wurzeln, wie *E. Lüddeckens*, op. cit. (Anm. 86) S. 185 vorschlägt, aus unteren sozialen Schichten stammen, denen es ungerecht erscheinen mußte, die Seligkeit in direkter Abhängigkeit vom Reichtum zu wissen, scheint mir aber angesichts des hohen Wertes der Idee und auch ihrer gedanklichen Bewältigung wenig wahrscheinlich. Zudem scheinen die ersten Anspielungen auf diesen Gedanken in der Lehre des Ptahhotep vorzuliegen, die ausgesprochen für die führende und wohlhabende Schicht geschrieben ist. Daß freilich der Gedanke dann in solchen Kreisen starken Widerhall fand, dürfen wir annehmen.
[92] Vgl. dazu *J. Spiegel*, Die Idee vom Totengericht in der äg. Religion (1935); *E. Lüddeckens*, op. cit. (Anm. 86) S. 182 ff., sowie die gängigen Darstellungen der ägyptischen Religion, besonders *S. Morenz*, op. cit. (Anm. 29) Kap. VI.

werden neben „Lebenden und Toten" gegen einen König sogar Gans und Rind genannt[93]. Vielleicht seit der 5. Dynastie (um 2500 v. Chr.), gewiß aber seit 2200, sorgt dann Gott selbst für eine ausgleichende Gerechtigkeit, d. h., er selbst gilt als der Verletzte bei jeder Übertretung seiner Gebote. Wir hören keine Stimme, daß von diesem Gericht eine Benachteiligung eines Armen oder eines Reichen auch nur für möglich gehalten wird — der älteren Zeit ist die strenge Gerechtigkeit Gottes in diesem Punkt selbstverständlich[94]; erst als in der Ramessidenzeit die irdischen Gerichte korrumpieren, befürchtet man Ähnliches im Jenseits und betont dementsprechend die Hoffnung auf Objektivität, also auf die Binde der justitia. *„Amon-Re, der als erster das Königtum ausübte, der Gott der Urzeit, der Wesir des Armen. Er nimmt keine Bestechung vom Schuldigen an, er spricht nicht (freundlich) zu dem, der (falsche) Zeugen anbringt, er schaut nicht den (freundlich) an, der Versprechungen macht. Amun richtet die Erde mit seinen Fingern* (d. h. eigenhändig) *und spricht zum Herzen. Er richtet den Schuldigen und übergibt ihn dem Osten* (als Strafort), *den Gerechten aber dem* (seligen) *Westen"*[95]. Dies Gebet hat Eingang gefunden in eine Sammlung von Texten, die fortgeschrittene Schüler nach Vorlage oder Diktat zur Übung zu schreiben hatten. Es ist also von seinem Sitz im Leben gewandert und an eine Stelle geraten, wo man es fast als Literatur bezeichnen könnte; die Beamten, deren Schreibkunst wir jedenfalls seine Erhaltung verdanken, zählten gewiß nicht zu den Armen, betonten im Gegenteil in anderem Zusammenhang immer wieder, daß sie es gut haben. Wenn sich der Lehrer, der den Stoff aussuchte, überhaupt etwas gedacht hat, so mag es das Vorbild des unbestechlichen Richters sein, das Amun hier vor dem künftigen Beamten, der ja in Ägypten immer auch ein potentieller Richter ist, aufstellt. Wir beschränken uns auf ein weiteres Beispiel dieser Überzeugung, daß das Jenseitsgericht ohne Rücksicht auf Arm und Reich jedermann gerecht, d. h. nur nach seinen Taten richte, und zwar wählen wir eines, das dem *Setna*-Text, zu dem wir gleich zurückkehren werden, zeitlich nahesteht. Im Grab des *Petosiris* (Zt. *Alexanders d. Gr.*) lesen wir: *„Der Westen ist die Heimat dessen, der keinen Fehler hat. Keiner gelangt zu ihm, wenn nicht sein Herz rechtschaffen war dadurch, daß er die Ma'at tat. Dort wird nicht der Geringe vom Höheren unterschieden, es gilt nur, daß einer fehlerlos befunden wird, wenn die Waage und die beiden Gewichte vor dem Herrn der Ewigkeit stehen. Keiner ist befreit, so daß er nicht gemessen würde. Thoth hält als Pavian die Waage, um jeden Mann zu berechnen nach dem, was er auf Erden getan hat."*[96] Wir brauchen dieser fast selbstverständlichen Vorstellung nicht weiter nachzugehen. Nur ein aus etwa dieser Zeit stammendes Zeugnis für das Ideal irdischer Gerechtigkeit sei noch angeführt, da sein Wortlaut zeigt, wie eine späte Zeit bereits mit der Möglichkeit rechnete, daß nun gerade der Arme vorgezogen werden könne: Von einem Manne wird gesagt, *„er habe nicht den Herrn seinem Diener, aber auch nicht die Magd ihrer Herrin vorgezogen"*[97]. In fein stilisierter Sprache wird hier

---

[93] Pyr. 383 ff., vgl. dazu *H. Junker*, Pyramidenzeit (Einsiedeln 1949) S. 80 ff.
[94] Hingewiesen sei immerhin auf den 126. Spruch im Totenbuch, wo von Jenseitsrichtern, ganz entsprechend Sätzen aus der Idealbiographie älterer Zeit, gesagt wird, daß sie „zwischen dem Armen und dem Reichen gerecht richten".
[95] Pap. Bologna 1094, 2, 3—2, 7 = Pap. Anast. II 6, 6—7; *A. H. Gardiner*, Late Eg. Miscell. (Brüssel 1937) S. 2 und S. 16; *Caminos*, op. cit. (Anm. 72) S. 9 f. und S. 50; *S. Morenz* hat zuerst erkannt, daß der Passus auf das Totengericht Bezug nimmt: Zeitschr. für äg. Sprache 82 (1958) S. 62 ff. Das beweist auch die von *Morenz* nicht herangezogene Aussage, daß Amun „zum Herzen" spricht, das ja im Wägeakt gegen die Ma'at gewogen wird.
[96] Petosiris, Inschr. 81 = *E. Otto*, op. cit. (Anm. 2) S. 181.
[97] Sarkophag Turin 2201 = *M.-L. Buhl*, op. cit. (Anm. 81) Taf. VIII. 30. Dyn.

dem männlichen Teil der weibliche chiastisch gegenübergestellt und auch eine soziale Übergerechtigkeit als Ungerechtigkeit gewertet. Ähnliche Töne glaubten wir schon früher gelegentlich zu hören, daß nämlich die Armen allein aus ihrem sozialen Stand Rechte ableiten zu können glaubten, was offenbar einer Neigung, sie zu bevorzugen, entsprach. Damit nun kommen wir zum dritten Strang in unserem Bündel verschiedener Vorstellungen von der Gerechtigkeit im Jenseits.

c) Deutlich ausgesprochen werden solche Gedanken einer Bevorzugung des Armen nur an einer wenig hervorgehobenen Stelle im *Setna*-Roman[98]. Der als Sohn des *Setna* wiedergeborene Tote führt *Setna* das Los des ärmlich bestatteten Mannes im Jenseits vor. Er lebe dort, vornehm gekleidet, in der Nähe des Osiris, also in einer hohen Stellung (die für einen hohen Grad von Seligkeit steht). Begründet wird dieser für *Setna* erstaunliche Wechsel wie folgt: „*Er wurde zur Unterwelt gebracht und seine Sünden gegen die guten Taten, die er auf Erden getan hatte, abgewogen: man fand seine guten Taten[99] zahlreicher als seine Sünden im Verhältnis zu seiner Lebenszeit, die Thoth ihm schriftlich zugeteilt hat* [auf seinen Geburtsziegeln?] *und im Verhältnis zu seinem Glück[100] auf Erden.*" Das seit Tausenden von Jahren übliche Totengericht, das ohne Ansehen der Person die guten und bösen Taten wiegt und abwägt, wird hier in einer interessanten Weise durch zwei weitere Faktoren beeinflußt: durch die Lebenszeit und durch das Schicksal, also durch Glück oder Unglück des Toten in seinem Leben. Es wird ausdrücklich nicht gesagt, daß der Arme ein sehr frommer Mann gewesen sei, sondern nur, daß unter Berücksichtigung seiner Lebenszeit und seiner Lebensumstände seine guten Taten seine bösen überwogen. Hier wird also Armut (und kurze Lebenszeit) gleichsam als Milderungsgrund in die Waagschale geworfen, mithin religiös gewertet.

Da dieser Gedanke bisher noch nicht in der ägyptischen Religion gefunden wurde, seien noch einige weitere Stellen angeführt, an denen er aufzutreten scheint. Dabei betrachten wir zunächst andere Milderungsgründe, die die arme Seele vom Totengericht erhoffen darf, um uns danach noch ausführlicher der Lebenszeit und dem irdischen Glück in ihrem Zusammenhang mit dem Geschick des Toten zuzuwenden.

Da gibt es zunächst Kinder, die sich auf ihre Unwissenheit berufen: Sie können, nachdem sie die Gebote noch nicht lernen konnten, doch nicht für Verfehlungen zur Rechenschaft gezogen werden[101]. Dies Recht auf mildernde Umstände, ja sogar auf Freiheit von jeder Gerichtsverhandlung, das Kindern zusteht, nehmen dann auch Erwachsene auf magische Weise in Anspruch, indem sie sich mit einem mythischen Vorgänger dieser Lage identifizieren: Von der Gottesgemahlin *Anchnes-Nefer-ib-Re* heißt es, sie preise (nach dem Tode) in ritueller Weise den „Vater" (es ist wohl Osiris gemeint); dann aber wird eine Sicherheitsklausel angebracht: „*Wenn sie aber etwas* (von den vorgeschriebenen Formen) *nicht kennt, so tut sie dieses* (die Unterlassung) *nicht wissentlich, sondern wie das Kind, der Sohn der Hathor[102]. Eine unwissende Seele erregt ja keinen Anstoß, wenn man*

---

[98] Daß im Spruch des Totenbuches von dem „Fresser", also dem Höllenrachen, gesagt wird, „er lebe von den Eingeweiden der Vornehmen", möchte man nur ungern hierherziehen: es muß mit dieser Vokabel eine andere, noch nicht klare Bewandtnis haben.

[99] Der Schreiber hat fahrlässigerweise auch hier „Sünden" geschrieben.

[100] So ist die Verbindung, die wörtlich „Weite des Auges" heißt, tatsächlich zu übersetzen, wie das Koptische zeigt, wo sie griechisches „makarios", ein kausatives Verbum dazu „makarizein" wiedergibt.

[101] Vgl. E. Otto, op cit. (Anm. 2) S. 46 ff. und S. 51.

[102] Gemeint ist Ihi, der jugendliche Gott der Musik und des Rituals, dem offenbar Fehler seiner Jugend wegen nachgesehen werden.

wegen Jugend etwas nicht weiß."[103] Ebenso erbittet ein Mann, der einen Schlangenbiß mit Lähmung als Folge einer Sünde versteht, von Gott Gnade, indem er sich auf Nichtwissen beruft: „*Ein unwissender Mann, ein törichter, wußte nicht Gut und Böse.*"[104] Was nun aber die Lebenszeit und das Glück angeht, so begegnen wir ihnen in einem merkwürdigen Passus der Lehre des Pap. Insinger, also in größter zeitlicher Nähe des Setna-Romans. Dort heißt es:

„*Langes Leben wird dem Frevler gegeben, damit er von der Vergeltung eingeholt werde, Besitz wird dem Schlechten gegeben, damit deswegen sein Leben von ihm genommen werde.*

Man entdeckt aber die Absicht Gottes nicht eher, als bis das, was er angeordnet hat, geschehen ist."[105]

Offenbar wird in diesen Sätzen eine Erklärung für die anstößige Tatsache gegeben, daß schlechte Menschen lange leben oder reich sein können. In Wahrheit, so sagt unsere Lehre, liegt dem ein genauer und gerechter Plan Gottes zugrunde, der freilich zunächst nicht durchschaubar ist: Der Frevler bekommt gerade deshalb ein langes Leben zugeteilt, damit er von der Vergeltung eingeholt wird. Dieses Wort „Vergeltung", *pteb,* ist geradezu ein Leitbegriff der ganzen Lehre[106]. Sie ist die ausgleichende Gerechtigkeit. Wenn wir uns aber fragen, inwiefern einem Manne, der bestraft werden soll, ein langes Leben geradezu diese Bestrafung einbringen soll, so kann die Antwort nur lauten: weil er dann im Jenseits eine um so schwerere Strafe erhalten wird. Der zweite Satz unserer Lehre stellt eine andere Beziehung her, diesmal, wenn ich recht verstehe, ohne Heranziehen des Jenseits: Wenn ein Schlechter reich ist, so wird er dafür um so kürzer leben. Ganz auszuschließen ist freilich auch nicht eine Deutung des Begriffes „Leben" auf den Freispruch im Totengericht. Dann würde hier ausgesagt, daß ein schlechter Mensch, der reich war, um so sicherer im Jenseitsgericht dem „Fresser", dem Höllenrachen, also dem zweiten Tod verfällt.

Wir fragen uns, ob diese Berücksichtigung von Lebenszeit und Glück auf Erden (d. h. aber doch vor allem sozialem Stand, also von reich und arm) im Jenseitslos schon in älterer Zeit bei den Vorstellungen vom Totengericht eine Rolle gespielt hat. Wenn sich diese Frage auch angesichts des völligen Mangels an textlichen Aussagen nicht mit letzter Sicherheit wird beantworten lassen, so scheint es doch äußerst wahrscheinlich, daß der sehr genau ausgeprägte Rechtssinn der Ägypter eine Anrechnung von Not im Leben oder von frühem Tod zugunsten des vor seinem Richter stehenden Menschen als gerecht empfunden und daher erwartet hat. Das Lebenslos eines Menschen, und zwar Lebenszeit wie Lebensgeschick (auf ägyptisch Schaj und Renenet) werden bei der Geburt von Gott festgesetzt[107]. Der anschauliche ägyptische Geist prägt das Bild, daß sie von Thoth auf die Geburtsziegel aufgeschrieben werden[108].

---

[103] *C. E. Sander-Hansen,* Die relig. Inschriften auf dem Sarg der Anchnes-Nefer-ib-Re (Kopenhagen 1937) Z. 128—130. [104] *A. Erman,* op. cit. (Anm. 61) S. 1098. [105] 30, 23—31, 1.
[106] Siehe dazu *A. Volten,* Das demotische Weisheitsbuch (Anal. Aegyptiaca II, [Kopenhagen 1941] S. 128 ff.) und *ders.,* Ägyptische Nemesis-Gedanken in: Miscellanea Gregoriana (Rom 1941) S. 371 ff.
[107] Daß Gott diese Setzungen ändern kann, also nicht, wie die griechischen Götter, an einen solchen Spruch übergöttlicher Mächte gebunden ist, braucht uns an dieser Stelle nicht zu berühren. Zum Schicksalsbegriff vgl. die bahnbrechende Untersuchung von *S. Morenz,* Untersuchungen zur Rolle des Schicksals in der äg. Religion (Abhdl. der Sächs. Akad. der Wiss. 52, Heft 1 [1960]).
[108] Siehe dazu *Morenz,* op. cit. (Anm. 107) S. 27 f. Die Ägypterinnen kamen auf zwei Ziegeln

Diese beiden Begriffe, Lebenszeit und Lebensgeschick, manchmal dargestellt als Geburtsziegel, denen zum Zeichen, daß göttliche Kräfte gemeint sind, ein Kopf angezeichnet ist,
erscheinen nun sehr häufig bei der bekannten Szene des Totengerichts. Sie treten dort als
Paar (Schaj ist männlich, Renenet weiblich) teils allein, teils neben der „Geburtsstätte"
Mesechnet auf[109]. Angesichts der obengenannten literarischen Bezeugungen solcher Vorstellungen von einem Verhältnis des irdischen Geschickes zum Richterspruch im Jenseits
werden wir also die von *Morenz* bereits vorsichtig formulierte Erkenntnis, daß Schaj und
Renenet als Elemente, die außerhalb der Willensmacht des Menschen liegen, der Ent-
lastung dienen sollen[110], nunmehr als gesichert annehmen dürfen, sie dabei dahingehend
präzisierend, daß kurze Lebenszeit, aber auch unglückliches Lebensschicksal, somit auch
Armut (wie in der Erzählung des *Setna*) den Spruch günstig, Reichtum und langes Leben
ihn dagegen (wie in der Lehre des Pap. Insinger) ungünstig beeinflussen.

Fassen wir unsere Ergebnisse zusammen:

a) Die ägyptische Religion geht aus von einer naiven Freude am Besitz, also einer Hochschätzung des Reichtums. Er wird als Gabe Gottes verstanden, die dem zuteil wird, der
sich in Gottes Ordnung auf Erden fügt.

b) Einen ersten Einbruch in diese positive Bewertung des Reichtums bedeutet die Erkenntnis, daß Reichtum nichts Beständiges ist, worauf ein Mensch sein Leben bauen
könne, daß vielmehr Gott so, wie er ihn gegeben hat, ihn auch wieder nehmen kann.
Da die Erfahrung verbietet, einen solchen Verlust einfach als Strafe für Sünden aufzufassen, gelangt der Ägypter spätestens im NR zu der Überzeugung, daß Gott Arme und
Reiche schafft, auch ohne Zusammenhang mit menschlichen Taten oder Gesinnung. Armut
ist also keine Schande, sondern ein von Gott zugeteiltes und zu tragendes Geschick.

c) Während der Reichtum zwar immer erstrebenswert bleibt, aber religiöse Gefahren
birgt, führt die Armut — wie andere Not — den Menschen in intensivere Hilfsbedürftig-
keit und damit in besonders enge Abhängigkeit von Gott. Der Arme ist für Gnade und
Hilfe empfänglicher als der sich zu Unrecht sicher fühlende Reiche.

d) Zu allen Zeiten empfanden die Ägypter die religiös als Gottes Gebot begründete
Pflicht, den Armen zu helfen. Als dann die oben unter b) geschilderte Erkenntnis von der
Unsicherheit allen irdischen Besitzes Gemeingut geworden war, leitete sich die Nächsten-
hilfe dazu noch aus der Goldenen Regel her: Niemand kann wissen, wann er selbst in
die Lage kommt, auf Hilfe angewiesen zu sein.

e) Bei den Vorstellungen, welche Auswirkungen der Besitzstand auf das Leben nach
dem Tode hat, laufen in Ägypten drei Stränge nebeneinander her. Zunächst der naive,
daß sich irdische Verhältnisse über den Tod hinaus fortsetzen, dann der rechtlich-ethische,

---

hockend nieder, vgl. Ex. 1, 16 und dazu: *W. Spiegelberg*, Ägyptologische Randglossen zum
AT (Straßburg 1904) S. 19, und: Zeitschr. für Assyr. 14, S. 274, sowie *W. E. Crum* in: Journ.
of Eg. Archaeol. 28 (1942) S. 69.

[109] Belege gibt *S. Morenz*, op. cit. (Anm. 107) S. 23, Anm. 2; dazu Pap. *Ryerson*, Chicago
9787 = *T. G. Allen*, The Egyptian Book of the Dead Documents (Chicago 1961) T. 35; Papyrus
des Sminis im Vatikan: *E. Lüddeckens*, op. cit. (Anm. 86) Tafel (dort auf S. 189 Ansätze zu
einer Deutung); außer in dem Turiner Totenbuch-Papyrus (jetzt bei *B. de Rachewiltz*, Il libro
dei morti [Rom 1958] S. 64) kommen die beiden Gestalten als Ziegel mit Menschenkopf mehrfach in griechisch-römischer Zeit, also zeitgenössisch mit unseren Texten, vor, wenn auch ohne
Beischriften: Pap. der Ta-Amun in Boston, *W. St. Smith*, Ancient Egypt as represented in the
Museum of Fine Arts (3. Aufl. Boston 1952) S. 145, Abb. 86; im Tempel von Der el-Medine,
Porter und Moss, Topogr. Bibliography II (Oxford 1929) S. 139 (36).

[110] *S. Morenz*, op. cit. (Anm. 107) S. 23, Anm. 2.

daß der Mensch im Jenseits ohne Ansehen der Person oder des Standes nach seinen Taten und Gesinnungen beurteilt werde, und schließlich drittens, wenn auch nur spät und in Ansätzen, der rechtlich-soziale, daß der Arme im Jenseits für sein schlechtes Los auf Erden in irgendeiner Form entschädigt werde.

Askese[111] und Besitzlosigkeit als Ideal oder als Weg zu größerer Gottesnähe, etwa gar im Sinne einer Befreiung von der Welt, finden wir in der vorptolemäischen Periode nicht. Bei solchen Zügen in späterer Zeit (Katoche des Serapeums) müssen wir hellenistischen Einfluß vermuten.

---

[111] Bestimmte Speiseverbote und andere Tabus haben mit Askese nichts zu tun. Fasten kennen die Ägypter nur im medizinischen Zusammenhang.

Die Sonnenbahn in ägyptischen Tempeln

aus: Archäologie und Altes Testament, Festschrift K. Galling, Tübingen 1970, 27–34.

Bei der Arbeit der Tübinger Luxor-Expedition in Raum XVII des Luxor-Tempels[1] konnte ich im Frühjahr 1968 feststellen, daß dieser Raum sein Licht durch zwei Fenster erhalten hat: Der Raum liegt quer zur Tempelachse, also mit seiner Längsachse in Ost-West-Richtung; so verlaufen die beiden Säulenreihen und die Architrave, die für die Ausrichtung eines ägyptischen Tempelraumes ein wichtiges Indiz bilden. Diese Ost-West-Ausrichtung des Saales wird bestätigt durch die Tatsache, daß man ihn nur von einer dieser beiden Schmalseiten, von außen kommend nur durch die Osttür, betreten konnte[2]. Eine nördliche Mitteltür, die also einen in der Achse des Tempels liegenden Zutritt ermöglicht hätte, gab es im ursprünglichen Bauplan nicht; die heute unseren Saal mit dem Alexandersanktuar verbindende Tür ist später, wohl zur frühen Ptolemäerzeit, durchgebrochen[3]. Nach Süden führen drei Türen: die mittlere zum Heiligtum mit dem Kultbild, rechts und links davon symmetrisch je eine in zwei weitere Räume mit zwei Säulen, die Speisetischsäle zu kleineren Kapellen bilden[4]. In der Achse des Raumes, also im Osten und Westen, schließen weitere Kapellen-Nischen mit einem gangartigen Raum an. Über den beiden Türen in diesen Wänden saßen die einzigen Fenster des großen Säulensaales

---

[1] Numerierung von Räumen und Szenen nach H.H. NELSON, Key Plans showing location of Theban Temple Decoration (OIP 56), 1941. Hier Abb. 1.

[2] Von den vorderen Räumen besteht zu diesem hinteren Tempelteil nur durch die Tür XII/XIV eine Verbindung; von ihr aus läßt sich aber der Säulensaal XVII nur durch die Tür XV/XVII betreten, also durch die Osttür. Vgl. P. LACAU, Le plan du temple de Louxor in: Mém. de l'Acad. des Inscr. et Belles Lettres, t. 43, 2, 1951, S. 77–92.

[3] Für alle Einzelheiten, auch der für unsere Frage wichtigen Fenster, muß ich einstweilen auf die in Vorbereitung befindliche Publikation des hinteren Baukomplexes des Luxortempels verweisen.

[4] Zur Terminologie der Raumbezeichnungen und ihrer Begründung s. D. ARNOLD, Wandrelief und Raumfunktion in ägyptischen Tempeln des Neuen Reiches (Münchner ägyptolog. Studien, Heft 2), 1962.

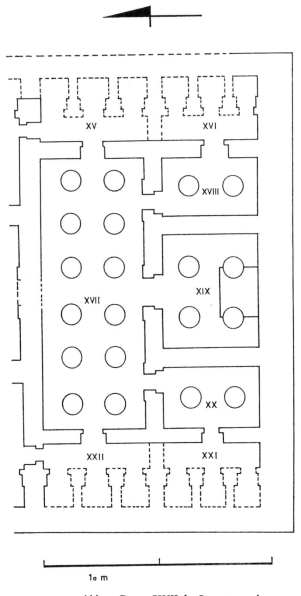

Abb. 1. Raum XVII des Luxortempels.

XVII; im übrigen erhielt der Raum, wie bei allen ägyptischen Tempelsälen üblich, gedämpftes Licht durch schmale Schlitze in den steinernen Deckbalken, von denen einige erhalten sind. Der Befund an beiden Außenmauern zeigt einwandfrei, daß die Nebenräume XV und XXII mit den Kapellen niedriger waren – ihr Dach saß über den Türen, unter den Fenstern an der Wand –, so daß die Beleuchtung des Saales wie bei einer Basilika durch die Fenster im „Lichtgaden" erfolgen konnte.

Die Assoziationen, die diese Vokabeln, „Basilika" und „Lichtgaden", wachrufen, zeigen schon deren Unangemessenheit. Könnte man sie zur Not noch für den großen Säulensaal von Karnak rechtfertigen, so liegt der Grund dafür, daß sie in Luxor abzulehnen sind, auf der Hand: Die beiden Fenster sitzen an den Schmalwänden des Raumes in seiner Längsachse.

Aufgabe der vorliegenden Untersuchung soll es sein, einen möglichen Grund für die eigentümliche Drehung der Saalachse zu suchen, die in ägyptischen Tempeln einer Parallele ermangelt[5].

Die Funktion des Raumes kann nicht zweifelhaft sein: Lage wie Reliefs beweisen, wie D. ARNOLD gezeigt hat[6], daß er als Speisetischsaal für das Kultbild des Amun in Raum XIX gedient hat. Mit Recht aber formuliert ARNOLD vorsichtig: „... neben anderen Aufgaben, von denen wir nichts wissen..." – offenbar schien ihm die Größe des Saales, vielleicht auch seine ungewöhnliche Orientierung nicht erklärbar aus dieser Opferfunktion, für die im allgemeinen sehr viel kleinere Räume genügen. Auch die folgenden Ausführungen müssen weitere Aufgaben des Saales offenlassen, hoffen aber, wenigstens *einen* Sinn der Anlage ermitteln zu können.

Zwei unveröffentlichte Reliefs[7] zeigen das Sonnenschiff und seine Verehrung durch den König und Affen (im Osten) bzw. durch mehrere Königsgestalten (im Westen)[8]. Die beigeschriebenen Texte beschreiben die auf- und untergehende Sonne[9]. Wir brauchen weder den Wortlaut dieser Lieder noch

---

[5] Die Fälle, in denen die größte Ausdehnung von Räumen quer zur Tempelachse liegt, sind zahlreich, doch laufen in ihnen die Mittelarchitrave und somit die beiden die Tempelachse flankierenden Säulenreihen senkrecht zu ihrer Länge, und nur diese Architrave, nicht die relative Länge der Achsen sind ein brauchbares Indiz für die Ausrichtung eines Raumes. Sowohl der große Säulensaal in Karnak wie die drei Säulenräume im hinteren Teil des Tempels von *Medinet Habu* sind axial ausgerichtet. Auch bei Verlust der Architrave bieten sich drei Indizien für die Feststellung an, welches die Hauptachse (= Prozessionsweg!) des Raumes ist: Die diese Achse flankierenden Säulen sind höher als die anderen (was sich auch aus ihrem Durchmesser ersehen läßt), sie stehen weiter auseinander, und ihre Basen sind zu Seiten der Prozessionsachse abgeschnitten. Gelegentlich sind sogar die Mittelsäulen der Achse durch Schranken verbunden. Eines dieser Indizien oder deren mehrere weisen bei sämtlichen mir bekannten Tempelräumen des Neuen Reiches darauf hin, daß ihre Achse gleich der Tempelachse ist – bis auf den Saal XVII in Luxor.

[6] a.a.O. S. 52.   [7] Nr. XVII/30 + 40 und XVII/7 + 69.

[8] Vgl. dazu den Obeliskentext Urk. IV 1549, 3–4.

[9] Der Text der Ostwand, der sich auf der anschließenden Nordwand (Szene 40) fort-

die zugehörigen Darstellungen zu kennen, um aus der Tatsache, daß innen unter den Fenstern die Sonnenschiffe vorbeiziehen, zu folgern, daß die Sonne durch unseren Raum fahren sollte. Durch das Ostfenster tritt also der Sonnengott in den Saal ein, durchzieht ihn in seiner Längsachse und verläßt ihn am Abend durch das Westfenster, um zur Ruhe zu gehen bzw. die Fahrt unter der Erde von Westen nach Osten fortzusetzen und zu vollenden.

Auf Grund dieses Befundes legt sich die Hypothese nahe, die ungewöhnliche Ausrichtung des Raumes quer zur Tempelachse habe seinen Grund eben darin, daß er sich nach dem Sonnenweg von Osten nach Westen richte, wobei die Architekten ihn nur deshalb quer zur Tempelachse ausrichten mußten, weil die Achse des Luxortempels „zufällig" (d.h. aus anderen, uns unbekannten Gründen[10]) von Norden nach Süden läuft. Die Absicht bei der seltsamen Abweichung von der Norm besteht also nicht in eben dieser Abweichung, sondern wird durch die Himmelsrichtungen in diesem Sonderfall verlangt.

Freilich müssen wir die Möglichkeit offen lassen, daß die Querstellung des Raumes andere Gründe hatte, die mit dem oben erwähnten „geheimen", jedenfalls seitlich der Tempelachse liegenden Zugang zusammenhängen mögen, und daß die Tempelerbauer, nachdem einmal diese querliegende Achse des Saales gegeben war, die Ost-West-Richtung zu der Sonnensymbolik ausnützten. Aber was immer nun auch primär, was sekundär sein mag – die Tatsache, daß die Sonne diesen Saal durchwandern sollte, bleibt bestehen.

Man könnte einwenden, kein Text, kein Relief und kein Symbol in unserem Saal nehme – abgesehen von den beiden Szenen der Sonnenverehrung und ihren Texten – auf den Sonnenlauf Bezug, und die Worte dieser Szenen erwähnten weder den Tempel noch gar den Säulensaal; es handele sich also doch wohl nur um eine sinnreich angebrachte Dekoration, und der Gedanke, die Sonne solle unseren Saal durchlaufen, sei eine zu tief deutende Überinterpretation[11]. Dagegen aber läßt sich eine stattliche Reihe von Textstellen aus anderen Tempeln anführen, die mir die Richtigkeit unserer Annahme zu beweisen scheinen.

Wir können und wollen die zahlreichen Zeugnisse hier nicht nennen, die von einem Sonnenaufgang zwischen den beiden Pylontürmen[12], auf oder

---

setzt, wird von J. ASSMANN als älteste von mehreren Abschriften veröffentlicht und ausführlich behandelt werden, der Westtext bleibt einstweilen kaum verständlich. Veröffentlichung beider in der Luxor-Publikation.

[10] Vielleicht wegen der Prozessionsverbindung zum Karnak-Tempel?

[11] Also das, was HEINRICH SCHÄFER zeit seines Lebens als ägyptologische „Tiefenseuche" verachtet hat.

[12] z.B. J. ZANDEE (BiOr 19, 1962, S. 38).

zwischen den Obelisken[13], gegenüber dem Tempel sprechen, von der Sonne, die den Tempel mit ihren Strahlen umfängt und vergoldet. Es sei auch übergangen, daß der große Tempel von *Abū Simbel* so ausgerichtet ist, daß zweimal im Jahr die Strahlen der aufgehenden Sonne seine ganze Achse entlang bis zum Kultbild tief im Berg dringen[14], obwohl die überlegte und durch die Sonnenbahn bestimmte Ausrichtung des Baues sehr wohl eine Parallele zur Lage unseres Säulensaales darstellen mag[15]. Selbstverständlich haben auch alle jene Stellen auszuscheiden, an denen der Naos mit einem Himmel oder auch (seltener) einer Achet[16] verglichen wird – jeder Gott wohnt im Himmel, so daß seine irdische Wohnung symbolisch Himmel, aber auch Achet, aus der er erscheint, genannt werden kann[17].

Wir lassen also eine Anzahl von Stellen des Neuen Reiches folgen, in denen von dem Tempel als einer Achet oder von dem Sonnengott *im* Tempel gesprochen wird. Dabei kommen als Quelle vor allem die Bau- und Architravinschriften solcher Tempel in Betracht, in denen der Sonnengott oder ein „sonnenhaltiger" Gott wie Amon-Re eine Verehrungsstätte hatten – in Osiris-Tempeln suchen wir vergebens nach entsprechenden Aussagen, es sei denn in Sonnenkapellen[18].

Der Gott spricht zum König: „Dein Tempel ist wie die Achet des Himmels, und der Aton ist in ihm"[19]; „Wenn Re aufgeht, so ist sein Glanz in seinem (des Tempels) Inneren und seine Strahlen umfangen seinen Bau"[20]; der Ba des

---

[13] z. B. Urk. IV 362, 14–16.

[14] Vgl. dazu z. B. L.-A. CHRISTOPHE, Quelques remarques sur le grand Temple d'Abou Simbel II, L'axe du grand temple: Revue du Caire Nr. 255, Nov. 1961, S. 316ff. und CHR. DESROCHES-NOBLECOURT und CH. KUENTZ, Le petit temple, Taf. CXXVII und Text S. 125f. mit Abb. 24.

[15] Erwähnt sei immerhin, daß sich dem Betrachter, der genau in Richtung der Augen der Kultstatue Ramses' II. durch die Eingangstür hinausschaut, der Berg des Ostufers als ꜣḫt darstellt, als genau in der Mitte der Tür liegender Einschnitt zwischen zwei Bergrücken, was wohl auch mehr als ein Zufall ist und trefflich der Aussage entspricht, Ramses habe „ein großes und herrliches Denkmal erbaut für die Ewigkeit, gegenüber der Achet des Himmels, wo die Sonne aufgeht": Y 6, zitiert nach CHR. DESROCHES-NOBLECOURT und CH. KUENTZ, Le petit temple, Texte, S. 142.

[16] Achet (ꜣḫt) heißt im Ägyptischen jene Stelle, an der die Sonne über dem Ostgebirge morgens erscheint oder über dem Westgebirge abends verschwindet. Das überstrahlende Licht scheint eine Mulde in den Berg zu schneiden, daher die Hieroglyphe ⊡. Da es kein passendes deutsches Wort dafür gibt („Horizont" erweckt die Assoziation des „horizontalen" Kreises), behalten wir hier das ägyptische Wort in deutscher Schreibung bei.

[17] Vgl. dazu einstweilen FR. DAUMAS (Revue d'Égyptologie 8, 1951, S. 41 Anm. 5).

[18] Einer vollständigen Materialsammlung steht die Tatsache entgegen, daß überaus wenig solcher Texte aus dem Neuen Reich überhaupt publiziert sind.

[19] MH VI 390.   [20] MH VI 389 B.

Re soll *im* Tempel von Abydos sein[22]; von seinem Totentempel berichtet Amenophis III., er sei mit allen möglichen kostbaren Bauteilen versehen, „so daß er gleichgemacht worden ist der Achet, die im Himmel ist, und Re geht in ihm auf"[23]. Ausführlicher sagt ein anderer Text mit Bezug auf diesen selben Tempel: „Komm doch, Amon-Re..., betrachte dir dein Haus, das ich dir auf der Westseite von Theben errichtet habe... Du überquerst den Himmel, um in ihm zu ruhen. Wenn du in der Achet des Himmels aufgehst, so erstrahlt es als Gold in deinem Antlitz[24], denn seine Vorderseite ist nach Osten gerichtet, wo du erscheinst. Es ist deine Achet für dein Zur-Ruhe-Gehen im Leben. Und wenn du jeden Tag am Morgen erstrahlst, so ist deine Vollkommenheit in ihm unaufhörlich"[25].

Noch einmal *Medinet Hābu*: „Re geht auf und leuchtet in seinem (des Tempels) Inneren; seine Strahlen umfangen das Allerheiligste"[26]. Unklar bleibt das tertium comparationis in folgendem, auf eine Tempelgarten-Anlage „gegenüber", also wohl nördlich des Luxor-Tempels bezogen: Amenophis III. habe „einen großen Tempel darin errichtet wie Re, wenn er in seiner Achet aufgeht"[27]. Vielleicht heißt es einfach „der dem Re entspricht..."?

Den von diesem König erbauten Month-Tempel in Karnak „betrachtete man wie die Achet des Himmels"[28]. Wenn die Rede davon ist, daß der König im Totentempel auf dem Westufer dem Gott „einen Sonnenschatten gemacht habe für seine Fahrt über den Himmel als Atum", so ist wohl eine offene Anlage gemeint, in der ein offener Hof den ganzen Tag lang von der Sonne beschienen ist[29]. Vielleicht enthält die Aussage der Hatschepsut, Karnak sei „die Achet auf Erden"[30], einen Bezug im Sinne unserer Untersuchung.

Nun noch einige Texte aus dem Luxor-Tempel selbst, wenn auch nicht aus unserem Raum XVII: „Was er (der König) als sein Denkmal für seinen Vater Amon-Re, den Herrn des Himmels, in der südlichen Ipet[31] machte, ist, daß er ihm eine Ipet aufs neue errichtete aus schönem Sandstein..., einen Ruheplatz für den Herrn der Götter, seiner Achet, die im Himmel ist, angegli-

---

[22] A. CALVERLEY, Abydos IV, London/Chicago 1958, Taf. 65, Arch. 5 Süd.

[23] Urk. IV 1649, 5; doch wohl eher so als mit W. HELCK „der Achet im Himmel, in der Re aufgeht" (Übers. z. St.). Ähnlich auch zweimal im Tempel Ramses' III. in Karnak: Reliefs and Inscrr. at Karnak I Taf. 76 A und II Taf. 112.

[24] Sonnenreflexe!   [25] Urk. IV 1672, 7–15.   [26] MH VI Taf. 389 B.

[27] Urk. IV 1651, 10f.   [28] Urk. IV 1668, 6.   [29] Urk. IV 1673, 11.

[30] Urk. IV 364, 2; vgl. P. BARGUET, Le temple d'Amon-Rê, S. 149 mit Anm. 3.

[31] Daß dies Wort, das etwas Abgeschlossenes, Geheimes bezeichnet, hier nicht, wie weithin üblich, mit *Ḥarīm* zu übersetzen ist, hoffe ich, anderen Ortes zeigen zu können; ich lasse diese Benennung des Luxor-Tempels hier unübersetzt.

chen"[32]. Ähnlich: „Er machte aufs neue eine Ipet, ähnlich der Achet des Himmels"[33]; „seine (des Tempels) Vollkommenheit ist wie die der Achet des Himmels"[34] oder „er sieht sich an wie die Achet des Himmels"[35].

Stammen alle bisher gehörten Textstellen aus Königsinschriften, so läßt sich doch der gleiche Gedanke auch bei einfachen Beamten belegen. Es handelt sich dabei um Besucherinschriften. Im Neuen Reich wurde es Mode, große Denkmäler der Vergangenheit zu besuchen[36], und manche Touristen haben sich dort mit einer Tintenaufschrift verewigt. Gelegentlich gebrauchen sie dabei die Formel, daß sie diesen Tempel „gefunden hätten wie einen Himmel in seinem Inneren; Re ging darin auf"[37].

Wenn auch gelegentlich bei diesen Texten Zweifel aufkommen können, ob es sich nicht nur um eine blumige Ausdrucksweise des Hofstils handelt – im allgemeinen sind aber altorientalische Aussagen viel konkreter zu nehmen, als wir es zu tun gewohnt sind –, so ergibt sich doch ohne Zweifel, daß im Neuen Reich ein Tempel als Ort gelten konnte, in dem die Sonne aufgeht, sich aufhält, untergeht. Und genau das besagen auch die beiden Sonnenschiffszenen unter den Fenstern des Saales XVII in Luxor.

Es sei noch erwähnt, daß aus jüngerer Zeit, der Regierung des Taharqa, eine eigene Anlage für die nächtliche Fahrt des Sonnengottes unter der Erde belegt ist, wobei der bekannte große Skarabäus am Heiligen See von Karnak die morgendliche Geburt der Sonne aus der Erde darstellt[38].

Ägyptische Tempel erhalten ihre Gestalt aus zwei getrennten Gedanken: Einerseits sind sie „kultische Bühne", d.h. sie dienen den Bedürfnissen des Dienstes an der Gottheit im weitesten Sinne; sie sind Wohnung, also ein Haus mit allen notwendigen Einrichtungen wie Schlachthof, Vorratsräumen, Speisetischsälen usw. Zugleich bieten sie den Festen geeignete Räumlichkeiten, den kleinen, sich häufiger wiederholenden, wie auch den großen Jahresfesten: Höfe für eine größere Zahl von Festteilnehmern, Sakristeien zum Umkleiden der Offizianten, vor allem des Königs, dann Treppen zum Dach für bestimmte Zeremonien, Seen für Fahrten des Gottes, zugleich zum Reinigen der Priester

---

[32] Urk. IV 1699, 14–19, vgl. auch 1691, 16 und 1700, 9–14. In einem weiteren Paralleltext ist das Wort Achet durch „Sitz" ersetzt, 1705, 11.

[33] Urk. IV 1704, 15.   [34] Urk. IV 1686, 5.   [35] Urk. IV 1696, 8.

[36] Vgl. W. HELCK, Die Bedeutung der ägyptischen Besucherinschriften (ZDMG 102, 1952, S. 39ff.).

[37] W. SPIEGELBERG (ZÄS 53, 1917, S. 98ff.). Dazu N. DE G. DAVIES und A. H. GARDINER, Tomb of Antefoker, Pl. 35.

[38] Vgl. dazu P. BARGUET, Le temple d'Amon-Rê à Karnak, S. 16f.

und anderes mehr. Diese zahlreichen Bedürfnisse des Kultes bestimmen also zum einen die architektonischen Anlagen, aber auch die „Ausschmückung" eines Tempels.

Daneben steht ein ganz anderer Gedanke, nämlich der, daß ein Tempel eine Welt im Kleinen ist, ein Abbild des Kosmos (genauer wäre wohl das Wort „Symbol" anzuwenden), eine mythische Realisierung der Schöpfung an diesem Ort[39].

Eine Darstellung, wie der eine oder der andere dieser beiden Gedanken die einzelnen Formen eines ägyptischen Tempels bestimmte, wie sie ineinandergreifen und vor allem in ihrer Wirkungskraft im Laufe der Zeit wechseln, würde diesen Beitrag weit über die Maßen ausdehnen. Einzeluntersuchungen beweisen die Richtigkeit der naheliegenden Annahme, daß in älterer Zeit nur der erste der Faktoren wirksam war. Der zweite, die Symbolik, greift erst allmählich so um sich, daß er die Bauformen bestimmt[40]. In der griechisch-römischen Zeit sind beide Gedanken überaus wirkungsvoll und stehen in kunstvoll verschlungener Weise nebeneinander[41].

Soweit ich sehe, ist der Luxor-Tempel Amenophis' III. das älteste greifbare Beispiel dafür, daß ausdrücklich ein Raum diese Doppelfunktion erhält: Saal XVII ist zugleich Opfertischsaal und Raum für die tägliche Sonnenfahrt; vermutlich ist dieser zweite Gedanke maßgeblich an seiner Lage und Form beteiligt.

Dieser Fund konnte nur gelingen durch die Kombination von philologischer und archäologischer Betrachtung, wie sie den Leitgedanken im reichen und fruchtbaren wissenschaftlichen Leben unseres Jubilars darstellt. Aus diesem Grunde habe ich geglaubt, ihm mit dieser kleinen Beobachtung eine Freude zu machen, auch wenn sie ohne unmittelbare Beziehung zur biblischen Welt ganz aus der Kultur des Niltals genommen ist.

[39] Der Erste, der diesen Gedanken in ägyptischen Texten gefunden hat, war wohl G. MASPERO, Archéol. ég., 1887, S. 98 ff.; näher ausgeführt hat diesen Gedanken dann M. DE ROCHEMONTEIX, Le Temple ég. (Oeuvres diverses, Bibl. Eg. 3, 1894, S. 1–38). Vgl. jetzt eine Übersicht über die Forschung bei E. WINTER, Untersuchungen zu den ägyptischen Tempelreliefs (Denkschr. d. österr. Akad. d. Wiss. 98), 1968, S. 13 ff.

[40] Das gilt freilich nur für die Göttertempel; bei funerären Anlagen scheinen die Dinge anders zu liegen.

[41] Für die Begriffe „Himmel" und „Tempelhalle" bringt CARL WILKE (ZÄS 76, 1940, S. 93–99) einige Beispiele.

Nachtrag:

Die Vorstellung, daß die Sonne in ägyptischen Tempeln aufgeht, ist zwar mit der oben behandelten Szene im Luxortempel Amenophis' III. erstmals belegt, danach aber durchaus häufig in Inschriften erwähnt. Ich nenne hier nur zwei aus der Zeit unmittelbar nach Amarna:»Er (Ramses I.) hat ihm (seinem Vater Min-Amun von Buhen) einen Tempel gebaut wie den Horizont des Himmels, damit er in ihm aufgehe«[42]. Sein Sohn Sethos I. schreibt in seinem Tempel von Abydos als Rede der Göttin Seschat:»Re wird in seinen Erscheinungsformen für dich geboren, um in seinem (des Tempels) Innerem aufzugehen«[43]. Von den zahlreichen jüngeren Texten sei hier nur einer herausgegriffen, der sogar davon spricht, daß die Sonne durch das Oberlichtfenster in den Tempel eintritt – geradezu eine textliche Illustration zum Befund im Luxortempel.»Heil dir, Jüngling im Horizont, der aufgeht im Himmel am Morgen, der eintritt in das Oberlichtfenster, um seine Kinder zu erhellen, um seine Statuen zu beleuchten« (Mit»Kindern« sind wohl die Reliefbilder gemeint)[44].

---

[42] KITCHEN, Ramesside Inscriptions I, 3, 2.
[43] a.a.O. 186, 13.
[44] Dendara II, 26; dazu KUENTZ, in: FS Vergote, 340.

Zeichendeutung aus Sternen und Winden in Ägypten

aus: Wort und Geschichte, Festschrift K. Elliger, Alter Orient und Altes Testament 18, 1973, 25–30.

Es möge dem Kommentator des Leviticus keine tō'ēbah sein, wenn ihm zu seinem 70. Geburtstag eine kleine Beobachtung über Zeichendeuterei (niḥēš) dargebracht wird — soll doch nicht von Israeliten, sondern nur von Ägyptern die Rede sein.

So gut wie nichts ist davon bekannt, daß in Ägypten Vorzeichen irgendwelcher Art beobachtet wurden, aus denen sich künftige Ereignisse ablesen ließen. Wollten Einwohner des Landes in bestimmten Fällen einen Blick auf das, was sich ereignen werde, so befragten sie den Gott in einem Orakel[1]. Weder von diesen Orakeln noch auch von den warnenden Gegenstimmen[2] soll hier die Rede sein. Vielmehr seien die wenigen vorptolemäischen Zeugnisse aus Ägypten zusammengestellt, nach denen Vorzeichen dem kundigen Beobachter die Zukunft enthüllen[3]. Daß diese Kunst eine komplizierte Welt für sich mit wissenschaftlichem Genauigkeitsanspruch darstellt, lehrt ein Blick auf Mesopotamien und Etrurien — in Ägypten scheint sie ein Fremdkörper zu sein. Die allgemeine Meinung faßt H. Bonnet in folgenden Worten zusammen: "Dem alten Ägypter ist die Sterndeuterei noch fremd; erst um die Wende zur hellenistischen Zeit findet sie unter dem Einfluß der babylonischen Lehren, denen schon die Assyrer- und Perserzeit den Weg bereitet haben mochte, wie griechische Wissenschaft Eingang"[4]. Freilich äußert sich ein Kenner wie W. Gundel sehr viel vorsichtiger: Er spricht von großen apokryphen Sammlungen und Exzerpten astrologischer Texte, "die . . . auf epische Vorbilder der ersten hellenistischen Zeit und deren unbekannte weit älteren einheimischen Priestertexte zurückgehen dürften"[5].

---

[1] Vgl. dazu vor allem J. Černý in BIFAO 35, 1935, S. 41 ff. und aaO. 41, 1942, S. 13 ff. Zusammenfassend ders. in R.A. Parker, A Saite Oracle Papyrus from Thebes, 1962, S. 35ff.

[2] zB. Pap. Beatty IV Rs. 5,1,: "Befrage Gott nicht, da er einer ist, in dessen Angelegenheiten man sich nicht hineinmischen soll, denn er liebt den nicht, der sich ihm aufdrängt".

[3] Für die Ptolemäer- und Römerzeit, die hier nur in einem Fall herangezogen ist, gibt es eine umfangreiche Literatur. Genannt sei nur Fr. Cumont, L'Égypte des astrologues, 1937. — Unberücksichtigt bleibt ferner die typisch ägyptische Tagewählerei, da sie nicht auf beobachteten und registrierten Vorzeichen, sondern auf mythischen Überlieferungen basiert.

[4] RÄRG, S. 750. Ähnlich Fr. Boll, Sternglaube und Sterndeutung, 1931⁴, S. 23. oder W. Wolf, Kulturgeschichte des Alten Ägypten, 1962, S. 279. Einen Beweis dafür, daß schon zur Perserzeit babylonische Astrologie in Ägypten Eingang fand, liefert ein demotischer Papyrus in Wien, den R.A. Parker herausgegeben hat (A Vienna Demotic Papyrus on Eclipse- and Lunar-Omina, 1959) und dessen Urschrift zweifellos auf diese Zeit zurückgeht.

[5] RAC 1, S. 820.

1.

Wenn wir im folgenden diese communis opinio modifizieren, so gilt es sich im Bewußtsein zu halten, daß es sich nur um eine geringe Einschränkung handelt: Von den unzähligen Texten des Alten Ägypten lassen uns nur zwei oder drei etwas davon erkennen, daß auch am Nil eine Kunst der Zeichendeutung bekannt war. Andere Quellen besagen, daß weise Männer die Zukunft wissen konnten, aber diese beziehen ihre Kenntnis nicht aus Vorzeichen, sondern aus ihrem Wissen um die Weltläufe[6], oder sie sagen gar nichts über die Herkunft ihres Wissens, es sei denn, daß sie es aus ihrem "Herzen" beziehen[7]. Das Herz aber ist das Organ, das dem Menschen die Einsicht in Gottes Plan vermittelt — wir können ganz sicher sein, daß keiner dieser Weisen und Propheten sein Wissen aus Zeichen schöpft.

In der sogenannten Israel-Stele[8], einem Triumphhymnus Merneptahs wegen des Sieges über die Libyer, heißt es: "Was Ägypten angeht, so sagt man seit der Zeit der Götter, es ist die einzige Tochter des Re und sein (des Re) Sohn ist der, der auf dem Thron des Schu sitzt (d.i. der ägyptische König). Nicht kann Ruhm gewinnen, wer seine (Ägyptens) Menschen angreift. 'Das Auge eines jeden Gottes ist hinter dem her, der es begehrt', so sagen sie, nämlich die, die ihre Sterne beobachten[9] und alle, die ihren Spruch kennen beim Betrachten der Winde, (sagen): 'Es ist ein großes Wunder in Ägypten geschehen'".

Zwei Gruppen von Zeichendeutern werden hier genannt: Solche, die "ihre" Sterne beobachten, und Wissende[10], die die Winde betrachten. Die Stelle ist zweigliedrig gebaut: Zunächst wird ein geflügeltes Wort aus uralter Zeit zitiert[11], wonach Ägypten von jeher in einem engen Schutzverhältnis zum Sonnengott steht ("Tochter"), und dann folgen zwei Aussprüche von Zeichendeutern, die chiastisch gestellt sind: Zitat — Sprecher, Sprecher — Zitat[12].

Wir untersuchen zunächst jede dieser beiden Gruppen, fragen sodann, was sich aus dem Befund für die Auffassung der Ägypter vom Ablauf der Welt und dessen Erkenntnis ergibt, und versuchen abschließend, die Passagen der Israel-Stele an ihren historischen und sozialen Platz einzuordnen.

2.

Bei den Sterndeutern kann es sich nicht um die in Ägypten seit alters bekannten "Horoskopen" handeln, die den Lauf der Sterne beobachten, um an seiner Hand die Stunden der Nacht zu bestimmen. Solche Horoskopen heißen auf ägyptisch "die zur Stunde gehören" oder "die in den Stunden sind", wäh-

---

[6] S. dazu H. Brunner, Die Weisen, ihre "Lehren" und "Prophezeiungen" in altägyptischer Sicht, ZÄS 93, 1966, S. 29-35 sowie S. Morenz, Ägyptische Religion, 1960, S. 72ff.

[7] So etwa Neferti, der in einem Literaturwerk dem König Snofru die Zukunft vorhersagt. Übers. b. G. Lefebvre, Romans et Contes, 1949, S. 91ff.

[8] Der Text mit der Karnak-Variante jetzt bequem bei K.A. Kitchen, Ramesside Inscriptions, 1968, Vol. IV, S. 12-19; letzte vollständige Übersetzung ANET, S. 376-378.

[9] Dies bisher anscheinend verkannte Wort ist nichts als eine ungewöhnliche Schreibung von *ỉ3w* "Aufpasser", vgl. WB IV 17, S. 10 und dazu als neuen Beleg das zusammenhanglose Fragment Fisch- und Vogelfang C. 3,3.

[10] *rḫ r3f* bezeichnet meist den Zauberer, der seinen Zauberspruch beherrscht, kann aber auch jenseits aller Magie den Weisen bedeuten: "Ich beugte mich dem Wort derer, die ihren Spruch kannten" heißt, daß der Mann sich der Autorität der Weisen beugte: Hierogl. Texts in the Brit. Mus. II, 1912, Taf. 22, Z. 10.

[11] Der Text der Stele ist insofern ungewöhnlich, als die Aneinanderfügung verschiedenster Traditionselemente ganz durchsichtig ist: Mehrere Sprichwörter, ein Zitat aus einer Lebenslehre (Z. 18), eine mythische Gerichtsszene u.v.a. Dabei wechseln Sprache und Stil immer wieder.

[12] Der folgende Satz: "Der es angegriffen hat, ist als Gefangener in seine Hand gegeben" kann nicht mehr zum Vorhergehenden gezogen werden, da die Gefangennahme eines Feindes keinesfalls als "großes Wunder" bezeichnet worden wäre.

rend die Sternbeobachter der Israel-Stele sich schon durch ihren Namen[13] von ihnen unterscheiden. Verschieden ist denn auch der Zweck ihrer Tätigkeit. Es wird gesagt, daß sie am Himmel, bei "ihren" Sternen, erkannt haben, daß "das Auge eines jeden Gottes hinter dem her ist, der Ägypten begehrt". Ob es sich dabei um ein "Weltgesetz" handelt, das für alle Zeiten gilt, oder ob nur für den vorliegenden Lybiereinfall der böse Blick der Götter gegen die Neider Ägyptens gerichtet ist, können wir dem Text nicht entnehmen. Für die erste Annahme, daß aus den Sternen solche Grundordnungen der Welt abgelesen werden könnten, gibt es, soweit ich sehe, keine Parallele in ägyptischen Quellen, für die andere sei auf das "Sternwunder" verwiesen, das sich unter Thutmosis III. beim Gebel Barkal in Nubien ereignet hat, bei dem uns freilich wegen der Lücken des Textes und der schwierigen Ausdrucksweise manches unklar bleibt[14]. Jedenfalls hat dort ein Stern[15], aus dem Süden kommend, entweder den ägyptischen Sieg angekündigt oder gar bewirkt. Ganz offensichtlich handelt es sich um ein unregelmäßiges Ereignis am Nachthimmel, das freilich keiner sachkundigen Deutung bedurfte, sondern unmittelbar einsichtig war oder gar selbst wirkte.

Sonst fehlen bis zur frühen Ptolemäerzeit alle Nachrichten aus Ägypten, daß die Sterne in irgendeinem Zusammenhang mit irdischem Geschehen stünden: Weder ist private Astrologie bezeugt, also ein Konnex zwischen Gestirnskonstellationen und Menschenschicksalen, noch "universelle Astrologie", "die nicht für das Individuum Spezialgutachten abgibt, sondern für ganze Länder, Völker, Erdteile oder den ganzen Kosmos Prophezeiungen aus den Einzelsternen, Sternbildern und Planeten gewinnt"[16], welche Art offenbar beim Merneptah-Hymnus vorliegt. So bleibt also das Zeugnis der Israel-Stele vereinzelt. Der nächstälteste einschlägige ägyptische Text stammt wohl aus der frühen Ptolemäerzeit und steht auf der Statue eines Hofastronomen und -astrologen namens Hor-achbit aus Tell el-Fara'in[17]. Da der Text auch für die zweite von uns zu untersuchende Gruppe, die Winddeuter, von Bedeutung ist, seien die entscheidenden Stellen hier in Übersetzung mitgeteilt: "Hor-achbit, . . . der alles Beobachtbare im Himmel und auf Erden beobachtet . . . , der den Aufgang und den Untergang (der Gestirne) zu ihrer Zeit ankündigt zusammen mit den Göttern, die die Zukunft vorhersagen; für sie reinigte er sich in ihren Tagen, wenn der Dekan Ach seinen heliakischen Aufgang hatte neben dem Benu-Stern (Venus) von der Erde, und er befriedigte die Länder mit seinem Ausspruch . . . Er sagte vorher den heliakischen Aufgang der Sothis zu Beginn eines Jahres und beobachtete sie am Tage ihres ersten Festes . . . beobachtend, was sie täglich tat, und alles, was sie vorhersagte, lag in seiner Hand (dh. das verwaltete er). Er kannte das Nord- und Südwärts-Wandern der Sonne und sagte alle ihre Wunder vorher und setzte für sie einen Zeitpunkt fest (?). Er sagte es (gab bekannt), wenn sie sich ereignet hatten und zu ihrer Zeit gekommen waren . . . Der Bescheid weiß in allen Dingen, die am Himmel zu beobachten sind und auf die er gewartet hat. Erfahren in ihren Winden und ihrem Wehen (?) . . ."[18]

Leider bleiben Einzelheiten des Textes unklar. Wer sind die "Götter, die die Zukunft vorhersagen"? In welcher Weise tun sie das? Was und auf welche Weise sagt der Sothis-Stern die Zukunft voraus[19]? Schließlich ist im Zusammenhang mit der Ekliptik noch von "Wundern" die Rede, die Hor-Achbit voraus-

---

[13] S.o. Anm. 9.

[14] W. Helck, Urkunden der 18. Dynastie, Heft 17, 1955, S. 1238.

[15] Das Wort ist· mit dem Gotteszeichen determiniert.

[16] W. Gundel, Neue astrologische Texte des Hermes Trismegistos, AAMNF 12, 1936, S. 283.

[17] Heute im Museum von Kairo. Veröff. v. G. Daressy, La statue d'un astronome, ASAE 16, S. 1-5; neue Übersetzung mit Kommentar von R.A. Parker bei Neugebauer/Parker, Eg. Astronom. Texts III, S. 214 f. Dort datiert "early third Century B.C.".

[18] Bis auf den letzten Satz lehnt sich unsere Übersetzung eng an die von Neugebauer und Parker an. Zu diesem s.u. S. 29, Anm. 32.

[19] An die Ankündigung des Nils durch die Sothis möchte man hier nicht denken, da die Kenntnis dieser Zusammenhänge seit Jahrtausenden in Ägypten bekannt und geübt war und sich unser Astrologe kaum solcher Trivialitäten gerühmt hätte.

sagt, und wieder bleibt uns verborgen, worum es sich handelt (Sonnenfinsternisse? ? Konstellationen?). Aus unserer Inschrift geht mit Gewißheit nur hervor, daß in der Ptolemäerzeit Zeichendeutung auf Grund von Sternbeobachtung bis in Feinheiten ausgebildet war – wobei es sich nach allgemeiner Ansicht um Übernahme babylonischer Wissenschaft handelt[20].

3.

Über Windbeobachter, die zweite in der Israel-Stele genannte Gruppe, scheint bisher noch keine Aussage in ägyptischen Quellen beobachtet worden zu sein. Über Winde liegen – was bei dem ägyptischen Wetter begreiflich ist – wenig Nachrichten vor; nur der begehrte kühle Nordwind wird oft genannt[21]. Die Winde kommen von den Grenzen der Erde[22], so daß man sagen kann, die Reichsgrenze reiche "bis zum Wind"[23]. All diese Vorstellungen bieten keinen Schlüssel zum Verständnis der Aussage, daß Windbeobachter die Zukunft voraussagen können.

Stürme dagegen erzeugt Seth, der Gott aller Unordnung[24], und solche gewaltsamen Winde sind wohl auch gemeint, wenn in einem Tagewählerei-Text gewarnt wird, stromauf oder stromab zu fahren und irgendein Schiff an diesem Tage zu lenken, weil im Himmel Stürme toben[25]. In demselben Text wird von einem anderen Tag gesagt, "es ist der Tag, an dem Hathor mit den Scharfrichtern ausgezogen ist, um sich dem Wasser (?) des Flusses zu nähern. Die Götter aber zogen als feindliche Winde (mir ihr) aus. Fahre nicht in einem Schiff an diesem Tag!"[26]. Offensichtlich machen die Götter die Winde oder stellen sie gar selbst dar. So legt sich dem Ägypter der Gedanke nahe, man könne aus den Winden ein Handeln oder den Willen der Götter erkennen.

Wir müssen uns fragen, woran man den an sich unsichtbaren Wind wohl beobachtet haben mag. Wolkenzug dürfte bei dem in Ägypten meist klaren Himmel ausscheiden; am wahrscheinlichsten erscheint ein Beobachten der Baumzweige, die der Wind bewegt[27], heißt es doch von Amun, aus dessen Mund die vier Winde kommen und der sich im Winde verkörpert: "Er tritt ein in alle Bäume und sie werden lebendig in den schwankenden Zweigen"[28]. Daß Amun Luft- und Windgott ist, hat K. Sethe, wenn auch vorwiegend (aber nicht ausschließlich) aus späten Texten, eingehend gezeigt[29]. Und hier tut sich nun eine Möglichkeit auf, unsere Stelle von Windbeobachtern an eine bisher ungedeutete Nachricht Herodots anzuschließen.

---

[20] S. o. Anm. 4.
[21] Meist werden die vier Winde zusammen erwähnt, gelegentlich einzeln charakterisiert, aber immer positiv bewertet. Einzelheiten mit Belegen s. C. de Wit, Les génies des quatre vents au temple d'Opet, Chr. d'Ég. 32, 1957, S. 25-39; dazu O. Neugebauer und R.A. Parker, Eg. Astron. Texts III, S. 256-258. Irgendwelche Aussagen, die die Möglichkeit einer Zeichendeutung auf Grund der Winde eröffneten, finden sich in diesen Texten nicht; auch nicht in der Stelle des Amduat, nach der die Winde (ebenso andere Wettererscheinungen) von 13 Göttinnen der 12. Nachtstunde geschaffen werden (Erik Hornung, Das Amduat I, S. 200 und II, S. 190).
[22] Urk. VIII 115, 19; dazu E. Drioton in ASAE 44, 1945, S. 139.
[23] H. Junker / E. Winter, Philae II 173, 4; diese Aussage besonders vom Südwind.
[24] Pap. Bremner-Rhind 23, 13-15.
[25] Pap. Sallier IV, 8, 7 f, und Pap. Cairo 86637 = M. Bakir, The Cairo Calendar, 1966, Ro. XIV 11 f. Zum mythischen, nicht zeichendeuterischen Hintergrund dieser ägyptischen Sitte s. E. Brunner-Traut, Mythos im Alltag, zum Loskalender im Alten Ägypten, Antaios 15, 1970.
[26] Pap. Cairo Ro. III, 10 - IV,2.
[27] Zur Windschau (Anemoskopie), die auch in Griechenland meist eine Blattschau (φυλλομαντεια) war, s. A. Bouché-Leclercq, Hist. de la divination dans l'antiquité I, 1879, S. 202.
[28] K. Sethe, Amun und die acht Urgötter, 1929, § 205.
[29] a.a.O. §§ 187-216.

Im II. Buch, Kap. 54 - 57 erzählt er, daß nach griechischer wie auch nach ägyptischer Tradition das Orakel (μαντηιη) von Dodona durch eine Priesterin des Amun von Theben eingerichtet worden sei, und er beschließt seinen ausführlichen und die Überlieferung kritisch prüfenden Bericht mit den Worten: "Die Orakel im ägyptischen Theben und in Dodona sind einander sehr ähnlich". Leider gibt er nicht an, worin diese Ähnlichkeit besteht. Von Dodona ist bekannt, daß sich der Gott im Rauschen der Zweige einer "Eiche" offenbarte, daß er also in Gestalt des Windes diese Zweige in bestimmter Weise bewegte. Wenn nun Herodot ausdrücklich dies Orakel aus Theben herleitet, wo ebenfalls ein Windgott, nämlich Amun, die Hauptgottheit und der beliebteste Orakelgott war, so liegt der Schluß nahe, daß Herodot auch dort ein entsprechendes Baumorakel gesehen oder von ihm vernommen hat. Aus ägyptischen Quellen freilich kennen wir nichts derartiges – doch ist damit zu rechnen, daß es sich um eine volkstümliche Einrichtung handelt, die in den so gut wie allein als Quellen für die Religion der Spätzeit überlieferten Tempelinschriften keine Erwähnung gefunden hat, ja es ist angesichts der einseitigen Quellen gerade in Theben kaum mit einer Erwähnung überhaupt zu rechnen[30].

Aus dem nördlichen Delta, dem alten Buto, stammt das einzige mir bekannte weitere Zeugnis für ein Windorakel aus pharaonischer Zeit. Es ist das die schon oben herangezogene Statue des Astrologen Horachbit aus der frühen Ptolemäerzeit[31]. Nach ausführlicher Schilderung seiner astronomisch-astrologischen Leistungen kommt er auf andere Beobachtungen zu sprechen: Er nennt sich einen, "der Bescheid weiß in allen Dingen, die am Himmel zu beobachten sind und auf die er gewartet hat. Erfahren in ihren Winden und deren Wehen (?)"[32]. Fraglich bleibt nur, worauf sich das Suffix "ihre Winde" bezieht. Ob angenommen wird, das die Winde mit den Sternen zusammenhängen[33]?

Wie dem auch sei, mit Sicherheit geht aus der Israel-Stele hervor, daß schon in der 19. Dynastie Ägypter nicht nur aus Sternen, sondern auch aus Winden Ereignisse der Zukunft abgelesen haben. Ergänzt wird diese klare Aussage durch zwei weniger sichere Quellen: Durch Herodots Angaben über den Zusammenhang und die Ähnlichkeit der Orakel von Dodona und Theben und durch die Inschrift des Hor-achbit.

4.

Abschließend bleibt noch der Stellenwert dieser Vorstellungen innerhalb ägyptischer Weltsicht zu erörtern. Sie spielen offenbar eine untergeordnete Rolle, nachdem sie in den zahlreichen Texten religiös-historischer Natur kaum je erwähnt werden. Der Grund für diesen Befund liegt darin, daß Omina und ihre systematische Deutung eine determinierte Welt voraussetzen, einen Ablauf der Ereignisse, der unabänderlich feststeht und den zu erkennen dem Menschen, wenn er nur genau genug beobachtet, möglich ist. Die ägyptische Maat aber ist gerade das nicht – so sehr sie an Grundgegebenheiten festhält. Doch ist die Maat kein

---

[30] Daß hinter den rätselhaften ἀμουμαντεις des Pseudokallisthenes solche Windbeobachter stecken, sei hier nur als vage Möglichkeit angedeutet; vgl. Fr. Cumont, L'Égypte des astrologues, 1937, S. 158 f., Anm. 4 und S. 159, Anm. 3.

[31] S. o. Anm. 17.

[32] Neugebauer/Parker übersetzen: "skilled with respect to their conjunction(s) and their regular movement(s)", doch hat das Zeichen des Segels in der Lautverbindung ḥnm immer ein folgendes m. Die Ableitung der Spätzeitlesung aus der Ähnlichkeit mit dem ḥnm-Krug im Hieratischen bleibt unsicher, und beweisen läßt sich nur die Lesung ḥn, vgl. zB. Daumas, Les Mammisis, 1958, S. 432, Anm. 6. Einer der besten Kenner der Spätzeit-Hieroglyphen, Erich Winter – Mainz, teilte mir auf meine Anfrage freundlicherweise mit, daß auch er keinen weiteren Beleg für die Lesung ḥnm kennt. Da also sowohl die Lesung ḥnm für das Segel als auch die Bedeutung "Konstellation" für ḥnm nicht belegbar sind, empfiehlt es sich, als Spätzeitlesung nur ḥn anzusetzen und an unserer Stelle die übliche Lesung ṯ3w mit der üblichen Bedeutung "Wind" anzunehmen.

[33] In der klassisch-antiken Welt gäbe es dazu zahlreiche Parallelvorstellungen, s. zB. W. Gundel, De stellarum appellatione et religione Romana, RVV III 2, 1907, S. 168 f.; ders., Neue astrolog. Texte (s.o. Anm. 16), S. 256 f., 285. Oder bezieht sich das Suffix auf "die Dinge, die am Himmel zu beobachten sind"?

Gesetz, das bis in Einzelheiten das Leben regelte, vielmehr läßt sich ihr Wesen am besten mit "Struktur" umschreiben, wenn das Modewort einmal erlaubt ist[34]. Sie ist nicht unabänderlich vorhanden, sondern ihre Herstellung oder Wiederherstellung steht als immer neue Aufgabe vor dem König und den Menschen. Sie tut dem freien Willen der Menschen, aber auch dem freien Willen Gottes keinen Abbruch[35].

Angesichts dieser ägyptischen Auffassung von der Welt, die wir hier nicht ausbreiten, sondern nur gerafft vorstellen können, ist für die Erfragung der Zukunft nicht eine Zeichendeutung, sondern ein Gottesorakel die angemessene Form. Gewiß mag die Gottheit die Menschen durch einmalige Zeichen, etwa einen Traum, warnen oder zu einer Tat auffordern, im allgemeinen aber basiert die Systematisierung der Zeichendeutung auf der Voraussetzung, daß dasselbe Zeichen dieselben Ereignisse verkünde[36]. Ägyptischer Auffassung von der Willensfreiheit und Allmacht Gottes, der auch seinen eigenen Plan ändern kann[37], entsprechen nur Regeln, keine Gesetze, und also für die Zukunftsfragen einerseits die Weisheit erfahrener Männer und der Tradition, andererseits eine unmittelbare Befragung der Gottheit für diesen besonderen Fall, also die Bitte an die Gottheit um ein Orakel – das sich dann der Sprache bedient oder mit Ja oder Nein antwortet. Vorzeichendeutung ist für die Ägypter ein zu starres System.

So erklärt es sich, daß nur ganz wenige Zeugnisse dafür vorliegen. Offenbar handelt es sich um eine untergründige, inoffizielle bis halboffizielle Praktik, erwachsen aus dem Urbedürfnis, Gott in die Karten zu blicken. Wären die Zeichendeuter der Israel-Stele Hof- oder Staatsbedienstete gewesen, so würden wir einen "Titel" oder eine darauf hindeutende Bezeichnung erwarten – spart doch Hor-achbit nicht mit Hinweisen auf seine offizielle Tätigkeit. Und noch eine andere Kleinigkeit läßt uns vermuten, daß es Männer niedrigen Ranges, vielleicht fahrendes Volk, waren, die Merneptah seinen Sieg vorausgesagt haben: Die Vorstellung vom Bösen Blick gehört ausgesprochen zum Volksglauben. Dort war sie ungeheuer weit verbreitet, doch hat sie in der hohen Theologie niemals Eingang gefunden. In der Spätzeit spricht man gelegentlich auch vom Bösen Blick der Götter, aber auch das nur in Zaubertexten oder ähnlichen Zeugnissen des Volksglaubens[38]. So gehört unsere Ausgangsstelle der Israel-Stele offensichtlich innerhalb der farbenreichen Palette ihres Komponisten einer Schicht populärer Vorstellungen an und steht damit in scharfem Kontrast zu den unmittelbar vorhergehenden Götterratschlüssen.

Durch diese Eigenwilligkeit jenes Schreibers des Lebenshauses, der den Text für die Siegesstele zusammengestellt hat, ist es uns möglich, einmal einen Blick durch einen Spalt in der sonst fest verschlossenen Tür zu tun, die uns in königlichen Denkmälern und solchen, die sich nach ihnen richten, von der Welt des Alltags ausschließt. Offenbar wurde die Zeichendeuterei, die durchaus nicht zum ägyptischen Weltbild paßt, am Nil zwar geübt, aber nur mit schlechtem Gewissen und in unteren Kreisen. Nur ein Volk mit solcher Glaubenskonsequenz wie die Israeliten hat derartige Praktiken radikal als mit Gottes Führung unvereinbar bekämpft und sogar bei sich ausgerottet.

---

[34] Vgl. dazu zB. S. Morenz, Ägyptische Religion, 1960, S. 120ff.

[35] Vgl. dazu zB. H. Brunner, Der freie Wille Gottes in der ägyptischen Weisheit: Les Sagesses du Proche-Orient, 1963, S. 103-120.

[36] Weshalb in Mesopotamien entsprechende Listen etwa Leberformen und danach eingetretene Ereignisse verzeichnen, um diesen Nexus zu fixieren und damit in Zukunft richtige Deutungen zu ermöglichen. Die Astrologie geht ähnlich vor.

[37] Eine der bezeichnendsten Stellen für diese Auffassung ist Wenamun 2, 58. Vgl. im übrigen S. Morenz, Untersuchungen zur Rolle des Schicksals in der ägyptischen Religion, AAL 52,1, 1960. – Aus der Zeit Merneptahs stammt die Stelle Kitchen, Ram. Inscrr. IV, 28, 7.

[38] RÄRG, S. 122.

Osiris in Byblos

aus: Révue d'Égyptologie 27, 1975, 37–40.

Die von Plutarch, *De Iside*, Kap. 15 und 16 erzählte Episode ist bisher in ägyptischen Quellen nicht nachgewiesen [1]. Daß manche Einzelheiten des Osiris-Mythos zu den arrheta gehören, versichert uns nicht nur Herodot, es geht auch aus den altägyptischen Quellen deutlich hervor, die z.B. über den Tod des Osiris fast nichts berichten. Wir müssen damit rechnen, daß auch die Byblos-Episode in einer Form, die vielleicht von der Plutarchschen Fassung mehr oder weniger abweichen mag, in ihrem Kern doch vorhanden war. Eine Spur davon scheint sich überraschenderweise in einem der meist gelesenen Sprüche des Totenbuches zu finden, dem 125. Freilich sind die Anspielungen verschlüsselt.

Drioton hat wohl als erster erkannt, daß der uns beschäftigende Passus auf die Osiris-«Passion» anspielt, und zwar so, daß offensichtlich der Verstorbene vor Jenseitswächtern Symbolhandlungen schildert, die bei einer geheimen, «mystischen» Feier vollzogen wurden, wodurch er sich als Eingeweihter ausweist [2].

Wir bringen zunächst eine eng an Drioton und Barguet angelehnte Übersetzung der Stelle aus der «Schlußrede» [3]. Diese Übersetzung soll einer notwendigen kritischen Bearbeitung, die die Varianten zu würdigen hätte, nicht vorgreifen. Hier werden Abweichungen nur insoweit berücksichtigt, als sie von Bedeutung für unser Thema sind, und auch der Kommentar beschränkt sich in diesem Sinne; die Sätze werden numeriert, um sie leichter zitieren zu können.

[1] S. die Kommentare zu Plutarch von Hopfner, I 49 ff. und Griffiths, 319 ff. Griffiths stellt bündig fest: «It is a striking fact that the episode, or any story resembling it, does not occur in a source prior to Plutarch».—Völlig negativ auch Hermann, in: *ZÄS* 82, 54: «Ägyptische Texte der älteren Zeit wissen von einem Aufenthalt des Osiris oder der Isis in Byblos nichts.» Die von Helck, PW IX Spalte 506 vermuteten Wortspiele mit 'š überzeugen nicht, da das parallel damit stehende gš nichts ausgibt. — Otto, *Gott und Mensch*, S. 51, Anm. 68: «... ein Zug der Mythe, der sonst in ägypt. Quellen m.W. nicht belegt ist.» Otto bringt versuchsweise die Phrase «der den Müden auf dem Ozean rettet» mit der Osiris-Episode bei Plutarch zusammen, doch liegt eine auch sonst nicht selten belegbare graphische Verwechslung von bšgj «der Müde» = Osiris mit bgšj «der Schiffbrüchige» vor, so daß wir eine ganz geläufige Phrase erhalten, die mit Osiris nichts zu tun hat.—Sethe möchte (*ZÄS* 47, 71-3) den 'š-Baum mit der Ereike Plutarchs identifizieren und in zwei späten Totentexten, die diesen Baum zu Osiris in Beziehung setzen, Anspielungen auf den Aufenthalt der Leiche in Byblos sehen. Doch wird an den beiden Stellen der 'š-Baum nur als einer unter anderen genannt, die «aus Osiris kommen» —gemeint ist, daß die Vegetation aus dem Gotte sprießt, s.u. S. 40. Die Byblos-Episode spielt auch hier keine Rolle.

[2] Drioton, *La religion égyptienne*, in: *Histoire des religions*, Bd. 3, p. 88-9 und ders., *Pages d'Égyptologie*, p. 224 f. Auffassung und Übersetzung weitgehend übernommen von Barguet, *Le livre des morts des anc. Égyptiens*, p. 163. Ich danke Herrn Barguet für den Hinweis auf die erste Veröffentlichung von Drioton.

[3] Naville, *Todtenbuch*, Kap. 125 Schlußrede 21-29; Budge, *The Book of the Dead*, 1898, schwarzgeb. Ausgabe, p. 262, Z. 16 - 264, Z. 3.

1 a «Wer bist du?» sagen sie zu mir, «Was ist dein Name?» sagen sie zu mir.

  b «Ich bin der, der unter dem Papyrus aufgewachsen ist (a). 'Der in seiner Moringa ist' ist mein Name (b).»

2 a «Woran bist du vorbeigekommen?» sagen sie zu mir.

  b «Ich bin an der nördlichen Stadt des Busches vorbeigekommen (c).»

3 a «Was hast du dort gesehen?»

  b «Den Unter- und den Oberschenkel (d).»

4 a «Was hast du zu ihnen gesagt?»

  b «Ich habe die Klage gesehen in jenen Ländern der Phöniker.»

5 a «Was haben sie dir gegeben?»

  b «Ein brennendes Feuerbecken (e) und eine Säule aus Fayence.»

6 a «Was hast du damit gemacht?»

  b «Ich habe sie beigesetzt am Ufer des Maati-Sees (f) zur Abendzeit.»

7 a «Was hast du an ihm gefunden, dem Ufer des Maati-Sees?»

  b «Ein Uas-Szepter aus Feuerstein: 'Luftspender' ist sein Name.»

8 a «Was hast du mit dem brennenden Feuerbecken und der Säule aus Fayence getan, nachdem du sie beigesetzt hast?»

  b «Ich habe darüber geklagt. Dann habe ich sie herausgenommen, habe das Feuer gelöscht, die Säule zerbrochen und in den See geworfen.»

9 «So komme und tritt ein durch dies Tor der Halle der beiden Wahrheiten, denn du kennst uns.»

(a) Der Text hat stark voneinander abweichende Varianten und bleibt unsicher. Vielleicht auch: «Ich bin die untere Pflanze (Sproß?) des Papyrus» (So Drioton und Barguet). Es könnte sein, daß hier auf die Kindheit des Horus in Chemmis angespielt wird. Eine andere Deutung s. Anm. (b).

(b) *B3q* ist wohl eine Moringa-Art [4]. Bei *jmj b3qf* würde man zunächst an einen Baumgott denken, doch läßt sich die Stelle auch auf Osiris deuten, der z.B. auf den beiden Berliner NR-Särgen 23 989 und 17 940, 2 vor, dh. «in» einem Baum abgebildet wird. An den Gott *ḥrj-b3qf*, einen Schutzgott des Osiris [5], wird man kaum denken dürfen. Wir kommen unten (S. 39 f.) auf diese Stelle zurück.

(c) Die Lesung *b3t* verdient den Vorzug gegenüber *b3q*, da diese Variante sich an das Wort *b3q* im vorhergehenden Satz erinnert.

(d) Zu *ḫnd* s. Lacau, *Les noms des parties du corps*, § 358-61; zu *msdt* (fehlt bei Lacau): J. J. Janssen, *Ship's Logs*, p. 20f. Barguet bemerkt zu unserer Stelle: «Sans doute constellations polaires», nachdem Drioton geradezu «Les constellations polaires»

---

[4] Keimer, *Kêmi* 2, 92 und Gardiner, *HPBM* 3[d] Series, I, p. 49, Anm. 3.

[5] Kees, *RT* 37, 60 f.

übersetzt hatte (*Pages d'Égyptologie*, p. 224). Ich möchte diese Deutung dennoch in Zweifel ziehen, nachdem Sternbilder dieser Namen anderweitig nicht belegt sind, und vielmehr an Osiris-Reliquien denken. Im Norden Ägyptens, von dem offenbar jetzt die Rede ist, häufen sich gerade Orte mit Beinreliquien. In Sebennytos werden Ober- und Unterschenkel des Osiris verehrt[6].

(e) Übersetzung unsicher. Drioton : «un brasier de feu». Vielleicht «Feuerbrand»?

(f) Dieser See dürfte, wie allgemein angenommen, identisch sein mit dem «See der Maatiu (der Gerechten)» bei Herakleopolis. Herakleopolis gilt auch sonst als Ort des Osiris-Begräbnisses, vgl. *CT* IV, 318 d, wo eine Glosse bei T l C b zu dem Satz «an jenem Tage des Vereinigens der beiden Länder vor dem Allherrn» in einem Lied an Herischef von Herakleopolis ausdrücklich vermerkt : «Was die Vereinigung der beiden Länder angeht, so ist das die Anordnung des Osiris- Begräbnisses». Daß Osiris in Herakleopolis auch zu neuer Macht kommt (Tb. 175a), berührt unser Thema wohl nicht mehr.

Der Gang der Handlung im großen und ganzen ist klar : Der Myste gibt vor, von einer Reise zurückgekommen zu sein, die ihn an der «nördlichen Stadt des Busches» vorbeigeführt und zu den beiden Osiris-Reliquien des Ober- und Unterschenkels gebracht hat. Dort hat er gesagt, daß er «die Klage in jenen Ländern der Phöniker» gesehen habe. Er war also offenbar auch dort. Die Klage kann nur die um den toten Osiris sein, und die «Länder der *Fnḫw*» sind zwar im NR geographisch nicht genauer zu bestimmen, bezeichnen aber in älterer Zeit die Gegend um Byblos[7]. Einen Anlaß zur Klage um Osiris hatten aber die Asiaten nur, wenn die Leiche dort war. So dürfte unserem verschlüsselten Text eine der Plutarchschen ähnliche Version zugrundeliegen, nachdem wir sonst keinerlei Nachricht von Osiris in Asien kennen — wenn wir von dem doch wohl vom Dionysos-Mythos beeinflußten Bericht bei Lukian[8] absehen, der aber unserem Text gewiß fernsteht.

Damit möchte man nun gern auch noch das Feuerbecken und die Fayence-Säule zusammenbringen. Von einem Feuerbecken jedenfalls erfahren wir sonst in den Osiris-«Spielen» nichts, und zur Sage paßt es auch nicht — nur eben zu der Byblos-Episode, wo Isis den jungen Prinzen unsterblich brennen möchte. Bei der Säule freilich bewegen wir uns auf schwankenderem Boden, da sie auch für «jung, frisch sein» stehen kann. Allerdings spricht der Fortgang der Handlung gegen eine solche allgemeine Deutung : Wenn beides «begraben» (oder, wie Drioton und Barguet übersetzen, «in den Sarg gelegt») wird und dann vernichtet, so wird es sich eher um Requisiten handeln, deren Aufgabe erfüllt ist. Wer dächte da nicht an die Säule im Palast des Königs von Byblos?

---

[6] Brugsch, *Dict. Géogr.*, p. 524.

[7] Zur Bedeutung vgl. Helck, *Beziehungen Ägyptens zu Asien*[2] 23-4.

[8] *De dea syria*, p. 7 = Hopfner, *Fontes*, p. 315, vgl. dazu Derchain, *BiOr* 20, 34.

Dann aber könnte «Der in seiner Moringa ist» (1b) auch auf Osiris gehen, und die bisher rätselhafte ἐρείκη Plutarchs könnte eine Moringa sein, wenn nicht in den 1200 Jahren zwischen unserem Text und Plutarch ein Überlieferungs- und Bedeutungswandel eingetreten ist[9]. Der theologische Hintergrund der Episode von Osiris im Baum ist klar: auch und gerade der tote Osiris lebt in der Vegetation weiter[10]. Es ist der gleiche Gedanke, der sich seit alters in den aus seinem Grab sprießenden Bäumen und Pflanzen ausspricht. Bei Plutarch heißt es, der Baum um den Sarg sei wunderbar rasch zu einem lieblichen schlanken Sproß aufgewachsen — die Vegetationskraft des Gottes zeigt sich in ihm.

Ganz unwahrscheinlich ist Driotons Deutung, der Myste vertausche in 8b die bisher gespielte Rolle des Horus mit der des Seth, wenn er das Feuer löscht, die Säule zerbricht und beides ins Wasser wirft. Vielmehr wird es sich um die im ganzen Alten Orient gebräuchliche rituelle Beseitigung nicht mehr gebrauchter Ritualrequisiten handeln, die normalerweise, wie etwa die Balsamierungsutensilien Tutanchamuns, begraben werden, in diesem Falle aber das Los ihres Herrn Osiris teilen. Überflüssig sind sie als Bestattungsrequisite dadurch geworden, daß der Myste das Uas-Szepter gefunden hat (Z. 7b), ein Symbol der «Auferstehung» des Osiris, deren er jetzt gewiß sein kann.

Daß der Text noch nicht alle Geheimnisse hergegeben hat, sei unbestritten. Klar scheint mir, daß er, besonders Z. 4b zusammen mit 5b, die älteste, freilich stark maskierte Spur einer Überlieferung des Aufenthaltes des Osiris in Byblos bringt.

Daß Plutarch diese Episode nicht erfunden hat, ist ohnedies wahrscheinlich, und wenn Maternus Firmicus berichtet[11], die Ägypter höhlten bei den Isisfeiern einen Pinienstamm aus und bestatteten darin ein aus Samen hergestelltes Osirisbild, so ist bei der konservativen ägyptischen Religion auch nicht damit zu rechnen, daß ein solcher Brauch erst in den Jahrhunderten n. Chr. eingeführt worden wäre.

---

[9] Dem muß nicht widersprechen, daß seit Sethe (*ZÄS* 44, 13) mit guten Gründen weitgehend angenommen wird, die Ereike Plutarchs wäre der ' š-Baum, also die Pinie, deren Wuchs in der Tat den Bewohnern des holzarmen Ägypten wunderbar vorgekommen sein muß, vgl. dazu Chassinat, *Le mystère d'Osiris*, p. 700. Wenn die von Chassinat, p. 701f. vermutete Verwandtschaft der Plutarchschen Erzählung mit der Erzählung des Pap. d'Orbiney zuträfe, wäre nicht nur die Gleichung gestützt, wir hätten auch ein früheres Zeugnis für die Byblos-Episode. Leider lassen sich aber erhebliche Einwände gegen Chassinats Hypothese vorbringen. Unser Vorschlag, trotz des anderen Namens den Moringa-Baum unseres Textes als Substitut für die Ereike anzusehen, geht davon aus, daß unser Text mehrere solcher «Verfremdungen» enthält.

[10] Chassinat, *a.a.O.*, p. 699 möchte die Vorstellung trennen von der Byblos-Episode; dort habe die Ereike lediglich die Funktion, den Sarg des Osiris vor profanen Blicken zu schützen, und sei nur deshalb so wunderbar rasch um den Sarg gewachsen. Mir unterliegt es keinem Zweifel, daß auch der Plutarchschen Erzählung der Vegetationsaspekt des Osiris zugrundeliegt, auch wenn er abweichend verwendet worden ist.

[11] *De errore prof. reliq.*, 27 = Hopfner, *Fontes*, p. 521.

Ergänzung:

Grundsätzlich sollte dieser Nachdruck älterer Arbeiten weder zu Auseinandersetzungen mit inzwischen zu den gleichen Themen erschienenen Untersuchungen anderer noch auch nur zu einer Modernisierung der Zitate oder Anmerkungen benützt werden, da beides großen Umfang erfordert hätte. Dennoch veranlaßt mich ein ungewöhnlicher Vorgang zu einer ungewöhnlichen Ausnahme. Ungewöhnlich ist, daß ein Festschriftbeitrag gegen eine Ansicht dessen, der gefeiert werden und sich freuen soll, polemisiert. Zu der nach meiner Meinung undurchdachten Polemik gegen meinen Aufsatz »Osiris in Byblos« sei in aller Kürze Stellung genommen. HORST BEINLICH glaubt, in Welt des Orients 14, 1983, 63–66 feststellen zu können, daß der in Byblos angeschwemmte oder dort entstandene Sarg des Osiris leer war, ja daß es sich bei dem Bericht des PLUTARCH im Grunde nur um das Auffinden des für diesen heiligen Sarg geeigneten Materials handele. Um seine dem Wortlaut PLUTARCHS vielfach widersprechende These aufrechthalten zu können, erklärt er Stellen bei PLUTARCH, die mit seiner Deutung nicht übereinstimmen, für sekundär und nicht eigentlich zur Geschichte gehörig, oder er verschweigt sie einfach.

1) In Kap. 13 sagt PLUTARCH ausführlich, daß der Sarg den Körper des Osiris geborgen hat, nachdem Seth und seine Genossen den König Osiris bei einem Festmahl durch eine List hineingelockt und den Deckel über ihm zugeworfen haben.

2) Diese selbe Larnaka wird nach Byblos gespült und dort in den Stamm einer Ereike eingeschlossen. Dieser Baum wächst wunderbar schnell und schön – ein Zeichen für die vegetabile Wachstumskraft, die von Osiris ausgeht. Kein Zweifel, daß er im Sarg liegt.

3) Nachdem Isis sich den Stamm erbeten hat, schält sie den Sarg heraus und beweint, über ihn geworfen, ihren toten Gatten (Kap. 16). Der Leichnam des Osiris liegt also im Sarg.

4) Als sie auf der Reise nach Ägypten an einen einsamen Ort kommt, öffnet sie ihn, preßt ihr Gesicht auf das des Osiris (der also noch im Sarg liegt) und beweint ihn. Der Sohn des Königs von Byblos, den sie mitgenommen hat, kommt unabsichtlich dazu. Sie wirft ihm einen solch furchtbaren Blick zu, daß er daran stirbt. Es scheint mir sicher, daß der Grund für einen derart schrecklichen Blick nur der sein kann, daß der Junge die Göttin bei einer »geheimen« Handlung überrascht hat: Isis hat sich »zum Manne gemacht«, sich auf den vorübergehend durch die rituellen Klagen halberweckten Gatten gesetzt, um ihren Sohn postum zu empfangen. Zahlreiche altägyptische Darstellungen zeigen diese Szene, bei der Isis aus Dezenzgründen als Weihe erscheint.

5) Noch im Kap. 18 liegt Osiris in der Lade: Typhon findet sie und reißt den Leichnam heraus.

Es ist nicht möglich, all diese Erwähnungen zu ignorieren oder als aus einer anderen Geschichte stammend zu eliminieren – sie gehören ganz wesentlich zu der Erzählung, die ohne sie keinen Sinn ergibt.

Auf einem ganz anderen Blatt stehen die bedenkenswerten Einwände, die J.Gw. GRIFFITHS in der Neuauflage seines Buches The Origins of Osiris and his Cult, Leiden 1980, S. 28–34 gemacht hat. Zu einer Auseinandersetzung ist allerdings hier nicht der rechte Platz.

Sokar im Totentempel Amenophis' III.

aus: Ägypten und Altes Testament 1, Festschrift E. Edel, Wiesbaden 1979, 60-65.

1975 konnte die Sammlung des ägyptologischen Instituts der Universität Tübingen im Züricher Kunsthandel einen kleinen Gegenstand aus grünlicher Fayence erwerben, der durch seine Inschriften und die ungewöhnlich feine Arbeit auffiel[1].

Die Form läßt keinen Zweifel daran, daß es sich um das Dach einer kleinen Kapelle handelt. Der Gegenstand hat die für solche Bedeckung übliche "Kanopendach"-Form: nach hinten schmäler werdend (bei unserem Stück um 2,5 mm) und dünner zulaufend, in diesem Fall ohne jede Schweifung gerade abfallend, die Stirnseite oben rund. An der Unterseite ist der Rand auf allen vier Seiten eingezogen; dieser untere Teil des Daches ragte in den lichten Raum der Kapelle hinein und sicherte das Dach gegen Verschiebungen. Gegen Abheben war es durch vier Stifte geschützt, die, von außen durch die Seitenwände gesteckt, in vier Löcher dieses Dach-"Unterzuges" eingriffen (Tf. 1, 4)[2].

Alle vier Seiten, also Ober- und Unterseite sowie die beiden Schmalseiten, tragen Inschriften, die Stirnseite zeigt die geflügelte Sonnenscheibe (Tf. 1). Auf der Oberseite steht (Abb. 1): "Sokar im Hause des Neb-Maat-Re. Der vollkommene Gott Neb-Maat-Re, der Sohn des Re Amenophis - Herrscher von Theben, mit Leben begabt wie Re". Die beiden Zeilen mit dem Namen des Königs sind der mit dem Namen des Gottes zugewandt. Auf der Innenseite des Deckels, also unten und normalerweise unsichtbar, findet sich nochmals der Geburtsname des Königs (Abb. 2). Hier ist ebenso wie auf der Oberseite dieser Name innerhalb des Königsrings getilgt, aber in ausreichenden Spuren noch erkennbar. Bei der Tilgung sind auf-

---

1 Inv. Nr. 1728, Größe: Br. 4,5 bis 4,2 cm. L. 5 cm. Dicke 1,9 cm.
2 Diese Löcher sind 6 - 11 mm tief.

fallenderweise die Zeichen , die den Namen des Amun bilden, in beiden
Königsringen weniger sorgfältig ausgekratzt, so daß dieser noch ohne
Schwierigkeiten zu lesen ist[3].
Die beiden Schmalseiten des Daches zeigen je eine mehrfach gewundene
Schlange, die mit den Flügeln einen mit dem "Verschluß" nach außen ge-
wandten $šn$-Ring und die vierten Namen des Königs schützt. Dabei steht
der Name auf der vom Beschauer aus rechten Seite ohne Ring, auf der anderen im Ring, dem aber der gerade untere Abschluß fehlt.
Alle Hieroglyphen sind tief geschnitten und waren mit einer gelben Paste gefüllt, von der noch große Teile erhalten sind. Lediglich das r
von Sokar und der untere Teil des nfr sowie des mj sind um einen stehen
gelassenen Kern herumgeführt - aber auch hier war die Rille mit Paste
gefüllt.
Weder die Zeit des kleinen Denkmals noch sein ursprünglicher Aufstel-
lungsort können zweifelhaft sein: Es stammt aus dem Heiligtum des Sokar
im Totentempel Amenophis' III. Dies Heiligtum ist uns aus zahlreichen
Erwähnungen jüngerer Zeit, zumeist von Tempelpersonal der ramessidischen
Epoche, wohlbekannt, teils unter dem Namen des Sokar, teils unter Ptah-
Sokar oder Ptah-Sokar-Osiris[4]. Von seiner originalen Ausstattung scheint

---

3 Die übrigen Beschädigungen sind zufälliger Art.
4 Zusammenstellung bei W. HELCK, Materialien 101. Die genaue Lage des
   Sokarheiligtums ist unklar. Herr HAENY-Kairo war so liebenswürdig,
   mir den darauf bezüglichen Teil des Ms. von H. RICKE über die Untersuchungen der Ruinen des Totentempels Amenophis' III. zu schicken.
   Spuren des Gebäudes sind nicht gefunden. RICKE nimmt eher ein nord-
   östlich gelegenes eigenes Gebäude mit Zugang von Norden an, das innerhalb der Umwallung des Totentempels Amenophis' III. gelegen hätte
   und zu dem mancherlei Spolien und Reste aus dem Totentempel Meren-
   ptahs gehören. Dagegen spricht der Umstand, daß, nach den Priester-
   titeln zu schließen, der Kult in dem Heiligtum bis in die 20. Dyn.
   bestanden hat. Für eine auch bauliche Zuordnung zum Totentempel
   Amenophis' III. spricht die Bedeutung des Ptah-Sokar(-Osiris) auf
   den Stelen Amenophis' III. (Urk. IV, 1671ff. und 1955ff.) und auf
   den Statuen des Totentempels (z.B. auf dem nördl. Memnons-Koloß, LD
   Text III, 142). Ich danke Herrn HAENY herzlich für die großzügige
   Auskunft über den Stand der Erwägungen im Schweizerischen Institut
   für äg. Bauforschung. Da unser Stück für diese Frage nicht mehr her-
   gibt als die PETRIEsche Scherbe aus Amarna, müssen wir sie auf sich
   beruhen lassen.

- außer unserem Stück - nur ein nach Amarna mitgenommenes Alabastergefäß
mit blau eingelegter Inschrift erhalten zu sein, von dem PETRIE eine
Scherbe in Amarna ausgegraben hat (Abb. 5)[5]. Dessen Inschrift entspricht,
soweit erhalten, genau der der Oberseite des Tübinger kleinen Daches,
abgesehen von dem Fehlen des Artikels vor ḥwt. In diesem Schwanken zeigt
sich die sprachliche Unsicherheit der Zeit kurz vor dem Durchbruch zum
Neuägyptischen.

Der große Totentempel Amenophis' III. hat offenbar eine ganze Reihe von
Götterkapellen beherbergt. Einige werden im Ostrakon BM 5627[6] aufgezählt
- dort fehlt Sokar; er wird in der Schlußformel "und jeder (andere) Gott
und jede (andere) Göttin" enthalten sein. Daß Sokar auf dem Ostrakon
nicht ausdrücklich genannt ist, fällt um so mehr auf, als seiner Kapelle
die meisten jüngeren Erwähnungen gelten. Amenophis III. scheint diese
Kapelle besonders gut ausgestattet zu haben, und diese Position ist offenbar bei der Restauration der alten Kulte nach der Amarnazeit wieder-
hergestellt worden. Von einer Restauration der getilgten Namen ist auf
unserem Stück freilich keine Spur festzustellen.

Von der Ausrüstung der ägyptischen Kapellen haben wir durchaus keine
genaueren Vorstellungen, da sie nur in den seltensten Fällen in kümmer-
lichen Resten erhalten ist. So mag es förderlich sein, sich Gedanken
über Inhalt und Standort des Fayence-Kapellchens zu machen, auch wenn
diese hypothetisch bleiben müssen. Wahrscheinlich hat in ihm eine kleine Figur gestanden. Die lichte Höhe dürfte kaum mehr als 5 - 6 cm betra-
gen haben, wenn wir ägyptische Proportionen solcher Behälter zugrunde-
legen. Dann aber wird die Figur aus wertvollem Material, Silber oder
Gold, bestanden haben - für ein so kleines Holz- oder Steinbild ist
nicht mit einem sorgfältig gearbeiteten, also teuren eigenen Kapellchen
zu rechnen. Solche Edelmetallfiguren sind als begehrtes Plünderungsob-
jekt kaum erhalten. Die meisten erhaltenen tragen auf der Rückseite eine Öse, sind also zum Anhängen, nicht aber zum Stehen in einer Kapelle
bestimmt[7]. Dagegen dürfte der bekannte goldene Amun im Metropolitan Mu-

---

5 PETRIE, Amarna, Tf. 13, Nr. 15.
6 GARDINER-ČERNÝ, Hier. Ostraca, Tf. 90.
7 So auch die drei Götterfigürchen der Sammlung Oppenländer bei E. BRUN-

seum in New York, der freilich 18 cm hoch ist, aus einem solchen Kapellchen stammen[8] und wohl auch die Osiristriade aus der Zeit eines Osorkon
im Louvre[9].

Die erwähnten Stücke kommen weder ihrer Größe noch ihres Themas wegen
als Inhalt unseres Kapellches in Frage, können uns auch bei der Vorstellung dessen, was drin war, kaum helfen. Dagegen existiert eine höchst
merkwürdige Goldfigur, die zwar auch für unseren kleinen Naos zu groß
ist (h 10,5 cm)[10], aber vielleicht etwas mit Ptah-Sokar zu tun haben
könnte. Es handelt sich um einen Vogel mit dem Kopf eines Ptah und einem aufgerichteten Phallus aus massivem Gold[11]. Obwohl die plumpe Vogel-
figur eher an einen Ba als an einen Falken erinnert, könnte u.U. doch
die Vogelgestalt des Sokar mit dem Kopf des Ptah vereint sein. Der Phallus ist schwer zu erklären, doch mag darauf hingewiesen sein, daß in den
Reihen der Götterbilder, die im Hibistempel dargestellt sind, die also
sicher derartige Figuren oder Figürchen aus Tempeln wiedergeben, auffallend viele ithyphallisch sind. Man mag jede schöpferische oder wieder-
belebende Eigenschaft eines Gottes auf diese Weise anschaulich gemacht
haben. Wenn also auch der eben erwähnte Vogel nicht als das Original-
bild unseres Kapellches in Frage kommt, so könnte er doch einen Hinweis
auf das Aussehen der Figur geben - falls überhaupt ein Götterbild in
dem Naiskos stand.

Nun läßt sich aber der Richtung der Schrift auf der Oberseite des Däch-
leins eine andere Information entnehmen: Die Zeilen und Zeichen sind so
geschrieben, daß sie nicht, wie zu erwarten wäre, von vorne, sondern von
jemandem gelesen werden können, der hinter dem kleinen Kapellchen steht.
Wenn also dieses *vor* dem Leser gestanden hat, so kommt als solcher nur

---

NER-TRAUT, Die Alten Ägypter, [2]1976, Tf. XIV oder drei goldene Götter-
    statuetten aus Tanis bei M. VILIMKOVÁ, Altägyptische Goldschmiede-
    kunst, 1969, Tf. 77.
8   C. ALDRED, in: JEA 42 (1956) Tf. I.
9   o.c.. Tf. I,3 und ALDRED, Jewels of the Pharaos, Abb. 141.
10 wozu noch die fehlenden Füße und ein Sockel zu rechnen wären. Ich dan-
    ke E. HORNUNG für diese Angabe.
11 Erwähnt von ALDRED in: JEA 42 (1956) 4 mit Anm. 1, dort als in ameri-
    kanischem Privatbesitz, jetzt in der Schweiz.

ein Götterbild in Frage. Dann aber kann nur ein Königsfigürchen den Inhalt gebildet haben. Da denkt man sofort an die Miniaturfigürchen Amenophis' III. und der Teje in Hildesheim[12], die freilich aus Medinat Gurab
in Fajum stammen, also schon deshalb nicht als Besitzer unseres Naos in
Frage kommen, ganz abgesehen davon, daß es sich hier um ein Paar handelt.
Aber ein sitzendes oder stehendes Figürchen des Königs, wohl aus Silber
oder Gold, haben wir uns aller Wahrscheinlichkeit nach in dem Naiskos
vorzustellen.

Damit aber kommen wir ikonographisch zu dem Vorläufer einer bekannten
Gruppe: König im Schutz einer sehr viel größeren Götterfigur, dieser mit
dem Rücken zugewandt. Wenn man das theologisch sicher bedeutsame Größen-
verhältnis: kleiner König vor großem Gott zugrundelegt, dürfte eines der
ältesten Beispiele gerade aus der Zeit Amenophis' III. stammen: Der
Widder vom Gebel Barkal mit dem mumiengestaltigen König, Berlin 7262[13].
Falls Sokar vogelgestaltig gebildet gewesen sein sollte, kommt der Falke im Metropolitan Museum mit der kleinen Figur Nektanebos' II. in den
Sinn[14]. Freilich, nur der religiöse Gedanke des allmächtigen Gottes,
der den kleinen, ihm gegenüber unbedeutenden König schützt, scheint in
unserer Kapelle, wenn sie vor einem Kultbild stand, ebenso vertreten
wie in den genannten Gruppen - künstlerisch bleiben die beiden Bilder
unvereint.

Auch wenn eine Unsicherheit bestehen bleibt, so können wir doch mit einer gewissen Wahrscheinlichkeit annehmen, daß - wenigstens in der späteren 18. Dynastie - vor den Kultbildern in Tempeln Königsfiguren gestanden haben, mit der gleichen Blickrichtung wie der Gott, aber klein und
somit in dessen Schutz. Teilweise haben diese Königsfiguren ein eigenes
Kapellchen gehabt.

---

12   Farbige Abb. und Literatur im Katalog "Echnaton, Nofretete, Tutanch-
     amun", Roemer-Pelizaeusmuseum Hildesheim 1976, Titelbild und Nr. 72.
13   VANDIER, Manuel III, Album, Tf. CVII. 1; zwei weitere Beispiele,
     auch eines mit einem menschengestaltigen Gott, bei welcher Gruppe
     der Größenunterschied geringer ist, bei VANDIER, o.c., 323f., R.M.E.
     10.
14   Vgl. dazu die Bemerkungen bei WOLF, Kunst, 625 mit Anm. 33, wo WOLF
     diese Gruppe ausdrücklich als an die 18. Dyn. anknüpfend bezeichnet.

Abb. 1. Oberseite

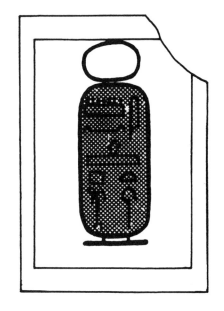

Abb. 2. Unterseite

Abb. 3. Rechte Seite

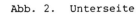

Abb. 5. Fragment eines
         Alabastergefäßes
         aus Amarna

Abb. 4. Linke Seite

Taf. 1

Taf. 2

Taf. 3

Taf. 4

Menes als Schöpfer

aus: Zeitschrift der Deutschen Morgenländischen Gesellschaft 103, 1953, 22–26.

An zwei Stellen berichtet Herodot von der „Trockenlegung von Memphis" durch Menes.

II, 4: „Der erste Mensch, sagten sie, der über Ägypten geherrscht habe, sei Menes gewesen. Zu seiner Zeit wäre ganz Ägypten mit Ausnahme des Thebanischen Gaues ein Sumpf (ἕλος) gewesen, und nichts habe herausgeragt von allem, was jetzt unterhalb des Moirissees liegt; dabei nimmt doch die Fahrt vom Meere bis dahin sieben Tagereisen flußaufwärts in Anspruch."

II, 99: „Menes, der erste König von Ägypten, habe, so erzählten die Priester, Memphis abgedämmt. Der Fluß sei damals unmittelbar an dem sandigen Gebirge nach Libyen hin entlanggeflossen; Menes aber habe etwa 100 Stadien oberhalb von Memphis die nach Süden gelegene Krümmung des Flusses zugeschüttet, das alte Bett trockengelegt und den Fluß so abgeleitet, daß er in der Mitte zwischen den beiden Gebirgen fließt. Auch jetzt noch beobachten die Perser jene Krümmung des Nils, hinter der er abgeleitet fließt, genau und bauen an der Sperre jedes Jahr. Denn wenn der Fluß diese einmal durchbrechen und überfluten wollte, so bestünde die Gefahr, daß ganz Memphis überschwemmt werde. Dann habe dieser erste König Menes, nachdem das abgeschirmte Land zum Festland geworden war, dort diese Stadt gegründet, die jetzt Memphis heißt (denn auch Memphis liegt noch in dem schmalen Teil Ägyptens); außen um die Stadt habe er rings einen See gegraben, der mit dem Fluß in Verbindung stand (ἐκ τοῦ ποταμοῦ) nach Norden und Westen; im Osten grenzt der Fluß selbst daran. Dann habe er sich dort ein Heiligtum des Ptah gegründet, das groß und überaus bemerkenswert ist."

Als Quelle der zweiten Stelle werden „die Priester" genannt, während die Frage für die erste Nachricht nicht eindeutig zu beantworten ist: Am Anfang des vierten Kapitels erklärt Herodot zwar, daß die folgenden „menschlichen Dinge" übereinstimmend von den Priestern in Memphis, Theben und Heliopolis erzählt worden seien, doch ist unsicher, ob wir das auch noch auf unsere Stelle beziehen dürfen.

Herodot selbst nimmt zu den Angaben im 5. Kapitel kritisch Stellung. Er „unterwirft die mythische Überlieferung der persönlichen Forschung, eigenem Sehen und Hören"[1], aber nur, „indem er sich bemüht, für die

---

[1] J. Vogt, *Herodot in Ägypten* (*Genethliakon Wilhelm Schmid*), S. 5 [99].

ägyptische Behauptung, die an sich wahr sein muß, Beweise aufzubringen, die auch einen Hellenen überzeugen konnten"[1].

Methodisch nicht viel anders geht WIEDEMANN vor, der in seinem Kommentar[2] meint, daß „Herodot mit der Zeit des Min (= Menes) überhaupt die älteste Vorzeit bezeichnen wollte" (S. 58); seine Angabe sei zwar allgemein zutreffend, da das Niltal Schwemmland sei, aber „unrichtig ist bei Herodot nur die Verlegung dieser Vorgänge in historische Zeit, während dieselben unberechenbar lange Zeiträume erforderten" (S. 60). — Bei Herodot kann man, wie das Kap. 5 im Anschluß an unseren ersten Text zeigt, noch damit rechnen, daß er aus Beobachtungen diluviale Prozesse erschlossen hat[3] — bei den ägyptischen Priestern, die er als Quelle angibt, ist das nicht denkbar. Und eine Überlieferung in solche Urzeiten des Paläolithikums zurückzuführen, ist noch weniger angängig. Wir haben keinen Anhalt, daß die ägyptische Tradition wesentlich über die Zeit der Reichseinigung unter „Menes" zurückgereicht hat.

SETHE hat nun unseren beiden Stellen einige Seiten in seiner Monographie über Menes gewidmet[4]. Er deutet sie beide historisch. Unter Hinweis auf einen bis in unser Jahrhundert vorhandenen Damm, der den Baḥr Jūsuf von seinem geraden Lauf, durch den Memphis überschwemmt werden könnte, ablenkt, stellt er fest, daß Herodot „auf Verhältnisse Bezug nimmt, wie sie zu seiner Zeit tatsächlich vorlagen." Der Bericht sei daher so klar wie möglich. Offen bleibt nur die Frage, ob die Leistung dieser Trockenlegung geschichtlich auf Menes zurückgehe oder ihm nur zugeschoben sei; doch hält SETHE die Richtigkeit der Zuweisung für „nicht unwahrscheinlich".

Zwei Unstimmigkeiten aber lassen mir den Bericht keineswegs „so klar wie möglich" erscheinen. Erstens liegt ein Widerspruch in der Aussage, der Gau von Theben habe als einziges Land aus dem Sumpf hervorgeschaut, wenn nachher nur von einer Flußregulierung nördlich des Faijūms gesprochen wird. Was ist dann mit den mehr als 500 km, die dazwischen liegen?[5] Zweitens ist die Bezeichnung „Sumpf" (ἕλος) für ein von einem Fluß durchlaufenes Stück Niltal sehr auffällig. Nach der zweiten unserer Stellen hat Menes doch nichts weiter getan, als den Fluß vom Westgebirge weg in die Mitte des Tales gelegt. Wie kann man dann von dem alten Zustand sagen, ganz Ägypten wäre ein „Sumpf" gewesen?

---

[1] A. a. O., S. 24 [118].

[2] WIEDEMANN, *Herodots zweites Buch mit sachlichen Erläuterungen,* Leipzig 1890.   [3] J. VOGT, a. a. O., S. 31 [125].

[4] *Beiträge zur ältesten Geschichte Ägyptens* (= Untersuchungen Band III), Leipzig 1905, S. 122ff.

[5] SETHES Gleichsetzung ὁ θηβαϊκὸς νομός = Oberägypten (a. a. O., S. 123) ist nicht zu halten. Oberägypten wird niemals als Thebanischer Gau bezeichnet.

Unsere Bedenken gegen die Alleingültigkeit der SETHEschen Erklärung wachsen, wenn wir eine bestimmte Gruppe von religiösen Texten heranziehen, die den Zustand des Landes bei der Schöpfung behandeln: die Aussagen vom „Urhügel", die DE BUCK gesammelt hat[1]. Sie sollen hier, weil allgemein bekannt, nicht wiederholt werden. Lediglich einige auf Theben bezügliche Textstellen seien zusammengestellt, um einen bequemen Vergleich mit dem Satz Herodots, „ganz Ägypten mit Ausnahme des Thebanischen Gaues sei ein Sumpf gewesen", zu ermöglichen.

Aus dem Neuen Reich: Karnak ist „der herrliche Hügel der Urzeit" (Urk. IV, 364). — „Theben ist gerader (? d. h. wohl normaler ?) als jede andere Stadt. Das Wasser und das Land waren in ihr in der Urzeit. Der Sand kam auf die Felder, um sie zu begrenzen (?), um Thebens Boden entstehen zu lassen auf dem Urhügel: da entstand die Erde.— Dann entstanden die Lebewesen in ihr, um jede andere Stadt in ihrem richtigen Namen zu besiedeln: ‚Stadt' nennt man sie mit Namen, unter der Aufsicht von Theben, dem Auge des Re...." (Amuns-Hymnus von Leiden, ed. ZANDEE, S. 25 f., hier unter Anlehnung an KEES, Lesebuch, S. 3).

Ptolemäisch-römisch: „Der Hügel, der aus dem Nun gegeben wurde zu Anfang, als es weder Himmel noch Erde noch Unterwelt gab" (Theb. T. 112 = SETHE, Amun und die acht Urgötter, S. 117). Ähnlich Theb. T. 49 m und 42 = SETHE a. a. O. — „Der große Hügel, der sein Haupt hervorstreckte aus dem Nun" (Theb. T. 107, 1 = SETHE a. a. O.). — „Die hohe Stätte in dem maati-Gewässer[2], deren Ufer überflutet war, bis die beiden Länder besiedelt wurden" (Theb. T. 94 n = SETHE a. a. O., S. 118). — „Die hohe Stätte, an deren Boden man landete, bis die beiden Länder besiedelt wurden" (Theb. T. 113, 2 = SETHE, a. a. O.). Weitere Stellen sind bei SETHE zusammengestellt[3].

In all diesen Stellen ist die Rede von einem Mythos, dem des Urhügels als des ersten Platzes der Schöpfung, als des kraftgeladenen Ortes, von dem aus sich die göttliche Schöpfung vollziehen konnte. Die von uns angeführten Stellen von der 18. Dynastie bis in die römische Zeit nehmen diesen Urhügel für Theben in Anspruch; daneben gibt es zahlreiche Texte, in denen andere Orte, vor allem Memphis, Heliopolis und Hermopolis, als Stätte des Urhügels ausgegeben werden. Niemand wird die Ähnlichkeit unserer Zitate mit der Aussage Herodots bezweifeln wollen. Freilich müssen wir annehmen, daß das Einschiebsel, das allein Theben von dem Sumpfcharakter des Landes in der Zeit vor Menes ausnimmt, eben

---

[1] ADRIAAN DE BUCK, De egyptische Voorstellingen betreffende den Oerheuvel, Leiden 1922.

[2] D. i. das der Maat entsprechende Gewässer, das „Schöpfungswasser".

[3] Nicht einsehen konnte ich die von DRIOTON in ASAE 44, 111 ff. veröffentlichte ptolemäische Gründungsinschrift auf dem II. Pylon in Karnak, die ZANDEE, De Hymnen aan Amon van Papyrus Leiden I 350, S. 25 erwähnt.

thebanischer Tradition entspringt, während die anderen Aussagen aus dem Munde memphitischer Priester stammen dürften. Durch die Vereinigung einer memphitischen Fassung mit einer thebanischen hat Herodot vielleicht die „Übereinstimmung" hergestellt, von der er im Anfang des vierten Kapitels spricht (s. o. S. 23).

Derart geschärften Blickes wird uns nun die in Kapitel 99 erwähnte Leistung des Menes, die neue Stadt mit Kanälen zu umgeben, in anderem Lichte erscheinen als SETHE, der sie als Befestigungswerk deuten wollte. Wenn aber Herodot den Urhügelmythos so stark benützt (freilich ohne ihn zu erkennen), so läßt sich auch die Anlage von Kanälen, die mit dem Nil in Verbindung stehen, rings um die Stadt[1] damit in Verbindung bringen: gehört es doch zum Wesen des Urhügels, daß er von Wasser umgeben ist („inmitten des Nun"), wie wir es etwa am Kenotaph Sethos' I. in Abydos und den entsprechenden Königsgräbern in Theben architektonisch dargestellt sehen und wie es bezeichnenderweise Herodot auch von dem Sarg des Cheops berichtet, der auf einer von einem Nilarm umflossenen Insel stehen soll (II, 124 und 127). Das ist nun „historisch" gewiß falsch, mythologisch dagegen „richtig": So wie der Urhügel geladen ist mit Gotteskraft, wie von ihm einst die Welt entstehen konnte, so hat er auch die Kraft, Auferstehung zu schenken[2]. Osiris liegt in einem solchen Hügel begraben, eben weil die Kraft zum Weiterleben dieselbe Kraft ist, die die Welt schaffen konnte.

Indessen ist aber die historische Deutung der Herodot-Stelle durch SETHE mit diesen Hinweisen auf den mythologischen Gehalt der Aussagen keineswegs widerlegt. Die entscheidende Frage, ob wir es mit einem Bericht von einmaligen historischen Tatsachen oder mit einer zeitlosen, mythologischen Schilderung der ewigen Ordnung zu tun haben, bricht vielmehr jetzt erst auf, nachdem wir beide Möglichkeiten nebeneinander gestellt haben. Ja diese Frage ist die Grundfrage, die an alle „historischen" Überlieferungen des Alten Orients zu stellen ist und die den um die einmaligen Ereignisse bemühten Historikern die Arbeit auf diesem Gebiet so schwer macht. Methodisch ist bei allen „historischen" Aussagen des Alten Orients zunächst zu prüfen, wieweit sie Mythen enthalten oder mythisch beeinflußt sind. Erst der Rest kann dann — immer noch unter der Voraussetzung, daß wir alle mythischen Vorstellungen kennen — historisch gewertet werden.

[1] Warum die Südseite offen bleibt, kann ich freilich nicht sagen; aber SETHES Deutung, daß es sich um eine gegen Unterägypten gerichtete Festung handle, ist auch wenig einleuchtend; schließlich ist es doch einem Heere im Zeitalter vor dem Stellungskrieg mit Schützengräben ein leichtes, die Festung zu umgehen, um sie von der ungeschützten Seite anzugreifen! Vielleicht liegt nur ein Fehler Herodots vor, so daß auf die Auslassung der Südseite gar kein Gewicht zu legen ist.

[2] S. FRANKFORT, Kingship and the Gods, S. 152f.

Andererseits aber gilt es auch noch zu bedenken, daß oft genug die
Könige ihre (historischen) Handlungen selbst durch die mythische Überlieferung haben mögen bestimmen lassen; viele Taten, die wir gerne
historisch, also einmalig, werten, werden ebenso wie Feste geschehen
sein, damit dem Mythos Genüge geschehe, „damit die Schrift erfüllet
werde". Der Ägypter nennt das *ir.t mꜣꜥ.t*, „Die Maat verwirklichen".
　Um zu unserer Frage zurückzukehren: Hat Menes Memphis trockengelegt? Darauf läßt sich einstweilen nur folgendes antworten:
　1. Schon SETHE hat bezweifelt, ob die Errichtung des Dammes wirklich durch Menes selbst erfolgt sei oder ob sie ihm, obwohl früher oder
später geschehen, nur zugeschrieben werde. Wir können aus den beiden
Herodot-Stellen, wenn wir den Mythos berücksichtigen, nur folgern, daß
Menes durch diese Aussage als „Schöpfer" charakterisiert werden soll,
der die Maat aus dem Chaos, d. i. ein geordnetes, anbaufähiges Land aus
dem Sumpf, geschaffen hat. Er ist nicht ein Reichsgründer, sondern
ein Reichsschöpfer. „Historisch" wird die Stelle also noch verdächtiger
— wenn freilich die Handlung durch Menes auch nicht ausgeschlossen ist.
　2. Es ist fraglich, ob Menes, wenn er wirklich bei Memphis eine Flußregulierung vorgenommen hat, sie in der bei Herodot überlieferten
Form durchgeführt hat, etwa mit den die Stadt umgebenden Kanälen.
Ein historischer Überlieferungskern kann, in Anpassung an den Mythos,
gefärbt und mit Einzelheiten ausgestattet werden (vgl. die Aussage von
der Insel in der Pyramide des Cheops).
　3. Wenn die Angabe im Kern oder auch mit den Einzelheiten historisch richtig sein sollte, so müssen wir die Möglichkeit ins Auge fassen,
daß Menes das ganze Unternehmen dem Mythos zuliebe durchgeführt
hat, daß er sich also als Schöpfer einer neuen Ordnung, als Verwirklicher
der Maat verstanden hat[1].
　Es fehlt einstweilen das Material, um diese Fragen für die Zeit des
Menes zu klären. Sollte SCHOTT recht haben[2], daß der Mythos überhaupt
erst in der Zeit nach Menes entstanden ist, so entfällt die dritte Möglichkeit ganz, und die Überlieferung wird, wenigstens in der Form bei Herodot,
h i s t o r i s c h äußerst bedenklich — während sie freilich r e l i g i ö s an
Bedeutung gewinnt.
　In sehr vielen historischen Texten stecken mythische Aussagen, die,
bisher als solche unerkannt, jetzt, nachdem in der letzten Zeit unser Verständnis für diese Fassung religiöser Aussage gewachsen ist, herausgestellt werden sollten, zum Vorteil für die Erforschung der ägyptischen
Religion, aber auch zur Berichtigung des geschichtlichen Bildes.

---

[1] Auch die Urbarmachung des Faijūms im Mittleren Reich kann unter
diesem Gesichtspunkt gesehen werden. 　　　[2] *Mythe und Mythenbildung
im Alten Ägypten* (= Untersuchungen Band XV).

Die Rolle von Tür und Tor im Alten Ägypten

aus: Symbolon. Jahrbuch für Symbolforschung N.F. 6, 1982, 37–59.

Für Symbole jeder Art bietet das alte Ägypten überreiches Material, ebenso für religiöse, insbesondere mythische Ausdeutungen aller möglichen Erscheinungen der Arbeitswelt. Für Türen (womit wir kleinere Mauerdurchgänge bezeichnen wollen) und Tore besitzen wir eine Unzahl archäologischer Funde, von Tempel- und Grabbauten bis zu Modellen von Häusern und Sakralbauten, ja sogar Originaltüren aus Holz und Metallbeschläge von Torflügeln, auch zahlreiche, ja unübersehbar viele Darstellungen von Türen und Toren, und dazu eine durchaus noch nicht gesichtete Fülle von textlichen Aussagen aus der Zeit von 2800 v. Chr. bis in die römische Kaiserzeit. Zusammenfassend sind diese Materialien noch nie auf ihre Aussagen über Tür und Tor befragt worden, und auch an beiläufigen Bemerkungen mangelt es, obwohl bekannt ist, daß jede Art von Tor, besonders freilich das Stadt- und Tempeltor, im Alten Orient wie in der klassischen Antike eine hervorragende Rolle spielte.

Wir werden unsere Betrachtung auf Tempeltore und ihre jenseitige Widerspiegelung in Himmels- und Unterweltstoren beschränken. Stadttore fallen für Ägypten so gut wie ganz aus, nachdem die Städte weitgehend unbefestigt waren, wir jedenfalls von Stadttoren weder Nachrichten noch Funde haben, und sich mit den Toren von Wohnhäusern, soweit wir wissen, kaum besondere Vorstellungen verbinden. Aber auch dies eingeschränkte Thema kann in diesen Zeilen keineswegs erschöpfend behandelt werden; es handelt sich vielmehr im folgenden um eine erste Skizze.

Das ägyptische Tor ist eine zwar technisch und im Alltag wie in der religiösen Welt notwendige, aber doch im Grunde unliebsame Unterbrechung einer Grenze. Zu seinem Verständnis muß deshalb etwas über die Funktion der Grenze in Ägypten gesagt werden. Die Ägypter sind, das zeigt schon ein flüchtiger Gedanke an ihre Plastik, ein Volk der Ordnung, der Begrenzung, nicht der unendlichen Möglichkeiten. In ihren Schöpfungsmythen wird die Welt aus einer formlosen materia prima, einem fruchtbaren, aber nicht schöpferischen Urmeer dadurch geschaffen, daß Grenzen, am Himmel etwa ein firmamentum, aber auch Berge und Festland festgesetzt werden, so wie die von Gott gewollte und initiierte Gesellschaft Unterschiede und Grenzen hat: Zwischen den beiden Geschlechtern, zwischen den verschiedenen Ständen und Berufen, zwischen Ober- und Unterägypten, zwischen Ägypten und dem Ausland; so wie die Natur Grenzen hat zwischen festem Land und Wasser, zwischen Erde und Himmel, zwischen Fruchtland und Wüste. In derselben Weise werden heilige Bezirke, temenoi, ausgegrenzt aus der profanen Welt, werden innerhalb dieser auch Häuser und Paläste ausgegrenzt durch Mauern und Zäune. Nun müssen diese Grenzen aber durchlässig sein, will

man hinein- und hinausgehen, und muß es Türen und Tore geben. Diese Notwendigkeit aber birgt Gefahren für die Grenze, und diesen zu begegnen ist die wichtigste
Funktion des Tores. Es soll vor unbefugtem Durchgang schützen, den Bezirk hinter
dem Tor gilt es zu bewahren. So hat ein ägyptisches Tor in erster Linie Abwehrfunktion — nicht selten wird von Toren gesprochen, „die zurückweisen", nämlich alle, die
hindurchwollen; Berechtigte haben sich auszuweisen.[1]) Dies als Allgemeines voraus.
Nun die Einzelheiten, die manche Modifikation bringen werden.

Zur Technik der Tür genügen wenige Worte. Die beiden Türflügel, die die Maueröff-
nung schließen, hängen an einem senkrechten Pflock (Abb. 1 rechts), der unten mit
einer Spitze in einer Grube auf Metallplatten läuft, oben durch eine krampenförmige
Schlaufe gesteckt wird, die in dem Mauerwerk festsitzt. Die senkrechten Bretter des
Flügels werden durch waagerechte Leisten gehalten, die beiden Flügel durch einen Riegel verschlossen (Abb. 1).

Es ist bezeichnend, daß alle Tore und Türen eines Tempels nur e i n e Ansichtsseite
haben, die durch einen betonten Türrahmen und oft durch Inschriften, auf die zurückzukommen sein wird, ausgezeichnet ist: die Außenseite. Türen sind, um es einmal über-
spitzt zu sagen, in Ägypten nur für den Eintretenden oder Außenstehenden bedeutsam,
nicht für den, der hinausgeht.

Die Bedeutung von Toren bei Tempeln geht schon aus dem Umstand hervor, daß diese
Bauteile Namen haben. Nicht weniger als 35 Tore des Karnak-Tempels sind uns mit
ihren Namen bekannt — meist von den Inschriften der Torpfosten, andere sind in
Papyri oder Bauinschriften genannt.[2]) Wer sich allerdings aus diesen Namen Aufschlüsse über die äg. Vorstellungen erwartet, die damit verbunden sind, wird enttäuscht: Nur
ganz selten sprechen die Namen in diesem Sinne, meist preisen sie den königlichen
Erbauer in Formeln, die der Hofsprache angehören: „Thutmosis III. spendet reiche
Opfergaben", „Er ist reich an Denkmälern im Amun-Tempel" besagen für unsere Frage
nach der Bedeutung des Tores wenig oder nichts. Anders steht es allerdings mit einer
Gruppe von Namen wie „Amun erhört die Gebete" oder gar „Hörendes Ohr". Sie weisen diese Stätten, diese Tore als Orte der Gebetserhörung aus. Vor den geschlossenen
Toren (sie öffneten sich nur an großen Feiertagen) beteten die Menschen zum Herrn
des Tempels. Auf den riesigen, bronzebeschlagenen Torflügeln sahen sie Reliefbilder
des Gottes, meist mit farbigen Steinen oder Glasfluß eingelegt und gewiß von großer
Wirkung auf die Gläubigen. Diese Bilder hatten eine eigene Bezeichnung: „Gottesschat-
ten". Die Benennung mag von der Vorstellung kommen, daß der Gott, der im Tempel
wohnt, seinen Schatten auf die Außentür warf, wie man es bei einem Herrn in einem
Privathaus sehen konnte, der an einer von innen beleuchteten Tür aus einer Matte oder
aus Schnüren vorbeiging. Ein solches Bild sollten die Reliefs auf der Tür wiedergeben,
in ihnen wurde der Gott ansprechbar. Auch auf der oft beträchtlichen Tordicke, aber
stets vor dem Tor selbst, wurde der Gott abgebildet. Bei solchen Bildern machen wir
dann eine interessante Beobachtung: Rings um die Figur des Gottes sind in der Wand

kleine Löcher angebracht, die die Wissenschaftler, die diese Zeichnung angefertigt haben, gewissenhaft mit aufnahmen, ohne zu erkennen, daß es sich um Vorrichtungen handelt, in denen Dübel eine Goldauflage auf der Gottesfigur festhielten (Abb. 2).³) Nur diese Torfiguren einer Gottheit waren in dieser Weise ausgezeichnet.

Ganz besonders hervorgehoben war in demselben Tempel ein Götterbild — es ist Ptah, der Gott von Memphis — in der Türdicke vor dem Hauptportal, aus der Zeit Ramses' III. (Abb. 3). Dieser Ptah, dessen Gestalt nicht nur durch einen Goldbelag, sondern durch Einlage aus Halbedelsteinen ausgezeichnet war und der gewiß auf die Gläubigen besonderen Eindruck gemacht hat, erhörte, wie die Beischrift besagt, Gebete, auch solche um Kindersegen, so daß ein wohl auf seine Erhörung hin geborener oder von einem ähnlich plazierten Gottesbild geschenkter Sohn den sprechenden Namen erhalten konnte: „Der von der Torlaibung (Geschenkte)".⁴) Überhaupt macht die Tendenz, eine große Gottheit in viele Aspekte nach ihren Bildern aufzuspalten („Die schwarze Muttergottes von Tschenstochau", „Die Madonna von Altötting" usw.) auch vor diesen Torgöttern nicht Halt. Eine Frau aus Memphis schreibt an ihre Freundin in Theben von den Schönheiten ihrer Stadt, und in der langatmigen höflichen Einleitung zählt sie, nicht ohne Stolz auf ihre Zahl, alle Götter auf, zu denen sie (angeblich) „täglich" für das Wohl der Empfängerin betet. Unter diesen Göttern erscheinen auch zwei oder drei Torgötter: „Nebet-Hetepet vom Oberen Tor" und „Ptah vom Alten Tor". Es folgt „Ptah der-die-Gebete-erhört".⁵) Auch dieser wird gewiß, wie der Zusammenhang vermuten läßt, an einem Tor verehrt.

Wir lassen den Faden vorübergehend fallen, um uns einer anderen Erscheinung zuzuwenden, nicht ohne das Versprechen, daß alle Fäden aufgenommen und zu einem, wie ich hoffe, überzeugenden Muster geknüpft werden sollen.

Im folgenden geht es um die beiden Bereiche, die in so vielen, wohl in allen Religionen getrennt sind: Den Bereich des Heiligen und den des Weltlichen, des fanum und profanum, des sacrum und saeculare oder wie die Gegensätze überall heißen mögen. Diese beiden Bereiche sind natürlich auch in Ägypten geschieden, durch hohe Tempelmauern, oder der Himmel als Wohnort der Götter durch den unzugänglichen Luftraum von der Erde der Menschen, die Unterwelt durch die Erdoberfläche von dem Land der Lebenden. Tore ermöglichen aber den notwendigen Durchgang, das Herausgehen der Gottheit aus dem Tempel bei der Prozession, den Eintritt der Verstorbenen in das Jenseitsreich des Osiris, vor allem aber den Eintritt der Sonne am Abend in die Unterwelt, die sie des nachts von West nach Ost durchfährt, um am Morgen durch das Osttor wieder an den Himmel zu steigen. Im Neuen Reich jedenfalls, also in der zweiten Hälfte des 2. Jhtsds, in der Zeit, da die Theologie am ehesten versucht hat, ein systematisches Weltbild zu konzipieren, war diese Unterwelt, das von der Sonne des Nachts durchfahrene Reich unter der Erde, zugleich der Aufenthalt der Verstorbenen — ein einerseits erstrebter Ort, da nach dem Tode nur dort Leben zu erwarten war, aber zugleich auch ein Ort, an den verbannt zu sein auch Sonnenferne, also Gottesferne bedeutete, ein Ort des Mangels, der Behinderung. Somit ersehnte man sich zwar die Zulassung zu diesem Ort, fürchtete aber zugleich, dort festgehalten zu werden, die Tür also nur von Osten nach Westen durchschreiten zu können, nicht aber durch sie auch wieder das Totenreich verlassen zu dürfen, während es doch der heiße Wunsch aller war, nach dem Tode wieder in das geliebte Land des Wassers und der Sonne, das Niltal, zurückkehren zu können, sei es als Seelenvogel, sei es in einer anderen Gestalt, die anzunehmen man sich wünschte. Nicht an einen Spukgeist ist dabei gedacht, sondern nur an Bewegungsfreiheit und andere Lebensäußerungen, wenn dem Verstorbenen gewünscht wird, „Die Tore des Totenreiches sind für dich geöffnet, ohne daß du dort zurückgehalten wirst",[6] oder „er möge nicht zurückgehalten werden an den Toren der Unterwelt in jeder gewünschten Gestalt".[7]

Das aber bedeutet, daß der Verstorbene die Grenze, die die beiden Bereiche voneinander trennt, überwinden kann — zunächst nach dem Sterben durch die Tore, besser das Tor in die Unterwelt, daß er dann aber auch wieder durch dieses Tor in die Oberwelt kommen darf.

Die beiden Welten berühren sich an zwei für religiöse Vorstellungen Ägyptens entscheidend wichtigen Stellen: Am Osthorizont, wo die Sonne beim Aufgang für einen Moment die Menschenwelt tangiert, und gegenüber am Westhorizont, wo bei ihrem Untergang dieser Kontakt ebenfalls für kurze Zeit zustandekommt.

Der Übertritt erfolgt an beiden Stellen durch ein Tor, das die beiden Welten scheidet — auf unserer Abbildung 4 ist rechts das Osttor zu sehen, das zwischen Himmel und Erde steht, links das Westtor, durch das der Sonnengott im Westen „zur Ruhe" geht, genauer zu seiner unterirdischen Fahrt zurück zum Osten.[8] Abb. 5[9] zeigt 3 verschiedene Darstellungen dieses Osttores, durch das am Morgen der Sonnengott in unserer Welt erscheint: Links das geschlossene Tor, das auf dem östlichen Wüstengebirge aufruht, in der Mitte die Sonnenscheibe zwischen den beiden offenen Torflügeln, rechts den Sonnengott im offenen Tor, wieder auf der Ostwüste.

An diesen beiden Stellen, die wir mangels eines besseren und passenderen deutschen Ausdrucks „Horizont" zu nennen gewöhnt sind, an diesen beiden Berührungspunkten der göttlichen und menschlichen Sphäre, nämlich von Himmel und Erde, hofft der Mensch nach dem Sterben die für Lebende unüberwindliche Grenze passieren zu können — und zwar durch jenes Tor, das der Sonnengott jeden Morgen im Osten und jeden Abend im Westen durchfährt, das sich ihm öffnet für seine vorgeschriebene Reise, die in Ägypten allerdings ohne Donnergang vor sich geht, vielmehr zu Schiff und geräuschlos. Dabei hofft der Ägypter in erster Linie auf den West-Horizont, nachdem das Ziel der Reise, das Totenreich unter der Erde, ja im Westen liegt, ebenso wie die Nekropolen. Den aufgehenden Sonnengott im Osten betet der Tote ebenso an wie der lebende Ägypter, nämlich aus der Ferne, während er am Westtor Einlaß begehrt. Davon sofort einige Beispiele, doch zuvor noch ein knappes Wort über die ägyptischen Darstellungen der Jenseitswelt aus dem Neuen Reich.

Einige ägyptische Bücher schildern die Unterwelt — warum sie das tun, diese Frage ist derzeit in unserer Wissenschaft in der Diskussion und mag für unsere Zwecke auf sich beruhen. Es handelt sich um illustrierte Texte, die auf die Wände der Königsgräber in Theben gemalt sind; Wort und Bild ergänzen sich bei ihnen. Eines dieser verschiedenen Bücher betont ganz besonders die Rolle der Tore und hat daher in der Wissenschaft den Namen „Pfortenbuch" erhalten. Abb. 6 bringt das Bild einer solchen Unterweltspforte.[10]) Der hohe Türflügel wird von einer Schlange bewacht. Diese Schlange heißt „der die Wüste (= Unterwelt) hütet", ist also der Torwächter. Zu ihm spricht der Vorderste der Besatzung des Schiffes: „Öffne dein Tor dem Rê, tu auf deine Tür dem, der zum Grenzbereich gehört! Der Verborgene Raum (d. i. die Unterwelt) liegt in Finsternis, bis die (unterweltliche) Erscheinungsform dieses Gottes entstanden ist. Dann wird diese Tür geschlossen, wenn dieser Gott eingetreten ist. Dann klagen die, die in der Wüste sind, wenn sie das Zufallen dieses Türflügels hören."[11])

Nun müssen die Türflügel wie für einen Gott, so auch für den soeben Verstorbenen geöffnet werden. Daß sie ihm diesen Eintritt erlauben, ist eine bedeutende Sorge des Menschen. Ein Spruch aus dem 3. Jtsd.: „Die Erde spricht: ,Die Tore des Erdgottes sind für dich geöffnet, die Tore des Geb sind aufgesperrt für dich, du kommst heraus (aus dem Grab) auf die Stimme des Anubis hin".[12])

Eine der urtümlichsten Aussagen über dies Tor, das den Toten hindert, sich in die Bereiche des Lebens nach dem Tode zu begeben, steht in den Pyramiden aus der Zeit um 2300 v. Chr.;[13]) es ist ein Zwiegespräch zwischen dem verstorbenen König und dem Tor selbst — später werden solche Dialoge mit einem Torhüter geführt, während hier noch in archaischer Weise das Tor selbst spricht. Der König redet das Tor an: „Du hohes Tor, das man (oben) nicht abwetzen kann (weil es so hoch ist, daß der Scheitel es nicht erreicht), du Portal des Urwassers, ich bin zu dir gekommen, mach mir das da (er deutet wohl auf den Türflügel) auf!" Antwort: „Ist der Kleine da der König?" (Vgl. Abb. 6.) „Ich bin an der Spitze der Gefolgsleute des Re, ich bin nicht an der Spitze der Götter, die Verwirrung stiften." Auf diese Versicherung hin dürfte das Tor den verstorbenen König durchgelassen haben. Hübsch, wie das Tor in seiner Größe auf das kleine Menschlein, auch auf einen König, zunächst hinabsieht!

Zu allen Zeiten hat die Höhe eines Tores die Ägypter besonders beeindruckt, und noch das Festungstor von Medinet Habu erhält von ihnen den noch heute gebräuchlichen Namen „Hohes Tor".

Aus dem 2. Jhrtsd. haben wir ein einprägsames Bild (Abb. 7), wie ein Mensch verloren vor dem verschlossenen Himmelstor steht und Einlaß begehrt[14]) — er ist soeben verstorben und erhofft, wie der mittelalterliche Christ von Petrus mit dem Schlüssel, zugelassen zu werden. Wie das zugehen mag, davon später. Hier nur ein kurzes Gebet des Bittenden: „Verehrung dir, Torwächter der Pforte der Unterwelt in der Nekropole und euch anderen Torwächtern der Unterwelt: Öffnet mir die großen und geheimen Tore!"[15])

Wie in so vielen Kulturen ist auch in Ägypten dies Tor für Lebende unpassierbar — wir denken sofort an Gilgamesch oder Orpheus, und wie in jenen Ländern, so ist auch in Ägypten nur in einem sagenhaften Fall die Unterwelt von einem Lebenden gesehen worden. Ja es besteht sogar die Befürchtung, daß auch Verstorbene den Weg dorthin oder den engen Durchlaß selbst verfehlen könnten. In diesem Sinne wünscht im Pap. Westcar der alle Weise Djedi einem Sohn des Cheops mit ausgesuchter Höflichkeit: „Möge deine Seele die Wege kennen, die zum Torweg führen, der die Müden (d. s. die Verstorbenen) verhüllt!"[16]) Oder, in einer sehr späten Litanei an den Gott Chnum: „Fürchtet Chnum, ihr, die ihr am Tor des Horizontes steht (d. h. ihr alten Menschen), denn...".[17]) Dieses „Tor des Horizontes" entspricht also etwa unserer „Schwelle des Todes", einem in vielen Völkern verbreiteten Bild, bei dem, wie so oft, die zeitliche Dimension sprachlich einer räumlichen gleichgesetzt wird, ist doch der Raum sinnlicher Wahrnehmung viel leichter zugänglich als die Zeit und daher von der — weitgehend von den Sinnen abhängigen — Sprache besser zu erfassen. Bei den Ägyptern ist das keine Metapher, sondern konkret ein Bereich, der von dem der Lebenden durch ein Tor getrennt ist.[18])

Nun wieder ein Blick auf die andere Seite des Himmels, den Osten, wo der Sonnengott das unterirdische Reich, das er des Nachts von West nach Ost durchfahren hat, verläßt und wieder den Himmel betritt, nachdem er sich während der Fahrt geheimnisvoll, aber auch den Menschen die Hoffnung der Analogie gewährend, verjüngt hat. Wieder fährt er auf einem Schiff an dem in jenen Breiten ewig blauen, also wassergefüllten Himmel. Dies Tor, das auch hier die beiden Welten scheidet und das ihm seine Begleitgötter öffnen, das aber sonst fest verschlossen und bewacht ist, hat die Gestalt eines Tempeltores, das auch alltäglich geschlossen ist, sich nur für die Ausfahrt des Gottes in Prozession (das Götterbild sitzt in einer von Priestern getragenen Barke) kurz öffnet. Das Innen des Tempels entspricht dem Innen der jenseitigen Welt, dem Bereich jenseits des Himmelstores, einem Jenseits, das dem Menschen so unzugänglich ist wie das Innere des Tempels als Gottes Wohnung auf Erden. Hinter diesem Himmelstor, in „seinem Inneren", hat nach einer Überlieferung die Erschaffung der Welt stattgefunden, liegt also ein besonders heiliger und kraftgeladener Bereich.[19]) Beide Tore — das des Tempels wie das Osttor des Himmels — sind im Grunde eine unerwünschte, aber eben unerläßliche Unterbrechung der Scheidewand zwischen den beiden Welten. Es hat in keinem Fall die Funktion, jemanden einzulassen (die Priester, die im Tempel Dienst tun, betreten ihn nur durch kleine Pforten, die uns noch beschäftigen müssen), dient vielmehr nur dem Austritt des Gottes. Dieser Austritt — sei es des Herrn des Heiligtums, sei es des Sonnengottes — ist eine unverdiente Gnade des Gottes für die Menschen, seine Kinder, eine Wohltat, die zu rühmen die Hymnen nicht müde werden. In genauer Analogie zu dem Prozessionsgeschehen wird der Austritt der Sonne an den Himmel geschildert: Hinter dem noch verschlossenen Tor ertönt Jubel, Musik und Gesang, der sich dann, wenn das Tor sich auftut und der Sonnengott für die draußen, also in der Welt der Lebenden, wartenden Menschen erscheint, um ihn herum fortsetzt, den die Menschen aufnehmen — Hymnen und Gebete an die aufgehende Sonne gehören in Ägypten zum religiösen Alltag und sind in unerschöpflichem Reichtum erhalten.[20])

Ein kosmographischer Text schildert den Vorgang des Übertrittes der Sonne von der Unterwelt an den Himmel, an dem die Natur, vertreten durch Paviane, teilhat:

„Es winken für dich die Paviane mit ihren Armen,
sie singen für dich, sie tanzen für dich,
sie rezitieren für dich die Verklärungen mit ihrem Munde.
Sie verkünden dich im Himmel und auf Erden.
Sie geleiten dich bei deinem schönen Erscheinen,
sie schieben für dich zurück die Tore des Himmels im Osten,
sie lassen Re in Frieden überfahren in Frohlocken zu seiner Mutter, der Himmelsgöttin."[21])

Selbstverständlich sagt der Ägypter nicht, daß die Himmelspforte in Analogie zum Tempel vorgestellt werde, sondern umgekehrt, daß der Tempel den Himmel abbilde. „Die Gestalt des Tempels ist wie der Himmel mit der Sonne, der Gott läßt sich darin nieder und ist froh in seinem Innern. Die Tore sind aus Gold, eingelegt mit Edelsteinen, die Türflügel mit goldenen Figuren wie die Türflügel des Himmels."[22])

Noch anderer Tempeltüren muß hier gedacht werden: Den beiden Türflügeln am Schrein mit dem Gottesbild kommt hohe Bedeutung für unsere Frage zu.

Der Tempel hat, wir sprachen schon kurz davon, vielfache Bezüge zur Menschen- und Götterwelt, vor allem aber ist er dem Gott zur Wohnung erbaut. Die Statue ist nicht Gott, sondern ein ihm zur Einwohnung angebotener Leib. Nach seinem freien Willen kann er in sein Heiligtum kommen oder nicht — aber das Ritual macht ihm den segenbringenden Aufenthalt im Tempel, in seinem Bild, angenehm. So wird das Kultbild „gepflegt", es wird umsorgt wie ein lebender Herrscher, dem man vom Wecken am Morgen über Toilette, Nahrung, Gesang, Tanz, bis zum Schlafen am Abend alles zuliebe tut. Nachts wird der Raum der Statue geschlossen, um das Gottesbild vor allen Gefahren der feindlichen, chaotischen Nacht zu bewahren. Es ruht in einem hölzernen Schrein (Abb. 8)[23]) innerhalb des steinernen Naos, und dieser Schrein hat zwei verriegelbare Flügeltüren. Der Riegel wird abends vorgeschoben, mit Lehm umkleidet und versiegelt, daß ihn keiner des Nachts unbefugt aufbricht, und am Morgen, wenn der erste Sonnenstrahl die vergoldete Spitze des Obelisken berührt, wird der Gott mit einem uralten, im Wortlaut festliegenden Hymnus, einer Art Litanei, geweckt, während der Riegel zurückgezogen und die Türflügel geöffnet werden, selbstverständlich unter Rezitieren eines Rituals, das uns erhalten ist. Dieser für den Tempelkult bedeutsame Akt heißt „Öffnen der Türflügel des Himmels". Ja, der Naos ist als Aufenthaltsort Gottes eben der „Himmel", in dem die Götter wohnen.[24]) Die Tore des Himmels sind also zu demselben Zwecke da wie die Türen des Schreines: Den Gott, den Bewohner

des Himmels zu schützen, zu bergen, ihn vor bösen Anschlägen (denn es gibt viele Göt-
terfeinde, die besonders nachts gefährlich sind!) zu bewahren. Wieder treffen wir nicht
auf eine verbindende Funktion, sondern auf eine abwehrende der Tür.

Das Totenreich der Ägypter des 2. Jahrtausends befindet sich, wie schon gesagt, unter
der Erde. Nachts durchfährt es der Sonnengott und teilt den dort befindlichen Verstorbenen Leben zu, in Gestalt von Nahrungsmitteln, Kleidung, vor allem aber Sonnenlicht — freilich dieses nur für eine Stunde, denn die Abteilungen dieses Totenreiches,
deren Zahl den 12 Nachtstunden entspricht, sind durch Tore voneinander getrennt, die
für die verstorbenen Menschen unpassierbar sind (wiederum bewacht von bewaffneten
Wächtern oder Schlangen), die sich für den Sonnengott kurz öffnen und sich gleich hinter ihm wieder schließen, so daß die Verstorbenen wieder für 23 Stunden im Dunkeln
leben müssen — eine besonders für die sonnenhungrigen Ägypter schaurige Hadesvor-
stellung.

Welche Funktion haben diese Binnentore der Unterwelt? Die ägyptische Welt ist, wie
gesagt, gekennzeichnet durch Grenzen und geschiedene Bereiche. Sie sind das konstituierende Merkmal der Schöpfung. Diese unsere Welt ist dereinst bei dem Akt der Weltschöpfung vom Schöpfergott aus dem Chaos, der ungeformten materia prima, der
fruchtbaren, aber nicht schöpferischen Urmasse herausgegrenzt worden — ganz entsprechend dem bekannten biblischen Weltbild beim ersten Schöpfungsbericht. Der
Lebensbereich der Menschen ist durch Grenzen bestimmt. Unterwelt, Finsternis,
Wüste, Wasser gehören dem ungeformten Bereich an, sie gehören zum Chaos. Dies Element des Ungeordneten, Ungetrennten aus der Zeit vor der Schöpfung ist einerseits
menschenfeindlich, aber dennoch unentbehrlich für jedes Leben. Leben stammt aus
dem Urmeer, und nur dort kann es eine Lebenserneuerung nach dem Tode geben. Auf
diese tiefe Einsicht kann hier nur hingewiesen werden — wichtig ist für unsere Frage
das Bestreben, ja der Kampf der Ägypter, die geordnete Welt für den Einzelnen über
den Tod hinaus als Lebensraum zu bewahren — denn beim Tode droht das Versinken
ins Chaos, in die dunkle Tiefe, aus der es kein Erwachen zu einer individuellen Existenz
gibt. Ein Teil dieser unentwegten Bemühung, die uns im reich ausgestatteten Totenglauben Ägyptens entgegentritt, ein Teil dieses unentwegten Strebens sind die Tore der
Unterwelt, durch die dieser Bereich gegliedert wird, seine Grenzen erhält, also dem
drohenden Chaos entrissen und der geordneten Menschenwelt zugeteilt.

Wieder gehen Zeit- und Raumeinteilung eng miteinander — die Stunden der Unterwelt-
fahrt der Sonne sind zugleich Räume, und so wie die Zeit in Stunden, ist der Raum der
Sonnenfahrt unter der Erde in 12 Gelasse geteilt, die voneinander durch Grenzen
getrennt sind, und diese Grenzen haben nur deswegen Tore, daß der Sonnengott von
einem zum nächsten fahren kann. So entsteht eine Lebensmöglichkeit durch Abgren-
zung — freilich nur um den Preis der 23stündigen Finsternis, die nur mühsam durch
einzelne Feuer von Dämonen erhellt wird. Auch in diesem Fall also bildet das Tor eine
notwendige Lücke in einer theoretisch unpassierbaren, unentbehrlichen Grenze.

Daß die ägyptische Konzeption von Unterweltstoren weite Wirkungen in der Religionsgeschichte gehabt hat, sei nur anmerkungsweise erwähnt — wer von den Lesern hätte wohl soeben nicht an das Petrusvermächtnis gedacht, dem der Herr sagt, er sei Petrus, und auf diesen Felsen wolle er seine Gemeinde gründen, und die pylai hadou, die Tore des Hades, sollten sie nicht überwältigen?[25]) Doch sei dieser Weg hier nicht weiter verfolgt.

Noch einmal müssen wir einen ganz neuen Faden spinnen — wieder mit der Zusage, später ein einheitliches Muster aus allen farbigen Garnen zu weben. Das Tor, oder besser der Torbau diente als Gerichtsstätte. Die Ägypter hatten eine geläufige und sprechende Bezeichnung für solche Tempeltore: „Portal, an dem man Gerechtigkeit austeilt".[26])

Ausführlich heißt es einmal von einem solchen Tor: „Ort, an dem man die Bitten eines jeden Bittstellers entgegennimmt, um Recht und Unrecht zu scheiden, die große Stätte, an der man den Schwachen stützt, um ihn vor dem Starken zu schützen."[27]) (Dieser Schutz des sozial Schwachen vor dem Reichen und somit Starken war zu allen Zeiten die zentrale Aufgabe, ja die eigentliche raison d'être des Königs, mithin des Staates und seiner Rechtsprechung.) Wir wissen nicht, ob alle Gerichtssitzungen vor oder in Toren stattgefunden haben, aber daß dieser Ort der Rechtsprechung diente, steht für eine Reihe von Tempeltoren fest und ist bei Verwaltungsgebäuden wahrscheinlich; in einem Fall hält ein Gerichtsprotokoll ausdrücklich fest, daß die Verhandlung im Wachraum neben dem Großen Tor eines staatlichen Gebäudes in Theben-West, am Eingang zum Tal von Der el-bahri, stattgefunden hat.[28]) Eine solche Gerichtsstätte läßt sich sogar archäologisch nachweisen, und zwar im kaiserzeitlichen Tempel von Medamud bei Theben (Abb. 𝟻).[29]) Drei Tore führen in den Tempel, und südlich des südlichsten ist zwar die Mauer geschlossen, doch zeugen Säulenbasen kleinen Formats davon, daß hier einst Holzsäulen ein leichtes Dach gegen die Sonne getragen haben. Hinten an die Tempelmauer angelehnt ist eine niedrige Balustrade, offenbar der Sitz eines Mannes mit Autorität. Nachdem in demselben Tempel ein „Tor, das Recht zuteilt" erwähnt ist, kann es kaum zweifelhaft sein, daß wir hier dies „Tor" vor uns haben.

Eine solche Funktion eines Tores — sei es ein Tempeltor, der Eingang zu einem Verwaltungsgebäude oder ein Stadttor — ist bekanntlich im Alten Orient weit verbreitet und hat auch im Alten Testament mehrfach seinen Niederschlag gefunden: Ich brauche nur an das Büchlein Ruth zu erinnern, wo Boas seine Ansprüche auf Ruth „im Tor" geltend macht.[30])

Es erhebt sich nun die Frage, ob die beiden von uns erkannten Funktionen des Tores, einmal die Abwehr, das andere Mal das Gericht, in irgendeiner Weise zusammenhängen und, wenn das der Fall ist, wie genauer, also ob eine der beiden Aufgaben des Tores primär, die andere daraus ableitbar ist.

Auch hier sind zunächst die Ägypter selbst zu befragen — sie haben uns ja in einem so reichen Überfluß Texte hinterlassen, daß wir wohl auf eine Antwort aus ihrem Munde hoffen dürfen. Tatsächlich haben sie die beiden Aspekte eines Tores zusammengesehen: „Er (der Gott des Tempels, in diesem Falle Chnum) entfernt von der Pforte, an der man Gerechtigkeit austeilt, den, der lügt (d. h. im Gericht die Unwahrheit sagt, der also im Unrecht ist)".[31])

Die grundsätzliche Abwehrfunktion eines Tores erfordert eine Sichtung derer, die es durchschreiten wollen, Frevel oder Frevler dürfen nicht von ihrem Bereich in den anderen, den heiligen, den reinen, wechseln — wir erinnern uns daran, daß ein Tor in Ägypten eigentlich nur für einen Eintritt gedacht ist, kaum für das Hinausgehen. So dürfte also zunächst ein Torwächter oder ein Kollegium Menschen, die durch ein Tor in einen heiligen Bezirk eintreten wollten, geprüft haben, ob sie dessen würdig waren. Der letzte Abschnitt unserer Überlegungen wird nachher hieran anknüpfen.

Dasselbe gilt nun auch von den Toren zur Unterwelt. Hier wird der Durchgang zunächst einmal jedem verweigert, es sei denn, er weist sich als berechtigt aus. Das mag durch Wissen geschehen, das ja von jeher und überall eng mit der Magie verwebt ist, oder durch ein besonderes Amt, das der Einlaß Heischende im Jenseits, besonders für Osiris als den Herrscher des jenseitigen Reiches, wahrzunehmen vorgibt. In einigen Texten aber sind es nicht solche der Magie nahestehenden Worte, die das Tor öffnen, indem sie dessen Wächter überzeugen, sondern es ist der Nachweis eines einwandfreien, also mit den Werten der äg. Gesellschaft übereinstimmenden Lebenswandels — und damit werden die Torwächter zu Richtern. Ganz leise klingt diese Qualität im 127. Spruch des Totenbuches an:

„Ihr Türhüter, ihr Türhüter, die ihr eure Tore bewacht, die ihr die Seelen einschlürft und die Leiber jener Toten verschlingt, die zur Vernichtungsstätte verdammt sind und an euch vorbei müssen:
Gebt gute Leitung meiner Seele, öffnet mir eure Tore, denn ihr laßt mich triumphieren über meine (Prozeß-)Gegner. Mir wird gewährt, daß ich mich verwandle, daß ich im Tribunal freigesprochen werde. Mir sind die Tore geöffnet von Himmel, Erde und Unterwelt, wie dem Sonnengott."[32])

Der Zusammenhang zwischen der von uns stark betonten Abwehrfunktion des Tores bzw. seines Wächters und der Gerichtsbarkeit im Tor wird greifbar: Um das Tor zum Jenseits zu öffnen und zur Seligkeit zu gelangen, werden, dem Charakter der Totentexte entsprechend, magische Praktiken angewendet, also angemaßte Rollen, geheimes Wissen, Zauberformeln — aber gelegentlich ist auch einmal eine Prüfung zu bestehen, die nicht Wissen abfragt, sondern rechtes Handeln, irdisches Verhalten entsprechend der von Gott gesetzten Ordnung — das aber ist ein Untersuchungs- und Gerichtsverfahren.

An dieser Stelle haben wir nun noch eine letzte, die vielleicht wichtigste, jedenfalls in der Religionsgeschichte folgenreichste Funktion eines äg. Tores einzuführen, die wiederum den Tempel mit dem Jenseits verbindet, teilweise gleichsetzt. Wir gehen aus von dem bekanntesten ägyptischen Totentext, den 125. Spruch des Totenbuches.

Mit diesem Spruch, den jeder Ägypter vor den Jenseitsrichtern aufzusagen hatte, vom Pharao bis zum letzten Tagelöhner auf dem Felde und zu den Mägden über den Mühlsteinen, hat der Verstorbene den Richtern zu versichern, er habe diese oder jene Sünde nicht begangen. Das Formular stand fest, es wurde nicht individuell abgewandelt. Zwischen kultischen Vergehen und ethischen wird sowenig geschieden wie im Alten Testament. Zu sagen wäre noch, daß eine Waage, auf deren einer Schale das Herz des Toten liegt, das ja seinen Lebenswandel kennt, deren andere die Wahrheit selbst in der Gestalt einer Feder als deren Symbol trägt, daß also diese Waage die Wahrheit der Aussagen objektiv feststellt, so daß der Verstorbene der Qual eines Sündenbekenntnisses mit allen Verdrängungen und Unzuverlässigkeiten enthoben ist. Stimmt die Aussage, hat also der oder die Tote die genannte Sünde nicht begangen, so bleibt die Waage im Gleichgewicht, während jede Abweichung von der Norm, also jede Untat, das Herz belastet und die federleichte Wahrheit hinaufsteigen läßt, die Waage macht einen Ausschlag, der vom protokollierenden Gott registriert wird. Nach diesem Protokoll wird dann das Urteil — selig oder verdammt — gesprochen.

Einige Sätze aus dem umfangreichen Text, den der Ägypter zu sprechen hat, lauten:[33])

Ich habe kein Unrecht gegen Menschen begangen.
Ich habe das Vieh Gottes (= Menschen, Gott als guter Hirte) nicht in Not gebracht.
Ich habe keine Unzucht getrieben.
Ich habe nicht Gott gelästert.
Ich habe mich nicht an einem Armen vergriffen.
Ich habe nicht den Tabu eines Gottes gebrochen.
Ich habe keinen Untergebenen bei seinem Vorgesetzten angeschwärzt.
Ich habe nicht weinen gemacht.
Ich habe nicht getötet.
Ich habe nicht zu töten veranlaßt.
Ich habe die Opferspeisen in den Tempeln nicht vermindert und die Götterbrote nicht angetastet.
Ich habe zu den Gewichten der Handwaage nichts hinzugefügt und das Lot der Standwaage nicht verschoben.
Ich habe nicht die Milch aus dem Munde des Säuglings genommen...

Auch positive Handlungen werden genannt:
Ich habe Brot gegeben dem Hungrigen
und Wasser dem Durstigen,
Kleider dem Nackten und
eine Fähre dem Schifflosen...

Es folgen immer wieder Versicherungen der kultischen Reinheit.

Der recht lange Text besteht aus verschiedenen Teilen und ist deutlich gegliedert. Erst zum Schluß, nach Beendigung der Herzensprüfung, wird übrigens das Tor erwähnt, und zwar in einer sehr archaischen Weise: Die einzelnen Teile des Tores, Pfosten, Türsturz, Türflügel, Schwelle, Riegel weigern sich, den Toten eintreten zu lassen, obwohl er doch im Gericht als unschuldig befunden worden ist, wenn er ihnen nicht ihre Namen nennt. Erst nachdem er neben seiner Reinheit also auch noch sein Wissen gezeigt hat, darf er passieren. Hier spricht noch einmal, wie in den Pyramidentexten des 3. Jhtsds., das Tor selbst, ein ausgesprochen altertümlicher Zug.[34])

Es ist in der Theorie denkbar, aber wenig wahrscheinlich, daß der Spruch für diesen Zweck, also als Prüfungsgespräch im Jenseits, komponiert worden ist, und wir sind wohl berechtigt, ja verpflichtet, nach einem „Sitz im Leben", nach einem Vorbild des Textes in der diesseitigen Welt zu suchen. Tatsächlich läßt sich eine solche Vorlage finden, und damit kehren wir zu unserer Frage nach der Rolle des Tores zurück.

So reich die Texte in klassischen ägyptischen Tempeln, also solchen des 3. und 2. Jahrtausends, teilweise sind, so wenig Aufschluß geben sie uns über die Priesterschaft und ihre Pflichten. Immerhin finden wir an den Pfosten von Toren, die in die inneren Räume, also die Wohnräume des Gottes führen, häufig die Formel: „Jeder, der eintritt, ist rein, rein", was wir auch übersetzen können „sei rein, rein".[35]) Wie dem auch sei, das Tor hat jeden Unreinen zurückzuhalten.[36]) Die Tempel der späten Zeit aber, also der letzten drei Jahrhunderte vor und der ersten drei Jahrhunderte n. Chr., bieten sehr viel ausführlichere Texte, von denen hier nur ganz wenige gebracht werden können.[37])

Sie alle stehen auf dem Rahmen von Toren, die den Priestern Zutritt zum Tempel gewähren, also nicht des Haupttores, durch die der Gott in Prozessionen den Tempel verläßt, sondern bei kleinen Türen in den Seitenwänden, durch die Priester von ihren neben dem Tempel gelegenen Wohnungen zum Dienst kamen. Dabei sind offenbar Türen für höhere Priestergrade von solchen des niederen Klerus zu unterscheiden. Diese letzteren scheinen, nach dem Wortlaut der Texte zu urteilen, bewacht gewesen zu sein, und die Wächter ermahnten die Eintritt Heischenden: „Führe niemanden widerrechtlich (in den Tempel) ein, betritt ihn nicht in unreinem Zustand, sage nicht die Unwahrheit in des Gottes Haus; stiehl keine Opfergaben, sprich keine Lüge aus, nimm kein Bestechungsgeld an; mache keinen Unterschied zwischen einem Armen und einem Großen. Füge nichts hinzu und nimm nichts fort bei der Meßschnur oder dem Gewicht; verrate nichts von dem, was du als Geheimnis der Tempel gesehen hast..."
An den Türen, durch die die höheren Grade einzutreten hatten, standen inhaltlich ganz ähnliche Sätze, aber jetzt in Form der Selbstaussage, da es offenbar unschicklich gewesen wäre, diese Männer zu ermahnen: „Ich war nicht parteiisch bei einem Urteil, ich habe nicht geklüngelt mit dem Starken, ich habe den Armen nicht unterdrückt, ich habe nichts zu Unrecht an mich genommen... ich bin rein, ich bin rein."

Hier haben wir nun alles beisammen: Das Tor als Möglichkeit des Durchgangs von einem profanen in einen heiligen Bereich, aber den Durchlaß nicht ohne Prüfung gewährend: Der Niedere wird ermahnt, der Höhere, Selbstverantwortliche prüft sich selbst. Wir dürfen als gewiß annehmen, daß es, vielleicht in älterer Zeit, auch die Form der Prüfungsfragen gab, wie sie uns die Jenseitstore bewahrt haben. Die Selbstaussage stimmt mit dem „negativen Sündenbekenntnis" des 125. Spruches des Totenbuches überein. In einem anderen Fall, der allerdings, soweit ich sehe, allein steht, ist auf dem Tor eine Göttin, die Herrin der Bücherweisheit und der Bibliotheken, dargestellt, die klar definiert, wer eintreten darf und wer nicht. Sie stellt zwei Gruppen von Menschen einander gegenüber, die Rechtschaffenen, die Zutritt zum Tempel haben, und die Sünder, denen der Eingang verwehrt wird.[38])

„Wer jemanden unrechtmäßig einführt,
wer in unreinem Zustand eintritt,
wer die Unwahrheit in des Gottes Haus gesprochen hat,
wer Rechtes für Falsches hält,
wer Bestechungsgelder annimmt,
wer den Großen dem Kleinen vorzieht,
wer sich Tempeleigentum aneignet."

Positiv:

„Wer rein ist,
wer aufrecht ist und auf dem Pfade des Rechts wandelt,
wer deinen Dienern in deiner Stadt alles Gute tut,
wer deine Diener aufrichtig gern hat,
wer sorgfältig ist,
wer von keinem Mann Bestechungen annimmt."

Eine solche Tempel-Einlaß-Liturgie, wie die Alttestamentler ähnliche Texte in der Bibel nennen, hat gewiß als Vorbild für den 125. Spruch des Totenbuches gedient. Sie gibt uns Aufschluß, was an einem Tempeltor und einem entsprechend vorgestellten Tor zum Jenseits vor sich ging, was erforderlich war, die Sperre des Tores zu überwinden.

Wir sind am Ende unseres Überblicks, der uns die Rolle des äg. Tores als eines im Grunde unerwünschten, aber notwendigen Durchlasses durch eine Grenze vorgeführt hat. Daß wir dabei mehrfach gewechselt haben zwischen Tempeltor und Jenseitstor, liegt in der engen Analogie begründet, nach der sich die Ägypter die Jenseitstore zu den Tempeltüren vorgestellt haben.

Immer wieder stießen wir auf die Bedeutung der Grenze, der Scheide zwischen den einzelnen Bereichen. Wenn eine solche Trennung schon mit einem Tor versehen werden mußte, so war dies Tor gegen unbefugten Durchgang streng zu bewachen, und aus eben dieser Funktion der Wächter erwächst, so meinen wir, die Aufgabe des Tores als Gerichtsstätte — nur der „Reine", der Unschuldige darf passieren — wobei, typisch für den alten Orient, Ethisches (Unschuld) und Kultisches (Reinheit) ungetrennt vermischt sind. Niemals aber war ein äg. Tor ein arcus honorificus wie etwa der Titus-Bogen in

Rom oder das Brandenburger Tor oder der marble arch. Nur die abwehrende Funktion wird bei dem Tor in Äg. betont, niemals die verbindende, und diese Betrachtung ergibt sich folgerichtig aus der Bedeutung der Grenze — die Ägypter sind eben sicher, daß die Welt, d.h. die Natur wie die Gesellschaft, gegliedert sein muß in einzelne Bereiche, die zu vermischen die Schöpfungsordnung verletzt.

ANMERKUNGEN

1) Jan *Zandee*, Death as an Enemy, 1960, S. 118 ff. (B. 1 f.); auch schon Pyr. N 757.
2) Karnak: Paul *Barguet*, Le temple d'Amon-Rê à Karnak, 1962, S. 343 f. — Luxor: Charles *Nims*, in: Journ. of Near Eastern Studies 14, 1955, S. 119.
3) Medinet Habu V Taf. 254.
4) Medinet Habu VIII, Taf. 609, dazu *Nims*, a.a.O., S. 119; die Bezeichnung eines Ptah als „Ptah des Großen Tores" in Medinet Habu wird sich auf diese Figur beziehen: Medinet Habu V Taf. 262 re.o.; Berlin 8440 = Äg. Inschr. Berlin II, S. 199. — Belege für den Eigennamen: Hermann *Ranke*, Äg. Personennamen I, S. 111, 16 und J. *Černý*, Late Ramesside Letters No. 1, ro.2; no. 4, verso 1; 15 verso 1.
5) Pap. Sallier IV verso 1,4 f. = Alan H. *Gardiner*, Late Eg. Miscellanies, 89. Zu Torgöttern vgl. noch J. *Yoyotte*, Les pèlerinages. Sources orientales 3. Paris 1960, S. 44 f., bes. Anm. 84—87.
6) Thebanisches Grab Nr. 65 n. Jaarber. van het Vooraziat.-Eg. Genootschap Ex Oriente Lux 16, 1964, S. 61.
7) K. A. *Kitchen*, Ramess. Inscriptions III 815, 4 f.
8) Medinet Habu VI Taf. 422.
9) Hans *Bonnet*, Ägyptische Religion, in: Bilderatlas zur Religionsgeschichte, hrsg. v. Hans Haas, 1924, Abb. 14.
10) Ch. *Maystre* und Al. *Piankoff*, Le livre des portes I, MIFAO 74, 1939, S. 221, Abb. 26.
11) Erik *Hornung*, Ägypt. Unterweltsbücher, 1972, S. 201.
12) Pyr. 796.
13) Pyr. Spr. 272.
14) Lous *Speleers*, Le papyrus de Nefer Renpet, 1917, Taf. XIII.
15) Thebanisches Grab 258, n. Alfred *Hermann*, in: Mitt. d. Deutschen Archäol. Inst. Kairo 6, 1935, S. 11.
16) 7, 25 f. = Emma *Brunner-Traut*, Altäg. Märchen 5, 1979, S. 17.
17) Serge *Sauneron*, Esna, Nr. 355,5.
18) Jan *Assmann*, Liturgische Lieder an den Sonnengott I, Münchner Ägyptolog. Studien 19, 1969, S. 87 mit Anm. 42.
19) Adriaan *de Buck*, The Eg. Coffin Texts VII, S. 462 d, Spr. 1130.
20) Jan *Assmann*, Der König als Sonnenpriester, Abh. d. Deutschen Archäol. Instituts Kairo 7, 1970, S. 53 f.
21) *Assmann*, aaO., S. 49.
22) K. A. *Kitchen*, Ramess. Inscriptions V 74, 3-4.
23) n. Bonnet (Anm. 9), Abb. 73.
24) J. *Černý*, in: Journal of Eg. Archaeol. 34, 1958, S. 120 und E. *Brovarski*, in: Orientalia 46, 1977, S. 107 ff.
25) Matt. 16, 18.
26) Fr. *Daumas*, in: Bull. de l'Inst. Franç. d'Archéol. Orientale 50, 1951, 149 ff. und vor allem S. *Sauneron*, aaO. 54, 1954, 117 ff.
27) E. *Chassinat*, Edfou VIII 162 f.
28) Berlin P 3047 = W. *Helck*, in: Journal of the Americ. Research Center in Egypt 2, 1963, S. 65 f. — Die Erfahrung, daß Gericht im Tor gehalten wurde, wird auch ins Jenseits übertragen, s. R. *Grieshammer*, Das Jenseitsgericht in den Sargtexten, Ägyptol. Abhdlg. 20, 1970, S. 105 f. und Christine *Seeber*, Unters. z. Darst. d. Totengerichts, Münchner Ägyptolog. Studien 35, 1976, S. 14.
29) Bull. Inst. Franç. d'Archéol. Or. 54, 1954, S. 125.
30) Ruth 3, 11; einige weitere Stellen: Am 5, 10; Ps 127, 5; Spr. 22,22.
31) Esna Nr. 366, 3.
32) Beste Übersetzung des Totenbuches von Erik *Hornung*, Das Totenbuch der Ägypter, 1979. Diese Stelle S. 248.
33) n. Hellmut *Brunner*, Ägyptische Texte, in: Walter *Beyerlin* (Hrsg.), Religionsgeschichtliches Textbuch zum Alten Testament, ATD Erg.-Reihe 1, 1975, S. 90 f.
34) K. *Sethe*, in: Zeitschr. f. äg. Sprache 76, 1931, S. 115 f.
35) Belege bei O. *Keel*, Zeichen der Verbundenheit, in: Mélanges Dominique Barthélemy, 1981, S. 231, Anm. 144—149.
36) Zum folgenden R. *Grieshammer*, Zum „Sitz im Leben" des Negativen Sündenbekenntnisses, in: Zeitschr. d. Deutschen Morgenländ. Ges., Suppl. II, 1974, S. 19—25 und O. *Keel*, aaO. (Anm. 35).
37) Edfou V 334, 1-6, dazu H. W. *Fairman*, in: Mitt. d. Deutschen Arch. Inst. Kairo 16, 1958, S. 86 ff.

38) Der Gedanke, daß ein Tor den Durchschreitenden entsühnen könne, scheint in Texten aus Ägypten nicht belegt zu sein. Doch sei anmerkungsweise auf einen singulären Befund aufmerksam gemacht. In eine Granitschwelle des Monthtempels in Karnak-Nord aus ptolemäischer Zeit ist in deren Unterseite, also später unsichtbar, eine kleine Nische ausgearbeitet, in die genau eine (unvollständige und zerschlagene) kleine Statuette hineinpaßte, die einen vor etwa 1000 Jahren verstorbenen Wesir darstellte. Das Gesicht der Figur war dem Tempelinneren zugewandt. Der Befund schließt jeden Zweifel aus, daß das Figürchen absichtlich dort deponiert war. Es könnte sich darum handeln, alte Kräfte für den Bau zu aktivieren, doch legt sich auch der Gedanke nahe, es handle sich um ein Substitut für ein blutiges Opfer beim Bau des Tempels (wem fiele dabei nicht Storms Schimmelreiter ein?), doch fehlt es an allen textlichen Belegen für solche Gedanken und auch an weiteren, bestätigenden Funden — was vielleicht nur auf Unachtsamkeit der Ausgräber beruhen könnte. P. *Barguet* und J. *Leclant*, Karnak-Nord IV. Fouilles de l'Inst. Franç. XXV, 1954, S. 31 f. und Taf. XXXV.

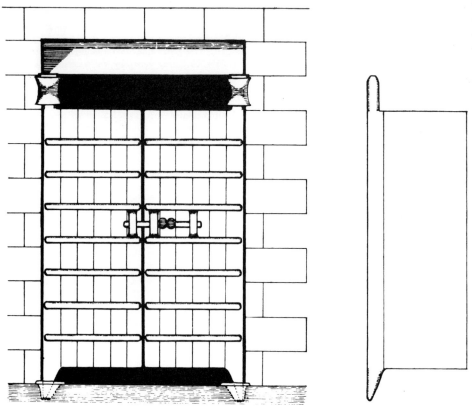

Abb. 1
Rekonstruktion einer zweiflügeligen ägyptischen Tür. Rechts ein Türflügel

Abb. 2
Ehemals mit Goldblech überzogene Figur des Gottes Amun, von
einem Tor im Tempel von Medinet Habu

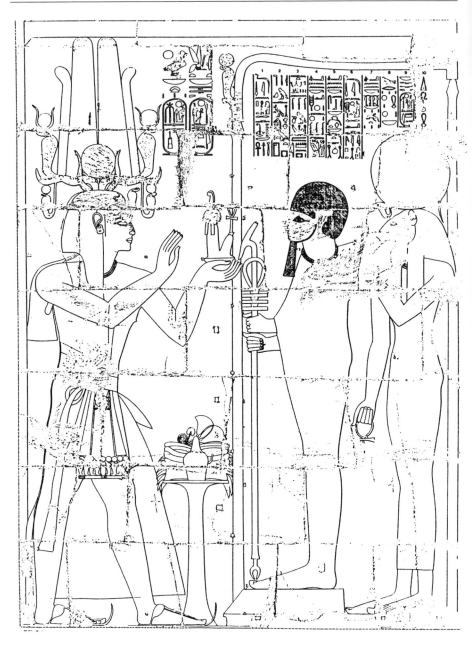

Abb. 3
Der Gott „Ptah von der Torlaibung" im Tempel von Medinet Habu

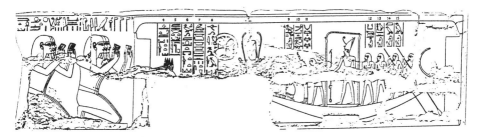

Abb. 4
Die Sonnenbarke zwischen dem östlichen Himmelstor (rechts) und dem westlichen

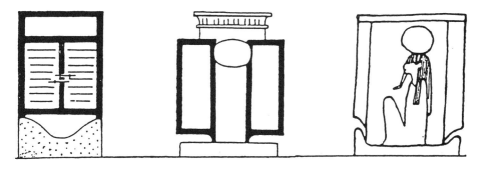

Abb. 5
Drei Darstellungen des östlichen Himmelstores

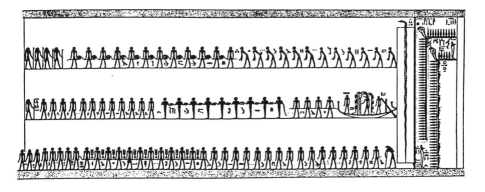

Abb. 6
Die Sonnenbarke ist durch das westliche Himmelstor (rechts) in die Unterwelt eingetreten

Abb. 7
Nefer-renpet vor dem noch verschlossenen Himmelstor

Abb. 8
Ein hölzener Schrein, der ein Götterbild geborgen hat

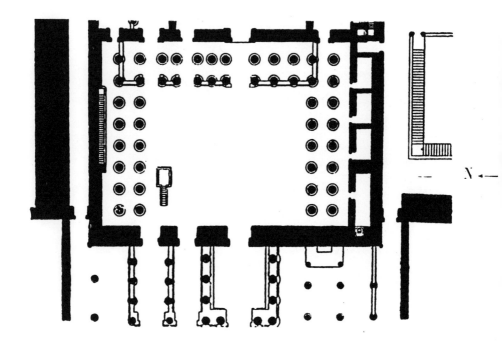

Abb. 9
Plan des Tempels von Medamud mit Gerichtsstätte

4. Zum ägyptischen Königtum

Die Lehre vom Königserbe im frühen Mittleren Reich

aus: Ägyptologische Studien, Festschrift H. Grapow, Berlin 1955, 4–11.

Bei der Besetzung von Priesterstellen ergaben sich, wie H. Kees ausführlich dargelegt hat[1]), Spannungen zwischen den beiden einander widersprechenden Grundsätzen des freien Willens des Königs einerseits und der freien Verfügung des bisherigen Stelleninhabers im Sinne des Privateigentums andererseits. Dabei war, wie Kees an reichem Material gezeigt hat, keine „grundsätzliche" Entscheidung möglich; welche praktische Lösung die Ägypter zwischen den beiden Extremen fanden, hing vielmehr von der jeweiligen Verteilung der Kräfte in der gegebenen Situation ab.

Nicht anders verhielt es sich bei der Thronfolge. An die Stelle des Königswillens tritt hier die unbeschränkte Entscheidungsfreiheit Gottes; sie bildet den Gegenpol zur traditionellen und mythisch verankerten Erbfolge Vater — Sohn. Dieser Faktor des freien göttlichen Willens freilich ist für eine Geschichtsschreibung weit schwerer zu fassen als der Wille des Königs bei der Besetzung von Priesterstellen.

Wir wollen der Frage, was den Willen der Gottheit bestimmt und wie er sich im äußeren Ablauf einer Königs„wahl" äußert, hier nicht nachgehen, nehmen vielmehr diesen Willen, wo von ihm die Rede ist, als gegebene Größe hin. Gerade für den gewählten historischen Ausschnitt, das frühe MR, reicht das zur Verfügung stehende Material bei weitem nicht, die historischen Kräfte und Persönlichkeiten zu fassen, die treibend hinter den einzelnen Thronbesteigungen gestanden haben. Wenn wir dagegen den Faktor „göttlicher Wille" unaufgelöst stehen lassen und nur mit ihm selbst arbeiten, dann geben uns die vorliegenden Texte Antwort auf die Frage, wie sich die Königsnachfolge in den Augen der Zeitgenossen theologisch-dogmatisch darstellt. Wer setzt den neuen König ein, der alte Herrscher oder Gott? Von welchem dieser beiden bezieht der König seine Legitimität: gewinnt er sie auf Grund eines erbrechtlichen Vorgangs oder durch die göttliche Erwählung zum Amt?

Wir müssen um der Sauberkeit willen noch eine Einschränkung vornehmen, indem wir die Quellen ausschließen, die nur die Meinungen von Zeitgenossen unterer sozialer Schichten vermitteln. Zu leicht tauchen hier unorthodoxe, volkstümliche Ansichten auf, seien es nun besonders stark traditionsgebundene, also veraltete, oder eigentümlich naive, simplifizierende. Wir haben immerhin einiges Material aus erster Hand, in dem die Könige selbst sich zu dieser Frage äußern.

---

[1]) Hermann Kees, *Das Priestertum im ägyptischen Staat vom Neuen Reich bis zur Spätzeit* (= *Probleme der Ägyptologie* I), 1953.

Aus dem Alten Reich liegt keine Urkunde vor, die uns eine Thronfolge schilderte. Indirekte Zeugnisse wie die Pyramidentexte wären nur mit großer Vorsicht nach eingehenden Untersuchungen heranzuziehen, da sie für einen anderen Zweck umgearbeitet sind, soweit ihnen Dokumente der „politischen" Welt des Diesseits zugrunde liegen. — Falls, wie ich annehmen möchte, die Lehre für Kagemni, wenn auch nicht wörtlich in der vorliegenden Fassung aus dem AR stammt, so doch einen überarbeiteten Text dieser Zeit darstellt, könnte man die auffallend sachliche Formulierung „da wurde die Majestät des Königs Snofru aufgestellt als ein ‚trefflicher' (mnḫ) König in diesem ganzen Lande" (2, 7—8) hierher ziehen[1]. Freilich bleibt bei der unpersönlichen Aussage offen, wer den König Snofru aufgestellt hat, der alte König, die Götter oder gar ein anderes Kollegium. Sowohl diese passive Wendung, unter Vermeidung eines Subjektes, als auch das Verbum „aufstellen" bleiben merkwürdig.

Wie es sich damit auch verhalten mag, jedenfalls macht sich nach dem Zusammenbruch des AR, also in der Zeit, da eine Reihe sehr menschlicher und auch in ihrem Leben bei den kleinen Verhältnissen dieser Zeit den Untertanen wohl bekannter Gaufürsten sich „König" nannten, eine ausgesprochen profane Auffassung des Königtums breit. Auf die Thronfolge angewandt, heißt das: Auch in offiziellen Urkunden ist erst in zweiter Linie, wenn überhaupt, die Rede davon, daß das Königtum von Gott verliehen wird. Es ist ein Amt wie ein anderes auch, und als solches vererbbar wie Vermögen. Deutlich spricht das Antef II. (Wah-anch) auf seiner berühmten Hundestele aus[2]. Nachdem der Text zunächst die kultischen und dann die politischen Taten des „Königs" gerühmt hat, fährt er fort (Z. 4): „... wie eine Flut, reich (wörtlich ‚groß an Besitz') wie das Meer. Ich war špśś; ich war meiner Stadt nützlich; ich hatte einen großen Namen hin durch dieses ganze Land; ich habe es selbst meinem Sohn überwiesen (oder: ‚das ich selbst meinem Sohn überwiesen habe', relativisch)." Es folgt dieser Aussage nach einer Lücke die Versicherung der ethisch geraden Haltung Antefs und dann schließlich der bekannte Vermerk, daß diese Stele im 50. Regierungsjahr des „Königs" errichtet worden sei[3].

Der Ausdruck, den wir mit „überweisen" wiedergegeben haben, lautet ägyptisch śwḏ. Er bezeichnet eine Eigentumsübertragung unter Lebenden; ein eigentliches Testament, also eine Schenkung für den Todesfall, kannten die Ägypter offenbar nicht[4]. Dieser Terminus śwḏ begegnet uns oft in den Anrufungen an die Grabbesucher: „So wahr ihr eure Habe und eure Ämter euren Kindern überweisen wollt, opfert mir und betet für mich[5]." Antef sagt also aus, daß er seine Königswürde seinem Sohne vermacht habe, das heißt, genau genommen, spricht er gar

---

[1] Wenn auch kein Königsdokument, so bietet sie doch wohl, aus dem Munde eines Wesirs stammend, die offizielle theologische Anschauung.

[2] Der Text jetzt zuverlässig bei J. J. Clère und J. Vandier, *Textes de la Première Période intermédiaire et de la XIème Dynastie* (= *Bibl. aeg.* X), § 16. Eine Photographie der Stele bei Stock, *Die Erste Zwischenzeit Ägyptens* (= *Studia aegyptiaca* II = *Anal. Or.* 31), Abb. 14 auf Taf. X.

[3] Zur historischen Bedeutung dieser Zahl vgl. Stock, *Erste Zwischenzeit*, S. 74.

[4] E. Seidl, *Einführung in die ägyptische Rechtsgeschichte* (= *AegFo* Heft 10), S. 57f., bes. Anm. 294; weiterhin z. B. *Pap. Beatty* IV, Rs., 1, 2.

[5] Z. B. Kairo 20093b 3; Brit. Mus. 101 (= *JEA* 21, Taf. 1), waager. Z. 2f.

nicht von Königswürde, sondern betrachtet das von ihm beherrschte Land als seinen Besitz, den er vererben kann. Obwohl er sich den Königstitel beilegt, ja schon der zweite Gaufürst von Theben ist, der den Anspruch darauf erhebt, zieht er, was das Königtum angeht, offenbar nicht die Konsequenz, daß er nun doch ein Sohn der Götter sei und die Verfügungsgewalt über das Amt, weil göttlicher Herkunft, nur von den Göttern zu vergeben sei. Von irgendwelchen theologischen Überlegungen spürt man in seinem Text nichts. Er spricht wie ein Gaufürst[1]).

Da nun die Stele das letzte Jahr des Königs nennt und als Grabstein errichtet wurde, stammt der Text, zumindest seine Niederschrift, nicht von Antef, sondern von seinem Sohn und Nachfolger. Man könnte also zu der Auffassung kommen, daß hier ebenso ein „posthumes Testament" vorliegt wie in den Lehren für Merikare und des Amenemhet und im Großen Papyrus Harris. Auszuschließen ist dieser Verdacht wohl nicht, wenn auch die bestimmte Art, in der Antef die *śḏm·n·f*-Form gebraucht („ich habe überwiesen") und, soweit der Zusammenhang erkennbar ist, die mangelnde Betonung der Aussage nicht dafür sprechen. Wie ganz anders klingen doch die entsprechenden Worte in der sicher nach seinem Tode verfaßten Lehre Amenemhets, wie wir sie unten hören werden!

In der Lehre des Königs Achthoes für seinen Sohn Merikare, die A. Volten als ein seinem Vater in den Mund gelegtes Werk des jungen Königs erwiesen hat[2]), wird der Nachfolger einmal „Erbe" genannt (Z. 90), sonst ist von der Erbfolge nicht die Rede: offenbar bestanden an der Legitimität des Merikare keine Zweifel, und die Absicht des Dokumentes ist eine andere als die, die Thronbesteigung des Sohnes zu rechtfertigen. Wichtig für unsere Frage aber ist auch das Schweigen des Textes von der relgiösen Begründung des Königtums. Zwar findet sich in dem Hymnus an den Sonnengott die Wendung: „Er hat Fürsten (*ḥḳꜣ·w*) für sie geschaffen im Ei, Herrscher (*ṯs·w*), den Rücken des Schwachen zu stützen (Z. 135 f.)"; doch sind hier, sehr bewußt, Ausdrücke gewählt, die die Gültigkeit der Aussage keineswegs auf das Königtum beschränken, sondern, indem sie allgemein „Machthaber" bezeichnen, überhaupt die soziale Ordnung ins Auge fassen, so daß wir also diese Stelle für unsere Frage, wer dem einzelnen König das Recht zur Macht verleiht, nicht heranziehen dürfen: sie besagt nur, daß die gesellschaftliche Ordnung von Gott stammt und welches die Aufgaben der sozial Mächtigen sind, nicht aber, daß der König seine Legitimität von Gott herleitet. — Im übrigen ist das Fehlen jeder Andeutung einer göttlichen Begründung des Herrscheramtes, jeder Erwählung der Person des Königs durch Gott um so auffallender, als die ganze Lehre weitgehend getragen ist von einer tiefen Religiosität. Der König hat sich vor der 11. Dynastie offenbar weder auf der thebanischen noch auf der nördlichen Seite von Gott zu diesem Amt persönlich erwählt gefühlt, er hat vielmehr auf beiden Seiten das Amt in weltlichem Sinne von seinem Vater geerbt.

---

[1]) Auf dem einzigen erhaltenen Bild seines Kopfes trägt er übrigens auch weder Krone noch Uräus: Winlok, *Rise and Fall of the Middle Kingdom*, Taf. 4; dagegen zeigt die Hundestele, die nur den Unterteil der Figur Antefs bewahrt hat, den Königsschwanz. Die Bezeichnung *sꜣ-Rꜥ* ist hier ganz sinnentleert der Tradition entnommen. — Zu entsprechenden Gaufürstentexten vgl. z. B. *Siut* III, 13—15.

[2]) A. Volten, *Zwei altägyptische politische Schriften* (= *Anal. aeg.* IV).

Aus der 11. Dynastie besitzen wir einige Reliefs, die die Krönung des Königs durch Götter zeigen[1]), doch fehlen Texte, die über diese Formeln hinausgehen. Gewiß sind auch diese konventionellen Darstellungen wichtig — aus der ersten Wirre kennen wir sie nicht —, doch handelt es sich weitgehend um ein mechanisches Wiederaufgreifen von Schemata des AR, bei denen erst noch zu untersuchen wäre, wieweit sie wirklich die religiöse Überzeugung des Königs, der Priester oder gar des Volkes wiedergeben. Solche Darstellungen werden, wenn auch variabel, zu den seit dem AR vorgeschriebenen Dekorationen der Tempel gehört haben.

Jedenfalls ist das Bild, das wir aus ergiebigeren Texten der Zeit Amenemhets I. gewinnen, anders und steht der Auffassung der Gaufürstenzeit recht nahe. Zu nennen wären zunächst die Prophezeiungen des Neferrehu, die nach dem Ton, in dem von dem Erlöser-König Ameni gesprochen wird, nirgends anders als unter der Regierung Amenemhets I. entstanden sein können. Die Stelle, in der von der Thronbesteigung — man ist eher versucht, zu sagen „Machtergreifung" — des Königs die Rede ist, lautet: „Dann aber wird ein König kommen, der zum Süden gehört — Ameni der Gerechte ist sein Name. Er ist der Sohn einer Frau aus Nubien[2]). Er wird geboren im südlichsten Ägypten[2]). Er wird die Weiße Krone empfangen und wird die Rote Krone (sich aufs Haupt) erheben, indem er so die beiden Mächtigen vereint; er wird die beiden Herren zufriedenstellen mit dem, was sie wünschen, indem der Feldumläufer in seiner Faust ist und das Ruder ... Freut euch, ihr Menschen seiner Zeit! Der Sohn eines (angesehenen) Mannes wird seinen Namen (berühmt) machen für immer und ewig ..." (57—62). Auch in dieser Schilderung in Form einer Verheißung ist kein Wort einer göttlichen Erwählung zu finden, im Gegenteil: die rein irdische Herkunft des Königs, ja sogar seine nicht-königliche Abkunft von beiden Elternteilen her wird ausdrücklich betont! Die historische Tatsache, daß Amenemhet eine neue Dynastie gegründet hat, wird nicht theologisch begründet; vielmehr liegt die Rechtfertigung seines Königtums nach der Überzeugung des Verfassers der Prophezeiungen einzig in seinen Taten, die der Wirre ein Ende bereiten.

Auch das andere Dokument, das, sich an den Namen Amenemhets knüpfend, einen Thronwechsel erwähnt, betont diese Dynastiegründung. In der Lehre des Königs lesen wir (Pap. Millingen 3, 9): „Ich habe den Anfang gemacht und dir die Zukunft (dabei gleich) angeknüpft; ich bin der Haltepflock für das, was du beabsichtigst[3])." Der Passus, in dem Amenemhet von der Thronübergabe spricht, lautet (Pap. Mill. 2, 5): „Siehe die Untat geschah, als ich ohne dich war, bevor der Hof gehört hatte, daß ich dir (die Herrschaft) übergebe, bevor ich zusammen mit dir (auf dem Thron) gesessen hatte." Der einstweilen unlösbare Widerspruch

---

[1]) Neb-hepet-Re-Mentuhotep aus seiner Kapelle in Dendera, *ASAE* 17, 1917, 226ff. mit Taf. II—III; wahrsch. derselbe König aus Tôd: *FIFAO* 17, Taf. XVIII; Seanchkare-Mentuhotep aus Tôd: *FIFAO* 17, Taf. XXII; auch Naville, *XIth Dyn. Temple* II, Taf. V C: Hathor spricht: „Ich habe dir die beiden Länder vereinigt gemäß den Anordnungen der Seelen von ..."

[2]) ? oder des südlichsten Gaues Ägyptens, s. dazu Posener in *Bibliotheca orientalis* 8, 1951, 170.

[3]) Zu *ph·wj* ‚Zukunft' vgl. Vandier, *Mo'alla* II β 1. Statt „Anfang" im Sinne der Dynastiegründung könnte man, um der Parallele zu *ph·wj* willen, *ḥ₃·t* auch als „Vergangenheit" auffassen. Zum letzten Satz vgl. Volten, *Zwei polit. Schriften*, S. 124.

dieser klaren Angabe zu den ebenso klaren Dokumenten, die eine Mitregierung des Sohnes Sesostris während zehn Jahren ausweisen[1]), braucht uns hier nicht zu beschäftigen. Sicher ist, daß Amenemhet den offiziellen Akt des *śwḏ*, den Antef voll Stolz erwähnt, nicht hat ausführen können, eben weil er vorher unerwartet ermordet worden ist. Auch hier ist von einem Eingreifen der Götter keine Rede, der Wechsel des Königtums vom Vater auf den Sohn vollzieht sich vielmehr ganz in der irdischen Sphäre. Dagegen fehlt es in der gleichen Lehre sonst nicht an religiösen Sätzen, auch dort, wo der Regierungsantritt des jungen Königs geschildert wird: „Du setzest die Weiße Krone eines Göttersprößlings auf; die Siegel sind an ihrem Ort; der Jubel in der Barke des Re hat für dich begonnen" heißt es 3, 9—11. Obwohl also das irdische Ereignis seinen himmlischen Widerhall findet, begründet unser Text die Thronbesteigung Sesostris' I. nicht religiös. Das ist um so auffallender, als es sich bei dem ganzen Werk ja, wie de Buck und Volten gezeigt haben[2]), um eine Rechtfertigung des jungen Königs handelt.

Allein dies Bild ändert sich rasch und gründlich. Denkmäler aus der folgenden Zeit Sesostris' I. bereits atmen einen völlig anderen Geist. Schon die Berliner Lederhandschrift[3]) aus seinem dritten Jahr erwähnt von einer irdischen Übertragung der Herrschaft nichts mehr, legt vielmehr alles Gewicht auf die göttliche Abstammung und allerfrühste göttliche Erwählung zum Königsamt. Bevor der König dem Hofstaat seinen Entschluß, den Tempel von Heliopolis mit Gebäuden und Opfergaben reich auszustatten, kundtut, spricht er von der Legitimität seines Amtes. Dabei verweist er ausschließlich auf die Götter, die ihn schon in frühester Jugend, „im Ei", zum König bestimmt hätten — von seinem Vater und einer irdischen Übertragung der Gewalt ist nicht mehr die Rede. „Ich habe erobert schon als Säugling, ich war erhaben im Ei, ich war schon als kleines Kind ein Oberhaupt. Er (Re-Harachte) ernannte mich zum Herrn der beiden Anteile, als ich noch ein Kind war, das Windeln trug. Er ernannte mich zum Herrn der Rechit,
· er schuf (?) angesichts der Henmemet. Er machte mich (?) zum Palastbewohner, als ich noch ein Kind war, bevor ich aus meinen Schenkeln[4]) hervorgekommen war. Er gab ihn (den Palast) mir in seiner Länge und Breite." (Lhs. 1,8f.) Ja, es findet sich davor sogar ein Passus, den wir, wenn seine Übersetzung richtig ist, unmittelbar auf unsere Frage beziehen dürfen: „Ich bin ein geborener König, ein Herrscher, dem es (die Herrschaft) nicht gegeben werden mußte" (1, 8). Das klingt geradezu nach einem Abrücken von der bisherigen Auffassung, nach der das Königsamt vom alten Herrscher vergabt wird. Sesostris erhebt sich damit in eine übermenschliche Sphäre: er ist ein wahrer Gott, dem das Amt nicht von seinem Vater Amenemhet vererbt, sondern von Gott seit eh und je bestimmt ist; er zieht

---

[1]) Vgl. dazu A. Volten, *Zwei polit. Schriften*, S. 112; und W. Hayes, *Scepter of Egypt* I, 182.

[2]) *Mél. Maspero* I, 847ff. bzw. *Zwei polit. Schriften*.

[3]) Zuletzt ediert von de Buck, *The building inscription of the Berlin Leather Roll* in *Studia aegyptiaca* I (= *Anal. Orientalia* 17), 48—57.

[4]) D. h. denen, die mich geboren haben. Ein solch erweiterter Gebrauch des Possessiv-Suffixes findet sich auch sonst im Ägyptischen, vgl. z. B. Pyr. 398a und dazu Sethe, *Kommentar* II, S. 152.

seine Legitimation nicht aus einer — wenn auch mythisch gebundenen — irdischen, rechtlichen Erbfolge, sondern aus einer göttlichen Erwählung[1]).

Wir wollen hier nicht alle weiteren Dokumente der ägyptischen Königsgeschichte ausführlich vorlegen, die zu dieser Frage etwas aussagen. Es sind deren zahlreiche. Aber soweit ich sehe, findet sich, mit einer einzigen, noch zu nennenden Ausnahme nirgends mehr eine Erwähnung des Erbganges, weder aus dem Munde des Erblassers noch aus dem des Thronfolgers[2]).

So ist das Bild der späteren ägyptischen Geschichte in diesem Punkte einheitlich, wenn man von feineren Nuancen absieht: Der Wille der Gottheit ist die einzige Legitimation des Königs. Der oben behandelte terminus *swḏ* für die Eigentums- und Amtsübertragung begegnet oft in den auf die Krönung bezüglichen Texten. Wir finden ihn bei folgenden Herrschern:

Thutmosis I.: *Urk* IV, 272, 11; mit Bezug auf die Uräusschlange: *Urk* IV, 267, 9.

Thutmosis III.: *Urk* IV, 807, 2; 558, 12 und 15; der Gott setzt den Namen des König fest: *Urk* IV, 160.

Amenophis II.: Gise-Stele Z. 2.

Amenophis III.: Mém. Miss. XV, 14, 2; 23; 25, 3.

Echnaton: Davies, *Amarna* II, Taf. 36 unten.

Haremhab: Krönungsdekret (*JEA* 39, Taf. 2), Z. 13 und 20.

Sethos I.: Karnak ⟨283⟩ = *Wb* Belegstellen IV, zu 78, 13.

Ramses II.: *Wb* Belegstellen IV, S. 21 zu 87, 11.

Merenptah: Israelstele Z. 17.

Ramses III.: Belegstellen wie bei Ramses II.

Psammuthis: Belegstellen wie bei Ramses II., aber zu 87, 12.

In keinem dieser Fälle aber wird der Akt noch von einem König vorgenommen, vielmehr sind es stets Götter, die die Herrschaft dem König schenken.

Auch die anderen Denkmäler, die das Stichwort *swḏ* nicht enthalten, bieten das gleiche Bild. So sagt Neferhotep in Z. 9 seiner Abydos-Inschrift: „Ich bin in seinem (scil. des Geb) großen Amte, das Re vergibt." Aus dem Neuen Reich seien nur zwei erwähnt: die Bauinschrift Amenophis' II. in Karnak[3]) und die große Weihinschrift Ramses' I. von Abydos[4]). Im ersten der Fälle ist die Angabe klar die, daß der Vater des Königs, nämlich Amun, ihm die Herrschaft verliehen habe, und auch die ausführliche Erwähnung des Übergangs der Herrschaft auf Ramses I.

---

[1]) Man wird nicht einwenden dürfen, der verschiedene Charakter der herangezogenen Urkunden bedinge die verschiedenen Aussagen. Erstens ist der Unterschied zwischen der Bau- und Stiftungsurkunde für Heliopolis und der Lehre für den Thronfolger nicht so groß, und zweitens liegt ja nicht eine immerhin auf diese Weise erklärbare Akzentverschiebung vor, sondern zwei einander auf ausschließende Weise widersprechende Angaben. Das reiche, hier nicht auszubreitende, sondern nur anzudeutende Material aus späteren Zeiten bestätigt unsere Interpretation.

[2]) Auf die komplizierten Gedankengänge Ramses' II. in der großen Weihinschrift des Abydos-Tempels (Gauthier, *La grande Inscription dédicat. d'Abydos*, Z. 43ff.) können wir im Rahmen dieses kurzen Aufsatzes nicht eingehen. Einer gewissen Wandlung unterliegen die Vorstellungen von der Legitimierung des Königsamtes auch noch im NR, aber die Grundhaltung bleibt von Sesostris I. ab die gleiche.

[3]) Sethe, *Untersuchungen* V, 1 (Borchardt, *Baugeschichte*), 44 f.

[4]) *ASAE* 51, 167ff.

deutet nichts von einer irdischen Übertragung des Amtes an; der König beruft sich ausschließlich auf Gott als den, der ihn eingesetzt habe.

Besonders aufschlußreich aber ist ein Text, der auch im literarischen Charakter den für das MR herangezogenen ähnlich ist, der wie sie ein posthumes Werk auf Papyrus darstellt, der große Papyrus Harris. Hier spricht der tote König Ramses III. an keiner einzigen Stelle davon, daß er sein Amt seinem Sohn vererbe, obwohl die Frage der legitimen Nachfolge offensichtlich eines der Anliegen des ganzen Papyrus ist. Immer wieder bittet der König die Götter, das Königtum seinem Sohne zu verleihen[1]), oder teilt den Untertanen mit, daß Amun seinen Sohn auf den Thron gesetzt habe[2]). Von einer Vererbung ist mit keinem Worte die Rede. Ein stärkerer Unterschied zu den beiden „Lehren" für Merikare und des Amenemhet läßt sich gar nicht denken, wird doch dort die göttliche Legitimierung so wenig erwähnt wie hier die irdisch-rechtliche Vererbung.

Die, soweit ich sehe, einzige Ausnahme von dieser Regel findet sich nun bezeichnenderweise bei Hatschepsut. Diese Usurpatorin berichtet, daß ihr Vater in einer öffentlichen Thronsitzung erklärt habe, er setze sie, seine Tochter, auf seinen Thron[3]). Daneben freilich finden wir bei ihr gerade auch die andere, den übrigen Texten des NR allein wichtige Seite der göttlichen Erwählung, die schon vor ihrer Geburt erfolgt sei, hervorgehoben. Man gewinnt deutlich den Eindruck, daß sie ihre gewiß zu ihren Lebzeiten bereits stark angezweifelten Rechte auf den Thron der beiden Länder doppelt sichern wollte, durch ihre göttliche Erwählung sowohl als auch durch einen — sicher von ihr fingierten — irdischen Rechtsgang.

Abgesehen aber von dieser nur zu sehr begründeten Ausnahme ergibt sich, daß die weltliche Auffassung, das Königsamt sei erheblich wie irgendeine Beamtenstelle und der Erbvorgang genüge, die Rechtmäßigkeit des Königs und seiner Machtfülle zu begründen, sich durch die Verhältnisse der Ersten Wirre herausgebildet hat, daß diese Anschauung zumindest bis zur Reichseinigung durch Mentuhotep problemlos auf beiden Seiten des durch den Bürgerkrieg zerrissenen Landes herrschte, daß dann in der 11. Dynastie zwar äußerlich die im AR ausgebildeten Formen und Formeln des von Gott stammenden und gekrönten Herrschers wieder aufgenommen werden, daß aber die Überzeugung von der Legitimierung durch Erbgang noch vorherrscht. Auch Amenemhet I. beurteilt sein Amt nach dieser aus der Feudalzeit stammenden profanen Richtung und versucht nicht, sein Usurpatorenrecht auf den Thron theologisch durch Gotteswahl zu begründen. Dieselben Gedanken bestimmen noch die Tonart seiner Lehre für seinen Sohn Sesostris, die tatsächlich unmittelbar nach seinem Tode unter diesem und in dessen Auftrag entstanden ist. Der Umschwung setzt dann innerhalb der Regierungszeit Sesostris' I. radikal ein, und bereits ein Dokument aus dessen drittem Regierungsjahr führt uns ausschließlich die andere, metaphysische Begründung der Königlichen Vollmachten vor Augen.

Dies Ergebnis entspricht etwa dem Bild von einem entscheidenden inneren Wandel während der 12. Dynastie, wie es aus anderen Quellen gewonnen worden

---

[1]) 22, 3ff.; 42, 4ff.; 56b, 2ff.; 66b, 5ff.
[2]) 79, 5ff.; 11ff.
[3]) *Urk* IV, 257.

ist[1]). Deutlich zeichnet sich eine Überwindung der irdischen, machtpolitisch orientierten Haltung der Feudalzeit und eine Hinwendung zu einem religiös begründeten, vom Volke getragenen „Absolutismus" während der 12. Dynastie ab. Dabei ist der Umbruch bereits in den zwei ersten Jahren der Regierung Sestostris' I. erfolgt; es mag aber gut mehrere Generationen gedauert haben, bis die Wandlung sich auch in den unteren Schichten durchsetzte, wo wir ihn dann in der Gestaltung der Stelen oder Werken wie dem Hymnus auf das Königtum bei Sehetep-ib-Re[2]) oder auch den Kahun-Liedern[3]) fassen können. So ist es auch gewiß kein Zufall der Überlieferung, daß wir Königslehren nur aus der Zeit des MR vor Sesostris' I. drittem Jahr kennen, nämlich die eines unbekannten Königs Achthoes aus dem Hause der Herakleopoliten[4]) und die beiden erhaltenen für Merikare und Amenemhets I. Die seit Sesostris I. gewandelte Auffassung vom Königtum hat solch menschlich-persönlichen Bekenntnisse eines Königs unmöglich gemacht.

---

[1]) Siehe zuletzt K. Pflüger, *The private funerary Stelae of the Middle Kingdom* ... in *Journal of the American Or. Soc.* 67, 1947, 127—135.

[2]) Kairo 20538; dazu Ch. Kuentz in *Griffith-Studies*, S. 97ff., und *ASAE* 38, 265—283, und *ASAE* 40, 209—229.

[3]) Griffith, *Hieratic Papyri from Kahun and Gurob*, Taf. 1—3; s. dazu Grapow, *Mitt Inst. f. Orientf.* I (1953), 189f.

[4]) *Merikare* 109.

Der König im Falkenkleid

aus: Zeitschrift für Ägyptische Sprache und Altertumskunde 83, 1958, 74–75.

In dem verblüffend reichhaltigen Katalog der Neuerwerbungen des Brooklyn-Museums[1] veröffentlicht J.D. COONEY unter Nr. 6 auf den Tafeln 14 und 15 einen Königskopf der 18. Dynastie, der die besondere Aufmerksamkeit dadurch erregt, daß der hintere Teil der Kopfbedeckung ein eigenartiges Schuppenmuster wiedergibt, während der vordere Teil des Hauptes vom üblichen Kopftuch bedeckt ist. Leider ist von dieser Musterung, die der Verfasser »unusual, perhaps unique« nennt, nur ein kleiner Teil erhalten. Man denkt zunächst an Federn, die zu den ausgebreiteten Schwingen eines Falken oder Geiers gehören, doch lehnt der Verfasser des Textes der Erstveröffentlichung diesen Gedanken mit Recht ab, da die Richtung, in der die Federn liegen, sich damit nicht vereinbaren läßt. Richtig ist aber, daß es sich bei diesen ziegelartig übereinander liegenden Gebilden um Federn handelt. Den Schlüssel zur Erklärung bietet das Oberteil einer kleinen Königsfigur, die, im Handel gekauft und angeblich aus Gise stammend, sich heute im University College in London befindet[2]. Auch hier wird das Haupt des Königs vorne von einem Kopftuch bedeckt, hinten dagegen von schuppen- oder dachziegelartig übereinanderliegenden Federn, die sich auch auf den Rücken hinabziehen. Bei der Londoner Plastik ist diese Federmusterung dadurch noch deutlicher als bei dem Brooklyner Stück, daß zwischen den großen Federn kleine spitze stecken. Trotz dieses Unterschiedes kann aber kein Zweifel bestehen, daß beide Werke demselben Bildtypus angehören.

Der Gedanke, der zu einer eigenartigen künstlerischen Gestaltung geführt hat, ist der, daß ein »Aspekt«, eine »Ansicht« des Königs der Gott Horus, in der Erscheinung des Falken, ist. Der König wird hier als Inkarnation des Horus verstanden, nicht nur als im Schutze des Gottes stehend. Dieser religiösen Vorstellung vermag die künstlerische Darstellung eines Menschen mit der Rückseite eines Falken genauen Ausdruck zu verleihen: Die beiden Gestalten des Menschen und des Gottes bilden nur zwei Ansichtsseiten des Königs. Es erhebt sich die Frage, ob nicht auch Figuren wie der berühmte Falkenchephren in Kairo und sein nur bruchstückhaft erhaltenes Gegenstück in Boston[3] so zu deuten sind, also weniger den König

---

[1] Five Years of Collecting Egyptian Art, 1951–1956.
[2] W.M.F. PETRIE, A Portrait of Menkaura: Ancient Egypt 1923, Part I, mit Titelbild.
[3] W.St. SMITH, A History of Sculpture and Painting in the Old Kingdom², Taf. 5a und S. 20, wahrscheinlich Cheops.

im Schutze des Falkengottes zeigen, als daß vielmehr der bei genauer Vorderansicht nicht wahrnehmbare Falke als Darstellung der mit der menschlichen vereinten göttlichen Natur des Königs zu verstehen ist. Zweifellos aber hat das Motiv des Falkenchephren dann eine Entwicklung durchgemacht, die es tatsächlich zum Ausdruck des von Gott beschützten Königs werden ließ, wobei sich die Maßstäbe wandelten – die Linie endet bei dem großen Falken mit dem kleinen König, wie er in der bekannten Gruppe des Nektanebês in New York vorliegt[4].

Interessant ist es nun, daß der alte Gedanke der vollen Inkarnation des Horus im König, der nach unserer Vorstellung von der Königstheologie im Laufe der 5. Dynastie von der der Gottessohnschaft des Königs abgelöst wird, noch in der 18. Dynastie ihren bildlichen Niederschlag findet. Das Londoner Stück wird, auch wenn es weder durch Fundumstände noch durch eine Inschrift datiert ist, ins Alte Reich gehören – die Form des Kopftuches läßt eine spätere Ansetzung kaum zu. Die vierte Dynastie ist als Entstehungszeit wohl möglich, die derben, etwas bäurischen Züge würden dafür sprechen; doch ist auch die fünfte Dynastie nicht ausgeschlossen, zumal es sich um ein wenig hochstehendes, also möglicherweise zurückgebliebenes Werk handelt. Damals mag der Inkarnationsgedanke voll lebendig gewesen sein. In der 18. Dynastie aber hat, soweit wir sehen, diese alte Vorstellung, zumal mit Horus verbunden, keine zentrale Bedeutung mehr gehabt, und wir werden uns das Fortleben des Bildes vom König im Falkenkleid wohl besser als eine innerkünstlerische Tradition erklären. (Wie ich nachträglich sehe, hat U. SCHWEITZER, Das Wesen des Ka etc. S. 53 den Falkenchefren ebenfalls als Bezeichnung des »Horusaspektes« des Königs gedeutet).

---

[4] Z.B. BREASTED, Geschichte Ägyptens, Phaidon-Ausgabe, Taf. 178.

Nochmals der König im Falkenkleid

aus: Zeitschrift für Ägyptische Sprache und Altertumskunde 87, 1962, 76–77.

(Hierzu Taf. I u. II)

Unabhängig von meiner bereits 1958 in dieser Zeitschrift[1] erschienenen Miszelle »Der König im Falkenkleid« hat nun Mlle PAULE KRIÉGER (jetzt Mme POSENER) eine Statuette des Louvre veröffentlicht[2], die ebenfalls einen König zeigt, der vorne Mensch, rückwärts dagegen Falke ist. Fünf weitere Stücke stellt sie ikonographisch dem Louvre-König an die Seite, und zwar den Königskopf in Boston, der mir seinerzeit Anlaß zu der Miszelle geboten hat, den von mir ebenfalls erwähnten »Mykerinos« im University College in London, sowie zwei Stücke in Kairo und eines aus dem Totentempel Thutmosis' III.

Der umfassenden Untersuchung von Mme Posener-Kriéger seien hier drei ergänzende Bemerkungen hinzugefügt:

1. Den Kopf in Boston, dessen Charakter bei der Erstveröffentlichung offenbar noch verkannt wurde[3], hat inzwischen M.L. FRIEDMAN im Bulletin des Museums in den richtigen Zusammenhang eingeordnet[4]. Dort werden in Anm. 8 auch bereits alle Stücke als Parallelen genannt, die Mme Posener nun ausführlich bespricht, bis auf die Londoner Büste, die die Kollegen in Brooklyn, darin REISNER folgend[5], für eine Fälschung halten. Es muß zugegeben werden, daß sie das vielleicht ist[6], aber dann würde ikonographisch das unbekannte Vorbild des Fälschers mitgezählt werden müssen, wenn wir es freilich auch, solange es nicht auftaucht, nicht datieren können. Von den bekannten Werken dieses Types scheint keines dies Vorbild gewesen zu sein.

2. Von der Statue Thutmosis' IV. in Kairo (CGC 42 081) kann ich hier mit freundlicher Erlaubnis der Museums-Direktion zwei Fotografien abbilden (Taf. II). Eine solche Veröffentlichung hatte LEGRAIN vorgesehen, wenn sich die fehlenden Teile der Statue gefunden hätten, was offenbar bis jetzt nicht eingetreten ist[7]. Sicher ist, daß der Kopf in Brooklyn nicht zu dem Torso in Kairo gehört.

---

[1] ZÄS 83, S. 74f.
[2] Revue d'Égyptologie 12, 1960, S. 37–58.
[3] Five Years of Collecting Egyptian Art, S. 6: »An unusual, perhaps unique, feature is the conventionalized feather pattern ...«.
[4] The Brooklyn Museum, Bulletin Vol. XIX, Spring 1958, No. 2, S. 1–5. Für Übersendung dieser Arbeit danke ich Herrn Kollegen B. VON BOTHMER herzlich.
[5] G.A. REISNER, Mycerinos, S. 124, Anm. 14.
[6] Mme POSENER wägt alle Gründe dafür und dagegen sorgfältig ab und entscheidet sich schließlich mit Wahrscheinlichkeit für die Echtheit.
[7] Statues et Statuettes I, S. 47f.

3. Ein weiteres, bisher in der Literatur der letzten Jahre nicht beachtetes Stück, das in diesem Zusammenhang erwähnt werden muß, auch wenn es künstlerisch geringwertig ist, befindet sich im Reichsmuseum in Leiden[8]. Das anspruchslose, 17 cm hohe Figürchen aus tiefblauer Fayence zeigt einen unbekannten König, völlig menschengestaltig, mit Schurz und Kopftuch bekleidet, auf einem würfligen Sitz, an dessen durchbrochenen Seiten ein gefangener Feind dargestellt ist. Ohne organische Verbindung mit dem Körper fällt gleichsam wie ein Tuch über seinen Rücken ein Federkleid hinab, über dem noch der Zopf des Nemes liegt. Diese Federdecke mündet unten in einen Vogelschwanz, der jedoch, ganz anders als bei der Statue Thutmosis' IV. in Kairo, aus einer Reihe paralleler Federn besteht, die sich nach unten fächerförmig erweitern und im ganzen die Form einer umgekehrten Federkrone haben, wie sie Bes oft trägt[9]. Dieses kleine Königsbild gehört nach Meinung VAN WIJNGAARDENS in die 20. Dynastie oder die Ptolemäer-Zeit; er kommt zu diesem Ansatz auf Grund der leuchtend blauen Farbe der Fayence.

Daß bei all diesen Stücken der gleiche Gedanke an den König als Horus zugrundeliegt, ist mehrfach betont worden. Die Art freilich, wie der schwierige Übergang von Kopftuch zu Vogelbalg künstlerisch bewältigt wird, ist mannigfaltig. Bei Kairo 747 beginnt das Vogelkleid mit den Schultern, der Zopf des Königskopftuchs fehlt ganz, während er bei dem Leidener Stück noch über das Federkleid hinabhängt. Die Kairener Statue Thutmosis' IV. zieht das Federmuster jedenfalls weiter hinauf – ob bis zum Scheitel, läßt sich wegen des Bruches nicht mehr erkennen. Möglicherweise war der Übergang ähnlich vollzogen wie bei dem Kopf in Brooklyn, bei den Falten des Kopftuches, die von vorne allein sichtbar sind, jeweils an den Stellen von Federn abgelöst werden, wo das Kopftuch nur noch von hinten zu sehen ist. Dieselbe Art, nur sehr viel plumper und ohne Übergang, vielmehr mit einer scharfen Begrenzungslinie, hat auch der Künstler der Louvre-Statuette gewählt. Dort fehlt das Federornament ganz (wenn es nicht gemalt war), und nur die Formen verraten die Absicht, einen Vogelleib darzustellen. Ähnlich verläuft die Grenze zwischen Kopftuch und Vogelbalg bei dem Londoner Stück (bzw. seinem Vorbild) auf dem Scheitel.

Erwähnt sei noch eine prächtige Statue aus dem Alten oder Mittleren Reich, die allerdings nur äußerlich, nicht dem Gedanken nach zu unseren Königsbildern zu stellen ist: Die Sitzfigur des falkenköpfigen Gottes Chons

---

[8] Taf. VI. W.D. VAN WIJNGAARDEN, Een egyptisch koningsbeeldje van blauwe Fayence, in: Oudheidkundige Mededeelingen NR XIX, 1938, S. 1–4. Fotografien und Veröffentlichungserlaubnis verdanke ich der Freundlichkeit von A. KLASENS.

[9] Also ähnlich wie bei der Symboldarstellung vom Wagen Thutmosis' IV, Abb. 23 im Aufsatz von Mme POSENER.

in Brüssel[10], bei der sich ebenfalls von vorne die Menschengestalt (freilich mit Vogelkopf), von hinten aber der Vogelleib zeigt. Besonders die Rückenansicht erinnert stark an die Büste im University College. Die Inschrift der Brüsseler Statue stammt von Masaharta aus der 21. Dynastie und benennt den Dargestellten als »fröhlichen Chons«. Diese Inschrift ist zweifellos jünger als die Statue[11].

Zur Datierung unserer Darstellungen des Königs im Federkleid hat Mme POSENER-KRIÉGER alles Nötige gesagt. Allerdings scheint ihnen ein Nachleben beschieden gewesen zu sein, von dem einstweilen nur das Leidener Figürchen Zeugnis ablegt.

---

[10] J. CAPART, Documents I, Taf. 99/100.

[11] Der Gedanke, daß nicht Chons, sondern ein König der ursprünglich Dargestellte sei, ist unwahrscheinlich, solange kein Königsbild mit Falkenkopf bekannt ist.

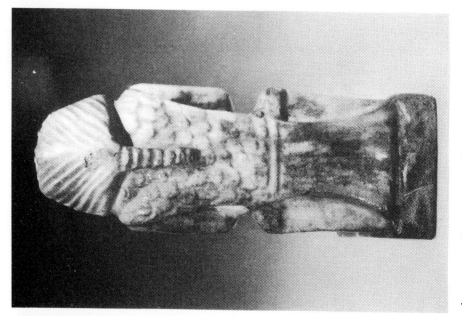

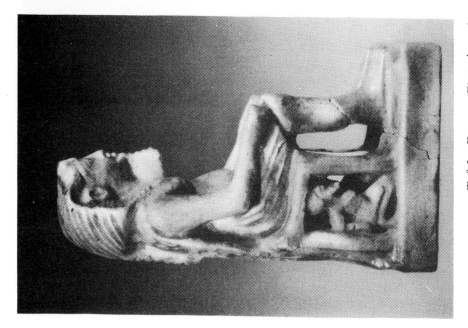

Taf. I   Fayence-Figürchen eines unbenannten Königs in Leiden

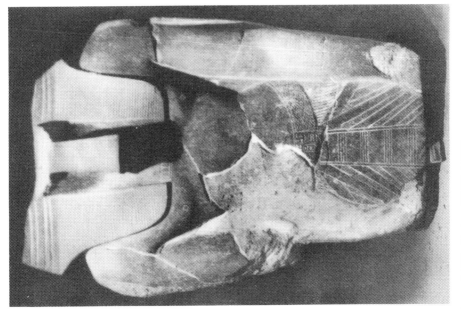

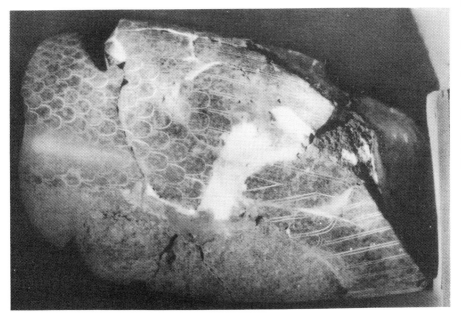

Taf. II   Torso einer Statue Thutmosis'IV., Kairo CGC 42081

Die Statue »Ramses-meri-Amun-der-Gott«

aus: Mitteilungen des Deutschen Archäologischen Instituts, Abteilung Kairo 37, 1981, 101–106.

Unter den vielen Gebieten, denen das Interesse des Jubilars gilt und auf denen er sich große Verdienste um unsere Wissenschaft erworben hat, ragt eines hervor: die sichere Zuweisung der Ramses-Stadt zu den Ruinen von Chataʿna-Qantir und die Bearbeitung der dort gefundenen oder von dort stammenden spärlichen Reste. Nach seinem ersten grundlegenden Aufsatz zu diesem Thema[1]) ist er immer wieder auf Fragen zurückgekommen, die mit der Deltaresidenz zusammenhängen[2]), und hat dabei selbstverständlich auch die Fragen der Königsstatuen immer erneut angeschnitten. So mag es ihn interessieren, daß sich ein in seiner Bedeutung für die Frage des Kultes dieser Statuen bisher verkanntes Denkmal in der Sammlung des ägyptologischen Institutes der Universität Tübingen befindet. Es erwähnt die Statue „Ramses-meri-Amun-der-Gott" (Taf. 15). Es ist mir eine Freude, dem verehrten Freund hier die Behandlung dieses Steines und der damit zusammenhängenden Probleme vorlegen zu können.

Zunächst sei zusammengestellt, was wir über diese Statue wissen — es ist ein recht umfangreiches Material[3]).

1. pAnastasi III 3,8 f. mit Varr.

Am Schluß einer Beschreibung der neuen Hauptstadt wird geschildert, wie die Jugend sich süßem Nichtstun ergeben kann, wie sie dann aber am Morgen des Choiak-Festes, neben ihren Haustüren stehend und mit Grünzeug in den Händen, den Einzug der Statue User-maat-Re-setep-en-Re-Month-in-den-Beiden-Ländern begrüßt und ihm Bitten vorträgt[4]). Der Text schließt mit der Aufforderung an die Statue: „Wohne hier, sei glücklich und bewege dich frei, ohne dich aber aus der Stadt fortzubegeben, User-maat-Re-setep-en-Re-Month-in-den-Beiden-Ländern und Ramses-meri-Amun-der-Gott". Daß hier Statuen gemeint sind, ist längst erkannt[5]). Unsere Stelle gibt offenbar der Statue „Month-in-den-Beiden-Ländern" größeres Gewicht, während die uns in unserem Zusammenhang vor allem interessierende Statue „Ramses-meri-Amun-der-Gott" wenig geschickt hinzugefügt ist — vielleicht nur, damit das Gedicht mit dem die göttliche Stellung des Königs proklamierenden Wort „der Gott" schließt. Ob auch die Statue „der Gott" am Choiak-Fest in die Stadt eingeführt wurde oder ob sie schon am Ort stand, bleibt offen.

[1]) In: ASAE 52, 1952–54, 443 ff.

[2]) Zuletzt in dem Buch Features of the Deification of Ramses II, ADAI 5, 1969, Kap. III.

[3]) Die Zusammenstellung von R. KHAWAM, in: BIFAO 70, 1971, 141 läßt sich erweitern.

[4]) Nach dem Zusammenhang und wegen des ungeheuren Gewichts der Kolosse ist eine Prozession ausgeschlossen. Es kann sich nur um die Einführung der fertiggestellten Statue an ihren Platz handeln. Von wo

[5]) CLÈRE, in: Kemi 11, 1950, 26 f.   [sie kommt, wird nicht berichtet.]

2

Lit.: ALAN H. GARDINER, *Late Eg. Miscellanies*, BAe 7, 1937, 232; Übersetzung: RICARDO A. CAMINOS, *Late Eg. Miscellanies, Brown Egyptological Studies* 1, 1954, 75.

2. *pAnastasi* II 1,6 mit Varr.

In einem Hymnus auf die Deltaresidenz heißt es: „Ramses-meri-Amun (LHG) ist in ihr als Gott, Month-in-den-Beiden-Ländern als Herold, Sonne-der-Herrscher als Wesir, Freude-Ägyptens-geliebt-von-Atum als Bürgermeister." Hier wird in geistreicher Weise die Verwaltungsspitze der Hauptstadt mit den vier Statuen, genauer mit den beiden Statuenpaaren, gleichgesetzt. Diese erscheinen mit ihren Namen in verkürzter Form, indem das basiliphore Element fortgelassen ist. Unsere Statue macht dabei insofern eine Ausnahme, als sie an der Spitze der Aufzählung steht und in diesem Fall der König selbst gemeint ist, der als „Gott" an der Spitze der Stadt steht, während die anderen drei Statuen als untergebene Helfer fungieren. Der König wird mit dem seiner Namen genannt, der zugleich den basiliphoren

Bestandteil des entsprechenden Statuennamens bildet. Sein „Herold" ist die auch im Dokument 1 mit ihm zusammen auftretende Statue „(User-maat-Re-setep-en-Re-)Month-in-den-Beiden-Ländern".

Lit.: ALAN H. GARDINER, *a.a.O.* 12; A. CAMINOS, *a.a.O.* 37.

3. Stele Hildesheim 1079. Ramessu-meri-Amun betet und opfert vor zwei gleichen Statuen: stehend, Weiße Krone, ohne andere Attribute. Die vordere heißt „Herr der Beiden Länder User-maat-Re-setep-en-Re-Month-in-den-Beiden-Ländern", die hintere „Herr der Diademe (so nur hier!) Ramses-meri-Amun-der-Gott". Wieder sind diese beiden Statuen als Paar genannt, wieder ist unsere Statue die zweite.

Lit.: G. ROEDER, in: *ZÄS* 61, 1926, Tf. V 4 und S. 62; LABIB HABACHI, in: *ASAE* 52, 1952–54, 539f; ders., *Features of Deification*, 31 mit Abb. 18.

4. Stele Hildesheim 1086. Die doppelseitig bebilderte Stele ist teilweise zerstört. Auf der Rückseite ist rechts eine Stehstatue abgebildet mit Weißer Krone und Rückenpfeiler. Davor steht: „Ramses-meri-Amun /////", von der gegenüberstehenden Statue ist nur der Name erhalten: „User-maat-Re-setep-en-Re-Month-in-den-Beiden-Ländern". Die rechte Statue ist mit größter Wahrscheinlichkeit die von uns behandelte.

Lit.: LABIB HABACHI, in: *ASAE* 52, Tf. 37 zu seinem Aufsatz, A und B, S. 540.

5. Stele Hildesheim 1105 [hier: (Taf. 15a)]. Ein Mann namens Nacht(?) betet und opfert vor einer im Profil dargestellten Stehstatue. Die Beischrift ist fehlerhaft und undeutlich. Die Statue heißt: „. . . User-maat-Re-setep-en-Re-der-Gute-Gott (*p3-ntr-nfr*)". Nachdem der Name der Statue in doppelter Hinsicht abweicht (Krönungsname statt Geburtsname[6]), *p3-ntr-nfr* statt *p3-ntr*), ist die Zuweisung zu unserer Statue unsicher, wird aber dadurch doch wahrscheinlich, daß keine andere Statue bekannt ist, zu deren Namen der der Stele besser passen würde.

Lit.: LABIB HABACHI, in: *ASAE* 52, 534. — Kalkstein, Höhe 31,4 cm. Für die Veröffentlichungserlaubnis und die Abbildungsvorlage danke ich Herrn Dr. A. EGGEBRECHT bestens.

6. Stele Hildesheim 410. Zwei Statuen sind dargestellt, kein Stifter. Links Sitzstatue mit Doppelkrone: „Sohn des Re, Herr der Diademe User-maat-Re-setep-en-Re-geliebt-von-Atum", rechts Stehstatue mit Doppelkrone[7]): „König von Ober- und Unterägypten, Herr der Beiden Länder Ramses-meri-Amun-der-Gott". Hier wird die uns beschäftigende Statue mit einer Sitzstatue gepaart.

Lit.: G. ROEDER, in: *ZÄS* 61, 1926, Tf. V 3 und S. 63; LABIB HABACHI, in: *ASAE* 52, 1952–54, 537; ders., *Features*, S. 31 mit Abb. 19.

7. Lebensgroße „Hockstatue" (Würfelhocker?) eines Wagenfahrers und Wächters sowie Priesters der Uto namens Merenptah, gefunden im Uto-Tempel von Nebesche. Die Publikation bildet nur die ·Inschrift ab, nicht die Statue. „Upon the knees between the hands was the cartouche of Ramessu-Meramun the God". Die übrigen Texte erwähnen, soweit erhalten, Ramses II. und seine Statue nicht, beziehen sich vielmehr ausschließlich auf den Uto-Tempel. Angesichts der nur den Tell Faraun/Nebesche und seine Gottheit erwähnenden Titel und Texte ist mit einer Verschleppung des Stückes aus der Deltaresidenz nicht zu

---

[6]) Dafür, daß die beiden Ringnamen bei derselben Statue wechseln können, vgl. aber die Abb. auf
[7]) s. dazu aber CLÈRE, aaO. 27, Anm. 5!   [S. 18 bei HABACHI, *Features*.

rechnen: Die Statue war für den Ort gedacht, an dem sie gefunden wurde. Das Verhältnis ihres Besitzers zu der Statue Ramses-meri-Amun-der-Gott bleibt unklar.

Lit.: F. PETRIE, *Nebesheh and Defenneh*, 30 und Tf. XI 16; vgl. *PM* IV 8.

8. In Qantir wurden viele Terrakotta-Model gefunden, die den Namen der Statue nennen. Es handelt sich nach Fundzusammenhang um Reste einer Werkstatt, in der Gründungsbeigaben hergestellt wurden.

Lit.: *ASAE* 30, 1930, 67 („many") = *Kemi* 10, 1949, 87 No. 18. Ein solcher Model abgebildet bei R. KHAWAM, in: *BIFAO* 70, 1970, Tf. 31, 14; vgl. S. 141.

9. Zwei Skarabäen mit dem Namen der Statue:

a) J. YOYOTTE, in: *Kemi* 10, 1949, 87 No. 19 = Fl. PETRIE, *Hist. Scarabs*, 1889, 51; 1583 = PETRIE, *Scarabs and Cylinders with Names*, 1917, Tf. 42, 137.

b) Ein weiteres Stück in der Sammlung MICHAELIDES, unveröffentlicht. Hinweis bei R. KHAWAM, in: *BIFAO* 70, 1971, 141.

10. Die Stele Ramses' II. aus Menschîjet es-Sadr bei Heliopolis[8]). Dort wird berichtet, wie Ramses in seinem 8. Jahr den Block findet und ihn so rasch bearbeiten läßt, daß er bereits ein Jahr später transportbereit ist. Die so gefertigte „große Statue" heißt: Ramses-meri-Amun-der-Gott, und da keine zweite dieses Namens bekannt ist, dürfen wir gewiß annehmen, daß sie in die Hauptstadt gebracht worden ist, auch wenn der Bestimmungsort (als selbstverständlich) nicht angegeben ist.

Lit.: Text bei K. A. KITCHEN, *Ram. Inscr.* II 360; Übers.: HAMADA, in: *ASAE* 38, 1938, 217 ff. — A. HERMANN, *Die ägyptische Königsnovelle*, *LÄS* 10, 1938, 53 ff. — Abb. der Stele: A. HERMANN, *a.a.O.* Tf. 11 und *Ramsès le Grand*, 1976, No. IX.

11. Im Jahre 1885 sah NAVILLE in einem Wohnhaus bei Chataʿna in einem Nebenraum eine Anzahl von Reliefblöcken, die, wie schon viele Vorgänger, für den Kalkofen bestimmt waren — auf diese Weise sind offenbar die Reste der Deltaresidenz zum größten Teil verschwunden. „Among them were parts of the side-pillars of a door, inscribed with the cartouche of Ramses II., followed by the words which ended the inscription 𓀀𓏏𓍯𓈖𓏏 "the living god".

Lit.: EDOUARD NAVILLE, *Goshen and the Shrine of Saft el-Henneh*, 1887, 23.

12. Schließlich das Tübinger Stück (hier: Taf. 15 b). In unserem Zusammenhang interessiert nur der untere Teil des auch sonst informativen Steins, der ebenfalls als Türpfosten gedient hat[9]). Dort verehrt ein Mann namens Cha-em-ipet den Namen Ramses' II. Seine Titel lauten, soweit erhalten: „Mund des Herrn der Beiden Länder" und darüber „Königlicher Schreiber, Vermögensverwalter des ʿRamses-meri-Amun-der-Gott". Ob das Stück von einem Wohnhaus oder einem Grab stammt, läßt sich nicht mit Sicherheit entscheiden — ersteres ist vielleicht wahrscheinlicher.

Lit.: Tübingen Inv.Nr. 2, H 98 cm, B 40,3 cm; H. DE MEULENAERE, in: *CdE* 48, 1973, 70; M. I MOURSI, *Die Hohenpriester des Sonnengottes*, *MÄS* 26, 1972, Tf. 4, 1; danach: MOSTAFA EL-ALFI, *Recherches sur le personnel des temples d'Héliopolis*, 1974, Doc. 42, S. 51 ff. mit Tf. 6; Hinweise bei HELCK,

---

[8]) Zur Lage des Fundortes E. P. UPHILL, in: *JNES* 28, 1969, 32 f.
[9]) Da die Häuser wie gewiß auch die Oberbauten der Gräber der Ramsesstadt aus Ziegeln errichtet waren, sind nur Türumrahmungen in Resten erhalten geblieben.

Materialien, 125 und 1014 (zu S. 74); D. WILDUNG, *Rolle äg. Könige* I, 124 mit Anm. 1. Ausführliche Publikation in: EMMA BRUNNER-TRAUT und HELLMUT BRUNNER, *Die ägyptische Sammlung der Universität Tübingen,* 1981.

Es ist also nicht wenig, was wir über diese Statue wissen: Sie wurde in den Jahren 8 und 9 von Steinmetzen aus einem angeblich vom König selbst „gefundenen", jedenfalls wohl von ihm ausgewählten Block hergerichtet, stellte den König stehend mit Weißer Krone (oder Doppelkrone?) dar, stand in der Ramses-Stadt in irgendeiner Weise parallel mit der ebenfalls stehenden Kolossalstatue „User-maat-Re-setep-en-Re-Month-in-den-Beiden-Ländern", wird aber auch mit anderen Statuen zusammen genannt, und wurde verehrt.

Ihr Ruhm drang auch über die Stadt hinaus — ihr Name wurde auf einer im Tempel der Uto in *Jmt* aufgestellten Statue gefunden[10]).

Die Frage, wie unsere Statue (und entsprechend vermutlich auch die anderen Kolossalstatuen des Königs in der Hauptstadt) aufgestellt waren und wie ihr Kult bestritten wurde, ist noch offen[11]). Neuerdings wird angenommen, daß die Königsstatuen der Ramsesstadt „an öffentlich zugänglichen Stellen, in Tempelhöfen und vor Tempelpylonen, auf öffentlichen Plätzen . . . aufgestellt waren"[12]). Das paarweise Vorkommen von zwei Sitz- und zwei Stehstatuen legt es in der Tat nahe, sie sich wie die Kolosse von Luxor vor dem Pylon aufgestellt zu denken[13]). Von öffentlichen Plätzen freilich kann keine Rede sein — wir kennen nichts Derartiges aus Ägypten, und offensichtlich stehen bei solchen Rekonstruktionen abendländische Sitten Pate.

Aber auch die Analogie zu den Statuen vor dem Pylon von Luxor oder zu denen in Gerf Hussein und anderen Orten ist nicht schlüssig. Die Statuen in Oberägypten und Nubien tragen zwar Namen, auch solche, die denen der Ramessidenstadt gleich oder ähnlich sind, doch ist dort nirgends etwas von einem eigenen Kult oder einer volkstümlichen Verehrung bekannt, obwohl die Dokumentation aus den südlichen Landesteilen viel dichter ist als im Norden. Allenfalls erhalten sie ihre Opfer gleichzeitig mit einer anderen, großen Gottheit. Kein eigenes Gebäude, kein Vermögen, keine Stiftung, kein Priester solcher Statuen aus Oberägypten oder Nubien ist bekannt[14]).

Den Stelendarstellungen können wir entnehmen, daß der König den Statuen opfert — kann man sich das in der Öffentlichkeit vorstellen? Oder auch nur vor einem Pylon? Die Inschrift von Nr. 12 lehrt uns, daß es für die Statue Ramses-meri-Amun-der-Gott einen eigenen Vermögensverwalter gab, mithin, daß die Statue ein verwaltungswürdiges Vermögen besaß, von dem die Opfer bestritten wurden, daß sie also nicht auf Zufallsopfer Vorübergehender angewiesen war. Opfer nach dem Ritual aber sind nur in einem eigenen abgeschlossenen Raum

---

[10]) Derselbe Statuenname findet sich nochmals bei zwei Kolossalstatuen im Tempel von Gerf Hussein, wo in 2 × 4 Nischen der Pfeilerhalle je eine aus dem Fels gehauene Triade achtmal den König zwischen Gottheiten zeigt. Zweimal heißt diese Königsstatue genau wie der hier behandelte Koloß der Ramsesstadt, also „Ramses-meri-Amun-der-Gott", einmal „Usermaat-Re-setep-en-Re-der-Gott", s. *LD* III 178a und b = KITCHEN, *Ram. Inscr.* II 722,7 und 723,3 bzw. II 721,2. Ob diese Namen in Anlehnung an die berühmten Figuren der Hauptstadt gegeben wurden, läßt sich nicht sicher sagen, solange nicht die Entstehungszeit des Tempels von Gerf Hussein feststeht. Sollte er in den ersten Jahren des Königs gebaut worden sein, ist eine Anlehnung ausgeschlossen, später möglich.

[11]) Vgl. CLÈRE, in: *Kemi* 11, 1950, 34: "La localité dans laquelle se trouvaient les stèles (scil. die Hildesheimer), le genre d'édifice qui les contenaient, la situation de cet édifice relativement aux colosses que les [stèles mentionnent, tout cela reste en fait inconnu".

[12]) D. WILDUNG, in: *LÄ* III 533.

[13]) So HABACHI, *Features,* 32, Abb. 20.

[14]) Vgl. dazu HABACHI, *Features,* passim.

möglich, selbst wenn nicht, wie in den ordentlichen Tempeln, dem Kultbildraum ein Speisetischsaal vorgelagert war.

Von diesem eigenen Gebäude für unsere Statue sind nun weitere Zeugnisse vorhanden.
Die oben unter Nr. 8 genannten Formen dienten, wie die Rinderschenkel-Model bei anderen
mit ihnen zusammen gefundenen Stücken zeigen, zur Herstellung von Gründungsbeigaben.
Also gab es ein eigenes Gebäude für die Statue, doch sicher nicht so, daß es sich nur um eine
Kapelle in einem großen, einem anderen Gott geweihten Tempel gehandelt hätte. Frei aufgestellte Statuen jedenfalls haben keine Gründungsgruben erhalten, da ja auch kein „Strick-
spannen" für sie erfolgt ist. Und von eben diesem Gebäude stammt auch die von NAVILLE
gesehene Türumrahmung (Nr. 11 unserer Liste).

Wir werden uns also vorstellen müssen, daß diese Statuen der Ramsesstadt, wie alle anderen
Götter mit einem eigenen Kult, ein eigenes Gebäude, allenfalls in einem großen Tempel, gehabt
haben. Bestätigt werden könnte dies Ergebnis durch einige Skarabäen, die ausdrücklich eine
ḥwt nennen: „Tempel des Ramses-meri-Amun, der Beliebte (mrwtj?) wie Re"[15]. Freilich ist
keineswegs sicher, daß dieser Name sich auf eine Statue bezieht, da er bisher nicht zusammen
mit pꜣ twt ꜥꜣ aufgetaucht ist[16]. Und selbst wenn sich eines Tages ein Beleg für den Namen als
Statuenname fände, so bliebe doch der Standort dieser Statue unsicher — in der Ramsesstadt
ist er jedenfalls bisher nicht bekannt.

Daß die Statuen von vielen Einwohnern der Stadt, besonders von Soldaten, verehrt wurden,
wovon viele Privatstelen zeugen, widerspricht nicht der Annahme eines eigenen Gebäudes.
Auch in Theben werden Götter, die ganz gewiß einen eigenen Tempel besaßen, viel verehrt
und angerufen — wir brauchen nur an Chons zu denken —, und auch Amun selbst genoß in
Karnak wie in Luxor oder auf der Westseite großes Ansehen im Volk, wovon Stelen wie Graf-
fiti zeugen, ebenso wie Ptah in Memphis.

Wenn wir nun noch feststellen, daß auch die anderen, hier nicht näher behandelten Statuen Ramses' II. in der Deltaresidenz offensichtlich einen voll entfalteten Kult besaßen, der z.B.
Sängerinnen erforderte, daß die Statue „Ramses-meri-Amun-Sonne-der-Herrscher" soviel Vermögen besaß, daß ein eigener Kapitän dafür angestellt war[17], oder eine andere, jetzt allerdings
nicht mehr in der Residenz, sondern nördlich von Hermopolis aufgestellte, von ihren Feldern
einmal 800 Sack Getreide ablieferte[18], so scheint mir der eigene volle Kult dieser Statuen wie
der eines jeden Gottes, also in einem eigenen Gebäude mit eigenem Vermögen, gesichert.
Priester freilich sind — abgesehen von der einen Sängerin — bisher nicht belegt. Das mag auf
einer Überlieferungslücke wegen der schlechten Fundsituation im Delta zurückzuführen sein
oder darauf, daß der Kult an einen der Hauptgötter organisatorisch angeschlossen war; es sei
daran erinnert, daß auch der Luxor-Tempel, wenn überhaupt, im NR nur geringes Priester-
personal gehabt hat, obwohl dort ein ortsfestes Kultbild gepflegt wurde. So wie er weitgehend
vom Karnak-Tempel aus verwaltet, wohl auch kultisch versorgt wurde, so ähnlich mag es bei
den Statuen Ramses' II. in der Deltaresidenz gewesen sein — eher waren sie wirtschaftlich noch
unabhängiger von einem Haupttempel als der Luxor- vom Karnaktempel.

---

[15]) R. KHAWAM, aaO., 140. Der dort genannte Skarabäus FRASER 308 jetzt bei E. HORNUNG und
E. STAEHELIN, Skarabäen Basel, Nr. 423. Vgl. auch FOUAD S. MATOUK, Corpus du Scarabée I, Nr. 650–652.

[16]) E. HORNUNG und E. STAEHELIN lehnen offenbar die Annahme, daß es sich um eine Statue handle,
ab; auch HABACHI erwähnt in seinen Features eine Statue dieses Namens nicht.

[17]) Belege bei HELCK, Materialien, 195.

[18]) RAD Nr. XIX; auf diese Statue ist der Skarabäus Basel, Nr. 428 bezogen, der zudem in der Nähe
gefunden wurde: "From El Howarteh, Minia".

a) Stele Hildesheim 1105

b) Türpfosten Tübingen 2

5. Zum altägyptischen Totenglauben

Das rechtliche Fortleben des Toten bei den Ägyptern[1]

aus: Archiv für Orientforschung 18, 1957, 52-61.

Eines der großen Probleme unserer Wissenschaft bildet nach wie vor die Rolle der Religion und religiöser Vorstellungen im Ganzen der ägyptischen Kultur. Wir haben scheiden gelernt zwischen den eigentlichen Gehalten der Religion und den Formen, in denen uns diese Gehalte entgegentreten. Die Formen sind weitgehend den Erfahrungen der täglichen Welt, der «Arbeitswelt», wie sie Bultmann nennt, entnommen, so daß Gardiner mit Recht sagen konnte: «It must never be forgotten, that the outstanding characteristics of Egyptian ritual and belief was to set the life of the gods and the dead on precisely the same footing as the life of the living»[2]. Aber, wie gesagt, diese Tatsache berührt nur die äußeren Formen, in denen erkannte religiöse Wahrheiten übermittelt werden, nicht diese selbst. Es bleibt durchaus die Frage offen, ob nicht dem bestimmenden Einfluß der Lebensformen auf die Formen religiöser Vorstellungen ein umgekehrter Einfluß der Religion auf das tägliche Leben entspricht. Manchmal will es uns scheinen, als ob das ganze tägliche Leben der Ägypter bestimmt würde durch religiöse Erwägungen, als ob etwa die religiöse Symbolik jedes Gerät bis zum Toilettenspiegel oder zur Kopfstütze durchtränkt habe. Dann wieder stehen dem überraschend nüchterne, gelegentlich wissenschaftlich anmutende Aussagen gegenüber. Mir scheint dies Verhältnis von Arbeitswelt und Religion noch einiger Klärung zu bedürfen.

Zur reinen Arbeitswelt gehört neben Technik und Naturwissenschaft auch die Jurisprudenz, gilt doch auch uns der Jurist als eine Verkörperung sachlichen Denkens. Wir werden also auch hier unsere Frage nach dem Einfluß religiösen Denkens stellen müssen. Dazu bietet sich ein engeres Gebiet von selbst an, nämlich das der Rolle der Toten im Recht. Bei zahlreichen Völkern sind Tote wenn nicht voll, so doch beschränkt rechtsfähig. Bekannt ist die Mitwirkung Toter bei Prozessen in Ostasien. Für die Germanen gilt: «Unsere Vorfahren betrachteten sonach den Toten als Subjekt von Rechten und Pflichten. Die Rechtsfähigkeit endete nicht wie heute mit dem Tode. Durchaus fremd war den Germanen der Gedanke: Nur der Lebende hat Recht. Er widersprach ihren Vorstellungen über das Fortleben nach dem Tode, der naiven und derbsinnlichen Form ihres Unsterblichkeitsglaubens»[3]. Bei den Germanen finden wir Tote als Kläger, als Zeugen und Eidhelfer in eigener und fremder Sache, als Angeklagte, als Partner bei Eheschließung und Ehescheidung, als Erbe und Erblasser.

Daß in Ägypten Vorstellungen bestanden, nach denen der Tote — zumindest in der Zeit vor seiner Beisetzung und «Verklärung» — sprechen konnte, ist bekannt. Wir brauchen nur an die Autobiographien zu denken, die zum größten Teil als von Toten gesprochen gelten und dabei teilweise ausdrücklich angeben, daß sie am Tage der Beisetzung mitgeteilt werden[4]. (Von den eigentlichen Totentexten, die der Verstorbene an Jenseitswesen richtet und die zum großen Teil ebenfalls bei seiner dortigen Ankunft gesprochen werden, also am Tage der Bestattung[5], können wir in diesem Zusammenhang von vornherein absehen, sind sie doch juristisch nicht relevant.) Gardiner hat das Verhältnis der Ägypter zu den Toten einmal folgendermaßen charakterisiert: «It is as though death had

---

[1]) Dies Thema wurde in einem Vortrag auf dem Deutschen Orientalistentag in Hamburg im August 1955 behandelt (vgl. ZDMG 105, S. *27*). Die vorliegende Fassung ist wesentlich verändert und erweitert. [2]) JEA 24, S. 85.

[3]) Heinrich Brunner, *Das rechtliche Fortleben des Toten bei den Germanen*: *Deutsche Monatsschrift für das gesamte Leben der Gegenwart*, Jg. 6, Band 12, 7 (1907), S. 32 = *Abhandlungen zur Rechtsgeschichte*, Band II, 1931, S. 357. Ich freue mich, den Titel vorliegenden Aufsatzes eng an das Thema dieser Arbeit meines Großvaters anlehnen zu können. Freilich wird durch das ganz entgegengesetzte Ergebnis der Untersuchung der starke Unterschied zwischen Ägyptern und Germanen überaus deutlich. Zum germanischen Bereich vgl. ferner J. Grimm, *Deutsche Rechtsaltertümer* II, 1938, S. 147; J. Hoops, *Reallexikon der germanischen Altertumskunde* IV (1918/19), S. 340ff.; Elster im *Handbuch der Rechtswissenschaft* VI, S. 44ff. Das klassische Beispiel im christlich-abendländischen Raum bildet der Hl. Fridolin von Säckingen, der einen toten Stifter zur Bezeugung der Klosterschenkung vor Gericht auftreten läßt.

[4]) Vgl. die Übersicht über solche Texte von A. de Buck in *Le Muséon* 59, 1946, S. 186—188 und A. Hermann, *Stelen der theban. Felsgräber*, S. 141ff. mit Anm. 717; dazu *Urk.* I, 121, 11; Petosiris, Inschr. 115,3; *Lad. Meux Collection* Nr. 52, 19 (ptolem.).

[5]) Z. B. CT I, 88/89; IV, 118 e, 131 a, 133 d; Todtenbuch Lepsius 146, 14 und 30; 147, 22.

no more effect than to set a barrier analogous to that of physical distance. Except in so far as such a barrier existed, all went on just as before» [6]. In der Tat bedeutet der Tod für den Ägypter keinen so entscheidenden Einschnitt wie etwa für uns; der Zustand nach und vor diesem Ereignis kann mit «Leben» bezeichnet werden, wobei dies Wort nicht etwa euphemistisch für Tod steht, wie zahlreiche Texte mit Schilderungen jener Existenzform und die Mitgabe von Bedarf dafür lehren [7]. So liegt die Vermutung nahe, daß auch der Ägypter wie etwa der Germane den Toten als ganz oder teilweise rechtsfähige Person betrachtet habe, d. h. daß der Unsterblichkeitsglaube hier die Arbeitswelt beeinflußt habe.

Vor einigen Jahren hat S. Morenz in einem Aufsatz *Totenaussagen im Dienste des Rechts* [8] dreizehn Zeugnisse aus dem hellenistischen Raum im weitesten Sinne, davon sechs sicher aus Ägypten, zusammengestellt, wonach Tote für kurze Zeit wiederbelebt werden, um eine Aussage machen zu können. Von diesen dreizehn Fällen scheiden für unsere Betrachtung die drei ersten von vornherein aus, da wir den Kreis noch enger ziehen müssen, als Morenz es tut: Wir beschränken unsere Untersuchung genau auf Fälle, in denen ein Toter, der zu diesem Zwecke für eine kurze Zeit wiederbelebt wird oder auf andere Weise spricht, so ins Leben eingreift, daß dies Eingreifen Folgen im irdischen Rechtswesen hat. In den drei ersten Beispielen von Morenz erteilen Tote eine Auskunft, die zwar die Handlungen Lebender beeinflußt, nicht aber von rechtlichen Folgen im irdischen Bereich ist. Diese drei Beispiele, die demnach für uns ausscheiden, stammen alle aus Ägypten, so daß die Zahl der sicher am Nil erzählten Fälle auf drei absinkt, wozu zehn andere kommen, bei denen die Möglichkeit, das Erzählungsgut wenigstens teilweise und indirekt auf Ägypten zurückzuführen, nicht ausgeschlossen werden kann. In vier Fällen ist der Tote ermordet worden und klärt durch seine Aussage die Schuldfrage, in vier weiteren Fällen ist er gestorben, ohne vorher seinen Angehörigen Auskunft über den Aufbewahrungsort eines ihm anvertrauten Depositums geben zu können, so daß diese in Gefahr stehen, für das Gut haftbar gemacht zu werden, oder bereits haftbar gemacht sind; in einem (allerdings vom Alten Orient weit entfernten) Fall aus der Neuzeit ist die Rede von einem Toten, der wegen vorenthaltener Genugtuung eine Seuche schickt und dann auf Befragen Auskunft über deren Ursache gibt, und ein weiterer Fall bleibt unklar. Von den beiden letzten Beispielen können wir, da sie zu weit abliegen, ohnedies absehen — die Zahl der Totenaussagen auf europäischem Boden ließe sich fast ins Unermeßliche steigern [9].

Morenz hat nun versucht, dies Motiv des hellenistischen Raumes als altägyptischer Provenienz zu erweisen. Eigentliche ägyptische Parallelen kann er aber nicht beibringen, und so verweist er auf zwei ägyptische Vorstellungsreihen: 1) Die zeitlich begrenzte Wiederbelebung des Toten im Totendienst, damit er die dargebrachten Totenopfer in Empfang nehmen könne, und 2) auf die Briefe an Tote [10]. In diesen Briefen werde, so schreibt Morenz (S. 298), «an den Toten die Aufforderung gerichtet, aufzustehen und seine Familie im Prozessieren mit den Widersachern zu unterstützen; sogar seine verstorbenen Angehörigen heißt man ihn aufwecken und mitbringen. So soll er, ganz wie in unseren Erzählungen, bei der Entscheidung eines Rechtsfalles mitwirken, und zwar nicht durch eine Geistergewalt, sondern als rechtsfähige Person und durch wirkliches Prozessieren». Ich muß aber gestehen, daß ich in diesen Briefen keinen Hinweis auf einen irdischen Prozeß finden kann, weder in dem Brief, auf den sich die eben zitierten Worte beziehen, noch in den anderen. In dem von Morenz als Kronzeugen herangezogenen Brief wird zunächst die Sterbeszene geschildert, in der der Sterbende seinen letzten Willen ausgesprochen hat; danach berichtet die Witwe von der Missetat des Besehti, der diesem Willen stracks zuwider gehandelt habe, und richtet dann folgende Aufforderung an den Toten (in der Übersetzung von Gardiner und Sethe) [11]: «Will thy heart be cool concerning it? I would rather thou shouldst take to thyself the one that is here in thy presence (d. i. die Schreiberin selbst) than that I should see thy son subject to the son of Isesi. Awaken thy father Iy against Bezehti, raise thyself up, haste thee against him — thou knowest who is come to thee here litigating with Bezehti and Aai's son Anankhi. Raise thyself up against them together with thy fathers, thy brothers, and thy friends, and overthrow Bezehti and Aai's Anankhi». Und eine zwischen die Zeilen geklemmte Nachschrift des betrogenen Sohnes, zu dessen Gunsten vorher die Mutter ihren

[6]) A. H. Gardiner, *The Attitude of the Ancient Egyptians to Death and the Dead*, S. 24.
[7]) S. Eb. Otto in ZAeS 78, S. 28.
[8]) *Würzburger Jahrbücher* 1948, S. 290—300.   [9]) Vgl. oben Anm. 3.
[10]) A. H. Gardiner und K. Sethe, *Egyptian Letters to the Dead*; dazu JEA 16, S. 19ff. und JEA 20, S. 157ff.
[11]) a. a. O., *Translations and General Descriptions*, S. 1.

gestorbenen Mann angefleht hat, fügt noch hinzu: «O Seankhanptah, my father, be pleased to hearken with regard to causing Ini to be summoned to thee in order to take away ...». Besonders der letzte Satz zeigt deutlich, daß der Tote nicht etwa bei einem irdischen Gericht aufstehen und dort in ein Verfahren eingreifen soll (von dem nirgends berichtet wird, daß es überhaupt angestrengt sei), sondern daß er als Geist erscheinen und die Übeltäter packen und zu sich ins Totenreich holen soll. Daß er dazu fähig ist, geht aus der Klage der Mutter hervor: «Ich möchte lieber, daß du die, die hier vor dir steht, zu dir nimmst, als daß ich deinen Sohn unter dem Sohne des Isesi sehen möchte». Dort, im Totenreich, kann er den Gegner «vorladen», wie der hier gebrauchte ägyptische Fachausdruck genau heißt (njš, ʿto summonʾ), und zwar vor den Totenrichter. Der Tote ist also in diesen Briefen keine rechtsfähige Person, sondern ein mächtiger Geist, der Übel, Krankheit und Tod bringen kann. Wenn er prozessiert, so nicht vor einem irdischen Gericht, sondern vor einem Jenseitstribunal. Diese Vorstellungen aber gehören der religiösen Sphäre an.

Während Morenz diese Briefe «eine Vorstufe zu unserem Material» nennt, «da der Glaube an die Fähigkeit der Toten, bei der Entscheidung eines Rechtsfalles mitzuwirken, vorhanden ist, aber zunächst nur als Glaube und noch nicht als Tatsache bestätigt», so möchte ich vielmehr die Bedeutung dieser eigentümlichen Literaturgattung für unsere Frage nicht hier, sondern auf einem anderen Felde sehen.

Seit dem Alten Reich finden sich immer wieder Inschriften, die diejenigen bedrohen, die gegen das Grab etwas unternehmen, sei es, daß sie es verunreinigen, sei es gar, daß sie es berauben. etwa Steine von ihm zum Bau ihrer eigenen Grabstätte entfernen. Auch gegen solche, die eine juristisch gültige Schenkung des Toten nicht anerkannten, richtet sich dieselbe Drohformel [12]. Sie lautet: «Wer das und das tut, mit dem werde ich gerichtet werden (oder auch unpersönlich: ʿmit dem wird gerichtet werdenʾ) vor dem Großen Gott». Dabei ist mit diesem obersten Richter nicht etwa der König gemeint, sondern der Gott des Jenseits, welchen Namen man ihm auch immer geben mag [13]. In diesem Gericht, von dem es auch heißt, daß es «in der Unterwelt» stattfindet [14], tritt der Tote als rächender Ankläger auf oder auch als Fürsprech [15]. (Von den nicht-juristischen Aktionen der Geister von Toten, die unmittelbar rächend auf Erden eingreifen können, sei hier nicht die Rede — wir haben nur die Einwirkungen religiöser Vorstellungen auf das Gebiet reiner Rechtsprechung zu untersuchen.)

Diese Vorstellung von einem Gerichtshof im Jenseits [16], der für Tote zuständig ist, hängt nun zusammen mit dem bekannten Glauben an das Jenseitsgericht, vor dem jeder Mensch sich nach dem Tode verantworten muß. Dort wird zwar in der Regel ein Gott als Ankläger auftreten [17], doch können auch Menschen ihre Anklagen gegen andere vorbringen, wenn sie während ihres Lebens in ihren Rechten verletzt worden sind [18]. Auch Fälle, in denen das Grab eines Toten geschändet worden ist, gehören vor dies Tribunal, wobei dann der Geschädigte ebenfalls klagen kann. Für die Zuständigkeit dieses Jenseitsgerichtes ist es unerheblich, ob der Schaden dem Kläger im Leben oder im Tode zugefügt wurde. Erheblich ist allein, ob der Kläger lebt oder tot ist; in letzterem Falle wendet er sich, wie die Grabinschriften und die Totenbriefe bezeugen, an den Gerichtshof des «Großen Gottes».

Dafür, daß der Glaube, ein Toter könne im Jenseits sein Recht geltend machen und seine Gegner verklagen, bis ganz ans Ende der ägyptischen Kultur lebendig war, sei noch ein Zeugnis aus dem Beginn der römischen Kaiserzeit aufgeführt. Auf einer demotischen Stele lesen wir [19]: «Es lebt sein Geist vor Osiris, dem Ersten der Westlichen, dem Großen Gott von Abydos — Soter, Sohn des Soter, der vor Osiris folgendermaßen Anklage erhebt: ʿIch bin getötet worden in ... und

---

[12]) A. Scharff und E. Seidl, *Eine ägyptische Schenkungsurkunde aus der 6. Dynastie*, in Band II der *Festschrift für Leopold Wenger*, S. 168—183.

[13]) Das haben Sottas, *La préservation de la propriété funéraire*, Paris 1913, und J. Sainte Fare Garnot, *Le Tribunal du Grand Dieu sous l'Ancien Empire*: RHR 116, 1937, S. 1ff. eingehend nachgewiesen. Vgl. ferner noch Scharff und Seidl (s. Anm. 12), S. 174, Anm. 2. Zum Sprachlichen: E. Edel in MDIAeA 13, 1944, S. 9, § 12; dort auch alle Belege für das Alte Reich.

[14]) S. E. Edel in MDIAeA 13, 1944, S. 11f., § 12 D.

[15]) Edel, a. a. O., §§ 16—18.   [16]) Vgl. H. Junker, *Pyramidenzeit*, S. 88f.

[17]) Merikare 54: «Schlimm ist es, wenn der Ankläger allwissend ist», was auf Thoth gehen wird.

[18]) Z. B. Merikare 139; besonders auch Pyr. § 386, wo neben Menschen sogar Gans und Rind als Kläger auftreten können!   [19]) Spiegelberg in ZAeS 45, 1908, S. 97f.

in einen Kanal geworfen, ohne daß ich ein Verbrechen begangen hätte — um bis in alle Ewigkeit zu bleiben'.» Also auch hier spricht der Tote zwar selbst, erhebt aber seine Klage nicht vor einem irdischen Gericht, sondern vor dem Jenseitsrichter.

Was wir bisher betrachtet haben, war also die Vorstellung, daß für Tote ein wohl nach irdischem Muster gedachtes Göttergericht zuständig ist. Dort können Verstorbene die Rollen als Kläger oder Zeugen, und zwar als Belastungs- wie Entlastungszeugen, und als Angeklagte übernehmen. Wir werden dies Ergebnis, daß es für Tote jedenfalls ein eigenes Gericht gibt, bei dem ein Gott den Vorsitz führt, jedenfalls für unsere Schlußfolgerungen im Auge behalten müssen; eine positive Antwort auf unsere Frage, ob oder in welchem Maße Tote an irdischen Rechtsverfahren beteiligt werden, haben wir noch nicht erhalten. Wir müssen die umfangreiche ägyptische Literatur daraufhin befragen.

Zunächst sei da eine Stelle aus den Pyramidentexten genannt, wo es heißt [20]: «Erschüttert ist der Himmel, es bebt die Erde. Es kommt Horus, es erscheint Thoth, und sie erheben den Osiris auf seine Seite. Sie lassen ihn aufstehen vor dem Götterkollegium. 'Bedenke, Seth, und gib in dein Herz jenes Wort, das Geb (der vorsitzende Richtergott) sagte, jene Drohung, die die Götter gegen dich ausstießen im Fürstenhaus zu Heliopolis, weil du Osiris zu Boden gestreckt hattest; damals sagtest du, Seth: 'Ich habe dies nicht gegen ihn getan', damit du dadurch Macht hättest, indem du freigesprochen wurdest, und über Horus Macht hättest; damals sagtest du, Seth: 'Er war es, der mich herausgefordert hatte' ..., damals sagtest du, Seth: 'Er war es, der mir zu nahe gekommen ist!' ... Erhebe dich nun, Osiris! Auch Seth hat sich erhoben, als er die Drohung der Götter gehört hatte, die sie wegen des Gottesvaters ausgestoßen hatten.»

Hier ist offenbar von einem Wiederaufnahmeverfahren die Rede. Damals, gleich nach dem Mord, hatte eine erste Verhandlung im Fürstenhaus zu Heliopolis gegen Seth unter Vorsitz des Geb stattgefunden. Die Götter hatten Seth eine Strafe angedroht, doch dieser hatte auf Grund seiner unwahren Behauptung, Osiris habe ihn zuerst angegriffen, einen Freispruch erreicht. Jetzt soll der Prozeß nochmals aufgerollt werden — vielleicht auf Betreiben des inzwischen herangewachsenen Sohnes Horus. Und jetzt soll der Ermordete wieder belebt werden, und zwar durch die beiden Götter Horus, den Sohn des Toten, und Thoth, den Götterboten und Gerichtsschreiber. (Diese Wiederbelebung wird übrigens der Grund sein, weshalb dieses Stück Mythos in die Sammlung der Pyramidentexte Aufnahme gefunden hat.)

Wir werden diesen mythologischen Text — ob ihm nun kultische Handlungen entsprechen oder nicht — zwar registrieren müssen, dürfen aber nicht ohne weiteres von ihm auf eine juristische Praxis dieser Art schließen, wenn nicht andere, der Arbeitswelt angehörige Texte diese bestätigen. Eine Durchsicht der rein juristischen Texte aus allen Perioden Ägyptens ergibt zunächst den negativen Befund: Von einer Beteiligung toter Personen ist nicht die Rede. Die einzige Ausnahme könnte der sogenannte juristische Papyrus in Turin bilden mit dem Bericht über den Prozeß gegen die Haremsverschwörer unter Ramses III. Von ihm wird noch zu sprechen sein. Doch wollen wir uns mit diesem Befund bei den juristischen Texten nicht begnügen, so wichtig er sein kann, vielmehr auch alle die Texte durchmustern, in denen Tote sprechen, und dabei fragen, ob deren Aussagen gelegentlich juristische Kraft haben können. Von den Jenseitstexten sehen wir dabei wieder ab und richten unser Augenmerk auf zwei Gruppen: einige literarische Texte, in denen Tote sprechen, und die Autobiographien.

In zwei Fällen werden wir, wenn unsere Anfangsvermutung richtig ist, daß auch in Ägypten Tote Rechtshandlungen vornehmen können, solche juristisch verbindlichen Aussagen vor allem erwarten, in zwei Fällen, in denen Könige ermordet worden sind und nicht mehr imstande waren, die Frage der Nachfolge eindeutig zu regeln oder, was eng damit zusammenhängt, die Schuldigen selbst zu ermitteln und zu bestrafen: bei Amenemhet I. und Ramses III. Beiden werden Reden aus dem Jenseits in den Mund gelegt, und zwar offenbar vom jeweiligen Thronfolger. Was läge näher, als in diese Reden juristisch gültige Erklärungen über die Thronfolge zugunsten des tatsächlichen neuen Königs einfließen zu lassen?

In der Lehre des Amenemhet ist von der Frage der Thronfolge im juristischen Sinne nur an einer Stelle seiner Lehre die Rede: «Siehe, diese Untat(?) geschah, als ich ohne dich war, bevor noch der Hof hätte hören können, daß ich dir die Herrschaft überweisen wollte, bevor ich

---

[20]) Pyr. §§ 956—960 b.

noch mit dir zusammen gethront hatte» (2,5). Von dem noch nicht aufgeklärten Widerspruch zwischen dieser klaren Aussage und den Doppeldatierungen, die auf eine reguläre Mitregierung Sesostris' I. während der letzten 10 Jahre seines Vaters schließen lassen, sei hier nicht die Rede [21]. Daß das Dokument neben anderen auch den Zweck hat, die Regierung des neuen Königs, auf dessen Anordnung diese «Grabinschrift» [22] verfaßt wurde, zu stützen, kann nicht bezweifelt werden [23]. Tatsächlich enthält der Wortlaut eine unmißverständliche Erklärung des Willens des Verstorbenen, Sesostris auf dem Thron zu sehen. Doch fehlen diesen Erklärungen alle Kennzeichen, die ihnen in dem juristisch formal denkenden Ägypten Rechtskraft verliehen hätten: Weder erscheint der Name einer solchen Übertragungsurkunde, *imj.t-pr*, noch das Datum und die unentbehrlichen Zeugen [24]. Die Erklärung kann nicht als gültiger Akt der Einsetzung eines Nachfolgers bezeichnet werden. Sesostris wird zwar bei Angriffen auf seine Legalität auf diesen Passus hinweisen können, doch hat der Verfasser es vermieden, den Toten ausdrücklich den Akt des *śwḏ* vornehmen zu lassen [25]. Diese auffallende Unterlassung erklärt sich daraus, daß das wohl nach ägyptischer Auffassung unmöglich gewesen wäre; Tote können offenbar aus dem Jenseits heraus Interesse nehmen an den Fragen der Lebenden, aber Amenemhet I. spielt seine große Autorität «diskret aus zugunsten seines Sohnes und ohne sich auf direkte Weise in die Fragen der Gegenwart einzumischen» [26]. Die vorliegende Formulierung scheint alles zu sein, was Sesostris und seine Partei in dieser Richtung dem Ermordeten haben in den Mund legen können.

Wie steht es nun bei dem anderen Fall, wo ein ermordeter König zu uns spricht, bei Ramses III.? Zwei Werke werden ihm in den Mund gelegt: der Große Papyrus Harris und der Attentats-Papyrus in Turin. Auch hier sollte man erwarten, daß der Ermordete Aussagen über seine Mörder macht und seinen Nachfolger bestimmt — wir wissen, daß er das zu seinen Lebzeiten nie getan hat, so daß sich nach seinem plötzlichen Tode Schwierigkeiten ergaben, ja daß wohl der eigentlich erbberechtigte Prinz nicht zum Zuge kam, sondern erst dessen Sohn als Ramses VI. Was hätte also für Ramses IV. näher gelegen, als seinen Vater das, was er während seines Lebens versäumt hatte, nach seinem Tode in aller Form zu sagen, Ramses' IV., Gunsten nachholen zu lassen? Tatsächlich enthält der Große Papyrus Harris zwar Gebete für das Wohl des neuen Königs und auch die Nachricht, daß Ramses IV. von Amun auf den Thron erhoben worden sei (79, 5), doch wird an keiner Stelle eine rechtlich wirksame Handlung vorgenommen, weder bei den Stiftungen, über die nur als bei Lebzeiten eingesetzt berichtet wird, noch in der Frage der Thronfolge — wobei es freilich fraglich genug bleibt, ob der König zu einer solchen Handlung in dieser Zeit überhaupt noch berechtigt war, ob das nicht de jure ausschließlich Gott tun konnte [27].

Etwas komplizierter liegt die Sache bei dem Attentats-Papyrus in Turin, der sich ausdrücklich mit juristischen Fragen beschäftigt, wenn er auch, wie de Buck gezeigt hat [28], kein Protokoll darstellt, sondern einen freien Bericht über den Prozeß. Hier spricht der Verstorbene. Er berichtet zunächst, daß er selbst den Gerichtshof eingesetzt habe, daß er ihm auch wiederholt eingeschärft habe, kein ungerechtes Urteil zu fällen, daß er aber von allem, was nach dieser Einsetzung geschehen sei, keine Einzelheiten wisse und daß die Verantwortung für alles ausschließlich die Richter treffe: «Alles, was geschehen ist, das haben sie getan. Die Verantwortung für alles, was sie getan haben, falle auf ihr Haupt» (III, 1—2). de Buck meint, der König habe noch lange genug gelebt, den Gerichtshof einzusetzen, so daß dieser Papyrus wirklich von ihm selbst, nicht von seinem Nachfolger stamme. Dagegen lassen sich nun gewichtige Gründe anführen, die H. Schaedel zusammengestellt hat [29], vor allem, wenn wir die Frage «cui bono?» stellen. Es wird schon dabei bleiben müssen, daß der Text des Papyrus in seiner jetzigen Form von Ramses IV. stammt, der seinen toten Vater

---

[21]) Vgl. dazu jetzt Gg. Posener, *Littérature et Politique dans l'Égypte de la XIIe Dynastie*, 1956, S. 86.   [22]) Posener, a. a. O., S. 85.

[23]) Posener, a. a. O., S. 83: «pour affirmir la position du successeur au trône».

[24]) A. Scharff und E. Seidl, *Einführung in die ägyptische Rechtsgeschichte* I, S. 22.

[25]) Zu diesem terminus technicus einer juristischen Eigentumsübertragung vgl. Scharff und Seidl, *Einführung* I, S. 57f., besonders Anm. 294; weiter z. B. Pap. Beatty IV, Rs. 1, 2. Es ist wichtig, daß gerade im frühen Mittleren Reich das Königtum tatsächlich als vererbbarer Besitz aufgefaßt worden ist, s. H. Brunner, *Die Lehre vom Königserbe im Frühen Mittleren Reich*, in *Ägyptologische Studien (Grapow-Festschrift)*, S. 4—11.   [26]) Posener, *Littérature et Politique*, S. 75.

[27]) Vgl. dazu H. Brunner, *Königserbe*, S. 10.

[28]) JEA 23, S. 153ff.   [29]) ZAeS 74, S. 102f.

sprechen läßt. Aber legt er dem Toten eine juristische Handlung in den Mund, die dieser nach seinem Tode vollzogen haben soll ?

Der Ermordete berichtet über das Ergebnis der Gerichtsverhandlung, versichert aber vorher ausdrücklich, daß er weder verantwortlich für das Urteil sei noch auch genau Bescheid wisse. Er ist also an diesen Geschehnissen unbeteiligt. Die Einsetzung des Gerichtshofes dagegen nimmt er expressis verbis auf sich; aber alle Vorgänge werden, wie de Buck erkannt hat, in der Vergangenheitsform erzählt. Es scheint dem Wortlaut nach so, daß der Papyrus glauben machen will, diese Bestallung sei noch zu Lebzeiten des Königs erfolgt; nur so erklärt sich der eigenartige Unterschied in der Einstellung des Sprechers zu den beiden Akten der Einsetzung des Hofes, für die er die Verantwortung übernimmt, und der Entscheidungen des Hofes, für die er jede Verantwortung ablehnt. Ob dies freilich den Tatsachen entspricht, ob also Ramses III. nach dem Attentat wirklich den Gerichtshof nominiert hat oder ob andere Gründe Ramses IV. zu dieser Behauptung veranlaßt haben — man könnte sich deren mehrere denken —, ist für unsere Frage belanglos. Wichtig ist, daß auch hier nirgends steht, daß Ramses III. nach seinem Tode noch rechtliche Funktionen ausgeübt habe.

In einem weiteren Literaturwerk, das Volten ebenfalls als postum, das heißt genauer als einem Toten in den Mund gelegt, erkannt hat, der Lehre für König Merikare, wird kein juristisch relevanter Satz ausgesprochen [30]. Eher könnte man das bei der Hundestele des Horus Wah-Anch annehmen, eines Fürsten der thebanischen Gegendynastie gegen die Herakleopoliten [31]. Der Text, der erhebliche Lücken aufweist, rühmt zunächst die kultischen und politischen Taten des Fürsten und fährt dann fort: «... wie eine Flut, reich (wörtlich 'groß an Besitz') wie das Meer. Ich war *špśś*; ich war meiner Stadt nützlich; ich hatte einen großen Namen hin durch dies ganze Land; ich habe es selbst meinem Sohne überwiesen (oder auch relativisch: 'das ich selbst meinem Sohne überwiesen habe')». Es folgt nach einer größeren Lücke die Versicherung der ethisch geraden Haltung Antefs und schließlich der Vermerk, daß dieser Grabstein im 50. Jahre des «Königs» errichtet worden sei.

Die Frage ist, ob wir diesen Passus als ein «postumes Testament» auffassen dürfen, das heißt, ob die Vergabung des Amtes — zweifellos ein juristischer Akt, zumal das Fürstenamt ganz wie ein weltliches Amt von Antef als vererbbarer Besitz aufgefaßt wurde [32] — in dem Augenblick des Sprechens erfolgt, also nach dem Tode, oder ob von diesem Akt als einem in der Vergangenheit schon abgeschlossenen gesprochen wird. Gunn hat seinerzeit [33] für die *śdm.n.f*-Form, in der uns das Verbum *śwḏ* hier begegnet, wenigstens im Altägyptischen die Bedeutung eines gleichzeitigen Präsens postuliert; danach könnte man übersetzen: «Hiermit überweise ich meinem Sohn». Doch lassen sich drei gewichtige Gründe gegen diese Auffassung anführen, zwei allgemein-grammatische Überlegungen, und eine, die besonders auf unsere Stele trifft: 1) E. Edel lehnt in seiner *Altägyptischen Grammatik* (§ 539) diese Bedeutung eines synchronen Präsens für die *śdm.n.f*-Form überhaupt ab, und zwar unter Hinweis auf die Obeliskenübersetzung des Hermapion. 2) Selbst wenn man dies Argument dadurch entkräften wollte, daß man bei dem Griechen eine Unkenntnis der genauen Bedeutung dieser zur Zeit Hermapions etwa 3000 Jahre alten Form annimmt, wenn man also an der Gunnschen Übersetzung als Möglichkeit für das Alte Reich (und aus dieser Zeit stammende Formeln der religiösen Sprache) festhalten wollte, so ist doch zweifelhaft, ob zu Antefs Zeiten noch dies Altägyptisch gesprochen wurde, ob also dieser Gebrauch der *śdm.n.f*-Form als synchrones Präsens noch lebendig war; die Annahme, daß es sich ebenso wie in den Reliefbeischriften zu Götterszenen auch in der juristischen Fachsprache als erstarrte Formel gehalten habe, ist ganz unwahrscheinlich. 3) Gegen die Übersetzung «Hiermit gebe ich meinem Sohne» spricht auch der Zusammenhang, der, soweit erkennbar, vergangene Leistungen aus dem Leben des Fürsten berichtet. Ein solch wichtiger Akt wie die Übertragung des Fürstentums sollte doch, wenn die Worte diese Übertragung selbst darstellen und nicht nur darüber als über ein vergangenes Ereignis berichten, anders

---

[30]) A. Volten, *Zwei altägyptische politische Schriften*, 1945.

[31]) J. J. Clère und J. Vandier, *Textes de la première Période intermédiaire* (*Bibl. aeg. X*), § 16; Photographie bei H. Stock, *Erste Zwischenzeit*, Abb. 14 auf Taf. X. Dort S. 74 über die historische Bedeutung des Datums. Zur hier vorliegenden Frage vgl. H. Brunner, *Königserbe*, S. 5f.

[32]) S. meinen in Anm. 25 zitierten Aufsatz.

[33]) *Studies in Egyptian Syntax*, Chapter VII.

aus dem erzählenden Zusammenhang herausgehoben sein, als es der Fall ist. Offensichtlich ist es auch hier so, daß der tote König nicht einen rechtlich gültigen Akt vornimmt, sondern nur nach der in Autobiographien dieser Art üblichen Weise über die wichtigsten Handlungen seines Lebens berichtet. Er hat noch zu Lebzeiten die ‹Würde seinem Sohne übertragen; ob durch Ernennung zum Mitregenten oder für den Fall seines Todes, das wissen wir nicht, doch ist es für unsere Frage unerheblich.

Wenden wir uns nun nach diesem negativen Befund unserer Untersuchung der Königstexte den «Privatleuten» [34] zu. Finden sich dort Beispiele für ein Testament aus dem Munde eines Toten oder für andere rechtlich gültige Handlungen? Finden sich Belege dafür, daß der Tote eine Verfügung erläßt, also nicht nur von einem Testament oder einer Eigentumsübertragung erzählt, die er bei Lebzeiten abgefaßt hat?

Zunächst eine Vorbemerkung zur Frage der Testamente in Ägypten. E. Seidl hat erklärt, die Ägypter kennten keine Testamente im eigentlichen Sinne, also keine Verfügung auf den Todesfall. Die «Hausurkunde» (imj.t-pr) sei vielmehr stets als Geschäft unter Lebenden formuliert [35]. Richtig ist, daß sich eine Formulierung «wenn ich gestorben bin» nicht findet. Hier stand wohl die Scheu der Ägypter, einem solchen Gedanken durch Aussprechen Realität zu verleihen, entgegen. Gelegentlich aber wird in solchen imj.t-pr-Urkunden ausdrücklich angegeben, daß sie sofort in Kraft treten sollen — woraus zu schließen ist, daß das nicht immer der Fall war. Außerdem liegen Fälle vor, in denen «Erblasser» solche Übertragungsurkunden noch, unter Umständen nach Jahren, geändert haben, wenn neue Tatsachen eingetreten sind [36].

In keinem Fall einer solchen Urkunde zur Übertragung von Eigentum aber ist nun der Veräußerer als tot gekennzeichnet. Dagegen werden solche Texte oft im Alten Reich als Reden von Toten stilisiert, teils als eigene Stücke, teils als Teil größerer Autobiographien. Es ist nun für unsere Frage von höchster Bedeutung, daß solche Reden aus dem Munde von Toten ausdrücklich der Versicherung bedürfen, daß der Erblasser diese Verfügung getroffen habe, «als er noch auf seinen Beinen lebte» [37] («lebte» allein genügte nicht, da man diesen Ausdruck auch für die Existenz nach dem Tode gebrauchen konnte, er ist nicht eindeutig war), oder gar «mit seinem Munde, als er noch auf seinen Beinen lebte» [38]; einmal heißt es sogar «als er noch nicht an seiner Krankheit litt» [39], was doch wohl für diesen Fall eine Einschränkung der Geschäftsfähigkeit ausschließen soll, wie sie in Deutschland in § 104, Absatz 2 und 3, des Bürgerlichen Gesetzbuches ausgesprochen ist oder im Absatz 2 des § 2 unseres Testamentgesetzes, wonach «ein Testament nicht errichten kann, wer wegen krankhafter Störung der Geistestätigkeit, wegen Geistesschwäche oder wegen Bewußtseinsstörung nicht in der Lage ist, die Bedeutung einer von ihm abgegebenen Willenserklärung einzusehen und nach dieser Einsicht zu handeln».

Solche Klauseln mit der Versicherung, daß der Erblasser voll rechtsfähig gewesen sei, finden wir so gut wie ausschließlich im Alten Reich [40]. Nicht, daß sich die Sachlage später geändert hätte. Auch Hapdjefai beispielsweise hat seine Verträge für die Zeit nach seinem Tode bei Lebzeiten abgeschlossen, auch er schreibt sie in seinem Grabe auf. Aber es scheint, daß es sich nach dem Alten Reich von selbst verstand, daß nur Lebende rechtsfähig waren, während es im Alten Reich aus-

---

[34]) Leider steht kein treffendes Wort zur Bezeichnung aller Ägypter außer dem König und seiner engsten Familie zur Verfügung.

[35]) *Einführung*, S. 57f. In einem Zusatz zur 2. Auflage, 1951, S. 62 schränkt Seidl allerdings diese Behauptung unter Hinweis auf das Testament der Naunacht (JEA 31, S. 29ff.) ein: «Wenn irgendeine ägyptische Urkunde den Namen eines ‹Testamentes› verdienen würde — was wir oben S. 59 auch für das Neue Reich bestritten haben —, so müßte es diese sein . . . Es ist unzweifelhaft, daß der Eigentumsübergang nach ihrem Tode stattfinden soll. Insofern haben wir tatsächlich ein ‹Testament› vor uns, aber die Verfügung scheint noch auf solche Personen beschränkt zu sein, die auch ohne Urkunde erbberechtigt wären».

[36]) So in der *Stèle juridique de Karnak*, die P. Lacau 1949 herausgegeben hat, wo in den Zeilen 22—26 eine solche Testamentsänderung vorliegt: ein Mann namens Aj hatte zunächst Eigentum seinem Sohne Aj dem Jüngeren bestimmt, dann aber, nachdem dieser kinderlos blieb, seinen Willen zugunsten anderer Kinder geändert. Ebenso wird in einem Testament des Mittleren Reiches aus Kahun (Sethe, *Lesestücke*, S. 90, Nr. 29a) eine früher ausgestellte imj.t-pr-Urkunde widerrufen, die also offensichtlich noch nicht wirksam geworden war.

[37]) *Urk.* I, 8; 29; 72.   [38]) *Urk.* I, 162.   [39]) *Urk.* I, 16.

[40]) Einzige mir bekannte Ausnahme: Leiden V 88, 11 (*Beschreibung* II, Taf. X), 12. Dynastie.

drücklich betont werden mußte, daß der Vertrag zwischen Lebenden abgeschlossen war. Wir werden auch diesen Gedanken bei der Zusammenfassung wieder aufnehmen müssen.

Noch an einer anderen Stelle würden wir, gerade wenn wir das germanische Recht heranziehen, den Toten als Rechtssubjekt erwarten. Die Ägypter bestimmten einen gewiß nicht kleinen Teil ihres Besitzes dazu, daß von seinen Erträgen der Totendienst bestritten werden sollte, also die Opfer beschafft und die Totenpriester bezahlt. Die Sicherung dieser Legate war ihnen eine schwere Sorge — wir können hier auf die verschiedenen Mittel dazu von Rechtsverträgen, wie denen des Hapdjefai, bis zu inständigen Bitten oder Drohungen mit Geistergewalt nicht eingehen. Jedenfalls treffen wir immer wieder Rechtsverträge, die von dem Herrn bei Lebzeiten geschlossen wurden. Während nun die Germanen die «kuriose Form» kannten, «daß der Testator in seinem Testament sich für einen Teil des Nachlasses selbst zum Erben einsetzte, womit gemeint war, daß dieser Teil zu seinem Seelenheil vergabt werden solle» [41], treffen wir solche Versuche einer Rechtssicherung in Ägypten nicht — aus dem Grunde, weil Tote nicht erben konnten, da sie keine Rechtssubjekte waren [42].

Der Befund ist also, von den beiden nicht ganz sicheren, aber doch mit größter Wahrscheinlichkeit mit den übrigen Fällen übereinstimmenden Angaben des Turiner Attentats-Papyrus und der Hundestele des Antef abgesehen, eindeutig. Die Ägypter haben ihre Toten auch da nicht zu Rechtsfällen herangezogen, wo es für ein Volk, das keinen entscheidenden Einschnitt zwischen der Existenzform vor und nach dem Tode kannte, eigentlich selbstverständlich gewesen wäre. Dieser Schluß beruht zwar auf einem argumentum e silentio; doch kommt diesem in unserem Falle aus zwei Gründen mehr Beweiskraft zu als sonst: Erstens ist die Zahl der juristischen Urkunden und der Texte, in denen Tote sprechen, sehr groß, so daß es kaum ein Erhaltungszufall sein kann, wenn keiner einen Toten in einen Rechtsfall auf Erden eingreifen läßt; und zweitens haben wir besondere Fälle angeführt, in denen wir unbedingt erwarten müßten, einen Toten in den irdischen Rechtsablauf eingreifen zu sehen, wenn das nach ägyptischen Vorstellungen möglich gewesen wäre. Das Recht macht also im alten Ägypten einen ebenso scharfen Einschnitt zwischen Lebenden und Toten wie unser Recht, bei dem die Rechtsfähigkeit einer natürlichen Person mit dem Tode endet. Es trifft also nicht ohne erhebliche, gleich näher zu bestimmende Einschränkungen zu, daß die Ägypter ihre Toten nur betrachtet hätten wie Lebende, die in eine ferne Gegend verreist sind (s. oben S. 53). Die Grenze zwischen Leben und Tod war vielmehr a u c h scharf und der Gang ins Jenseits irreversibel, wie es die Harfner- und Klagelieder versichern.

Die Ägypter sind in neuer Zeit immer wieder, und mit Recht, als Beispiel eines mythisch gebundenen Volkes betrachtet worden. Frankfort hat den glücklichen Begriff der «multiplicity of approaches» und der entsprechenden «multiplicity of answers» eingeführt [43], der auf religiösem Gebiet genau dem entspricht, was Schäfer für die bildende Kunst «vorstellig-geradansichtig» genannt hat [44]. In Deutschland spricht man gelegentlich vom «Denken in Einzelurteilen». Unser Beispiel der Stellung der Ägypter zum Tode lehrt wieder einmal, daß wir mit generalisierenden Charakterisierungen «der Ägypter» nicht vorsichtig genug sein können. Dabei habe ich diesmal weniger die historische Relativierung während der 3000 Jahre ihrer Geschichte im Auge, als das, was ich «Aspektdenken» nennen möchte, also eben jene «multiplicity». Gewiß war für den Ägypter — von einzelnen Skeptikern abgesehen — eine Fortexistenz nach dem Tode selbstverständlich,

---

[41]) Hch. Brunner, *Abhandlungen zur Rechtsgeschichte* II, S. 354.
[42]) Etwas anderes ist es, wenn Tote noch als E i g e n t ü m e r v o n H a b e betrachtet werden. Wenn man in diesem Falle noch von einem Rechtssubjekt sprechen will, so wird man diese Qualität in den meisten Kulturen mit vorrömischem Recht den Toten zusprechen müssen. Für das griechische Recht vgl. dazu Eb. Fr. Bruck, *Totenteil und Seelgerät im griech. Recht*, 1926, besonders S. 76 (diesen Hinweis verdanke ich H. Hommel). Dort wird dieser Faden von der Vorgeschichte bis in die christliche Zeit hinein verfolgt. Auch in Ägypten galt der Tote selbstverständlich als Eigentümer seines Grabes und dessen Ausrüstung. Selbst in dem deutschen Recht der Gegenwart wird diese Spezialfrage bedeutsam, wenn es sich um die Verfügung über die Leiche oder deren Teile handelt, vgl. dazu *Handbuch der Rechtswissenschaft* VI, S. 44ff. Der entscheidende Unterschied zwischen diesem Problem, das für Ägypten noch sehr genaue Untersuchung bei reichem Material erforderte, und unserer Frage ist der, daß der Tote hier nicht h a n d e l n d in einen Rechtsvorgang eingreift.
[43]) H. Frankfort, *Kingship and the Gods*; ders., *Ancient Egyptian Religion*.
[44]) Hch. Schäfer, *Von ägyptischer Kunst*, 3. Aufl. 1930.

zumindest ihre Möglichkeit. Sie stellen sich diese Existenz teilweise in den Formen des diesseitigen Lebens vor [45], sie konnten sogar Briefe an ihre Toten schreiben, diese konnten also lesen, sie konnten auch sprechen, sogar «von Angesicht zu Angesicht» [46], und ihre Lebensgeschichte erzählen oder Lehren erteilen, sie konnten, soweit sie bösen Wesens waren, die Lebenden quälen, krank machen oder gar zu sich holen. Insofern hat Gardiner recht. Aber das ist nur die eine Seite des Verhältnisses der Ägypter zu ihren Toten, die religiöse. In der Arbeitswelt, zu der die Rechtsprechung gehört, war der Tote tot, abgeschieden, zählte so wenig und so viel wie bei uns: sein Wille ist zwar zu respektieren und genießt Rechtsschutz, wenigstens soweit er in rechtsgültiger Form vorliegt, aber er kann diesen Willen nicht mehr aussprechen oder ändern. Das ist die profane Seite des Verhältnisses zu den Toten, und hier, für die Arbeitswelt, gilt Gardiners Satz nicht.

So wie der Tote in der religiösen und dichterischen Welt als lebend, in der Arbeitswelt aber als tot angesehen werden kann, und zwar beides kompromißlos, «geradansichtig», so geht es mit vielen Erscheinungen ägyptischen Lebens, die einerseits äußerst nüchtern, andererseits dann wieder ganz religiös und symbolhaft gedeutet uns entgegentreten [47]. Beides sind nur Anblicke, Aspekte, die dasselbe Leben den Ägyptern bietet, Anblicke, die uns unvereinbar erscheinen mögen, die aber für den Ägypter die Welt erst voll erfaßbar machen, so wie er einen Stuhl oder einen Garten in verschiedenen reinen Ansichten zeichnen kann, so daß wir ihn nicht leicht als denselben erkennen. Die Einseitigkeit der uns überkommenen Quellen, die darauf beruht, daß der Ägypter nur für Dinge mit Ewigkeitswert, das sind aber religiöse, dauerhafte Materialien verwendet, verzerrt unser Bild. Es bedarf sorgfältiger Untersuchungen, auch aus religiös bestimmten Urkunden den profanen Aspekt des Lebens herauszulesen, jedenfalls soweit es sich um tiefere Schichten als die äußeren Formen handelt.

Zum Schluß sei noch eine Hypothese gestattet als Antwort auf die Frage, ob die hellenistischen Vorstellungen vom Toten als Rechtshelfer ägyptischen Ursprungs sein können, wie Morenz meinte [48]. Es fiel uns auf, daß die ausdrückliche Versicherung, der Testator sei zur Zeit seiner Verfügung noch in unserem Sinne lebendig, «auf seinen Füßen» gewesen, sich nur im Alten Reich findet. Es erweckt das den Anschein, als ob damals auch noch die andere Möglichkeit, daß ein Verstorbener solche Verfügungen habe treffen können, erwogen worden sei, daß man sich aber solcher Vorstellungen ausdrücklich erwehren mußte, weil sie im Rechtsleben keinen Platz mehr hatten; aber in irgendwelchen Unterschichten scheinen sie in dieser der Vorgeschichte noch nahestehenden Zeit lebendig gewesen zu sein. Es würde in das Bild, das wir zur Zeit von der späten Vorgeschichte und vielleicht noch der Frühzeit haben, gut passen, daß damals die Grenze zwischen Leben und Tod oder die zwischen Arbeitswelt und religiöser Welt noch nicht scharf gezogen gewesen wäre; es wäre dies die vormythische Märchenwelt, von der sich dann, wie so oft, ein Einzelzug in den eingangs erwähnten Mythos von Osiris als Zeuge im Wiederaufnahmeverfahren gegen Seth bis in die Pyramidentexte gerettet hat. Die Überwindung solcher Unschärfen durch Scheidung, wobei dann bei den Ägyptern, die geradezu rechtsbesessen waren, den Toten zur Befriedigung ihrer Rechtsbedürfnisse ein eigenes Tribunal im Jenseits zugewiesen wurde, sein Schöpfungsakt menschlichen Geistes, wie wir ihn uns als kennzeichnend für die große Weltwende um 3000 v. Chr. vorstellen. Durchaus in diese Richtung weist auch der Umstand, daß das griechische Recht bereits in früher Zeit jede Mitwirkung Toter bei Rechtssachen ausgeschieden hat [49], ganz im Gegensatz zu den

---

[45]) Daß es daneben aber auch ein «ganz anderes» Jenseits gibt, lehren die Jenseitsführer des Neuen Reiches.

[46]) *Inscr. dédicat.*, Z. 99.

[47]) Vgl. z. B. die beiden Zeitvorstellungen: H. Brunner, *Zum Zeitbegriff der Ägypter*, in *Studium Generale* 8, 1955, S. 584—590, entsprechend für die Raumvorstellungen: ders., *Zum Raumbegriff der Ägypter*, a. a. O. 10, 1957.

[48]) S. oben Anm. 8.

[49]) Vgl. dazu vor allem Erik Wolf, *Griechisches Rechtsdenken* I, 1950 und schon früher Kurt Latte, *Heiliges Recht*, 1920, S. 39, 112 u. ö. Als Spuren einer Beteiligung des Toten am Prozeß möchte H. Hommel, dem ich für Beratung in den Fragen des Griechentums herzlich danke, betrachten: 1) Die Gerichtsverhandlung in Aischylos' Eumeniden, 566ff., wo die Erinnyen die Rolle des Klägers gegen Orestes spielen (dabei ist zu bedenken, daß wohl die Erinnys einst die Totenseele war, also «eigentlich» der Tote klagt); 2) Daß noch im attischen Recht der Blütezeit der Mörder straflos bleiben konnte, wenn der Ermordete (der diesen Willen freilich vor seinem Tode ausgesprochen haben mußte) ihm verziehen hatte. 3) Im

Germanen, von denen oben wiederholt die Rede war. Dabei aber gilt die Eliminierung der Toten als handelnder und eingreifender Personen auch dort nur für die reine Arbeitswelt, während die Religion in sehr ernsthafter Weise mit den Toten rechnet, wie deren Auftreten in Tragödien zeigt (schon Darius in den Persern des Aischylos).

Doch lebt das überwundene Glaubensgut weiter. Die Vorstellung von dem Toten als Rechtsperson mag im 3. Jahrtausend in Ägypten noch in den unteren Volksschichten lebendig gewesen sein, so daß für die Rechtskraft eines Testamentes die Versicherung nötig war, daß der Erblasser bei seiner Verfügung noch gelebt habe, während sie sich später, als die Hochkultur den Aberglauben, d. h. den alten Glauben, noch weiter zurückgedrängt hatte, sich erübrigte. In hellenistischer Zeit aber kommen ja zahlreiche, längst überwundene Vorstellungen und magische Praktiken wieder hoch, entsprechend dem Absinken der Kultur, entsprechend auch dem Erweichen der einst mühsam errungenen Grenzen und Abgrenzungen. Auch die Totenbriefe könnten durchaus einem solchen unterdrückten, also nach unten gedrückten Glaubensgut entstammen und wären dann ein Zeugnis für eine inoffizielle, halb abergläubische Einstellung der Ägypter zu ihren Toten, wie sie vielleicht zu allen Zeiten von der Vorgeschichte bis zum Hellenismus gelebt hat, aber eben nur im Dunklen, nicht in den hellen Regionen der Theologie und Jurisprudenz. Erst als es auch dort zu dunkeln begann, wäre dann diese Schicht wieder hochgekommen. Doch müssen solche Schlußfolgerungen einstweilen hypothetisch bleiben.

---

hellenistischen Recht Kleinasiens finden sich hier und da Spuren davon, daß «die Macht der grollenden Seele für die Durchführung der Strafe eintritt», wenn das Grab mißbraucht und geschändet worden war (Latte, *Heiliges Recht*, S. 80, 93 f.).

Zum Verständnis des Spruches 312 der Sargtexte

aus: Zeitschrift der Deutschen Morgenländischen Gesellschaft
36, 1961, 439–445.

Der Spruch 312 der Sargtexte zählt zu den am besten bekannten in diesem noch weitgehend unverarbeiteten Corpus religiöser Texte. Er ist fast der einzige, den selbst zu übersetzen dem Sammler und Herausgeber dieser Textgruppe noch vergönnt war[1]; danach hat ihn E. Drioton in seiner Besprechung des vierten Bandes der Edition größtenteils übersetzt und kommentiert und ist später in seinen Arbeiten über dramatische Texte auf ihn zurückgekommen[2].

Auf diesen ausgezeichneten Vorarbeiten aufbauend möchte ich es wagen, eine neue Deutung des Textes vorzulegen. Meine Übersetzung weicht nur an wenigen, allerdings machmal entscheidenden Stellen von der meiner Vorgänger ab — neu ist vor allem die Gesamtdeutung, also der Sinn, den ich in dem Text zu entdecken glaube.

de Buck und Drioton haben bereits erkannt, daß es sich um einen dramatischen Text handelt, also ein Textbuch für eine Theateraufführung, bei der verschiedene Personen mit verteilten Rollen sprechen. Über Masken, Verkleidungen, Bühne usw. wissen wir nichts.

Ich gebe zunächst eine Übersetzung der für unsere Frage wesentlichen Teile. Eigene Zufügungen stehen in [ ]-Klammern.

[*Osiris*]

„O Horus, komm doch nach Busiris, daß du schützend über mir wachst (Var.: meine Wege absonderst (= bewachst)), daß du dich um meine Lage

[1] A. de Buck in: JEA 35, 1949, S. 87—97.

[2] Bibliotheca orientalis 10, 1953, S. 168—171; Le Théatre dans l'ancienne Égypte (Extrait de la Revue d'Histoire du Théatre 1954 — I—II), S. 19—22; vgl. auch R. T. R. Clarke, Myth and Symbol in Ancient Egypt, 1959, S. 143—150.

kümmerst, daß du mein Schloß umkreist, daß du meinen Ba erhebst, daß
du Achtung (*šnḏ*) vor mir verbreitest, daß du Respekt (*šfšfjt*) vor mir
schaffst, damit mich die Götter der Dat achten und für mich die Tore der
Dat verteidigen, daß nicht etwa der, der mich geschädigt hat, mir nahe
kommt und mich sieht im Hause der Finsternis (Var.: als einen, der in der
Finsternis ist) und meine Mattigkeit entdeckt, die ihm noch verborgen ist
(oder bleiben soll)!"
„Ja, tue das!" *sagen die Götter, die die Stimme hören.*

Ein Wanderer aus der Suite des Osiris:
„So schweigt doch, ihr Götter! Hier spricht ein Gott mit einem Gott!"

[*Horus (beiseite)*]:
„Wenn er doch nur auf die Maat hören möchte, die ich ihm sagen muß!
[(*laut*)] Sprich wieder mit mir, Osiris! Laß umkehren (das Wort), das aus
deinem Munde an mich gekommen ist (= nimm es zurück)! Kümmere dich
selbst um deine Lage! Setze deinen Ba in Bewegung, laß ihn herausgehen
und mächtig sein über seine Beine, daß er weit ausschreite und Geschlechts-
verkehr habe unter den Menschen (Var.: daß dir dein Same aus ihm her-
vorgehe unter den Menschen)! Dann wirst du dort Allherr sein, dann
werden dich die Götter der Dat achten, dann werden sie für dich die Tore
der Dat verteidigen. Du kannst dich doch bewegen, so gut wie die, die
sich bewegen (d. h. wie alle Toten)! Soll ich denn (etwa) auf deinem Grabhügel bleiben wie der Herr des Lebens (d. h. ein Totengott)? Soll ich
mich zu der göttlichen Isis gesellen (d. h. Klageweib spielen)? Soll
ich dem zum Spott dienen, der dich geschädigt hat? Er soll doch nicht
kommen und deine Mattigkeit sehen, die ihm verborgen bleiben soll! Vielmehr will ich gehen und zu den Grenzen des Himmels kommen und will
ein Wort erfragen von Geb und die Befehlsgewalt erbitten vom Allherrn.
Dich aber werden die Götter der Dat achten, wenn sie sehen, daß ich dir
einen von diesen Geistern schicke, die im Sonnenglanz sind. Ich werde
seine Gestalt in meine Gestalt verwandeln und seinen Gang in meinen
Gang. Er wird losgehen und nach Busiris kommen, angetan mit der Würde
meines Ba. Er wird dir meinen Gruß bringen, er wird Achtung (*šnḏ*) vor
dir verbreiten, er wird Respekt (*šfšfjt*) vor dir schaffen bei den Göttern der
Dat, und sie werden dann für dich die Tore der Dat verteidigen."

[*Der Lichtgeist:*]
„Ich, ich bin ein Lichtgeist, ich bin ein Ba, entstanden und geschaffen,
geschaffen und entstanden aus dem Leib des Gottes. Ich bin einer von
den Göttern, von den Geistern, die im Sonnenglanz sind, die Re-Atum
aus seinem Leibe geschaffen hat, die entstanden sind aus der Wurzel seines
Auges, die Re-Atum hat entstehen lassen und die er zu Geistern gemacht
hat, deren Gesichter er ausgezeichnet hat, als sie noch bei ihm waren,
während er alleine im Nun war, die ihn verkünden, wenn er aus dem
Horizont hervorgeht..."

Ruti in seiner Höhle, der beim Schloß der Nemes-Krone ist, [*spricht zu ihm:*]
„Wie willst du denn die Grenzen des Himmels erreichen, wenn du auch
ausgestattet bist mit der Gestalt des Horus? ,Du hast ja keine Nemes-

Krone!' (Var.: ‚Gib mir doch die Nemes-Krone, die du haben solltest'),
so wird der sagen, der an der Himmelsgrenze mit dir sprechen wird."

[*Der Lichtgeist:*]

„Ich bin der, der Grüße des Horus dem Osiris in die Dat überbringen soll.
Horus hat mir wiederholt, was ihm sein Vater Osiris gesagt hat als seinen
letzten Willen am Tage seines Begräbnisses."

[*Ruti:*]

„Dann wiederhole mir doch, was dir Horus gesagt hat als Wort seines
Vaters Osiris am Tage seines Begräbnisses, dann gebe ich dir auch die
Nemes-Krone", *so spricht Ruti zu ihm.* „Dann kannst du gehen und
kommen auf den Wegen des Himmels, dann können dich ruhig sehen die,
die im Horizonte sind, dann haben auch die Götter der Dat Achtung vor
dir."

*Da erscheint (geht auf) Horus, der hinter seinem verletzten Auge her ist (d. h.
hinter seiner geraubten Herrschaft)....*

Der Allherr:

„Niemand soll ihn abwehren, die Gestalt des Horus, ..., den Gefolgsmann
des Horus, von den Grenzen des Himmels. Denn Horus ist auf seinem
Platz, ist auf seinem Thron. Dieser Lichtgeist ist in seiner (des Horus) Gestalt, seine Macht ist die eines göttlichen Falken, er ist einer, den sein Herr
ausgestattet hat, den er mit der Würde seines Ba versehen hat." [Wir lassen
die weiteren Episoden der Reise aus fahren und mit den Worten der
Boten vor den Leibwächtern des Osiris fort].
„...Nun enthüllt mir die Geheimnisse, öffnet mir die geheimen Höhlen,
damit ich eintreten kann vor den Herrn des Ba, groß an Respekt. Ich bin
ausgezogen nach Busiris und habe sein (des Osiris) Schloß umkreist, das
ist: Ich will ihm eine Botschaft seines Sohnes Horus sagen, denn er wollte
doch, daß das Herz des Seth gespalten werde. — Ich möchte sehen den
Herrn der Müdigkeit, den grenzenlosen; er soll wissen, wie es um die Lage
der Götter steht, die Horus geregelt hat ohne ihn, den Herrn des Ba und
den, der groß ist an Respekt."

[(*Die Pförtner melden den Boten dem Osiris:*)]

„Da ist ein Lichtgeist gekommen, die Dat hat sich ihm geöffnet, die
Wege im Himmel und auf Erden sind ihm aufgetan; niemand hat ihn ab-
gehalten."

[(*Der Bote vor Osiris:*)]

„Der du hoch bist auf deinem Thron, Osiris! Es lebe deine Vorderseite,
frisch sei deine Hinterseite, es juble dein Herz! Du kannst Siegesjubel anstimmen über Seth, denn dein Sohn Horus ist auf deinen Thron gesetzt;
ihm sind die Millionen zugewiesen, die Götter haben ihm das Huldigungs-
brot dargebracht; weit ist das Herz des Geb, der älter ist als die Großen;
der Himmel steht fest, es jubelt Nut, wenn sie sehen, was Atum getan hat,
der sitzt an der Spitze der beiden Neunheiten: Er hat die Befehlsgewalt in

den Mund des Horus, des Sohnes der Isis gelegt. Dieser ist Herrscher geworden über Ägypten, ihm zinsen die Götter, er hat Millionen errettet; er erhält Millionen am Leben mit seinem einen Auge, der Herrin der Neunheit, der Herrin des Alls."

Der literarische Charakter des Textes hat bei der Übernahme in das Corpus von Totentexten arg gelitten, besonders, da die szenischen Bemerkungen und die Angabe der jeweils sprechenden Person oft unterdrückt wurden. Nun ist der Text, wenn auch fast ausschließlich aus direkten Reden bestehend, einer fortlaufenden Erzählung nahegebracht.

Betrachten wir zunächst die große Gliederung. Der Text beginnt mit der klagenden Bitte des Osiris, Horus möge ihm zu Hilfe kommen: er solle seinen Ba erheben, Respekt vor ihm verbreiten und ihm unter den Göttern der Dat Achtung verschaffen. Er endet mit einem Thronbesteigungshymnus auf Horus, den Thronerben. Wir werden sehen, wie genau sich Anfang und Ende entsprechen, wie diese Entsprechung die Lösung der Frage, hier darf man wohl einmal sagen, des Problems, enthält. Äußerlich entsprechen sich Anfang und Schluß dadurch, daß in der ersten Szene die Stimme des Osiris ertönt, ohne daß man seine Gestalt sieht — die Szene spielt ja auf Erden! In der Schlußszene dagegen erscheint der Bote vor Osiris, der somit zu sehen ist, aber nicht mehr das Wort ergreift.

Der Hauptakteur ist der „Lichtgeist". Seine Natur wird völlig deutlich: Es ist ein Sonnenstrahl, und zwar einer von jenen, die, bevor noch die Sonne aufgegangen ist, über den Horizont hervorbrechen, die also Re ankündigen. Daß ein solcher von Horus zu der Botschaft ausgewählt wird, mag sich am besten von seinem Herkunftsort erklären:

An der Nahtstelle zwischen Erde, Himmel und Unterwelt, in der Achet beheimatet, hat dieser Bote am leichtesten zu allen drei Bereichen Zugang. Er kann mit Ruti, dem Doppellöwen, und mit dem hier davon unterschiedenen Aker, der den Eingang der Dat bewacht, sprechen. Diese Dialoge sind nach dem bekannten literarischen Schema von fragendem Wächter und antwortendem Unterweltsfahrer gebaut; wie sehr sie im einzelnen aber doch dieses Schema abwandeln und ihm einen neuen Sinn geben, vermag nur eine genaue Einzeluntersuchung zu zeigen, die hier nicht geleistet werden soll. Weder die Abenteuer des Boten sollen uns beschäftigen noch Einzelheiten seines Weges. Dieser verläuft höchst sinnvoll über einige Stationen: Von der Achet zum Ruti, zum Aker am Eingang der Dat, dann zum Schloß der Isis und endet schließlich beim Schloß des Osiris in der innersten Dat. In der letzten Szene dringt er in dies Schloß ein und erscheint vor Osiris selbst. Er spricht die entscheidenden Reden — etwa $^2/_3$ des ganzen Textes erklingen aus seinem Mund.

Horus tritt nur am Anfang auf. Der kurze Dialog zwischen ihm und seinem Vater, nur aus einem Anruf des Vaters und einer Antwort des Sohnes bestehend, hat die Funktion einer Darlegung des Problems. Sehen wir uns seinen Inhalt näher an.

Das ganze Werk beginnt mit einem Ruf des Osiris. Der Gott liegt ermordet in Busiris und ruft nun nach seinem Sohn, der ihm helfen soll. Wir erfahren auch Näheres über die Umstände dieses Hilferufes: Der Lichtgeist erklärt später dem Ruti, diese Worte seien der Wunsch des Osiris „am Tage seines Begräbnisses". Die Vorstellung, daß der Tote gerade an diesem Tage gewichtige Worte spricht, ist auch sonst bekannt, etwa aus den biographischen Inschriften mit dem Passus „Ich bin heute aus meiner Stadt hierher gekommen" o. ä., aber auch aus größeren posthumen Texten wie die Lehre des Königs Amenemhet[1].

Was wünscht sich nun Osiris in diesen Worten, die durch den Zustand des Sprechers wie durch ihre Stellung am Beginn der Erzählung Gewicht haben?

1. Soll Horus die Totenwache übernehmen, sich um den Vater kümmern.
2. Soll Horus des Vaters Ba erheben.
3. Soll Horus die Achtung vor dem Vater schaffen und Respekt (*šfšfjt*) knüpfen, damit die Götter der Dat ihn achten und die Tore seinetwegen verteidigen gegen Seth, dem die „Mattigkeit" des Osiris verborgen bleiben soll.

Diese Forderungen scheinen uns, wenn wir mit ägyptischen Ohren zu hören versuchen, gerechtfertigt. O. verlangt nichts weiter, als was in etwa als allgemeine Sohnespflicht gilt. Diese äg. Normalmeinung sprechen die zuhörenden Götter (in der Rolle eines „Chores") auch aus, indem sie Horus auffordern, den Wunsch des O. zu erfüllen. Wider Erwarten lehnt aber Horus ab. Er fürchtet zwar, daß sein Vater sich seinen Gründen verschließen wird, und spricht zunächst als ein Beiseite den Satz: „Wenn er doch nur auf die Maat hören möchte, die ich ihm sagen muß!" Er prädiziert also die folgenden Ausführungen gar als Maat, womit sie über den Rang einer persönlichen Entscheidung für diesen Fall ausdrücklich zu einer Norm erhoben werden!

„Kümmere dich selbst um deine Lage! Setze deinen Ba in Bewegung", dann, wenn dieser Ba weit ausschreite und sich betätige, werden auch die Götter der Dat den Toten achten und die Tore wunschgemäß bewachen. Das aber, meint Horus, ist jedem möglich, also auch dir. Immerhin entschließt er sich, wenigstens einen der Lichtgeister mit seiner Gestalt zu belehnen, ihm seinen Ba mitzugeben und ihm zum toten Vater zu schicken, damit er die Achtung vor ihm verbreite und die *šfšfjt* bei den Göttern der Dat schaffe.

Warum lehnt Horus ab? „Soll ich denn etwa auf deinem Grabhügel sitzen bei der göttlichen Isis, d. h. als Klageweib? Soll ich zum Spott dienen dem, der dich geschädigt hat? Vielmehr will ich gehen und mir von Geb ein Wort erbitten und vom Allherrn die Befehlsgewalt (Hu) geben lassen". Er will sich also, anstatt Zeit und Kraft in Trauer zu vergeuden oder sich in Zeremonien zu erschöpfen, um die Nachfolge kümmern. Das ist das Problem des Stückes: Sind die Lebenden zum Totendienst verpflichtet, wenn er auf Kosten der Lebensaufgaben geht?

Für den Gang der Handlung und ihre Spannung ist es wichtig festzuhalten, daß Horus hier nichts davon sagt, daß er mit der Erringung des Königtums vielleicht auch seinem Vater eine Hilfe leistet.

Den weiteren Lauf der Dinge haben wir gehört: Der Lichtgeist geht los, aber schon bei der ersten Station scheitert er, weil er zwar die Gestalt des Horus besitzt, auch seinen Ba, ihm aber die Krone fehlt.

Keineswegs etwa, daß er, wie Drioton meint, sie leichtsinnigerweise vergessen hat: Er konnte sie ja gar nicht mitnehmen, da Horus noch nicht gekrönt ist! Hier also wird erst klar, wie recht Horus hatte, als ihm die Krone wichtiger war als die Sorge um den toten Vater. Auch eine Hilfe für Osiris ist ohne Krone gar nicht möglich!

Dieser Augenblick der Krisis wird noch theaterwirksam erhöht durch ein plumpes persönliches Verhalten des Boten, der sich mit einem Geheimnis

---

[1] Vgl. dazu Archiv f. Orientforschung 18, 1957, S. 52, Anm. 4.

brüstet, das er dann doch nicht preisgeben darf. Da erscheint Horus (wohl sichtbar, aber ohne zu sprechen) „hinter seinem verletzten Auge her", wie es heißt, also mit seiner Forderung nach dem Königtum. Atum spricht es ihm zu — es ist für unseren Text bezeichnend, daß das nebenbei geschieht, ganz ohne Pathos und Effekt. Aber die Wirkung ist sofort zu erkennen: Der Lichtgeist erhält die Krone und kann nun im wesentlichen unbehindert bis zu Osiris vordringen.

Was geschieht nun dort? Wie erhält O. die zu Beginn erbetene Hilfe? Die entscheidenden Worte spricht der Bote zu den Leibwächtern des Osiris, also unmittelbar bevor er diesem selbst seine Nachricht sagt. Diesen gegenüber nennt er O. zweimal *nb b*ɜ, *cɜ šfšfjt*, er spricht ihm also genau die beiden Eigenschaften zu, um die O. zu Beginn des Textes gebeten hatte: Horus sollte damals seinen Ba erheben und seine *šfšfjt* schaffen. Der Bote sagt auch, wie das geschehen ist: Horus hat o h n e i h n, den Herrn des Ba, mit großer *šfšfjt*, gehandelt, er hat sich die Befehlsgewalt (Hu) vom Atum geholt und gerade dadurch den Ba des Osiris erhoben und seine *šfšfjt* hergestellt, indem er über Seth triumphiert hat.

Und wenn nun der Bote als Schluß des Stückes vor Osiris einen Hymnus auf die Thronbesteigung des Horus anstimmt, so bringt er eben damit die Erfüllung der zu Beginn erbetenen Hilfe gegen Seth.

Hier ist eines der großen Themen der Ägypter, das Verhältnis von Horus zu Osiris, von Sohn zu Vater, in einer frischen und unkonventionellen Weise behandelt. Zunächst aber noch ein Wort zum Stil der Komposition.

Die beiden Hauptbeteiligten, Osiris und Horus, treten nur zu Beginn redend auf; sie sind es, die das Problem, den geistigen Gegensatz, um den es geht, in einem kurzen Dialog aufzeigen. Sie liefern das, was man Exposition nennen kann. Im weiteren Verlauf scheint zwar Horus noch einmal aufzutreten, freilich ohne Worte; sicher ist in der Schlußszene Osiris zu sehen, ebenfalls stumm. Diese Art, auch Entscheidendes indirekt, durch den Mund anderer Personen, zu sagen, ist bezeichnend für unsere Komposition. So wird die Krönung des Horus fast nur in einem Nebensatz ausgesprochen — sie steht auch in der Tat nicht im Mittelpunkt der Gedanken, sondern es geht letzten Endes um die Wirkung dieser Krönung auf die Stellung des Osiris. Und diese wieder wird von dem Boten zunächst nicht dem Osiris selbst, sondern seinen Wächtern demonstriert, ja im Grunde führt der Erfolg der so mißlich begonnenen Reise des Boten diese von der Krönung ausgehende Kraft vor. Durch diese indirekte Aussageweise erhält das ganze Stück eine Leichtigkeit, die sich noch steigert durch einige parodische Stellen: Man kann sich vorstellen, wie etwa Horus die klagende Isis nachahmt, man kann sich den Boten denken, wie er in pathetisch-karrikierender Weise bramabarsiert — sich dann selbst plötzlich zur Ordnung rufend: „Wenn ich aber sage, was dort ist, dann werden die Stützen des Schu wanken, die meinen Vorwitz bestrafen." Freilich finden sich solche burlesken Intermezzi nicht mehr gegen Ende des Stückes, wo das ernste Anliegen des Verfassers hervortritt. Wie genau der Schluß komponiert ist, in dem er auf den Anfang Bezug nimmt und die zunächst in ihrer ganzen Problematik aufgeworfene Frage präzise mit Entsprechung der Vokabeln beantwortet, haben wir schon gesehen.

Der Verlauf des Stückes gibt Horus recht: Die richtige Hilfe für den verstorbenen Osiris ist nicht das Klagen am Grabe, nicht die Fürsorge für Leiche und Bestattung, sondern die Sorge um das verletzte Auge, also um die Herrschaft. Das ist eine völlig andere Tonart als wir sie in den Pyramidentexten hören, wo nichts höher gepriesen wird als eben die Sorge des Sohnes für den Vater. Bei der Frage, ob das in dem anderen Charakter jener Textgruppe gründet, dürfen wir davon ausgehen, daß tatsächlich unser Sargtext von Haus aus kein Totentext ist; er ist dazu geworden, weil der erfolgreiche Weg des Boten zu Osiris den zu gleichem Ziele strebenden Toten zur magischen Nachahmung reizte; dabei wurde an die Stelle des Namens des Lichtgeistes oder des entsprechenden Pronomens einfach NN gesetzt — freilich in stümperhafter Weise, indem oft auch bei Horus oder bei Osiris diese Umwandlung gedankenlos vorgenommen wurde. Wir wollen aber nicht undankbar sein — nur durch diesen Mißbrauch ist uns der alte Text erhalten geblieben. Wir wissen nun, meine ich, zu wenig über die geistigen Bewegungen des AR, um es auszuschließen, daß unser Stück damals entstanden ist. Wahrscheinlicher aber ist doch, daß es in jene große geistige Bewegung gehört, die in der ersten Zwischenzeit alle überkommenen Wertvorstellungen bezweifelte und neu durchdachte. Damals entstand ja ein anderer Dialog, der sich mit ganz ähnlichen Fragen abmüht, der „Lebensmüde". Dort geht es — ob nun von einem Selbstmord die Rede ist oder nicht — jedenfalls um die Frage des Sinnes von Grabzurüstungen für die Fortexistenz nach dem Tode. Bei unserem „Spruch" steht dies durch die Erfahrungen der Plündereien der Zwischenzeit aktuell gewordene Thema zwar nicht im Mittelpunkt der Erörterungen, klingt aber doch in der ironischen Frage des Horus, ob er sich etwa wie Isis auf das Grab setzen solle, mit an. Gewiß wird in unserem Werk der Wert eines Dienstes für die Toten nicht radikal verneint, doch wertet der Verlauf der Ereignisse ihn ab zugunsten einer aktiven Haltung im Leben. Auch gegen die Harfnerlieder mit ihrem carpe diem sticht unser Text ab, und zwar durch die Tiefe seiner Antwort: Horus geht es ja nicht um Lebensgenuß, sondern um das verletzte Horusauge, um die Herrschaft, ja letztlich um die rechte Ordnung der Welt, die er durch seine Handlung aufrecht erhält. Wir betonten schon, daß das Stück diese Handlung mitsamt ihrer Ablehnung der Bitte des toten Vaters ausdrücklich als *maa* erklärt, also als Teil der Weltordnung. Solche Töne aber sind für Ägypten jedenfalls überraschend und verständlich am ehesten in eben jenem großen Umwertungsprozeß der ersten Zwischenzeit, als ein Stück der Auseinandersetzungsliteratur. Dabei ist wichtig, daß hier — wohl zum ersten Mal — der Begriff der Maat mit der Gestalt des Horus als Träger des Königtums verknüpft wird.

Jedes Stück religiöser Literatur, das nicht von der Welt des Totendienstes ausgeht, kann solche neuen Ausblicke eröffnen. Wir können und werden bedauern, daß diese Literatur größtenteils verloren ist, werden uns aber auch gern durch solch vereinzelte Relikte inmitten von Totentexten zu intensiverer Ausschau verlocken lassen.

Wiederum die ägyptischen »Make Merry« Lieder

aus: Journal of Near Eastern Studies 25, 1966, 130–131.

Die Frage, ob die zum Lebensgenuß auffordernden Lieder des Neuen Reiches, besonders der Ramessidenzeit, rein funerären Charakters sind oder ob es sich dabei um Lieder handelt, die auch bei weltlichen Festen gesungen wurden, hat E.F. WENTE in dieser Zeitschrift zuletzt behandelt[1]. Er konnte dabei ein bis dahin nicht beachtetes Lied in vier leicht voneinander abweichenden Fassungen neu publizieren und kam auf Grund dieses neuen Materials auch zu einer neuen Deutung des bekannten: Diese Lieder zur Harfe oder zur Laute hatten ihren eigentlichen Platz bei weltlichen Festen und Gelagen.

Sein Ergebnis ist überzeugend und läßt sich durch eine etwas abweichende Übersetzung und eine neue Gesamtauffassung jener Varianten des neuen Liedes, die Einleitung bzw. Schluß mehr oder weniger vollständig erhalten haben, noch besser erhärten.

Die ersten beiden Sätze des eigentlichen Liedes in den Gräbern 194 und 364 lauten nach WENTE: »I have cheered you since you were upon earth, while you have had your strength«. Den zweiten Satz kommentiert er: »By this is meant that the singer has sung for Dhutemhab since the time he came into existence upon earth«[2]. So genau die Übersetzung trifft, so überraschend ist der Kommentar. Der Umstandssatz *jw pḥtik wn* heißt doch offenbar: »solange deine Kraft gedauert hat«. Zusammen mit dem ersten Satz ergeben sich zwei Aussagen, die das Leben von seinem Beginn bis zu seinem Ende umspannen – wobei der Ausdruck »solange deine Kraft gedauert hat« das Ende verschleiert. Offenbar ist also der Grabherr jetzt, wo der Sänger anstimmt, tot. Das folgende Lied aber paßt, wie WENTE richtig gesehen hat, nur zu einem Fest unter Lebenden, nicht zu einem Totenfest. Es ist dies eben das Lied, das der Sänger immer wieder bei Feiern während der Lebzeit des Herrn gesungen hat. Es beginnt sinnvoll mit der Aufforderung: »Hör nicht auf, deinen Wunsch zu erfüllen« und endet, nachdem es das Los der Toten geschildert hat, mit der Kontrastfeststellung, daß man dann, als Toter, nur noch sagen kann »Hätte ich doch!« – womit eben wieder zum ungehemmten Genuß des Tages aufgefordert wird. An dies oft gehörte und wohl allgemein bekannte Lied erinnert der Sänger jetzt. Er trägt es, eingerahmt durch die eben gehörte Einleitung, daß er es oft vorgesungen habe, und durch eine Schlußbemerkung, die wir gleich betrachten werden, bei der Totenfeierlichkeit vor.

---

[1] Bd. XXI, S. 118–128; die dort zitierte ältere Literatur sei hier nicht wiederholt.
[2] S. 122, note c.

Dieser Schluß lautet in den beiden Gräbern, die uns die Einleitung bewahrt haben, sowie in Nr. 158, Tjanefer, in dem diese Einleitung vorhanden war, aber jetzt zerstört ist, also in dreifacher Überlieferung:»Du hast auf die Worte gehört, wenn ich dir erzählte, was ich gesehen habe[3]«. Gesehen, d. h. erlebt, hat der Sänger eben das Los der Toten, daß sie nicht wiederkehren, daß man sie vergißt, daß es nach dem Tode zu spät ist, das Leben zu genießen. Das, so berichtet er, habe er zu Lebzeiten des Herrn ihm vorgesungen, und dieser habe entsprechend gehandelt.

Aber nun, nachdem der Tod diesem allem ein Ende bereitet hat, nachdem er nun zum letzten Mal das Lied hat erklingen lassen, ist auch für ihn ein Abschluß gekommen. Der folgende kurze Satz findet sich nur in den beiden Gräbern 194 und 158, er fehlt in 364:»Trenne dich (jetzt) von ihm, mein Herz, in seiner Müdigkeit«[4]. Jetzt also wird ihm der Sänger nicht mehr singen, er überläßt ihn seinem Todesgeschick. Es ist ein Abschiedsgesang, bei dem noch einmal das im Leben oft gehörte Lied erklungen ist. Damit endet der Text in Grab 158, während Grab 194 noch einen kurzen Vers zufügt:»Ich habe meinen Refrain beendet«. Wir fragen uns, welcher Refrain gemeint ist – wir können an dem Lied keinen erkennen. Es fragt sich, ob nicht *m3wt* hier in einem nicht-technischen Sinne wörtlich zu übersetzen ist als »die Wiederholung«, eigentlich »das Erneuerte«. In diesem Fall schließt das Lied mit der Versicherung des Sängers, er werde nun dies Trinklied, das so oft im Leben des Herrn erklungen ist, nie mehr singen, so wie nach verbreiteter Sitte das Weinglas, aus dem ein verehrter Mann getrunken hat, zerstört wird[5].

---

[3] Möglich wäre auch:»die dir erzählten, was ich gesehen habe«.

[4] Ebensogut ist, bei gleichem Gesamtsinn, möglich:»Mein Herz trennt sich jetzt von ihm in seiner Müdigkeit«, doch betont ein Imperativ mit seinem Wechsel in der Anrede stärker, daß sich jetzt der Sänger von dem im Lied und auch noch im ersten Satz des Rahmenschlusses angesprochenen Grabherrn abwendet.

[5] Bei Amenemhab, Nr. 364, ist der Text so unsicher, daß ich eine Übersetzung nicht wage. Wentes Vorschlag »My heart is moribund because of it« ist möglich und würde gut zu unserer Deutung passen.

Vom Sinn der Unterweltsbücher

aus: Studien zur Altägyptischen Kultur 8, 1980, 79-84.

Hartmut Gese zum 4.4.1979

In den letzten Jahren sind erfreuliche Schritte zum Verständnis der
ägyptischen Unterweltsbücher erfolgt, und seitdem sie in vollständi-
ger Übersetzung vorliegen[1], wenn auch noch nicht alle in guten Edi-
tionen, ist die Beschäftigung mit ihnen erheblich erleichtert. In
Aussageform und ohne Bezug auf den Verstorbenen schildern sie in den
Königsgräbern den Bereich unter der Erde, die Fahrt des nächtlichen
Sonnengottes, seine Handlungen und Worte, seine Abenteuer und seine
Verjüngung bis zum Aufgang im Osten, die in der Unterwelt hausenden
Lebewesen, nämlich Götter, Dämonen und Verstorbene, ihr Aussehen, ihre Handlungen, ihre Reden. Adolf Ermans Meinung von 1934 wird heute
niemand mehr teilen: "Wir brauchen aber unsere Unkenntnis (scil. von
Büchern wie das Amduat) nicht zu bedauern, denn was uns hier unverständlich bleibt, das gibt weder volkstümliche Vorstellungen wieder,
noch enthält es tiefsinnige Spekulationen. Es sind Hirngespinste ein-
zelner Leute, und der ihnen die Gestalt gegeben hat, in der sie heute
vorliegen, war nichts besseres als ein Verfertiger von Zaubersprü-
chen"[2]. Eine Seite weiter faßt Erman zusammen: "Mit all dem Widersinn

---

[1] Erik Hornung, Ägyptische Unterweltsbücher, Zürich 172.
[2] Adolf Erman, Die Religion der Ägypter, Berlin-Leipzig, 1934, 236.

von dem wir hier sprechen mußten, soll aber dieser Abschnitt nicht
schließen..."

Neuerdings spricht man, wenn die Unterweltsbücher charakterisiert werden sollen, von "Wissenschaft", die "sich um eine möglichst vollständige Bestandsaufnahme der göttlichen und nichtgöttlichen Wesen,
die das Jenseits bevölkern, bemüht"[3]. Als Zweck wird dann genannt, den
Verstorbenen über den Weg zu informieren: "Ohne genauere Kenntnis des
Jenseits gibt es keinen gesicherten Weg dorthin", und: "Um 'wirksame'
Sprüche für das Jenseits zu formulieren, bedarf es begründeter Kenntnis über die Phänomene des Totenreiches. Hier hat die ägyptische Wissenschaft ihre Hauptaufgabe gesehen..."[4] Es ist nur konsequent, wenn
Hornung dann weiter erklärt: "Erkenntnisse, die konkrete Einzelheiten
des Totenreiches betreffen, entziehen sich unserer Nachprüfung"[5].
Dann aber sollte man schon aus diesem Grund nicht von Wissenschaft
sprechen, denn zu deren Charakteristika gehört es, nachprüfbar zu
sein. Und wie sollten sich die Aussagen der Unterweltsbücher jemals
nachprüfen lassen? Auch sind die Schilderungen der verschiedenen Bücher, die teils im selben Grab auf den Wänden stehen, widersprüchlich
- was sich ebenfalls nicht mit dem Begriff der Wissenschaft verträgt.

Weder um Hirngespinste handelt es sich noch um Wissenschaft. Freilich,
der Titel des Buches und der Schlußtitel der Kurzfassung[6] scheinen,
auch wenn wir das Wort Wissenschaft vermeiden wollen, auf die Nützlichkeit des Kennens dieser Bücher hinzuweisen; sie wären dann jedenfalls
dazu bestimmt gewesen, gelesen und vielleicht gelernt zu werden. Allein welche Vorsicht bei Titeln zu Totentexten geboten ist, wissen
wir aus den Sargtexten und dem Totenbuch, wo diese oft genug sekundär
zugefügt worden sind, etwa um den Spruch anzupreisen, aber sehr wenig
mit dem Inhalt zu tun haben. Hier ist also Vorsicht geboten, zumal
der Schlußspruch: "Als wahr erprobt millionen Mal!" zeigt, daß zumindest in diesem Fall eine nicht zum Buch gehörige Phrase übernommen
worden ist, die ihren Ort in medizinischen oder magischen Sprüchen
hat.

Was also mag der Zweck dieser eigentümlichen Literaturgattung sein, die
sich noch dadurch auszeichnet, daß zu den Texten Bilder treten, nicht

---

[3] Hornung, a.a.O., 12.
[4] Hornung, a.a.O., 11.
[5] Hornung, a.a.O., 12.
[6] Hornung, a.a.O., 59 und 193 f.

als Illustrationen, sondern von vornherein mitkonzipiert und gleichberechtigt neben dem Wort stehend, wobei die Bilder Unsagbares oder
schwer Sagbares, die Worte Nicht-Darstellbares wiedergeben[7]. Vielleicht
ist es gar kein einheitlicher Zweck, vielleicht haben diese Werke
mehrere Ziele. Zu wenigstens einem von ihnen scheinen mir neuere Untersuchungen die Tür zu öffnen.

Da ist zunächst die Untersuchung von Friedrich Abitz über die Funktion der Schächte in den Königsgräbern[8]. Abitz widerlegt endgültig
die auf Belzoni zurückgehende Auffassung, daß diese Schächte Grabräu-
ber irreführen oder gar zu Tode stürzen lassen sollten. Sicher ist
nach dieser Arbeit, daß die Schächte eine religiöse Bedeutung hatten, wahrscheinlich ist, daß sie die "Höhle des Sokar" darstellen, wie
sie in der fünften Stunde des Amduat beschrieben und dargestellt
wird (Tafel I). Dieser Höhle kommt beim Prozeß der Verjüngung des
Sonnengottes eine zentrale Bedeutung zu, die hier nicht im einzelnen darzustellen ist, die man vielmehr bei Hornung oder Vandersleyen[9]
nachlesen möge. Abitz verwirft auch die ältere Auffassung, daß die Schächte zum Abfangen eindringenden Regenwassers dienten, wie es gelegentlich in Theben - wenigstens im Altertum - in ungeheuren Massen herab-
fiel und in dem Wüstental der Könige sich zu gefährlichen Sturzbächen
sammelte. Tatsächlich zeugen Wasserspuren an den Wänden der Schächte
davon, daß solche Wassereinbrüche geschehen sind und daß sich Wasser
in die Schächte ergossen hat, und es fragt sich, ob das nun von den
Erbauern der Königsgräber beabsichtigt war, in Kauf genommen wurde
oder ob es sich gegen deren Willen ergeben hat.

Für die erste Ansicht entscheidet sich Claude Vandersleyen[10]. Ohne seine überzeugenden Argumente hier zu wiederholen, sei nur berichtet, daß
er sich dabei auf eine Deutung stützt, die Christiane Desroches-Noblecourt der sogenannten "Schatzkammer" im Grabe des Tut-anch-Amun gegeben hat: Sie sei, so stellt die französische Ägyptologin fest, insofern eine Kammer der Wiedergeburt, als sie einen "wäßrigen" Charakter
habe, wie die in ihr aufbewahrten Gegenstände zeigen. In ihr wiederhole sich der vorgeburtliche Zustand des neu zum Leben kommenden Pharao wie bei einem Embryo. Dementsprechend sei, so schließt Vandersleyen,
der Schacht in einem Königsgrab die wäßrige Gegend, in der der König

---

[7] Hellmut Brunner, Illustrierte Bücher in Ägypten, in: Wort und Bild, hsg. von H.
     Brunner, R. Kannicht und K. Schwager, München 1979.
[8] Friedrich Abitz, Die religiöse Bedeutung der sogenannten Grabräuberschächte in
     den ägyptischen Königsgräbern der 18. bis 20. Dynastie, ÄA 26, 1974.
[9] Claude Vandersleyen, Le sens symbolique des puits funéraires dans l'Egypte

vom Tode zu neuer Geburt und neuem, wenn auch nicht mehr irdischem
Leben komme. Damit verknüpft er die alte Beobachtung Belzonis, daß
in den Schacht im Grabe Sethos' I. große Wassermassen gestürzt sind,
ja daß alle Gräber der 18. und 19. Dynastie gerade an "wassergefähr-
deten" Stellen des Tals angelegt sind. Es wäre ein leichtes gewesen,
solche Wassereinbrüche dadurch zu verhindern, daß man die Grabeingän-
ge einige Meter über der Talsohle angelegt hätte - aber nein, sie liegen sämtlich so, daß Wasser eindringen mußte, und der Gedanke, daß
hier eine Absicht vorliegt, drängt sich auf.

Der Schacht in den Königsgräbern wird also nicht nur durch seine bauliche Anlage und die Beschriftung bzw. Bebilderung zur Höhle des Sokar[11],
sondern noch konkreter dadurch, daß Wasser in ihn geleitet wurde. Einzelheiten dieser Beweisführung sind bei Vandersleyen nachzulesen und
seien hier nicht wiederholt. Wir werden uns wohl vorzustellen haben,
daß bei der Beisetzung des Königs, über deren Zeremonien wir so gut
wie nichts wissen[12], ein Priester durch einen Wasserguß in den Schacht
(mit entsprechendem Ritual?) erstmals den Nun, das Urwasser, dort
herstellte, wobei dann die spätere Wasserversorgung notgedrungen der
Natur überlassen bleiben mußte. Das setzt freilich voraus, daß in der
Eingangstür, die wir uns nach dem Befund beim Grab des Tut-anch-Amun
vermauert und versiegelt vorstellen müssen, ein Wasserdurchlaß offen
blieb.

Wenn dem aber so ist, daß an dieser Stelle des Grabes eine bestimmte
Örtlichkeit des Buches Amduat realisiert worden ist, so liegt der Gedanke nahe, daß nicht nur der Schauplatz dieser fünften Stunde außer
durch Bilder und Texte auch durch Architektur ausgedrückt wird, sondern
daß das ganze Buch ebenso wie die Architektur den Zweck hat, im Königsgrab die Unterwelt, vor allem die unterirdische Sonnenbahn, herzustellen. Die Sonne soll veranlaßt werden, nachts durch das Grab zu ziehen
und in die ihr zuteil werdende Verjüngung auch den verstorbenen König
einzubeziehen. Dann wäre der Sinn der Unterweltsbücher (man wird hier
kaum die jüngeren von dem Vorbild, dem Amduat, trennen dürfen) nicht

---

10 ancienne, in: CdE 50, 1973, 151-157.
    Ebd.
11 Wobei darauf hinzuweisen ist, daß das Wasser in der Darstellung des Sokarlan-
    des eine besondere Rolle spielt, obwohl es eigentlich in der Wüste liegt. Un-
    ter der Höhle befinden sich sowohl Sand als auch Wasser. Vgl. Hornung, Amduat,
    Teil II, 107 f. und h i e r , Tf. I.
12 Außer daß im Tal ein kleines Totenmahl von Familienangehörigen und hohen Be-
    amten (?) gehalten wurde, s. Herbert E. Winlock, Materials Used at the Embalming
    of King Tut-Ankh-Amun, The Metrop.Museum of Art, Paper No. 10, New York 1941.

der, ein Wissen aufzuzeichnen und zu speichern, sondern durch die
Schöpferkraft des vollgültig ausgesprochenen bzw. aufgeschriebenen
Wortes einen Zustand herzustellen. Was in Vollmacht im Indikativ
ausgesagt wird, das kommt in die Existenz. Daß das an mehreren Orten,
nämlich in allen Königsgräbern gleichzeitig geschieht, stört den nicht,
dem der mythische Raum- und Ortsbegriff bekannt ist[13].

Ebenso wie jeder Tempel den Urhügel birgt, ebenso wie durch einen
Tempel des Neuen Reiches die Sonne bei Tag ihre Bahn zieht[14], so
wandert sie jede Nacht durch das Königsgrab. Es ist vielleicht kein
Zufall, daß sich der Gedanke der Sonnenbahn im Tempel im Alten und
Mittleren Reich ebensowenig nachweisen läßt wie der Gedanke, daß die
Sonne nachts durch die Erde von Westen nach Osten zieht und sich da-
bei verjüngt. Pyramidentexten und Sargtexten, wo wir Spuren davon er-
warten dürften, ist diese Vorstellung fremd. Sie scheint erst im
Neuen Reich, also zur Zeit der Königsgräber, entwickelt worden zu sein.

Es wird Aufgabe der Detailforschung sein, dies hier nur skizzierte
Problem zu verfolgen und die These zu erhärten oder zu widerlegen.
Daß z. B. die Sargkammer, die Dat heißt, neben anderen Aufgaben auch
die hat, die Fahrt der Nachtsonne aufzunehmen, scheint mir sicher -
so jedenfalls läßt sich die ovale Form der Thutmosidenzeit erklären,
nicht etwa als Königsring, dem dann der für diesen charakteristische
"Verschluß" fehlte. Wenn Hornung, dem wir den Hinweis auf den Zusammenhang zwischen der Form der Grabkammer, der Form der Unterwelt und
der Kugel des Mistkäfers (alle drei heißen *nwt*) verdanken[15], die Grabkammer "ein Abbild des 'Verborgenen Raumes' der Unterwelt" nennt, so
ist das zweifellos richtig, doch muß seine Beobachtung in der Weise
erweitert werden, daß die Abbildung den Zweck hat, den mythischen Ort
"Unterwelt" an dieser Stelle herzustellen, zu realisieren; dem Begriff
"Abbild" (*sšm*) kommt also hier ein sehr prägnanter, wirkkräftiger Sinn
zu. Dennoch ist bei jeder monofinalen Erklärung sowohl des Amduat wie
der Architektur der Gräber Vorsicht geboten: So wie der ägyptische
Tempel des Neuen Reiches zugleich kultische Bühne und Spiegel des

---

[13] Hellmut Brunner, Zum Raumbegriff der Ägypter, in: StG 10, 1957, 612-620.
[14] Ders., Die Sonnenbahn in ägyptischen Tempeln, in: Archäologie und Altes Testa-
     ment, Festschr. f. Kurt Galling, 1970, 27-34; ders., Die südlichen Räume des
     Tempels von Luxor, AV 18, 1977, 80 f. mit Anm. 106.
[15] Dazu Hornung, Amduat (o. Anm. 11), 105 f.

Kosmos ist, so haben gewiß auch die Königsgräber mehrere Aspekte, zumal sie ja auch nicht nur das Amduat und andere Unterweltsbücher, sondern viele ganz andere Texte und Darstellungen bergen.

Ein Einwand gegen jede kosmische oder mythische Erklärung der Tempel wie der Königsgräber sei immerhin nicht unterdrückt: Die Orientierung nach den Himmelsrichtungen ist bei den einen wie den anderen uneinheitlich, während wir doch erwarten müßten, daß die Tempel, wenn die Sonne sie bei Tage durchziehen soll, ost-westlich, die Königsgräber, wenn sie des Nachts von der sterbenden und auferstehenden Sonne durchlaufen werden sollen, west-östlich ausgerichtet wären. Daß dem nicht so ist, daß vielmehr andere, ungeklärte Gründe die Orientierung der Tempel wie der Gräber bestimmen, harrt, wie so vieles andere, noch der Erklärung.

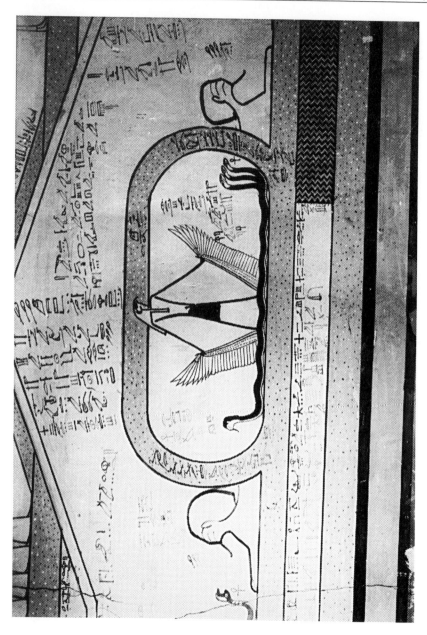

Ausschnitt aus der fünften Stunde des Amduat bei Tuthmosis III: Die
Höhle des Sokar mit Wasser darunter

6. Zu den altägyptischen Vorstellungen von Raum und Zeit

Zum Zeitbegriff der Ägypter

aus: Studium Generale 8, 1955, 584–590.

Es ist bekannt, daß die Ägypter keine Geschichtswissenschaft in unserem Sinne gehabt haben; sie kannten zwar Ereignisse der Vergangenheit, haben Taten der Gegenwart für die Zukunft aufgezeichnet, sie jedoch nicht kausal verknüpft und dadurch nicht ein Geschichtsbild in unserem Sinne gewonnen[1].

Ihnen aus dieser Haltung einen Vorwurf zu machen, wäre unwissenschaftlich und unfruchtbar. Wir haben uns vielmehr allen Ernstes die Frage zu stellen, ob sich diese ägyptische Einstellung zur Vergangenheit nicht erklären läßt. Die Frage wird um so dringlicher, als doch die Ägypter als ein Volk frühester Schrifterfindung »geschichtliche Menschen« in dem Sinne gewesen sind, daß sie einmalige Ereignisse festgehalten, sich also des Laufes der Zeit bewußt gewesen sind und Wert darauf gelegt haben, bestimmte Dinge vor dem Abtreiben und Verlorengehen im Strome dieser Zeit zu bewahren. Der Ägypter war sich »seiner einmaligen Existenz bewußt«[2].

Und doch, was ihn stärker interessierte als diese vergänglichen, beliebigen Einmaligkeiten war das Bleibende, Gültige. Das ist die Ursache der »Unergiebigkeit« historischer Texte und Autobiographien für den modernen Geschichtsforscher, der fragt, wie es war. Der Ägypter gibt lieber Antwort auf die Frage: »Wie soll es sein?«, diese beschäftigt ihn stärker.

Die Normen des Lebens aber sind, zwar nicht ausschließlich dort, aber vorwiegend, im Mythos niedergelegt. Göttergeschehen ist vorbildlich, verbindlich. Die religiöse Welt aber, der der Mythos zugehört, ist zeitlos, sie ist jederzeit, in Vergangenheit, Gegenwart und Zukunft, ohne zeitliche Relativierung gültig.

In der »Arbeitswelt« (BULTMANN) hatten die Ägypter ohne Zweifel dieselbe Vorstellung vom Ablauf der Zeit wie wir; anders läßt sich eine technische Arbeit einfach nicht vollbringen, als wenn man den Ablauf der Augenblicke, einer hinter dem anderen und jeder unwiederbringlich, scharf ins Auge faßt. So gut die Ägypter wie alle Menschen aller Zeiten logisch denken konnten, so gut jede Annahme einer anderen »Logik« für frühe Völker abzulehnen ist[3], so gut stimmten die Anschauungen der Ägypter

---

[1] Vgl. z.B. ERMAN und RANKE, Ägypten und ägyptisches Leben im Altertum, S. 396f.; H. KEES, Kulturgeschichte (Handbuch d. Altertumswissenschaft), S. 285; EB. OTTO, Ägypten, der Weg des Pharaonenreiches, S. 42; H. RANKE in: Chronique d'Égypte 8, 1931, 277–286.
[2] EB. OTTO, Ägypten, S. 23. Vgl. auch ders. im Handb. d. Orientalistik I, 2, S. 140ff.
[3] AD. E. JENSEN, Mythos und Kult bei den Naturvölkern, passim.

über die Zeit auch mit unseren Begriffen überein. Aber, und das ist für das richtige Verständnis ausschlaggebend, die Zeit bot für sie außerdem noch einen anderen Anblick, sie erschöpfte sich nicht in einer rationalen Auffassung von meßbaren Einheiten wie in unserem wissenschaftlich bestimmten Denken. Freilich dürfen wir uns nicht vorstellen, es habe zwei ganz getrennte Zeitbegriffe gegeben, einen für die Arbeitswelt und einen zweiten für die religiösen Vorstellungen. Vielmehr handelt es sich um zwei Aspekte desselben Phänomens, die in unperspektivischer Weise nebeneinanderstehen, für unser Gefühl so unvereinbar wie die Seiten- und die Vorderansicht eines Stuhles in einer ägyptischen Zeichnung, die aber dennoch nur zwei Seiten desselben Phänomens zeigen sollen. Für den Ägypter stand neben dem Anblick der Zeit als eines irreversiblen Ablaufs aneinandergereihter jeweils einmaliger Momente (Arbeitswelt) der andere, der mythische Zeitbegriff. Unsere Überlegungen sollen diesem uns zunächst fremden Begriff an sich und seinem Verhältnis zum weltlichen, »wissenschaftlichen« Zeitbegriff gelten.

I

Der Mythos tritt uns zwar auch und in der älteren Zeit vorwiegend in anderen Formen, hymnischen, litanei-artigen u. a.[4] entgegen, doch ist die später vorherrschende, gleichsam endgültige Form die der Erzählung, und es ist durchaus möglich, daß auch zur Zeit der mythischen Anspielungen in den Pyramidentexten oder anderem alten religiösen Gut daneben schon echte mythische Erzählungen, wenn auch noch literarisch ungeformt, umliefen. Wie anders sollte man die Kunde von Tod und Auferstehung des Osiris verbreiten? In den Kult freilich fanden, wie das S. SCHOTT gezeigt hat, solche mythischen Gedanken zuerst durch Anspielungen auf Göttergeschichten in Speisetafeltexten, Hymnen, Weihtexten u. a. Eingang. Aber diese Erkenntnis, so wichtig sie für das Verhältnis von Mythos und Kultus ist, schließt nicht aus, daß auch damals schon *Erzählungen* von Göttern bekannt waren. Jedenfalls aber ist die eigentliche Form des Mythos die der Erzählung, wie sie uns erstmals im Denkmal Memphitischer Theologie[5] entgegentritt.

Die mythischen Erzählungen benützen ebenso wie die einfachen Erzählungen ohne diesen Hintergrund, die der Menschenwelt, die Vergangenheit

---

[4] S. SCHOTT, Mythe und Mythenbildung im alten Ägypten (Untersuchungen zur Gesch. und Altertumskunde Ägyptens, Band XV); vgl. auch S. SCHOTT im Handb. der Orientalistik I, 2, S. 67ff.

[5] K. SETHE, Dramatische Texte zu altägypt. Mysterienspielen (Untersuchungen zur Gesch. und Altertumskunde Ägyptens, Band X); H. JUNKER, Die Götterlehre von Memphis (Abh. d. Preuß. Akad. d. Wiss. 1939, Phil.-Hist. Klasse Nr. 23); dazu S. SCHOTT, Mythe und Mythenbildung, S. 126f.

als Sprachform. Aber, und das ist der wesentliche Unterschied zwischen Erzählungen der Menschen- und solchen der Götterwelt: Während jene einmalige Erlebnisse berichten, auch wenn ihr Geschehen typisch ist, während sie also einen Zeitbegriff der Arbeitswelt voraussetzen, ist die Zeit des Mythos gleichsam ewig vorhanden. »Es war einmal« im Mythos meint ebensogut »es war«, »es ist« und »es kann immer wieder sein«. Ein religiöses Ereignis wie das der Auferstehung des Osiris, des Gottes, der die menschliche Not des Todes erlitten, dadurch vergöttlicht und überwunden hat, ist seinem Wesen nach nicht einmalig, kann und wird sich vielmehr immer wiederholen, ja in dieser Wiederholung liegt sein Sinn; im Kult wird es jährlich bei den sogenannten Mysterien in Abydos wiederholt, nicht als Erinnerung an eine Vergangenheit, sondern wirklich stirbt der Gott wieder, wird für die rituelle Bestattung um seine Leiche gekämpft, wird er begraben, ersteht er auf. »Ich begleitete den Gott auf seinem Gang. Ich ließ das Gottesschiff fahren, und Thot ließ die Fahrt gut vonstatten gehen... Ich rächte Wennofer (= Osiris) an jenem Tage des großen Kampfes und warf alle seine Feinde auf dem Gewässer von Nedit nieder. Ich ließ ihn in das Schiff einsteigen... Die Barke landete in Abydos und brachte den Herrn von Abydos zu seinem Palast«[6]. Was immer auch die einzelnen Phasen dieses »Spiels«, das ernstester Ernst ist, bedeuten mögen, der Wortlaut läßt keinen Zweifel, daß diese Ereignisse als sich wirklich vollziehend aufgefaßt wurden, keineswegs als ein von Menschen zu Ehren eines Gottes aufgeführtes Theaterspiel. Auf die Frage, wann Osiris gestorben und begraben sei, hätte ein Ägypter niemals antworten können: in dem und dem Jahre, etwa 5000 vor Menes, sondern nur : »am 22. Tag des ersten Monats der Überschwemmungszeit«. Von einem Ereignis, das, der religiösen Welt zugehörend, sich nicht auf einen einzigen Punkt unserer wissenschaftlich erfaßten Zeitachse fixieren läßt, das sich vielmehr in Vergangenheit, Gegenwart und Zukunft immer wieder einmal realisiert oder (im Fest) realisieren läßt, ja latent immer wirksam ist, läßt sich nicht anders als mythisch reden. Die *Form* dieser Rede aber wird die der Vergangenheit sein. Zwar haben die semitischen Sprachen und das Ägyptische eine eigene Satzform ausgebildet, die einen solchen zeitlosen Sachverhalt ausdrücken kann, für den wir in unseren indogermanischen Sprachen komplizierte Umschreibungen brauchen, den Nominalsatz; doch ist er für die Erzählung nicht verwertbar, da er nur einen Zustand oder, mit einem Partizip als Prädikat, eine Handlung bezeichnet, deren Anfang oder Ende den Sprecher im Augenblick nicht interessiert; eine beginnende oder endende Handlung kann durch einen

---

[6] Berlin 1204, hier nach KEES, Ägypten (Religionsgesch. Lesebuch v. A. BERTHOLET), Nr. 63, S. 38f.

Nominalsatz nicht bezeichnet werden, dafür bleibt nur die Erzählungsform der Alltagswelt. Nehmen wir doch auch die Bilder für die religiöse Welt alle aus unserer Arbeitswelt, heute nicht weniger als je! Und wie mit den Bildern geht es auch mit der sprachlichen Form: der Mythos muß hier bei der Umgangssprache Anleihen machen.

Dennoch würden wir einen Fehler machen, der uns das Verständnis zum mythischen Zeitbegriff verbaut, wenn wir die Erzählungsform eines Mythos in ihrer Bedeutung der einer Geschichte, etwa eines Schlachtenberichtes, gleichsetzen wollten.

II

Die mythische Vergangenheit ist wichtig für die Gegenwart, sie ist wirksam in der Gegenwart. Das freilich ist nicht in dem Sinne zu verstehen, daß die Wirkung eines einmaligen vergangenen Ereignisses sich bis zu uns fortpflanzte wie der Druck einer Wasserwelle von einem entfernt hineingeworfenen Stein uns noch erreicht. Abgesehen davon, daß die Ägypter den Begriff der Kausalität nicht kannten, ihn jedenfalls nicht auf das Leben anwandten[7], bleiben auch die Ansätze zu solchem Denken, wie sie sich aus dem Gedanken der Kontinuität der Zeit ergaben[8], seltene Ausnahmen[9]. Nicht in solchen gelegentlichen Gedanken über den Fluß der Zeit, der Vergangenheit, Gegenwart und Zukunft durch seine Berührung verbindet, beruht aber die Bedeutung der mythischen Vergangenheit, sondern in ihrer ständigen gegenwärtigen Wirkung, wie wir das am Beispiel des Todes des Osiris klargemacht haben.

In allen altorientalischen Religionen kommt den Schöpfungssagen besondere Bedeutung zu[10]. Es ist gewiß nicht naturhistorisches Interesse an der Deutung der Vergangenheit in unserem Sinne oder gar ihrer versteinerten Relikte, was diesen Mythen ihre Bedeutung verleiht[11]. Alle Versuche, etwa den biblischen Schöpfungsberichten naturhistorische Tabellen gegenüberstellen zu wollen, in denen den Schöpfungstagen von Gen. I Jahr-

---

[7] Daß sie etwas von Ursache und Wirkung und deren zeitlicher Verknüpfung wußten, ist selbstverständlich, da ohne diese Kenntnis keinerlei Arbeit ausgeführt werden kann. Den Begriff aber haben sie nicht entwickelt.

[8] Vgl. dazu WILSON, The Burden of Egypt, und EB. OTTO, Altägyptische Zeitvorstellungen und Zeitbegriffe, in: Welt als Geschichte 14, 1954, S. 135–148. OTTOS gründliche Arbeit untersucht die verschiedenen Ausdrücke für Zeit und Zeiteinheiten. Bei der ganz anderen Zielsetzung berührt sie sich kaum mit unserer Untersuchung.

[9] Eine solche führt EB. OTTO, Zeitvorstellungen S. 141 an:»Ein Verstorbener sagt zu den Lesern seiner Biographie: ›Ihr seid ja schon zur Hälfte in mir enthalten wie das Morgen, das aus dem Gestern entsteht‹.«

[10] Man findet die wesentlichen bei J.B. PRITCHARD, Ancient Near Eastern Texts relating to the Old Testament, 1950.

[11] Vgl. H. BRUNNER, Die Grenzen von Zeit und Raum bei den Ägyptern, in: Archiv für Orientforschung 17, 1955, 141–145.

milliarden der Erdgeschichte gegenüberstehen, sind methodisch falsch, weil
zwei unvergleichbare Dinge verglichen werden: mythische Zeit und wissenschaftliche Zeit. Die Aufeinanderfolge der Schöpfungsakte in den orientalischen Mythen ist vielmehr religiöse Aussage über den Rang der einzelnen
Lebensbereiche; Gen. I wird der Mensch in einer Steigerung der Werke als
letztes und höchstes, als »Krone der Schöpfung« an den Schluß gestellt, in
ägyptischen Schöpfungsmythen tritt die Erschaffung des Menschen zurück[12]; ihnen ist der Vorgang der Schöpfung selbst wichtig[13] und die Ge-
nerationenfolge der ersten Götter[14]. Die Götter aber leben noch, alles in der
Schöpfung Geschaffene umgibt den Menschen ständig, und die Schöpfungsmythen sagen etwas über den Rang dieser Umwelt, über ihre gottgewollte Ordnung aus; darin liegt ihre Bedeutung. In diesem Sinne ist die
Schöpfung stets gegenwärtig: »Die Schöpfung ist nicht ein in sich geschlossener Vorgang, sondern weist über sich hinaus in die letzte Zukunft. Sie
transzendiert sich. Soweit jedoch die durch sie eingeleitete Geschichte vor-
ausschreitet, der Anfang wird nie überholt. Denn die Schöpfungstat bleibt
dem Ablauf der Geschichte in allen seinen Phasen gegenwärtig«[15]: Ich glaube kaum, daß ein alter Ägypter diesen Worten eines christlichen Dogmati-
kers widersprochen hätte, falls er den darin verwendeten Begriff der Geschichte zu fassen vermocht hätte.

Freilich gehen die vorchristlichen Religionen, als deren Beispiel wir die
ägyptische und die israelitische nehmen, noch einen Schritt weiter. Schöpfung ist ein im Grunde unfaßlicher göttlicher Akt; nach altorientalischer
Auffassung ist er keinesfalls einem einzigen Blick zugänglich. Will der
Ägypter ihm wirklich nahen, so muß er ihn umkreisen, vielfach betrachten,
und immer wieder werden sich neue Blickpunkte offenbaren. Die Vielfalt
einander widersprechender Schöpfungserzählungen in Ägypten läßt sich
nicht mit einem Hinweis auf verschiedene lokale Überlieferungen abtun;
diese religionsgeschichtliche Hypothese mag gelegentlich zutreffen, aber
allzuoft will es durchaus nicht gelingen, etwa eine heliopolitanische von
einer hermopolitanischen Tradition zu trennen. Vor allem aber wird man
damit dem eigentlichen Wesen dieser Parallelerzählungen nicht gerecht.
Stehen doch sogar in der Genesis zwei einander widersprechende Schöp-

---

[12] Sie wird entweder geradezu beiläufig als »Wortspiel« an die Tränen des Schöpfergottes
angeknüpft oder die Menschen werden als Abkömmlinge der ersten Göttergenerationen
betrachtet, an deren Ende Horus steht, der sich im lebendigen König inkarniert und somit
die Götter mit den Menschen der Gegenwart verbindet.

[13] In dem bekannten Monolog des Urgottes im Papyrus Bremner-Rhind steht dabei die Frage
im Mittelpunkt, von wann ab die Geschöpfe sich selbst vermehren konnten, also nicht
mehr »müde«, d. h. zeugungsunfähig waren.

[14] Siehe zur Bedeutung der »binnenmythischen Zeit« unten Abschnitt III.

[15] M. Schmaus in: Universitas Bd. 8, 1953, S. 21.

fungsberichte unmittelbar hintereinander: Gen. 1,1 – 2,4 werden Pflanzen und Tiere vor dem Menschen geschaffen, Gen. 2,4 – 25 dagegen ausdrücklich nach ihm, um seinetwillen. Ein Hinweis auf zwei verschiedene Quellen für diese Geschichten ist ebenso wie der auf die verschiedenen Überlieferungsorte ägyptischer Mythen zwar u. U. richtig, erklärt aber das Vorhandensein des Widerspruchs nicht; es geht schlechterdings nicht an, Israeliten und Ägypter so wenig ernst zu nehmen, daß man meint, sie hätten diesen Widerspruch nicht gemerkt oder der Tradition zuliebe diesen schweren Anstoß eben hingenommen: Wer an eine Inspiration des alttestamentlichen Kanons glaubt, wird sich damit ohnehin nicht begnügen können, und die anderen würden doch die Weisheit der kanonisierenden Theologen erheblich unterschätzen, wollten sie ihnen solche Blindheit zuschreiben. Nein, die Juden haben ebenso gewußt wie die Ägypter, daß hier Widersprüche vorlagen, sie haben sie aber nicht nur hingenommen, sondern diese verschiedenen Aussagen über dieselbe, zentral wichtige religiöse Wahrheit waren ihnen sogar notwendig, wollten sie sie wirklich in den Blick bekommen. Man muß ein solch bedeutendes Phänomen, wie es die Schöpfung und die Ordnung unserer Welt ist, von verschiedenen Seiten beleuchten und betrachten.

Dieser Umstand aber, daß von einem Ereignis zwei oder mehr Versionen nebeneinander stehen können, die die einzelnen Phasen in verschiedener Reihenfolge schildern, zeigt bereits, daß wir es mit einem anderen als unserem wissenschaftlichen Zeitbegriff zu tun haben: gehört doch zu jeder wissenschaftlichen Aussage, daß sie logisch und in sich widerspruchsfrei sein muß. Die Schöpfungssagen berichten offenbar nicht von einem einmaligen, unwiederholbaren, auf unserer Zeitachse fixierbaren Ereignis, also einem Vorgang, über den sich ebenso wie über einen Schlachtverlauf berichten ließe, eindeutig, widerspruchsfrei und (theoretisch) nachprüfbar durch Zeugenaussagen, sondern sie haben eine religiöse Wahrheit zum Aussagegegenstand, nämlich die Ordnung der Welt. So betrachtet besteht tatsächlich zwischen den beiden Schöpfungsberichten der Bibel (um diese bekannteren Beispiele nochmals zu bringen, dasselbe läßt sich bei den ägyptischen Mythen ebenso nachweisen) kein Widerspruch: beide setzen den Menschen in den Mittelpunkt der Welt, und ob er nun als letztes und höchstes Wesen geschaffen wird oder ob die Natur ihm zuliebe aus Gottes Willen entspringt – das ist nur eine Frage des Blickpunktes, ob man, wie der Verfasser von Gen. 1, das Verhältnis der Weltdinge zueinander und zu Gott betrachtet oder ob das Verhältnis des Menschen zur Natur, vor allem aber zu Gott (später dann, in Gen. 3, auch das Verhältnis von Mann und Frau) vorwiegend interessiert. Ein Widerspruch besteht nur für uns, wenn wir unseren Zeitbegriff anlegen; dann allerdings verwirren wir uns – ein Zeichen, daß w i r einen Fehler begangen haben, nicht aber der alte theologische Erzähler. Es handelt sich nicht um Historie, sondern um Mythos, und dabei wird ein anderer Zeitbegriff angewandt, nicht der historische, sondern der mythische, wie wir ihn oben zu umschreiben versucht haben, wobei die Zeit virtuell »immer« da ist, jedenfalls jederzeit realisiert werden kann. Bei der Deutung der Mythen wird oft dieser Unterschied übersehen, und das rührt daher, daß die Sprache auch des Mythos die Erzählungs-Vergangenheitsform benützt, die sie, wie die Religion alle ihre Aussageformen, der Arbeitswelt entlehnt hat.

III

Ist also die Vergangenheit eines Mythos anders zu werten als die eines historischen Berichtes, so darf auch die innerhalb eines Mythos auftretende Zeitspanne, das Nacheinander von Ereignissen, nicht etwa dem Nacheinander der Religionsgeschichte gleichgesetzt werden. Es wäre verhängnisvoll, wollte man etwa in Ägypten ein Zeitalter konstruieren, in dem allein Atum verehrt wurde, das dann gefolgt worden wäre von einem Alter der Schu-Tefnut-Verehrung usw., bis schließlich als letzte religionsgeschichtliche Epoche die des Osiris-Horus in das helle Licht der Geschichte führe; man hat Derartiges seit SCHELLING in der griechischen Religion versucht, indem man hier die Generationen Uranos-Kronos-Zeus drei verschiedenen religionsgeschichtlichen Perioden gleichsetzte. Auch hier liegt eine grundsätzliche Verkennung des mythischen Zeitbegriffes vor.

Richtig ist, daß auch bei der Aufstellung solcher Göttergenerationen der eigentliche Gehalt der Aussage religiös ist. Dabei scheinen die Göttergeschlechter nicht nur eine Rangordnung zu enthalten in dem Sinne, daß der älteste Gott der ranghöchste ist, sondern es steckt teilweise auch ein Wissen um überwundene, nicht zeitgemäße, aber darum doch noch unterirdisch wirksame Mächte in der Abfolge. Dabei verstehe ich unter »überwunden«, um jedes Mißverständnis auszuschließen, nicht eine alte, religionsgeschichtlich faßbare Auffassung Gottes, sondern möchte diesen Ausdruck systematisch verstanden wissen. Es können etwa menschliche Triebe zur Gewalt, zur Sinnlichkeit in den Bereich solch »überwundener« Götter gehören, die das Licht einer geordneten Gesellschaft scheuen, aber doch immer wieder wirksam werden, aus unheimlichen, »unterirdischen« Regionen hervor sich regen, sich zu befreien suchen. So sehen die Griechen diese Mächte; die maßvollen, lichten Ägypter in ihrer in allen Bereichen gültigen Ordnung haben solchen gefesselten Kräften und Mächten nicht den Rang von Göttern zuerkannt, wenn auch Seth viele Merkmale der rohen, unsympathischen Gewalt an sich trägt, besonders etwa in der Erzählung von Horus und Seth[16]. Aber wenn auch Seth manche Züge eines gefesselten Gottes

---

[16] Übersetzung: J. SPIEGEL, Die Erzählung vom Streite des Horus und Seth, S. 126–141.

aufweist[17], so gehört er doch nicht, wie die Titanen, einer älteren Generation als die herrschenden Götter an. Im ruhigen, beherrschten und geordneten Ägypten kommt vielmehr den älteren Göttergenerationen eine andere Rolle zu: sie sind alt, nehmen das Aussehen alter Könige an[18], die zwar noch auf dem Thron sitzen, also ihre Funktion weiterhin ausüben, aber doch nicht mehr eigentlich auf den Gang der Welt Einfluß nehmen, jedenfalls sich vorwiegend ruhig verhalten; das gilt weitgehend von Atum, von Schu und Tefnut, von Geb und Nut[19]. Ihre Bedeutung für die Gegenwart besteht vor allem in der Tradierung der Ordnung aus ihrer Zeit; der König sitzt auf dem Thron der Götter, auf dem »Thron des Horus der Lebenden«, dem »Thron des Geb«, ja auch dem »Thron des Atum«. Es ist ein überaus bezeichnender Zug der ägyptischen Mythologie, daß sie vorwiegend in Rechtskategorien ihre Vorstellungen schafft, ganz im Gegensatz zu vorderasiatischen, aber auch zu griechischen Göttergeschichten, in denen Kampf und der Sieg des Stärkeren den Ausschlag geben.

IV

Nach diesen notwendigen Klärungen können wir uns nun der Einstellung der Ägypter zur Vergangenheit zuwenden. Eine ganz große Rolle im religiösen Denken der Ägypter spielt die »Urzeit« (p3.t) oder die »Erste Zeit« (sp tpj). Gemeint ist damit die Zeit bei oder gleich nach der Schöpfung, als Gott die Welt eingerichtet (grg) hatte, als die Welt also noch, vor dem Abfall der Menschen, heil war, Gottes Willen wirklich abspiegelte. Daß diese »Urzeit« nichts mit unserer »Urgeschichte« zu tun hat, dürfte nach dem vorher Ausgeführten nicht länger zweifelhaft sein: es handelt sich auch hier um eine religiöse Vorstellung, nicht um eine historische. Zwei Aussagen über diese Urzeit kehren immer wieder[20]: entweder rühmt sich der König (gelegentlich auch einmal ein Privater), er habe etwas geleistet, was nicht getan worden sei seit der Urzeit, oder aber er habe etwas, vor allem verfallene Tempel, wieder eingerichtet, wie sie in der Urzeit gewesen waren[21]. Dabei besteht zwischen diesen beiden Aussagen kein Unterschied, da – abgesehen von einer kurzen, gleich zu erwähnenden Periode – niemals der Anspruch erhoben wird, etwas grundsätzlich Neues zu schaffen. Auch wenn es sich um eine Leistung handelt, die »niemals getan wor-

---

[17] Vgl. etwa Horus und Seth 15,12.
[18] Z.B. Buch von der Himmelskuh (Übersetzung bei PRITCHARD, Ancient Near Eastern Texts, S. 10f.) oder die Erzählung von der List der Isis (Übersetzung bei PRITCHARD, Ancient Near Eastern Texts, S. 12).
[19] Auf die religiöse Bedeutung der »gestorbenen« Götter, etwa der in Theben begrabenen acht Urgötter, können wir hier nicht eingehen.
[20] Vgl. H. FRANKFORT, Kingship and the Gods, S. 149.
[21] Vgl. K. SETHE, Imhotep, S. 15ff.

den ist seit den Zeiten des Re«, so heißt das doch nicht, daß etwa eine Erfindung gemacht worden sei, die einen Fortschritt mit sich bringe. Vielmehr mag dann ein besonders schöner, großer Block aus einem Steinbruch gewonnen[22], die Tempelbauten mögen noch etwas schöner und größer ausgestattet[23], die Überschwemmung mag etwas höher gestiegen sein[24] oder ein neuer Weg zu einem schon länger bekannten Land, aus dem Handelsprodukte geholt werden, tut sich auf[25].

Nur in einer einzigen kurzen Periode der Geschichte Ägyptens scheint gelegentlich ein wirklicher Fortschrittsglaube zu herrschen, werden Erfindungen mit Stolz hervorgehoben: in der ersten Hälfte der 18. Dynastie, als infolge des Sieges über die Hyksos und die ihm folgende Gründung des Imperiums eine Art »Kulturoptimismus« sich ausbreitete. Damals konnte sich ein bedeutender Mann, der Architekt des ersten Grabes im Tal der Könige, *Ineni*, einiger technischer Erfindungen rühmen und dann fortfahren: »Ich forschte für die Menschen der Zukunft ..., ohne daß ich eine Anleitung bekommen hätte durch einen Älteren. Ich werde wegen meines Wissens noch nach Jahren gelobt werden durch die, die nachahmen (*znj r*) werden, was ich geleistet habe«[26]. Ein anderer Mann dieser Zeit erzählt, daß er die Wasseruhr erfunden habe[27]. Doch bleiben solche Zeugnisse vereinzelt und sind auf die Zeit des sich ausbreitenden Imperiums im 16./15. Jahrhundert v. Chr. beschränkt. Im allgemeinen drückt der Ägypter seine Einstellung zur Vergangenheit so aus wie Ramses IV.: »Seit Ägypten in meine Zeit eingetreten ist, kam eine glückliche Zeit für Ägypten wie zur Zeit der Herrschaft des Re«[28].

In diesem Sinne also ist den Ägyptern die Vergangenheit wichtig: kann man doch in ihr am besten die Ordnung der Welt ablesen. Da sich diese Ordnung nicht grundsätzlich im Sinne eines Fortschritts ändert, ist die Vergangenheit auch ein Bild der Zukunft: »Ich war klug im Hinblick auf die Zukunft; denn ich lernte aus dem Gestern und dachte an das Morgen. Ich war deshalb gerüstet für das, was geschehen würde«[29], oder: »Man sagt: ›ein

---

[22] Couyat und Montet, Inscriptions hiéroglyphiques et hiératiques du Ouâdi Hammâmât (MIFAO 34), Nr. 199, Z. 6.
[23] Z.B. Macadam, Kawa I, Taf. 11/12, Z. 16f.
[24] Z.B. Macadam, Kawa I, Text, S. 25, Z. K 11.
[25] Z.B. Hammâmât Nr. 12, 8–9 = Bull. Inst. Franç. 48, S. 12.
[26] Urkunden IV, S. 57f.; vgl. dazu S. Schott, Voraussetzung und Gegenstand altägyptischer Wissenschaft (Jahrb. 1951 d. Akad. d. Wiss. Mainz), S. 289. Ganz ähnlich auch Hatschepsut: Journ. of Eg. Archaeol. 32, 1946, Taf. 6, Z. 8.
[27] L. Borchardt, Altägyptische Zeitmessung (in E. v. Bassermann-Jordan, Die Geschichte der Zeitmessung), S. 60ff.; dazu Schott, Voraussetzung, S. 290.
[28] Hammâmât Nr. 12 = Bull. Inst. Franç. 48, S. 8, Z. 6. So auch Thutmosis III.: Erment-Stele, Zeile 11.
[29] Nach Eb. Otto, Zeitvorstellungen, S. 141.

tüchtiger Mensch, der die Vergangenheit kennt, der wird auch Erfolg haben, die Kommenden zu erkennen!«« [30] »Ich bin in alle Schriften der Priester eingedrungen; mir ist nichts unbekannt geblieben, was seit der Urzeit geschah« [31].

Die Bedeutung der »Vergangenheit« für den Ägypter ist also eine doppelte: einmal kann man dort, und nur dort, die göttliche Ordnung rein erkennen, und zum zweiten kann man aus ihr den allgemeinen Lauf der Welt ablesen, der sich nicht grundsätzlich ändern wird, man kann also auf die Zukunft schließen.

Wenn wir uns nun fragen, welche »Vergangenheit« hier gemeint ist, die mythische oder die historische, so geben die Texte selbst schon die Antwort: »Urzeit« ist ein mythischer Ausdruck, und sowohl das Wort *p3.t* wie die Vokabel *sp tpj* »das erste Mal« (scil. des Auftauchens der Sonne aus dem Urmeer) gehören der mythischen Sphäre an. Wo immer diese Zeit näher bestimmt wird, treffen wir auf Götternamen. »Die Zeit des Re«, »die Zeit des Schu«, »die Zeit des Atum« heißt es da.

Wie sehr übrigens die Ägypter nach der Vergangenheit orientiert waren, wenn auch nicht der historischen, so doch der mythischen, für die aber beidemale nur dieselben Ausdrücke zur Verfügung standen, zeigt die eigenartige Verteilung der beiden aus den Raumvorstellungen auf die Zeitachse übertragenen Wörter »vorne« und »hinten« [32]. Während wir modernen Menschen die Zukunft als vor uns liegend ansehen, die Vergangenheit als hinten, steht der Ägypter umgekehrt: er schaut in die Vergangenheit, und ein zurückliegendes Ereignis bezeichnet er als »vorne« liegend, während umgekehrt die Zukunft »hinten« ist. Nach »vorne«, also in die Vergangenheit, schaut er, dort holt er sich seine Normen. Die Fortschritte, die der moderne Wissenschaftler innerhalb der ägyptischen Kultur feststellt, sind also gleichsam gegen die Absicht des Ägypters gemacht, nicht nur unbewußt. Abgesehen von den oben angeführten Stellen aus der ersten Hälfte der 18. Dynastie betont er auch keinen Fortschritt; alle Erfindungen werden als unwichtig, ja vielleicht als unerwünscht verschwiegen.

Eine historische Forschung war also aus dem Grunde den Ägyptern fremd, weil sie mit ihrer Betonung der Vergangenheit gar nicht eigentlich die historische Vergangenheit meinten, sondern eine mythische. Historische Ereignisse werden so gut wie nie erwähnt, obwohl, wie das Geschichtswerk des Manetho und andere Überlieferungen zeigen, recht umfangreiche Kenntnisse tradiert wurden. Daß aber die Ägypter bis zur Spätzeit keine historische Forschung betrieben, sich also keinen unmittelbaren Zugang zu

---

[30] EB. OTTO, Zeitvorstellungen, S. 141.
[31] Urkunden IV, 415, 14f. Es ließen sich leicht weitere Stellen solchen Inhaltes finden.
[32] Vgl. EB. OTTO, Zeitvorstellungen, S. 147, und J. VANDIER, Moʿalla, S. 189.

der für sie doch scheinbar so wichtigen und sie in Gestalt monumentaler
Bauwerke umgebenden Vergangenheit des Landes suchten, zeigt eben, daß
sie, solange mythische Vorstellungen in echtem Sinne lebendig waren, solange der Mythos noch »ungebrochen« (PAUL TILLICH) war, sehr gut den
Unterschied zwischen den beiden Zeitvorstellungen, der mythischen und
der der Arbeitswelt, kannten. Eine Grabung etwa hätte sie niemals der
allein wesentlichen Urzeit näherführen können.

V

Ich bin mir im klaren darüber, daß die Scheidung zwischen der historischen und der mythischen Vergangenheit in dieser Schärfe von den meisten
Ägyptern nicht durchgeführt worden ist. Die Listen der Herrscher gehen
von den Göttern über die »Horusverehrer« zu den historischen Gestalten
ab Menes[33]. Die sehr alte Geschichte konnte jederzeit in mythische Vergangenheit umschlagen. Dennoch glaubte ich zunächst einmal, den Unterschied so scharf wie möglich herausarbeiten zu müssen, weil auf einer voreiligen Verwischung der Grenze entscheidende Fehlurteile der modernen
Forschung beruhen.

Freilich, und das mag ein Trost sein, ist diese Unklarheit sehr alt; sie
begann bereits, als der Mythos nicht mehr ungebrochen ein wesentlicher
Bestandteil der Religion war, als die Menschen anfingen, an seiner Wider-
sprüchlichkeit oder auch an seiner neutralen Haltung gegenüber der Moral
Anstoß zu nehmen, als man zwar noch nicht auf ihn verzichtete, aber seine
Vorbehalte machte oder ihn zu deuten begann. Wir können hier nicht auf
das komplexe Verhältnis der klassischen Griechen zum Mythos eingehen,
wollen uns vielmehr auf Ägypten beschränken.

In der ägyptischen Spätzeit, etwa von 800 v. Chr. ab, treffen wir auf eine
eigenartige Erscheinung, die freilich nicht auf dies Land am Nil beschränkt
war, sich vielmehr in ähnlicher Form in ganz Vorderasien findet, die wir
aber doch nur innerhalb der Grenzen der ägyptischen Kultur hier heranziehen wollen: den Archaismus. Die Menschen lassen sich jetzt nicht mehr
nur in der Tracht ihres Alltags abbilden, sondern zeigen sich auf Statuen
und Reliefs in Kleidern, die einer 2000 Jahre alten Mode angehören, im
einfachen Schurz etwa die Männer oder einem Trägergewand des Alten
Reiches die Frauen. Uralte religiöse Texte werden wieder in den Gräbern
aufgeschrieben, und wir dürfen nicht zweifeln, daß, da die Tradition solcher
Sprüche längst abgerissen war, Schreiber in den Gräbern und Pyramiden

---

[33] Vgl. dazu H. RANKE, Vom Geschichtsbilde der alten Ägypter, in: Chronique d'Égypte Bd. 6,
1931, S. 277–286. Doch betont RANKE auch die beachtliche Tatsache, daß Menes als Be-
gründer des Reiches gilt, daß man sich also durchaus eines Unterschiedes zwischen ihm
und seinen Nachfolgern einerseits und vorhergehenden mythischen Herrschern andrerseits
bewußt war. Auch der Turiner Königs-Papyrus summiert die Regierungsjahre ab Menes.

des Alten Reiches kopierten; andere Texte in der alten Sprache scheinen neu verfaßt zu sein, so daß offenbar sogar das seit 1500 Jahren ausgestorbene Altägyptisch wieder erlernt wurde. Auch die Kunst der alten Vergangenheit begann jetzt wieder zu interessieren: In den verfallenen Tempeln wurden Reliefs mit einem Quadratnetz überzogen, um das Kopieren zu erleichtern; es wurden sogar Gipsabgüsse genommen, und den Erfolg sehen wir in zahlreichen Arbeiten der Zeit, die sich mehr oder minder an Kunststile längst vergangener Zeiten, möglichst des Alten Reiches, anlehnen. Es ist hier nicht der Platz, dieser Bewegung im einzelnen nachzugehen – eine entsprechende Untersuchung steht noch aus[34].

Hier liegt eine erste Verwechslung der beiden Vergangenheitsbegriffe, wie wir sie herauspräpariert haben, vor. Die Erzählungsform der Mythen wird jetzt wörtlich genommen, die Berichte über die mythische Urzeit sucht man in der historischen Vergangenheit konkret zu fassen, man sucht die Normen für das Leben jetzt nicht mehr in einer mythischen, sondern in einer wissenschaftlich erforschbaren Vergangenheit, und indem man die Lebensgewohnheiten, die Sprache und die Kultformen, die Kunststile des Alten Reiches nachahmt – freilich wird diese Nachahmung sich weitgehend auf die Gräberwelt beschränkt und wird das eigentliche Leben nicht stärker beeinflußt haben als die römische Republik die Zeit der französischen Revolution – , meint man, das Heil gewinnen zu können. Diese romantische Haltung, die seitdem immer wieder in der Geistesgeschichte begegnet, wird also zum erstenmal in Ägypten verwirklicht, und sie entspringt einem Mißverständnis, einer Fehlinterpretation mythischer Erzählform. Aus derselben Verwechslung der beiden Zeitvorstellungen, der mythischen und der historisch-wissenschaftlichen, stammen bis heute zahlreiche Fehldeutungen der Wissenschaft wie etwa die genannte Gleichsetzung der biblischen Schöpfungstage mit Erdzeitaltern oder die Verwechslung von binnenmythischer mit religionshistorisch erfaßbarer Zeit.

---

[34] Vgl. einstweilen z.B. Eb. Otto, Ägypten, S. 252ff.

Zum Raumbegriff der Ägypter

aus: Studium Generale 10, 1957, 612–620.

In einem vor zwei Jahren in dieser Zeitschrift erschienenen Aufsatz[1] habe ich versucht, bei den Ägyptern einen mythischen Zeitbegriff von einem solchen der Alltagswelt zu trennen. Eine solche Scheidung nach modernen Gesichtspunkten ist, bei aller Notwendigkeit, sie zu treffen, immer eine mißliche Sache. Aufgabe dieser ersten Arbeit war es, die beiden Vorstellungen (d. h., da die der Alltagswelt mit unserer eigenen zusammenfällt, vor allem die mythische) säuberlich herauszupräparieren; sie in ihrer ganzen vielartigen Verschränkung darzustellen, konnte ohne gründliche Einzelforschung zunächst nicht gelingen und war nicht beabsichtigt[2].

Die Raumvorstellungen, denen die folgenden Überlegungen gelten, werden sich in vielen Punkten den Zeitvorstellungen analog erweisen; doch wird die Frage der eigenartigen Verknüpfung der beiden Sphären, der mythischen und der alltäglichen, sich noch dringender stellen als bei dem Zeitproblem. So mag dieser zweite Aufsatz in manchem den ersten ergänzen, nicht nur, indem er das Feld der Untersuchung ausweitet, sondern indem Fragen aufgeworfen werden, die dort ungestellt oder offen bleiben mußten.

Grundsätzliches über den mythischen Raum hat ERNST CASSIRER[3] ausgesprochen. Er stellt ihn als ein konkretes Bewußtseinsgebilde zwischen den Wahrnehmungsraum, der anisotrop und inhomogen ist, und den metrischen Raum der euklidischen Geometrie, der sich dadurch kennzeichnet, daß er stetig, unendlich und durchgängig gleichförmig ist. Im mythischen Raum, so sagt CASSIRER, hat jeder Ort und jede Richtung einen eigenen Akzent, eine gefühlsbeladene »Tönung«. Auch wenn man die Grundthese CASSIRERS, daß der mythische Grundakzent die Scheidung zwischen Heilig und Profan sei, nicht ohne erhebliche Einschränkungen zu übernehmen gewillt ist, so bleibt doch als historisch erweisbare Tatsache bestehen, daß es zu den konstituierenden Merkmalen mythischen Bewußtseins gehört,

---

[1] Studium Generale 8, 584–590 (1955).
[2] Mannigfache briefliche Zustimmung und Kritik, für die ich besonders dankbar bin, hat einige dieser Fragen berührt. Formulierungen wie die, daß die Ägypter »sehr gut den Unterschied zwischen den beiden Zeitvorstellungen ... kannten« (S. 590 oben links) mögen im Eifer, die Sache recht klar darzustellen, zu schroff geraten sein und dem unbewußten Element nicht genug Rechnung tragen. Daß freilich dem eigenartigen mythischen Zeitbegriff, der die retrospektive Orientierung der Ägypter bedingt, andere und tiefere Bedeutung zukommt als einer rückschrittsbewußten, konservativen Geschichtsphilosophie, das scheint mir u. a. auch aus den folgenden Ausführungen hervorzugehen, die ganz ähnliche Vorstellungen nun für den Raum erweisen sollen.
[3] Philosophie der symbolischen Formen II, Kapitel II.

Grenzen zu setzen, die die Welt geistig und räumlich gliedern. Dabei besteht ein enger Zusammenhang zwischen den vom Mythos abgegrenzten geistigen Bereichen und den räumlichen: Die mythische Weltansicht kennt eine »Abbildung des an sich Unräumlichen im Raume«, »jede qualitative Differenz besitzt hier gewissermaßen eine Seite, nach der sie zugleich als räumlich erscheint, – wie jede räumliche Differenz immer auch eine qualitative Differenz ist und bleibt.« (S. 110.) So wird jedem Ding eine Stelle zugeordnet, wobei das Verhältnis aber nicht zufällig, sondern die Stelle selbst ein Teil seines Seins bildet, durch die es mit ganz bestimmten inneren Bindungen behaftet ist. Auf die Frage, wie es zu dieser räumlichen Differenzierung komme, antwortet CASSIRER, daß nicht eine fortschreitende gedankliche Bestimmung dazu geführt habe, sondern ein primärer Gefühlsakt: »Die Orte und Richtungen im Raume treten auseinander, weil und sofern mit ihnen ein verschiedener Bedeutungsakzent sich verknüpft, weil und sofern sie mythisch in verschiedenem und entgegengesetztem Sinne gewertet werden« (S. 122).

Anstelle der bei CASSIRER folgenden Anwendung dieser philosophischen Erkenntnisse auf die römische Religion soll uns der ägyptische Mythos und sein Raumbegriff beschäftigen. Die CASSIRERschen Erwägungen sind dabei nur als allgemeine Einführung in die Problematik vorangestellt, nicht etwa als Richtlinien, nach denen dem ägyptischen Material Aussagen abgewonnen werden sollen. Mancherlei bestätigt uns Ägypten nicht; so z. B. hat die Grenze in dieser Kultur keineswegs eine so grundlegende Bedeutung gewonnen wie bei anderen Völkern[4], und zwar weder die Grenze des Landes, obwohl diese im Gottkönigtum eine gewisse Funktion hat, noch auch die Grenze zwischen den einzelnen Lebensabschnitten, an denen die »Rites de Passage«[5] stehen; diese sind in Ägypten alle bis auf den Übergang zum Tode verkümmert – bei einem so zeremonienfreudigen Volke ein höchst auffallender Vorgang.

I

Es kann nicht unsere Aufgabe sein, im einzelnen das Weltbild der Ägypter auszubreiten. Das ist einerseits bereits mehrfach geschehen[6], kann andererseits auch da, wo die bisherigen Darstellungen verbesserungsbedürftig

---

[4] Vgl. W. HELCK, Zur Vorstellung von der Grenze in der ägyptischen Frühgeschichte. Hildesheim 1951.

[5] Nach der berühmten Arbeit von VAN GENNEP, Paris 1909.

[6] HCH. SCHÄFER, Weltgebäude der alten Ägypter (Die Antike, Band 3, auch als selbständige Arbeit in dem Bande Ägyptische und heutige Kunst ... 1928 abgedruckt); KURT SETHE, Altägyptische Vorstellungen vom Lauf der Sonne (Sitzungsber. d. Pr. Akad. d. Wiss. 1928, XXII); HCH. SCHÄFER, Altäg. Bilder der auf- und untergehenden Sonne, in Zeitschr. f. äg. Sprache 71, 15–38 (1935).

sind, nicht in diesem Rahmen durchgeführt werden. Uns soll es nur darauf ankommen, konstituierende Merkmale des ägyptischen Raumbegriffs herauszustellen.

Raum wie Zeit gehören für den Ägypter der geschaffenen Welt an und sind nur in ihr erfahrbar. Die geschaffene Welt ist ein »Ausschnitt«, ein geordneter Teil der Gesamtwelt. Mit dem Schöpfungsakt, dem »ersten Mal«, der »Urzeit«, hat diese unsere Welt begonnen[7]; aber der Urzustand, den zu bezeichnen das griechische Wort ›Chaos‹ nur mangelhaft geeignet ist, da es die Assoziation des Durcheinanders zu stark in den Vordergrund stellt, dieser Urzustand potentiell fruchtbarer Inaktivität ohne Raum und Zeit besteht außerhalb des geordneten Bezirkes weiter. Unsere Welt ist umgeben von Wasser, dem Urmeer, der materia prima, und von Dunkelheit, da auch das Licht, wie in dem ersten biblischen Schöpfungsbericht, der Schöpfung angehört[8]. Wenn ägyptische Höflinge dem König seine bis an die Grenzen dieser unserer Welt reichende Macht zusingen, so lauten ihre Worte: »Das Ende deiner Grenze reicht bis zu den Grenzen dieses Himmels, sein ganzer Umkreis ist dir untertan. Was die Sonne umkreist, ist unter deiner Aufsicht, was der Ozean wäscht, ist dir untergeben«[9]. Gott hat in der Urzeit, also bei der Schöpfung, die Flut begrenzt, dadurch für die Menschen den Lebensraum in der geordneten Welt schaffend[10]. Der Himmel, »dieser Himmel«, wie es im Text heißt, wölbt sich nur über unserem Weltbereich, er umspannt nicht mehr den Urozean jenseits der Grenzen. Dort geht auch die »diesem Himmel« zugehörige Sonne nicht auf, und jener Bereich ist götterlos, da auch die Götter der geschaffenen Welt angehören[11]. »Die ferne Gegend des Himmels ist in Dunkelheit und Finsternis. Nicht kennt man ihre Grenzen gegen Süd, Nord, West und Ost. Diese sind im Urwasser befestigt... Nicht erhebt sich dort die Seele (= Sonne); nicht ist dies Land gegen Süd, Nord, West und Ost Göttern oder Geistern bekannt. Dort sind keine Lichtstrahlen. Es erstreckt sich unter jedem Ort«, so beschreibt dieses an sich Unbeschreibliche, weil nicht Wahrnehmbare, ein später Text[12]. Mit unseren Worten würden wir sagen, der Bereich außerhalb

---

[7] Zur Bedeutung dieses mythischen Zeitbegriffes als der religiösen Welt zugehörig s. meinen Zeitaufsatz!

[8] Vgl. dazu die noch ungedruckte Dissertation von ERIK HORNUNG, Nacht und Finsternis im Weltbild der alten Ägypter, 1956.

[9] Zeitschr. f. äg. Sprache 44, Taf. II, Z. 19f., Zeit Ramses' II.

[10] S. H. KEES, Totenglauben[2], 1956, S. 296; E. HORNUNG in: ZÄS 81, 28ff.; die Parallele mit Genesis 1 ist wieder schlagend, doch soll hier auf die zahlreichen ähnlichen Vorstellungen außerhalb Ägyptens nicht eingegangen werden.

[11] Damit hängt der uns befremdliche ägyptische Glaube zusammen, daß die Götter – abgesehen vom Schöpfergott, an dessen Selbstentstehung sich besondere religiöse Fragen knüpfen – geboren sind und sterben können bzw. gestorben sind; Geburt und Tod gehören zur geschaffenen Welt, Ewigkeit kommt nur dem ›Chaos‹ zu.

[12] Pap. Carlsberg I, II, 19–31, ed. H.O. LANGE und O. NEUGEBAUER; vgl. dazu H. BRUNNER in: Arch. f. Orientforschung 17, 142f.

der geschaffenen Welt ist unbegrenzt und finster, außerhalb der Sonnenbahn und von Lichtstrahlen nicht erreichbar. Götter und Geister (= Tote?) haben dort keinen Platz. Und dieser Urbereich erstreckt sich auch unter unserer Welt, die damit von allen Seiten durch das »Chaos« eingeschlossen ist – ein religiös überaus fruchtbarer Gedanke. Wenn wir auch sonst kaum je solch präzise und umfassende Aussagen über die ›Eigenschaften‹ des Urbereiches finden, so wird doch oft auf einzelne Zustände angespielt, vor allem auf die Lichtlosigkeit. »Die Götter machen deine (des Königs) Grenzen bis zur Weite des Himmels, bis zu den Grenzen der Finsternis«[13]. In diesem Sinne besteht also der Schöpfungsakt in einer Trennung, einer Grenzziehung zwischen dem Lebensraum der Menschen und dem Urzustand, in dem es keine Grenzen gibt (dabei ist immer zu bedenken, was CASSIRER über den engen Zusammenhang zwischen räumlichen und geistigen Bereichen gesagt hat [s. o.]). Durch vielfache Assoziationen gilt das Wasser als Urstoff, aber auch deshalb, weil es das Element ist, das sich nicht aus sich selbst heraus begrenzen, also formen läßt, das Grenzen nicht leicht anerkennt. Der Urozean, von den Ägyptern Nun genannt, umringt die Erde[14], liegt unter unseren Füßen als Grundwasser[15], fließt am Himmel, wie der Regen zeigt[16], erfüllt das Totenreich[17], und aus ihm schließlich strömt alljährlich die Nilüberschwemmung[18].

Daß der Bereich außerhalb der geschaffenen Welt aber genau genommen nicht etwa ein unbegrenzter Raum ist, sondern eigentlich raumlos, das sagen die ägyptischen Texte meist nicht aus, weil es über die Fähigkeit ägyptischer Sprache geht, etwas derart Unvorstellbares und Unanschauliches auszudrücken, wie wohl auch im allgemeinen die Unterscheidung zwischen »unbegrenzt« und »raumlos« über die philosophischen Möglichkeiten der Ägypter hinausging (auch Ewigkeit und Zeitlosigkeit werden meist nicht unterschieden). Dennoch finden wir in dem schon erwähnten späten Papyrus Carlsberg I einen Versuch, der über die zugrunde liegende Vorstellung kaum mehr einen Zweifel läßt: Der oben zitierte Text, der aus einer etwa 1500 Jahre älteren Vorlage abgeschrieben ist, wird von einem Gelehrten kommentiert; dabei erläutert er die Stelle »Nicht kennt man ihre Grenze gegen Süd, Nord, West und Ost« folgendermaßen: »Nicht kennt man ihre Ausdehnung im Süden, Norden, Osten und Westen, nämlich die Aus-

[13] Urkunden IV, 248.
[14] Pap. Harris I, 44,5.
[15] ROCHEMONTEIX, Edfou I, 23.
[16] Tb. 183, 15, Hunefer; Pap. Bln. 3048, VIII, 4.
[17] DE BUCK, Slap, S. 7.
[18] Anfang des Nilhymnus; vgl. dazu DIODOR I, 12; ferner DRIOTON in: Annales du Service des Antiquités 44, 131 und S. SCHOTT in: Studium Generale 9, 20 (1956), sowie E. HORNUNG in: ZÄS 81, 29 (1956).

dehnung der Finsternis. Er sagt aber nur Süden, Norden, Osten und Westen, um dich das Wesen finden zu lassen, das im Umkreis um den Himmel herrscht.« Also nicht etwa ist die Angabe der Himmelsrichtungen wörtlich zu nehmen, sondern es ist deren Erwähnung mit dem Zusatz »grenzenlos« nur ein Notbehelf, die Raumlosigkeit zu bezeichnen. So hat jedenfalls der Kommentator die Stelle verstanden, und wohl mit Recht.

Ein anderes mythisches Bild für die Raumlosigkeit ist die Vorstellung von der innigen Verbindung von Himmel und Erde, ohne daß ein Raum dazwischen ist. Ganz entsprechend der aus der griechischen Mythologie bekannten Erzählung von der Trennung von Gaia und Uranos durch Kronos wird auch in Ägypten das Paar Geb (Erde) und Nut (Himmel), wobei die Geschlechter gegenüber dem griechischen Mythos vertauscht erscheinen, getrennt, und zwar vom Luft- und Lichtgott Schu. Erst dieser Akt, bei dem der Himmel hochgehoben wird, schafft den Menschen den Lebensraum[19].

II

Von einem Raum also können wir bei den Ägyptern nur innerhalb der geschaffenen Welt sprechen. Der Bereich vor und außerhalb der Schöpfung ist raumlos. Unbegrenztheit ist eine Qualität des Chaos, und die Vorstellung eines unendlichen Raumes ist den Ägyptern unvollziehbar, da Raum und Grenze untrennbar zusammengehören.

Innerhalb unserer Welt – und nur von ihr soll hinfort die Rede sein – scheiden sich uns wieder zwei Vorstellungen von Raum, analog den beiden Zeitbegriffen, die wir in dem eingangs erwähnten Aufsatz herauspräpariert haben. Beim Raum ist die Trennung weniger deutlich und scharf, doch sei zunächst der Versuch zur Scheidung unternommen; später soll dann von der Durchdringung im Leben die Rede sein.

Der Raum des Alltags wird ebenso empfunden wie bei uns. Die Teile dieses Raumes sind meßbar, wahrnehmbar, eindeutig lokalisierbar, der Mensch kann über sie verfügen. Der andere, der mythische Raum dagegen ist nur bedingt wahrnehmbar, kaum meßbar und keinesfalls eindeutig lokalisierbar. Er begegnet uns im eigentlichen Mythos, also in Göttererzählungen, ferner realisiert im Kult und im Tempel als dem Rahmen des Kultes.

Wir betrachten diesen »mythischen Raum« zunächst in seiner eigentlichen Umgebung, der mythischen Erzählung selbst, dann die Stellen, an

---

[19] Auf die eschatologischen Vorstellungen, daß dieser Lebensraum eines Tages den Menschen wieder entzogen werden könnte, kann hier nicht eingegangen werden. Vgl. dazu H. BRUNNER, Die Grenzen von Raum und Zeit, in: Archiv f. Orientforschung 17, 141–145; bei der Schöpfung wie bei ihrem Ende zeigen mythische Zeit und mythischer Raum ihre enge Verwandtschaft.

denen er in die Welt der Handlungen hineinragt. Schließlich sei dann in Kap. IV an einigen Beispielen gezeigt, wie sich diese beiden Raumvorstellungen bei den Ägyptern mischen.

Als Wohnsitz der Götter ist der Himmel nicht näher beschreibbar. Göttinnen, die einmal auf die Erde »hinabgestiegen« sind, kehren »dorthin zurück, woher sie gekommen sind«. Bei der geistigen Scheidung der Seinsbereiche wird den Menschen die Erde, den Göttern der Himmel zugewiesen als Raumbereich, der ihrem Wesen entspricht (s. o.). Spekulationen über das Aussehen dieses Himmels sind für die Ägypter nur insofern sinnvoll, als er auch zugleich der Aufenthalt Verstorbener sein kann, doch soll auf diese verwickelten Fragen des Jenseitsbildes hier nicht eingegangen werden.

PLUTARCH berichtet über die Osiris-Gräber, die zu seiner Zeit (2. Jhdt. n. Chr.) in Ägypten gezeigt wurden: »Typhon (der Feind des Osiris) traf in der Nacht bei Mondschein jagend auf den Leichnam des Osiris, erkannte den Körper und zerriß ihn in 14 Teile und streute sie umher. Sobald Isis dies erfahren hatte, suchte sie die einzelnen Teile wieder zusammen... Aus diesem Grunde nennt man auch so viele Osirisgräber in Ägypten, weil Isis da, wo sie jedem einzelnen Teile aufstieß, ein Grab errichtete.« Dazu meint PLUTARCH noch: »Andere leugnen dies und sagen, sie habe Scheinbilder gemacht und den einzelnen Städten übergeben, als ob sie den wahren Körper gäbe, damit ihm von mehreren Seiten Verehrung widerführe, und damit Typhon, wenn er etwa den Horus besiege und das wahre Grab aufsuche, irregeleitet werde, da man ihm alsdann viele Gräber nennen und zeigen würde«[20]. In diesen Versuchen, die befremdliche Tatsache des Nebeneinanders mehrerer Gräber für denselben Gott zu erklären, spüren wir griechischen Geist. Beide Erklärungen, die der Leichenzerstückelung mit Reliquienverehrung und besonders die der bewußten Täuschung der Gläubigen oder des Feindes, gehen am Wesen dieser übrigens aus ägyptischen Quellen gut bezeugten Vielheit der Osirisgräber vorüber. Das Grab dieses Gottes ist ein heiliger, mit besonderer Kraft, der der Auferstehung, geladener Ort, und zwar ein mythischer Ort der Göttererzählung, nicht von dieser Welt; er läßt sich in keinem Koordinatensystem festlegen. Dennoch ist er als religiöse Stätte realisierbar, nicht als Erinnerungsstätte, sondern als wirkliches Grab. Ebenso wie bei der mythischen Zeit zeigt sich auch beim mythischen Ort der entscheidende Unterschied zum Wahrnehmungsort: Während dieser eindeutig und unwiederholbar festliegt nach geographischer Breite und Länge, ist der mythische Ort, wenn er realisiert wird auf Erden, nicht an eine einzige Stelle gebunden. Er kann mehrfach nach-

---

[20] Über Isis und Osiris, Kap. 18.

einander oder auch zugleich »sein« und erschöpft sich doch in keiner dieser Stätten, da er »eigentlich« gar nicht wahrnehmbar ist[21].

Ein anderes Beispiel ist der Urhügel, jener erste Platz, an dem der Schöpfergott Fuß faßte, um von ihm aus inmitten des Urmeeres sein Werk zu tun. Auch dieser Ort ist mit religiöser Macht geladen; er ist von hoher Bedeutung für den ägyptischen Glauben, vor allem für den Kult. So wie in der Urzeit der Gott dort stand, um die Welt zu schaffen (d. h. dem Urmeer den Lebensraum für Menschen und Götter abzugewinnen), so steht jeder Gott im Tempel auf dem Urhügel, jedes Allerheiligste hat auf ihm seinen Platz. Es gehört zum Bauschema ägyptischer Tempel, daß der Boden von vorne bis zum Allerheiligsten ansteigt, daß der Gott auf dem höchsten Platz der Anlage ruht, »auf seiner Treppe«, wie der Ausdruck gelegentlich lautet[22]. Auch der Urhügel ist ein mythischer Ort der Göttererzählung außerhalb unseres Erfahrungsraumes (wenn auch, schon seinem Wesen nach, innerhalb der geschaffenen, der geordneten Welt), aber wie das Osiris-Grab kann er in unserem Raum realisiert werden, nicht nur einmal, sondern oft, unter bestimmten kultischen Voraussetzungen beliebig oft.

In beiden Beispielen haben wir Lokalitäten vor uns, deren Urbild in der mythischen Erzählung zu suchen ist; doch werden auch Orte unserer Erdenwelt mythisiert und dann ebenso behandelt wie das Osirisgrab oder der Urhügel. Viele Stellen des Landes sind der Schauplatz bestimmter Mythen. Aus irgendeinem religionsgeschichtlichen oder auch religiösen Grunde haben sie eine bestimmte mythische Funktion übernommen. So etwa ist die Stätte des Begräbnisses vorgeschichtlicher Fürsten, Buto, im Bewußtsein eng mit bestimmten Begräbniszeremonien verbunden, die in das Bestattungsritual der geschichtlichen Könige eingegangen sind. Auf dem Umweg über den Mythos können nun solche irdischen Stätten in anderen irdischen wiederholt werden. Das geschieht dadurch, daß bestimmte mit ihnen verbundene Symbole aufgerichtet werden. Eine eigenartige Wandgliederung, Palmbäume und ein gewundener Kanal bezeichnen den mythisierten Ort Buto, weil im historischen Buto (im Delta) eine entsprechende Szenerie sich dem Beschauer eingeprägt hatte. Muß nun, etwa in einem Pyramidentempel, der Ort Buto »dargestellt« werden, weil am König butische Riten vollzogen werden müssen, so werden diese Kennzeichen wiederholt: Die Wände erhalten die entsprechenden Nischen, Palmsäulen werden aufgerichtet[23]. Während die Lotos- und Papyrus-Säulen ägyptischer Tempel

---

[21] Zum Verständnis sei an die Vorstellungen erinnert, die sich bei manchen einfachen Kreisen an den Kalvarienberg mit dem Stationenweg knüpfen oder an die Weihnachtskrippe in der Kirche.

[22] Vgl. dazu A. DE BUCK, De egyptische voorstellingen betreffende den oerheuvel, 1922; H. FRANKFORT, Kingship and the Gods, S. 151–154 u. o.

[23] Vgl. RICKE, Bemerkungen AR II, S. 19ff.; S. 103ff.

die Funktion haben, den Ursumpf darzustellen, der den Urhügel mit dem Götterbild umgibt, so stellen die Palmsäulen den mythisierten irdischen Ort Buto dar – und wenn wir diese beiden Darstellungsarten nach ihrer Genesis scheiden, so liegen für die Ägypter beide als Realisierung mythischer Orte auf gleicher Ebene.

So wie ein mythischer Augenblick, etwa der Tod des Osiris, jederzeit oder wenigstens (soweit es sich um Naturmythen handelt) alljährlich zur gleichen Zeit wiederholt werden kann, so wie also der mythische Zeitbegriff ein anderer ist als der der Arbeitswelt, in der jeder Augenblick unwiederholbar ist, so ist auch der mythische Ort an verschiedenen irdischen Orten zugleich realisierbar. Das ist der wahre Grund für die PLUTARCH so erregende Vielheit von Osirisgräbern. Nur nach der Brechung des Mythos können Menschen darüber streiten, welches denn nun das »wirkliche« Osirisgrab sei.

Wenn nun nach irdischen Stätten benannte Orte mythisch werden können, als solche im Urbild nirgends, in der Realisierung überall und mehrfach gleichzeitig lokalisierbar, so verstehen wir von dieser Voraussetzung aus auch so erstaunliche Aussagen wie die folgende: »NN (der Tote) hat sich auf der Bahre nach einem anderen Land begeben: Abydos ist sein Name, und niemand kennt es«[24]. Jeder Ägypter wußte, wo Abydos lag, eine bedeutende Stadt Mittelägyptens mit berühmtem Osiristempel und Friedhof. Hier aber ist nicht von der Stadt im Erfahrungsraum die Rede, sondern von dem Ort im mythischen Raum; wie könnte die Trennung der beiden Raumbegriffe deutlicher gemacht werden als durch die Behauptung, daß niemand den Ort Abydos kenne?

III

»Für das mythische Denken besteht zwischen dem, was ein Ding ›ist‹, und der Stelle, an der es sich befindet, niemals ein bloß ›äußerliches‹ und zufälliges Verhältnis, sondern die Stelle ist selbst ein Teil seines Seins, durch die es mit ganz bestimmten inneren Bindungen behaftet ist«[25]. Mit den Orten und Richtungen im Raum verknüpft sich – nach CASSIRER – ein primärer Gefühlsakt, sie werden »mythisch in verschiedenem und entgegengesetztem Sinne gewertet[26].« So bekommen die Himmelsrichtungen ihre Akzente: »Ost und West, Nord und Süd: das sind hier keine Unterschiede, die in wesentlich gleichartiger Weise der Orientierung innerhalb der empirischen Wahrnehmungswelt dienen, sondern ihnen allen wohnt je

---

[24] C. E. SANDER-HANSEN, Anchnesneferibre, S. 111; diesen Hinweis verdanke ich Herrn Dr. E. HORNUNG.
[25] E. CASSIRER, Philosophie der symbolischen Formen II, S. 118.
[26] a.a.O. S. 122.

ein eigenes spezifisches Sein und eine eigene spezifische Bedeutung, ein inneres mythisches Leben inne«[27].

Diese allgemeinen Feststellungen finden wir ohne Einschränkung durch den ägyptischen Befund bestätigt. Leichter als an anderen Orten der Erde fällt dem Ägypter stets die Orientierung, ist doch sein Land in ungewöhnlichem Maße durch Achsen der Himmelsrichtungen bestimmt: Der Nil fließt, von allen Stellen des schmalen Landes sichtbar, von Süden nach Norden, die Sonne zieht, nur ganz selten durch Wolken getrübt, ihre stetige Bahn quer dazu von dem Ort ihrer Geburt im Osten zum Todesland im Westen. Daß die Richtungen nicht indifferent sind wie im geometrischen Raum und weitgehend in unserem heutigen Erfahrungsraum, geht allein schon aus der Gleichsetzung mit den Vorstellungen von hinten und vorne, rechts und links hervor, die vom menschlichen Körper genommen sind. Der Ägypter steht mit dem Gesicht nach Süden, so daß ihm der Westen zur Rechten liegt[28].

Eng mit solcher Akzentuierung der Himmelsrichtungen zusammen hängt die Orientierung der Leiche. In geschichtlicher Zeit liegt der Tote auf der linken Seite, den Kopf nach Norden, so daß er der aufgehenden Sonne, dem Lande der Geburt und des Lebens, entgegensieht. Bezeichnenderweise hat sich dieser feste Brauch aber erst im Laufe der Frühzeit herausgebildet. In der Vorgeschichte treffen wir entweder andere Orientierungen oder aber überhaupt keine festen Regeln für die Blickrichtung, und noch auf den großen Friedhöfen der 1. und 2. Dynastie sind die Richtungen willkürlich[29]. In einer festgelegten Ausrichtung der Leiche spiegelt sich die Auffassung von der einheitlichen Struktur der Welt wider, die eine Übereinstimmung menschlicher Handlungen mit dem Kosmos, mit den Grundgegebenheiten räumlicher Art notwendig macht[30]. Es ist also weder ein Zufall noch ein Spiegel von Einwanderungen, wenn während der beiden ersten Dynastien die Leichen noch mehr oder weniger beliebig orientiert sind, dann aber, seit der 3. Dynastie, regelmäßig »geortet« werden: diese Festigung hängt vielmehr eng mit der Ausbildung eines festen, eines »geronnenen« Mythos in dieser Zeit zusammen[31].

Im klassischen Ägypten hat die mythische Raumvorstellung einen großen Einfluß auf die kultischen Bereiche des Lebens gewonnen. Grabbeigaben werden genau ausgerichtet; so etwa bekommt der Tote im Mittleren

---

[27] a.a.O. S. 124.
[28] Zu den sprachlichen Entsprechungen vgl. K. SETHE, Die ägyptischen Ausdrücke für rechts und links und die Hieroglyphenzeichen für Westen und Osten, Nachr. d. Ges. d. Wiss. Göttingen 1922, S. 197-242.
[29] Vgl. z.B. H. JUNKER, Turah, S. 27 und ZAKI SAAD, Helwan, 2 Bde., passim.
[30] Vgl. dazu CASSIRER, Philosophie der symbolischen Formen II, S. 117.
[31] Vgl. dazu S.SCHOTT, Mythe und Mythenbildung, 1945.

Reich Schiffsmodelle für bestimmte Fahrten mit, und stets wird das Segelschiff mit dem Bug nach Süden gestellt, das Ruderschiff dagegen nach Norden gerichtet, wie tatsächlich auf dem Nil die Schiffe stromauf mit dem vom Mittelmeer in das Tal blasenden Wind fahren, stromab aber rudern. Auch Statuen sind »richtig« orientiert. Königsstatuen z. B. tragen auf dem Sockel, also auf den Seitenteilen des Thrones, eine symbolische Darstellung der Vereinigung der beiden Landesteile, des Südens und des Nordens. Je nachdem nun, ob bei einer Statue Oberägypten vorne oder hinten, also rechts oder links steht, können wir heute die Richtung bestimmen, in der die Statue einst im Tempel oder im Grab oder wo sonst aufgestellt war! Dasselbe gilt für viele Stelen, bei denen der König auf der einen Hälfte im oberägyptischen Ornat, auf der anderen im unterägyptischen dargestellt war: Aus der Verteilung der beiden Figuren auf die beiden Seiten läßt sich bis heute ablesen, ob die Stele dereinst gen Osten oder gen Westen blickte. Oder wenn in einem Raum der Königsgräber des Neuen Reiches auf die Wand der Text eines Buches geschrieben wird, in dem die 12 Stunden der Nacht beschrieben werden, so folgen sie sich nicht etwa in strenger Reihenfolge, wie gewiß noch auf der Papyrusrolle, die dem Maler als Vorlage diente; vielmehr sind die Stunden gleichsam in Unordnung geraten, die jedoch einer höheren Ordnung entspricht: Die Grabkammer selbst wird zum mythisch bestimmten Raum, in dem die Texte und Bilder, die die Stunden beschreiben, nach den Himmelsrichtungen angebracht sind[32]. – Im Tempel der Hatschepsut in Der el-bahari sind die Szenen ihrer berühmten Handelsexpedition nach Punt, das wohl im Somaliland, vielleicht auch in Südarabien, jedenfalls im Süden zu suchen ist, in der südlichen Säulenhalle angebracht. Nördlich der Mittelrampe liegt die Kapelle des Gottes Anubis, der seinen Hauptkultort in Mittelägypten hat, während südlich die Kapelle der Hathor sich anschließt, deren Haupttempel südlich steht und die überhaupt als eine aus dem Süden gekommene Göttin gilt. Solcher Beispiele sind Legion.

Daß alle Tempel orientiert sind, nimmt uns dabei nicht wunder, höchstens befremdet uns die lockere und unsystematische Art, wie die Ägypter gerade dabei vorgegangen sind. Doch müssen wir damit rechnen, daß uns hier noch manche Gesetze verborgen sind, so daß wir nicht erkennen, warum die Achse vom Eingang zum Allerheiligsten teilweise von Nord nach Süd, teilweise von Süd nach Nord oder auch von West nach Ost verläuft. Immer aber ist bei Sonnentempeln die Richtung des Altars gegen Osten. Und diese Tatsache legt die Vermutung nahe, daß auch den abweichenden Orientierungen jeweils ein Sinn unterliegt; hat doch jede Him-

---

[32] Das Amduat im Grabe Thutmosis' III; vgl. auch H. GRAPOW in: ZÄS 72, 20f.

melsrichtung ihren bestimmten religiösen Akzent, so wie der Osten das
Land des jungen Lebens, der Westen das des Todes ist.

Aber nicht nur die Gründung eines Tempels war ein sakraler Akt, reich
von Zeremonien begleitet und in Anwesenheit der Gottheit durchgeführt,
sondern auch die einer Stadt. Hier stellen sich nun allerdings der Forschung besondere Schwierigkeiten entgegen: Wir kennen fast keine Städte
in Ägypten, die der archäologischen Forschung zugänglich wären, da in den
allermeisten Fällen die Ruinen immer wieder überbaut wurden und zudem
die Siedlungen fast stets im Fruchtland liegen, wo der gestiegene Grund-
wasserspiegel eine umfangreichere Freilegung alter Schichten verhindert.
Immerhin besitzen wir drei Stadtanlagen, die einigermaßen bekannt sind;
allerdings handelt es sich in allen drei Fällen um atypische Siedlungen. Da
ist zunächst die Residenz des Ketzerkönigs Echnaton, eine in großer Hast
und nach besonderen, wohl religiös bestimmten Grundsätzen errichtete
Landstadt; dann zwei Städte, die auf engstem Raum Arbeitern und Beamten Wohnnung bieten mußten, die auf Wüstenboden bei königlichen Grabanlagen beschäftigt waren: in Illahun bei der Pyramide Sesostris' II. und in
Theben-West beim Bau der Königsgräber der 19. und 20. Dynastie. Diese
beiden Wüstenstädte sind durch eine Mauer umfriedet, rechteckigen
Grundrisses, mit unregelmäßig, jedenfalls nicht streng geordneten Straßen
und Vierteln. Amarna dagegen ist ganz offen gebaut, wobei die Villen und
Häuser über eine große Fläche verteilt liegen mit vielen Baulücken dazwischen.

Nun gibt es in der ägyptischen Schrift eine eigenartige Hieroglyphe für
»Stadt«, folgender Gestalt: ⊗ . Zweifellos stellt dies Zeichen einen Stadt-
grundriß dar, und zwar einen in kreisrunder Form, wobei die Masse der
Häuser durch zwei sich im Mittelpunkt rechwinklig kreuzende Straßen in
vier Viertel geteilt wird. In keinem Fall stimmt nun dieser Stadtplan mit
dem überein, was uns die archäologische Forschung an Resten tatsächlicher
Städte beschert hat, weder mit den oben genannten drei mehr oder weniger
vollständig bekannten Siedlungen, noch mit anderen Spuren: Wir wissen
nichts von runden Städten, nichts von einem Straßenkreuz der Art, wie es
die Hieroglyphe zeigt. Dabei ist zweierlei von Interesse: Erstens bildet sich
die Form des Zeichens, wie wir sie oben abgebildet haben, erst im Verlauf
der beiden ersten Dynastien heraus. Zwar wird der Umkreis schon immer
als Ring gezeichnet, die innere Besiedlung jedoch zunächst auch als ein
Gewirr von Blocks[33]. Und zweitens findet die ägyptische Hieroglyphe, die
so wenig den erhaltenen Städten entspricht, ihre genauen Gegenstücke in
anderen Kulturen. Wir kennen solche Städte, nach dem sogenannten

---

[33] Hilda Petrie, Egyptian Hieroglyphs, Nr. 557–566.

Mandala-Prinzip gebaut, von Indien bis Rom, ja unsere Bezeichnung »Stadtviertel« geht letzten Endes darauf zurück. Das Material ist hier nicht auszubreiten, ich kann dabei auf die Monographie von WERNER MÜLLER, Kreis und Kreuz, Berlin 1938, verweisen[34]. Die Frage, ob die Ägypter jemals nach diesem mythologischen Urprinzip ihre Städte gebaut haben, ist nicht zu beantworten; fast scheint es, als ob sie zwar das Symbol gehabt haben, tatsächlich aber ihre Alltagswelt nicht dadurch haben beeinflussen lassen. Durch eine solche Annahme wird das Auftreten dieser Urform des mythischen Raumes noch interessanter, würden doch in diesem Falle mythologisch bestimmtes Raumempfinden und solches der Arbeitswelt ganz weit auseinandertreten, wenn das Urbild der Stadt sich tatsächlich nicht, vielleicht niemals, verwirklicht hat.

Die Vierteilung der Welt, wie sie uns bei den vier Himmelsrichtungen und bei der Vierteilung der Stadt als eines kleinen Abbildes des Kosmos begegnet ist, stellt eine mythische Grundform dar (daß die Vierzahl dabei auf den Bau des menschlichen Körpers zurückgeht, mag zwar das Phänomen genetisch erklären, gibt aber keinen Aufschluß über seine religiöse Relevanz). Die vier Himmelsrichtungen bedeuten zusammen die geordnete Welt. Bei bestimmten Festen werden vier Pfeile in die vier Weltgegenden geschossen[35]. Vier ist die Zahl der Menschenrassen; dabei kann die sekundäre Zuweisung zu bestimmten Völkerschaften schwanken je nach dem historischen Weltbild, die Vierzahl steht apriori, d. h. vor jeder Erfahrung fest. Auf vier Pfeilern ruht der Himmel[36].

In dieselbe Richtung weist auch das mythologisch wichtige ägyptische Wort für »gründen«, *grg*, das ebenso gebraucht wird, wenn von der Neugründung einer Stadt oder einer dörflichen Siedlung gesprochen wird, wie wenn der Schöpfergott die Welt »gründet«, ja wenn ein neuer König bei seiner Thronbesteigung das Land »ordnet«. Das Zeichen, stellt eine Hacke dar, die einen Wassergraben aushackt oder richtiger, mythologisch gesprochen, die den Fundamentgraben des Bauwerkes in das Wasser der Urflut senkt, die sich »unter jedem Orte erstreckt« (s. o.). Die Fundamentgräben werden bis ins Urwasser hinabgesenkt, damit der Tempel im Nun,

---

[34] Vgl. außerdem für den mythologischen Zusammenhang das 5. Kapitel der Einleitung zur »Einführung in das Wesen der Mythologie« von C. G. JUNG und K. KERÉNYI.

[35] H. KEES, Das Re-Heiligtum des Königs Ne-Woser-Re Band III, Text S. 13f. und C. E. SANDER-HANSEN, Das Gottesweib des Amun, S. 26; hier werden vier Bälle geworfen bzw. es wird nach vier runden Broten geschossen.

[36] Wir haben nur eine knappe Auswahl solch heiliger Vierzahlen herausgegriffen und nur solche, die auf den Kosmos als den mythischen Raum Bezug haben. In anderen Fällen handelt es sich bei der Vier um eine potenzierte Zwei, so, wenn besonders wichtige Sprüche nicht zwei-, sondern viermal zu rezitieren sind. Ohne diese ordnende Scheidung stellt jetzt C. DE WIT in Chronique d'Égypte 32, 1957, 35–37, sehr viele solche Vierzahlen zusammen, im Anschluß an seine Untersuchung der vier Winde in Ägypten.

dem Urmeer, ruhe[37]. »Er (der König) hat seine (des Tempels) Fundamente gegraben bis zur Grenze des Nun und sie mit Sand gefüllt nach der Regel«[38], oder ähnlich lauten wiederholt die darauf bezüglichen Texte. Wenn in diese Gräben dann zunächst Sand gefüllt wird, so liegt wohl eine Realisierung des Urhügels vor, so daß jeder Tempel der göttlichen Kräfte teilhaft wird, die aus dem Urhügel strömen. Wieweit im einzelnen solche Vorstellungen und die entsprechenden Ritualhandlungen altes Gut sind oder wieweit es sich um sekundäre Umkleidungen von handwerklichen Handlungen der Arbeitswelt (z. B. bessere Nivellierungsmöglichkeit der Fundamente durch die Grundwasseroberfläche) handelt, können erst eingehendere Untersuchungen zeigen. Daß aber tatsächlich bei den Gründungszeremonien für Tempel die Realisierung eines mythischen Urbildes in den Erfahrungsraum hinein angestrebt wird, das lehren die alten Darstellungen dieses Aktes und die zugehörigen Texte.

IV

Bei den bisher betrachteten Mischungen der beiden Raumvorstellungen handelt es sich stets um mythisch bestimmte oder wenigstens mythisch ausgedeutete Handlungen kultischer Art. Erschreckend aber wirkt auf uns das Festhalten an mythischen Raumvorstellungen auch dort, wo die Erkenntnis eines erweiterten Weltbildes die Menschen längst eines besseren belehrt haben sollte - nach unserer Meinung. So etwa mutet es uns wie ein Aberglaube an, wenn wenn noch im letzten Jahrtausend v. Chr., zur Zeit HERODOTs, die Lehre verkündet wird, der Nil entspringe aus zwei Quellhöhlen bei der Insel Elephantine, also an der Südgrenze Ägyptens, obwohl doch schon seit 3000 Jahren Ägypter über diese Grenze hinaus bis weit in den Sudan gekommen waren und den Oberlauf des Nils sehr genau kannten; ja es erhebt sich allen Ernstes die Frage, ob jemals die Welt der ägyptischen Menschen dort bei Elephantine ihr Ende gehabt habe, ob also überhaupt diese Vorstellung von den Quellen des Nils bei Elephantine auf unvollkommene geographische Kenntnisse zurückgeführt werden kann[39]. Unsere Zweifel steigen, wenn wir gar noch von einem Ursprung des unterägyptischen Nils bei Altkairo, dem heutigen Heluan, hören[40]. Hier wird offensichtlich ein nicht aus der Erfahrung, sondern aus dem mythischen

---

[37] S. Edfu VIII, S. 237 und MORET Du charactère religieux, S. 134; Karnak-Nord IV, S. 11. (archäologischer Beleg).

[38] BRUGSCH, Wörterbuch, Suppl. S. 1360.

[39] So besonders deutlich ALBRIGHT in: Americ. Journ. of Semit. Languages 35, S. 174f. (1918/19). Ägyptische Quellen: HERODOT II, 28; ROEDER, Urkunden z. Relig. d. alten Äg., S. 302.

[40] Vgl. dazu z.B. É. DRIOTON, Le Nil des Anciens Égyptiens, in Cahiers d'Hist. Égyptienne, Sér. VII, fasc. 3, S. 161–164 (1955).

Schema gewonnenes Weltbild zugrundegelegt, das sich im Bewußtsein des Volkes, nicht nur der Priester, festsetzt, mit den Erfahrungstatsachen im Widerspruch stehend und sie in eigenartiger Weise überlagernd.

Ähnlich sind mythischer Raumbegriff und Erfahrungsraum in anderen Gebieten des Lebens verwoben. Wir greifen nur noch eines heraus: das der Astronomie. Hier gehen nicht, wie wir erwarten könnten, ein durch neue Erkenntnisse veraltetes mythisches Weltbild und ein durch die Erfahrung berichtigtes wissenschaftliches nebeneinander her, indem etwa das eine für die profane, das andere für die religiöse Welt reserviert wären. Viemehr sind, soweit wir das beurteilen können, gerade die Priester die Träger auch der wissenschaftlichen Forschung; sie hatten für die Regelung des Kultes ein besonderes Interesse am Gang der Himmelskörper, mußten doch bestimmte Kulthandlungen zu bestimmten Tages- und vor allem auch Nachtzeiten vollzogen werden, die durch den Stand der Sterne zu bestimmen waren. Aber weder sie noch andere Ägypter drückten ihre wissenschaftliche Erkenntnis in abstrakten oder auch nur nüchtern-sachlichen Lehrsätzen aus. Vielmehr bedienen sie sich immer einer mythischen Sprache, sprechen von Sternen, deren Aufgänge, Kulmination und Untergänge sie beschreiben, wie von Lebewesen. »Die Seele (d. i. der Stern) geht heraus, sie wandert am Himmel, so daß man sieht, daß sie lebt«, »einer stirbt, ein anderer lebt jeden zehnten Tag« (von den Dekanen gesagt), »sie tun ihre Arbeit« und dann »begeben sie sich zur Ruhe an ihren Plätzen«. Die Ägypter scheinen die ersten Menschen gewesen zu sein, die erkannten, daß die Sterne auch tagsüber am Himmel stehen, daß sie nur durch die Sonne überstrahlt werden und daher unsichtbar sind. Diese Erkenntnis wissenschaftlicher Art drücken sie aber folgendermaßen aus: »Sie wandern am Himmel auch am Tage, aber man sieht sie nicht, denn sie gehen auf, wenn es vollständig Tag geworden ist. Sie gehen hinein nach diesem Gott (der Sonne), sie gehen hinaus nach ihm«[41]. So stehen Mythos und Arbeitswelt in eigenartiger Weise nebeneinander[42]. Keinesfalls dürfen wir sagen, daß der Mythos und sein Raum- oder Zeitbegriff die Wissenschaft an der Entfaltung gehindert hätte. So wenig die Vorstellung von den vier Pfeilern, auf denen der Himmel ruht und die an den vier Ecken Ägyptens stehen, den Kriegszügen weit nach Asien hinein bis an den Euphrat im Wege stand, so wenig konnten mythische Berichte die geistigen Feldherrn von ihrer Forschung abhalten – wo ein Bedürfnis nach solchen Taten vorlag. Jede der beiden Raumvorstellungen hatte ihre Berechtigung in ihrem Bereich, und wenn auch die geistigen Bezirke der Arbeitswelt und des (religiösen) Mythos sich durchdrangen, so doch nicht in einem die andere Welt behindernden Maße.

---

[41] Alles nach Pap. Carlsberg I.

[42] Viele weitere hübsche Belege dafür bringt S. SCHOTT, Voraussetzung und Gegenstand altäg. Wissenschaft, im Jahrb. 1951 d. Akad. d. Wissenschaft u. d. Lit. Mainz, S. 277ff.

Krasse Widersprüche, für unser wissenschaftlich bestimmtes Denken unerträglich, läßt der Ägypter einfach stehen: Bis in die Spätzeit findet er kein Ärgernis darin, daß die Quellen des Nils bei Assuan und bei Altkairo liegen, wenn man die Sache religiös-mythisch betrachtet, daß aber der Nil von weit oben aus dem Sudan kommt, wenn man einen geographisch-politischen Maßstab anlegt. Mythos und Arbeitswelt widersprechen einander, doch ist das im allgemeinen erst für die klassischen Griechen und die von ihnen abhängigen Kulturen ein Grund zum Anstoß, nicht für Menschen, die noch mit dem Mythos lebendigen Umgang pflogen. Ja die Ägypter benutzten sogar mythische Begriffe, die ihrem Wesen nach widersprüchlich sind, um wissenschaftliche Erkenntnisse auszudrücken, und zwar gerade bei Fragen des Raumes.

Die Grenzen von Zeit und Raum bei den Ägyptern

aus: Archiv für Orientforschung 17, 1956, 141–145.

Die Fragen nach dem Ende der jetzigen Form der Welt haben die religiösen Vorstellungen der Ägypter nie wesentlich bestimmt. Der Schwerpunkt ägyptischen Denkens liegt in der Aufgabe des Bewahrens, Hütens, ja des Verewigens des Lebens.

Dennoch scheint für uns heute das Weltende ein notwendiges Gegenstück zur Weltschöpfung; während wir über einen Weltuntergang in Ägypten nur wenige Zeugnisse kennen, laufen über den Weltbeginn zahlreiche mythische Erzählungen um. Freilich sind diese Göttergeschichten, die in farbigen und wechselnden Bildern die Entstehung der Welt aus dem Urwasser Nun schildern, nicht etwa als naturhistorische Aussagen zu verstehen; sie dürfen so wenig wie die biblischen Schöpfungsberichte mit modernen geologischen oder paläontologischen Erkenntnissen verglichen werden[1], – sie wollen nicht »historisch« in unserem Sinne sein. All diese altorientalischen Schöpfungsmythen haben vielmehr eine ganz andere Absicht: sie wollen die jetzige Welt deuten, vor allem wollen sie eine feste, zu jeder Zeit gültige Wertordnung der Geschöpfe festlegen.

Wenn dies der religiöse Sinn der Erzählungen vom Weltbeginn ist, so müssen wir uns fragen, ob den Berichten von einem erwarteten Weltende eine ähnliche Bedeutung innewohnt. Befragen wir also die Texte.

Da ist zunächst das in letzter Zeit wiederholt behandelte[2] Gespräch zwischen Atum und Osiris. In diesem Zusammenhang soll uns nicht die Frage nach einer vergeistigten Vorstellung der Unsterblichkeit des Menschen beschäftigen, wie sie uns der erste Teil des Dialoges vorführt, sondern das allgemeine Weltende, das Atum schließlich ankündigt: »Du (Osiris) wirst länger als Millionen von Millionen Jahren leben, eine Zeit von Millionen. Ich aber werde alles, was ich geschaffen habe, zerstören. Die Erde wird wieder als Urozean erscheinen, als Wasserflut wie in ihrem Anfangszustand. Ich bin das, was übrig bleibt (zusammen mit Osiris[3]), nachdem ich

---

[1] In diesem Sinne sei auch ausdrücklich davor gewarnt, etwa die Überschrift dieses Aufsatzes »Grenzen von Zeit und Raum« irgendwie mit modernen philosophischen oder naturwissenschaftlich-astronomischen Theorien in Verbindung zu bringen. Wer die Grenze zwischen der religiösen Intention der Mythen und der modernen Erkenntnis eines naturwissenschaftlichen Weltbildes verwischt, wird zu schweren Fehldeutungen kommen.

[2] H. KEES, Götterglaube, S. 328f.; JUNKER, Pyramidenzeit, S. 158ff.; E. OTTO, Der Vorwurf an Gott, S. 9; G. LANCZKOWSKI in: Zeitschr. für Religions- und Geistesgeschichte 1953, S. 222ff. und ZDMG 103, S. 368ff.

[3] Diese Worte sind ebenso wie der Satz, mit dem wir das Zitat beginnen ließen, deutlich eingeschoben, um den Zusammenhang mit den vorhergehenden Fragen des Osiris herzustellen. Die eschatologischen Vorstellungen haben nicht nur getrennt von diesem Dialog bestanden, sie scheinen auch ohne Bezug auf die Sorgen um das Jenseits formuliert gewesen zu sein.

mich wieder in eine Schlange verwandelt habe, die kein Mensch kennt, die kein Gott sieht«[4].

Diese Worte sprechen so klar von einem Ende der geschaffenen Welt, von ihrer Rückkehr in den Zustand vor der Schöpfung, daß sie keiner Erläuterung bedürfen. Nach dem religiösen Sinn werden wir zu fragen haben, wenn wir die wenigen anderen Zeugnisse ähnlicher Vorstellungen kennengelernt haben.

Auf den möglichen Zusammenhang zwischen dieser Zukunftsvorstellung eines Weltuntergangs in den Fluten des Urozeans und der Prophezeiung des Schlangengottes im Märchen des Schiffbrüchigen hat neuerdings schon LANCZKOWSKI (s. Anm. 2) hingewiesen. Dort freilich ist nicht von einem allgemeinen Weltuntergang, nicht von einem Ende aller Ordnung die Rede, nur von einem Versinken des kleinen Reiches der Insel.

Soweit ich sehe, liegen keine weiteren Zeugnisse für eine zukünftige Weltvernichtung vor[5]. Dagegen dürfen wir hier, wie es schon KEES getan hat[6], die bekannte mythische Erzählung von der Vernichtung des Menschengeschlechtes heranziehen[7]. Hier wird in der Vergangenheitsform berichtet, daß der über »böse Anschläge« der Menschen erzürnte Sonnengott zwar nicht die ganze Welt, aber doch die Menschen, also den entscheidenden, jedenfalls für ägyptische Vorstellungen allein wichtigen Teil der Welt vernichten wollte, indem er die Menschen durch die Glut der Sonne in der Wüste umbringen ließ. Der Entschluß reut ihn dann aber, und er rettet durch eine List einen Rest.

Es könnte stutzig machen, daß wir hier eine Erzählung aus irgendeiner grauen Vergangenheit mit eschatologischen Vorstellungen verknüpfen. Allein die in der Vergangenheit spielende Erzählung ist nun einmal die F o r m des Mythos, d. h. der Mythos bedient sich der Aussageform der Geschichte; sein S i n n dagegen ist auf die Gegenwart gerichtet. Niemals ist ein Mythos »historisch« im Sinne der israelitischen oder einer späteren Geschichtsbetrachtung gemeint, niemals will er ein einmaliges, unwiederholbares Ereignis schildern, das der Hörer in Distanz zur Unterhaltung oder auch Belehrung zur Kenntnis nimmt. Die Zeit, die der Mythos meint, ist vielmehr stets auch das Hier und Jetzt; durch das Einst erhöht sich höchstens das

---

[4] Übersetzung nach KEES, Ägypten, im Religionsgeschichtl. Lesebuch von BERTHOLET, S. 28.
[5] Allenfalls ließe sich auf Zerrbilder eschatologischen Glaubens hinweisen, wie wir sie im Munde von Zauberern treffen, z. B. PLEYTE, Rouleau magique du Musée de Leide, S.172f. Keinesfalls darf man aber Drohungen des toten Königs der Pyramidentexte, die Weltordnung zu stören, eschatologisch auswerten wollen (z. B. Pyr. 279 a-c; 299 a).
[6] Götterglaube, S. 328f.
[7] ROEDER, Urkunden zur Religion des Alten Ägypten, 1923, S. 142ff.; neuere Textausgabe von MAYSTRE in: BIFAO 40, S. 87–93; letzte Übersetzung von WILSON bei PRITCHARD, Ancient Near Eastern Texts, S. 10ff.

Gewicht seiner Aussage. Diese geht alle Hörer unmittelbar an. – In diesem Sinne ist also der G e h a l t des Mythos von der Vernichtung des Menschengeschlechtes derselbe wie der der Sintflutgeschichten in anderen Teilen der Welt: er stellt die Ohnmacht der Menschen der Macht der Gottheit gegenüber und knüpft daran die theologische Lehre von der Güte Gottes, der den Menschen, obwohl sie wegen ihrer Unbotmäßigkeit ihr Leben verwirkt haben, dieses doch aus Gnade schenkt. Nicht nur die damaligen geretteten Menschen sind gemeint, sondern der jeweilige Hörer ist angesprochen. Und ständig droht auch ihm wie allen zukünftigen Geschlechtern die Vernichtung[8].

Diesen wenigen Zeugnissen für eine Zerstörung der Welt, d. i. aber nach altorientalischen Vorstellungen der herrschenden Ordnung (denn Schöpfung ist Ordnen), möchte ich nun einen wichtigen Text zur Seite stellen, in dem von den Grenzen des Raumes, d. i. im orientalischen Sinne des geordneten, der Schöpfung zugehörigen Raumes die Rede ist. Es handelt sich um eine Stelle des Papyrus Carlsberg Nr I[9]. In diesem Papyrus wird ein alter, hieratisch vorliegender Text im 1. nachchristlichen Jahrhundert demotisch übersetzt und kommentiert. Wir geben zunächst den alten Text fortlaufend:

»Die ferne Gegend des Himmels ist in Dunkelheit und Finsternis[10]. Nicht kennt man ihre Grenzen gegen Süd, Nord, West und Ost. Diese sind im Urwasser befestigt wie Träge (Wort‹spiel‹: *nn* ›diese‹: *nwn* ›Urwasser‹: *nnw* ›Träge‹). Nicht erhebt sich dort die Seele. Nicht ist ihr (scil. der fernen Gegend) Land gegen Süd, Nord, West oder Ost Göttern oder Geistern bekannt. Dort sind keine Lichtstrahlen. Es erstreckt sich unter jedem Ort. Alle Länder der ganzen Duat sind leer(?)«.

Aus der demotischen Übersetzung und dem Kommentar heben wir für unseren Zweck nur folgende Stellen hervor: Vor dem ersten Satz wird ein Teil einer Himmelsfigur beschrieben, die vor dem ganzen Text abgebildet gewesen sein muß: eine jener Darstellungen, wo der Himmel sich als Frau (Nut) über die Erde beugt[11]. In dieser Beschreibung heißt es an unserer

---

[8] Es ist eine bezeichnend israelitische Umbiegung des alten mythischen Motivs, daß dort die Sintflut dadurch in echter Weise historisiert wird, daß Gott gelobt, ein solches Ereignis solle sich hinfort nie wiederholen: Das kyklische Denken ist in ein lineares verwandelt, aus dem mythischen Ereignis ist ein historisches geworden.

[9] H. O. LANGE und O. NEUGEBAUER, Papyrus Carlsberg No. I (Kopenhagen 1940), II, 19–35. Unsere Stelle hat JUNKER, Der sehende und blinde Gott, S. 38f. herangezogen; doch scheinen mir seine überraschenden Schlußfolgerungen, daß nämlich der »Allherr« auch über jene geschilderten Gebiete außerhalb des Himmels herrsche, in klarem Widerspruch zu den Aussagen des Textes zu stehen, wonach dieses Land »den Göttern und Geistern« unbekannt ist.

[10] Dieses Wort wird auch von der Dunkelheit der Welt vor der Schöpfung verwendet, s. Wörterb. III, 452,7 mit Belegstellen und V, 144,3–4.

[11] Am besten entspricht dem (verlorenen) Bild unseres Papyrus die Darstellung im Kenotaph Sethos' I. in Abydos, da sich dort als Beischriften die meisten Sätze des im Papyrus kommentierten Textes finden; FRANKFORT, The Cenotaph of Seti I at Abydos, Tf. 81.

Stelle, vor Beginn der hieratischen Zitate: »Der Rand (?) des Himmels ist vor ihr wie ein Sack[12], gegenüber dem Kopf der Frauenfigur«. An diesem sackartigen Rand scheinen in der Vorlage die nun folgenden Sätze, die wir oben kennengelernt haben, gestanden zu haben. In dem eng verwandten Bild aus dem Kenotaph Sethos' I. steht der entsprechende, dort allerdings stark zerstörte Text über dem Rücken der Nut-Figur. Es ist jedenfalls klar, daß er sich auf das Gebiet außerhalb des geschaffenen und geordneten Himmels, der Nut heißt[13], bezieht. – Interessant ist der Kommentar zum zweiten Satz unseres Textes. Er lautet: »Er nennt Süden, Norden, Westen und Osten (nur), um dich den Zustand (*ḫpr*, auch Wesen) finden (d. h. verstehen) zu lassen, der im Umkreis um den Himmel herrscht«. Das kann doch wohl nur heißen: Die Angabe der Himmelsrichtungen ist eigentlich in dieser Sphäre sinnlos, doch muß man die Bezeichnungen gebrauchen, um sich überhaupt verständlich zu machen. Man darf diese Richtungsangaben aber nicht wörtlich nehmen, da dort Richtungslosigkeit herrscht, mithin solche Begriffe unangebracht sind. Hier scheint ein Gelehrter des 1. nachchristlichen Jahrhunderts, aus griechischer Philosophie schöpfend, in der Sprache seiner Zeit auszusprechen, daß die mythisch-realen Ausdrücke, sollen sie ihren Gehalt eröffnen, nicht physikalisch wörtlich zu nehmen sind! – Die »Seele« wird in der demotischen Übersetzung, zweifellos richtig, als »Re« wiedergegeben: In dem geschilderten Umkreis um den Himmel geht Re nicht mehr auf; auch er gehört zur geschaffenen, d. h. geordneten Welt. – Der letzte Satz, der in dem Text des Kenotaphs ganz anders lautet, bleibt in seinem Sinn unklar. Der demotische Kommentator ist ebenfalls unsicher und gibt sogar eine Textvariante.

Auf die Frage »Was ist dort, wo die Welt zu Ende ist?« haben also die Ägypter geantwortet: »Dort herrscht der chaotische Zustand wie vor der Schöpfung«. Charakterisiert wird dieser Bereich als chaotisch durch die Dunkelheit und die Endlosigkeit – beides Begriffe, die in den Kreis der Acht Urgötter neben dem Urwasser Nun auftreten als Kuk (derselbe Wort-

---

[12] Bei diesem Wort denkt man an die eigenartige Zeichnung des Himmels in den Gräbern von Amarna, z. B. DAVIES, Rock Tombs of El Amarna I, Tf. 25, 26, 29, 32, u. o. Aber abgesehen davon, daß diese Darstellung nur in Amarna belegbar ist, zeigt die rote Färbung des »Sakkes« im Gegensatz zur blauen des Himmels, daß damit die Wüstenberge gemeint sind, auf denen der Himmel ruht. Man müßte also, sollte wirklich ein ähnlich gezeichneter Himmel unserem Kommentator vorgelegen haben, eine Mißinterpretation annehmen. – In Amarna bleibt die Verwendung dieser Zeichenweise neben der sonst allein üblichen mit den spitzen Ecken unerklärt, umso mehr, als einige Bilder das eine Ende des Himmels in der herkömmlichen, das andere in der neuen Weise zeichnen (II, 8 und IV, 22). – Zu den vielleicht mythologischen Bäumen, die sich wiederholt neben oder unter dem Randberg finden, vgl. DAVIES, a.a.O. III, S. 31 und IV, S. 20. Abgekürzte Zeichnungen des Amarna-Himmels bei SCHÄFER, Weltgebäude der Alten Ägypter, S. 97, Abb. 17.

[13] S. LANGE und NEUGEBAUER, a.a.O., S. 28f.

stamm wie bei dem Wort für Dunkelheit in unserem hieratischen Text, vgl. Anm. 10) und Huh. Jenseits der Schöpfung liegt also ein auch den Göttern und Geistern unzugänglicher, ungeordneter Bezirk.

Die Frage, wie alt die angeführten Vorstellungen sind, läßt sich bei der Spärlichkeit der Quellen nicht sicher beantworten. Das Gespräch zwischen Atum und Osiris ist zwar, wie ein Fragment daraus in einem Sargtext beweist[14], in der ersten Wirre bekannt gewesen, doch bleibt unsicher, ob das auch für unser Stück gilt. Dieser Text ist erst aus dem Totenbuch des Neuen Reiches belegt. – Das »Kuhbuch« von der Vernichtung des Menschengeschlechtes ist ebenfalls nur in Abschriften seit dem Ende der 18. Dynastie (Tutanchamun) bekannt, doch nimmt man allgemein, gewiß mit Recht, schon auf Grund der Sprache etwa eine Entstehung etwa im Mittleren Reich an[15]. Ob dasselbe für den im Papyrus Carlsberg I kommentierten Text gilt, ist einstweilen nicht auszumachen – für die frühe 19. Dynastie (Sethos I.) ist er jedenfalls gesichert. So haben wir für alle drei Texte unzweifelhafte Belege aus dem Neuen Reich, doch möchte man am liebsten die Zeit nach dem Zusammenbruch des Alten Reiches als ihren geistesgeschichtlichen Ort annehmen; tauchen doch gerade dort erstmals die Fragen nach den Grenzen und Schattenseiten des Lebens in einer Dringlichkeit auf, die später nicht wieder erreicht wurde.

Welcher religiöse Sinn ist nun diesen beiden Vorstellungen, der von einem Ende der Zeit wie der von einem Ende des Raumes (in dem oben bestimmten Sinne!), gemeinsam? Welche theologische Aussage bergen diese Mythen? Wo schneiden sich die beiden offenbar irgendwie parallelen Ideen?

Beide besagen, daß unsere Welt nur eine kleine Insel der Ordnung ist in einem Meer von Chaos, welches Chaos dauernd droht, alles zu verschlingen. Von der Gefährdung wird allerdings nur in den Erzählungen von der Begrenztheit der Zeit ausdrücklich gesprochen: Dort kündigt Atum an, er werde eines Tages das von ihm gebändigte und zusammengedämmte Urmeer, das die geschaffene Welt auf allen Seiten umgibt und sie auch unterspült[16], wieder die Erde verschlingen lassen (wie der Schlangengott die Insel des Schiffbrüchigen), eine Drohung, die uns an die Flutsagen erinnert. Während hier also das Chaos außerhalb der geschaffenen Welt in Form des

---

[14] Coffin Texts III, S. 82/3; dazu E. Otto, Der Vorwurf an Gott, S. 9.

[15] So auch Kees, Götterglaube, S. 328. Daß die Vorstellungen dieses Buches tatsächlich aus der Ersten Wirre stammen, bezeugt die Anspielung auf die Sage in der Lehre für Merikarê, Z. 133f.

[16] Der Nun umringt die Erde: Pap. Harris 44, 5; er ist das Grundwasser: Rochemonteix, Edfou I, 23; die Nilüberschwemmung strömt aus ihm hervor: Beginn des Nilhymnus; er ist als Regen am Himmel: Totenbuch 183, 15 (Hunefer) und Pap. Berlin 3048, VIII, 4. Vgl. dazu de Buck, De godsdienstige Opvatting van den Slap, S. 6,

Wassers droht, treffen wir in der Schilderung des Bereiches außerhalb des Himmels im Papyrus Carlsberg das Dunkel und die Endlosigkeit als chaotische Qualitäten[17]. Es ist interessant, hier eine mythische Variante für das gleiche Theologumenon zu finden: Sonst ist im Alten Orient, soweit ich sehe, stets das Wasser das die Ordnung bedrohende Element[18].

Ganz hypothetisch möchte ich hiermit eine merkwürdige Stelle des 125. Kapitels des Totenbuches in Verbindung bringen. Dort[19] versichert der Tote in dem sogenannten negativen Sündenbekenntnis: »Ich kenne nicht das, was es nicht gibt.« (Die Variante »Ich kenne nichts Böses« scheint nichts weiter als ein flacher, nichtssagender Ersatz für diese offenbar gelegentlich nicht verstandene Aussage.) Sollte hier nicht »das, was es nicht gibt« eben die Welt außerhalb der Schöpfung, außerhalb des dem Menschen zugewiesenen Raumes bezeichnen? In solche wüsten, bedrohlichen, auch den Göttern versagten Bereiche vorzudringen, würde der Ägypter gewiß als Frevel empfinden.

Doch ob nun die Totenbuchstelle hiermit richtig gedeutet ist oder nicht, sicher scheint mir, daß in den spärlichen Aussagen über eine Grenze des geschaffenen Raumes und ein Ende der geschaffenen Welt die gleiche religiöse Erkenntnis von der Begrenztheit der ordentlichen, dem Menschen, aber auch den Göttern zur Verfügung stehenden Welt zum Ausdruck kommt, die ständig von den sie umgebenden Urgewalten bedroht ist. Modern würden wir sagen, die Ägypter wußten um die Ungesichertheit der menschlichen Existenz. Daß sie davon nicht gerne sprachen, entspricht ägyptischer Abneigung, Negatives, Unliebes schriftlich zu fixieren, ihm dergestalt Existenz zu verleihen.

Daneben aber sei zum Schluß nochmals betont, daß die von uns erschlossenen Erkenntnisse in der religiösen Vorstellungswelt der Ägypter keine bedeutende Rolle spielten – sonst hätten wir in der schier unübersehbaren religiösen Literatur mehr als diese wenigen Textzeugnisse. Ganz gewiß haben die Ägypter nicht etwa auf dieser Existenzangst ihr Leben aufgebaut! Ihr »Angstvorrat« wurde vielmehr ganz zur Sicherung persönlichen

---

[17] Vgl. z.B. KEES, Götterglaube, S. 307.

[18] Für das mythologische Weltbild des Alten Testaments s. z. B. L. KÖHLER, Theologie des Alten Testaments³, § 29: »Gegeben aber ist dies, daß die vorhandene Welt in ihrem Bestande unausgesetzt durch das Meer, die Urflut, bedroht ist. Dabei gehört zum Meer über das, was wir als solches bezeichnen, hinaus der Vorratsraum der Regenfluten ... Es bedarf der ausdrücklichen Zusage Gottes, daß niemals wieder eine Sintflut hereinbrechen wird, weil die durch Gottes Schelten Ps 104, 7 verscheuchten Wasser fortdauernd die Erde an ihrem äußersten Rande Ps 138, 9 umlagern und umlauern ...« Ob man allerdings diesen Tatbestand im Alten Testament als »polytheistischen Rest« interpretieren soll, erscheint mir fraglich. Das drohende Chaoswasser ist vielleicht eher als Machtmittel Gottes zur Vernichtung der Welt aufgefaßt. Vgl. im übrigen Anm. 8.

[19] Einleitung 7.

Fortlebens verwendet, so daß andere Bereiche geradezu totgeteilt wurden – bleibt es doch immer wieder unbegreiflich, daß ein so zeremonienfreudiges Volk wie die Ägypter neben den üppig wuchernden Begräbnisriten etwa die Geburts- und Hochzeitsbräuche so völlig vernachlässigten. Immerhin zeigen die angeführten Aussagen, daß Vorstellungen von einem die geschaffene Welt umgebenden und bedrohenden Chaos der Urzeit in verschiedener Form vorhanden waren.

7. Zu Literatur und Kunst

Illustrierte Bücher im Alten Ägypten

aus: Wort und Bild. Symposion des Fachbereiches Altertums- und Kulturwissenschaften zum 500jährigen Jubiläum der Eberhard-Karls-Universität Tübingen 1977, Hrsg. H. Brunner, R. Kannicht, K. Schwager, München 1979, 201–218 und Taf. XXII–XXIV.

Wort und Bild stehen in der altägyptischen Hochkultur in einem reich wechselnden und viele Aspekte bietenden, sich ergänzenden oder gespannten Verhältnis. Die meisten Bilder – rundplastische sowohl wie Flachbilder, also Relief und Malerei – sind beschriftet, ja sie erhalten erst durch aufgeschriebene Namen, Opferformeln oder andere Texte wie Reden ihr Leben, können also nur so ihre Aufgaben recht erfüllen. Davon zeugen die beiden vorigen Aufsätze. Nur diese „Beischriften" geben uns in sehr vielen Fällen den Schlüssel zum tieferen Verstehen der bildenden Kunst in die Hand. Wie unvollkommen und schief wäre unser Verständnis ägyptischer Kunst, wäre sie nicht weitgehend beschriftet!

Vom ägyptischen Standpunkt aus freilich ist der Umstand, daß der Betrachter wichtige Informationen aus diesen Aufschriften gewinnt, oft genug zwar nicht belanglos, aber doch sekundär. Wort wie Bild eignet eine Wirkmächtigkeit an sich, die „magisch" zu nennen wenig erklärt. Diese Kraft ihres Daseins[1] steigert sich, wenn beides zusammen, wenn zum Bild das Wort tritt; das Wort lenkt die Kraft erst in die gewünschte Richtung (z. B. Gebete zugunsten der dargestellten Person, wenn deren Name und der des angerufenen Gottes aufgeschrieben sind, Nennung des das Kunstwerk stiftenden Sohnes usw.).

Hier soll unsere Aufmerksamkeit dem umgekehrten Verhältnis gelten: Texte, also fixierte Wörter, denen Bilder beigegeben werden, sollen uns jetzt beschäftigen. Dabei muß ich bitten, das Wort „Buch" im Titel des Vortrags nicht im europäischen Sinne zu verstehen, wo es sich meist auf die äußere Form des zwischen Deckel gebundenen bedruckten Papiers bezieht, vielmehr im Sinne des Inhalts, also als geformter Text von einigem Umfang, freilich immer viel geringerem Umfang als wir heute gewöhnt sind, und unabhängig vom Medium, in dem er erscheint. Es mag sich um Papyrusrollen handeln, aber auch um gemalte oder gravierte Texte auf Wänden. Dabei wird in jedem Fall der Sitz im Leben des Textes bzw. des Werkes zu prüfen sein – es ist klar, daß die Aussagekraft eines Buches, das gar nicht für einen Leser bestimmt ist, eine ganz andere ist als die eines nur für menschlichen Gebrauch bestimmten Handbuches, etwa eines Mathematischen Lehrbuches, dessen Rechenaufgaben geometrische Figuren zugefügt sind (Abb. 1)[2], z. B. Dreiecke mit beigeschriebenen Seitenlängen, wenn es gilt, den Inhalt oder die Höhe zu berechnen. Von solchen wissenschaftlich-verdeutlichenden Illustrationen können wir absehen

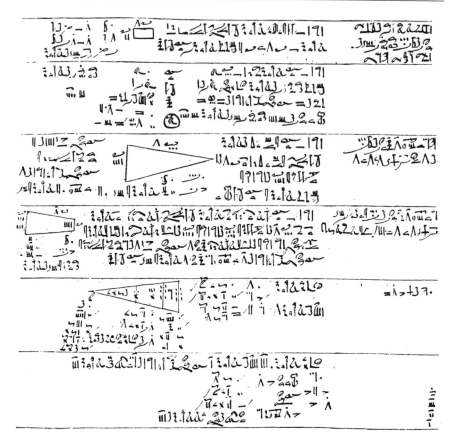

Abb. 1   Eine Seite aus dem mathematischen Handbuch des Papyrus Rhind.

– sie sind dem uns Gewohnten nahe und lehren nichts Neues –, denn mit einem „schon die alten Ägypter" möchte ich meine Leser nicht vergraulen. Ägypten scheint viele der Möglichkeiten, warum und wie zu einem Text Bilder treten können, wenn nicht ausgeschöpft, so doch entwickelt zu haben, und zwar, nachdem die ägyptische Kultur ohne Vorgänger war, erstmalig und exemplarisch, Tradition stiftend, nicht sie fortsetzend, weil es keine vorfand.

In den Mittelpunkt unserer Überlegungen seien Fälle gestellt, in denen das Wort allein nicht ausreicht, das auszudrücken, worauf es ankommt, wo vielmehr zur Verdeutlichung auch das Bild herangezogen werden muß.

Freilich wird das Verhältnis der beiden Medien sich uns sehr viel komplizierter darstellen als etwa bei einem modernen illustrierten Buch, bei dem der Autor selbst oder ein Künstler mit oder ohne Fühlung mit dem Autor dem Text Bilder zusetzt – im allgemeinen sind diese Bilder kein wesentlicher Bestandteil des Textes, sie können auch fortbleiben und bleiben bei vielen Drukken auch fort, ohne daß der Text entscheidend an Verständlichkeit verlieren würde – manche Leser mögen sogar den reinen Text vorziehen, der ihrer Phantasie mehr Spielraum läßt. Bei dem Stichwort Phantasie wird sofort klar, daß der Verzicht auf Illustrationen hinfällig wird bei wissenschaftlichen oder ähnlich ausgerichteten Werken, die eine Wirklichkeit möglichst genau, also gerade unter Ausschaltung der Phantasie wiedergeben wollen. Wir werden diesen Gesichtspunkt im Auge behalten müssen.

Auch solche „freien" Text-Illustrationen gibt es in Ägypten – freilich dienen sie nicht der ästhetischen Delektion eines Lesers, sondern bekommen rasch einen vom Beschauer unabhängigen Eigenwert. Daneben aber stehen künstlerische Werke, bei denen Bild und Wort gleichen Wert besitzen, gleichzeitig komponiert wurden und einander in solcher Weise ergänzen, daß kein Medium ohne das andere wirken kann, daß keines Beiwerk des anderen ist. Unsere Frage wird also lauten, welcher Inhalt ein solches Nebeneinander von Wort und Bild erfordert und wie genau sich beide zueinander verhalten.

Wir gehen aus von Illustrationen zu Büchern, die auch ohne solche Bilder existieren. Dabei baut sich unser Beitrag nicht historisch, sondern systematisch auf, wobei freilich Entwicklungslinien ihr Recht bekommen sollen.

Das ägyptische Totenbuch ist das heute bekannteste ägyptische „Buch" überhaupt. Seit etwa 1500 v. Chr. wird es, auf Papyrus geschrieben, dem Toten mit ins Grab gegeben. Es enthält eine lose, erst spät kanonisch festgelegte Folge von Sprüchen, die für die Existenz nach dem Tode, besonders für den gefahrvollen Übergang von der irdischen in die jenseitige Existenz, nützlich, ja unentbehrlich sind. Diese Sprüche haben teils die Form direkter Rede, die der Verstorbene in bestimmten Situationen wörtlich zu sprechen hat, teils vermitteln sie in Aussageform lehrhaft Kenntnisse, etwa Aussehen und Namen von gefährlichen oder nützlichen Jenseitswesen. Wer weiß, mit wem er es zu tun hat, wird ein Gegenüber richtiger zu nehmen wissen; wer einen Weg kennt, ihn weniger leicht verfehlen. So werden denn also zu den Texten Dämonen[3] (Taf. XXII/1) oder Wegstrecken[4] (Taf. XXII/2) abgebildet – nie kann eine Beschreibung so genau sein wie ein Bild. – Und doch kann diese uns Europäern einleuchtende Deutung der sogenannten „Vignetten" so nicht richtig, jedenfalls nicht erschöpfend sein – sonst könnten diese Bilder nicht von Handschrift zu Handschrift so stark variieren, daß auch ein Kenner, steht er vor einer ihm unbekannten Vignette, oft zweifelt, zu welchem Spruch sie gehören mag. Einstweilen mag aber die Erklärung, daß es sich bei der Art von Bildern um Verdeutlichung, um Präzisierung des Textes handelt, stehen bleiben – unter dem ausdrücklichen Vorbehalt der Vorläufigkeit. Ein Lösungsvorschlag sei später geboten.

Jedenfalls: wie bei illustrierten Bibeln steht auch beim Totenbuch der Text fest, die Bilder gestaltet der Künstler nach eigener Phantasie, wobei wir die wichtigen kunstgeschichtlichen Fragen nach Lokaltradition und anderen, die Freiheit einschränkenden Faktoren beiseite lassen.

Und nun erleben wir etwas Erstaunliches: Diese Vignetten, zunächst kleine, bescheidene Bildchen in schwarz-weiß, meist mit einfachen Strichen gezeichnet, mehr Andeutungen oder Skizzen als ausgeführte Bilder, also deutlich dem wichtigen Text untergeordnet, beginnen, ein eigenes Leben zu entfalten. Sie werden immer kunstvoller und reicher, auch größer und mannigfaltiger[5] (Taf. XXIII, 1). Sie beginnen zu wuchern, ja sich vom Text zu lösen, was sich zunächst darin zeigt, daß sie nicht mehr immer bei den zugehörigen Kapiteln stehen, sondern an falsche Stellen geraten, ja sogar vereinzelt fast oder ganz ohne Text erscheinen. Nach 800 Jahren – so langsam geht in Ägypten eine „Innovation" – gibt es Papyrusrollen, die gar keinen Text mehr haben, die vielmehr ganz aus Illustrationen (mit kurzen Beischriften) bestehen[6] (Taf. XXIII/2). Die Bilder haben sich dabei weitgehend von der Tradition gelöst und waren auch den Ägyptologen lange Zeit gar nicht mehr als Totenbuchbilder erkennbar – man nannte sie fälschlich „mythologische Papyri". Tatsächlich aber ist, wie neuere Forschung gezeigt hat, ihr Inhalt kein anderer als der der wohlbekannten Totenbuchsprüche. Sehr schön und kostbar sind diese Papyri der 20./21. Dyn. (um 1100-1000 v. Chr.) ausgemalt, etwas verfremdet, aber doch zweckentsprechend. Ob hier noch ein Faktor mitspielt, der in der mittelalterlich-christlichen Kunst von so großer Bedeutung ist, nämlich der Analphabetismus, der für weite Kreise den Verzicht auf Schrift zugunsten des Bildes erzwingt, das können wir für diese Bilder-Totenbücher nicht sagen; ich halte es für möglich, zumal sie in einer Zeit des kulturellen Niederganges entstanden sind, in der gewiß die Kenntnis der Schrift zurückgegangen war. Stützen könnte man diese Hypothese durch den Hinweis auf den Umstand, daß gerade aus dieser Zeit auch andere Papyri mit Illustrationen ohne Text

Abb. 2   Tierkapelle aus dem Märchenpapyrus in London.

stammen, die zweifellos erzählte Geschichten widerspiegeln, und zwar rein im Tierreich spielende Geschichten wie die von Abb. 2[7], wo wir eine Szene mit musizierenden Tieren sehen, wohl sicher Vorläufer der Bremer Stadtmusikanten, oder ein im Baum Feigen pflückendes Nilpferd (Abb. 3), zu dem ein Vogel eine Leiter hinaufsteigt. Kein Zweifel, hier handelt es sich um heitere Bilder zu mündlich erzählten Geschichten, die sich teilweise bis in die Volkserzählungskunst der Gegenwart Ägyptens verfolgen lassen[8]. Das Bild tritt hier also ergänzend nicht zum schriftlich fixierten Wort, dem Text, sondern zum lebendigen, gesprochenen. Hier haben wir zum ersten Mal Bilder vor uns, die zweifellos der reinen Freude eines Betrachters, ja dem Lachen dienen sollten. Ihnen haftet weder Magisches noch Belehrendes an.

Eigentümlich und schwer zu erklären ist der Umstand, daß nach kurzer Zeit diese reinen Bildrollen plötzlich und ganz verschwinden und, wie in einem Gegenstoß, Totenbuchrollen ohne oder mit geringen Illustrationen Platz machen. Nie wieder, auch in wohlhabenden Zeiten nicht mehr, spielen die Vignetten eine beherrschende Rolle, auch wenn sie sich bis zum Ende dieser typisch ägyptischen Totenliteratur in den meisten Papyri finden[9]. Aber sie sind immer einfach ausgestaltet, oft fehlen sie auch ganz.

Die Rollen mit Totenbuchsprüchen wurden den Verstorbenen in den Sarg mitgegeben. Man rechnete wohl damit, daß sie sie dort lesen konnten, doch ist die Möglichkeit nicht von der Hand zu weisen, daß sie selbsttätig wirken sollten, selbst wenn niemand sie las oder betrachtete. Die Frage freilich, warum die Illustrationen so sehr an Gewicht über den Text gewannen, bleibt offen; es mag wohl sein, daß die Ägypter immer wieder erlebt haben, daß ein Bild unmittelbarer und stärker wirkt als ein Text, der ja nur ein blasses, weil ab-

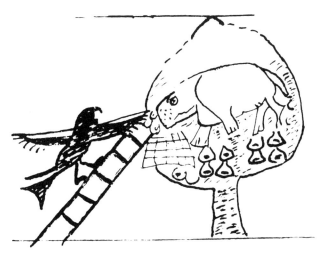

Abb. 3　Eine Szene aus dem Märchenpapyrus in London.

straktes Abbild des Wortes ist, das seinerseits ein Abbild der Realität darstellt, die ein Bild andererseits unmittelbar wiedergibt. Lesen muß mühsam gelernt sein, Bildbetrachten und -deuten gelingt leichter. Es mag diese Unmittelbarkeit der Bildwirkung sein, die zu den rein bildlichen Totenbüchern geführt hat; in diesem Fall wäre die Rückkehr zum Text eine Besinnung auf die größere Exaktheit der Sprüche.

Ein ganz anderes Gebiet, auf dem sich Wort und Bild begegnen, und zwar ebenfalls auf dem Feld der Religion, ist das Ritual. Wenn wir dabei von Wort und Bild sprechen, so denken wir freilich nicht mehr an das eigentliche Ritual und seine Zelebration, sondern an seine schriftliche Fixierung. In der Realität greifen beim Ritual Handlung und Rede ineinander, verbinden sich meist unlösbar, sind ohne einander nicht denkbar, d.h. nicht wirksam. Soweit nun Rituale schriftlich fixiert werden müssen, sei es als Anweisung oder Gedächtnisstütze für den Offizianten, sei es auch um ihrer magischen Selbstwirksamkeit willen, macht das Aufschreiben der Worte keine Schwierigkeiten. Handlungen dagegen lassen sich nicht exakt fixieren. Jede Beschreibung durch Worte bleibt Fragment und kann zu falschen Gesten oder Haltungen führen, und jedes Bild kann nur eine Phase des Bewegungsablaufs festhalten – jedenfalls vor der Erfindung des Kinematographen, des Films. Hier ist für den Ägypter der Unterricht unentbehrlich. Papyri dienen nur zur Gedächtnisstütze; der in Abb. 4 gezeigte enthält in senkrechten Zeilen[10]: Angabe der Handlung, gefolgt von einem kurzen mythischen Kommentar, der die Deutung der Szene bringt, also den aus der Handlung und den Worten dieser religiösen Zeremonie nicht ohne weiteres zu entnehmenden Sinn. Es folgen die Anfänge der Reden, die die spielenden Personen zu sagen haben, also nur die Stichworte. Durch einen waagerechten Strich getrennt werden die anwesenden Personen, die Requisiten und der Ort der Handlung genannt. Schließlich endet jede Zeilengruppe mit einer sog. Vignette, d.h. mit einer Illustration, die in unserem Papyrus Requisiten wie handelnde Personen skizzenhaft, nur angedeutet, zeigt. Es ist offensichtlich, daß der Zweck dieser Vignetten ein ganz anderer ist als der des Totenbuches: Nicht selbsttätig wirksam können diese Figuren sein, sie sind vielmehr als Hilfen für einen Lesenden bestimmt, sie zeigen das, worauf es bei einer Darstellung des Rituals ankommt: Stellung der Personen auf der „Bühne", die wichtigsten Details der Tracht, die Requisiten. Dieser sog. „Dramatische Papyrus" stellt wohl das älteste illustrierte Buch der Welt dar – er stammt aus der Zeit um 2000 v.Chr., geht aber wohl auf noch ältere Vorbilder zurück. Auch hier fehlt jedes Streben, etwa einen Leser oder Betrachter des Buches zu erfreuen, ihm über die reine Information hinaus einen Genuß zu vermitteln. Die Illustrationen dienen praktischen, belehrenden Zwecken, wenn auch ganz im religiösen Rahmen. Aber nicht Verkündigung ist das Ziel, sondern die richtige Durchführung eines Rituals. Als Benützer wird

Abb. 4   Eine Seite aus dem Ritualpapyrus vom Ramesseum.

lediglich der Cheri-Heb, der Vorlesepriester, ins Auge gefaßt – und tatsächlich
wurde die Papyrusrolle in der Bibliothek eines solchen in seinem Grab in einer
Bücherkiste gefunden[11].

Anders wieder liegen die Verhältnisse bei einem Mythos, der in Ägypten
zunächst doppelt überliefert worden ist, getrennt in Text und in Bild. Es

handelt sich um die Erzählung von der halb-menschlichen, halb-göttlichen Abstammung Pharaos, eines jeden Pharao[12]. Gezeugt hat ihn ein göttlicher Vater, geboren eine menschliche Mutter, so daß der Herrscher Ägyptens an beiden Welten teilhat. In einer Folge von 15 Bildern wird die Zeugung und die Geburt des Pharao in mehreren äg. Tempeln des Neuen Reiches, also des 2. Jahrtds., gezeigt (Abb. 5). Den Bildern sind auch diesmal, wie wir es von Ägypten schon gewöhnt sind, Texte beigeschrieben, die das Dargestellte offenbar erläutern sollen. Doch genauere Analyse lehrt, daß die Worte nicht genau zu den Bildern passen, daß sie vielmehr offenbar einer fortlaufenden, nicht illustrierten Erzählung entnommen sind, die uns nicht vollständig erhalten ist, deren Abglanz wir aber auch in einem alten Märchen besitzen. Aus diesem erzählten Mythos, der in einem Bericht über die Handlung auch Rede und Gegenrede enthielt, wählten die Schriftkundigen Teile aus und schrieben sie als Erläuterungen zu der altüberlieferten Bildfolge, so daß zunächst der Eindruck entsteht, es handele sich um die weitverbreitete, typisch ägyptische Gattung „Bild mit Beischrift“. Im allgemeinen haben sie diese Vereinigung der beiden Medien geschickt durchgeführt, gelegentlich zeigen Unstimmigkeiten, vor al-

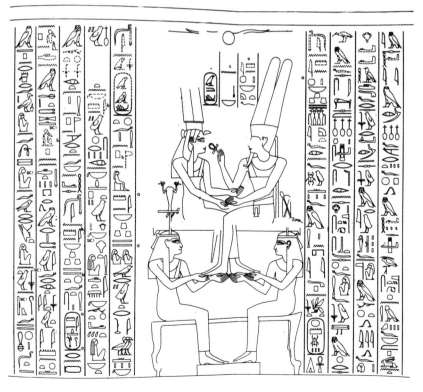

Abb. 5   Eine Szene aus dem illustrierten Mythos von der Geburt des Gottkönigs.

lem aber sinnstörende Lücken im Text, daß hier ursprünglich getrennt Überliefertes zusammengefügt worden ist. Leider können wir über den „Sitz im Leben" dieser beiden Traditionsstränge nur Vermutungen anstellen. Gewiß ist, daß es sich in älterer Zeit, also dem 3. und 2. vorchristlichen Jahrtausend, nicht um eine dramatische Aufführung gehandelt hat, vielmehr um eine Erzählung von der Legitimation des jeweiligen Herrschers aufgrund seiner halbgöttlichen Natur. Es gibt keinen zweiten Fall in Ägypten, wo ein in bildlicher Szenenfolge überlieferter Mythos mit Bruchstücken einer den gleichen Mythos wiedergebenden Erzählung versehen ist. In griechisch-römischer Zeit dagegen wurde unser Mythos von der göttlichen Geburt des Pharao umgedeutet auf die Geburt eines Gotteskindes, also aus der politischen in die rein religiöse Sphäre erhoben und dann auch szenisch aufgeführt. Dabei reicherte man den Text, besonders durch lange Chorhymnen, an. Aus derselben Zeit gibt es auch andere Tempelfestspiele, die freilich, ebenso wie der Geburtsmythos, aufs engste mit dem Ritual verknüpft waren. Auch diese Dramen wurden auf den Tempelwänden aufgezeichnet, und zwar das gesamte Textbuch, versehen mit Bildern der Aufführung. Es sei nur am Rande bemerkt, daß das ägyptologische Institut in Liverpool eines dieser Dramen in Kostümen aufgeführt hat – nach den zahlreichen Wiederholungen zu schließen nicht ganz ohne Erfolg[13].

Wir müssen nochmals zurück zu der Zusammenfügung von Wort und Bild bei dem Geburtsmythos des 2. Jahrtausends. Welches war wohl der Grund, die beiden getrennten Überlieferungsketten von Text und Darstellung zu vereinigen? Die Bildreihe, die wir aufgrund einiger Indizien für die ältere halten müssen, scheint nicht mehr voll verständlich gewesen zu sein und bedurfte der Erläuterung. Besonders eine Stelle, und das ist bezeichnend für das Verhältnis von Wort und Bild, ist aus der Darstellung durchaus nicht deutbar, auf die es aber ganz besonders ankam: Nach der Vereinigung bestimmt der Gott als Vater den Namen des Kindes, den er aus den ersten Worten der Frau nach der Empfängnis formt. Dieser Name aber (und entsprechend die vorher von der Königin gesprochenen Worte) beziehen den Mythos auf die Gegenwart, auf den regierenden König – und in diesem Bezug beruht ja allein die Daseinsberechtigung der ganzen Geschichte. Das aber ließ sich nicht darstellen, nur erzählen, dazu war das Bild unzureichend und bedurfte der Ergänzung durch das Wort. Wenn dem so ist, hätten wir zwar nach seiner Entstehung ein Bild mit Beischriften vor uns, in der jeweils vorliegenden Form aber eine interessante Vereinigung von Wort und Bild auf gleichberechtigter Ebene, wenn auch nicht gleichzeitig und füreinander komponiert, sondern aus getrennten Überlieferungssträngen zusammengeflochten.

Wir halten einen Moment inne und schauen zurück. Einleitend haben wir eine Seite aus einem mathematischen Lehrbuch gesehen – eine Illustration mit dem Ziel, die Sachprobleme eindeutig zu bestimmen, jede Phantasie auszuschalten. Dann das Totenbuch. Hier stehen die Texte fest und werden wörtlich tradiert (daß dieser Traditionsstoff die Tendenz zur Wucherung, u. a. durch Kommentare hat, steht auf einem anderen Blatt), d. h. der Schreiber einer Papyrusrolle hatte nicht die Freiheit, von seiner Vorlage abzuweichen. Illustrationen waren nicht obligat, und wo sie auftreten, wechseln sie von Rolle zu Rolle. Sie beginnen zu wuchern, bis sie sich vom Text lösen. Den Grund für diese Erscheinung glaubten wir in der magischen Wirkkraft zu sehen, die von einem Totenbuch erwartet wurde und die man offenbar den Bildern in höherem Maße zutraute als dem Text. Freilich verschwinden bald nach 1000 v. Chr. diese reinen Bilderstreifen völlig. Gleichzeitig mit den Bilder-Totenbüchern hat es auch Bilderbogen zu Erzählungen gegeben, die offenbar gar nicht aufgeschrieben wurden. Die Illustrationen mögen bei mündlichem Vortrag der Tiergeschichten herumgezeigt worden sein. Da es sich durchweg um Tiergeschichten handelt, kam es dem Maler wohl auf die besondere, die humoristische Wirkung der als Menschen handelnden Tiere an. – Ganz anders wieder die Merkbücher zu Ritualen, deren Bilder zusammen mit Regieanweisungen und den Stichworten der Reden den rechten, also den allein wirksamen Ablauf eines Rituals gewährleisten sollten. Wie groß der Spielraum ist, den auch genaue Regieanweisungen (etwa von Gerhard Hauptmann oder Bernard Shaw) dem Regisseur einer modernen Bühne läßt, selbst wenn dieser sich nach den Vorschriften richtet, weiß jeder Theaterbesucher. So erwünscht uns heute solche Freiheiten sind, so sehr mußten sie in den Augen der Ägypter die Wirkung der kultischen Handlung gefährden. Sie auszuschalten, den Ablauf möglichst genau für alle Zeiten und Orte festzulegen, war das Hauptziel dieser Vignetten auf Ritualrollen. – Hier ist das Bild wie im mathematischen Lehrbuch oder im Tiermärchen-Papyrus nicht der Eigenwirkung wegen, sondern ganz fürs menschliche Auge aufgenommen, und zwar wie bei der Wissenschaft zur Belehrung, nicht wie bei den Fabeln zum Ergötzen.

Wieweit der Mythos von der Geburt Pharaos selbsttätig wirken, wie weit er etwa verkünden sollte, ist nicht auszumachen. Interessant war uns nur die Zusammenfügung der getrennt tradierten Wort- und Bildreihe, wobei, wie bei Beischriften, das Wort vor allem wichtige, ja unentbehrliche Teile der Erzählung bringt, die das Bild unmöglich fixieren kann, in erster Linie Namen. Es gibt Aussagen, die das Bild nicht leistet (Namen) und solche, die der Text nicht oder nur mühsam leistet (farbige Details, Gesten, Stellung der Personen zueinander).

Damit ist die Mannigfaltigkeit der Beziehungen zwischen Wort und Bild im Sinne einer Textillustration im alten Ägypten noch bei weitem nicht ausgeschöpft. Daß wir dabei nicht nur mit den dreitausend Jahren ägyptischer Geschichte, sondern auch mit den Kunstgattungen etwas frei umspringen, mag dem Ägyptologen verziehen sein, der sich einer schier unausschöpflichen Stoffmenge gegenübersieht, die er auf knappem Raum darzubieten hat.

Aus dem frühen MR, also der Zeit um 2000 v. Chr., stammt eine Gruppe von mittelägyptischen Särgen, auf deren Boden Zeichnungen und Texte eng verwoben sind (Taf. XXII, 2)[14]. Gezeichnet sind Wege, Seen, Tore und Gebäude, Schiffe und Barken, Menschen und Tiere, Dämonen, auch manche noch wenig gedeuteten Gebilde. Es handelt sich um Jenseitsdarstellungen. Texte sind dazugeschrieben, die teils eng zu den Darstellungen gehören, indem sie Namen der Dämonen oder der Orte angeben, indem sie Tätigkeiten dieser Wesen nennen, kurz das hinzufügen, was nicht zeichenbar, was aber zum Kennen dieser Orte und Dämonen unverzichtbar ist. Außerdem werden dem Verstorbenen Ratschläge gegeben, welchen Weg er zu gehen, welchen er zu meiden hat. Und schließlich werden die Sprüche genannt, die er an bestimmten Stellen, vor bestimmten Wesen zu sagen hat, um heil durch die Jenseitsgefahren zu kommen. Aufschlußreich ist ein Passus, in dem der Tote den Torwächtern, die ihn passieren lassen sollen, versichert, daß er sie von den Bildern her kenne (und also, ist die Meinung, Macht über sie habe)[15]. Keine noch so genaue Beschreibung kann ein Wesen wirklich treffen, während die Bilder hier Sicherheit schaffen. Nicht von einer Selbstwirksamkeit der Bilder scheint hier die Rede, sondern von der Kenntnis, die der Betrachter gewinnt. Insbesondere sind Maße angegeben, über deren Bedeutung wir im kommenden Abschnitt einiges hören werden. Es handelt sich um genaue Festlegung von Strecken oder Höhen von Gebäuden ebenso wie um Namen oder auch Vorgängen.

Wir verlassen diese noch nicht voll verständliche Welt der Sargtexte und des „Zweiwegebuches", um uns einer für unsere Fragestellung höchst wichtigen Gruppe von eigentümlichen Texten zuzuwenden, die neuere und neueste Forschung zu erhellen beginnt: Den Unterweltsbüchern, die sogar eine handliche Übersetzung in der „Bibliothek der Alten Welt" erhalten haben[16].

Diese Unterweltsbücher stellen eine eigentümliche ägyptische Literaturgattung dar, zu der vorab einige Worte zu sagen sind. In objektiver, geradezu wissenschaftlicher Weise wird hier das Jenseits geschildert. Nicht Anweisungen für das richtige Verhalten, nicht Reden von Dämonen und des Verstorbenen werden vorgestellt, sondern die Unterwelt, die Welt der Nacht, der Toten wird genau beschrieben, ohne unmittelbare Nutzanwendung für gestorbene Menschen. Freilich, „die Wahrheit kam nicht nackt in die Welt, sondern sie kam in Sinnbildern und Abbildern. Die Welt wird sie nicht auf andere Weise erhalten", wie ein ägyptischer Text aus frühchristlicher Zeit sagt[17]. Es kann nicht unsere Aufgabe in diesem Rahmen sein, diese Bilder und Abbilder auf ihren Wahrheitsgehalt zu prüfen oder zurückzuführen. Uns geht es um das Verhältnis von Wort zu Bild in diesen Unterweltsbüchern. Wenn wir soeben gesagt haben, daß hier versucht wird, eine jenseitige Wirklichkeit genau zu beschreiben, so bitte ich, diese Aussage zunächst als vorläufig zu betrachten – sie wird noch etwas zu modifizieren sein. Zunächst einige Bilder.

In den Königsgräbern des Neuen Reiches in Theben, aus der Zeit von rund 1500-1000, finden wir diese „Bücher" an den Wänden. Das älteste führt den Namen Amduat, übersetzt „Das, was in der Unterwelt ist". Daß es sich tatsächlich primär nicht um eine Wanddekoration handelt (wobei „Dekoration", also „Schmuck", ohnehin ganz unpassend wäre), zeigt schon die äußere Form: Wie ein riesiger auf die Wand gerollter Papyrus mutet das Buch den Beschauer an. Die Rolle der beigeschriebenen Texte sei kurz erläutert (Taf. XXIV, 1)[18]. Im ganzen Buch ist die Bahn des Sonnengottes bei Nacht in der Unterwelt, die auch der Lebensraum der Toten ist, dargestellt und beschrieben. Stunde für Stunde zieht er durch die Nacht und erhellt für kurze Zeit die Finsternis, spendet auf diese Weise den dortigen Menschen Licht. Dabei kommt er in der fünften Nachtstunde an diesem Gebilde vorbei (Taf. XXIV, 2)[19]: Ein ovaler Sandweg führt um einen Hohlraum, in dem sich eine Schlange befindet mit mehreren Köpfen und Flügeln. Gehalten wird sie von dem Gott Sokar. Wer könnte mit diesem Gebilde etwas anfangen, stünde nicht der Text dabei? Offenbar handelt es sich um einen letzten Rest der Welt vor der Schöpfung[20], des Chaos, das unentbehrlich ist für den Bestand des Lebens, aber als gefährlich eingekreist und bewacht werden muß wie so viele energiegeladene, lebensnotwendige, aber gefährliche Kräfte vor einem Ausbruch bewahrt, eingedämmt werden müssen, seien sie im Menschen gelegen oder im Atom. Der Text besagt u. a.: „Erleuchtet wird das Oval, das zum Gott Sokar gehört, durch die beiden Augen ... Es leuchten auch die Füße (des Sokar) in der Windung des größten Gottes, während er sein Bild hütet. Ein Geräusch wird aus diesem Oval gehört, nachdem der Sonnengott an ihnen vorbeigezogen ist, wie die Donnerstimme des Himmels bei einem Unwetter"[21]. Der Text teilt uns also nicht nur Visuelles, aber schwer Darstellbares mit, sondern auch Akustisches, was sich ganz gewiß der Darstellung entzieht. – Eine andere Eigentümlichkeit des Amduat-Textes ist es, genaue Maßangaben zu liefern. So wird eine Wegstrecke einmal als 120 Meilen lang beschrieben, danach kommt ein Gebiet namens Wernes, welches 300 Meilen lang ist[22].

Namen von Göttern und Götterfeinden, Namen von Stätten, Größen von Wegen und Gebieten, Reden des Sonnengottes, auch Beschreibung von unsichtbaren Dingen werden uns mitgeteilt, dagegen Bilder nur selten beschrieben, weil man sie ohnehin sieht.

Wir haben uns nach dem Sinn dieser Bücher zu fragen. Ihre Titel besagen, daß sie „geheim" sind – offenbar den Königsgräbern vorbehalten. Der Sinn kann also Wissensvermittlung höchstens in dem Sinne sein, daß der König durch ihre Kenntnis Seligkeit empfangen soll; aber es ist in ihnen – in deutlichem Gegensatz zum Totenbuch – vom König oder einem anderen Nutznießer gar nicht die Rede. Nein, der Gedanke ist vielmehr der, daß durch diese genaue Wiedergabe in Wort und Bild eine Realität geschaffen wird, daß der mythische Raum, den die Sonne allnächtlich durchfährt, um nach dem Untergang im Westen am nächsten Morgen wieder im Osten aufzutauchen, daß dieser mythische Raum hic et nunc realisiert wird, m. a. W. daß die Sonne tatsächlich diese Gänge und Hallen des Königsgrabes durchfahre und dem Verstorbenen dorthin Licht und Wärme bringe. Dazu aber sind genaue, geradezu wissenschaftliche Angaben nötig. Wenn alles richtig dargestellt ist, wenn keine Fehler unterlaufen sind, wird die Sonne ihren Lauf auch durch dies Königsgrab nehmen. Einen solchen Realitätsgrad zu erreichen, müssen beide Medien, Wort wie Bild, helfen. Sie stehen hier gleichberechtigt nebeneinander, indem Nicht-Beschreibbares gezeichnet, Nicht-Darstellbares in Worte gefaßt ist.

Mit dem folgenden und letzten Beispiel verlassen wir die religiöse Sphäre – soweit eine solche Trennung in religiös und weltlich in Ägypten überhaupt sinnvoll ist – und betreten den Boden der – wie wir sagen würden – Geschichtsschreibung. Im Jahre 1285 v. Chr. fand eine entscheidende Schlacht zwischen Ramses II. und Muwatalli von Chatti, dem König des Hethiterreiches in Kleinasien, statt, und zwar bei der befestigten Stadt Qadesch am Orontes. Dem Hethiterkönig gelang eine Täuschung des ägyptischen Heeres durch zwei Beduinen, die sich als Überläufer ausgaben und Ramses bewußt falsche Informationen zuspielten. Während Ramses seinen Gegner weit im Norden glaubte, brach die gesamte hethitische und syrische Streitmacht hinter der Stadtmauer von Qadesch hervor und brachte das ägyptische Heer in die größte Gefahr, da sie es teils auf dem Marsch, teils beim Lageraufschlagen, jedenfalls wehrlos überfiel. Wir haben keinen Grund, an den ägyptischen Angaben zu zweifeln, daß nur die persönliche Tapferkeit und Besonnenheit Ramses' II. die drohende Vernichtung des äg. Heeres in ein Unentschieden umwandelte (nach äg. Darstellung freilich in einen Sieg, von dem aber tatsächlich keine Rede sein kann, so wenig wie für die Hethiter).

Diese Schlacht nun und besonders das persönliche Verhalten Pharaos wurde auf den Außenwänden, also für das Volk sichtbar, in 4 oder 5 großen Tempeln des Landes (wahrscheinlich in viel mehr, heute nicht mehr erhaltenen) angebracht. Wir können angesichts des Gewichtes, das Ramses in zahlreichen Inschriften auf diesen „Sieg" legt, kaum zweifeln, daß er sich persönlich in die Vorbereitungsüberlegungen und -arbeiten eingeschaltet hat. Er dürfte selbst die Aufträge an die Künstler erteilt und deren Entwürfe geprüft haben[23].

Die Aufgabe, einen aus vielen Einzelsituationen bestehenden und sich über mehrere Tage erstreckenden Vorgang zu fixieren, wobei noch dazu komplizierte Lokalverhältnisse (Festung Qadesch, ägyptisches Lager, ägyptische Marschsäulen, Fluß Orontes korrekt wiederzugeben waren, um die Lage verständlich zu machen; dazu noch Gefährdung wie Triumph der Ägypter anschaulich vor Augen zu führen, diese Aufgabe war nicht einfach und ließ sich nur durch das Ineinandergreifen von Wort und Bild befriedigend lösen. Keine

Frage, Wort- und Bild-Künstler haben, wohl unter der Koordination des Königs persönlich, Hand in Hand gearbeitet. Das Ergebnis liegt uns vor und gibt
zu reizvollen Überlegungen Anlaß.

Zunächst besitzen wir einen langen Text, der die Vorgänge über einen Zeitraum von mehr als zwei Monaten und von der äg. Grenze bis zur Rückkehr in
die Heimat erzählt. Daneben steht der Bildbericht, angereichert durch zahlreiche Beischriften, die die Namen der gefallenen Feinde, die Ortsnamen usw.
nennen, aber auch einzelne Episoden schildern, die ohne Text unverständlich
blieben, wie z.B. diese, bei der Fürst von Aleppo, der auf der Flucht vor

Abb. 6   Eine Szene aus der Kadesch-Schlacht.

Pharao in den Strom gefallen ist und Wasser geschluckt hat, auf den Kopf gestellt und ausgeleert wird (Abb. 6)[24].

Der große zusammenhängende, epische Text bringt zwar viele Angaben, die die Bilder unmöglich darstellen konnten, so etwa ein Gebet, das Ramses in größter Not an Amun richtet, und dessen Erhörung, oder den Inhalt des Kriegsrates des Pharao mit seinen Offizieren, auch die ausführliche Scheltrede des Königs an seine Armee, der er Feigheit und Verrat vorwirft, aber dieser Text läßt auch manche Einzelheiten aus, die für das Verständnis unentbehrlich sind, so etwa die Szene, wo die beiden Beduinen ihre falschen Angaben machen und auch unter Prügeln dabei bleiben. Bei dem epischen Bericht bleibt es völlig unverständlich, wieso die äg. Armee auf dem Marsch bzw. beim Lager-Aufschlagen überrascht wird.

So bleibt die Auffassung unabweislich, daß beides, der literarische wie der bildliche Bericht gleichzeitig und einander ergänzend verfaßt worden sind. Was nicht im einen steht, findet sich im anderen. Aber wir können noch einen Schritt weiter gehen und feststellen, was denn nun bei dieser Teilung dem einen oder dem anderen Mittel überlassen geblieben ist. Der Bildbericht samt seinen Beischriften hält sich an Fakten. Er bringt – selbstverständlich –, was man sehen kann, ergänzt diese Angaben durch Beischriften mit Namen von Menschen und Orten, auch mit kurzen Reden und Erläuterungen, was die gezeigten Menschen tun, z.B. „Der Melder kommt, um die Armee zur Eile anzutrei-

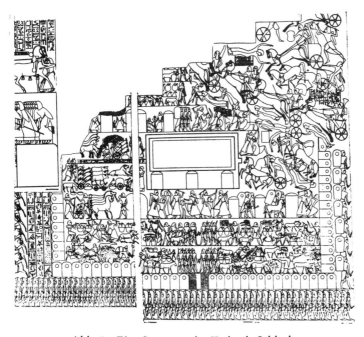

Abb. 7 Eine Szene aus der Kadesch-Schlacht.

ben"[25]. Anschaulich wird die Lage in der Schlacht, das Einbrechen der Feinde ins äg. Lager (Abb. 7)[27], das Herannahen der frischen Hilfstruppen, die verzweifelte Lage der geschlagenen und in den Fluß getriebenen Feinde geschildert, ihre Bewaffnung, ja ihre rassischen Eigentümlichkeiten, vor allem ihre flache Nase und ihre fliehende Stirn.

Das Epos dagegen, wenn wir es einmal so nennen wollen (genauere formgeschichtliche Untersuchungen stehen noch aus), bringt neben einer recht knappen Schilderung der äußeren Vorgänge, die auf Manches, auch Wesentliches verzichtet, vor allem innere Stimmungen, schildert die Verlassenheit, die Sorge, ja den Zorn des Pharao, auch die – angebliche – Angst des Hethiterkönigs, bringt das Gebet an Amun und seine Erhörung. Kunstvoll und sachgerecht sind Fakten und Emotionen, d. h. Strategie, Planung und Schlachtverlauf einerseits, innere Einstellung der Personen andererseits, also die objektive und die subjektive Seite des Ereignisses auf die beiden Medien verteilt, und erst Bild und Wort zusammen geben das Ganze der Wirklichkeit wieder.

Wir haben ein weites Feld abgeschritten: Von Beischriften wie sie die beiden vorigen Aufsätze behandeln, also von erläuternden Texten, die Bildern zugefügt waren, zum Gegenteil, also Skizzen, die, etwa im Ritual, Requisiten und Stellung der Personen anschaulich machten; wir haben bei unserem Gang auch über die Selbstwirksamkeit des Wortes und des Bildes in Ägypten gesprochen, die keines Beschauers oder Hörers bedurfte, über die Hypertrophie des Bildes, die vorübergehend das Wort ganz zurückgedrängt hat, dann über die großartigen Kompositionen der Unterweltsbücher, bei denen man weder von einer Dichtung noch von einem Bilderzyklus sprechen kann, da beide Medien gleichberechtigt nebeneinanderstehen, ja ineinander gearbeitet sind, wieder jedes eingesetzt für die nur so zu lösenden Probleme der Gestaltung. Bei der Qadeschschlacht schließlich treten Wort und Bild getrennt auf, nicht ineinander verflochten wie bei den Unterweltsbüchern, sondern nebeneinander stehend, aber doch einander helfend, indem sie zwei gleichberechtigte Aspekte derselben Sache zeigen.

Ob selbstwirksam oder für Beschauer bestimmt, ob zu deren Belehrung oder zu ihrer reinen Freude: Die Ägypter haben erkannt, daß jedes der beiden Mittel nur begrenzte Kraft besitzt, daß beider Kraft dazuhin verschieden ist, daß immer ein nicht-sagbarer bzw. nicht-darstellbarer Rest bleibt. So haben sie den mannigfach variierten Weg beschritten, beide Medien zu kombinieren, ja den Versuch gewagt, beide zu einem einzigen Kunstwerk zu vereinigen. Die Frühzeit menschlichen Geistes hat hier Möglichkeiten entwickelt, die spätere Zeiten nur andeutungsweise (ich denke an William Blake oder Wilhelm Busch) und selten wahrgenommen haben.

Anmerkungen

1 Den Ausdruck „Daseinsform" hat Walther Wolf in die Ägyptologie eingeführt. Er setzt ihn in Gegensatz zu „Wirkungsform" (so z.B. Die Kunst Ägyptens, Stuttgart 1957, passim, vgl. Register, 746). Gemeint ist freilich nicht, daß diese Kunst ohne Wirkung geblieben sei – im Gegenteil, man schrieb den Statuen und Reliefs höchst wichtige Wirkungen zu – freilich nur ausnahmsweise die, auf Menschen, sei es religiös verkündend, sei es gesinnungsfestigend oder -ändernd, sei es delektierend zu wirken (alles drei kommt in Ausnahmen zu bestimmten Zeiten vor). Gemeint ist vielmehr, daß das Kunstwerk in Ägypten unabhängig von jedem Betrachter bleibt und seinen Zweck ohne einen solchen erfüllen kann. Daß dem nicht durchweg so ist, daß vielmehr der Künstler im Neuen Reich Werke schuf, die nur im Betrachten ihre Erfüllung finden, sieht Wolf selbst (z.B. ebda. 447f.).

2 Aufgaben 49-54 des mathematischen Papyrus Rhind, pBrit. Mus. 10057 und 10058. Chace, Bull and Manning, The Rhind Mathem. Papyrus, 1927. Hier nach August Eisenlohr, Ein mathematisches Lehrbuch der alten Ägypter, Leipzig 1877, Tf. 17.

3 pTübingen 2000, Tb. Spr. 147. Unveröff.

4 Illustration des „Zweiwegebuches" n. dem Boden des Sarges Louvre E 10779 A, Sepi. Museumsaufnahme, unveröff. Für die Abbildungserlaubnis danke ich Mme Christiane Desroches-Noblecourt herzlich.

5 pBrit. Mus. 10471, Museumsaufnahme.

6 pBerlin 3127, heute in Ostberlin, n. Siegfried Morenz, Altägyptischer Jenseitsführer, Frankfurt 1966.

7 pTurin, nach Emma Brunner-Traut, in: Zeitschr. für ägypt. Sprache 80, 1955, Tf. III. Vgl. dazu auch J. Omlin, Der Papyrus 55001. Satirisch-erotische Zeichnungen und Inschriften. Turin 1974.

8 s. dazu Emma Brunner-Traut, Altägypt. Tiergeschichte und Fabel[5], Darmstadt 1977.

9 z.B. pTurin, Totenbuch Spr. 46-58, bei B. de Rachewiltz, Il libro dei morti degli Antichi Egiziani, Mailand 1958.

10 pRam. B nach Kurt Sethe, Dramatische Texte zu altägypt. Mysterienspielen, Teil 2 (= Kurt Sethe, Untersuchungen zur Geschichte und Altertumskunde Aegyptens, Bd. 10), Leipzig 1928, Tf. 15.

11 Zum Fund zuletzt Sir Alan Gardiner, The Ramesseum Papyri, Oxford 1955, 1 ff.

12 Zum folgenden vgl. Hellmut Brunner, Die Geburt des Gottkönigs, Wiesbaden 1964.

13 Herbert W. Fairman, The Triumph of Horus, London 1974.

14 S. Anm. 4.

15 CT VII 475 j.

16 Ägypt. Unterweltsbücher, eingeleitet, übersetzt und erläutert von Erik Hornung, Zürich und München 1972.

17 Die Gnosis, B. II: Koptische und Mandäische Quellen (Übers. v. Martin Krause), Zürich und Stuttgart 1971, 108.

18 Nach Aufnahme H. Brunner.

19 Nach Aufnahme E. Hornung.

20 So Siegfried Schott, Zum Weltbild der Jenseitsführer, in NAWGöttingn 1965, Nr. 11.

21 Hornung, ebda. (Anm. 16) 113f.

22 Ders., ebda., 63.

23 Das Material vollständig, aber ohne Übersetzung der Texte, bei Charles Kuentz, La bataille de Qadesh. Les textes et les basreliefs. (Mém. de l'Institut Français d'Archéologie Orientale 55). Kairo 1928-1934. Übersetzung und neue Deutung: Sir Alan Gardiner, The Ḳadesh Inscriptions of Ramesses II. Oxford 1960. G.s Ansicht, das sog. „Bulletin" sei nichts weiter als eine – wenn auch recht lange – Beischrift zu den Reliefs, kann ich nicht übernehmen. Dagegen spricht, daß der Text Vorgänge erwähnt, die zeitlich wie räumlich weit über das Dargestellte hinausgreifen, was bei einer Beischrift nicht möglich ist. Außerdem ist das „Bulletin" in Luxor weit von dem angeblich zugehörigen Bild getrennt, es steht auf einer anderen Wand – was ebenfalls bei einer Beischrift undenkbar ist. Die alte Annahme, daß es sich um einen zunächst selbständigen Text handelt, ist grundsätzlich richtig, doch bedarf das literarische genus noch der Bestimmung, die hier nicht geleistet werden kann.

[24] Nach Emma Brunner-Traut, Die Alten Ägypter², Stuttgart 1976, Abb. 5.
[25] R 15.
[26] Nach James H. Breasted. The Battle of Kadesh, Chicago 1903, Tf. I.

Abb. 1 *P3-šdw* unter einer Palme. Theben Grab Nr. 3.

Abb. 2 *Jmn-nht* beim Wassertrinken. Theben Grab Nr. 218

Abb. 3 *Jrj-nfr* während seiner Verwandlung in eine Dumpalme. Theben Grab Nr. 290.

Abb. 1   Aus einem Totenbuchpapyrus mit Vignetten: Dämonen

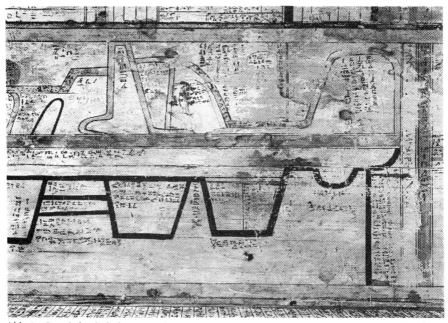

Abb. 2   Jenseitslandschaft vom Boden eines Sarges

Abb. 1   Totenbuchpapyrus mit Vignette

Abb. 2   Totenbuchpapyrus ohne Text (sog. „mythologischer Papyrus")

Abb. 1   Sargraum Thutmosis' III. Unterweltsbuch auf der Wand.

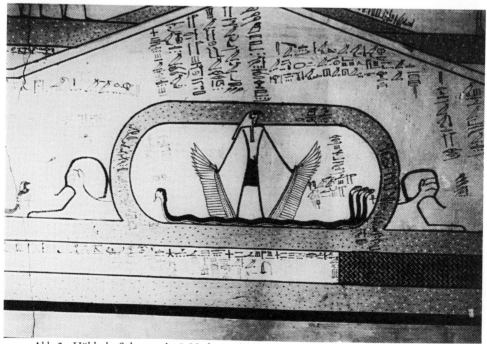

Abb. 2   Höhle des Sokar aus der 5. Nachtstunde.

Textliches zur Frage des Porträts in Ägypten

aus: Studien zur altägyptischen Kultur 11, 1984, 277–279.

Ohne auf die Frage des Porträts in der Kunstgeschichte einzugehen[1],
sei hier nur auf ein oder zwei Textzeugnisse hingewiesen, die meines
Wissens bisher nicht zu dem Problem herangezogen worden sind.

Daß die Vielfältigkeit der Natur die Ägypter immer wieder beschäftigt
hat, daß sie in ihr nicht nur einen Wesenszug der Schöpfung gesehen
haben, sondern eine Wohltat des Schöpfers, die preiswürdig war, ist
bekannt. Man braucht nur an die Jahreszeitenreliefs im Sonnenheilig-
tum des Ne-user-Re zu denken oder an den botanischen Garten Thutmosis' III. in Karnak, wenn man die Reliefkunst im Auge hat, aber ebenso an zahlreiche Stellen der Schöpfungshymnen des NR, die nicht müde
werden, gerade die Mannigfaltigkeit der Welt, also die Verschiedenheit der Geschöpfe als hervorragende Tat Gottes zu preisen[2]. Es ist
wohldurchdacht, daß dem noch hilflos auf die Welt kommenden Menschen-
kind im Großen Atonhymnus das nestflüchtende Küken gegenübergestellt
wird (Z. 6f.) - dem Sänger kommt es auch ebenso wie bei der Wasserversorgung durch den Nil oder den "Nil am Himmel", d.h. den Regen,
auf die Mannigfaltigkeit an.

---

[1] Dazu s. den bestens informierenden Artikel von Cl. Vandersleyen, in: LÄ IV,
1074 - 1080.
[2] Z.B. ÄHG, 567 Anm. zu Z. 26 und 580 Anm. zu Z. 85f.

Bei der Differenzierung der Menschen werden zunächst die Völkerschaften im Süden und Norden genannt und die Hautfarben, ebenso die Sprachen. Der Große Atonhymnus nennt (Z. 8f.) auch Charaktereigenschaften
(qd) der Völker als unterschieden *(s̱tnw)*. Von einer Differenzierung
der Individuen ist dann insofern die Rede, als jeder Mensch seinen
eigenen Chnum hat[3]. Diese Zusammenhänge sind wohlbekannt[4]. Ihnen sei
nun eine Stelle zugefügt, in der nicht nur von der Verschiedenheit
der Individuen allgemein die Rede ist, sondern wo als deren Ausdruck
die Gesichter genannt sind.

Der mehrfach behandelte Sonnenhymnus im Grabe des Tja-nefer, Theben
Nr. 158[5], enthält folgenden Passus:

> Du hast alles Seiende gebaut mit dem Werk deiner Hände,
> du bist es, der ihre Gestalten erschaffen hat,
> indem jedes einzelne ihrer Gesichter unterschieden ist
>   von seinem Nächsten.
> Denn du hast differenzierte Gesichter geschaffen.

Zweimal werden die "Gesichter" erwähnt, das erste Mal mit der starken
Individualisierung *wᶜ nb* "jedes einzelne", was zum Überfluß noch
durch das folgende "unterschieden von seinem Nächsten" *(t̠nw r sn.nw.f)*
ausgeführt ist. Der letzte von uns zitierte Satz lautet: *jw ꞌqm3nk ḥrw
ḏsrw*. Zandee übersetzt: "because thou hast created different faces",
Assmann dagegen: "Du hast die Gesichter geschaffen, indem sie heilig
sind" und möchte "Gesichter" als "Kronen" verstehen (S. 567). Dagegen
spricht zunächst das fehlende Determinativ, das an der einzigen von
ihm genannten Parallelstelle[6] steht; dagegen spricht aber auch der
Zusammenhang, der ausdrücklich der Schaffung der Geschöpfe gewidmet
ist.

Die Bedeutung von *ḏsr* als "abtrennen, isolieren, aussondern", auch
"unterscheiden" ist wohlbekannt[7] und paßt vorzüglich in den Zusammenhang.

---

[3] Assmann, in: MDAIK 28, 1972, 61 mit Anm. 39 und ders., in: SAK 8, 1980, 5f. mit
     Anm. 19 und 19 mit Anm. 87.
[4] Vgl. z.B. den Abschnitt "Differenziertheit" bei Hornung, Der Eine und die Vie-
     len, 164ff. und passim.
[5] K.C. Seele, The Tomb of Tjanefer at Thebes, OIP 86, 1959, Taf. 10; Übers.:
     Zandee, in: JEOL 16, 1959–1962, 58f.; ÄHG Nr. 108.
[6] pBoulaq 17 = pKairo CG 58 038, III 2 = Möller, Hier. Lesestücke II, Taf. 33.
[7] Zuerst Gardiner, in: JEA 32, 1946, 51; inzwischen ist die Grundbedeutung "ab-
     trennen" für das Verbum wohl allgemein angenommen und bedarf keiner Begründung
     mehr, da sie vielfach belegt ist, vgl. z.B. Meeks, Année Lexicogr. 77.5277
     und 784963.

Als weiteren Text zur Frage der individuellen Gesichter vermag ich
einstweilen nur noch eine Stelle aus Esna anzuführen, die aus der
Zeit Hadrians stamme. Weitere Suche kann durchaus weitere Erwähnungen ans Licht bringen. In dem Esna-Hymnus wird Chnum-Re als Schöpfer
der Lebewesen gepriesen[8]:

> Er läßt die Haarlocken wachsen,
> läßt das Fell (oder die Haut?) wachsen,
> formt die Haut über den Gliedern.
> Er bildet den Schädel (wörtl. "den Kasten des Kopfes"),
> er formt die Wangen,
> um den Gebilden(?) ihre rechte Gestalt zu geben;
> er öffnet die beiden Augen
> und er macht die Ohren auf...

Das hier mit "Wangen" übersetzte Wort lautet sicher $mn\underline{d}t$[9]; es steht
auch für das Gesicht, da die Wangen dessen größter Teil sind[10]. Beim
folgenden Satz bleiben leider Unklarheiten. mnw ist wohl die einzig
mögliche Lesung der Gruppe[11], und das läßt sich hier schlecht anders
als "Statuen" übersetzen. So scheint also an dieser Stelle aus Esna
die Individualität der Menschen, die sich im Gesicht ausdrückt, ihren
besonderen, greifbaren Niederschlag in den Statuen zu finden - wir
sind in der römischen Kaiserzeit! Vielleicht aber darf man doch auch
an die - von der Kunstgeschichte für die Frage der Porträtplastik
viel zu selten berücksichtigte - Statue Amenemhets III. aus Memphis
erinnern, bei der Merenptah bei seiner Usurpation gerade die Wangen
(und die Nase) abgearbeitet hat, da ihn offenbar die ausgeprägten,
porträthaft-knochigen Partien, wie sie für den MR-König charakteristisch waren, gestört haben[12].

Selbst wenn wir diesen späten Text als nicht völlig klar beiseitelas-
sen, ergibt sich unzweideutig, daß im NR die Individualität des Menschen, wie sie sich im Gesicht ausdrückt, nicht nur erkannt worden
ist (was sich für jeden aufmerksamen Beobachter des Lebens von selbst
versteht), sondern bejaht, sogar als Wohltat Gottes für die Menschen
gepriesen worden ist. Eine solche Wertung aber ist eine gute Theorie
zur Porträtplastik, die vorzüglich zu Helcks Darstellung des sich
seiner selbst in der 18. Dynastie bewußt werdenden Individuums paßt[13].

---

[8]   Esna Text 250, Z. 9 = Sauneron, Esna III, 131; Übers. in: Esna V, 96.
[9]   Dazu zuletzt Elmar Edel, Hierogl. Inschriften des AR, 1981, 34.
[10] Z.B. R.A. Parker u.a., The Edifice of Taharqa, 1979, 59 Anm. 49 und Taf. 24, 26.
      47; der Erste, der diese Bedeutung eruiert hat, dürfte wohl Dawson sein, in:
      ZÄS 62, 1927, 20f. Die neuerdings vorgeschlagene Bedeutung "Augapfel (und Umge-
      bung)" (Meeks, in: BIFAO 77, 1977, 81 Anm. 1) ist lediglich von einer postulier-
      ten Etymologie "runder Teil" erschlossen und paßt an kaum einer der Belegstellen;
      vgl. auch Med. Wb, 374.
[11] Dazu Sauneron, in: Esna VIII, 120, Nr, 37.
[12] Berlin-Ost, Inv.-Nr. 1121; Bibliographie bei PM III², 837.
[13] LÄ III, 153f.

8. Zur Wirkung Altägyptens in Bibel und Christentum

»Was aus dem Munde Gottes geht«

aus: Vetus Testamentum 8, 1958, 428–429.

Die Stelle Dt. viii 3 „Der Mensch lebt nicht vom Brot allein,
sondern von jeder Äusserung des Mundes Jahwehs lebt der Mensch"
ist dem Zusammenhang und dem Wortlaut nach offenbar so zu
verstehen, dass die Schöpfertätigkeit Gottes in der Gegenwart fortwirkt und der Mensch also nicht nur auf die ihm schon bekannten
Werke Gottes wie das Brot angewiesen ist, vielmehr darauf vertrauen kann, dass Gott ihm mit einem Wort seines Mundes auch
andere, bisher unbekannte Lebensmöglichkeiten (wie das Man)
schaffen kann.

Dass die Lebensmittel ständig durch das schöpferische Wort
Gottes geschaffen werden, ist nun eine in Ägypten geläufige und
wiederholt ausgesprochene Vorstellung, die dort vor allem in Zusammenhang mit der Schöpfertätigkeit des Gottes Ptah eine Rolle
spielt. Dabei begegnen Formulierungen, die der alttestamentlichen sehr
ähnlich sind. So heisst es einmal auf einem Amulett der 19. Dynastie [1]:
„Der du den Himmel (?) mit Nahrung versiehst, der du den Bedarf
schaffst dem lebendigen Geist in Memphis, du, in dessen Mund der
schöpferische Ausspruch (GUNN übersetzt sogar „food-creating
utterance") ist, dessen Hände voller Speise sind". Noch näher steht
der Formulierung nach eine Stelle im Grossen Papyrus Harris [2]:

---

[1] *ASAE* 29, 1929, S. 131 = M. SANDMAN-HOLMBERG, *The God Ptah*, S. 41,
Text 51.
[2] 44,6.

„Der alle Menschen mit seinen Speisen ($k\mathcal{3}.w$) am Leben erhält, unter dessen Gewalt Lebenszeit, Geschick und Reichtum sind; man lebt von dem, was aus seinem Munde kommt".

Es ist bekannt, dass die Vorstellung von der Schöpferkraft des Wortes, insbesondere des göttlichen Wortes, im Alten Orient weit verbreitet war [1]). Dennoch stehen sich die angeführte Stelle des Deuteronomisten und die ägyptischen Aussagen über Ptah noch wesentlich näher, als dass sie nur beide diesen Glauben voraussetzen. In beiden Fällen wird hervorgehoben, dass sich die Schöpfertätigkeit Gottes nicht auf die Einrichtung der Welt und ihrer Ordnungen beschränkt, sondern bis in die Gegenwart fortdauert. Wo käme sonst das täglich neu notwendige Brot her? Bei dem täglichen unabdingbaren Bedarf an Lebensmitteln wird die Abhängigkeit des Menschen von Gott am sinnfälligsten. Der Deuteronomist geht insofern über alle ägyptischen Texte hinaus, als er auf die einmalige Erfahrung des Wüstenzuges hinweist, wo Gott auch ganz neue, bisher unbekannte Speisen dem Volk zur Verfügung gestellt habe, indem er sie durch sein Wort schuf. Das theologische Anliegen aber, die Fortdauer der Schöpfertätigkeit Gottes zu lehren und zu preisen, und zwar durch das sinnfälligste Beispiel, das Schaffen von Nahrungsmitteln, ist beiden Religionen gemeinsam. Eine unmittelbare Abhängigkeit der israelitischen von der ägyptischen Vorstellung anzunehmen ist aber auch dann nicht nötig, wenn man auf die auffällige Nennung des Mundes Gottes als des schöpferischen Organs hinweist; es kann sich um einander ähnliche allgemein-orientalische Vorstellungen handeln. Bemerkenswert bleibt die Übereinstimmung immerhin.

Gerechtigkeit als Fundament des Thrones

aus: Vetus Testamentum 8, 1958, 426–428.

An vier Stellen des AT ist von der Gerechtigkeit als der Stütze des Thrones die Rede:

1) Ps. lxxxix 15: צדק ומשפט מכון כסאך
2) Ps. xcvii 2: צדק ומשפט מכון כסאו
3) Prov. xvi 12: כי בצדקה יכון כסא
4) Prov. xx 28: חסד ואמת יצרו־מלך וסעד בחסד (¹ כסאו

Allen vier Stellen, wie auch ihr Verhältnis im einzelnen sein möge, ist die Vorstellung gemeinsam, dass der Thron des Königs auf Gerechtigkeit ruht, dass Gerechtigkeit den Thron festige, sein Fundament bilde. Das Bild ist uns so geläufig, dass man noch nicht nach der Herkunft und sinnfälligen Bedeutung gefragt zu haben scheint.

In den unzähligen ägyptischen Darstellungen des Königsthrones steht dieser (ebenso wie ein Götterthron) auf einem Sockel. Zu diesem führen entweder einige Stufen hinauf oder, in der Ramessidenzeit besonders häufig, eine oft recht steil gezeichnete Rampe — wobei man annehmen möchte, dass diese Schräge wangenartig die Stufen einfasst. Schräge Rampe und Stufen finden sich bei ägyptischen Tempeln überaus häufig zusammen. Damit aber nimmt der Sockel unter dem Thron die Gestalt des Zeichens *m3ˁ.t* an, ⌁; diese Hieroglyphe steht für das Wort „Gerechtigkeit, Wahrheit, rechte göttliche Ordnung".

Dies Zeichen wird von fast allen Forschern jetzt als eben dieser Thronsockel erklärt, der seinerseits eine in ägyptischer Weise vereinfachte Darstellung des „Urhügels" ist, jenes ersten Fleckens fester Erde, von dem aus Gott sein Schöpfungswerk, also die Ordnung der Welt durch Trennung der Elemente und Setzen von ordnenden Grenzen, vorgenommen hat. Dieser mythische Ort ist in jedem ägyptischen Tempel realisiert, auf ihm steht jeder Königsthron, insofern der König in seinem Amt eben dies göttliche Schöpfungswerk vollendet und bewahrt ²).

---

¹) Konjektur בצדק nach LXX: ἐν δικαιοσύνη.

²) Vgl. zu diesen Vorstellungen A. DE BUCK, *De Egyptische Voorstellingen betreffende den Oerheuvel*, Leiden 1922; W. Br. KRISTENSEN, *Het Leven uit den Dood*, 1926, S. 71 und P. A. A. BOESER in den *Studies pres. to F. Ll. Griffith*, S. 45. Ferner BLOK in *Kêmi* I, S. 127. Die Deutung des Zeichens für *m3ˁ* als Thronsockel wird, soweit ich sehe, nur noch von GARDINER, *Egyptian Grammar³*, Zeichenliste Nr. Aa 11 bezweifelt.

Dass der Thronsockel einmal mit einem Wort bezeichnet wurde, das *m3ˁ* oder ähnlich gelautet hat, ist eine sehr naheliegende Annahme, doch lässt sich dies Wort in ägyptischen Texten bisher nicht nachweisen. Wenn an einer Stelle[1]) das Wort für Thron mit dem Zeichen des Urhügels oder der „Wahrheit" determiniert wird, so geht daraus nur hervor, dass der Gedanke der Erhebung des Thrones für dessen Bedeutung konstitutiv war, nicht aber kann man daraus auf die Verbindung des Thrones mit der „Wahrheit" schliessen. So müssen wir also damit rechnen, dass von der Wurzel *m3ˁ.t* zwei Bedeutungen abgeleitet waren: 1) „Urhügel, Thronsockel", nicht als Wort belegt, nur aus dem Schriftzeichen zu erschliessen, wie so manche andere ägyptische Vokabel, 2) „Rechte Ordnung, Wahrheit, Gerechtigkeit". Es ist aber anzunehmen, dass die Ägypter den inneren Zusammenhang dieser beiden Wörter immer gegenwärtig hatten, wenn sich das auch nicht beweisen lässt. Kein Zweifel aber kann daran bestehen, dass sie zumindest in späterer Zeit, wohl der 19./20. Dynastie, den ägyptischen Thronsockel wegen seiner Maat-Gestalt als „Gerechtigkeit, Rechte Ordnung" verstanden haben — diese Symbolik liegt allzunahe, als dass ein so symbolfreudiges Volk wie die Ägypter des Neues Reiches sie sich hätte entgehen lassen.

Seit einiger Zeit tritt immer deutlicher hervor, dass grosse Teile des israelitischen Königsrituals an ägyptische Muster angelehnt sind[2]). So scheint auch der Thron Salomos, der 1. Kg. x 18-20 beschrieben ist, unzweifelhaft auf ägyptische Vorbilder zurückzugehen: Neben den Armlehnen standen Löwen, und Stufen (es sind bei Salomo sechs) führen hinauf. Beides sind ägyptische Motive. In unserem Zusammenhang sind die Stufen wichtig, da sie zeigen, dass der in Ägypten Maat genannte und wie das Zeichen Maat aussehende Sockel vom israelitischen Königsthron übernommen worden ist[3]) — und mit ihm auch die Kenntnis, was dieser Sockel bedeutet. Dabei haben die der ägyptischen Mythologie fernstehenden Israeliten die Deutung auf den „Urhügel" aufgegeben, aber die auf Maat als die „Wahrheit, Gerechtigkeit" beibehalten.

Dies Wort konnten sie nur mit *ṣädäq* oder *ṣᵉdāqā* übersetzen — die

---

[1]) Urk. IV, 200.

[2]) Z.B. G. v. RAD in *ThLZ* 72, 1947, Sp. 215; S. MORENZ in *ZÄS* 79, 1954, S. 73 f.

[3]) K. GALLING, *Biblisches Reallexikon*, S. 522.

alttestamentliche Vorstellungswelt bietet kein besseres Äquivalent [1]).
Die Vorstellung aber, dass die *ṣᵉdāqā* das Fundament, *mâkōn*, des
Thrones sei, geht auf ägyptisches Geistesgut zurück und wurde
vermutlich zusammen mit den Formen des Königsthrones in salo-
monischer Zeit übernommen.

Hellmut Brunner

---

[1]) Auf den bezeichnenden Unterschied zwischen dem ägyptischen und dem
hebräischen Wort, dass nämlich das ägyptische eine vom Menschen unabhängige,
von Gott dereinst eingesetzte, jetzt aber auch ihn bindende Ordnung bezeichnet,
während der Israelit diese Ordnung auf eine menschliche oder auch göttliche
Haltung reduziert, kann hier nicht eingegangen werden; hierzu wäre eine Untersuchung auf breiterer Basis notwendig. Vgl. dazu einstweilen Zimmerli in *ZAW*
51, 1933, 181-188 und G. v. Rad in *Kerygma und Dogma* 2, 1956, S. 66. — Für
eine Anregung zu diesem Aufsatz danke ich Herrn Dr. A. M. Goldberg in
Freiburg/Breisgau herzlich.

»Eure Rede sei ja ja, nein nein« im Ägyptischen

aus: Festschrift S. Schott, Wiesbaden 1968, 7-12.

Ein kleiner Beitrag zu Aufrichtigkeit und Wahrheit steht dem verehrten Jubilar, dessen aufrechte Lauterkeit alle Kollegen schätzen, wohl an. Daß das jedem Christen geläufige Wort im Titel des Aufsatzes mit der Aufrichtigkeit zu tun hat, konnte vor einigen Jahren ERNST KUTSCH zeigen [1]. Er weist überzeugend nach, daß Jesus in der Stelle Mt 5,37 nicht etwa, wie meist interpretiert wird, den Eid durch eine Beteuerungsformel ersetzen möchte, sondern allgemein zu wahrhaftiger Rede mahnt, durch die ein Eid entbehrlich wird. Es liegt eine stark geraffte und verschliffene, daher für heutige Zeiten kaum mehr verständliche Formel vor, die aber den Zeitgenossen Jesu durchaus zugänglich war. Bei der zugrundeliegenden Vorstellung handelt es sich um Übereinstimmung oder Differenz der Organe Herz und Mund, also der Gedanken und der Worte. KUTSCH führt neben anderen altorientalischen Aussagen Taf. II, Zeile 55-57 der sumerisch-akkadischen Serie *šurpu* an:

> "Sein Mund ist redlich, (aber) sein Herz ist unwahr,
> sein Mund (sagt) "ja", sein Herz (sagt) "nein",
> insgesamt spricht er die Unwahrheit."

Wenn also Herz und Mund nicht übereinstimmen, wenn der Mensch etwas anderes sagt, als er denkt, spricht er die Unwahrheit. "Ja nein" oder "nein ja" (das erste Wort jeweils dem Herzen, also der Meinung, das zweite jeweils der Zunge, also der Rede zugewiesen) gilt als Formel für diesen Sachverhalt, und entsprechend "ja ja" oder "nein nein" als Formel für die Wahrheit: Im ersteren Fall Differenz zwischen Herz und Mund, im zweiten Übereinstimmung.

Dem Ägyptischen fehlt die Möglichkeit, so stark zu raffen, da die Wörter für "ja" und "nein" zwar vorhanden sind, aber, soweit unsere Texte ein Urteil erlauben, in der Umgangssprache keine große Rolle gespielt haben [2]. Es ist keine Frage, daß die Formel des NT [3] nicht auf ägyptische, sondern auf sumerisch-akkadische Sprüche zurückgeht. Aber der Gedanke ist allgemein-orientalisch und findet sich ebenso, wie gezeigt werden soll, in Ägypten. Darüber hinaus bringt uns der ägyptische Befund Einsichten in das Verhältnis von Theologie und Philosophie bei den Ägyptern.

[1] E. KUTSCH, "Eure Rede sei ja ja, nein nein": Evang. Theologie, Heft 5, Mai 1960, S. 206 ff.

[2] H. SCHÄFER in ZÄS 44, 132 und A. VOLTEN, Zwei altäg. Polit. Schriften, S. 120.

[3] Eine ähnliche, wenn auch etwas anders aufzulösende findet sich Jak. 5, 12, s. dazu E. KUTSCH, a.a.O.

Amenemope hat das 10. Kapitel seiner Lehre der Heuchelei gewidmet. Man solle nicht heuchlerisch Komplimente sagen und überhaupt nicht "lügnerisch" *(n ῾dȝ> NOYX)* sprechen, das sei Gott ein Abscheu. "Spalte nicht dein Herz von deiner Zunge ab" lautet der Kernsatz dieser Mahnung[4]. Ganz gleich rät noch die demotische Lehre, die uns im Pap. Insinger erhalten ist: "Laß nicht dein Herz und deine Zunge verschieden sein im Rat"[5]. In eindrucksvoller Formulierung betont Sethos II. seine Übereinstimmung mit seinem Gott unter Verwendung unserer Metapher von Herz und Mund: "Ich bin ein Abbild des mit verborgenem Namen; die Worte seines Herzens sind in meinem Mund"[6], er führt also durch seine Befehle aus, was der Gott erdenkt, so wie die Zunge oder der Mund nur sprechen soll, was das Herz erdenkt.

Höchst scharfsinnig hat F. LL. GRIFFITH mit dieser Vorstellung, anknüpfend an die oben zitierte Stelle aus Amenemope, die sonderbare Meinung des Horapollon zusammengestellt: "Ein menschliches Herz, das an einer Luftröhre hängt, bezeichnet den Mund eines rechtschaffenen Mannes (ἀνηρ ἀγαϑóς)"[7]. Freilich ist das Schriftzeichen ⌇ gemeint[8], aber die Erklärung, es bedeute "den Mund eines rechtschaffenen Mannes", läßt sich nur verstehen, wenn eben die Luftröhre das Herz eng an den Mund bindet, wenn man also unsere Vorstellung kennt.

Ist dies der jüngste Nachweis des ägyptischen Gedankens, daß sich die Zunge oder der Mund nicht vom Herzen trennen soll, will ein Mensch rechtschaffen sein, so stammt der älteste aus dem 3. Jahrtausend. Ptahhotep lehrt: "Man erkennt einen Weisen an dem, was er weiß, und einen Adligen an seinem guten Benehmen. Sein Herz stimmt mit seiner Zunge überein, und seine Lippen sind aufrichtig, wenn er spricht"[9]. Dies dürfte, nachdem sich das Alter der entsprechenden Stellen aus dem mesopotamischen Bereich nicht bestimmen läßt, der älteste Beleg unserer Vorstellung von der Übereinstimmung beider Organe überhaupt sein, wenn wir nicht das Alter der Götterlehre des Schabaka-Steines noch höher ansctzen wollen.

Wenn wir nunmehr diesem Denkmal uns zuwenden, so überschreiten wir die Grenze zu einer anderen Literaturgattung und zu einem anderen geistigen Gebiet.

4) XIII 17

5) 25, 21

6) W. HELCK in CdE 38, 1963, A. 38

7) II, 4

8) vgl. ZÄS 42, S. 80 und CdE 18, 1943, S. 200

9) Pt. 526-529; zu Textherstellung und Übersetzung vgl. Z. Žaba, Les Maximes de Ptahhotep, S. 163

Die bisher angeführten Stellen, auch das Horapollon-Zitat, haben einen moralischen Ton; sie lehren, daß man die Zunge vom Herzen nicht trennen dürfe, daß
vielmehr die Forderung nach menschlicher Vollkommenheit verlange, daß die
Zunge ebenso spreche wie das Herz denkt. Das Denkmal Memphitischer Theologie nimmt den gleichen Gedankengang von einem anderen Blickwinkel auf. Seinem Verfasser, bzw., wenn JUNKER recht hat, schon dem Verfasser der in die
Götterlehre eingeschobenen Naturlehre, geht es um die Erkenntnis dessen, was
ist, und dessen, wie es geworden ist, nicht darum, menschliche Verhaltenswei-
sen zu fordern. Die Verteilung der Schöpfungsaufgaben auf die beiden Organe
ist bekannt: Das Herz erdenkt die Werke, die Zunge setzt sie dann durch das
schöpferische Wort in die Wirklichkeit. Hier sei auf eine Feinheit aufmerksam
gemacht, die - entgegen vieler bisheriger Übersetzungen - die feste Bindung
der beiden Organe in der memphitischen Theologie deutlich macht. In Zeile 54
ist nicht mit JUNKER [10] zu übersetzen: "Indem es (das Herz) denkt alles, was
es will, und sie (die Zunge) befiehlt alles, was sie will". Dann hätten wir zwei
Willenszentren, über deren Verhältnis notwendig etwas gesagt hätte werden
müssen. Nein, Subjekt des den Satz schließenden *mrrtf* ist, selbst wenn eine
gespaltene Kolumne vorausgeht, das Wort also zweimal zu lesen ist, ein und dasselbe. Daß es sich dabei, wie BONNET fordert [11], um den Gott Ptah handelt,
der dann auch gleich Bezugswort für das Pronomen im folgenden Satz ist, scheint
weniger wahrscheinlich als die JUNKERSCHE Auffassung, hier sei ein Stück
Naturlehre eingestreut und nur die Nahtstelle zum folgenden, der Theologie ent-
nommenen Stück nicht ausreichend geglättet. Dafür spricht stark die gleich an-
zuführende weitere Stelle aus demselben Text. Aber gegen JUNKER müssen
wir im doppelt zu lesenden *mrrtf* beidemale das Herz als Bezugswort des *-f*
ansetzen. Aber ob nun BONNET oder JUNKER im Recht sind, ob also ein einheitlicher Text vorliegt oder eine unausgeglichene Kompilation zweier Quellen
- die enge Bindung der Zunge an das Herz, der Gedanke, daß beide Organe im
gleichen Schöpfungsakt das Gleiche schaffen, liegt bei beiden Deutungen vor. In
einem weiteren Teil der Naturlehre wird unsere Vorstellung nochmals ganz
deutlich ausgesprochen: "Die Zunge ist es, die wiederholt, was vom Herzen erdacht wird" [12]. Dies also ist die Grundstruktur der Schöpfung - die Zunge wiederholt, was das Herz erdacht hat; so (mit der Erweiterung, daß diesem Doppel-
takt ein dritter vorausgeht, eine Meldung der Sinne von der Lage, die das Herz
erst danach beurteilen kann) funktionieren alle Lebewesen. Nicht gleichberechtigt stehen beide Organe nebeneinander, sondern die Zunge ist abhängig vom
Herzen, hat ihm zu folgen.

Es ist nun bezeichnend, daß die Lehren diese Ordnung nicht als zwangsläufig
anerkennen, sondern sie als Aufgabe stellen - denn der Mensch kann von dieser

10) Götterlehre, S. 48; so auch H. KEES, Herz und Zunge als Schöpferorgane: Studium
    generale 19, 1966, S. 125

11) Reallexikon, S. 615 f. ·

12) Z. 56, JUNKER S. 58

von Gott gesetzten Richtigkeit abweichen, da er einen freien Willen hat. Er kann die Zunge vom Herzen trennen - aber er verstößt damit gegen die Maat. Der entscheidende Unterschied zwischen der nach Erkenntnis des Seins strebenden theologischen Lehre und den Lebenslehren, die ein Sollen zum Inhalt haben, ist deutlich.

Hier ist auf einen negativen Befund hinzuweisen, dem, wie mir scheint, Bedeutung zukommt. S. HERRMANN hat in einer gründlichen Untersuchung die ägyptischen Bildreden von Steuerruder, Waage, Herz und Zunge in ihrer Tradition verfolgt [13]. Wir werden nachher nochmals auf diese ausgezeichnete Studie zurückkommen - hier muß zunächst eine Korrektur angebracht werden. Vom Totengericht sprechend stellt HERRMANN fest: "So treten im Totengericht Waage, Herz und Zunge beziehungsreich nebeneinander, wobei der Zunge die confessio vor dem Totenrichter obliegt". Tatsächlich aber spielt die Zunge in diesem Sinne gerade keine Rolle beim Gericht; nur in übertragenem Sinne als Teil der Waage wird sie erwähnt - aber dies Bild kann in unserem Zusammenhang auf sich beruhen. Dieser Verzicht auf die bildliche Verknüpfung von Herz und Zunge scheint aber nicht ohne Bedeutung: Er spricht für die von J. SPIEGEL vorgetragene Deutung, daß der Mensch beim Aufsagen der confessio sich zum allgemeinen Ideal bekennt, dem das Herz den je eigenen Lebensweg mit allen Abweichungen von der Norm gegenüberstellt [14]. Die Möglichkeit, daß der Mensch beim Aufsagen des genormten Bekenntnisses "lügt", besteht gar nicht, kann nicht bestehen, soweit die Worte das Ideal ausdrücken. Somit hat die Bindung der Zunge an das Herz oder ihre (sündhafte) Lösung von diesem ihrem Herrn keinen Platz im Totengericht, nachdem der freie Wille des Menschen, um den allein es bei dieser schöpfungswidrigen Lösung geht, bei der Wägeszene selbst nicht zum Zuge kommt.

Schon S. HERRMANN hat mit vollem Recht darauf hingewiesen, daß viele Aussagen der Lebenslehre über Herz und Zunge auf der bekannten, oben nur kurz erwähnten theologischen Erkenntnis der memphitischen Lehre basieren. Er hat auch die bekannte Amenemope-Stelle "Sei nur fest in deinem Herzen und stärke dein Herz, mache dich nicht zum Steuermann deiner Zunge; die Zunge des Menschen ist (zwar) das Steuerruder des Schiffes, (doch) der Allherr ist sein Pilot" [15] in diesen geistigen Zusammenhang gestellt und dazu die einzelnen Bilder dieses Spruches traditionsgeschichtlich erhellt. Er kommt zu folgender Deutung: "Sei gegründet in deinem Herzen, damit deine Zunge deine rechte Herzensmeinung - alles was du bist und was du willst - kundmachen könne (Lehre von Herz und Zunge); die Zunge des Menschen aber ist wie das Steuerruder des Schiffes, beide bestimmen Leben und Sein, Richtung und gutes Ende (Gleich-

13) ZÄS 79, S. 106 ff.

14) J. SPIEGEL, Die Idee von Totengericht, S. 63 f.

15) Kap. 18; vgl. dazu H. BRUNNER, Der freie Wille Gottes, in: Les Sagesses du Proche Orient Ancient, Paris 1963, S. 110.

nis von Schiff und Steuer); so steure nicht eigenmächtig, denn der Allherr ist der Pilot" [16]. Nachdem wir oben über das Verhältnis von Herz und Zunge festgestellt haben, daß sie keineswegs gleichgeordnet "immer korrespondieren" [17], vielmehr "von Natur aus" in dem Sinne untergeordnet sind, daß die Zunge dem Herzen zu folgen, dessen Gedanken zu wiederholen hat, daß die Trennung beider Organe Sinnbild für die - schöpfungswidrige - Lüge ist, können wir dem Text, dessen Traditionselemente HERRMANN trefflich herausgearbeitet hat, ein verbessertes Verständnis abgewinnen. Das Entscheidende im Menschen ist für seine Lebensführung das Herz. Dies hat er zu stärken, denn mit ihm kann er Gottes Willen erkennen und mit ihm seinen auf die Erfüllung der Maat ausgerichteten Willen bilden. Dies Herz soll auch die Zunge steuern, nicht der eigene Wille des Menschen. Die Willensfreiheit gibt ihm zwar die Möglichkeit zu dieser Trennung beider Organe, doch wird vor dem Gebrauch dieser Freiheit gewarnt: Zwar ist tatsächlich die Zunge das Steuerruder, das den Weg des Lebensschiffes bestimmen kann, aber der Steuermann lenkt das Schiff in richtiger Weise nur, wenn er auf den Piloten hört, der am Bug des Schiffes stehend Tiefen und Untiefen auslotet. Dieser Pilot ist Gott, der seinerseits zum Herzen des Menschen spricht, den der Mensch mit seinem Herzen hört [18]. Daß tatsächlich Gott die Zunge (gewiß über das Herz) zum Guten steuert, erfahren wir aus einer biographischen Inschrift, die der Lehre des Amenemope zeitlich nahestehen dürfte: "Er (Gott, hier wohl der Schöpfergott Chnum) steuerte meine Zunge zum Guten" [19].

Der Schluß des 18. Kapitels des Amenemope kann nun aber das Bild der Trennung von Herz und Zunge, das ihm zugrundeliegt, nicht anders verstehen als die anderen von uns behandelten Stellen: Es muß vor der Lüge gewarnt sein. Dieser Gedanke schließt dann auch gut an den vorhergehenden Inhalt des Kapitels an: Dort ist vom Lebenserfolg die Rede. Dieser steht bei Gott, beim Menschen ist ständiges Versagen. Wer sich müht, das "Vollkommene", d.h. aber eine Spitzenstellung, zu erreichen, "wird sich nach einem Augenblick schädigen". Hier schließt der oben in Übersetzung gegebene Abschnitt bruchlos an: Um zu einem "Erfolg" zu kommen, kann der Mensch nicht mehr tun, als "sein Herz zu festigen", also Gottes Willen zu erkennen und den seinen danach auszurichten. Durch Lügen aber, also mit der Zunge ohne Weisung seines Herzens steuernd, muß er scheitern. Schon hier klingt scheinbar eine pessimistische Beurteilung der Zunge durch, wie sie, nach S. HERRMANN, die späte ägyptische Weisheit durchzieht. Tatsächlich aber wird im Grunde nicht das Organ oder

16) ZÄS 79, S. 114

17) a. a. O. S. 112

18) vgl. dazu H. BRUNNER, Das Hörende Herz: ThLZ 1954, Sp. 697-700 und ders., Altäg. Erziehung, S. 110-112.

19) Kairo CGC 559, Z 3-4, 22. Dynastie.

seine Tätigkeit pessimistisch beurteilt, sondern nur seine Trennung vom Herzen, zu der es freilich kraft der Willensfreiheit die Möglichkeit hat.

Wir konnten einen neuen Gedanken für Ägypten gewinnen. Abgesehen von der Möglichkeit, die Intention von Theologischem Traktat und Lebenslehren deutlich zu trennen, glaubten wir wieder ein Stück Gedankengut zu fassen, das gemein-altorientalisch ist. Es wird Aufgabe späterer Forschung sein, Gemeinsames sowie Kulturtypisches in Grundaussage wie in den Formungen deutlicher herauszuarbeiten. Dann erst dürften sich Fragen wie die nach gemeinsamem Ursprung oder gegenseitiger Beeinflussung der einzelnen altorientalischen Kulturen auf geistigem Gebiet erfolgreich angehen lassen.

Zentralbegriffe ägyptischer und israelitischer Weisheitslehren

aus: Saeculum 35, 1984, 185–199.

Die ägyptischen Lebenslehren, von denen wir fünfzehn mehr oder weniger vollständig, die meisten aber ganz kennen, dienten ebenso wie die Sprüche des biblischen Buches der Proverbien der Erziehung junger Menschen, aber auch Erwachsener. Sie haben eine Tendenz, und zwar die, den darauf hörenden Menschen zu helfen, aber auch die, ein bestimmtes Menschenbild durchzusetzen. In keinem Fall handelt es sich um anthropologische Lehrbücher mit abstrakten Formulierungen erkannter Gesetze; in beiden Kulturen sind die Texte Lebenserfahrungen entnommen und für die Lebensbewältigung des Einzelnen bestimmt. So erklärt sich leicht der Umstand, der Theologen viel Kopfzerbrechen gemacht hat, daß nämlich die Sicht der Propheten und der Geschichtsschreiber des Alten Testaments, der Bund Gottes mit dem Volk Israel, seine Heilstaten, von der Herausführung aus Ägypten angefangen bis zur Heimführung des Restes aus dem Exil, nicht die geringste Erwähnung in diesem Buch finden, daß auch das Gesetz keine entscheidende Rolle spielt; wo das Wort Thora vorkommt, hat es offenbar noch nicht die technische Bedeutung des Gesetzes Moses', sondern heißt einfach „Weisung". Die Weisheit gilt nicht dem Volk, sondern ausschließlich dem Individuum, was aber weder in Palästina noch in Ägypten bedeutet, daß sie mit Theologie nichts zu tun hätte – in beiden Ländern gilt das Menschenbild, das die Texte zeichnen und der Jugend vermitteln will, nicht als Produkt menschlicher Ideologie, sondern als metaphysisch bestimmt, da es göttlichem Schöpfungswillen entspringt. In beiden Ländern hat die Weisheit nichts mit der Geschichte, aber alles mit der Schöpfung zu tun; sie ist selbst ein Stück Schöpfungstheologie. Gott hat bei der Schöpfung die Welt mit Weisheit begabt, auch wenn der Mensch sie nicht, wie eines der großartigsten Gedichte der Weltliteratur, Hiob 28, sagt, beim Bergbau im Inneren der Erde finden kann – immanent ist sie in der Welt vorhanden. Aber sie ist nicht offenbar wie das israelitische Gesetz. Es ist die Aufgabe des Menschen, sie zu erkennen. Wer sind die Männer, denen das aufgetragen ist?

Im Alten Testament heißen sie „Weise", *chākām*. Einmal werden diese *chakāmīm* bei Jeremia (18, 18) neben Priestern und Propheten, gleichsam als Berufsgruppe, genannt, wobei von einem Weisen gesagt wird, daß ihm Rat sowenig mangele wie dem Priester die Weisung (Thora) oder dem Propheten das Wort. Doch läßt sich dieser Stand als solcher kaum fassen.

Schulen werden nicht erwähnt, doch hat es sie mit Gewißheit gegeben[1], zumindest bei Hofe. „Der Weise" aber war gewiß einfach ein alter oder wenigstens älterer Mann, der sich durch Lebenserfahrung und Klugheit auszeichnete und wohl über die Gabe verfügte, seine Erkenntnisse in einprägsame Worte zu fassen, mit denen er sie seiner Umgebung, vor allem, aber nicht ausschließlich, der Jugend, wie einen Schatz weiterreichte. Gelegentlich mag er auch ein Lehrer

---

[1] Hans-Jürgen Hermisson, Studien zur israelitischen Spruchweisheit (= Wissenschaftliche Monographien zum Alten und Neuen Testament 28) (Neukirchen-Vluyn 1968).

gewesen sein, also ein Mann, der von seiner Weisheit lebte, und wenn wir in der Einleitung zum Buch der Sprichwörter lesen, daß die Weisheit auf der Straße laut ruft und an den lärmvollsten Orten predigt: „Wie lange, ihr Einfältigen, liebt ihr eure Einfalt, wie lange hassen die Toren Erkenntnis? Wendet euch meiner Zurechtweisung zu, dann lasse ich euch sprudeln meinen Geist, mache euch bekannt meine Worte!" (Proverbien 1, 20-23, gekürzt), dann kann man meinen, einen solchen Weisheitslehrer für seine Schule werben zu hören.[2] Aber notwendig ist es nicht, daß ein Weiser gegen Geld lehrt; heute nennt man solche weisen Männer beliebigen Standes im islamischen Orient „Schech".

Die Grundlage der Lebensweisheit ist die Tradition. Die eigene Lebenserfahrung reicht nicht aus, dazu ist die Spanne des Lebens zu kurz, da wir offenen Auges um uns sehen können, dazu ist der zugängliche Ausschnitt zu eng.

> „Frage doch das frühere Geschlecht,
>   merke dir, was die Vorfahren erforschten;
> Denn wir sind von gestern und wissen nichts,
>   wie Schatten sind unsere Tage auf Erden." (Hiob 8, 8 f.)

mahnt Bildad den ratlosen Hiob, und er ist ein typischer Vertreter der Weisheit.

All das Gesagte gilt uneingeschränkt auch für Ägypten, nur daß sich dort die Gruppe der Lehrer etwas genauer fassen läßt: Sie gehören zu den Schreibkundigen, und das sind ausschließlich Beamte. Sie ziehen ihren Nachwuchs nach dem Famulus-System heran, d. h., daß jeder Beamte seinen eigenen Nachfolger ausbildet; in Lesen und Schreiben werden ab 2000 v. Chr. allerdings die Anfänger einige Jahre lang rationeller in Klassen zusammengefaßt, bevor sie in das Büro eines mehr oder weniger zum Unterrichten geeigneten Beamten kommen. Dort werden sie auch in die gesellschaftlichen Sitten und Usancen des Berufes eingeführt und in die nach meiner Überzeugung wichtigste Tradition, an der es heute in allen Ständen fehlt: in die Berufsethik. All das ist wichtig, doch erschöpfen sich die ägyptischen Lehren, die zu schreiben sich nur ganz wenige dieser Beamtenlehrer berufen fühlten, keineswegs hierin, gehen vielmehr, ebenso wie die alttestamentlichen, auch auf ganz allgemeine Lebensfragen ein, außerhalb jeder Berufssphäre und relevant für alle Stände[3].

Tradition ist das erste, worauf ein Schüler verwiesen wird. Den Überlegungen Bildads fügen die Ägypter, 1500 Jahre früher, in der Zeit um 2000 v. Chr., noch einen Gedanken hinzu.

> „Der Weise ist ein Vorratshaus für die Beamten (= Gebildeten)...
> Kommt doch die Ma'at zu ihm durchgesiebt (wie der zum Bierbrauen verwendete Brotteig, der
>   durch ein feines Sieb gedrückt wird, so daß alles Unreine hängen bleibt),
> so wie die Vorfahren ihre Gedanken ausgedrückt haben...
> Ahme deine Väter und deine Vorfahren nach...
> Sieh nur, ihre Worte sind ja in ihren Büchern erhalten;
> öffne sie und lies und strebe ihr Wissen an,
> ein Meister wird nur, wer sich unterweisen läßt." (Merikare 32-36)[4]

Die Weisheit also kumuliert nicht nur, sie wird auch auf dem laufenden gehalten, auf dem neuesten Stand der gesellschaftlichen und geistigen Entwicklung, und zwar eben durch die weisen Männer, die die Tradition beherrschen, aber korrigieren durch Fortlassen, Umformulieren und Ergänzen. Die ägyptischen Weisen, die wir aus den Titeln ihrer Schriften, aber teilweise

---

[2] Bernhard Lang, Frau Weisheit. Deutung einer biblischen Gestalt (Düsseldorf 1975) Kap. I.
[3] Zu Organisation, Methoden und Lehrinhalten ägyptischen Unterrichts s. Hellmut Brunner, Altägyptische Erziehung (Wiesbaden 1957).
[4] Aus der Lehre für König Merikarē, in: Brunner, ebd. 157f. (Qu. VIII).

auch aus anderen Denkmälern kennen, sind in der Regel alte Männer, am Ende ihres aufmerksam und klug durchlebten Lebens. Dann formulieren sie ihre Erkenntnisse zu „Sprüchen", auf ägyptisch „Knoten", also in straffe, knappe, eben „geknotete" Sätze, die sich leicht dem Gedächtnis einprägen, aber auch durch ihre Form, die im Hebräischen *māšāl* heißt, wohl etwa „Abbild", nämlich der „Wirklichkeit", die also durch ihre Form an Evidenz gewinnen, wie es das Spruchbuch einmal formuliert:

> „Süßigkeit der Lippen (d. h. Anmut, Gefälligkeit der Sprache)
> mehrt die Überzeugungskraft." (Proverbien 16, 21)

Aus Ägypten vernehmen wir ähnliches. Aber, wenn möglich, soll der Schüler dort auch den zweiten Schritt tun und das auswendig Gelernte auch verstehen, den Knoten „lösen", wie die Ägypter das Bild fortführen, und zwar so gut, daß er die Texte anderen erklären kann, ja womöglich selbst eines Tages Lehrer werden und – ein fernes und hohes Ziel – selbst ein Buch schreiben kann[5].

Das ägyptische Bild des Knotens und seiner Lösung wendet Belsazar auf die Weisheit Daniels an (Daniel 5, 16), und auch der Gordische Knoten Alexanders mag damit zusammenhängen.

Von den alten Weisen der Vergangenheit, deren Lehren die jungen Ägypter in der Schule auswendig zu lernen hatten, damit ihre aufnahmefähigen Köpfe (die Ägypter sagen dafür „Herz", wie wir noch hören werden) mit Wertvollem gefüllt würden und nicht mit Beliebigem oder gar Schädlichem, von diesen Verfassern alter Weisheitsbücher sagen die Lehrer:

> „Es wurden ihnen Tore an ihre Gräber gemacht, sie sind verschwunden. Ihre Totenpriester sind dahingegangen, ihre Opfersteine in der Erde versunken, ihre Grabkammern vergessen. Aber ihre Namen werden noch genannt wegen der Bücher, die sie in ihrem Leben geschrieben haben, und das Gedächtnis an den, der sie geschrieben hat, dauert ewig. – Werde Schreiber, nimm dir das vor, dann kann es deinem Namen ebenso ergehen.
> Nützlicher ist ein Buch als ein Denkstein mit Inschrift, als eine festgefügte Grabwand. Diese (Bücher) errichten Tempel und Pyramiden im Herzen dessen, der des Verfassers Namen nennt..."[6]

Wir haben hier denselben Gedanken, wie ihn noch vor ein oder zwei Generationen alle Gymnasiasten Europas in der Horazschen Fassung gelernt haben:

> *Exegi monumentum aere perennius*
> *regalique situ pyramidum altius.* (Oden III 30)

Wir haben bisher alttestamentliche und ägyptische Texte einfach, ohne uns, wie man es heutzutage erwartet, vorher über Methoden und Definitionen ausführlich auszulassen, nebeneinander gestellt, haben nicht einmal versucht, historische Entwicklungen aufzuzeigen – eine wissenschaftliche Sünde, die der Rechtfertigung bedarf.

In den bisher betrachteten Fragen gibt es keinen Unterschied oder nur unbedeutende Nuancen zwischen Ägypten und Israel – das verleiht uns das Recht zu vergleichender Betrachtung. Die Grundlage der Weisheitslehren in beiden Ländern ist sehr ähnlich. Historisch betrachtet haben selbstverständlich Entwicklungen stattgefunden. In Ägypten sind die Lehren meist gut oder wenigstens annähernd, oft auf etwa 30 Jahre genau datiert. In Israel ist das Entstehungsproblem sehr viel schwieriger, ja wohl unlösbar, sosehr sich kluge Geister darum bemüht haben: Bei den Proverbien handelt es sich um mehrere Sammlungen von umlaufenden volkstümlichen oder volkstümlich gewordenen Sentenzen, Sprüchen oder gar Sprichwörtern, und da

---

[5] Ebd. 134–136.
[6] Ebd. 177f.

hört bei so ferner Vergangenheit jede Datierungsmöglichkeit auf. Die Sprüche stammen sicher aus vielen Jahrhunderten, doch gehören sie, abgesehen von den ersten Kapiteln des Proverbien-buches, wie gesagt, der Sphäre des Volkstümlichen an, so daß sich der Geist der jeweiligen Epoche nur sehr zögernd und indirekt, wenn überhaupt, darin niederschlägt.

Die ägyptischen Bücher liegen immerhin 2000 bis 2500 Jahre auseinander und gehören in ganz anderem Maße der Hochliteratur an, sind also den geistigen Strömungen durchaus unterworfen. Dennoch läßt sich in ihnen ohne Schwierigkeiten eine gemeinsame Anthropologie feststellen, auch wenn auf manche Fragen Ptahhotep im 3. Jahrtausend eine andere Antwort gibt als der Verfasser des Papyrus Insinger aus der Ptolemäerzeit. Kernbegriffe aber ziehen sich, wie früher der rote Faden in den Tauen der englischen Kriegsmarine, durch die ganze Zeit, und so wie man damals jedes Schiffstau daran als Eigentum Seiner (oder Ihrer) Majestät erkennen konnte, so erkennen wir an ihnen den ägyptischen Charakter, auch wenn diese Begriffe mal stärker, mal schwächer akzentuiert sind. Dasselbe gilt für das vorhellenistische Israel. Beide Völker dürfen wir heute bei unserer Frage nach dem Menschenbild einmal jeweils geschlossen betrachten und die sonst in der Wissenschaft so beliebte und auch berechtigte historische Relativierung und die geschichtliche Entwicklung beiseite lassen. Man kann eine Landschaft in einer Karte 1:10 000 abbilden, man kann auch 1:10 Millionen wählen, und in diesem Fall werden zwar Details dem Auge entschwinden, dafür große Verhältnisse, der Charakter von Ländern oder gar Erdteilen aber deutlicher werden, ja sich allein erfassen lassen. Wir wählen mit Bedacht den kleinen Maßstab.

Die Anthropologie dieser Lehren auf beiden Seiten vollständig entwickeln zu wollen, wäre dennoch vermessen. Das Thema sei daher eingegrenzt, und zwar auf das den Lehren zugrunde liegende Weltbild, also die Begriffe *ma'at* bzw. *ṣ'dāqā*, dann auf die Frage, wie der Mensch diese Norm erkennen kann, woher seine Kenntnisse stammen, auf die Frage nach dem Menschen, der diesem Bild entspricht, und schließlich auf die wichtige Frage nach den Grenzen des weisheitli-chen Weltbildes, wobei wir abermals die historische Betrachtung meiden wollen, also nicht die oft behandelte Frage nach der Stellung des Hiob-Buches zur traditionellen Weisheit oder nach ihrer Umbiegung in hellenistischer Zeit, also nach Sirach oder Qohelet (Prediger) stellen wollen, sondern untersuchen, ob und wieweit sich in der klassischen Weisheit Aussagen über die Grenzen finden. Worin diese Grenzen bestehen, sei nachher besprochen.

Zunächst also die Vorstellung von der Struktur der Welt. Die beiden Vokabeln lauten: in Ägypten *ma'at*, in Israel *ṣ'dāqā*. Sie sind sich ähnlich, nicht gleich in Bedeutung und Begriffs-umfang. Die Ma'at ist die der Welt bei der Schöpfung gegebene Ordnung. Sie umfaßt sowohl den Kosmos, also den Auf- und Untergang der Gestirne, die für Ägypten lebensentscheidende Nilflut im Sommer (die durch den heliakischen Aufgang der Sothis angezeigt wird), als auch die von Gott für jedes Tier anders geordnete Versorgung durch Nahrung, als auch die politische Gliederung in Stände mit einem erblichen Pharao an der Spitze des Staates, umfaßt ebenso Steuern wie die Opfer für Götter und Tote, ebenso die Trennung der Menschen in zwei Geschlechter wie in Rassen oder Sprachen, aber auch die feinen Verhältnisse zwischen den Individuen, also das Verhältnis von Kindern und Eltern, zu Nachbarn und Kollegen, ja zur Ma'at zählen sogar die Tischsitten. Uns fällt es schwer, diese Einheit zu sehen, da wir manches für gegeben, anderes für machbar halten – heute zunehmend die ganze Welt für beherrschbar und regulierbar. Hier dachten die Ägypter anders. Vor diesem Hintergrund müssen wir das Menschenbild der Lebenslehren verstehen: Wenn all diese Dinge von Gott eingerichtet sind, dann sind alle Regeln, auch solche, die etwa das richtige Benehmen im Vorzimmer eines Beamten ordnen, nicht willkürlich von Menschen gesetzt, sondern letztlich sub specie aeterni-tatis zu verstehen. Zwischen profanen und religiösen Maximen unterscheiden zu wollen, ist für Ägypten ein falscher Ansatz.

Eine vor 15 Jahren erschienene Untersuchung von Hans Heinrich Schmid[7] hat gezeigt, daß der hebräische Begriff der *ṣ'dāqā* wohl einmal in seinem Umfang dem des ägyptischen Ma'at sehr ähnlich war, in den uns zugänglichen, also sich in den biblischen Texten widerspiegelnden Zeiten aber von den sechs Bereichen der kosmischen, politischen, religiösen, sozialen, juristischen und ethischen Ordnung die beiden ersten fast völlig geräumt hat[8]. Nur in einer kleinen Abschweifung sei auf die dem Gewicht dieses Begriffes ganz entsprechende theologie-geladene jüngere Geschichte der Ma'at-Sᶜdāqā hingewiesen: Sie taucht im Neuen Testament als δικαιοσυνη θεου auf, deren Erwähnung im Römerbrief 1, 17 dem Mönch Luther so große Beschwer gemacht und dann zu seinem Turmerlebnis vom Frühjahr 1518 geführt hat – wo er, ohne entsprechende historische Ausrüstung und entgegen der mittelalterlichen justitia-Tradition ganz genau den wahren alttestamentlichen (wir fügen hinzu: und ägyptischen) Sinn des Wortes erkannt hat: Nicht die Gerechtigkeit des Richters ist gemeint, sondern die von Gott der Welt und den Menschen gegebene und immer erneuerte Ordnung voller Gnade. Bedarf es eines besseren Beweises für die Lebendigkeit altorientalischer Begriffe? Dafür, daß sie bis in unsere Zeit hinein Wirklichkeiten entsprechen?

Im Alten Testament ist die Wurzel ṣādaq im juristischen und im weisheitlich-ethischen Feld geradezu zu einem Fachausdruck geworden: Der ṣaddîq ist der „Gerechte", der Fromme, der Gottes Geboten gemäß leben möchte.

Was ist nun dieser ṣaddîq – ein Wort, das im chassidischen Judentum, das freilich weit außerhalb unseres Rahmens liegt, geradezu die Bedeutung eines Heiligen gewonnen hat –? In der deutschen Bibel wird es meist mit „Gerechter" wiedergegeben, doch möchte ich diese Übersetzung meiden, da sie einen Beigeschmack hat und zudem an Selbstgerechtigkeit erinnert – wir mögen das Wort heute nicht mehr. Passend wäre etwa „ein Mann, der sich normgemäß verhält". So etwas haben wir im Sinn, lassen aber das hebräische ṣaddîq stehen. Der Gegenspieler ist der rāšāᶜ, der Böse. Beide Begriffe sind ausgesprochen moralisch, jedenfalls im Zusammenhang der uns beschäftigenden Weisheitstexte. Es könnte geradezu der Anschein erweckt werden, als ob die Menschheit in diese beiden Kategorien eingeteilt werden sollte – tertium non datur. Diese Schwarz-Weiß-Zeichnung stammt sicherlich von der Situation des Strafrichters, der nur „schuldig" oder „unschuldig" kennt – tatsächlich lauten die Urteile in Israel entweder ṣaddîq oder rāšāᶜ. Verwandt ist dann vor allem der Begriff des chākām, des Weisen, dem der ᵃwîl, der „Tor" gegenübersteht. Hier tritt der Akzent des Moralischen zurück, ohne ganz zu schwinden. Gelegentlich hat man den Eindruck, daß der ᵃwîl, der „Tor" (auch das ein antiquiertes deutsches Wort, aber „Dummkopf" trifft nicht den Sinn des ᵃwîl, davon gleich noch ein Wort) unbelehrbar sei, weil er die Weisheit nicht etwa nur ablehnt, sondern, was schlimmer ist, verlacht.

> „Vor den Ohren eines Toren rede nicht,
> denn er verachtet die Klugheit deiner Worte." (Proverbien 23, 9)

> „Wer einen Schwätzer (so übersetze ich einstweilen das problematische lēṣ) zurechtweist, holt sich Schande,
> wer den Sünder (rāšāᶜ) rügt, eigene Schmach." (Proverbien 9, 7)

Da helfen auch Schläge nichts:

> „Tiefer dringt Schelte bei einem Verständigen,
> als 100 Schläge bei einem Toren." (Proverbien 17, 10)

oder:

---

[7] Hans Heinrich Schmid, Gerechtigkeit als Weltordnung (= Beiträge zur historischen Theologie 40) (Tübingen 1968); vgl. auch ders., Wesen und Geschichte der Weisheit (= Beihefte der Zeitschrift für die alttestamentliche Wissenschaft 101) (Berlin 1966).

[8] Ders., Gerechtigkeit (wie Anm. 7) 78–103.

„Zerstampftest du einen Narren auch mit der Keule,
seine Narrheit würde nicht von ihm weichen." (Proverbien 27, 22)

wobei wieder die Übersetzung falsche Assoziationen weckt: gemeint ist der Mann, der sich
bewußt sperrt, der die Ordnung ablehnt, die doch von Gott und seinen Weisen vorgezeichnet
ist.

Für wen sind nun diese Sprüche oder Sprichwörter aufgeschrieben? Offensichtlich für solche,
die sich zu der einen Gruppe zugehörig fühlen, zu der positiv bewerteten. Es ist eine Anweisung
für die „Weisen" und „Frommen", wie sie sich den Leuten auf der anderen Seite, der Seite der
„Torheit" oder „Narrheit" gegenüber zu verhalten haben, und zwar eine Warnung, etwa
Erziehungsversuche zu unternehmen. Hier scheint die Teilung der Menschen in Schafe und
Böcke vollzogen.

„Wer Haß verbirgt mit lügnerischen Lippen,
und wer Verleumdung verbreitet, der ist ein Tor." (Proverbien 10, 18)

Eine solche Aussage kann nicht wohl zum Ziel haben, Dritte, die die angegebenen Fehler haben,
einordnen zu wollen, vielmehr ist der Satz zwar als objektive Aussage formuliert, aber für einen
Hörer bestimmt, der sich für die richtige Seite bereits entschieden hat, nämlich kein „Tor" (hier
k^{e}sîl) zu werden und dem nun noch gesagt wird, was er dann nicht tun darf, wie er nicht handeln
soll. Das miserable Los eines „Toren" ist vorher ausführlich geschildert worden, der grundsätzliche Entschluß wird vorausgesetzt, und jetzt geht es nur noch um Details der Lebensführung.
Ein weiteres Beispiel für die Gruppe:

„Wer die Zucht bejaht, will Erkenntnis,
wer aber die Rüge ablehnt, ist dumm." (Proverbien 12, 1)

Weder eine allgemeine Weltanalyse ist hier das Ziel, noch die Beurteilung fremder Menschen:
Es ist eine in Aussageform gekleidete Mahnung an den Schüler, die Schulzucht anzunehmen, da
er ja Erkenntnis anstrebt, um so auf den rechten Weg zu kommen und nicht etwa als dumm zu
gelten. Wer möchte das schon!

Bevor wir wieder den Isthmus von Sues überschreiten und ins Niltal gehen, noch einige
biblische Kennzeichnungen des „Toren":

„Der Einsichtige hält sich die Weisheit vor Augen,
aber des Toren Augen sind am Ende der Welt." (Proverbien 17, 24)

„Dem Toren erscheint sein Weg als der Richtige,
der Weise aber hört auf einen Rat." (Proverbien 12, 15; 14, 16)

„Der Mund des Toren führt seinen Sturz herbei,
Seine Lippen sind ein Stolperdraht für sein Leben." (Proverbien 18, 7)

Wir halten also fest, daß es für den, der einmal die falsche Seite gewählt hat, keine Rettung mehr
gibt, er ist – religiös gesehen – verloren. Deshalb wird der junge Mensch eindringlich gewarnt,
und zwar einmal, indem ihm das elende Los solcher Menschen, ihr zwangsläufiges Scheitern,
drastisch geschildert wird, andererseits in bewährter Pädagogik von vornherein unterstellt
wird, daß der Junge den richtigen Weg gewählt hat und es nun nur noch darauf ankomme, ihm
diese Richtung im einzelnen zu zeigen. Wie erfahrene Erzieher wohl wissen, ist die in den
Proverbien meist gewählte Form objektiver Darstellung wirksamer als ein „Du sollst das tun
und jenes lassen". Daher die in den Proverbien bevorzugte Gattung des Sprichwortes – gemeint
ist immer eine Erziehung.

Die ägyptischen Texte sind hierin gerader, sie scheuen den Imperativ oder Optativ durchaus nicht und machen nur gelegentlich von dem Trick Gebrauch, den Entscheid des Jungen zum Guten vorauszusetzen und dann die Aussageform zu wählen.

Das ägyptische Ideal des Mannes, der der Ma'at so entspricht wie der *Ṣaddîq* der *Ṣᵉdāqā* im Hebräischen, wäre der *ma'ati*, der Mann, der der Ma'at entspricht, der zu ihr gehört. Doch dieses Wort findet sich in weisheitlichem Zusammenhang nicht oder nur höchst selten.

An oberster Stelle tritt in den ägyptischen Lehren vielmehr das Wort „Schweiger" entgegen – es bezeichnet das ägyptische Lebensideal[9]. Gemeint ist der Mann, der sich schweigend, also nicht wider den Stachel löckend, der von Gott seiner Schöpfung mitgegebenen Ordnung einfügt. Ihn einen „Angepaßten" im heutigen Sinn des Wortes zu nennen, wäre eine grobe Verkennung, handelt es sich doch um eine Anpassung an Gottes, nicht der Menschen Ordnung, und auch die Ägypter haben im Lauf der Jahrhunderte einsehen lernen, daß hier oft eine große Kluft aufgetan ist und daß, wer nach Gottes Ordnung zu leben versucht, in dieser Welt durchaus nicht reüssieren muß, es im Gegenteil oft schwer hat. Nur theoretisch wird der „rechte Schweiger" irdischen Erfolg haben.

Es ist also Aufgabe der Lehren und der Lehrer, die Kinder oder auch die Erwachsenen zu dieser Ma'at zu erziehen, sie zur Annahme dieser Ordnung zu bewegen, sie auf einen Weg zu setzen, der sie zu einem zufriedenen Leben in der Gemeinschaft führt, fort von einer verfehlten Existenz, die vor allem in einer Isolierung gesehen wird. Das Leitbild ist der Mensch, der Schickungen aus Gottes Hand hinnimmt, der sich seiner Umgebung einordnet, angenehm und freundlich im Umgang, still, bescheiden, zuchtvoll, loyal, nicht aufbrausend, nicht unüberlegt. Das ägyptische Merkwort dazu heißt „der *ma'at*-gemäß schweigt"; es klingt auf Ägyptisch viel besser, ist knapp und präzis: *ger ma'a*, etwa „der wahre Schweiger", wobei freilich *ma'a* im Ägyptischen Adverb ist. Das Gegenbild ist der Hitzkopf, der sich durch Reden und Taten unbeliebt macht, der Unruhe und „Krankheit" um sich verbreitet, der seine Zunge nicht hüten kann. Freilich ist das ägyptische Menschenbild vom stoischen weit entfernt. Der junge Mann soll auch lernen, wann er zornig zu sein hat: nämlich dann, wenn die Ma'a selbst angegriffen wird, wenn es also gilt, das Recht, die Wahrheit zu verteidigen. „Einer, der seine Stimme erhebt, wo Gewalt angewendet wird, und der weiß, wann er seinen Unwillen zu zeigen hat" lautet eine Formulierung dieser Seite des „rechten Schweigers", oder „den Mund verschlossen, aber gewandt beim Antworten, jedoch nicht sanftmütig beim Bösen"[10].

Dieses Menschenbild steht anschaulich vor uns, wenn wir nur an ägyptische Plastiken denken, die den ruhigen, selbstbeherrschten Mann verkörpern. Bevor wir Proben der Lehren hören, sei betont, daß die ägyptischen Schüler diese Texte auswendig zu lernen hatten, daß sie sie als einen Schatz fürs Leben bewahrten. Abstrakte Formulierungen widersprächen der Art der Ägypter und wären wenig jugendgemäß. Vielmehr werden kasuistisch Kardinalfälle behandelt, die dann im Leben analog anzuwenden waren.

Ägypten war eine offene Gesellschaft, in der jedermann die Chance sozialen Aufstiegs hatte – freilich nur die Chance, nicht das verbriefte Recht. Leistung wird verlangt, besonders auf dem Gebiet der Charakterbildung. Durch *homines novi*, also Aufsteiger, ergaben sich damals wie zu allen späteren Zeiten Probleme der Achtung und Selbstachtung. So hören wir:

---

[9] Brunner (wie Anm. 3) passim (s. Register S. 200 unter dem Stichwort „Schweigen, Schweiger"); außerdem Emma Brunner-Traut, Weiterleben der ägyptischen Lebenslehren in den koptischen Apophthegmata am Beispiel des Schweigens, in: Studien zu altägyptischen Lebenslehren (= Orbis Biblicus et Orientalis 28), hrsg. von Erik Hornung und Othmar Keel (Freiburg/Schweiz und Göttingen 1979) 173–216.
[10] Brunner (wie Anm. 3) 122.

„Wenn du gering bist und stehst im Gefolge eines angesehenen Mannes, so wisse nichts davon, daß er früher gering war. Sei nicht hochfahrend gegen ihn wegen dessen, was du von früher her von ihm weißt, habe vielmehr Achtung vor ihm angesichts dessen, was ihm widerfahren ist. Besitz und Ansehen kommen nicht von selbst, Gott ist es, der sie verleiht."

Umgekehrt aber lautet die Lehre für einen, dem selbst solches geschehen ist:

„Wenn du groß bist, nachdem du gering warst, und Vermögen erworben hast in deiner Stadt, nachdem du vorher dort Mangel littest: So vergiß nicht, wie es dir früher ergangen ist. Verlasse dich nicht auf den Besitz, der dir nur als Gabe Gottes zuteil geworden ist."

Beide Sätze stammen aus derselben Lehre der Mitte des 3. Jahrtausends[11].

Aus der Lehre des Amenemope, etwa 1100 v. Chr., eben jener Lehre, aus der eine Gruppe von Versen der Proverbien entnommen ist, stammt die folgende poetische Schilderung des „Heißen" und seines Loses:

„Erhebe kein Geschrei gegen den, der sich gegen dich vergeht,
und tritt ihm gegenüber nicht für dich selbst ein.
Wer Böses tut, dem verweigert der Uferdamm die Landung,
und der Schlamm des Ufers läßt ihn versinken.
Der Sturm kommt und beendet seine Stunde,
er vereinigt sich mit dem Unwetter.
Die Gewitterwolken sind laut, die Krokodile böse.
Du Hitzkopf, was ist jetzt mit dir?
Er schreit, und seine Stimme dringt zum Himmel.
Du Mondgott, der sein Verbrechen feststellt,
steure, fahre den Bösen zu uns herüber,
die wir nicht nach seiner Art gehandelt haben.
Richte ihn auf, gib ihm deine Hand.
Setze ihn in die Arme Gottes.
Fülle seinen Leib mit Brot von dir,
daß er satt werde und sich schäme." (Amenemope 4, 10 – 5, 6)[12]

Daß die Begründung des Idealbildes nicht einfach in der Zweckmäßigkeit, in dem Ziel friedlichen Beisammenlebens liegen kann, dürfte auf der Hand liegen, auch wenn nicht hin und wieder die Ermahnung mit der lapidaren Aussage begründet würde: „Denn das ist Gottes Wille." Immer wieder verweisen die Texte auf die Ma'at, also auf die Ordnung, die Gott dem Kosmos wie der Gesellschaft gegeben hat. Von dieser Ma'at heißt es schon in der Mitte des 3. Jahrtausends:

„Die Ma'at strahlt, ihre Wirksamkeit dauert an,
sie ward nie verwirrt seit der Zeit dessen, der sie geschaffen hat.
Man bestraft regelmäßig den, der ihre Gesetze übertritt,
doch dem Ungebildeten scheint das etwas sehr Fernes zu sein.
Noch nie hat die Bosheit ihre Sache glücklich gelandet,

---

[11] Lehre des Ptahhotep, 10. und 30. Maxime. Oft übersetzt, z. B. von Miriam Lichtheim, Ancient Egyptian Literature, Vol. I., The Old and Middle Kingdoms (Berkeley, Los Angeles und London 1973) 66 u. 71.
[12] Aus dem zweiten Kapitel, ebenfalls oft übersetzt, z. B. von H. Brunner, in: Religionsgeschichtliches Textbuch zum Alten Testament (= Das Alte Testament Deutsch, Ergänzungsreihe 1), hrsg. von Walter Beyerlin (Göttingen 1975) 76 f.

und doch rafft das Verbrechen weiterhin Schätze zusammen.
Aber wenn das Ende da ist, bleibt nur die Ma'at." (Ptahhotep 84–94)[13]

Dieser Ma'at also entspricht das Bild des Schweigers – wir erinnern uns, daß das ägyptische Wort für „Schweiger", ger, mit dem Adverb „ma'atgemäß" versehen wird: ger ma'a.

Dieses Ideal des Schweigers ließe sich weit auffächern und in zahlreichen Details zeichnen. Ich verzichte darauf und stelle vielmehr die sich aufdrängende Frage: Woher wissen die Ägypter um diese Ma'at, um Gottes Willen? Auf welche Weise auch erfahren die Israeliten, wie sie sich zu verhalten haben?

Hier scheint die Antwort zunächst leicht: Sie haben ja, im Gegensatz zu Ägypten, das Gesetz, das das Leben sehr genau regelt. Aber diese Antwort liegt, soweit die Weisheit betroffen ist, neben der Wirklichkeit, da das Gesetz, wie anfangs gesagt, keinerlei Rolle in den Weisheitsbüchern spielt. Die Frage bleibt demnach für beide Regionen bestehen.

Wir unterteilen: Zunächst soll es um das Organ gehen, mit dem der Ägypter wie der Israelit die Ma'at bzw. die Ṣᵉdāqā erkennt und versteht, sodann um die Frage nach der Grenze, und zwar sowohl nach der Grenze der Gültigkeit der Ma'at als auch nach der Grenze der Erkenntnismöglichkeit dieser Ordnung.

Das Organ des menschlichen Körpers, mit dem er die Ordnung der Welt erkennt, ist das Herz. Selbstverständlich sind die Sinne, besonders die Augen und Ohren die unmittelbar aufnehmenden Organe, aber das Verstehen erfolgt in beiden Kulturen mit dem Herzen. Der Kopf, der bei uns eine solche Rolle spielt, wird in diesem Zusammenhang niemals erwähnt, vielmehr ist das Herz Sitz sowohl der Gefühle, der Emotionen, was jeder leicht bei Schreck, Aufregung, aber auch bei der Sorge und Angst, bei Bedrückung spüren kann, als aber im alten Orient auch Sitz des Verstandes, der Vernunft.

Es gibt eine ägyptische Lehre, die die Rolle von Sinnen und Herz genau definiert (und auch noch die Zunge einordnet). Dort heißt es, daß die Sinne dem Herzen Meldung machen von dem, was sie erfahren, daß das Herz dann diese Meldungen verarbeitet, wir würden sagen, sie zu einem Bild zusammenfügt, und dann einen Entschluß faßt. Die Zunge ist dann das Organ, das durch Befehle ausführt, was das Herz denkt[14]. – Aufgrund dieser Stelle werden wir auch ein bekanntes Wort im Alten Testament leicht verstehen, das bisher vielen dunkel geblieben ist – die Berufung des Jesaja (6, 9–10).

> „Geh und sprich zu diesem Volk:
> Höret nur genau hin, aber verstehet nicht!
> Sehet nur genau hin, aber erkennet nicht!
> Verstocke das Herz dieses Volkes,
> mache taub seine Ohren, blind seine Augen,
> daß es mit den Ohren nicht höre,
> mit seinen Augen nicht sehe,
> und sein Herz nichts verstehe."

Abgesehen von jeder etwaigen Aktualität einer solchen Verstockung, von der auch die Griechen viel wissen, wird deutlich, daß hier hören, sehen und verstehen auf die drei Organe Ohren, Augen und Herz verteilt sind. In den Proverbien heißt es:

> „Das Herz eines Weisen macht seinen Mund klug." (16, 23)

---

[13] Lichtheim (wie Anm. 11) 64.
[14] Ebd. 54.

Hinweisen darf ich noch auf Salomos Bitte. Gott gibt ihm (im Traum) einen Wunsch frei, und der junge König, der fürchtet, sein großes Volk nicht richtig regieren zu können, erbittet „ein hörendes Herz" (1. Kg 3, 9). Vor 30 Jahren habe ich[15] auf ägyptische Gedanken hingewiesen, die genau diese beiden Begriffe „Herz" und „hören" in derselben Weise verwenden, ohne aber damals eine wörtliche Entsprechung anführen zu können. Das fand sich inzwischen: Ein berühmter Weiser sagt um 1400 v. Chr. von sich, er „habe ein hörendes Herz gehabt, wenn er einen Ausweg aus einer unerwarteten, unbekannten Situation gesucht habe, so wie einer, der dabei war"[16]. Das entspricht genau der von Salomo berichteten Lage.

Dem stellen wir nun einen überraschenden Satz der Proverbien gegenüber:

„Wer auf sein eigenes Herz vertraut, der ist ein Narr,
aber wer in der Weisheit handelt, der ist gerettet." (28, 16)

Bisher haben wir das Herz als Organ gerade der Weisheit kennengelernt, und nun soll der, der darauf vertraut, geradezu ein Narr sein? Um zu verstehen, was der hebräische Spruch meint, sind zwei Schritte nötig: Wir müssen uns von unserem abendländischen Menschenbild lösen, und dann einen Blick nach Ägypten tun. Für uns ist – von neuen psychoanalytischen Erkenntnissen von einer Kollektivseele einmal abgesehen – der Mensch ein geschlossenes System, ist autonom. Er kann sich zwar öffnen, also in Kontakt mit anderen Wesen treten, die Sinne vermitteln ihm ununterbrochen Eindrücke, aber wenn uns Dichter und Theologen von einem mehr oder weniger engen Kontakt mit einer Jenseitswelt berichten, von einem Verkehr mit Gott, so zweifeln wir das doch im Innersten in der Regel an – so deutlich auch unsere Bibel und andere alte Texte davon berichten. Wir sprechen dann gerne von einem poetischen Bild. Für den Ägypter aber stand das anders. Ihn konnte das zuständige Organ, eben das Herz, auch ohne, ja gegen seinen Willen mit Gott in Verbindung bringen. Sinuhe etwa berichtet, daß er seine Flucht aus Ägypten nicht beabsichtigt habe, daß vielmehr ein (ihm unbekannter) Gott sie – gegen seinen Willen – veranlaßt habe. Nachdem er ausgeführt hat, daß kein vernünftiger Grund zu dieser Flucht gegeben war, sagt er drastisch: „aber mein Körper schauderte (ein Zeichen für die Anwesenheit eines Gottes!), meine Füße liefen von selbst, mein Herz trieb mich", womit ausdrücklich nicht sein eigener Wille gemeint ist[17]. Ein Gott hat diese Flucht verhängt, und zwar durch das Herz. Ganz allgemein drückt es der Satz eines Gebetes aus, in dem es heißt: „Amun-Re richtet eigenhändig die Erde und spricht zum Herzen."[18] Solche Einwirkungen Gottes auf das Herz des Menschen umfassen Inspiration (das besonders beim König), aber auch einfache Lenkung. Gott gibt es dem Menschen ins Herz, so oder so zu handeln. Befehle gegen den Willen des Menschen, wie sie Sinuhe kennengelernt hat, sind freilich selten, meist handelt es sich um Hinweise, um Winke, denen der Mensch durchaus zuwider handeln kann. (Übrigens nennt der Ägypter das, was wir mit Gewissen bezeichnen, den „Gott im Herzen".) In jedem Fall aber, ob unwiderstehliche Anordnung gegen den menschlichen Willen oder ob leichte Führung: Der Mensch muß sein Herz „öffnen", und der Ausdruck „geöffneten Herzens" steht denn im Ägyptischen auch für „klug". So kommt es also sowohl in Ägypten wie in Israel darauf an, ein „hörendes Herz" zu haben, ein Herz, das auf die oft leisen Töne lauscht, die von der Gottheit kommen – also nicht auf sein eigenes Herz zu vertrauen. Wer in Weisheit „wandelt", der hat ein nach dort offenes Herz, während der Tor sein Herz diesen Einwirkungen verschließt.

---

[15] H. Brunner, Das Hörende Herz, in: Theolog. Lit.-Ztg. (1954) 697–700.
[16] Urkunden des ägyptischen Altertums IV, 1817, 8.
[17] Sinuhe 226–228. Lichtheim (wie Anm. 11) 231.
[18] Papyrus Anastasi II, 6, 6.

Wenn dem aber so ist, so kann Gott auch das Herz „verstocken", wie der biblische Ausdruck lautet. Dann ist das Herz eines Menschen gegen diese Stimme zugeschlossen, und Ptahhotep kann im 3. Jahrtausend sagen: „Das Herz ist das Schicksal eines Menschen, das Herz ist es, das seinen Besitzer zu einem werden läßt, der hört oder der nicht hört." [19] Ja, Gott „kann sogar schlechte Gedanken in das Herz dessen geben, den er ablehnt, um seinen Besitz einem anderen zu geben, den er (Gott) liebt" [20]. Das freilich ist eine extreme Formulierung, die an Vorstellungen der griechischen Tragödie erinnert, wo die Götter mit Blindheit schlagen, wen sie vernichten wollen.

Wir lenken von diesem Seitenweg nochmals zurück auf die Hauptstraße unserer Gedanken und stellen zusammenfassend für Ägypten fest: Das Organ, mit dem der Mensch die Weltordnung und überhaupt Gottes Willen versteht, ist das Herz, das zugleich Vernunft besitzt und ebenso Organ des Denkens wie des Gefühls ist, sich aber Gott zu öffnen hat [21].

Die Übereinstimmung dieses ägyptischen Gebrauches des Wortes für „Herz" mit dem der israelitischen Weisheit, ja des Alten Testaments überhaupt, ist nun frappierend. Auch dort ist das Herz nicht nur Sitz der Emotionen, sondern auch des Vermögens, zu erkennen und zu behalten (to learn by heart; par coeur), der Vernunft, der Einsicht, des Urteilsvermögens, vor allem der Eingebung von Gott. Nur wenige Beispiele: Für das Gedächtnis:

> „Sie lehren dich und sprechen zu dir,
> aus ihrem Herzen führen sie Sprüche heraus." (Hiob 8, 10) (Bildad)

So kann der Lehrer den Schüler auffordern:

> „Binde dir meine Worte an die Finger,
> Schreibe sie auf die Tafel deines Herzens."
> (D. h. lerne sie auswendig.) (Proverbien 7, 3)

Und parallel zu dem Herzen des Sinuhe, das gegen seinen Willen von Gott gelenkt wurde, sagt Mose auf der Wüstenwanderung, daß die Strafandrohung gegen Aufsässige nicht von ihm selbst komme:

> „Daran sollt ihr erkennen, daß Jaweh mich gesandt hat, das alles zu tun, daß es nicht aus meinem eigenen Herzen geschieht." (Nu 16, 28)

Es folgt dann als Zeichen die Vernichtung der Rotte Korah.

Diesem Abriß über einen der wichtigsten anthropologischen Begriffe, das Herz, bei dem wir uns auf die für die Weisheit wichtigen Aussagen beschränkt haben, stellen wir die negativen Kombinationen zur Seite. „Herzlos" ist in Ägypten niemals ein „hartherziger" Mensch, sondern ausschließlich der Törichte, der Dumme. Der Ausdruck ist noch im Koptischen erhalten und gibt in der Bibelübersetzung vor allem ἄφρων, kᵉsīl wieder. Im Hebräischen ist „herzlos", ʾēn lēb, selten, steht aber Hos 7, 11 genau in ägyptischem Sinne: Ephraim ist „herzlos", weil er eine Schaukelpolitik zwischen Ägypten und Assur betreibt, also unbesonnen, töricht handelt.

---

[19] Z. 550f., Lichtheim (wie Anm. 11) 74.

[20] Gustave Lefebvre, Le Tombeau de Petosiris, T. II (Kairo 1923) Inschr. Nr. 127, 6.

[21] Die gleiche Funktion finden wir bei Augustin, nur zum Teil aus biblischer Tradition zu erklären, und noch bei Meister Eckhardt, der einmal sagt: „Könntet ihr erkennen mit meinem Herzen, ihr verstündet wohl, was ich sage, denn es ist wahr, und die Wahrheit sagt es selbst", Meister Eckhardt, Die Deutschen Werke (Stuttgart 1936) I, 41, 5–7.

Häufiger finden wir, gerade auch in der Weisheit, *ḥăsăr-lēb*, „der, dem Verstand (genauer Herz) mangelt".

Wenn wir uns nun den Grenzen der Weisheit zuwenden, so kommen wir gleich auf den Toren zurück. Die erste Grenze, an die alle Lebensweisheit stößt und die dieser Art der Weltbewältigung auch im 19. Jahrhundert n. Chr. ein Ende bereitet hat, ist rasch skizziert.

Es ist in Ägypten wie in Israel der freie Wille Gottes, der zwar der Natur wie der Menschenwelt eine Ordnung gesetzt hat, sich aber die Freiheit vorbehält, jederzeit in diesen grundsätzlich berechenbaren Ablauf einzugreifen, also etwa die Sonne zu Gibeon und den Mond im Tale Ajjalon stillstehen zu lassen oder, in der Menschensphäre einen Frommen ins Unglück zu bringen und einen notorischen Sünder und Grundbösen lange bis an ein gutes Ende glücklich leben zu lassen. Auf die theologischen Probleme, die sich hier ergeben, hat das Buch Hiob entscheidende Antworten gegeben, andere das ägyptische Totengericht oder das Jüngste Gericht christlicher Lehre – wir lassen auch das beiseite, um zum Menschenbild zurückzukehren, unserem eigentlichen Thema. Nur noch aus jeder Kultur zwei Sätze mögen zeigen, wie die alten Weisen diese Grenze gesehen und formuliert haben:
Ägypten:

> „Gehe nicht schlafen, wenn du dich vor dem Morgen fürchtest.
> Wenn es tagt, wo ist dann das Morgen?
> Der Mensch weiß nicht, wie das Morgen sein wird.
> Der Gott wird immer in seinem Erfolg sein,
> während der Mensch immer in seinem Versagen sein wird.
> Ein Ding sind die Gedanken des Menschen,
> ein ander Ding, was Gott tut." (Amenemope 19, 10–17)[22]

Oder in einer anderen Lehre:

> „Wenn du in einer schwierigen Sache drei Männer um Rat fragst,
> so ist das richtig.
> Der Ausgang aber liegt bei Gott." (Anchscheschonq 8, 6)[23]

Und das Alte Testament:

> „Beim Menschen sind Vorsätze des Herzens,
> Aber von Jahwe kommt die Antwort der Zunge."
> (Proverbien 16, 1)[24]

Oder:

> „Das Menschenherz denkt sich seinen Weg aus,
> Aber Jahwe lenkt seinen Schritt." (Proverbien 19, 14)

Die Beispiele für dieses „Der Mensch denkt, Gott lenkt" lassen sich auf beiden Seiten vermehren – entsprechen sie doch einer Urerfahrung, die keinem Menschen je erspart geblieben ist. Dazu ist nicht mehr viel zu sagen, das alles versteht sich. Dagegen ist nunmehr auf den „Toren", den „Herzlosen" im altorientalischen Sinne zurückzukommen. Die Weisheit des Alten Testaments,

---

[22] Brunner (wie Anm. 12) 84.
[23] Lichtheim (wie Anm. 11) Vol. III, The Late Period (Berkeley, Los Angeles und London 1980) 166.
[24] Das Herz denkt, aber die Zunge schafft erst die Realität, durch Befehl und schöpferisches Wort, s. o. 193.

so haben wir gesehen, unterscheidet nicht zwischen unheilbarer Torheit und Torheit aus Unreife oder Unüberlegtheit, und das aus guter pädagogischer Erwägung. Aus Erziehungsgründen werden vom Lehrer die Menschen in zwei Klassen geteilt, in Gute und Böse, und diese werden gleichgesetzt mit Klugen und Dummen, aber auch mit Frommen und Gottlosen; die entsprechenden Wege heißen einfach „Weg des Lebens" – „Weg des Todes". In diesem Schema hat sich Erfahrung, wie sie aller Weisheit zugrunde liegt, zum Dogma verfestigt. Ganz gewiß gab es, besonders in älterer Zeit, auch feinere Unterscheidungen, zumal ja das wichtige und von den Theologen selbstverständlich durchdachte Problem der Willensfreiheit und Vorherbestimmung hineinspielt, aber die Texte sagen leider nichts darüber aus, wie die Weisheitslehrer dies Problem gesehen oder gar gelöst haben, da alle uns überlieferten israelitischen Texte entweder simple Sprichwörter sind, die in keinem Volk systematisches Denken abbilden, oder aber, und das sind die meisten, ein erzieherisches Ziel haben, also Zurechnungsfähigkeit und Entscheidungsfreiheit der Hörer oder Leser voraussetzen. Und im Buch Hiob, das uns die bedeutendsten Weisheitstexte aus dem Munde der Freunde erhalten hat, spielt das Problem der erfolglosen Erziehungsversuche keine Rolle.

Dagegen ist uns ein ägyptischer Text erhalten, der hier einschlägig ist. Es handelt sich um den Anhang zu einer Lebenslehre aus dem Ende der 18. Dynastie, also wohl kurz vor Amarna entstanden, etwa um 1400 v. Chr.[25] Der Vater Ani hat seine Lehre beendet, nun bringt der Sohn Chonsuhotep Einwände, und aus seinem Mund spricht eine „Reformpädagogik", wie wir sie eigentlich in dieser Zeit nicht erwartet hätten. In diesem Zwiegespräch taucht der wichtige Begriff des „Krummen" auf. Damit ist der für jede Erziehung unzugängliche Schüler gemeint, wobei nicht unterschieden wird zwischen einem von Geburt geistig Behinderten und einem, der einfach nicht will – auch das würden die Ägypter wohl als eine Behinderung betrachten.

Die mannigfachen, uns so vertraut klingenden Einwände des Sohnes: verschiedene Veranlagung der Menschen, mangelnde Rücksicht auf den Reifegrad des Kindes, Sinnlosigkeit des Auswendiglernens, mangelnde oder gar fehlende Diskussionsbereitschaft des Vaters, der alles abwehrt, schließlich sein so fromm klingendes Fazit: Es bleibe dem Vater nichts anderes übrig, als den Gott, der ihm die Klugheit verliehen habe, zu bitten: „Setze ihn (den Sohn) auf deinen Weg", also alle Erziehungsversuche aufzugeben – all das muß hier beiseite bleiben.

Zweimal versucht der Vater, den Sohn von seinen Gedanken abzubringen, nicht durch Diskussion, sondern durch scharfen Verweis. Und dann kommt schließlich das Stichwort des „Krummen":
Der Vater sagt:

„Wende dich ab von diesen vielen Worten, die fern davon sind, gehört zu werden. Der krumme Ast, der auf dem Felde liegen geblieben ist, ... den holt sich ein Handwerker, daß er ihn geradebiege und die Peitsche eines Großen daraus fertige. Du Herz, das nicht erkennen kann, hast du nun Lust, uns (dich) unterweisen zu lassen, oder bist du entartet (wörtlich: mißlungen)?"

Wieder geht der Vater nicht auf die Argumente des Sohnes ein, erklärt vielmehr ausdrücklich, auf dies „Geschwätz" („viele Worte") gar nicht zu hören. Und dann kommt der „Krumme", hier im Bild des krummen Astes.

In der ägyptischen Erziehungsliteratur bezeichnet der „Krumme" das von Natur aus charakterlich oder intellektuell verwachsene Kind, den Unerziehbaren. Wir können hier nicht die übrigen Stellen, die von ihm sprechen, ausbreiten[26] – jedenfalls wußten die Ägypter, daß hier eine Grenze für jede Erziehung und somit jede Weisheit gesetzt war.

---

[25] Brunner (wie Anm. 3) 166, Qu. XXVIIIc. Kommentar: 136–139.
[26] Ebd. 114.

Auch wenn der Vater, der ja zu seinem Sohn spricht, meint, selbst in solchem Fall ließe sich mit Gewalt wie bei einem verbogen gewachsenen Ast noch etwas ausrichten, so dürfte dem Leser dieser Stelle damals doch klar gewesen sein, was gemeint ist.

Auch Platon verwendet im Protagoras dieses Bild vom krummen Holz – es legt sich offenbar einem denkenden und erfahrenen Pädagogen nahe. Es wird berichtet, wie sich die ganze Familie um das Kind bemüht und, sobald es die Worte versteht, ihm beibringt: „Das ist recht, das unrecht; das schön, das häßlich: dies Gott gefällig, das gottlos; das mußt du tun, das dagegen lassen; und folgt es willig, dann gut; wo nicht, so renkt man es wie ein verbogenes und verkrümmtes Holz durch Drohungen und Schläge wieder gerade." (325 D – 326 A) Freilich sagt das nicht Platon oder Sokrates, sondern Protagoras als Vertreter der konservativen Pädagogik. Immerhin lief auch im Griechenland des 5./4. Jahrhunderts dieses Bild um.

Dies also die entscheidende Grenze der Weisheit: Es gibt Menschen, denen sie nicht vermittelt werden kann.

Ein letztes Mal müssen wir noch nach Ägypten schauen. Wie haben sie sich zu dem Vorhandensein solcher hoffnungsloser Fälle gestellt?

Wir haben vorhin auszugsweise an einer Auseinandersetzung über Erziehungsmöglichkeiten teilgenommen. Ein solcher Dialog ist sowohl im Alten Testamant wie in Ägypten unüblich, gewährt aber tiefe Einblicke in geistige Bewegungen. Kein Zweifel, das traditionelle Menschenbild fand Kritiker, deren Stimme im allgemeinen nicht überliefert ist, einfach keine Aufnahme in die kanonischen Schriften gefunden hat, aber vorhanden war. Allerdings: Ägypten hat sie offenbar abgelehnt, denn aus dem Munde des Vaters Ani spricht geltende ägyptische Anschauung. Vielleicht ahnten die Ägypter, wohin eine Relativierung der Werte führt? Principiis obstiterunt? Offenbar, und nicht zu ihrem Nachteil, denn immerhin bestand ihre Kultur nach diesem Dialog noch etwa 1000 Jahre, mit unerschütterten oder nur gering variierten Wertvorstellungen – und das ist eine Zeitspanne wie die, die uns von der Gründung Clunys oder von Otto III. trennt.

Was Gott krumm gemacht hat, kann der Mensch nicht gerade machen, meint Qohelet (7,13). Nochmals Ptahhotep:

> „Wen Gott liebt, der kann hören;
> aber nicht kann hören, wen Gott verwirft.
> Es ist das Herz, das seinen Besitzer werden läßt
> zu einem Hörenden oder zu einem, der nicht hört.
> Leben, Heil und Gesundheit eines Menschen hängt also an seinem Herzen." (545–552)[27]

Von Prädestination zu sprechen wäre weit übertrieben. In allen Normalbereichen nehmen die Ägypter wie die Weisheitslehrer des Alten Testaments einen freien Willen des Menschen, zumindest die Entscheidungsfreiheit zwischen den beiden Polen gottgefällig und gottlos an; aber es gibt Extremfälle von unzugänglichen, unerreichbaren Menschen, die sie sich nicht anders als durch eine Entscheidung der Gottheit „im Mutterleib" erklären konnten. Haben wir eine bessere Antwort auf die Frage der Betroffenen: „Warum gerade mein Sohn?"

Wir sind am Ende. Bewußt verzichte ich darauf, nun eine Differenz zwischen Ägyptens und Israels Lebenslehren zu skizzieren. Keine Frage, ein solcher Unterschied ist vorhanden und springt jedem ins Auge, der die Texte aus beiden Kulturen kennt. Um ihn zu fassen, müßte vorher der literarische Charakter der beiderseitigen Texte, ihre Entstehungszeit und vor allem ihr Sitz im Leben geklärt sein – und das stößt bei den biblischen Texten auf allergrößte Schwierigkeiten. Mir kam es eher darauf an, in vielen Grundüberzeugungen, etwa der von der

---

[27] Ebd. 156.

Welt nach Gottes Plan mitgegebenen Ordnung *(ma'at, ṣᵉdāqā,* δικαιοσυνη *iustitia,* „Gerechtigkeit"), die es zu erkennen und in die es sich einzufügen gilt, oder der vom Herzen als dem Empfangsorgan des Menschen für Gottes Willen und seine Pläne mit dem Menschen, oder von der Vorherbestimmung bei den hoffnungslosen Fällen – in diesen Grundlagen des Menschenbildes Verwandtschaften oder gar Gleichheit zu zeigen.

Ptahhotep bei den koptischen Mönchen

aus: Zeitschrift für Ägyptische Sprache und Altertumskunde 86, 1961, 145–147.

R. PIETSCHMANN hat 1899 ein doppelseitig beschriebenes Pergamentblatt der Göttinger Universitäts-Bibliothek veröffentlicht[1], das u. a. ein großes Bruchstück einer Erzählung in bohairischem Koptisch enthält. Seinem Stil nach und auf Grund des folgenden Anfangs einer weiteren Geschichte hat PIETSCHMANN dieses Bruchstück sicher zu Recht in die Nähe der Apophthegmata gerückt, von denen bis dahin keine bohairische Fassung bekannt war.

Die Geschichte berichtet, daß ein Apa mit einem ⲁⲗⲟⲩ , also einem »Knaben«, der Schüler und Diener zugleich ist (παῖς), in der Einsamkeit haust. Seine Ruhe fühlt er gestört, als ein »Bruder Einsiedler« (ⲟⲩⲟⲛ ⲛ̄ⲁⲛⲁⲭⲱⲣⲓ) es wagt, in der Nachbarschaft mit dem Bau einer Zelle zu beginnen. Erzürnt schickt er den Jungen hinüber mit der Weisung, er solle sagen: »Wahrlich, wenn du auch ihren Bau vollendest, so sollst du doch nie in ihr wohnen!« Der Junge übernimmt diesen unguten Auftrag, geht hin zu ihm, »handelt aber mit einer Weisheit, wie sie sich für die Heiligen ziemt« und sagt zu dem Ankömmling: »Fein (ⲕⲁⲗⲱⲥ), Apa, mein Herr! Als der Greis eben ausgegangen ist, da schaute er und erblickte Deine gute Liebe (wie Euer Liebden) und freute sich sehr und sprach zu mir ›Mein Sohn, wahrlich, eine große Liebe Gottes ist uns zuteil geworden...‹«. Nachdem er sich dergestalt seines Auftrages durch Umdrehung der Botschaft entledigt hat, geht der Junge zurück, und berichtet seinem ›Vater‹, es sei alles in bester Ordnung, der Nachbar werde kein Haus bauen, sondern sei schon im Begriff fortzugehen.

Doch die Lage spitzt sich zu: Nach einigen Tagen findet der Apa die Zelle des Nachbarn vollendet. Voller Zorn will er gemeinschaftlich mit dem Jünger den Neuankömmling mit Gewalt vertreiben, doch dieser macht den Vorschlag, er wolle zunächst allein gehen und sehen, ob der andere nicht Besuch habe. Bei dem Bruder angekommen sagte er: »Verzeih mir, mein Vater, siehe, mein Vater kommt zu Deiner Liebe; bezwinge dich jetzt, komm hervor, komm hervor[2] in Freude und bitte ihn mit folgenden Worten: ›Tu die Liebe um Gottes willen, mein Vater, verzeih mir, mein Vater, daß ich diese kleine Zelle gebaut habe, damit auch ich unter deinem Schutze weile wegen deiner Gebete‹.« Der neue Bruder handelt diesem

---

[1] Nachr. d. K. Ges. d. Wiss. zu Göttingen, Phil.-Hist. Klasse, 1899, Heft 1, S. 36–48.
[2] Dittographie?

Rate gemäß. Der unzweifelhafte Erfolg wurde in zwei jetzt verlorenen Zeilen berichtet, und dann bringt der Text eine merkwürdigerweise an eine Mehrzahl von Schülern gerichtete Paränese: »O meine Söhne, ihr seht, daß die Wachsamkeit (ⲁⲣⲉϩ) erlesener ist als alles andere. Nun aber bitte ich jeden, der wünscht, Gott zu lieben, nicht Wortüberschreitungen zu begehen mit irgendwelcher müßigen Rede, sondern er erziehe sich selbst mit allen guten Worten in der Furcht des Herrn.«

Die Geschichte ist, wie PIETSCHMANN gefunden hat, noch einmal in lateinischer Sprache erhalten[3]. Auch diese Geschichte spielt in der Sketis. Die Abweichungen sind für unseren Gedankengang unerheblich – in der lateinischen Fassung wird die Erzählung etwas länger ausgesponnen und erbaulich verbrämt und endet damit, daß der Vater dem Jungen zu Füßen fällt und ihm für sein Eingreifen dankt mit den Worten, er, der Junge, sei von nun an der Vater. Dies Vorkommen auch in Lateinisch und mit abgewandeltem Rahmen zeugt von einer gewissen Verbreitung; doch verleugnet das Stück auch in lateinischem Gewand seine ägyptische Herkunft nicht. Anderweitig scheint die Erzählung dagegen im frühchristlichen Schrifttum unbekannt zu sein[4].

Was der Schüler getan hat, erscheint uns doppelt anstößig: er hat glatt die Unwahrheit gesagt, und er war seinem »Vater« ungehorsam. So werden wir also erklären müssen, wieso ein solches Geschichtchen ausgerechnet in der Erziehung junger Mönche verwendet werden konnte.

Der Gehorsam erscheint zwar vor Pachom nicht als ausdrückliches Gebot[5], und keinesfalls dürfen wir die Strenge mittelalterlicher Orden in die Frühzeiten des Mönchtums zurückprojizieren. Immerhin – das Lehrer-Schüler-Verhältnis setzt eine gewisse Autorität des »Vaters« voraus, und auch die erscheint hier nicht gewahrt. Trotzdem ist die Geschichte in ihrem Rahmen wohl nicht anstößig, da die frühe Mönchbewegung den Gehorsam in eine bestimmte Beziehung zur Liebe setzt: Von dem Schüler heißt es in der lateinischen Erzählung: »qui perfecte in charitate Christi diligebat abbatem suum, et anxie timebat, ne per invidiae et iracundiae vitium aliquid tale ageat pater suus spiritualis, ut perderet omnes labores sanctos, quos ab ineunte aetate in Christi servitio, pro vitae aeternae praemiis laboraverat«. Tatsächlich hat der Junge nicht dem christlichen Wahrheitsgebot gemäß gehandelt, aber genau nach der Lehre des Ptahhotep. Dort lehrt die 8. Maxime (145–160)[6]:

---

[3] Bei MIGNE, Patrologiae cursus completus, series Latina 73, 754f.
[4] Diese und andere Auskünfte verdanke ich Gg. KRETSCHMAR, Hamburg.
[5] Für Pachom s. Praecepta et instituta 10 (= CLI): Dom A. BOON, Pachomiana Latina, 1932, S.56. Dort wird neben Ungehorsam auch Lüge mit Strafe belegt.
[6] Ich folge im wesentlichen der Übersetzung von Z. ŽABA, Les Maximes de Ptahhotep, Prag 1956, S. 76f.

»Wenn du ein Vertrauter bist,
den ein Großer zu einem anderen zu schicken pflegt,
dann sei ganz genau, wenn er dich ausschickt:
richte ihm (dem Empfänger) die Botschaft so aus, wie er (der Absender) sie dir gesagt hat.
Aber hüte dich davor, durch ein Wort Böses zu stiften,
das einen Großen gegen den anderen aufbringen könnte;
halte die Wahrheit fest, aber übertreibe sie nicht;
man wiederholt nicht einen Herzenserguß.
Man darf niemanden schlecht machen, weder groß noch klein:
Das ist ein Abscheu für den Ka.«

Dafür, daß tatsächlich diese Lehre des Ptahhotep ihren Einfluß über mehr als 3000 Jahre erstreckt hat, daß also ein Zusammenhang zwischen altägyptischer Weisheit und der koptischen Geschichte besteht, sprechen, abgesehen vom Inhalt, auch einzelne Vokabeln. Der Knabe handelt ϨⲈⲚⲞⲨⲨⲈⲦⲤⲀⲂⲈ »in Weisheit«, wobei das koptische Wort sogar das alte *śbȝjt* »Lehre« bewahrt hat, den Namen der ganzen altägyptischen Gattung. Gewiß findet sich das Wort auch sonst im Koptischen, wenn auch nicht sehr häufig, aber es bleibt doch an dieser Stelle bezeichnend genug. – Die Paränese des Schlusses richtet sich, wie in altägyptischen Lehren, an mehrere Schüler: ⲱ ⲚⲀϢⲎⲢⲒ . Noch einmal kommt das Stichwort »Erziehung« vor: Jeder solle sich selbst mit allen guten Worten in der Furcht des Herrn »erziehen« (ⲦⲤⲀⲂⲈ). Am auffallendsten aber ist ein merkwürdiger Passus der Paränese: Der Lehrer bittet jeden, der Gott lieben möchte, ⲈϤⲦⲈⲚⲞⲨⲞⲀⲦⲈⲂ-ⲤⲀϪⲒ , »keine Überschreitungen der Worte zu begehen«. Nun kann diese Mahnung nicht etwa den Apa als negatives Vorbild hinstellen: die ganze Ermahnung, die sich ja an Schüler richtet, bezieht sich vielmehr auf das nacheiferungswürdige Vorbild des Jungen. Keine müßigen Worte (ⲚⲤⲀϪⲒ ⲚⲀⲢⲅⲞⲚ , vgl. Matth. 12,36), sondern gute Worte solle man in den Mund nehmen, das sei Gott wohlgefällig. ⲞⲨⲰⲦⲂ , vom altäg. *wdb*, heißt genau, »überschreiten«, etwa einen Fluß (Prov. 9, 18a; Zoega 336). Es findet sich in dem Satz, daß Jungfrauenschaft die (menschliche) Natur überschreite[7]. Der genaue Sinn unserer Mahnung aber erschließt sich erst, wenn wir die Ptahhotep-Stelle heranziehen, wo es heißt, man solle die Wahrheit nicht »überschreiten«, d. h. nicht übertreiben. Ptahhotep verwendet nicht *wdb*, sondern *snj*, dessen koptischer Nachfahre ⲤⲈⲒⲚⲈ : ⲤⲒⲚⲒ in der Tat als Synonym mit ⲞⲨⲰⲦⲂ wechselt: Nu 21, 22 und Joseph d. Zimmermann 22, steht jeweils im sahidischen Text ⲞⲨⲰⲦⲂ , im bohairischen dagegen ⲤⲒⲚⲒ .

---

[7] Codex Borgianus 245, 62 n. Crum, Dictionary, S. 496a.

Mir scheinen diese Anklänge der verwendeten Ausdrücke auffallend. Eine wörtliche Entlehnung aus der Lehre des Ptahhotep dürfen wir ohnedies nicht erwarten – selbstverständlich haben die koptischen Väter den Ptahhotep nicht gelesen, und auch für die ägyptische Spätzeit darf man wohl eine Kenntnis des alten Buches kaum mehr annehmen. Vielmehr wird das alte Gedankengut mehrfach neu gefaßt und also indirekt überliefert worden sein[8]. Bezeichnend für den Unterschied in der geistigen Haltung der Zeiten des AR und des frühen Mönchtums ist schon allein die Form der Geschichte: Während Ptahhotep seine Lehre allgemein faßt, berichtet die christliche Fassung von einem Geschehnis, das den Erfolg der empfohlenen Handlung vor Augen führt. Die bis zu einem gewissen Grade abstrakte Lehre der alten Zeit hat sich also in einem handgreiflichen Beispiel niedergeschlagen, wie es bei einer primitiveren Erziehung gewiß fruchtbarer ist – aber eben bei einer primitiveren Erziehung.

Man darf wohl den Stoff als dem frühen Christentum fremdartig bezeichnen, auch wenn mit ihm eine dieser Mönchswelt wichtige Lehre über das Verhältnis von Liebe und Gehorsam ausgesagt wird. Die Übernahme aus altägyptischem Traditionsgut wird zunächst durch eben diese Fremdheit nahegelegt; sie wird wahrscheinlich gemacht durch die sachlich gleiche Lehre bei Ptahhotep, sie wird zur Gewißheit erhoben durch die über Jahrtausende bewahrten sprachlichen Gleichklänge.

Einem Kenner koptischer Literatur würden bei gleichzeitiger Kenntnis altägyptischer Weisheit vermutlich noch mehr solcher Relikte aufstoßen; sie systematisch zu sammeln, wäre eine lohnende Aufgabe, die sowohl das Nachleben altägyptischer Kultur als auch den großen Unterschied zwischen ihr und der christlichen Welt am Nil aufzuhellen verspräche.

---

[8] S. MORENZ weist auf ähnliche Tischsitten bei Ptahhotep und Pachom hin (Ägyptische Religion, S. 117, Anm. 1). Allerdings scheint mir hier ein Zusammenhang weniger einleuchtend als bei unserer Geschichte, denn es handelt sich doch um Anstandsregeln, wie sie weithin gelten, und auch die Übereinstimmung der Vorschriften ist nur lose: Die Pachomsche Weisung, nicht vor dem Vorgesetzten mit dem Essen zu beginnen, findet sich bei Ptahhotep (als selbstverständlich?) nicht. Dann heißt es bei Pachom: »nec circumspicias vescentes alios«, während Ptahhotep verbietet, auf die Speisen des Gastgebers zu blicken oder diesen selbst mit Blicken zu belästigen (und zwar, um ihm den Appetit nicht zu verderben, wie doch wohl Zeile 125 zu deuten ist). Immerhin könnte man für die Übernahme dieses Abschnittes aus einer altägyptischen Weisheitslehre anführen, daß er in allen Pachomschen Klosterregeln der einzige ist, der die 2. Person verwendet, also die Form altägyptischer Lehren aufnimmt. Die griechische Kurzfassung (BOON S. 172) hat denn auch die Form des Verbotes den übrigen angeglichen (so z. B. dem Verbot VII: »Niemand soll die betenden Brüder anschauen«): »Niemand soll die essenden Brüder anschauen«. Um so auffallender bleibt die Verwendung der 2. Person in der ursprünglicheren und längeren Fassung.

Eine altägyptische Idealbiographie in christlichem Gewande

aus: Zeitschrift für Ägyptische Sprache und Altertumskunde 99, 1973, 88-94.

Daß Siegfried Morenz, dem diese Gedenkschrift einen Nachruf setzen soll, stark am Fortleben, an den Wirkungen ägyptischer Kultur, besonders der Religion interessiert war, ist so bekannt, daß es sich erübrigt, die grundlegenden Werke seiner Feder auf diesem Gebiet aufzuzählen. Die Askese des frühen Christentums am Nil stand dem altägyptischen Lebensideal geradezu entgegen, und doch hatten jene Mönche – wie könnte es auch anders sein – so mancherlei aus den Schätzen der Hochkultur aufgenommen, die sie abgelöst haben. Dabei ergeben sich reizvolle Spannungen, wo sich die alten Ideen nicht ohne weiteres in das neue Weltbild einfügen wollen. Weniger sind solche Brüche auf dem Gebiet der Religion zu erwarten, da in diesem Lebenszentrum nur solche Züge aufgenommen wurden, die dem neuen, von außen gekommenen Geist nicht widersprachen, wie etwa einiges aus der Seelen- und Todeslehre[1]. So gut wie alle Funde altägyptischer survivals in der koptischen Literatur stammen, wie Morenz festgestellt hat, aus den Apophthegmata und ihrer Umgebung, also aus der volkstümlichen Überlieferung des mönchischen Lebens der ersten Jahrhunderte[2].

Martin Kaiser hat dann in einer gründlichen Untersuchung den Befund dahingehend präzisiert, daß „sich nur wenige Spuren der jahrtausendealten ägyptischen Literatur in den Apophthegmata nachweisen lassen"[3]. „Die Lehren der Weisheitsliteratur haben als Bestandteile der Volksethik in den einzelnen Fällen den Untergang der altägyptischen Literatur überleben können und in den Apophthegmata wieder literarischen Ausdruck gefunden"[4]. Freilich weist Kaiser dann nach, daß „die abstrakte Gnome einen Situationsbezug erhalten hat, daß sie apophthegmatisiert" worden ist. So werden solch aufgespürte survivals zu Zeugen einer gewandelten Geisteshaltung und die Suche nach ihnen zu mehr als dem Sammeln von Kuriositäten.

Die Ägyptologen, die auf Grund ihrer Kenntnis des pharaonischen Materials vor allem zu solchen Ermittlungen berufen sind, beschränken ihre Suche im allgemeinen auf die bis zu einem gewissen Grade auch ihnen anvertraute Überlieferung in koptischer Sprache. Tatsächlich aber existiert nur eine einzige, heute zerteilte und an verschiedenen Orten aufbewahrte Handschrift der Apophthegmata im sahidischen Dialekt[5], die eine Rückübersetzung aus einem griechischen Text ist[6]. Die meist geringen Fragmente in bohairischem Dialekt hat Th. Hopfner zusammengestellt[7]. Im ganzen aber ist in koptischer Sprache nur ein kleiner Bruchteil des Bestandes frühchristlicher Literatur vom Nil überliefert. Weitaus mehr ist auf griechisch und lateinisch erhalten. Es wäre also zu prüfen, ob nicht auch Texte, die zufällig nur in den beiden klassischen Sprachen tradiert sind, Nachklänge Altägyptens ertönen lassen – wobei ägyptisches Milieu uns genügen mag als Beweis ägyptischer Entstehung der Geschichten.

Auf einen solchen Fall, der nicht zu bezweifeln ist, möchte ich im Andenken an Siegfried Morenz hier die Aufmerksamkeit lenken. Der Text steht in der Historia monachorum, einem griechisch geschriebenen Bericht über eine Reise, die sieben Männer in den Jahren 394/95 durch Ägypten gemacht haben, um die berühmtesten Mönchssiedlungen dort zu besuchen. Rufinus (ca. 345–410) hat zwar dieses Werk ins Lateinische übersetzt – sein Verfasser ist er gewiß nicht[8]. Erhalten ist uns sowohl die griechische wie die lateinische Fassung dieser wichtigen Quelle für ägyptisches Mönchtum[9]. Die uns interessierende Stelle[10] findet sich in der vita eines Paphnutius, der als Einsiedler in der Sketis lebte – genaue Lebensdaten sind nicht zu gewinnen, weil die Überlieferung mehrere Gestalten gleichen Namens ineinanderspiegelt[11]. Der Heilige bat, nachdem er durch asketisches

---

[1] Vgl. S. Morenz, Die Geschichte von Joseph dem Zimmermann (Texte und Unters. 56), 1951, bes. S. 123ff. Vom Vf. selbst eingeschränkt in HO I,2², 1970, S. 246 Anm. 6.   [2] a. a. O. S. 246.

[3] In: Probleme der koptischen Literatur, bearb. v. Peter Nagel, Halle/Saale 1968, S. 128.

[4] a. a. O. S. 131.

[5] M. Chaine, Le manuscrit de la version copte en dialecte sahidique des „Apophthegmata Patrum", Bibl. d'Ét. Coptes, T. VI, Kairo 1960.

[6] M. Chaine, Le texte original des Apophthegmes des Pères, in: Université St.-Joseph, Mélanges de la Fac. or. V, 2, Beyrouth 1912, S. 541ff. und Th. Hopfner, Über die koptisch-sa'idischen Apophthegmata Patrum, Denkschr. d. Akad. d. Wiss. Wien 61,2, Wien 1918, S. 95.   [7] a. a. O. S. 28ff.

[8] Vgl. zu dieser Frage Cuthbert Butler, The Lausiac History of Palladius, Cambridge 1898 (Nachdruck Hildesheim 1967), I, § 3.

[9] Griechisch: A.-J. Festugière, Historia Monachorum in Aegypto, Subsidia Hagiographica 53, Brüssel 1971; Lateinisch immer noch nur nach Rosweyd in: Mignes Patrologiae cursus completus, Vol. XXI, 1849.

[10] Bei Festugière auf S. 105–107, Caput XIV, §§ 10–15; bei Migne auf S. 437 (178). Eine deutsche Übersetzung unseres Stückes nach dem Lateinischen jetzt in: Weisungen der Väter, eingel. und übers. von Bonifaz Miller (Sophia, Quellen östlicher Theologie, Bd. 6), Freiburg i. Br. 1965, S. 345, Nr. 1039.

[11] Vgl. z. B. Fr. Winkelmann, Paphnutios, der Bekenner und Bischof, in: Probleme der koptischen Literatur, bearb. v. P. Nagel, Halle/Saale 1968, S. 145ff.

Leben große Vollkommenheit erlangt hatte, Gott, er solle ihm zeigen, welchem Heiligen er gleiche. Zu seiner großen Überraschung wird ihm daraufhin durch einen Engel kund, er gleiche einem Musikanten im nächsten Dorf. Paphnutius sucht diesen Weltmann auf, erfährt von ihm seine gottgefälligen Taten, nimmt ihn mit sich in die Wüste und veranlaßt ihn, Mönch zu werden. Der Vorgang wiederholt sich ähnlich, jeweils nach dem seligen Tode des zum Mönchtum Bekehrten, noch zweimal.

Während nun die gepriesenen Taten des ersten und des dritten Weltmannes, die dem Mönch durch den Engel als vorbildlich gezeigt werden, nichts mit Altägypten zu tun haben, vielmehr ganz in die christliche asketische Idealvorstellung gehören, fällt die zweite weit aus dem christlichen Rahmen. Es handelt sich um den Vorsteher des Nachbardorfes (πρωτοκωμήτης τῆς πλησίον κώμης), der dem nach mönchischer Vollkommenheit strebenden Heiligen als ihm ähnlich genannt wird. Paphnutius sucht ihn auf, wird am Hoftor höflich empfangen, fragt ihn bei der Mahlzeit nach seinem Leben und erfährt zunächst nur einige demütige Floskeln, bis der lernwillige Mönch ihm mitteilt, daß Gott ihm offenbart habe, er sei der Gemeinschaft der Eremiten würdig. Jetzt will ihm der Vorsteher sagen, wie er „mitten in der Welt" lebe. Wir bringen den entscheidenden Teil dieses Berichtes auf griechisch und lateinisch[12]:

1. οὐκ ἐπαυσάμην τῆς φιλοξενίας ἄχρι σήμερον. οὐ καυχᾶταί τις τῶν κωμητῶν πρό ἐμοῦ τὸν ξένον ὑποδεξάμενος.
2. οὐκ ἐξῆλθεν πένης οὐδὲ ξένος κεναῖς χερσὶ τὴν ἐμὴν αὐλὴν μὴ πρότερον ἐφοδιασθεὶς κατὰ λόγον.
3. οὐ παρεῖδον πένητα δυστυχήσαντα μὴ ἱκανὴν παραμυθίαν αὐτῷ χορηγήσας.
4. οὐκ ἔλαβον πρόσωπον τέκνου μου ἐν κρίσει.
5. οὐκ εἰσῆλθον εἰς τὸν οἶκόν μου καρποὶ ἀλλότριοι.
6. οὐκ ἐγένετο μαχή, ἣν οὐκ εἰρήνευσα.
7. οὐκ ἐμέμψατό τις ἐπ' ἀτοπία τοὺς ἐμοὺς παῖδας.
8. οὐχ ἥψαντο τῶν ἀλλοτρίων καρπῶν αἱ ἀγέλαι μου.
10. οὐκ ἔσπειρα πρῶτος τὰς ἐμὰς χώρας, ἀλλὰ πᾶσιν αὐτὰς κοινὰς προθέμενος τὰς ὑπολειφθείσας ἐκαρπισάμην.
11. οὐ συνεχώρησα καταδυναστευθῆναι πένητα ὑπὸ πλουσίου.
12. οὐ παρελύπησά τινα ἐν τῷ βίῳ μου.
13. κρίσιν πονηρὰν κατ' οὐδενός ποτε ἐξενήνοχα.

1. Suscipere hospites numquam cessavi, sed ita, ut neminem ante me paterer advenienti accurrere peregrino.
2. Non dimisi umquam de domo mea hospitem sine viatico.
3. Pauperem nullum despexi, sed quae necessaria fuerunt praebui.
4. Si in judicio sedi, nec filii mei personam contra justitiam accepi.
5. Alieni laboris fructus numquam introierunt in domum meam.
6. Litem si vidi, umquam praeterii donec reconciliarem dissidentes ad pacem.
7. Nemo umquam deprehendit in culpa famulos meos.
8. Numquam greges mei laeserunt fruges alienas.
9. Volentem seminare in rure meo numquam prohibui,
10. nec uberiora novalia elegi, steriliora illis dereliqui.
11. Quantum in me fuit, numquam permisi ut potentior infirmum premeret.
12. Semper studui in vita mea, ut neminem contristrarer.
13. In judicio si fui caput, neminem condemnavi, sed dissidentes revocare in concordiam studui.

1. Bis heute habe ich ununterbrochen Gastfreundschaft geübt. Keiner der Dorfbewohner kann sich rühmen, den Gast vor mir empfangen zu haben (lateinisch: . . . und zwar so, daß ich niemandem gestattete, vor mir dem ankommenden Wanderer entgegenzugehen).

---

[12] Der griechische Text folgt Festugière (s. o. Anm. 9), wobei die Varianten nicht mit aufgenommen sind, der lateinische Rosweyd. Um leichter auf sie verweisen zu können, habe ich die einzelnen Aussagen durchnumeriert.

2. Kein Armer oder Fremder hat je meinen Hof mit leeren Händen verlassen, vielmehr wurde er zuvor nach Gebühr mit einer Wegzehrung versehen.

3. Ich habe niemals einen unglücklichen Armen bemerkt, ohne ihm hinreichenden Imbiß zu spenden (lat.: Ich habe niemals einen Armen verachtet, sondern (ihm) vielmehr das gegeben, was nottat).

4. Beim Prozess habe ich nicht einmal die Person meines Kindes (lat.: Sohnes) beachtet (lat.: gegen die Gerechtigkeit).

5. Fremde Früchte sind nicht in mein Haus gekommen (lat.: Früchte fremden Fleißes).

6. Es gab keinen Streit, den ich nicht geschlichtet hätte (Var.: a) Ich habe keinen Streit bemerkt, den . . . b) . . . wenn ich ihn bemerkte. Lat.: Wenn ich einen Streit sah, bin ich niemals vorbeigegangen, bis ich die Streitenden in Frieden versöhnt hatte).

7. Niemand hat meine Diener wegen ungehörigen Verhaltens getadelt (lat.: Niemals hat jemand meine Diener bei einer Schuld ertappt).

8. Niemals haben meine Herden sich an fremde Feldfrüchte gemacht.

9. (Nur lat.: Wenn jemand in meinem Feld säen wollte, habe ich ihn niemals daran gehindert).

10. Ich habe niemals als erster meine Felder besät, sondern habe erst, nachdem ich allen die gemeinsamen zur Auswahl vorgelegt hatte, die abgeerntet, die übrig geblieben waren (lat.: Niemals habe ich mir die fruchtbareren[12a] Ländereien ausgesucht, die weniger fruchtbaren aber anderen überlassen).

11. Ich habe nicht zugelassen, daß ein Armer durch einen Reichen bedrückt wurde (lat. dazu: soweit es in meiner Macht stand).

12. Ich habe in meinem Leben niemanden (Var.: keine Kinder) betrübt (lat.: In meinem ganzen Leben habe ich mich immer bemüht, niemanden zu betrüben).

13. Niemals habe ich (im Gericht) ein unbilliges Urteil über jemanden gefällt (lat.: Wenn ich bei Gericht den Vorsitz hatte, habe ich niemanden verurteilt, sondern gesucht, die streitenden Parteien zur Eintracht zurückzuführen).

Solches mit Gottes Hilfe durchgeführt zu haben bin ich mir bewußt.

Bemerkungen zu den vorliegenden beiden Textfassungen:

Deutlich hat Rufinus den griechischen Text nicht genau übersetzt, ihn vielmehr recht frei bearbeitet — wenn ihm nicht eine andere Fassung vorgelegen hat. Den im Griechischen überhaupt nicht vorhandenen Satz 9 und die Zusätze in 4 und 11 hat er sich gewiß nicht frei erdacht; zu diesem letzteren Fall vgl. unten den Kommentar. Das Lateinische ist knapper und präziser, während sich das Griechische stilistisch dadurch auszeichnet, daß 12 von den 13 Sätzen mit οὐκ beginnen. Doch mögen solche Überlieferungsfragen die Fachleute beschäftigen — wir wollen uns dem zuwenden, was einen Ägyptologen an diesem Text interessiert.

Die nahe Verwandtschaft dieses Stückes mit den altägyptischen Idealbiographien liegt so deutlich auf der Hand, daß ein Nachweis im einzelnen sich fast erübrigt. Vor allem lebt die typisch ägyptische Gattung fort: Kurze aneinandergereihte Sätze mit einer Aussage in der 1. Person in der Vergangenheitsform, die eine immer wieder bezeugte Haltung beschreibt: „Ich habe das und das getan" bzw. „Niemals habe ich . . ." Die 1. Person kann ersetzt werden durch die 3., doch muß jedesmal der unmittelbare Bezug auf den Sprecher deutlich sein (Sätze 5, 7 und 8). Gezeichnet wird ein abstraktes Ideal, auf besondere Ereignisse im Leben gerade dieses Mannes wird kein Bezug genommen.

Es stellt sich die Frage, wie weit die erwähnten Situationen auf den Aufgabenbereich eines Protokometes passen. Leider scheint die Papyrologie noch nicht in der Lage, bei der Beantwortung dieser Frage durch exakte Beschreibung der Tätigkeit eines Protokometes zu helfen[13]. Unser Wissen

---

[12a] novalia ist wohl Lesefehler: καινά; für κοινάς.

[13] Die folgenden Angaben verdanke ich vor allem einem Briefwechsel mit Herrn Dr. jur. Ernst-Ludwig Mißler, an den ich mich auf Grund seiner Dissertation „Der Komarch", Marburg 1970, mit der Bitte um Rat

um den Protokometes auf Grund einiger weniger Urkunden faßt Mißler dahingehend zusammen[14], daß das Wort zunächst Benennung aller Dorfbeamten ist, die gemeinsam das κοινόν bilden, daß es aber darüber hinaus auch noch einen besonderen Beamten zu bezeichnen scheine, dessen Aufgaben „im Verwaltungs- und Steuerressort lagen". Wären diese Angaben zutreffend und zugleich erschöpfend, so wäre unsere Biographie als literarischer Topos ohne den Hintergrund ausreichender Realität im späten 4. Jh. erwiesen. Jedenfalls scheint es höchst unwahrscheinlich, daß ein Dorfbeamter, dessen Amt zu übernehmen sich ein Mann weigert, das also wenig angesehen gewesen zu sein scheint[15], die Möglichkeit gehabt haben sollte, Strafen zu verhängen (Satz 13)[16]. Es scheint, daß die vorliegende Idealbiographie einem Mann übergestülpt worden ist, dem sie zu groß ist.

Nun seien die einzelnen Sätze dieser Idealbiographie, soweit das sinnvoll ist, ägyptologisch kommentiert: Zu 1: Wenn Sinuhe alle Reisenden aufnimmt und bei sich in seinem asiatischen Exil bewirtet, so mag das durch die Ausnahmesituation (ägyptische Kultur in der asiatischen Wüste) oder durch seine politische Klugheit bedingt sein, mit der er sich einen guten Ruf in Ägypten schaffen wollte. Bei Petosiris fallen solch individuellen Gründe fort, wenn er „freundlich war zu jedermann, der auf dem Wege kam, der zu seinem Haus führte"[17]. Auch er betont offenbar wie der Protokometes, daß er den Fremden bereits auf dem Weg entgegenkam[18].

Freilich ist Gastfreundschaft ebenso antikes und christliches Gebot, so daß mit verschiedenen Wurzeln zu rechnen ist. Der Kontext aber macht in unserem Fall Herkunft aus Altägypten wahrscheinlich.

Zu 3: Den Armen gegenüber wohltätig und hilfreich zu sein, ist ein so verbreiteter Topos im pharaonischen Ägypten, daß es sich erübrigt, Beispiele zu bringen.

Zu 4: Das unparteiische Richten gehört ebenfalls zu den ständig wiederholten Zügen des Idealbildes pharaonischer Zeit, auch hier sind Belege überflüssig. Dagegen findet sich — wohl nicht zufällig — keine Aussage, daß ein Richter selbst den eigenen Sohn nicht „beachtet" habe gegenüber der Gerechtigkeit. Immerhin kann man erinnern an den Passus der königlichen Einsetzungsrede für einen Wesir, wo das Verhalten des Wesirs Cheti als tadelnswert vorgeführt wird, der seine eigenen Verwandten (ḥ3wf) benachteiligt habe aus Furcht, es könne von ihm heißen, er habe sie bevorzugt[19]. Offenbar hat es weder im alten Ägypten noch in christlicher Zeit den Begriff der Befangenheit gegeben, so daß Richter tatsächlich bei Urteilen über Verwandte in Nöte kamen und Unparteilichkeit gerade in solchen Fällen als hohe Tugend hervorgehoben werden mußte. In Idealbiographien und Lebenslehren dagegen scheint der Fall nicht erwähnt zu werden.

Zu 6: Im Unterschied zu den Lebenslehren, die raten, man solle bei einem Streit vorübergehen, sich nicht einmischen[20], lesen wir in einer Biographie: „Ich war einer, der (beruhigend) sprach an Stätten des Streites"[21]. Im allgemeinen wird das Versöhnen von Streitenden nur bei Gericht als

gewandt hatte. Für seine eingehende Beantwortung meiner Fragen sei ihm auch hier herzlich gedankt. Auch Herrn Dr. Günter Weiss, Tübingen, sei für Rat und Hinweise gedankt.

[14] a. a. O. S. 69f.   [15] Mißler, a. a. O., nach Pap. London 1677, 23; 24 566/67.

[16] Richterliche Kompetenz wird für die ptolemäische Zeit heute weitgehend von den Forschern abgelehnt: H. J. Wolff, Das Justizwesen der Ptolemäer, Münchener Beitr. z. Papyrusforschung 44, 1962, S. 162f. und ders., Savigny — ZS 86, 1969, S. 425; Oates/Samuel/Welles, Yale Papyri in the Reinecke Rare Book and Manuscript Library 1, 1967, S. 157. Dazu schreibt mir E.-L. Mißler: „Wenn daher schon im ptolemäischen Ägypten nur geringfügige Delikte, keinesfalls jedoch Zivilstreitigkeiten vor die untersten Dorfbeamten kamen, dann kann das erst recht für die römische Zeit angenommen werden. Es ist daher unwahrscheinlich, daß solche Delikte, die ein hartes Urteil nach sich zogen, von untersten Behörden abgeurteilt wurden. Dafür spricht schließlich noch, daß die Römer im Mutterland ein viel strafferes Gerichtswesen als die Griechen hatten und dieses Gerichtssystem auch auf die Provinz Ägypten übertrugen. Ich möchte daher annehmen, daß in dem von Ihnen bearbeiteten Text nicht die Zuständigkeiten eines Protokometon im 4. Jh. aufgezeigt werden, sondern daß es sich um die Übernahme von altägyptischen Phrasen handelt" (Brief vom 14. 11. 1971).

[17] Inschr. 46, Nr. 58d 39.

[18] Weitere Belege für Gastfreundschaft in der Sp. bei Eb. Otto, Die biograph. Inschrr. d. äg. Sp., Probleme der Ägyptologie 2, Leiden 1954, S. 99f. Für die ältere Zeit vgl. z. B. Anii VIII 13: „Man soll Speise geben dem, der kommt, ohne daß er eingeladen ist". Vgl. auch Urk. VII 12, 20.

[19] Zuletzt bei R. O. Faulkner in JEA 41, 1955, S.20, Z. 10.   [20] ZB. Anii VIII, 16—20.

[21] Brit. Mus. 581 = HT II 23 = Sethe, Lesestücke S. 80, Z. 17.

Tugend gepriesen – wenn wir das Wort *wpj* „trennen" als auf diese Sphäre beschränkt verstehen. Doch ist das nicht sicher, zumal keinesfalls alle, in deren Biographie die Angabe, sie hätten Streitende getrennt, richterliche Befugnisse besessen haben dürften[22].

Zu 9: Eine genaue Parallele wüßte ich nicht zu nennen, wenn nicht die Versicherung eines Gaufürsten der 12. Dyn.: „Es gab keinen Ackersmann, dem ich gewehrt hätte"[23] so zu verstehen ist, daß er ihn nicht von seinen, des Gaufürsten Feldern vertrieben habe. Weshalb sonst sollte ein Machthaber einem Bauern „wehren"? Daß das Pflügen auf fremden Feldern gelegentlich vorkam, zeigt Amenemopes Warnung (VIII 17) vor dieser Verfehlung.

Zu 11: In verschiedener Form findet sich diese Aussage in altägyptischen Biographien unzählige Male – so oft, daß es Eulen nach Athen tragen hieße, hier Beispiele zu geben. Die häufigste Formel lautet: „Ich errettete den Schwachen aus der Macht (wörtl.: dem Arm) dessen, der stärker war als er"[24], und schon im AR treffen wir gerade bei dieser Aussage denselben Zusatz, den in der lateinischen Version der Protokometes anbringt: „soweit es in meiner Macht stand"[25], eine nur allzu berechtigte Einschränkung, da auch der Hilfswilligste oft genug Unterdrückungen machtlos beiwohnen muß. Eine andere antike Formulierung besagt, daß der Mann den Armen und den Mächtigen (durch Schiedsspruch) „getrennt" habe[26].

Zu 12: Hier wäre vor allem die Formulierung des Bekenntnisses vor den Jenseitsrichtern zu nennen[27], „ich habe nicht weinen gemacht". In Biographien findet sich sehr häufig die allgemeine Formel „Niemals habe ich irgendwelchen Menschen Böses zugefügt"[28]. Bei so genereller Formulierung freilich, wie sie der Protokometes anwendet, ist ägyptischer Ursprung nicht zu beweisen; der Grundsatz ist ebenso christlich wie ägyptisch.

Zu 13: Nochmals wird vom rechten Verhalten als Richter gesprochen. Während Satz 4 von der Unparteilichkeit handelte, geht es jetzt um das Streben nach Ausgleich, nach Versöhnung, die statt eines Strafurteils angestrebt wird, also eine irenische Eigenschaft, wie sie Satz 6 im nichtamtlichen Bereich behandelte. Das hier gezeichnete Ideal ist seit dem AR in Ägypten überaus reich belegt, so reich, daß wieder auf die Anführung von Belegstellen verzichtet werden kann. Die häufigste Formulierung lautet: „Ich habe zwei Partner so (durch Urteil) getrennt, daß sie zufrieden waren", doch gibt es zahlreiche Varianten. Die lateinische Version mit ihrer Erweiterung steht dem altägyptischen Vorbild und damit dem Gemeinten wieder näher als die griechische Text.

Dieser seltsame Transvestit erweitert unsere Kenntnisse von literarischen survivals in der koptischen Apophthegmen-Literatur um eine neue Gattung, die der Autobiographie, die vielleicht noch unter den Begriff der „volkstümlichen Ethik" zu subsumieren ist, von der man aber nicht wird sagen können, daß sie einen besonderen Situationsbezug erhalten hat, der ihr im Pharaonenreich gefehlt habe. Hier wie dort werden lang tradierte, sehr allgemeine, höchstens nach dem Stand modifizierte bzw. ausgewählte Sätze so zusammengefügt, daß ein Idealbild entsteht. Was besonders frappiert, ist die strenge Konservierung der Form, während beim Inhalt zumindest Satz 10 eine Anpassung an veränderte wirtschaftlich-rechtliche Verhältnisse verrät. Die strenge Form der Autobiographien lockert sich in der Spätzeit mehr und mehr, und wenn sich auch gelegentlich noch Aussagen des traditionellen Typs finden[29], so sind diese doch in Passagen ganz anderer Tonart ein-

---

[22] Vgl. J. M. A. Janssen, Autobiographie, II S.

[23] Urk. VII 16, 3; vgl. die folgende Zeile, wo dasselbe mit anderen Worten vom Hirten gesagt ist. An *ḥsf* + Dativ „strafen" zu denken verbietet wohl der Sinn.

[24] Einige Beispiele aus der Sp. bei Eb. Otto, Biograph. Inschrr., S. 95.

[25] Urk. I 199,1 und 200, 17, dazu E. Edel in MDIK 13, 1944, S. 44, § 39.

[26] Das tun auch die vier Paviane des Spr. 126 im Totenbuch.

[27] Daß dies sog. negative Sündenbekenntnis aufs engste mit den Biographien und Lehren zusammenhängt, ist bekannt. Nähere Untersuchungen über die genauen Verhältnisse fehlen fast ganz; vgl. J. Spiegel, Die Idee vom Totengericht in der äg. Religion, LAeSt 2, 1935.

[28] S. J. M. A. Janssen, Autobiographie, VI H.

[29] Der Einfachheit halber verweise ich auf einige Stellen bei Eb. Otto, Die biographischen Inschriften der ägyptischen Spätzeit, Probleme der Ägyptologie 2, Leiden 1954 – es kann sich ohnedies nur um Beispiele handeln: S. 167f. (26. Dyn.); 183 (Zt. d. Philipp Arrhidaios); S. 188 (wohl ptolem.).

gebaut. Aus römischer Zeit fehlen Zwischenglieder zwischen altägyptischer Tradition und unserem Text ganz. Vielleicht sollte man bei der Frage der Überlieferung den 125. Spruch des Totenbuches nicht außer acht lassen, zumal sämtliche Sätze des griechischen Textes der Historia monachorum mit einer Verneinung beginnen. Doch bleibt die Frage, wie die einige Hundert Jahre klaffende Lücke der Überlieferung zu füllen sei, offen.

Register

1. Sachregister

ORBIS BIBLICUS ET ORIENTALIS

Bd. 1   OTTO RICKENBACHER: *Weisheitsperikopen bei Ben Sira.* X–214–15* Seiten. 1973. Vergriffen.

Bd. 2   FRANZ SCHNIDER: *Jesus der Prophet.* 298 Seiten. 1973. Vergriffen.

Bd. 3   PAUL ZINGG: *Das Wachsen der Kirche.* Beiträge zur Frage der lukanischen Redaktion und Theologie. 345 Seiten. 1974. Vergriffen.

Bd. 4   KARL JAROŠ: *Die Stellung des Elobisten zur kanaanäischen Religion.* 294 Seiten, 12 Abbildungen. 1982. 2. verbesserte und überarbeitete Auflage.

Bd. 5   OTHMAR KEEL: *Wirkmächtige Siegeszeichen im Alten Testament.* Ikonographische Studien zu Jos 8, 18–26; Ex 17, 8–13; 2 Kön 13, 14–19 und 1 Kön 22, 11. 232 Seiten, 78 Abbildungen. 1974. Vergriffen.

Bd. 6   VITUS HUONDER: *Israel Sohn Gottes.* Zur Deutung eines alttestamentlichen Themas in der jüdischen Exegese des Mittelalters. 231 Seiten. 1975.

Bd. 7   RAINER SCHMITT: *Exodus und Passa.* Ihr Zusammenhang im Alten Testament. 124 Seiten. 1982. 2. neubearbeitete Auflage.

Bd. 8   ADRIAN SCHENKER: *Hexaplarische Psalmenbruchstücke.* Die hexaplarischen Psalmenfragmente der Handschriften Vaticanus graecus 752 und Canonicianus graecus 62. Einleitung, Ausgabe, Erläuterung. XXVIII–446 Seiten. 1975.

Bd. 9   BEAT ZUBER: *Vier Studien zu den Ursprüngen Israels.* Die Sinaifrage und Probleme der Volks- und Traditionsbildung. 152 Seiten. 1976. Vergriffen.

Bd. 10 EDUARDO ARENS: *The HΛΘON-Sayings in the Synoptic Tradition.* A Historico-critical Investigation. 370 Seiten. 1976.

Bd. 11 KARL JAROŠ: *Sichem.* Eine archäologische und religionsgeschichtliche Studie, mit besonderer Berücksichtigung von Jos 24. 280 Seiten, 193 Abbildungen. 1976.

Bd. 11a KARL JAROŠ/BRIGITTE DECKERT: *Studien zur Sichem-Area.* 81 Seiten, 23 Abbildungen. 1977.

Bd. 12 WALTER BÜHLMANN: *Vom rechten Reden und Schweigen.* Studien zu Proverbien 10–31. 371 Seiten. 1976.

Bd. 13 IVO MEYER: *Jeremia und die falschen Propheten.* 155 Seiten. 1977.

Bd. 14 OTHMAR KEEL: *Vögel als Boten.* Studien zu Ps 68, 12–14, Gen 8, 6–12, Koh 10, 20 und dem Aussenden von Botenvögeln in Ägypten. – Mit einem Beitrag von Urs Winter zu Ps 56, 1 und zur Ikonographie der Göttin mit der Taube. 164 Seiten, 44 Abbildungen. 1977.

Bd. 15 MARIE-LOUISE GUBLER: *Die frühesten Deutungen des Todes Jesu.* Eine motivgeschichtliche Darstellung aufgrund der neueren exegetischen Forschung. XVI–424 Seiten. 1977. Vergriffen.

Bd. 16 JEAN ZUMSTEIN: *La condition du croyant dans l'Evangile selon Matthieu.* 467 pages. 1977. Epuisé.

Bd. 17 FRANZ SCHNIDER: *Die verlorenen Söhne.* Strukturanalytische und historisch-kritische Untersuchungen zu Lk 15. 105 Seiten. 1977.

Bd. 18   HEINRICH VALENTIN: *Aaron.* Eine Studie zur vor-priesterschriftlichen Aaron-Überlieferung. VIII–441 Seiten. 1978.

Bd. 19   MASSÉO CALOZ: *Etude sur la LXX origénienne du Psautier.* Les relations entre les leçons des Psaumes du Manuscrit Coislin 44, les Fragments des Hexaples et le texte du Psautier Gallican. 480 pages. 1978.

Bd. 20   RAPHAEL GIVEON: *The Impact of Egypt on Canaan.* Iconographical and Related Studies. 156 Seiten, 73 Abbildungen. 1978.

Bd. 21   DOMINIQUE BARTHÉLEMY: *Etudes d'histoire du texte de l'Ancien Testament.* XXV–419 pages. 1978.

Bd. 22/1   CESLAS SPICQ: *Notes de Lexicographie néo-testamentaire.* Tome I: p. 1–524. 1978. Epuisé.

Bd. 22/2   CESLAS SPICQ: *Notes de Lexicographie néo-testamentaire.* Tome II: p. 525–980. 1978. Epuisé.

Bd. 22/3   CESLAS SPICQ: *Notes de Lexicographie néo-testamentaire.* Supplément. 698 pages. 1982.

Bd. 23   BRIAN M. NOLAN: *The royal Son of God.* The Christology of Matthew 1–2 in the Setting of the Gospel. 282 Seiten. 1979.

Bd. 24   KLAUS KIESOW: *Exodustexte im Jesajabuch.* Literarkritische und motivgeschichtliche Analysen. 221 Seiten. 1979.

Bd. 25/1   MICHAEL LATTKE: *Die Oden Salomos in ihrer Bedeutung für Neues Testament und Gnosis.* Band I. Ausführliche Handschriftenbeschreibung. Edition mit deutscher Parallel-Übersetzung. Hermeneutischer Anhang zur gnostischen Interpretation der Oden Salomos in der Pistis Sophia. XI–237 Seiten. 1979.

Bd. 25/1a MICHAEL LATTKE: *Die Oden Salomos in ihrer Bedeutung für Neues Testament und Gnosis.* Band Ia. Der syrische Text der Edition in Estrangela Faksimile des griechischen Papyrus Bodmer XI. 68 Seiten. 1980.

Bd. 25/2   MICHAEL LATTKE: *Die Oden Salomos in ihrer Bedeutung für Neues Testament und Gnosis.* Band II. Vollständige Wortkonkordanz zur handschriftlichen, griechischen, koptischen, lateinischen und syrischen Überlieferung der Oden Salomos. Mit einem Faksimile des Kodex N. XVI–201 Seiten. 1979.

Bd. 25/3   MICHAEL LATTKE: *Die Oden Salomos in ihrer Bedeutung für Neues Testament und Gnosis.* Band III. XXXIV–478 Seiten. 1986.

Bd. 26   MAX KÜCHLER: *Frühjüdische Weisheitstraditionen.* Zum Fortgang weisheitlichen Denkens im Bereich des frühjüdischen Jahweglaubens. 703 Seiten. 1979.

Bd. 27   JOSEF M. OESCH: *Petucha und Setuma.* Untersuchungen zu einer überlieferten Gliederung im hebräischen Text des Alten Testaments. XX–392–37* Seiten. 1979.

Bd. 28   ERIK HORNUNG / OTHMAR KEEL (Herausgeber): *Studien zu altägyptischen Lebenslehren.* 394 Seiten. 1979.

Bd. 29   HERMANN ALEXANDER SCHLÖGL: *Der Gott Tatenen.* Nach Texten und Bildern des Neuen Reiches. 216 Seiten, 14 Abbildungen. 1980.

Bd. 30   JOHANN JAKOB STAMM: *Beiträge zur Hebräischen und Altorientalischen Namenkunde.* XVI–264 Seiten. 1980.

Bd. 49 PIERRE AUFFRET: *La sagesse a bâti sa maison.* Etudes de structures littéraires dans l'Ancien Testament et spécialement dans les psaumes. 580 pages. 1982.

Bd. 50/1 DOMINIQUE BARTHÉLEMY: *Critique textuelle de l'Ancien Testament.* 1. Josué, Juges, Ruth, Samuel, Rois, Chroniques, Esdras, Néhémie, Esther. Rapport final du Comité pour l'analyse textuelle de l'Ancien Testament hébreu institué par l'Alliance Biblique Universelle, établi en coopération avec Alexander R. Hulst †, Norbert Lohfink, William D. McHardy, H. Peter Rüger, coéditeur, James A. Sanders, coéditeur. 812 pages. 1982.

Bd. 50/2 DOMINIQUE BARTHÉLEMY: *Critique textuelle de l'Ancien Testament.* 2. Isaïe, Jérémie, Lamentations. Rapport final du Comité pour l'analyse textuelle de l'Ancien Testament hébreu institué par l'Alliance Biblique Universelle, établi en coopération avec Alexander R. Hulst †, Norbert Lohfink, William D. McHardy, H. Peter Rüger, coéditeur, James A. Sanders, coéditeur. 1112 pages. 1986.

Bd. 51 JAN ASSMANN: *Re und Amun.* Die Krise des polytheistischen Weltbilds im Ägypten der 18.–20. Dynastie. XII–309 Seiten. 1983.

Bd. 52 MIRIAM LICHTHEIM: *Late Egyptian Wisdom Literature in the International Context.* A Study of Demotic Instructions. X–240 Seiten. 1983.

Bd. 53 URS WINTER: *Frau und Göttin.* Exegetische und ikonographische Studien zum weiblichen Gottesbild im Alten Israel und in dessen Umwelt. XVIII–928 Seiten, 520 Abbildungen. 1983.

Bd. 54 PAUL MAIBERGER: *Topographische und historische Untersuchungen zum Sinaiproblem.* Worauf beruht die Identifizierung des Ǧabal Mūsā mit dem Sinai? 189 Seiten, 13 Tafeln. 1984.

Bd. 55 PETER FREI/KLAUS KOCH: *Reichsidee und Reichsorganisation im Perserreich.* 119 Seiten, 17 Abbildungen. 1984. Vergriffen.

Bd. 56 HANS-PETER MÜLLER: *Vergleich und Metapher im Hohenlied.* 59 Seiten. 1984.

Bd. 57 STEPHEN PISANO: *Additions or Omissions in the Books of Samuel.* The Significant Pluses and Minuses in the Massoretic, LXX and Qumran Texts. XIV–295 Seiten. 1984.

Bd. 58 ODO CAMPONOVO: *Königtum, Königsherrschaft und Reich Gottes in den Frühjüdischen Schriften.* XVI–492 Seiten. 1984.

Bd. 59 JAMES KARL HOFFMEIER: *Sacred in the Vocabulary of Ancient Egypt.* The Term DSR, with Special Reference to Dynasties I–XX. XXIV–281 Seiten, 24 Figuren. 1985.

Bd. 60 CHRISTIAN HERRMANN: *Formen für ägyptische Fayencen.* Katalog der Sammlung des Biblischen Instituts der Universität Freiburg Schweiz und einer Privatsammlung. XXVIII-199 Seiten. 1985.

Bd. 61 HELMUT ENGEL: *Die Susanna-Erzählung.* Einleitung, Übersetzung und Kommentar zum Septuaginta-Text und zur Theodition-Bearbeitung. 205 Seiten + Anhang 11 Seiten. 1985.

Bd. 62 ERNST KUTSCH: *Die chronologischen Daten des Ezechielbuches.* 82 Seiten. 1985.

Bd. 63 MANFRED HUTTER: *Altorientalische Vorstellungen von der Unterwelt.* Literar- und religionsgeschichtliche Überlegungen zu «Nergal und Ereškigal». VIII–187 Seiten. 1985.

DATE DUE

HIGHSMITH # 45220